★ **British Museum** ④
Pages 126-129

★ **Tour de Londres** ⑫
Pages 154-157

★ **St Paul's** ⑩
Pages 148-151

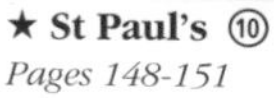

★ **Houses of Parliament** ⑧
Pages 72-73

★ **Museum of London** ⑪
Pages 166-167

★ **Westminster Abbey** ⑦
Pages 76-79

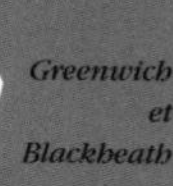

GUIDES VOIR
LONDRES

GUIDES VOIR

LONDRES

Ce guide Voir a été établi par
Michael Leapman

Hachette Tourisme
43, quai de Grenelle 75015 Paris.

Direction
Cécile Boyer

Direction éditoriale
Catherine Marquet

Édition
Catherine Laussucq

Traduit et adapté de l'anglais par
Dominique Brotot,
Arnaud Dupin de Beyssat et Pierre Saint-Jean

Mise à jour
Aurélie Pregliasco

Mise en pages (P.A.O.)
Maogani

Publié pour la première fois en Grande-Bretagne en 1993,
sous le titre : *Eyewitness Travel Guides : London*

Imprimé et relié en Chine par South China Printing

Dépôt légal : 29139, juin 2003
ISBN : 2-01-243865-2
ISSN : 1246 - 8134
Collection 32 – Édition 01
N° de codification : 24-3865-3

Aussi soigneusement qu'il ait été établi, ce guide n'est pas à l'abri des changements de dernière heure. Faites-nous part de vos remarques, informez-nous de vos découvertes personnelles : nous accordons la plus grande attention au courrier de nos lecteurs.

Sommaire

Portrait de Walter Raleigh (1585)

Présentation de Londres

Une porte sur Bedford Square (1775)

Londres quartier par quartier

Détente à St James's Park

Les jardins de Hampton Court vers 1720

Un « beefeater » à la Tour de Londres

L'église St-Paul à Covent Garden

Les bonnes adresses

Le palais de Westminster

Renseignements pratiques

COMMENT UTILISER CE GUIDE

Ce guide a pour but de vous aider à profiter au mieux de votre séjour à Londres. L'introduction, *Présentation de Londres*, situe la ville dans son contexte géographique et historique et explique comment la vie évolue au fil des saisons. *Londres d'un coup d'œil* donne un aperçu de ses richesses. *Londres quartier par quartier* est la partie la plus importante de ce livre. Elle présente en détail tous les principaux sites et monuments. Enfin, le chapitre *Trois promenades à pied* vous guide dans les endroits que vous auriez pu manquer. *Les bonnes adresses* vous fourniront des informations sur les hôtels, les restaurants, les pubs ou les boutiques et les *Renseignements pratiques* vous donneront des conseils utiles, que ce soit pour poster une lettre ou pour prendre le métro.

LONDRES QUARTIER PAR QUARTIER
Nous avons divisé la ville en 17 quartiers. Chaque chapitre débute par un portrait du quartier, de sa personnalité et de son histoire. Sur le *Plan du quartier*, des numéros situent clairement les sites et monuments à découvrir. Un plan « pas à pas » développe ensuite la zone la plus intéressante. Le système de numérotation des monuments, constant tout au long de cette section, permet de se repérer facilement de page en page. Il correspond à l'ordre dans lequel les sites sont décrits en détail.

1 Plan général du quartier
Un numéro signale les monuments du quartier. Ce plan indique aussi les stations de métro et de train, et les parcs de stationnement.

2 Plan du quartier pas à pas
Il offre une vue aérienne du cœur de chaque quartier. Pour vous aider à les identifier en vous promenant, les bâtiments les plus intéressants ont une couleur plus vive.

Des photos, d'ensemble ou de détail, permettent de reconnaître les monuments.

Une carte de situation indique où se trouve le quartier dans la ville. Le plan pas à pas apparaît en rouge.

Des repères colorés aident à trouver le quartier dans le guide.

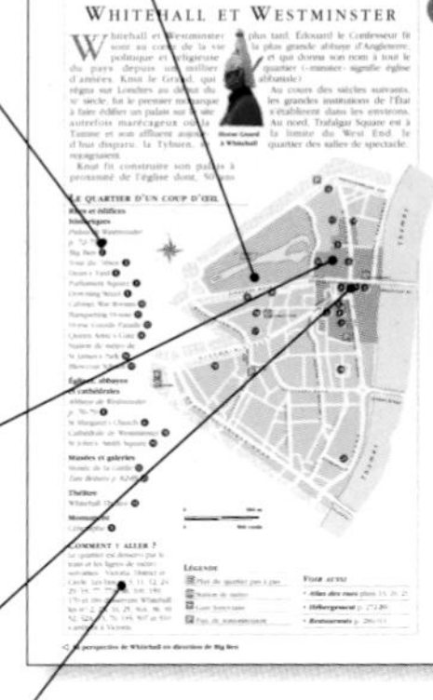

Le quartier d'un coup d'œil classe par catégorie les centres d'intérêt du quartier : rues et bâtiments historiques, églises, musées, parcs et jardins.

La zone détaillée dans le *Plan pas à pas* est ombrée en rouge.

Un itinéraire de promenade emprunte les rues les plus intéressantes.

Des numéros situent les monuments sur le plan. L'église St-Margaret est en ❻

Vous savez comment atteindre le quartier rapidement.

L'église St-Margaret figure également sur ce plan.

Des étoiles rouges indiquent les sites à ne pas manquer.

LONDRES D'UN COUP D'ŒIL
Chaque plan de cette partie du guide est consacré à un thème : *Hôtes célèbres, Musées et galeries, Églises, Parcs et jardins, Cérémonies.* Les lieux les plus intéressants sont indiqués sur le plan ; d'autres sont décrits dans les deux pages suivantes.

Chaque quartier a sa couleur.

Le thème est développé dans les pages suivantes.

3 Des renseignements détaillés

Cette rubrique donne des informations détaillées et des renseignements pratiques sur tous les monuments intéressants. Leur numérotation est celle du Plan du quartier.

INFORMATION PRATIQUE
Chaque rubrique donne les informations nécessaires à l'organisation d'une visite. Une table des symboles se trouve sur le rabat de la dernière page.

Numéro de téléphone — **Adresse** — **Report au plan de l'atlas des rues**

St Margaret's Church ❻ — **Numéro du site**

Parliament Sq SW1. **Plan** 13 B5.
020-7222 5152. *Westminster.*
Ouvert *lun.-sam. : 9 h 30-15 h 45, dim. : 13 h-17 h 30* *dim. : 11 h.* ***Concerts.***

Heures d'ouverture — **Horaire des messes** — **Station de métro la plus proche**

4 Les principaux monuments de Londres

Deux pleines pages, ou plus, leur sont réservées. La représentation des bâtiments historiques en dévoile l'intérieur. Les plans des musées, par étage, vous aident à y localiser les plus belles expositions.

Le **mode d'emploi** vous aide à organiser votre visite.

Une photo de la façade de chaque monument important vous aide à le repérer.

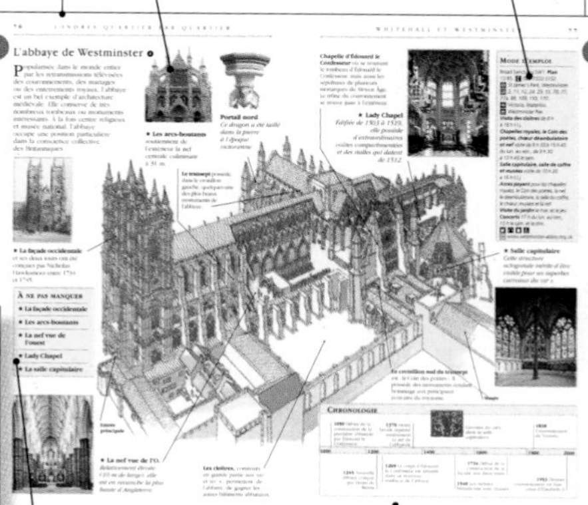

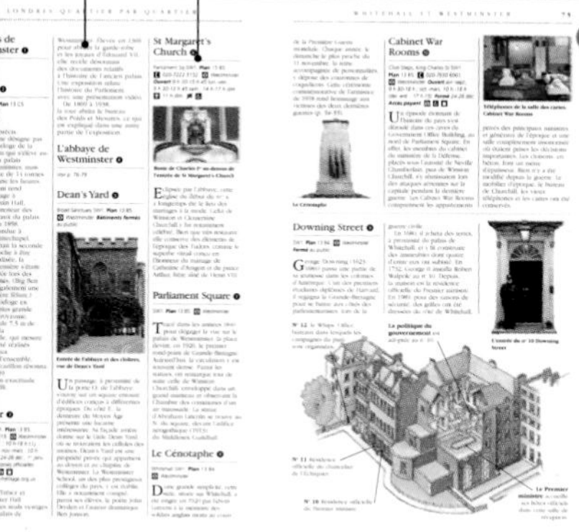

Les étoiles rouges signalent les détails architecturaux les plus intéressants et les œuvres d'art les plus remarquables.

Une chronologie résume l'histoire de l'édifice.

Présentation de Londres

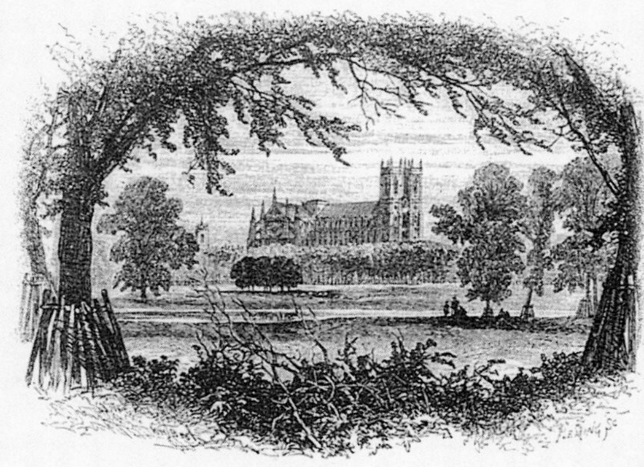

Londres dans son environnement

Londres, capitale du Royaume-Uni, compte sept millions d'habitants et couvre 1 606 km² au S.-E. de l'Angleterre. Construite de part et d'autre de la Tamise, elle se situe au centre des réseaux routier et ferroviaire du Royaume-Uni. De Londres, les visiteurs peuvent facilement accéder aux autres villes du pays.

L'est de la ville, vu de Southwark

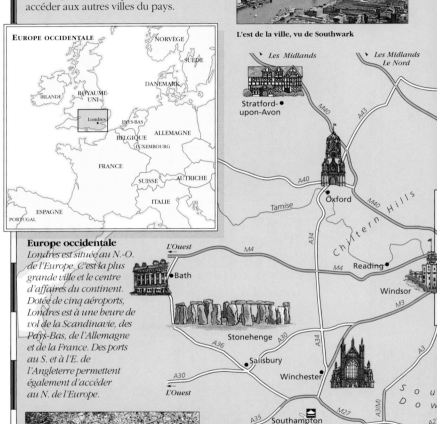

Europe occidentale

Londres est située au N.-O. de l'Europe. C'est la plus grande ville et le centre d'affaires du continent. Dotée de cinq aéroports, Londres est à une heure de vol de la Scandinavie, des Pays-Bas, de l'Allemagne et de la France. Des ports au S. et à l'E. de l'Angleterre permettent également d'accéder au N. de l'Europe.

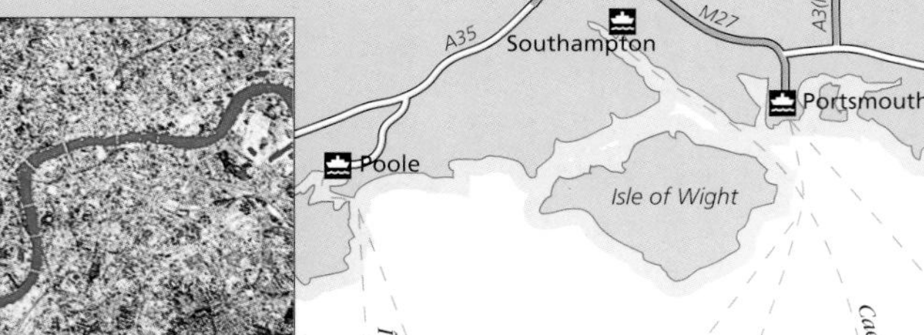

Vue aérienne du centre de Londres

Grand Londres

Londres a peu à peu absorbé nombre des villes et villages qui l'entouraient. L'immense conurbation s'étend aujourd'hui jusqu'à l'autoroute M25. Les détails des principales curiosités situées à la périphérie de l'agglomération, sont présentés pages 240-257.

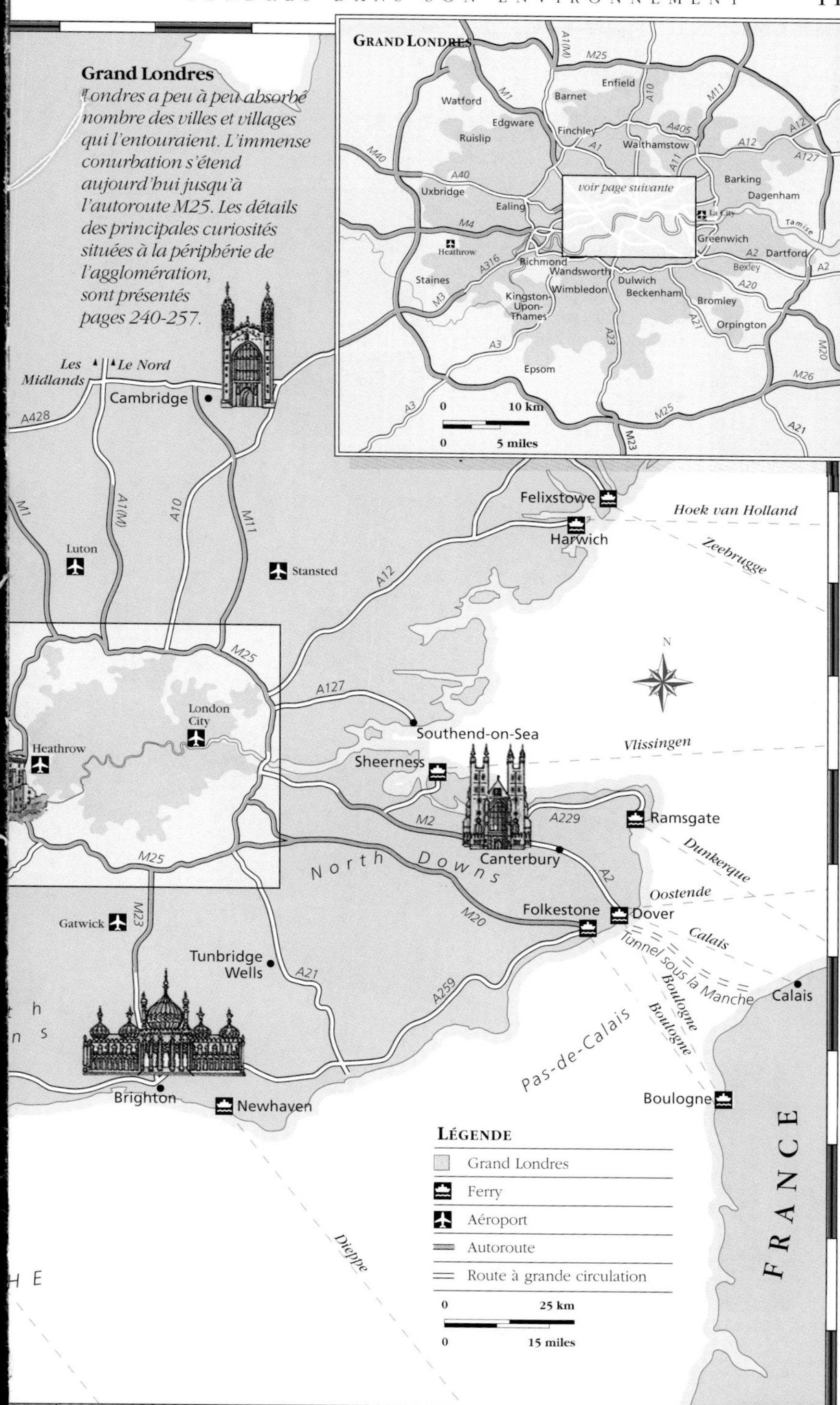

Légende

▢	Grand Londres
Ferry	Ferry
Aéroport	Aéroport
—	Autoroute
=	Route à grande circulation

0 25 km
0 15 miles

Centre de Londres

La plupart des sites touristiques décrits dans ce guide sont situés dans 14 quartiers du centre de Londres ou dans deux faubourgs de la capitale : Hampstead et Greenwich. Chacun de ces quartiers fait l'objet d'un chapitre. Si votre séjour à Londres est bref, vous pourrez vous limiter aux cinq quartiers qui recèlent les centres d'intérêt les plus célèbres : Whitehall et Westminster, la City, Bloomsbury et Fitzrovia, Soho et Trafalgar Square et, enfin, South Kensington et Knightsbridge.

Pages 220-227
Plans
3-4, 11-12

Pages 236-243
Plans
23-24

Pages 228-235
Plans
1-2

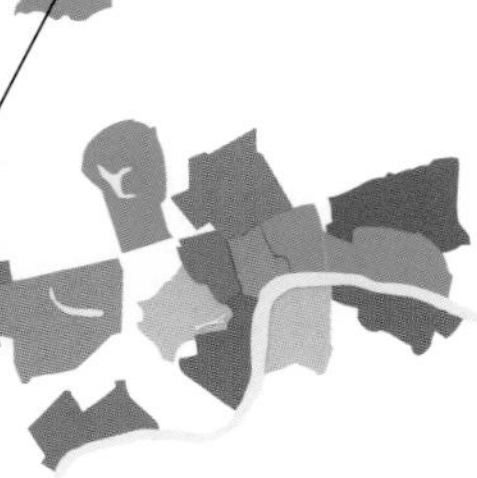

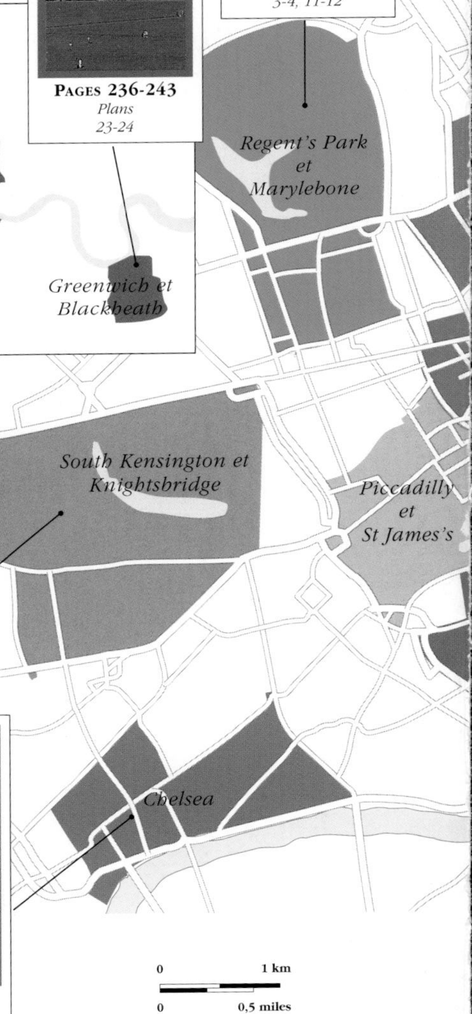

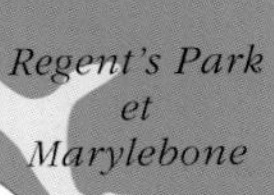

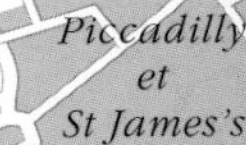

Pages 214-219
Plans
9-10, 17

Pages 198-213
Plans
10-11, 18-19

Pages 192-197
Plans
18-19

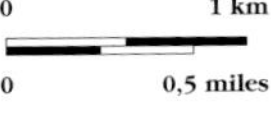

PAGES 98-109
Plans
12-13

PAGES 120-131
Plans
4-5, 13

PAGES 110-119
Plans
13-14

PAGES 132-141
Plans
5-6, 13-14

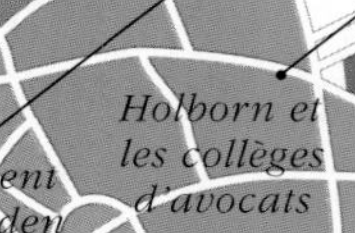

PAGES 160-171
Plans
6-7, 14, 16

PAGES 142-159
Plans
14-16

PAGES 68-85
Plans
13, 20-21

PAGES 86-97
Plans
12-13, 20

PAGES 184-191
Plans
13-14, 21-22

PAGES 172-183
Plans
6, 16

HISTOIRE DE LONDRES

En 55 av. J.-C., l'armée romaine de Jules César envahit l'Angleterre. Elle débarque dans le Kent, avance jusqu'à la Tamise et s'arrête sur le site actuel de Southwark. La colonie primitive celte, installée sur l'autre rive du fleuve, n'est guère importante. Toutefois, lors de la seconde invasion romaine, 88 ans plus tard, des marchands y font, avec la Gaule, le trafic des métaux, des peaux, des bois de construction et des esclaves. Les Romains construisent un pont et installent leur quartier général sur la rive gauche. Ils appellent la cité *Londinium*, une transformation du nom celte de la ville.

Le griffon, symbole de la City

LONDRES CAPITALE DU ROYAUME

Londres ne tarde pas à devenir la plus grande ville d'Angleterre et, à l'époque de l'invasion normande, il est évident qu'elle seule peut prétendre à être la capitale du pays.

La ville s'étend peu à peu au-delà de l'enceinte romaine, presque entièrement détruite lors du Grand Feu de 1666. Les travaux de reconstruction, effectués après l'incendie, jettent les bases de la configuration actuelle de la City. Cependant, au XVIIIe s., la ville englobe également la City of Westminster, qui, depuis longtemps, constitue le centre politique et religieux de la métropole.

La croissance rapide du commerce et de l'industrie, aux XVIIIe et XIXe s., font de Londres la ville la plus grande et la plus riche du monde. Une classe moyenne, relativement prospère, s'installe dans des demeures élégantes, dont certaines ont subsisté jusqu'à nos jours. L'espoir de s'enrichir attire dans la ville des millions de personnes qui viennent des campagnes ou de pays étrangers. La plupart vivent dans des quartiers insalubres à l'E. de la City et sont employés dans les docks.

À la fin du XIXe s., 4,5 millions d'individus vivent dans le centre de Londres et 4 autres millions à la périphérie de la ville. Les bombardements de la Seconde Guerre mondiale ont dévasté nombre des quartiers du centre. La seconde moitié du XXe s. a donné lieu à d'importantes reconstructions, notamment sur les anciens sites des docks et des usines de l'ère victorienne.

Cette carte de 1580 présente la City, et, vers le coin inférieur gauche, la City of Westminster

◁ Sur ce manuscrit du XVe s. figurent la Tour de Londres, et, au fond, le pont de Londres

Londres romain

Pièce romaine du Ier s. ap. J.-C.

Lorsque les Romains envahissent la Grande-Bretagne à la fin du Ier s. ap. J.-C., ils contrôlent déjà de vastes territoires situés de part et d'autre de la Méditerranée. Les tribus locales leur opposent une farouche résistance (conduite par la reine Boadicée). Les Romains parviennent cependant à préserver et à consolider les pouvoirs qu'ils détiennent. Londinium et son port se développent jusqu'à devenir la capitale du pays. Au IIIe s., la ville compte près de 50 000 habitants. Au Ve s., l'Empire romain s'effondre, les garnisons se retirent laissant la place aux pillards saxons.

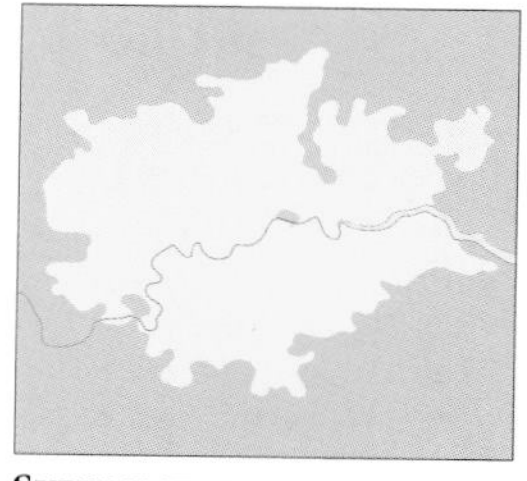

Superficie de la ville

En 125 — *Aujourd'hui*

Bains publics
Aux yeux des Romains, les bains revêtaient une importance considérable. Cet ustensile de toilette (doté d'un cure-ongles) et cette écuelle en bronze datent du Ier s. ap. J.-C.

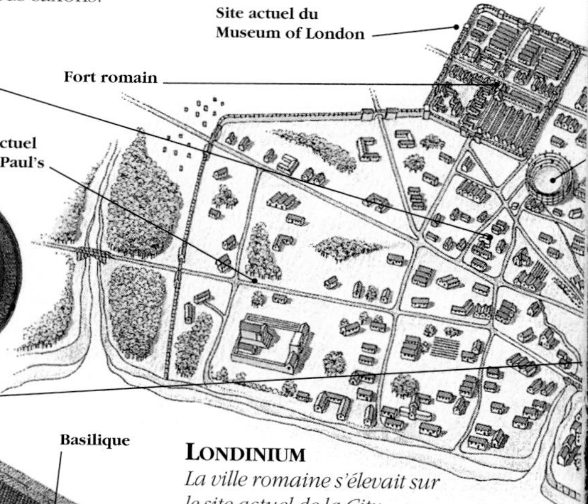

Site actuel du Museum of London

Fort romain

Site actuel de St Paul's

Londinium
La ville romaine s'élevait sur le site actuel de la City (p. 142-159). *Développée sur les rives de la Tamise, sa position stratégique facilitait le commerce avec le continent.*

Portrait de Mithra
Il se trouvait dans le temple consacré au culte de ce défenseur de la vérité.

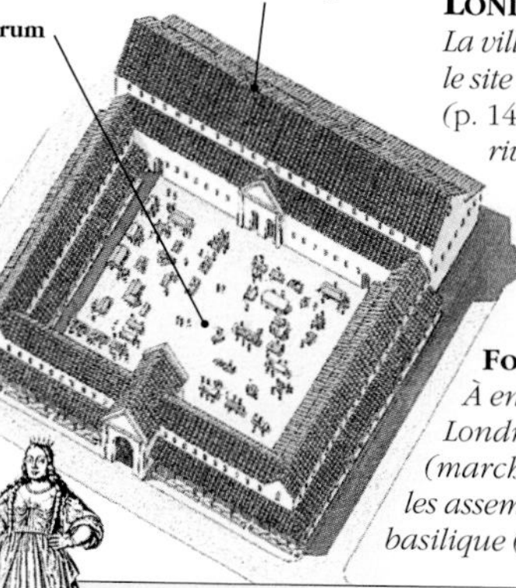

Basilique

Forum

Forum et basilique
À environ 200 m du pont de Londres se trouvaient le forum (marché et place où se tenaient les assemblées du peuple) et la basilique (l'hôtel de ville et le tribunal).

Chronologie

55 av. J.-C. César envahit la Grande-Bretagne

61 ap. J.-C. La reine Boadicée attaque Londres

200 Construction de l'enceinte romaine

410 Les légions romaines commencent à quitter la ville

100 — 200 — 300 — 400 — 500

43 av. J.-C. Claude établit Londinium et fait construire le premier pont

Londres romain

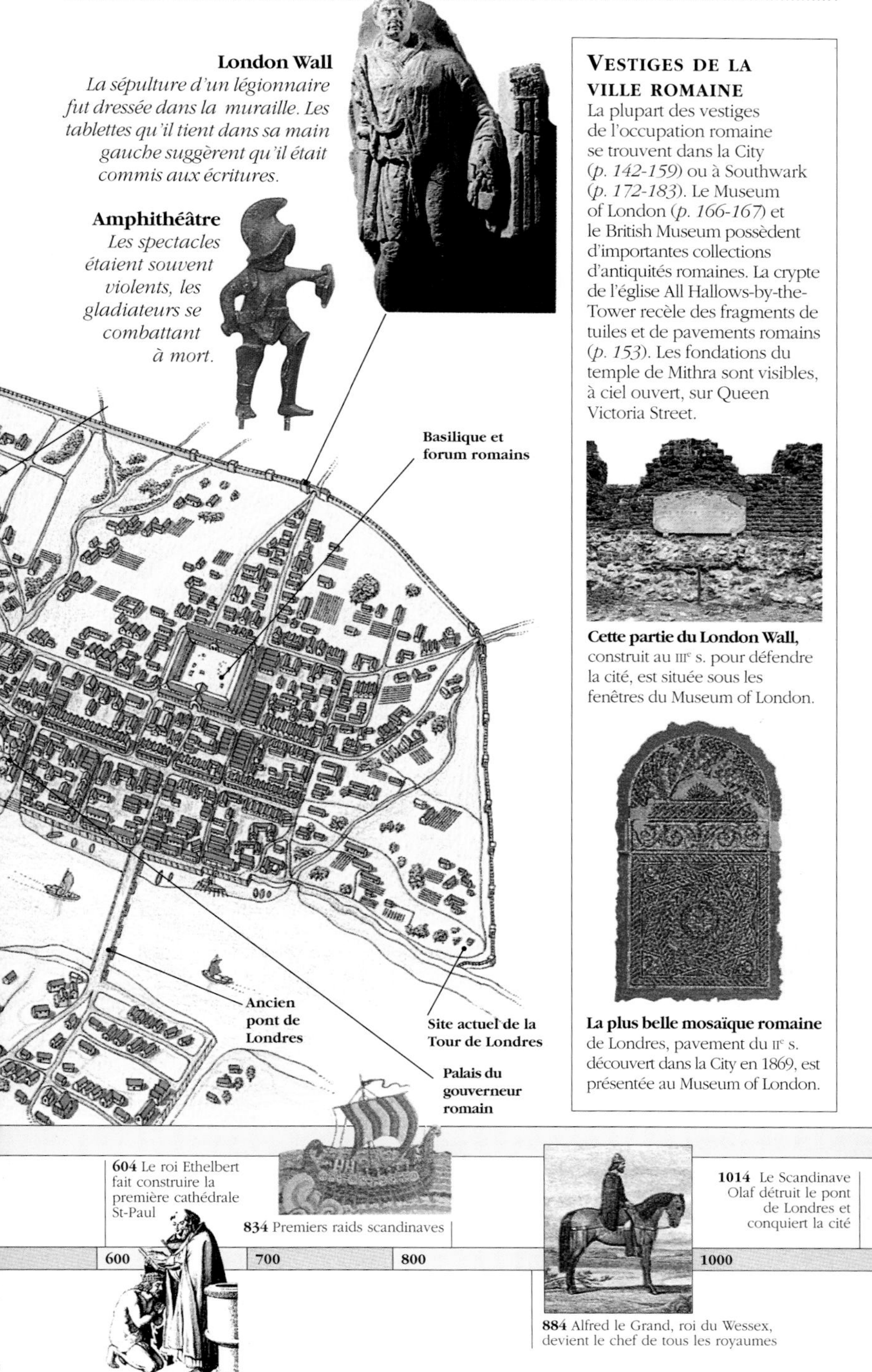

London Wall
La sépulture d'un légionnaire fut dressée dans la muraille. Les tablettes qu'il tient dans sa main gauche suggèrent qu'il était commis aux écritures.

Amphithéâtre
Les spectacles étaient souvent violents, les gladiateurs se combattant à mort.

Vestiges de la ville romaine

La plupart des vestiges de l'occupation romaine se trouvent dans la City (*p. 142-159*) ou à Southwark (*p. 172-183*). Le Museum of London (*p. 166-167*) et le British Museum possèdent d'importantes collections d'antiquités romaines. La crypte de l'église All Hallows-by-the-Tower recèle des fragments de tuiles et de pavements romains (*p. 153*). Les fondations du temple de Mithra sont visibles, à ciel ouvert, sur Queen Victoria Street.

Cette partie du London Wall, construit au IIIe s. pour défendre la cité, est située sous les fenêtres du Museum of London.

La plus belle mosaïque romaine de Londres, pavement du IIe s. découvert dans la City en 1869, est présentée au Museum of London.

604 Le roi Ethelbert fait construire la première cathédrale St-Paul

834 Premiers raids scandinaves

884 Alfred le Grand, roi du Wessex, devient le chef de tous les royaumes

1014 Le Scandinave Olaf détruit le pont de Londres et conquiert la cité

Londres médiéval

Sous Édouard Ier le Confesseur, l'importance croissante de la grande cité commerciale et la construction du palais et de l'abbaye de Westminster (p. 76-79) scellent la scission des deux pôles de la ville. À la même époque, dans la City, les artisans et commerçants créent leurs propres associations et désignent le premier maire de Londres. La Peste Noire (1348) décime la moitié de la population de la ville, qui ne compte alors guère plus d'habitants que lors de l'occupation romaine.

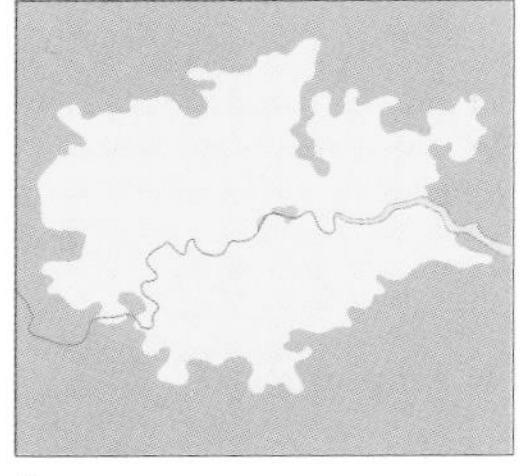

Superficie de la ville

En 1200 — *Aujourd'hui*

St Thomas Becket *Archevêque de Canterbury, assassiné en 1170 par des chevaliers influencés par les propos irréfléchis du roi Henri II, Thomas fut ensuite canonisé.*

Pont de Londres *Jusqu'à l'édification du pont de Westminster en 1750, le pont de Londres (XIIIe-XIXe s.) était le seul traversant la Tamise.*

La chapelle de St-Thomas, érigée l'année au cours de laquelle le pont fut achevé, fut l'un de ses premiers édifices.

Rambarde

Maisons et échoppes surplombaient le fleuve de part et d'autre du pont. Les marchands fabriquaient leurs produits sur place et vivaient à l'étage. Les apprentis s'occupaient de la vente.

THE CORPORATION OF
THE HOUSE OF
RICHARD
WHITTINGTON
MAYOR OF LONDON
STOOD ON THIS SITE
1423
THE CITY OF LONDON

Dick Whittington, *marchand du XVe s., fut maire de Londres à trois reprises* (p. 39).

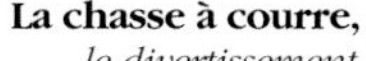

Les piles étaient constituées de pieux en bois enfoncés dans le lit du fleuve et emplies de blocaille.

La chasse à courre, *le divertissement préféré des riches propriétaires terriens.*

Les arches, inégales, font de 4,50 m à 10 m de large.

Chronologie

1042 Edouard Ier devient roi

1050

1065 La construction de l'abbaye de Westminster s'achève

1066 Couronnement de Guillaume le Conquérant

1086 *Domesday Book*, le premier cadastre établi en Angleterre

1100

1150

1176 Début des travaux du premier pont en pierre

1191 Henry Fitzalwin devient le premier maire de Londres

1200

1215 Jean sans Terre accepte les articles de la Grande Charte (*Magna Carta*) qui confèrent davantage de pouvoirs à la Cité

1240 Deux chevaliers par comté et deux bourgeois par cité prennent part aux premières délibérations du Parlement

1250

Chevalerie
Les chevaliers du Moyen Âge étaient estimés pour leur courage et leur sens de l'honneur. Edward Burne-Jones (1833-98) a représenté saint George, le patron de l'Angleterre, terrassant le dragon.

Goeffrey Chaucer
Il est considéré comme l'auteur des Contes de Canterbury *qui font de lui l'un des témoins et critiques de l'Angleterre du XIVe s.*

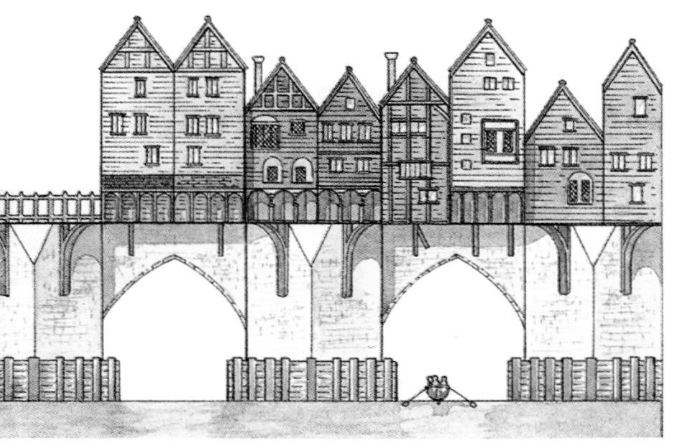

Plan du pont
Doté de 19 travées, il demeura, pendant de nombreuses années, le pont en pierre le plus long d'Angleterre.

VESTIGES DE LA VILLE MÉDIÉVALE

En 1666, le Grand Feu (*p. 22-23*) n'épargne guère que la Tour (*p. 154-157*), le grand hall du palais de Westminster (*p. 72*), l'abbaye (*p.76-79*) et quelques églises (*p. 46*). Le Museum of London (*p. 166-167*) possède des objets et la Tate Britain (*p. 82-85*) et la National Gallery (*p. 104-107*), de superbes peintures. Les manuscrits, notamment le *Domesday Book*, sont conservés à la British Library (*p. 129*).

La Tour de Londres, dont la construction commence en 1078, devient un palais royal et le haut lieu de la Cité.

Cette rosace du XIVe s. est l'unique vestige de Winchester House, sur Clink Street (*p. 182*).

Au XIIIe s., le tombeau de Becket est un but de pèlerinage

1348 La Peste Noire dévaste la ville

1350

1381 La révolte des paysans est réprimée

1394 Henri de Lancastre modifie le hall du palais de Westminster

1397 Richard Whittington devient maire

1400

1450

1476 William Caxton établit à Westminster les premières presses d'imprimerie anglaises

Le sceau de Richard nous donne une idée de l'apparence des rois du Moyen Age

Londres élisabéthain

Au XVIe s., les pouvoirs de la monarchie sont très étendus. La dynastie des Tudors encourage le développement du commerce et s'intéresse de près aux activités artistiques. Cette renaissance atteint son apogée sous le règne d'Élisabeth Ire, époque de la découverte du Nouveau Monde et des débuts du théâtre anglais, dont le rayonnement sera mondial.

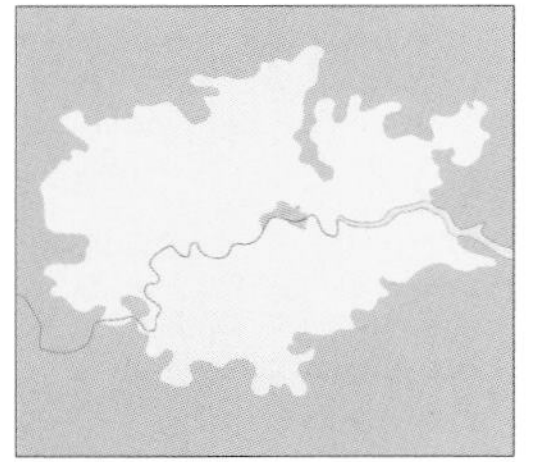

SUPERFICIE DE LA VILLE

En 1561 — *Aujourd'hui*

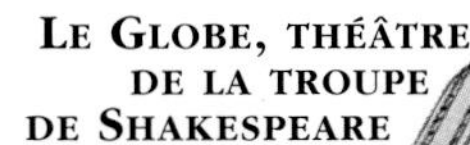

LE GLOBE, THÉÂTRE DE LA TROUPE DE SHAKESPEARE

Seule l'enceinte des théâtres élisabéthains, en bois, est couverte : les jours de pluie, les représentations sont annulées.

Rideau

Le balcon, sur la scène, fait partie du décor.

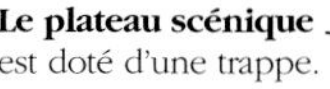

Le plateau scénique est doté d'une trappe.

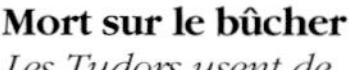

Mort sur le bûcher

Les Tudors usent de méthodes expéditives à l'encontre des opposants au régime. Ici, en 1555, sous le règne de Marie Ire, les évêques Latimer et Ridley, accusés d'hérésie, sont brûlés vifs. Les traîtres étaient pendus, noyés ou écartelés.

Le parterre était à ciel ouvert, et les spectateurs, debout, entouraient les tréteaux de trois côtés.

La chasse et la fauconnerie, *passe-temps très prisés au XVIe s., sont représentées sur ce coussin.*

CHRONOLOGIE

Les chasseurs de rats étaient impuissants à enrayer la propagation de l'épidémie

1535 Thomas More paie de sa vie sa fidélité à Rome

1536 Anne Boleyn, seconde femme de Henri VIII, est décapitée dans la Tour

1530

1534 Henri VIII rompt avec l'Église catholique et romaine

1547 Henri VIII meurt et son fils Édouard VI accède au trône d'Angleterre

1550

1553 Marie Tudor succède à Édouard VI

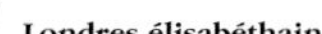

Londres élisabéthain

Les galeries permettaient d'assister au spectacle, en jouissant du confort d'un fauteuil.

Élisabeth Ire *Ce portrait de la « Reine vierge » a été exécuté à l'occasion de la victoire remportée sur l'Espagne, en 1588.*

Ces éperons de joute, *appréciés par la noblesse, étaient utilisés pour désarçonner le rival.*

Bancs disposés en gradins.

Horloge astronomique *réalisée en 1540 à Hampton Court. Le soleil y tourne autour de la terre.*

Entrée

VESTIGES DE LA VILLE ÉLISABÉTHAINE

Le Grand Feu de 1666 épargna Middle Temple (*p. 139*), Staple Inn (*p. 141*) et la chapelle Notre-Dame (Lady Chapel) de l'abbaye de Westminster (*p. 76-79*). Le Museum of London (*p. 166-167*), le Victoria and Albert Museum (*p. 202-205*) et le Geffrye Museum (*p. 248*) possèdent de beaux témoignages du XVIIe s. À l'extérieur de la ville, on visitera Hampton Court (*p. 254-257*) et Sutton House (*p. 248*).

Élisabeth Ire assista à la représentation de la pièce de Shakespeare, *La Nuit des Rois.*

Ce magnifique pichet, qui appartient au Museum of London, a été exécuté par un artisan vénitien.

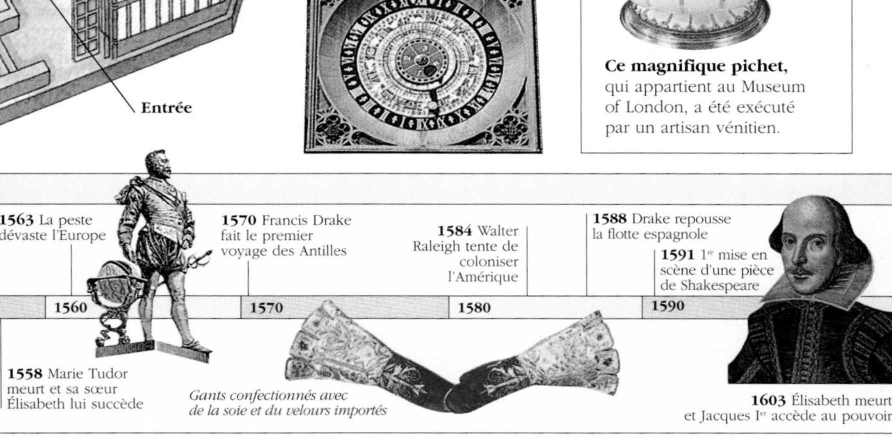

1558 Marie Tudor meurt et sa sœur Élisabeth lui succède

1560

1563 La peste dévaste l'Europe

1570 Francis Drake fait le premier voyage des Antilles

1570

Gants confectionnés avec de la soie et du velours importés

1580

1584 Walter Raleigh tente de coloniser l'Amérique

1588 Drake repousse la flotte espagnole

1590

1591 1re mise en scène d'une pièce de Shakespeare

1603 Élisabeth meurt et Jacques Ier accède au pouvoir

Londres et la restauration

La guerre civile éclate en 1642 lorsque les marchands exigent qu'une partie des pouvoirs du monarque soit conférée au Parlement. La république parlementaire, dominée par les puritains, est dirigée en fait par Oliver Cromwell. Les puritains interdisent la danse et le théâtre. En 1660, le rappel de Charles II favorise la libération d'énergies créatrices longtemps refoulées. Toutefois, cette période est également marquée par deux grandes tragédies : la peste (1665) et le Grand Feu (1666).

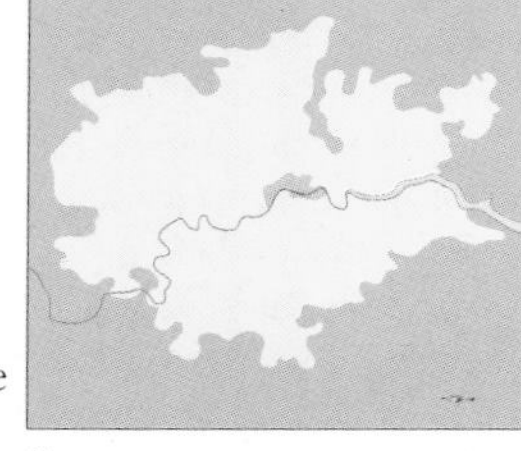

SUPERFICIE DE LA VILLE

En 1680 *Aujourd'hui*

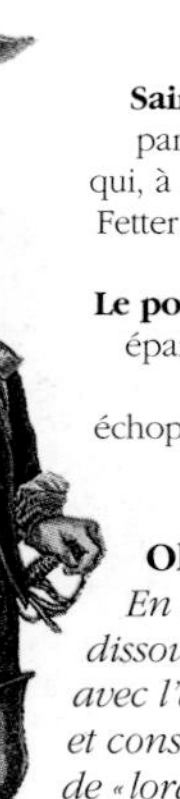

Saint-Paul est détruite par l'incendie de 1666 qui, à l'E., s'étend jusqu'à Fetter Lane (*plan 14 E1*).

Le pont de Londres est épargné, mais nombre de ses maisons et échoppes sont anéanties par les flammes.

Oliver Cromwell
En 1653, Cromwell dissout le Parlement avec l'aide de l'armée et conserve le titre de « lord-protecteur » jusqu'à sa mort, en 1658. Après la restauration, son corps est exhumé et mis à la potence à Tyburn, près de Hyde Park (p. 211).

Mort de Charles Ier
Accusé de haute trahison, le roi Charles Ier est condamné à mort et exécuté le 30 janvier 1649 devant le palais de Whitehall (p. 80).

Charles Ier
Après 1629, pendant onze années de « tyrannie », il tente de gouverner sans Parlement : c'est l'une des causes de la guerre civile.

CHRONOLOGIE

1620		1640	1650

1605 Échec du complot des poudres fomenté par G. Fawkes, visant à faire sauter le Parlement à l'ouverture de la session par le roi

1623 Premier folio publié par Shakespeare

1625 Jacques Ier meurt et son fils Charles Ier lui succède

Chapeau à plume porté par les cavaliers royalistes

1642 La guerre civile éclate lorsque les Communes s'opposent au roi

1649 Charles Ier est exécuté et la république parlementaire est instaurée

Londres et la restauration

Télescope de Newton
Physicien et astronome, Isaac Newton (1642-1727) découvre les lois de la gravitation universelle.

Samuel Pepys
Son journal nous renseigne sur le mode de vie de l'aristocratie de l'époque.

La Tour de Londres a échappé au Grand Feu.

Le Grand Feu de 1666

Un artiste néerlandais a exécuté cette vue de l'incendie qui a sévi pendant cinq jours, et détruit 13 000 maisons.

La peste
En 1665, des charretiers transportaient les cadavres à l'extérieur de la ville.

Les vestiges de la Restauration

Les églises et la cathédrale Saint-Paul de Christopher Wren (*p. 47 et p. 148-151*) sont, avec la Banqueting House (*p. 80*), les constructions du XVIIe s. les plus célèbres de Londres. Lincoln's Inn (*p. 136*) et Cloth Fair (*p. 165*) regroupent des bâtiments plus modestes. Le Museum of London (*p. 166-167*) a reconstitué un intérieur de cette période. Le British Museum (*p. 126-129*) et le Victoria and Albert Museum (*p. 202-205*) exposent des objets d'époque.

Ham House (*p. 252*) a été construite en 1610, puis agrandie à la fin du siècle. Ses intérieurs sont remarquables.

Rubens a exécuté en 1636 les panneaux du plafond de Banqueting House (*p. 80*), chef-d'œuvre d'Inigo Jones.

1664-1665 La peste décime près de 100 000 personnes

1666 Grand Feu

1685 Charles II meurt et son frère Jacques II lui succède

1692 Naissance de la Lloyd's, la célèbre association d'assureurs

1660 | 1670 | 1690

1660 Restauration de la monarchie, avec le rappel de Charles II

Plat à barbe exécuté en 1681 par un potier londonien

1688 Jacques II se réfugie en France et la couronne est offerte à Marie et à son époux Guillaume d'Orange

1694 William Paterson fonde la Banque d'Angleterre

Londres georgien

La fondation de la Banque d'Angleterre, en 1694, stimule la croissance de Londres et, lorsqu'en 1714, George Ier monte sur le trône, la ville est devenue un important centre de la finance et des affaires. Dans le West End, les marchands récemment enrichis habitent d'élégantes demeures construites par des architectes de renom, tel John Nash qui tire son inspiration de ce qui se fait de mieux dans les capitales européennes.

George Ier a régné de 1714 à 1727

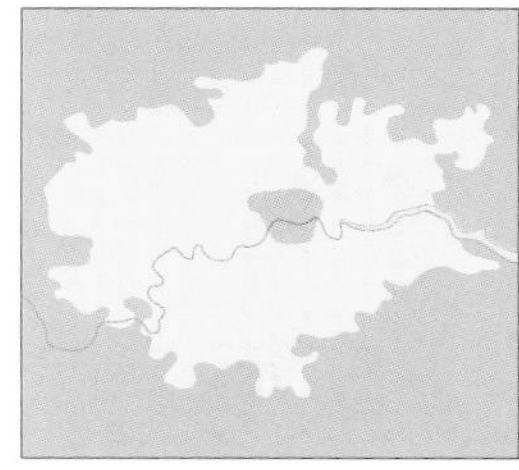

SUPERFICIE DE LA VILLE

En 1810 | *Aujourd'hui*

Manchester Square a été créé entre 1776 et 1778.

Portman Square, construit en 1764, se trouvait alors à la périphérie de la ville.

Great Cumberland Place
Ensemble architectural construit en 1790.

Grosvenor Square
Sur le plus ancien et le plus grand square de Mayfair, rares sont les édifices d'origine (1720) à avoir subsisté.

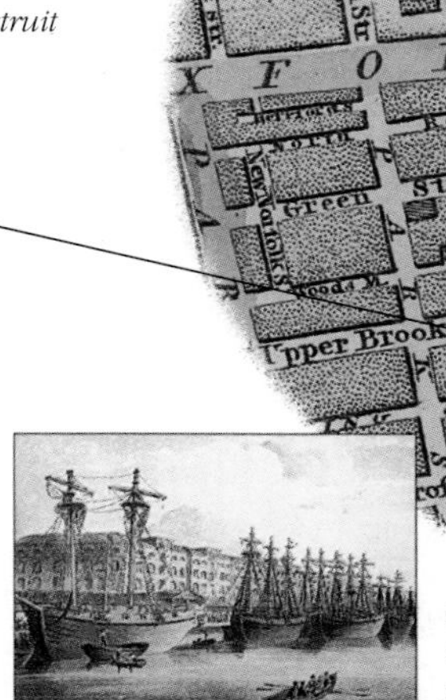

Les docks
ont été construits pour faciliter le commerce international.

CHRONOLOGIE

1714 George Ier devient roi

1717 Construction de Hanover Square et naissance du West End

1720

1727 George II devient roi

1729 John Wesley (1703-91) fonde le méthodisme

1740

1759 Création des jardins royaux de Kew

1760

1760 George III monte sur le trône

1768 Fondation de l'Académie des beaux-arts

1770

John Nash
En s'inspirant des thèmes classiques, Nash a marqué le style de la ville du XVIIIe s. Cette porte monumentale, à Cumberland Terrace, près de Regent's Park, est caractéristique de ses réalisations.

OÙ VOIR LE LONDRES GEORGIEN

Le portique du Théâtre Royal, à Haymarket (*p. 328-329*), illustre le courant architectural du Londres des années 1820, tout comme les bâtiments de deux clubs de Pall Mall (*p. 92*), le Reform et le Travellers. Autres exemples dans le West End et dans Fournier Street (*p. 170*). Des pièces d'argenterie sont exposées au Victoria and Albert Museum (V & A *p. 202-205*) ainsi qu'au London Silver Vaults (*p. 141*). Les toiles de Hogarth, à la Tate Britain (*p. 82-85*) et certaines œuvres du Sir John Soane's Museum (*p. 136-137*) témoignent des différentes conditions sociales de l'époque.

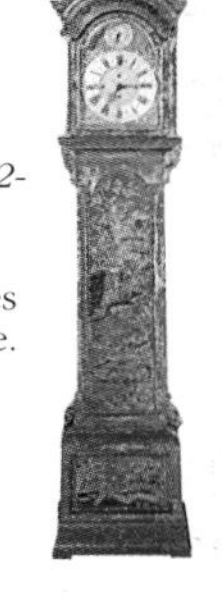

Cette grande horloge anglaise (1725), en chêne et en pin, à motifs chinois, est exposée au V & A Museum.

LONDRES GEORGIEN
Le tracé du West End n'a guère changé depuis 1828, date de la publication de ce plan.

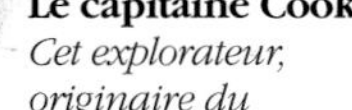

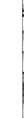

Le capitaine Cook
Cet explorateur, originaire du Yorkshire, découvre l'Australie lors de son voyage autour du monde (1768-1771).

Berkeley Square
Construit dans les années 1730 et 1740 sur le site de Berkeley House, il possède encore quelques maisons caractéristiques de cette période.

Ferronnerie
L'artisanat est en pleine expansion. Cette grille se trouve sur Manchester Square

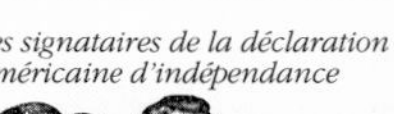

Les signataires de la déclaration américaine d'indépendance

1776 La Grande-Bretagne perd les colonies américaines lors de la déclaration d'indépendance

1802 La Bourse des valeurs s'installe à son emplacement actuel

1811 George III devient fou et, son fils George, le prince-régent, lui succède

1820 George III meurt et le prince-régent devient George IV

1830 George IV meurt et son frère Guillaume IV accède au trône

1800 | **1810** | **1820** | **1830**

1829 Le premier bus londonien

Londres victorien

Une bonne partie de la ville actuelle date de l'ère victorienne. Jusqu'au début du XIXe s., la capitale n'avait guère dépassé les limites de l'enceinte romaine. S'y ajoutaient cependant Westminster et Mayfair, des prés et quelques villages. Dès les années 1820, ces espaces verts sont remplacés par les fameuses « terraces », ensembles de maisons destinées à accueillir les classes laborieuses. L'expansion rapide de la ville pose un certain nombre de problèmes : insalubrité, puanteur des eaux de la Tamise. En 1875, la création, par Joseph Bazalgette, du réseau d'égouts et l'édification des quais mettent un terme à ces désagréments.

La reine Victoria, l'année de son couronnement (1838)

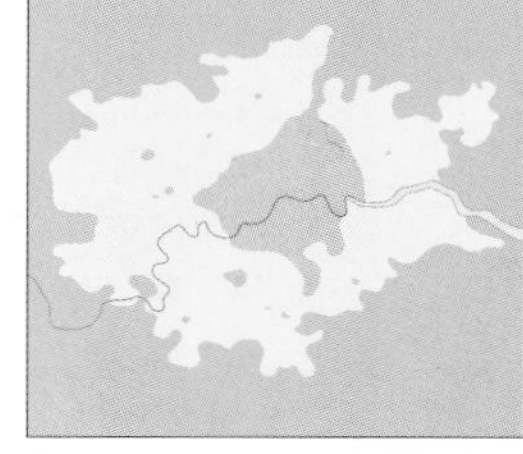

SUPERFICIE DE LA VILLE

☐ *En 1900* ☐ *Aujourd'hui*

Pantomimes
Ces spectacles de Noël (encore populaires de nos jours, p. 328*) remontent au XIXe s.*

L'édifice mesurait 560 m de long et 33 m de haut.

Près de 14 000 exposants venus des quatre coins du monde présentèrent plus de 100 000 objets.

Avant l'ouverture de l'Exposition, il fut demandé à des soldats de déambuler et de sauter sur les planchers pour contrôler la résistance de la construction.

Trois grands ormes de Hyde Park furent englobés dans la construction.

La fontaine de Crystal Palace mesurait 8 m de haut.

Des tapis et des vitraux étaient suspendus aux balcons

CHRONOLOGIE

1836 Le premier terminus ferroviaire londonien ouvre ses portes à London Bridge

1837 Victoria devient reine

1840 Rowland Hill fait paraître le 1er timbre-poste

1851 La Grande Exposition universelle

Carte d'abonnement à l'Exposition

Assiette Wedgwood ornée de motifs floraux représentatifs du style prisé à l'ère victorienne

1860

1861 Mort du prince Albert

1863 Ouverture du Metropolitan Railway, le premier métro du monde

1870 Construction des premiers immeubles Peabody, destinés à accueillir les pauvres, sur Blackfriars Road

☐ **Règne de Victoria**

Les chemins de fer
Dès le début du XXe s., des trains rapides sillonnaient le pays.

VESTIGES DE L'ÈRE VICTORIENNE

Les édifices grandioses qui reflètent le mieux l'esprit de cette période sont, notamment, les gares, les musées de Kensington (*p. 198-213*) et le Royal Albert Hall (*p. 207*). Un magnifique intérieur est préservé à Leighton House (*p. 218*). Le Victoria and Albert Museum présente des porcelaines et des tissus, et le London Transport Museum (*p. 114*), des autobus, des tramways et des trains.

Le style néogothique de l'ère victorienne caractérise le bâtiment des Archives nationales sur Chancery Lane.

Le télégraphe
L'invention de nouvelles technologies de la communication, comme celle du télégraphe, en 1840, favorisa le développement des échanges.

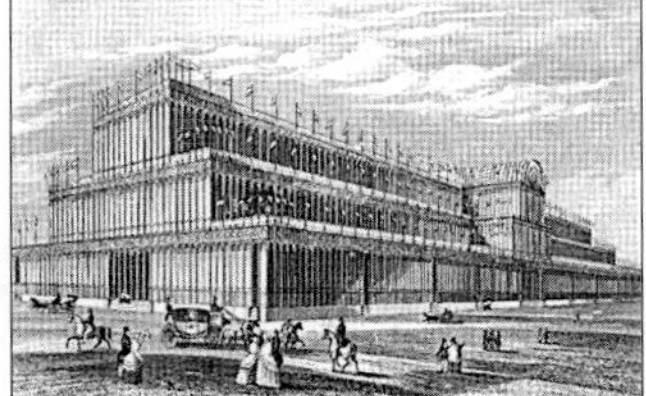

Crystal Palace
En 1851, six millions de personnes visitèrent le bâtiment en fer et en verre conçu par Joseph Paxton. En 1852, l'édifice fut démonté et transporté au S. de Londres, où il fut finalement détruit par un incendie en 1936.

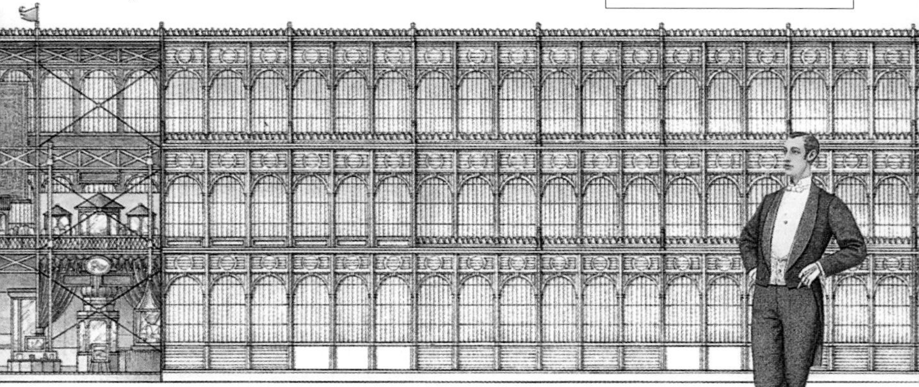

LA GRANDE EXPOSITION UNIVERSELLE DE 1851
L'Exposition rendit hommage aux progrès techniques et à l'expansion de l'Empire britannique.

Les tenues de soirée
À cette époque, les costumes masculins se devaient d'être classiques et sobres.

Carton spécialement conçu pour transporter un haut-de-forme

1880

1889 Création du London County Council (LCC)

1890

1890 Ouverture de la première ligne électrique du métro londonien

1891 Construction des premiers logements sociaux, à Shoreditch

1899 Apparition des premiers autobus

Éventail commémorant la victoire remportée, en 1903, sur les Boers

1900

1901 Victoria meurt et Édouard VII monte sur le trône

Londres entre deux guerres

Tasse et soucoupe Art déco dessinées par Clarice Cliff

Après la Première Guerre mondiale, les Londoniens s'adaptent volontiers aux innovations technologiques qui leur sont offertes : l'automobile, le téléphone, les transports en commun. Le cinématographe importe la culture américaine : le jazz et le swing. La bonne moralité et l'étiquette préconisées durant l'ère victorienne ne les empêchent plus de se précipiter dans les clubs, restaurants ou établissements où l'on s'amuse. Mais les années 30 sont marquées par la crise.

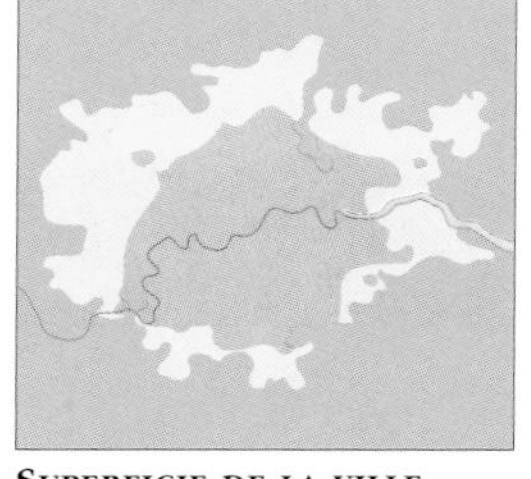

SUPERFICIE DE LA VILLE

En 1938 *Aujourd'hui*

Les transports en commun
Le développement du métro incite les Londoniens à s'installer dans les banlieues. La Metropolitan Line permet de se rendre jusque dans le Hertfordshire, zone que l'on surnomme « Metroland ».

La mode
Les lignes fluides des robes de l'époque contrastent avec la lourdeur des vêtements de l'ère victorienne. Cette robe habillée date des années 20.

Les tenues de soirée, avec chapeau obligatoire sont encore de rigueur dans les établissements chic du West End.

SCÈNE DE RUE
Cette toile de M. Greiflenhagen, de 1926, dépeint l'atmosphère trépidante des soirées londoniennes.

CHRONOLOGIE

Des médailles semblables à celle-ci sont frappées lors de la campagne en faveur du vote des femmes

1910

1910 George V succède à Édouard VII

Pendant la Première Guerre mondiale, l'Angleterre utilise sa cavalerie au Moyen-Orient

1921 La North Circular Road relie les banlieues du N. de Londres

1920

1922 Première émission de la BBC, diffusée sur l'ensemble du territoire

Les années folles

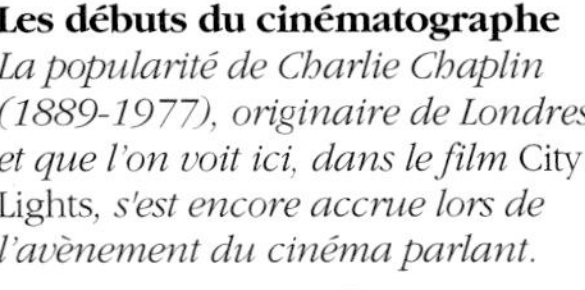

Les débuts du cinématographe
La popularité de Charlie Chaplin (1889-1977), originaire de Londres et que l'on voit ici, dans le film City Lights, *s'est encore accrue lors de l'avènement du cinéma parlant.*

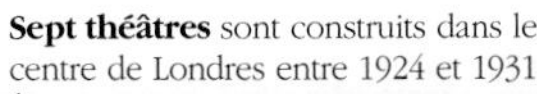

Sept théâtres sont construits dans le centre de Londres entre 1924 et 1931.

Pendant l'entre-deux-guerres, le tirage des journaux ne cesse d'augmenter. En 1930, le *Daily Herald* a deux millions de lecteurs par jour.

George VI
Ce portrait du roi, exécuté par Oswald Birley, est un hommage à la détermination et à l'héroïsme du monarque pendant la guerre.

À l'image de ceux qui étaient tractés par des chevaux, les premiers autobus sont à impériale.

La communication
La radio informe et divertit. Ce récepteur date de 1933.

La Seconde Guerre mondiale et le Blitz

Les bombardements allemands de la dernière guerre font plusieurs milliers de morts et sèment l'horreur parmi la population civile de Londres. Un grand nombre d'habitants se réfugient dans les stations de métro et les enfants sont envoyés à la campagne.

Comme pendant la Première Guerre mondiale, les femmes dans les usines remplacent les hommes partis au front.

Les bombardements de 1940 et 1941 (le *blitz*) dévastent la ville.

1929 La chute spectaculaire des cours en bourse à Wall Street est à l'origine d'une crise mondiale

1939 La Seconde Guerre mondiale éclate

1925 | 1930

1927 Les débuts du cinéma parlant

1936 Édouard VII abdique pour épouser Wallis Simpson. George VI monte sur le trône

1940 Winston Churchill devient Premier ministre

Londres d'après-guerre

Pendant la période de reconstruction qui suit la Seconde Guerre mondiale, des cités sont construites à la va-vite. Certaines ont été rasées depuis. Dans les années 60, Londres devient une capitale de la mode et de la culture rock. Des tours s'élèvent, mais certaines restent vides, car la croissance des années 80 s'essouffle et la décennie suivante s'ouvre sur une période de récession.

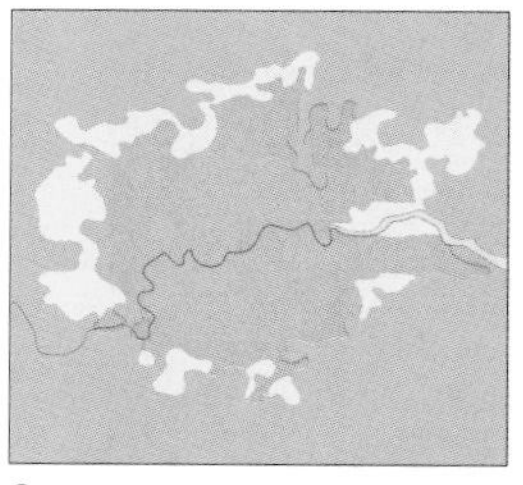

Superficie de la ville

En 1959 | Aujourd'hui

Les Beatles
Le groupe de rock de Liverpool connaît dès 1963 un succès planétaire grâce à des chansons fraîches et toniques. Il est le symbole de l'insouciance qui règne à Londres durant cette période.

Margaret Thatcher
Première femme Premier ministre (1979-1990). Sa politique ultralibérale stimula la reprise des années 80.

Le Festival of Britain
Après la guerre, ce festival, qui célèbre le centième anniversaire de l'Exposition de 1851, remonte le moral des Londoniens (p. 26-27).

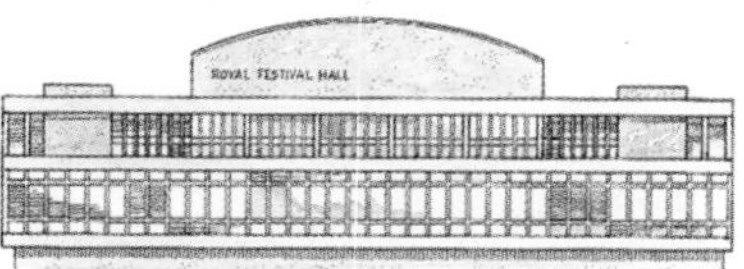

Le Royal Festival Hall (1951), centre nerveux du festival, attire encore de nombreux spectateurs.

La gigantesque tour de verre et d'acier des télécomunications britanniques fut édifiée en 1964.

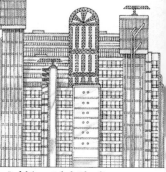

Le bâtiment de la Lloyd's, inauguré en 1986, illustre le style postmoderne (*p. 159*).

Chronologie

1948 Les jeux Olympiques se déroulent à Londres

1952 George VI meurt et sa fille Élisabeth II accède au trône

Les Austin mini deviennent le symbole des années 60. Petites et maniables, elles correspondent à l'état d'esprit et au goût d'évasion de la décennie.

1945 | 1950 | 1955 | 1960 | 1965 | 1970 | 1975

1945 La Seconde Guerre mondiale s'achève

1951 Festival of Britain

1954 Abandon des tickets de rationnement utilisés pendant la guerre

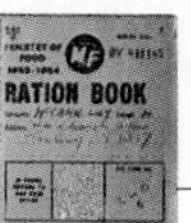

1963 L'Old Vic devient le siège du Théâtre national

1971 Construction du nouveau pont de Londres

1977 Fêtes célébrant les 25 premières années du règne d'Élisabeth II. Début des travaux de la Jubilee Line

Londres d'après-guerre

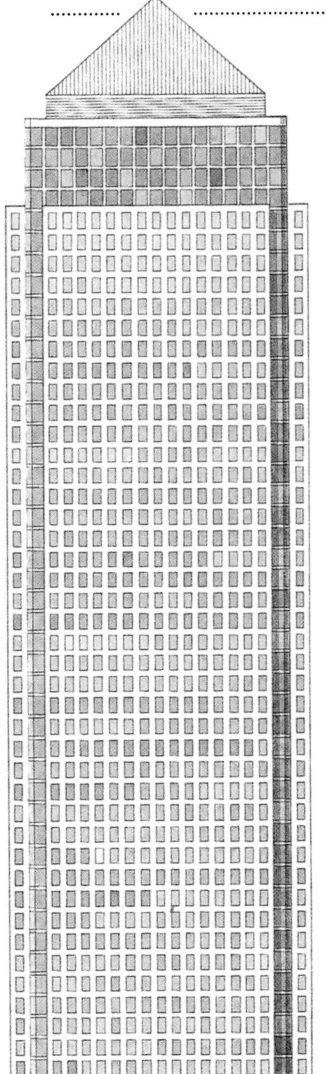

Canada Tower (érigée en 1991) est le plus grand gratte-ciel de la capitale. Il a été conçu par César Pelli (*p. 249*).

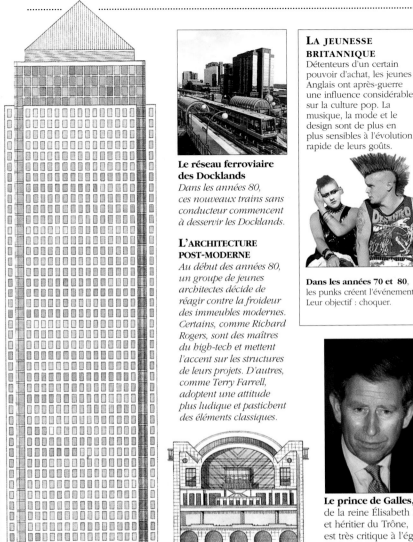

Le réseau ferroviaire des Docklands
Dans les années 80, ces nouveaux trains sans conducteur commencent à desservir les Docklands.

L'ARCHITECTURE POST-MODERNE
Au début des années 80, un groupe de jeunes architectes décide de réagir contre la froideur des immeubles modernes. Certains, comme Richard Rogers, sont des maîtres du high-tech et mettent l'accent sur les structures de leurs projets. D'autres, comme Terry Farrell, adoptent une attitude plus ludique et pastichent des éléments classiques.

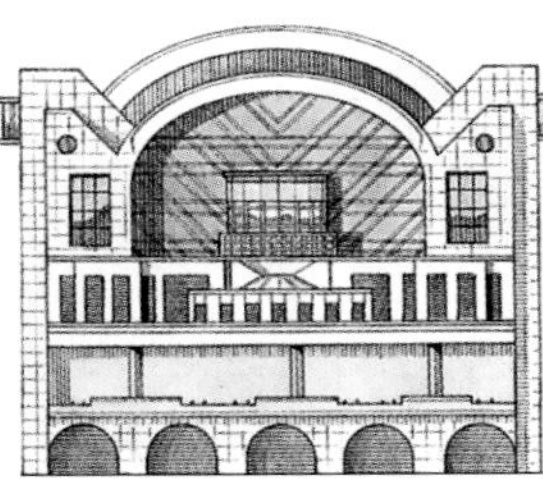

La voûte de verre de Charing Cross Station, conçue en 1991, recouvre la gare victorienne (*p. 119*).

LA JEUNESSE BRITANNIQUE
Détenteurs d'un certain pouvoir d'achat, les jeunes Anglais ont après-guerre une influence considérable sur la culture pop. La musique, la mode et le design sont de plus en plus sensibles à l'évolution rapide de leurs goûts.

Dans les années 70 et 80, les punks créent l'événement. Leur objectif : choquer.

Le prince de Galles, fils de la reine Élisabeth II et héritier du Trône, est très critique à l'égard de l'architecture contemporaine.

1984 Le barrage mobile de protection, la Thames Barrier, est achevé

1986 Le Greater London Council cesse d'exister

Les vêtements de Vivian Westwood sont très cotés dans les années 80 et 90.

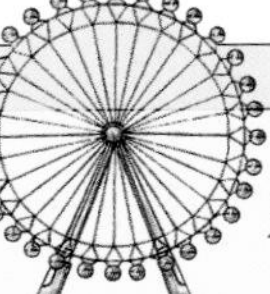

Le London Eye a été dressé au printemps 2000.

1980 | 1985 | 1990 | 1995 | 2000 | 2005 | 2010

1982 Le dernier des docks londoniens ferme ses portes

1985 La famine qui sévit en Éthiopie donne lieu au concert *Live Aid*

1992 Ouverture de Canary Wharf

1997 Les obsèques de la princesse Diana paralysent Londres

2000 Ken Livingstone est le premier maire de Londres élu au suffrage direct

Rois et reines de Londres

Londres est la capitale du royaume depuis 1066, date à laquelle Guillaume le Conquérant institue la tradition des couronnements à l'abbaye de Westminster. Depuis lors, les souverains successifs ont laissé leur empreinte sur nombre des lieux décrits dans ce guide : Henri VIII chasse à Richmond, Charles Ier est exécuté à Whitehall et la jeune reine Victoria fait du cheval sur Queensway. La monarchie est également célébrée à l'occasion de multiples cérémonies (*p. 52-55*).

1413-1422 Henri V

1509-1547 Henri VIII

1399-1413 Henri IV

1485-1509 Henri VII

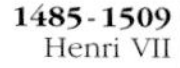

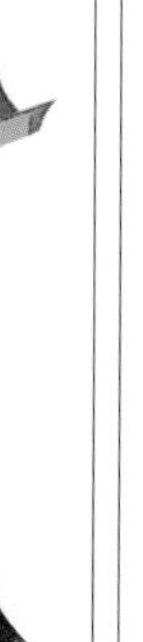

1066-1087 Guillaume le Conquérant

1087-1100 Guillaume II le Roux

1100-1135 Henri Ier

1135-1154 Étienne

1327-1377 Édouard III

1483-1485 Richard III

1050	1100	1150	1200	1250	1300	1350	1400	1450	1500
NORMANDS		PLANTAGENÊTS					LANCASTRE	YORK	TUDORS
1050	1100	1150	1200	1250	1300	1350	1400	1450	1500

1154-1189 Henri II

1189-1199 Richard Ier Cœur de Lion

1199-1216 Jean sans Terre

1216-1272 Henri III

1307-1327 Édouard II

1272-1307 Édouard Ier

1461-1470 et **1471-1483** Édouard IV

1422-1461 et **1470-1471** Henri VI

1377-1399 Richard II

Cette miniature exécutée par Matthew Paris présente Richard Ier, Henri II, Jean sans Terre et Henri III

1483 Édouard V

1553-1558 Marie Ire

1603-1625 Jacques Ier

1660-1685 Charles II

1685-1688 Jacques II

1689-1702 Guillaume III et Marie II

1702-1714 Anne

1714-1727 George Ier

1727-1760 George II

1837-1901 Victoria

1901-1910 Édouard VII

1936 Édouard VIII

1952- Elisabeth II

1550	1600	1650	1700	1750	1800	1850	1900	1950	2000
	STUARTS		HANOVRE				WINDSORS		
1550	1600	1650	1700	1750	1800	1850	1900	1950	2000

1649-1660 République parlementaire dirigée par Oliver Cromwell

1830-1837 Guillaume IV

1936-1952 George VI

1820-1830 George IV

1910-1936 George V

1625-1649 Charles Ier

1760-1820 George III

1558-1603 Elisabeth Ire

1547-1553 Édouard VI

LONDRES D'UN COUP D'ŒIL

Près de 300 sites d'intérêt sont décrits dans le chapitre *Quartier par quartier* de ce guide. Vous y trouverez, par exemple, l'extraordinaire National Gallery dont les collections du début de la Renaissance sont particulièrement riches, l'effrayante salle d'opérations de l'hôpital Saint-Thomas présentée au musée, et illustrant l'histoire de la chirurgie (*p. 176*), la chartreuse de Londres (*p. 164*) ou le récent complexe de Canary Wharf (*p. 249*). Les 20 pages suivantes s'adressent à tous les visiteurs qui veulent profiter au maximum de leur séjour à Londres. Musées et galeries, églises, ainsi que parcs et jardins font l'objet de sections spécifiques. Il en est de même pour les Londoniens célèbres et les cérémonies officielles. À chaque fois qu'un site est mentionné, le numéro de la page où il est décrit en détail est indiqué.

LES VISITES À NE PAS MANQUER

La cathédrale Saint-Paul
Pages 148-151.

Hampton Court
Pages 254-257.

La relève de la Garde
Buckingham Palace, Pages 94-95.

Le British Museum
Pages 126-129.

La National Gallery
Pages 104-107.

L'abbaye de Westminster
Pages 76-79.

Madame Tussaud's
Page 224.

Houses of Parliament
Pages 72-73.

La Tour de Londres
Pages 154-157.

Le Victoria and Albert Museum
Pages 202-205.

◁ **Le British Airways London Eye et Big Ben**

Les hôtes célèbres

Un bon nombre de Londoniens célèbres sont étroitement associés à l'histoire de la capitale : Samuel Pepys, Christopher Wren, Samuel Johnson ou Charles Dickens, par exemple (*p. 38-39*). Le centre culturel, des affaires et de la politique de l'Angleterre a toujours attiré un grand nombre de personnalités venues de l'étranger. Certains ont ainsi échappé aux guerres ou à la persécution qui sévissaient dans leur pays, d'autres ont gagné Londres pour y travailler ou y étudier, d'autres, enfin, venaient en simples visiteurs.

Mary Seacole *(1805-1881)*
Écrivain née en Jamaïque et infirmière pendant la guerre de Crimée, elle vécut à Paddington.

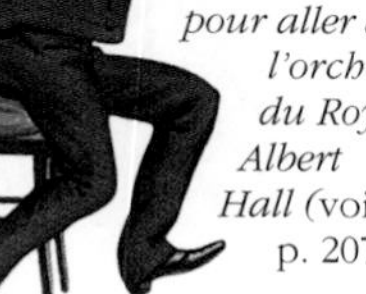

Richard Wagner *(1813-1883)*
*En 1877, le compositeur d'opéras allemand vivait au n° 12 Orme Square, à Bayswater. De son domicile, il traversait le parc à pied pour aller diriger l'orchestre du Royal Albert Hall (*voir p. 207*).*

Henry James *(1843-1916)*
Le romancier américain vécut au n° 3 Bolton Street, à Mayfair, puis au n° 34 de Vere Gardens, à Kensington (1886-1892). Il trouva la mort à Carlyle Mansions, sur Cheyne Walk.

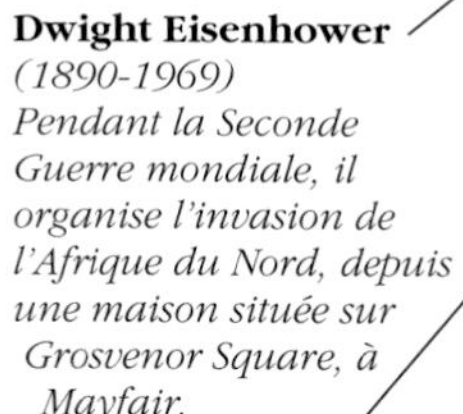

Dwight Eisenhower
(1890-1969)
Pendant la Seconde Guerre mondiale, il organise l'invasion de l'Afrique du Nord, depuis une maison située sur Grosvenor Square, à Mayfair.

Jenny Lind *(1827-1887)*
Le « rossignol suédois » vécut quelque temps au n° 189 Old Brompton Road, à Kensington.

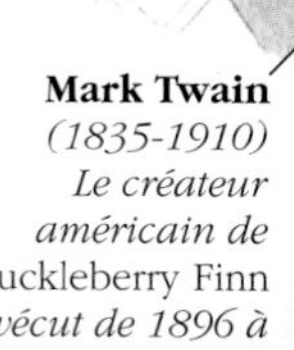

Mark Twain *(1835-1910)*
Le créateur américain de Huckleberry Finn *vécut de 1896 à 1897 au n° 23 Tedworth Square.*

Giuseppe Mazzini *(1805-1872)*
Architecte de l'unité italienne, il est contraint de partir pour Londres en 1837. Il y vit en exil au n° 183 Gower Street jusqu'en 1840. Il crée une école pour les immigrés italiens au n° 5 Hatton Garden.

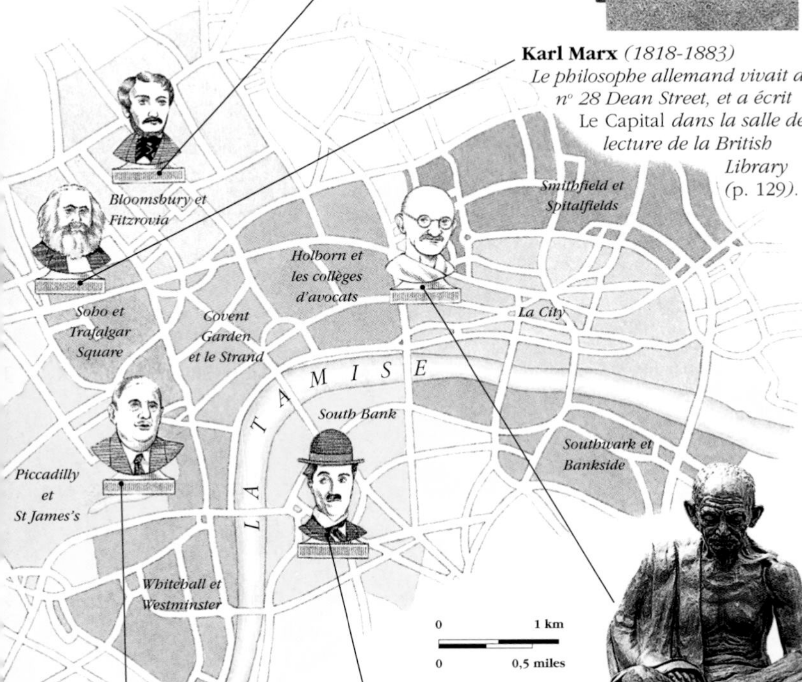

Karl Marx *(1818-1883)*
Le philosophe allemand vivait au n° 28 Dean Street, et a écrit Le Capital *dans la salle de lecture de la British Library* (p. 129).

Gandhi *(1869-1948)*
Porte-parole du nationalisme indien, il étudie le droit à Inner Temple (p. 139) *en 1889, et prend ses repas au Central, un restaurant végétarien situé sur St Bride's Lane.*

Charlie Chaplin *(1889-1977)*
Le plus grand acteur américain de l'histoire du cinéma est né au S. de Londres, et a vécu au n° 287 Kennington Road. Il a fait ses débuts dans les music-halls londoniens.

Charles de Gaulle *(1890-1970)*
Pendant la Seconde Guerre mondiale, il organise, de Londres, la résistance française.

Quelques Londoniens célèbres

Caricature de Wellington

De tout temps, Londres a accueilli les personnalités les plus marquantes et les plus influentes de leur époque. Certaines y sont seulement passées, d'autres y ont élu domicile en renonçant parfois à leur propre patrie. Que ce soit en construisant des édifices grandioses et durables, en instaurant des établissements ou des traditions, ou en la décrivant dans leurs œuvres littéraires ou picturales, toutes ont laissé leur empreinte sur la ville. La plupart ont également une influence qui se propage bien au-delà des limites de la métropole britannique.

Venus Venticordia par Dante Gabriel Rossetti

Architectes et ingénieurs

Théâtre Royal Haymarket, conçu par John Nash (1821)

Inigo Jones (1573-1652) est le premier architecte vraiment important de l'histoire de la ville. Né à Londres, il est l'instigateur de l'architecture Renaissance. On lui doit également des peintures de paysages et des décors de théâtre. Surintendant des Bâtiments du roi, comme son successeur Christopher Wren (1632-1723), il vit et travaille à la Grande Cour d'Écosse, à Whitehall.

Nicholas Hawksmoor (1661-1736), protégé de Christopher Wren, et James Gibbs (1682-1754) occupent après lui la fonction de premier architecte de la ville. Se succèdent ensuite des générations d'artistes qui, chacun à leur tour, marquent de leur génie l'aspect de la cité : les frères Robert (1728-1792) et James Adam (1730-1794) au XVIIIe s., puis John Nash (1752-1835), Charles Barry (1795-1860) et Decimus Burton (1800-81), et enfin, Alfred Waterhouse (1830-1905), Norman Shaw (1831-1912) et George Gilbert Scott (1811-1878) durant l'ère victorienne.

Les égouts de Londres et les quais de la Tamise sont dus à l'ingénieur Joseph Bazalgette (1819-1891).

Artistes peintres

À Londres comme ailleurs, les peintres vivent dans les mêmes quartiers, se soutiennent mutuellement et ont les mêmes préoccupations. Au XVIIIe s., ils fréquentent St James's pour ne pas trop s'éloigner de la Cour et de leurs mécènes. Ainsi, William Hogarth (1697-1764) et Joshua Reynolds (1723-1792) vivent et travaillent à Leicester Square, tandis que Thomas Gainsborough (1727-1788) s'installe sur Pall Mall. (Hogarth dispose également d'une « résidence secondaire » à Chiswick).

Plus tard, Cheyne Walk, à Chelsea, avec ses vues de la Tamise, devient populaire auprès d'artistes peintres tels que J. M. W. Turner (1775-1851), James McNeill Whistler (1834-1903), Dante Gabriel Rossetti (1828-1882), Philip Wilson Steer (1860-

Les maisons de personnages célèbres

Quatre intérieurs d'écrivains ont été reconstitués et sont ouverts au public. Il s'agit de la maison du poète romantique **John Keats** (1795-1821) où il tombe amoureux de Fanny Brawne, de la demeure de l'historien **Thomas Carlyle** (1795-1881), du domicile du lexicographe **Samuel Johnson** (1709-1784) ou de celui du grand romancier **Charles Dickens** (1812-1870). La maison que **John Soane** (1753-1837) se fait construire subsiste largement dans l'état où il la laisse à sa mort. Il en est de même pour celle où le psychiatre **Sigmund Freud** (1856-1939) s'installe pour fuir l'Allemagne nazie avant que n'éclate la Seconde Guerre mondiale.

La maison de **Wellington** (1769-1852), vainqueur à Waterloo, à Hyde Park Corner, expose de nombreuses œuvres d'art. Enfin, l'appartement de **Sherlock Holmes,** le fameux détective imaginé par Conan Doyle, est reconstitué sur Baker Street.

Maison de Dickens

Maison de Carlyle

PLAQUES

À Londres, les maisons de personnages célèbres s'identifient aisément grâce aux plaques apposées sur les façades. Elles sont nombreuses à Chelsea, Kensington ou Mayfair.

N° 3 Sussex Square, Kensington

N° 27 b Canonbury Square, Islington

N° 56 Oakley Street, Chelsea

1942) ou le sculpteur Jacob Epstein (1880-1959). Augustus John (1879-1961) et John Singer Sargent (1856-1925) ont chacun un atelier sur Tite Street. John Constable (1776-1837) travaille surtout dans le Suffolk, mais vit quelque temps à Hampstead où il exécute de superbes peintures représentant le parc.

ÉCRIVAINS

Geoffrey Chaucer (env. 1345 - env. 1400), auteur des *Contes de Canterbury*, naît sur Upper Thames Street d'un père négociant en vins. Les dramaturges William Shakespeare (1564-1616) et Christopher Marlowe (1564-93) travaillent tous deux dans des théâtres de Southwark. Il est donc possible qu'ils aient vécu à proximité.

Les deux poètes John Donne (1572-1631) et John Milton (1608-1674) naissent sur Bread Street, dans la City. Au terme d'une jeunesse dissolue, Donne devient doyen de Saint-Paul. Le diariste Samuel Pepys (1633-1703) naît à proximité de Fleet Street.

La romancière Jane Austen (1775-1817) vit brièvement près de Sloane Street et de l'hôtel Cadogan, où Oscar Wilde (1854-1900), esprit étincelant, est arrêté pour homosexualité. L'auteur dramatique George Bernard Shaw (1856-1950) vit au n° 29 Fitzroy Square, à Bloomsbury. Plus tard, y habitera aussi Virginia Woolf (1882-1941). Elle y recevra le groupe de Bloomsbury (Vanessa Bell, John Maynard Keynes, E. M. Forster, Roger Fry et Duncan Grant, notamment).

George Bernard Shaw

HOMMES PUBLICS

La légende faisait de Dick Whittington un orphelin sans le sou, venu à Londres avec son chat pour chercher fortune et qui, plus tard, devint lord-maire. En réalité, Richard Whittington (1360 ?-1423), trois fois lord-maire entre 1397 et 1420, et sans doute le plus populaire des premiers hommes politiques, était fils d'un châtelain. Thomas More (1478-1535) habite à Chelsea, est chancelier d'Henri VIII, et reste fidèle à la foi catholique jusqu'à sa mort, sur l'échafaud. L'Église l'a ensuite canonisé. Thomas Gresham est le promoteur de la première Bourse de Londres. Robert Peel (1788-1850) crée les premières forces de police de la capitale, dont les agents sont aujourd'hui communément appelés des « bobbies ».

ACTEURS

Nell Gwynne (1650-1687) est plus connue pour son « aventure » avec le roi Charles II que pour ses talents d'actrice. Elle monte cependant sur les planches du Drury Lane Theatre où elle vend également des oranges. En revanche, l'acteur des pièces de Shakespeare Edmund Kean (1789-1833) et la grande tragédienne Sarah Siddons (1755-1831) connaissent, dans ce même théâtre, un énorme succès. Il en est de même pour Henry Irving (1838-1905) et Ellen Terry (1847-1928) qui jouent ensemble pendant 24 ans. Charlie Chaplin naît à Kennington et vit une enfance misérable. Au XXe s., l'Old Vic est le véritable vivier d'excellents acteurs, parmi lesquels John Gielgud (1904-), Ralph Richardson (1902-1983), Peggy Ashcroft (1907-1991) ou Laurence Olivier (1907-1989). Ce dernier devient le premier directeur du National Theatre.

Laurence Olivier

LES MAISONS DE PERSONNAGES CÉLÈBRES

Thomas Carlyle p. 196
Charles Dickens p. 125
Sigmund Freud p. 246
William Hogarth p. 259
Sherlock Holmes p. 226
Samuel Johnson p. 140
John Keats p. 233
John Soane p. 136
Wellington (Aspley House) p. 97

Les plus grands musées de Londres

Les musées de Londres recèlent une étonnante quantité de trésors qui proviennent des quatre coins du monde. Ce plan présente les 15 principaux musées et galeries. Leurs collections peuvent satisfaire les curiosités les plus diverses. Certaines ont été constituées grâce aux dons effectués par les explorateurs, marchands et collectionneurs des XVIIIe et XIXe s. D'autres sont spécialisées dans un domaine de l'art, de l'histoire, de la science ou de la technologie. Un panorama plus complet des musées et galeries est présenté aux pages 42-43.

British Museum
Ce casque anglo-saxon est l'une des innombrables pièces de la collection d'antiquités.

Wallace Collection
Le Cavalier riant *de Frans Hals est une des plus belles peintures de ce musée où sont également présentés des meubles, des armures et des objets d'art.*

Royal Academy of Arts
Grandes expositions temporaires. Le Salon d'été (Summer Exhibition) a lieu chaque année et les œuvres exposées sont à vendre.

N

Regent's Park et Marylebone

Kensington et Holland Park

South Kensington et Knightsbridge

Piccadilly et St James

Chelsea

Science Museum
Le moteur de Newcomen (1712) est exposé dans ce musée qui intéressera tant les enfants que les spécialistes.

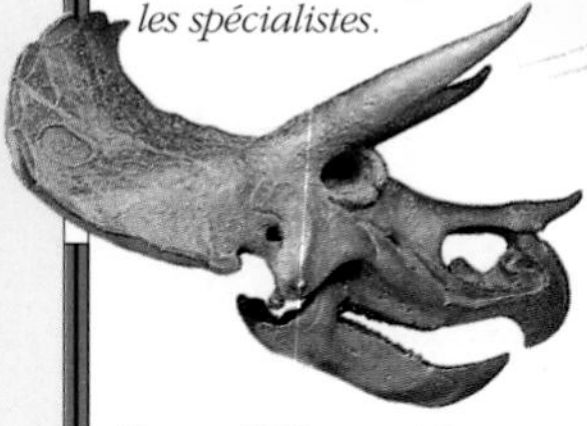

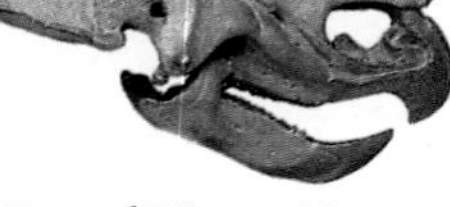

Natural History Museum
Toutes les formes de vie sont présentées dans ce musée : des dinosaures aux papillons.

0 1 km

0 0.5 mile

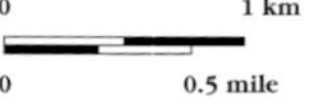

Victoria and Albert
Le plus grand musée des arts décoratifs du monde. Ce vase indien date du XVIIIe s.

National Portrait Gallery
Tableaux et photographies représentent toute une série de personnalités britanniques. Ici, il s'agit de Vivien Leigh, photographiée par Angus McBean (1954).

Museum of London
Différents objets, comme cette porte d'ascenseur des années 20, retracent l'histoire de Londres depuis l'âge de pierre.

Tour de Londres
Les joyaux de la Couronne et l'Armurerie royale. Cette armure a été portée au XIVᵉ s. par un chevalier italien.

National Gallery
Les tableaux célèbres de cette collection proviennent des écoles européennes couvrant la période comprise entre les XVᵉ et XIXᵉ s.

Bloomsbury et Fitzrovia

Smithfield et Spitalfields

Holborn et les collèges d'avocats

La City

Soho et Trafalgar Square

Covent Garden et le Strand

Southwark et Bankside

Whitehall et Westminster

LA TAMISE

Design Museum
Inventions et prototypes. Objets de la vie quotidienne d'hier et d'aujourd'hui.

Tate Modern
Ce nouveau musée célèbre l'art du XXᵉ siècle.

Tate Britain
Anciennement appelé Tate Gallery, ce musée rassemble des œuvres d'art britanniques depuis le XVIᵉ siècle jusqu'à nos jours.

Imperial War Museum
Les principales batailles du XXᵉ s. y sont retracées. Ce tank est l'un des premiers à avoir été construit.

Courtauld Gallery
Des œuvres célèbres, comme Un bar aux Folies-Bergère *(Manet), ornent les salles.*

À la découverte des musées

L'Austin mini, au Design Museum

Londres possède des musées riches et divers qui témoignent de la place qu'occupait la capitale au sein d'un immense empire. Les collections, connues dans le monde entier, sont à voir absolument, mais il ne faut pas oublier les musées plus modestes. Ils s'intéressent à tous les domaines imaginables et sont souvent beaucoup plus calmes que les grandes institutions.

Geffrye Museum : Art nouveau

Antiquités et archéologie

Le **British Museum** recèle des collections d'antiquités égyptiennes, grecques, romaines et du Proche-Orient parmi les plus riches du monde. Le **Sir John Soane's Museum** possède lui aussi des antiquités, ainsi que des livres, des manuscrits, des bustes, des peintures et des pierres précieuses. Le **Museum of London** retrace, par ordre chronologique, l'histoire de Londres et de ses habitants.

La collection éclectique du Sir John Soane's Museum

Meubles et intérieurs

Le **Museum of London** reconstitue des intérieurs caractéristiques de l'histoire de la ville. Le **Victoria and Albert Museum** (ou V&A) possède des intérieurs d'édifices aujourd'hui disparus et une superbe collection de meubles.

Le **Geffrye Museum,** plus modeste, présente également des intérieurs représentatifs de la période comprise entre le début du XVIIe s. et les années 1990. Les maisons de personnages célèbres (*p. 38*), comme le **Freud Museum,** permettent de se faire une idée des styles appréciés à différentes époques et la **Linley Sambourne House** offre aux visiteurs la possibilité d'admirer un exemple parfait d'intérieur victorien.

Chaises au Design Museum

Costumes et bijoux

Les vastes collections du **Victoria and Albert Museum** (V&A) comprennent des costumes anglais et européens de ces 400 dernières années et de magnifiques bijoux chinois, indiens et japonais. Les Joyaux de la Couronne, exposés à la **Tour de Londres,** sont également incontournables. Des habits de Cour (du XVIIIe au XXe s.) sont présentés au **palais de Kensington.** Le **Theatre Museum** est consacré à tous les aspects du monde du spectacle et le **British Museum** s'intéresse aux coutumes mayas, aztèques ou africaines.

Arts décoratifs et arts appliqués

Une fois encore, le **Victoria and Albert Museum** (V&A) remporte la palme. Ses collections sont d'une richesse inouïe. La **William Morris Gallery** présente des œuvres représentatives de l'inspirateur du mouvement du XIXe s. Arts and Crafts. Le **Design Museum** se penche sur l'esthétique industrielle de notre temps. La **Crafts Council Gallery** est un centre d'artisanat contemporain.

Armée

Le **National Army Museum** évoque l'histoire de l'armée du Royaume-Uni, de 1485 à nos jours. Les régiments de gardes à pied, qui constituent l'élite de l'armée britannique, sont présentés au **Guards' Museum**. L'Armurerie royale, à la **Tour** (collections d'armes anciennes et d'armures), est le plus ancien musée national du pays. La **Wallace Collection** possède également des armes et armures. L'**Imperial War Museum** propose des reconstitutions de tranchées de la Première Guerre mondiale et évoque les bombardements allemands de 1940 sur la capitale britannique. Le **Florence Nightingale Museum** illustre les batailles du XIXe s.

Jouets

Ours en peluche et maisons de poupées sont quelques-uns des jouets que l'on peut contempler au **Pollock's Toy Museum** qui présente une collection qui compte Éric, le plus ancien ours en peluche connu. Le **Bethnal Green Museum of Childhood** et le **Museum of London** ont un caractère légèrement plus sérieux. Ils évoquent les aspects socio-culturels de l'enfance.

Sciences et techniques

Ordinateurs, électricité, exploration de l'espace et transports sont représentés au **Science Museum** et les transports au **London Transport Museum.** D'autres musées sont plus spécialisés : le **Faraday Museum,** histoire de l'électricité, le **Kew Bridge Steam Museum. Le National Maritime Museum** et le **Old Royal Observatory** retracent l'histoire maritime et la création du **GMT**, l'heure de référence universelle.

Le **Natural History Museum** présente toutes sortes d'animaux avec reconstitutions d'environnements naturels. Le **Museum of Garden History** est consacré au passe-temps favori des Britanniques : le jardinage.

***Samson et Dalila* (1620), Van Dyck, Dulwich Picture Gallery**

Imperial War Museum

Peinture et Sculpture

Les « musts » de la **National Gallery** sont ses primitifs italiens, son école espagnole du XVIIe s. et sa collection d'œuvres des maîtres néerlandais. La **Tate Britain** est spécialisée dans la peinture anglaise, toutes époques confondues. La **Tate Modern** rassemble des œuvres d'art du monde entier depuis 1900.

Le **V&A** présente des toiles européennes du début du XVIe à la fin du XIXe s. La **Royal Academy** et la **Hayward Gallery** organisent des expositions. La **Courtauld Gallery** possède des œuvres impressionnistes et post-impressionnistes. La **Wallace Collection** présente des peintures néerlandaises du XVIIe s. et l'école française du XVIIIe s. La **Dulwich Picture Gallery** abrite des toiles de Rembrandt, Rubens, Poussin et Gainsborough. **Kenwood House** présente des œuvres de Reynolds, Gainsborough et Rubens dans des intérieurs dessinés par Adam. Les expositions sont annoncées dans la presse *(p. 326)*.

***Stone Dancer* (1913), Gaudier-Brzeska, Tate Gallery**

Trouver les musées

Les plus belles églises de Londres

Les églises de Londres méritent souvent qu'on s'arrête pour les visiter. Nombre d'entre elles ont remplacé, au fil des siècles, des sanctuaires plus anciens dont la construction remontait au tout début de l'ère chrétienne. Certains se trouvaient dans des villages situés bien au-delà de l'enceinte de la ville avant d'être absorbés dans les banlieues, au XVIIIe s. Les monuments commémoratifs des églises et cimetières recèlent quantité d'informations sur la vie locale et comportent ici et là des noms de personnages célèbres. Un panorama plus complet des églises de Londres est présenté aux pages 46-47.

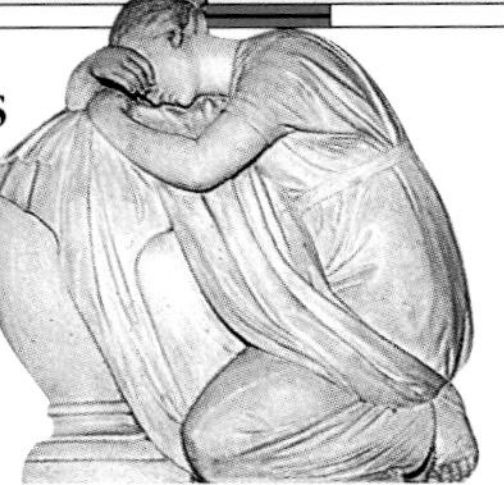

Église de Tous-les-Saints bâtie par Nash en 1824.
Ce bas-relief appartient à un tombeau qui s'y trouve.

Bloomsbury et Fitzrovia

Regent's Park et Marylebone

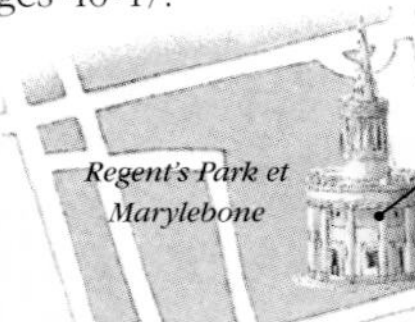

St Paul's à Covent Garden
En raison de la simplicité exigée par le bailleur de fonds, l'architecte aurait déclaré : « Ce sera la plus belle grange d'Europe ».

Soho et Trafalgar Square

Piccadilly et St James's

St Martin-in-the-Fields
Construite par Gibbs en 1726, elle fut considérée comme « trop élégante » pour le culte protestant.

South Kensington et Knightsbridge

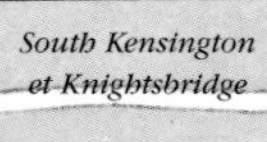

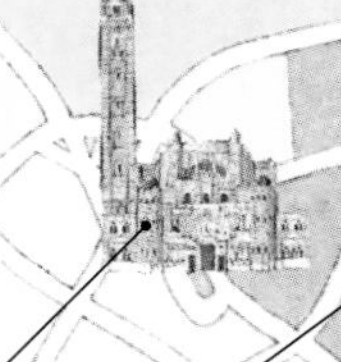

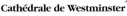

0 1 km
0 0,5 mile

Whitehall et Westminster

Cathédrale de Westminster
De style byzantin, cette imposante cathédrale est en brique rose rayée de pierre blanche. L'intérieur révèle la splendeur froide de marbres multicolores.

Abbaye de Westminster
La célèbre abbaye est l'exemple d'architecture médiévale le plus impressionnant de la capitale. Elle recèle de superbes tombeaux et monuments.

Oratoire de Londres
Édifice de style baroque italien orné, à l'intérieur, de statues sculptées par Mazzuoli.

St Mary-le-Strand
Entourée de rues animées, cette église a été construite par James Gibbs entre 1714 et 1717 dans le style baroque. Dotée de vitraux de forme élancée et d'une décoration intérieure soignée, ses murs assurent une bonne isolation acoustique.

St Mary Woolnoth
L'éclairage dispensé à l'intérieur de cette petite église baroque, conçue par Nicholas Hawksmoor entre 1716 et 1727, est habilement combiné.

St Stephen Walbrook
Cette œuvre audacieuse de Wren (1672-77) présente une coupole qui servit peut-être d'ébauche pour St-Paul. Son autel moderne a été conçu par Henry Moore.

Saint-Paul
Avec 110 m de hauteur totale, le dôme de la cathédrale reconstruite par Christopher Wren, est le plus grand du monde après celui de St-Pierre, à Rome.

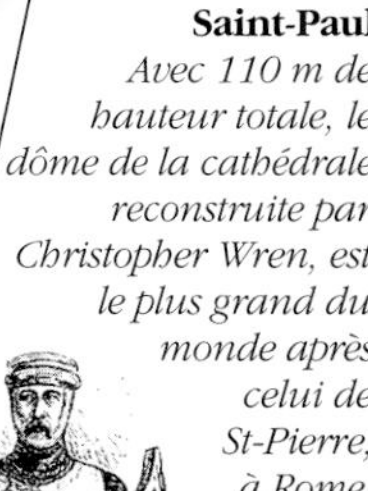

Southwark Cathedral
Édifice réalisé au XIIIe s. dans le style gothique primitif, qui n'a obtenu le titre de cathédrale qu'en 1905. Son chœur est un bon témoignage de l'architecture du début du XIIIe s.

Temple Church
Construite au XIIe et au XIIIe s., cette construction est l'une des rares églises circulaires à avoir subsisté en Angleterre.

À la découverte des églises

Les clochers qui ponctuent l'horizon londonien embrassent pratiquement dix siècles de l'histoire de la ville. Chacun d'eux est lié aux événements majeurs de la capitale : la conquête normande (1066), le Grand Feu (1666), la reconstruction qui suivit, sous la direction de Wren, la période Regency, l'ère victorienne et les bombardements allemands de 1940. Ces édifices ont été conçus par les plus grands architectes de leur temps.

St Paul's, Covent Garden

Églises médiévales

L'**abbaye de Westminster,** superbe édifice du XIIIe s., est le théâtre des couronnements, la nécropole des souverains et l'empyrée des gloires nationales. **St Bartholomew-the-Great,** la plus ancienne des églises londoniennes (1123), **Temple Church,** l'église circulaire fondée en 1160 par l'ordre des Templiers, et **Southwark Cathedral,** entourée de lignes de chemins de fer et d'entrepôts de l'ère victorienne, sont moins connues. **Chelsea Old Church** est une charmante église de village située à proximité de la Tamise.

Églises de Jones

Les églises d'Inigo Jones, (1573-1652), construites dans les années 1620 et 1630, choquèrent le public qui était habitué aux formules traditionnelles des constructions gothiques. La plus connue est sans nul doute **St Paul's Church,** pièce maîtresse de la piazza à l'italienne de Covent Garden. **Queen's Chapel,** qui faisait jadis partie du **palais St-James,** est la première église classique d'Angleterre, elle possède un beau plafond peint, mais son accès est le plus souvent interdit au public.

Églises de Hawksmoor

Nicholas Hawksmoor (1661-1736) fut l'élève le plus doué de Christopher Wren, et ses églises comptent

Clochers

Parmi les flèches richement décorées des églises de Londres, voici quatre exemples représentatifs.

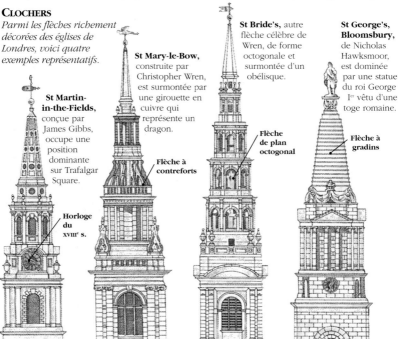

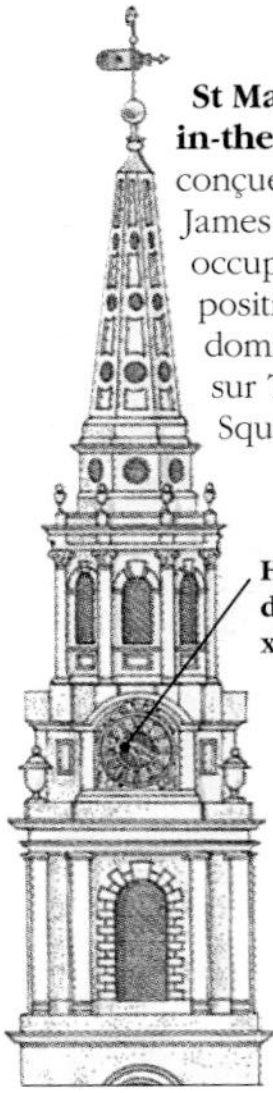

St Martin-in-the-Fields, conçue par James Gibbs, occupe une position dominante sur Trafalgar Square.

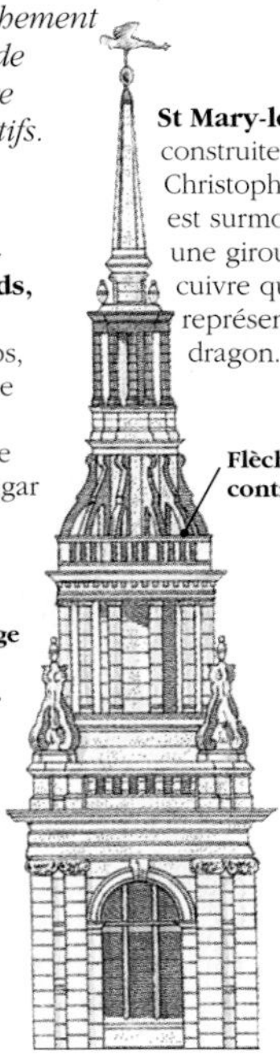

Horloge du XVIIIe s.

St Mary-le-Bow, construite par Christopher Wren, est surmontée par une girouette en cuivre qui représente un dragon.

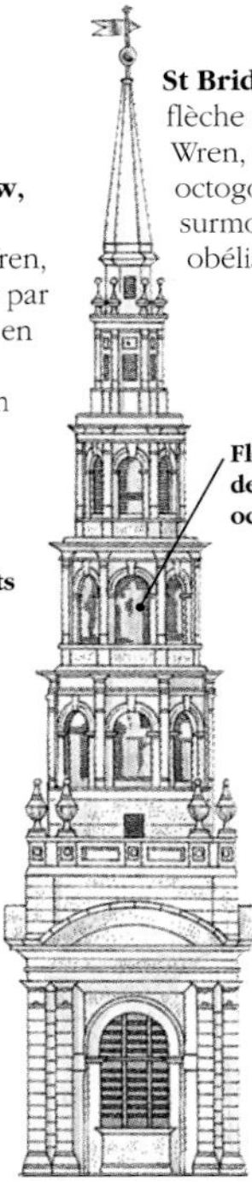

Flèche à contreforts

St Bride's, autre flèche célèbre de Wren, de forme octogonale et surmontée d'un obélisque.

Flèche de plan octogonal

St George's, Bloomsbury, de Nicholas Hawksmoor, est dominée par une statue du roi George Ier vêtu d'une toge romaine.

Flèche à gradins

St Mary-le-Strand
Entourée de rues animées, cette église a été construite par James Gibbs entre 1714 et 1717 dans le style baroque. Dotée de vitraux de forme élancée et d'une décoration intérieure soignée, ses murs assurent une bonne isolation acoustique.

St Mary Woolnoth
L'éclairage dispensé à l'intérieur de cette petite église baroque, conçue par Nicholas Hawksmoor entre 1716 et 1727, est habilement combiné.

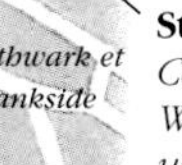

St Stephen Walbrook
Cette œuvre audacieuse de Wren (1672-77) présente une coupole qui servit peut-être d'ébauche pour St-Paul. Son autel moderne a été conçu par Henry Moore.

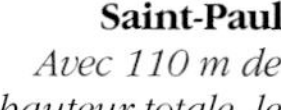

Saint-Paul
Avec 110 m de hauteur totale, le dôme de la cathédrale reconstruite par Christopher Wren, est le plus grand du monde après celui de St-Pierre, à Rome.

Temple Church
Construite au XIIe et au XIIIe s., cette construction est l'une des rares églises circulaires à avoir subsisté en Angleterre.

Southwark Cathedral
Édifice réalisé au XIIIe s. dans le style gothique primitif, qui n'a obtenu le titre de cathédrale qu'en 1905. Son chœur est un bon témoignage de l'architecture du début du XIIIe s.

À la découverte des églises

Les clochers qui ponctuent l'horizon londonien embrassent pratiquement dix siècles de l'histoire de la ville. Chacun d'eux est lié aux événements majeurs de la capitale : la conquête normande (1066), le Grand Feu (1666), la reconstruction qui suivit, sous la direction de Wren, la période Regency, l'ère victorienne et les bombardements allemands de 1940. Ces édifices ont été conçus par les plus grands architectes de leur temps.

St Paul's, Covent Garden

Églises médiévales

L'**abbaye de Westminster,** superbe édifice du XIIIe s., est le théâtre des couronnements, la nécropole des souverains et l'empyrée des gloires nationales. **St Bartholomew-the-Great,** la plus ancienne des églises londoniennes (1123), **Temple Church,** l'église circulaire fondée en 1160 par l'ordre des Templiers, et **Southwark Cathedral,** entourée de lignes de chemins de fer et d'entrepôts de l'ère victorienne, sont moins connues. **Chelsea Old Church** est une charmante église de village située à proximité de la Tamise.

Églises de Jones

Les églises d'Inigo Jones, (1573-1652), construites dans les années 1620 et 1630, choquèrent le public qui était habitué aux formules traditionnelles des constructions gothiques. La plus connue est sans nul doute **St Paul's Church,** pièce maîtresse de la piazza à l'italienne de Covent Garden. **Queen's Chapel,** qui faisait jadis partie du **palais St-James,** est la première église classique d'Angleterre, elle possède un beau plafond peint, mais son accès est le plus souvent interdit au public.

Églises de Hawksmoor

Nicholas Hawksmoor (1661-1736) fut l'élève le plus doué de Christopher Wren, et ses églises comptent

Clochers

Parmi les flèches richement décorées des églises de Londres, voici quatre exemples représentatifs.

St Martin-in-the-Fields, conçue par James Gibbs, occupe une position dominante sur Trafalgar Square.

Horloge du XVIIIe s.

St Mary-le-Bow, construite par Christopher Wren, est surmontée par une girouette en cuivre qui représente un dragon.

Flèche à contreforts

St Bride's, autre flèche célèbre de Wren, de forme octogonale et surmontée d'un obélisque.

Flèche de plan octogonal

St George's, Bloomsbury, de Nicholas Hawksmoor, est dominée par une statue du roi George Ier vêtu d'une toge romaine.

Flèche à gradins

parmi les plus beaux édifices baroques de Grande-Bretagne. **St George's, Bloomsbury** (1716-1731), présente une façade d'ordre corinthien et un clocher surmonté par une statue du roi George Ier. **St Mary Woolnoth** est un véritable joyau ciselé entre 1716 et 1727 et **Christ Church, Spitalfields,** est un tour de force baroque, exécuté entre 1714 et 1729.

Parmi les églises de Hawksmoor édifiées dans l'East End, il faut citer **St Anne's, Limehouse,** et **St Alfege** (1714-1717). La tour de cette église fut ajoutée en 1730 par John James.

St Anne's Limehouse

Églises de Gibbs

James Gibbs (1682-1754) était plus conservateur que son contemporain baroque, Hawksmoor. Il garda également ses distances par rapport au style néoclassique, très prisé après 1720. Ses églises londoniennes, tout à fait personnelles, ont influencé nombre d'architectes. **St Mary-le-Strand** (1714-1717), entourée de chaussées, semble voguer sur le Strand. L'édifice d'aspect élégant de **St Martin-in-the-Fields** (1722-1726) fut élevé cent ans avant Trafalgar Square.

Églises Regency

En 1815, à la fin des batailles napoléoniennes, de nombreuses églises, inspirées de l'antique, furent construites, notamment dans les nouvelles banlieues. Les édifices n'ont certainement pas l'exubérance de ceux d'Hawksmoor, mais ils possèdent une élégance et une sobriété caractéristiques. **All Souls** (1822-1824), sur **Langham Place,** à l'extrémité N de Regent Street, fut conçue par Nash, architecte préféré du prince-régent, dont les œuvres étaient décriées car elles associaient des styles hétéroclites. **St Pancras,** construite en 1822 dans le style néogrec, est typique de cette période.

Églises victoriennes

Londres possède quelques-unes des plus belles églises d'Europe édifiées au XIXe s. Imposantes et colorées, leur décoration contraste totalement avec la sobriété néoclassique de la période Regency. La **cathédrale de Westminster** (1895-1903) est peut-être la plus intéressante des églises londoniennes construites à la fin de l'ère victorienne. De style néo-byzantin, elle fut conçue par J.-F. Bentley et les bas-reliefs représentant le chemin de croix sont dus à Éric Gill. L'**Oratoire de Londres** (Brompton Oratory) est de style baroque italien et l'intérieur est orné de meubles provenant de toute l'Europe.

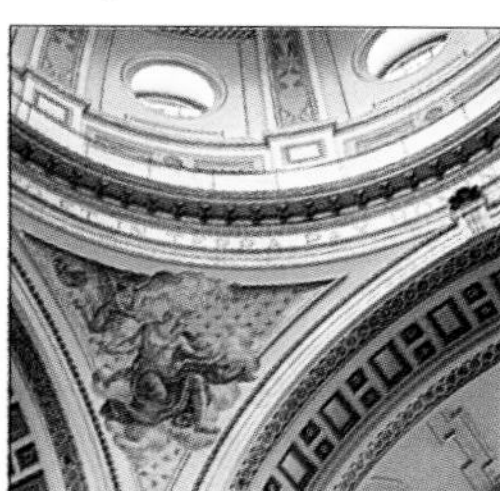

Oratoire de Londres

Christopher Wren

Christopher Wren (1632-1723) fut le principal architecte de la reconstruction de Londres, après le Grand Feu de 1666. Il conçut de redessiner la ville, en remplaçant les ruelles étroites par de larges avenues rayonnant autour de places, mais son projet fut rejeté. Toutefois, on lui commanda la construction de 52 nouvelles églises. 31 ont subsisté malgré les menaces de démolition et les bombardements allemands de 1940. Son chef-d'œuvre est la **cathédrale St-Paul**. **St Stephen Walbrook** (1672-1677), sa superbe église coiffée d'un dôme, se trouve à proximité. Il convient de citer également l'église des journalistes, **St Bride's**, près de Fleet Street et **St Magnus-the-Martyr,** sur Lower Thames Street. La préférée de Wren était **St James's, Piccadilly,** construite en 1683-1684. **St Clement Danes** (1680-1682), sur le Strand, et **St James's, Garlickhythe** (1674-1687), sont de dimensions plus modestes.

Trouver les églises

Abbaye de Westminster *p. 76-79*
All Souls *p. 221*
Cathédrale de Westminster *p. 81*
Chelsea Old Church *p. 196*
Christ Church, Spitalfields *p. 170*
Oratoire de Londres *p. 206*
Queen's Chapel *p. 93*
St Alfege *p. 240*
St Anne's, Limehouse *p. 249*
St Bartholomew-the-Great *p. 165*
St Bride's *p. 139*
St Clement Danes *p. 138*
St George's, Bloomsbury *p. 124*
St James, Garlickhythe *p. 144*
St James's, Piccadilly *p. 90*
St Magnus-the-Martyr *p. 152*
St Martin-in-the-Fields *p. 102*
St Mary-le-Bow *p. 147*
St Mary-le-Strand *p. 118*
St Mary Woolnoth *p. 145*
St Pancras *p. 130*
St Paul's *p. 148-151*
St Paul's Church *p. 114*
St Stephen Walbrook *p. 146*
Southwark Cathedral *p. 176*
Temple Church *p. 139*

Les plus beaux parcs et jardins de Londres

Londres a été doté de grands espaces verts dès le Moyen Âge. Certains, comme Hampstead Heath, étaient des champs communaux. D'autres, comme Richmond Park et Holland Park, étaient des domaines royaux réservés à la chasse ou les jardins privés d'imposantes demeures. Quelques-uns ont gardé l'apparence qu'ils avaient à l'époque. Aujourd'hui, il est encore possible de traverser le centre de Londres (de St James's Park, à l'E., à Kensington Gardens, à l'O.) sans quitter la verdure. Les parcs, comme Battersea ou les jardins royaux de Kew, sont plus récents.

Hampstead Heath
Ce grand parc, très aéré, est situé au N. de la capitale. Parliament Hill, à proximité, offre une vue spectaculaire sur St Paul's, la City et le West End.

Kensington Gardens
Cette plaque, qui provient d'un jardin italien, est l'un des éléments de ce parc très élégant.

Holland Park
Ces anciens terrains d'une superbe demeure constituent aujourd'hui un parc très romantique.

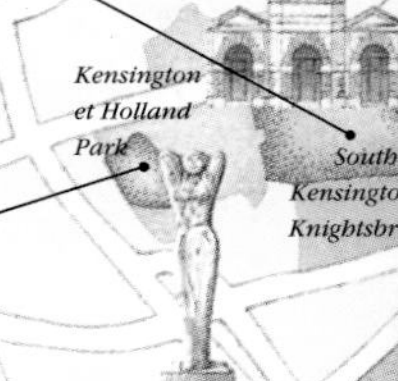

Jardins royaux de Kew
Premier jardin botanique du monde que les amateurs de plantes exotiques ou plus courantes ne manqueront sous aucun prétexte.

Richmond Park
Le plus grand parc royal de Londres est resté presque intact. On peut y voir des daims, et la vue sur la Tamise est magnifique.

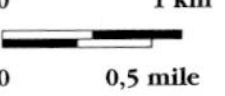

Regent's Park
Dans ce parc, entouré de magnifiques immeubles de style Regency, vous pourrez vous promener dans la roseraie, visiter le théâtre de verdure, ou simplement vous asseoir et admirer la vue.

Greenwich Park
Ses allées s'articulent autour du National Maritime Museum, dont l'architecture et les collections méritent aussi une visite.

Hyde Park
La Serpentine, plan d'eau ouvert à la baignade, est un des sites préférés des promeneurs. À proximité, on trouve des restaurants, une galerie d'art et le célèbre Speakers' Corner.

Green Park
Ses allées sont très appréciées des adeptes du jogging qui séjournent dans les hôtels de Mayfair.

St James's Park
Les promeneurs peuvent y observer les canards et les pélicans. Un orchestre y joue pendant tout l'été.

Battersea Park
Les promeneurs peuvent y faire un tour de barque sur le lac et avoir ainsi une jolie vue sur ce paysage victorien.

À la découverte des parcs et jardins

Le centre de Londres, aéré de squares plantés d'arbres et de jardins aux vastes pelouses, est sans aucun doute le plus verdoyant de la planète. Chacun des parcs de la capitale a un charme et un caractère particulier. Les amateurs de sports, de flore ou de faune, trouveront ci-après la liste des espaces verts les plus attrayants.

Camilla japonica

Embankment Gardens

Jardins fleuris

Le goût des Britanniques pour les jardins et les fleurs se manifeste brillamment dans les parcs londoniens. Tous les jardiniers amateurs seront comblés à **Kew Gardens** et au **Chelsea Physic Garden,** qui est particulièrement riche en herbes médicinales. **St James's Park,** plus proche du centre, possède de magnifiques massifs de fleurs dont les bulbes et les plantations sont régulièrement renouvelés. **Hyde Park** présente de superbes parterres de crocus et de jonquilles, et, au printemps, la plus belle roseraie est celle du Queen Mary's Gardens, à **Regent's Park. Kensington Gardens** possède un célèbre « mixed border » et le **Museum of Garden History,** un délicieux petit jardin du XVIIe s.

Battersea Park est un charmant jardin fleuri, et les amoureux des plantes ne manqueront pas de visiter la serre du **Barbican Centre.**

Jardins à la française

Celui de **Hampton Court** présente des parcelles caractéristiques des différentes périodes. Les jardins de **Chiswick House** sont encore agrémentés de leurs statues et fabriques du XVIIIe s. Parmi les jardins restaurés, il faut citer également ceux de **Ham House,** du XVIIe s., et **Osterley Park. Fenton House** dispose d'un beau jardin en terrasse. Quant à celui de **Kenwood House,** ses bosquets lui donnent un aspect moins rigoureux. **Parliament Hill** est un parc fort agréable pendant l'été. Le jardin de **Kensington Palace** est l'un des rares à avoir subi l'influence de Le Nôtre. Enfin, **Holland Park** est un joli jardin de fleurs, orné de statues.

Le jardin en contrebas de Kensington Palace

Jardins tranquilles

Parmi les jardins londoniens qui sont ouverts au public, **Russell Square** est le plus grand et l'un des plus reposants. **Berkeley Square** est réputé pour ses platanes vénérables. **Green Park,** doté de grands arbres et de chaises longues, est à deux pas du centre. Les quatre collèges d'avocats, à Holborn, offrent aussi des coins de verdure très agréables : **Gray's Inn gardens, Middle Temple**

La verdure à Londres

Le Grand Londres compte 1 700 parcs qui couvrent une superficie totale de 174 km². Ces espaces verts abritent 2 000 variétés de plantes et 100 espèces d'oiseaux. Les arbres sont le véritable poumon de la ville. Ils transforment l'air pollué en oxygène. Voici quelques-unes des variétés parmi les plus courantes dans les parcs et jardins de Londres.

Le platane de Londres Essence la plus courante, largement représentée dans les rues de la ville.

Le chêne anglais Son bois était utilisé pour la construction des navires de la Royal Navy.

gardens et **Lincoln's Inn Fields. Soho Square** est en revanche bruyant et très animé.

Concerts en plein air

Écouter un orchestre allongé dans l'herbe est une tradition très britannique. Pendant l'été, de nombreux concerts sont ainsi donnés à **St James's Park,** à **Regent's Park** ou à **Parliament Hill.** Le calendrier des manifestations est souvent affiché à proximité des kiosques à musique.

Des festivals de musique classique sont également organisés dans plusieurs parcs (*p. 333*).

Faune

St James's Park abrite de nombreuses variétés de canards et d'oiseaux, ainsi que quelques pélicans. Les amateurs d'avifaune apprécieront également **Regent's Park, Hyde Park, Battersea Park** et **Hampstead Heath.** Le **zoo de Londres,** à **Regent's Park,** permet d'observer quantité d'animaux sauvages. De plus, plusieurs parcs et jardins, comme **Kew Gardens** et **Syon House,** possèdent des volières ou des aquariums.

Les oies de St James's Park

Cimetières historiques

Dans les années 1830, un ensemble de cimetières privés fut créé à la périphérie de Londres, car ceux qui se trouvaient au centre étaient surpeuplés et mal entretenus. Aujourd'hui, certains (notamment celui de **Highgate** et de Kensal Green, sur Harrow Road W10) méritent un détour car ils sont paisibles et recèlent plusieurs monuments victoriens. Celui de **Bunhill Fields** est le plus ancien. Il fut le premier à être utilisé lors de la peste de 1665.

Kensal Green

Les barques de Regent's Park

Sports

Le vélo n'est pas vraiment encouragé dans les parcs londoniens. En revanche, la plupart des espaces verts ont des courts de tennis que l'on doit réserver à l'avance. Vous pourrez faire de la barque à **Hyde Park,** à **Regent's Park** ou à **Battersea Park.** Des pistes d'athlétisme ont été tracées à Battersea Park et à **Parliament Hill.** La baignade est autorisée dans les étangs de **Hampstead Heath** et dans le Serpentine, à Hyde Park. Hampstead Heath est aussi un endroit rêvé pour les cerfs-volants.

Trouver les parcs

Le hêtre a un cousin germain, le hêtre rouge, doté de superbes feuilles pourpres.

Le marronnier d'Inde fleurit au printemps mais ses fruits ne sont pas comestibles.

Les grandes cérémonies

La plupart des cérémonies traditionnelles qui se tiennent à Londres ont été instaurées par la monarchie. Fidèlement perpétuées et célébrées jusqu'à nos jours, elles ont souvent leur origine au Moyen Âge, époque à laquelle les rois tout-puissants devaient être protégés contre leurs opposants. Ce plan présente les lieux dans lesquels sont célébrées les plus importantes cérémonies de la capitale. Pour de plus amples renseignements, reportez-vous aux pages 54-55. Une liste des diverses manifestations qui ont lieu à Londres au cours de l'année se trouve pages 56-59.

St James's Palace et Buckingham Palace
Des membres de la garde du corps de la reine surveillent l'entrée des deux palais.

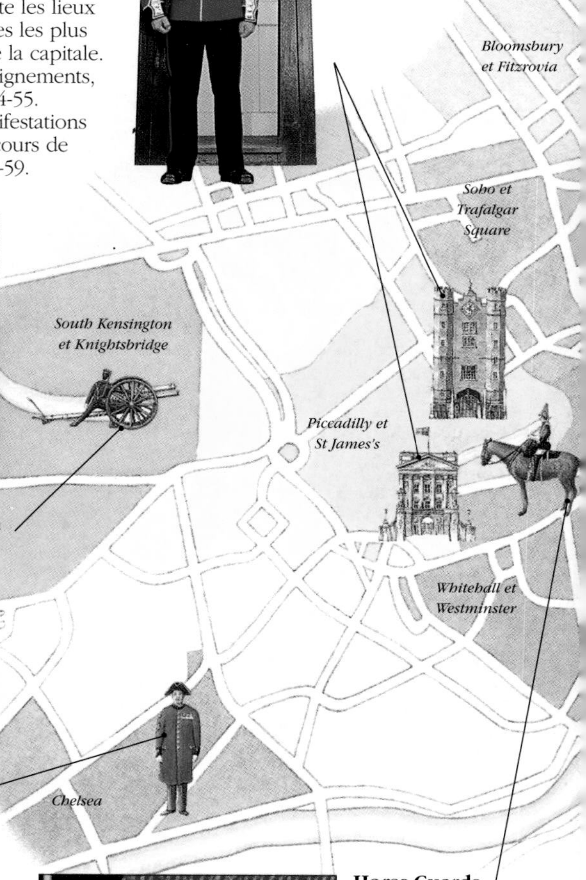

Bloomsbury et Fitzrovia

Soho et Trafalgar Square

South Kensington et Knightsbridge

Piccadilly et St James's

Whitehall et Westminster

Chelsea

Hyde Park
Des salves de coups de canon sont tirées du parc pour les anniversaires de la famille royale ou à l'occasion d'autres événements.

Chelsea Hospital
On y célèbre la fête du Gland (Oak Apple Day, le 29 mai) en mémoire de Charles II qui se cacha dans un chêne en 1651.

Horse Guards
À l'occasion du salut aux Couleurs (Trooping the Colour), la plus élaborée des cérémonies royales londoniennes, les sept régiments rendent hommage à leur souveraine.

City et Embankment

Lors de la procession du Lord-Maire, les hérauts, hallebardiers et massiers escortent à travers la City le carrosse à six chevaux du XVIIIe s.

Le Cénotaphe

La reine y rend hommage chaque année aux soldats morts au cours des guerres.

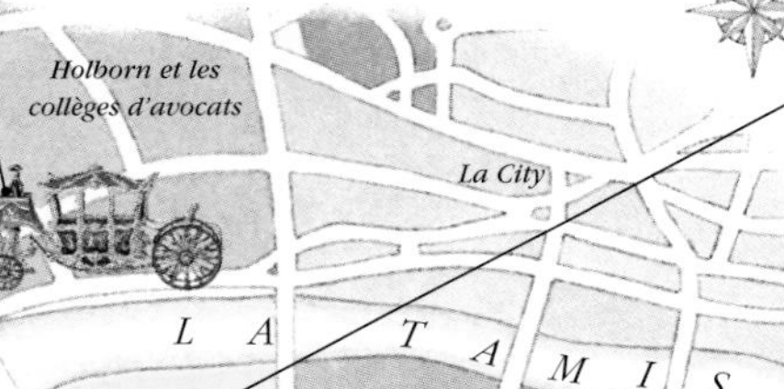

Tour de Londres

Lors de la cérémonie des Clés, qui a lieu chaque soir, le gardien-chef ferme les portes de la Tour et l'escorte veille à ce que les clés ne soient pas dérobées.

Palais de Westminster

À l'automne, la reine se rend au palais en carrosse pour procéder à l'ouverture de la session parlementaire

Assister aux cérémonies de Londres

Les fastes de la monarchie et les lois du commerce donnent lieu aux principales cérémonies de la capitale. Bien qu'apparemment archaïques et désuètes, ces manifestations ont une signification historique qui remonte au Moyen Âge.

Cérémonies royales

Bien que la reine joue un rôle essentiellement symbolique, la garde de Buckingham continue à surveiller de près les environs du palais. L'impressionnante **cérémonie de la relève** (avec ses ordres vociférés et ses musiques militaires) met en présence l'ancienne et la nouvelle garde. Celles-ci sont composées de trois officiers et de 40 hommes lorsque la reine séjourne au palais. Le contingent est ramené à trois officiers et 31 hommes lorsqu'elle est absente. La cérémonie a lieu devant le palais. La **cérémonie des Clés,** à la Tour, est l'une des plus anciennes de la capitale. Une fois que toutes les portes de la Tour sont fermées, le clairon sonne la Retraite et les Clés sont rapportées à la Maison de la reine pour y passer la nuit en toute sécurité.

Un des gardes du corps de la reine

La Tour et Hyde Park sont également le théâtre des **salves royales** tirées pour une naissance royale ou pour d'autres occasions. 41 coups de canon sont tirés du parc à midi, et 62 de la Tour à treize heures. L'arrivée, à Hyde Park, des 71 cavaliers et des 13 canons est très impressionnante.

L'apparat, les uniformes et la musique de la parade militaire du **salut aux Couleurs** font de cette manifestation la cérémonie préférée des Londoniens. Le sergent-major salue le drapeau, les gardes défilent devant la reine, puis la souveraine revient au palais de Buckingham par le Mall. Le meilleur endroit pour assister à cette cérémonie est l'esplanade des Horse Guards, située du côté de St James's Park. La fanfare à cheval appartenant à la Maison royale et l'orchestre des Gardes sont les principaux acteurs de la **cérémonie de la Retraite des régiments** (Beating the Retreat). Celle-ci a lieu à l'esplanade des Horse Guards trois ou quatre fois par semaine dans les quinze jours précédant l'anniversaire officiel de la reine (Trooping the Colour). L'ouverture de la session parlementaire, à laquelle procède la reine au mois de novembre, ne peut malheureusement être suivie qu'à la télévision. Le cortège royal (du palais de Buckingham au Parlement), composé, notamment, du superbe carrosse de la reine tiré par quatre chevaux, mérite cependant le déplacement.

Garde de la reine, en tenue hivernale

Cérémonies militaires

Le **dimanche du Souvenir** (Remembrance Sunday), la reine rend hommage aux soldats anglais morts au cours des deux guerres mondiales.

La **fête de la Marine** (National Navy Day) est commémorée par une parade et un office religieux célébré à Trafalgar Square.

Salves royales, Tour de Londres

Trooping the Colour

Silent Change, cérémonie au Guildhall en l'honneur du nouveau lord-maire

CÉRÉMONIES DANS LA CITY

Le mois de novembre voit se dérouler les principales cérémonies de la City. Lors du **Silent Change**, au Guildhall, le lord-maire sortant remet au nouveau maire les symboles de la fonction, en ne prononçant presque aucun mot. Le lendemain, a lieu la **procession du Lord-Maire**. Celui-ci, trônant dans son somptueux carrosse, est escorté par des détachements militaires qui quittent la City, passent devant Mansion House et le Palais de justice, longent l'Embankment, puis regagnent la City.

Nombre des cérémonies qui ont lieu dans la City ont un rapport avec les corporations des corps de métier (*p. 152*). Les **marchands de vin** fêtent les vendanges et le **Cakes and Ale Sermon** est adressé aux papetiers, à St-Paul, conformément au vœu d'un papetier du XVIIe s.

CÉRÉMONIES NOMINATIVES

Tous les 21 mai, pour rendre hommage au **roi Henri VI** assassiné dans la Tour en 1471, des membres d'Eton College et de King's College (deux institutions qu'il créa) se réunissent pour une cérémonie célébrée dans la tour Wakefield. La **fête du Gland** commémore la journée au cours de laquelle, en 1651, le roi Charles II échappa aux forces parlementaires d'Oliver Cromwell en se cachant dans le tronc d'un chêne. Aujourd'hui, les pensionnaires de l'hôpital lui rendent hommage en décorant sa statue de branches et de feuilles de chêne. Le 18 décembre, un office rend hommage au diariste **Samuel Johnson** à l'abbaye de Westminster.

Armoiries du lord-maire

CÉRÉMONIES MOINS OFFICIELLES

En juillet, des membres de la corporation des Bateliers participent à la **Doggett's Coat and Badge Race.** À l'automne, les **Pearly Kings and Queens,** des représentants de marchands de l'E. de Londres, se réunissent à St Martin-in-the-Fields. Au mois de mars est célébré à l'église St Clement Danes, l'office **Oranges and Lemons Service.** En février, des clowns participent à un office en l'honneur de **Joseph Grimaldi** (1779-1837).

Pearly Queen

LES CÉRÉMONIES

Beating the Retreat (Retraite des régiments)
Horse Guards *p. 80*, deux premières semaines du mois de juin.

Cakes and Ale Sermon
St-Paul *p. 148-151*, mercredi des Cendres.

Cérémonie des Clés
Tour de Londres *p. 154-157*, t.l.j. à 22 h. Réserver à la Tour plusieurs mois à l'avance.

Dimanche du Souvenir
Cénotaphe *p. 74*, dimanche le plus proche du 11 novembre.

Doggett's Coat and Badge Race
Du pont de Londres à Cadogan Pier, Chelsea *p. 193-197*, en juillet.

Dr Johnson Memorial Service
Abbaye de Westminster *p. 76-79*, 18 décembre.

Fête du Gland (Oak Apple Day)
Royal Hospital *p. 197*, jeu. suivant le 29 mai.

Joseph Grimaldi Memorial
Holy Trinity Church, Dalston E8, 7 fév.

King Henry VI Memorial
Tour Wakefield, Tour de Londres *p. 154-157*, 21 mai.

Marchands de vin (vendange)
St Olave's Church, Hart St EC3, deuxième mar. du mois d'octobre.

National Navy Day
Trafalgar Square *p. 102*, 21 oct.

Oranges and Lemons Service
St Clement Danes *p. 138*, mars.

Ouverture de la session parlementaire
palais de Westminster *p. 72-73*, oct.-nov. Procession du palais de Buckingham *p. 94-95* à Westminster.

Pearly Kings and Queens Harvest Festival
St Martin-in-the-Fields *p. 102*, autom.

Procession du Lord-Maire
la City *p. 143-153*, deuxième sam. du mois de novembre.

Relève de la Garde
Palais de Buckingham *p. 94-95*, t.l.j. à 10 h. Horse Guards, Whitehall *p. 80*, lun-sam. : 11 h, dim. : 10 h (pour info., appeler le 0906 866 3344).

Salves royales
Hyde Park *p. 211*, anniversaires de la famille royale et autres occasions.

Silent Change
Guildhall *p. 159*, deuxième ven. du mois de novembre.

Trooping the Colour
Horse Guards *p. 80*, deuxième sam. du mois de juin (répétitions, les deux sam. précédents). Un nombre limité de tickets est distribué.

Londres au jour le jour

Au printemps, insensiblement, les jours rallongent et les Londoniens sortent davantage. Les jonquilles fleurissent les parcs et les moins vaillants des citadins abandonnent leurs velléités de jogging matinal lorsqu'ils sont confrontés aux coureurs assidus qui s'entraînent pour le marathon de Londres. Quand vient l'été, les parcs se parent de leurs plus beaux atours et à Kensington Gardens, les nounous des quartiers chic bavardent sous les arbres. À l'automne, les marronniers prennent des couleurs dorées, et les Londoniens fréquentent les musées ou les galeries d'art, avant d'aller prendre le thé. L'année se termine avec les feux d'artifice tirés en souvenir de Guy Fawkes et les soldes dans les magasins. Pour tout renseignement sur les manifestations de la saison, consulter l'Office du tourisme de Londres (*p. 347*) ou la presse hebdomadaire (*p. 326*).

Printemps

Au printemps, il est prudent de se munir d'un parapluie. L'équinoxe est discrètement célébré sur la colline de la Tour. Les artistes peintres rêvent de voir leurs œuvres exposées au Salon d'été de la Royal Academy. La saison de football s'achève par la finale de la coupe à Wembley, au moment où s'ouvre celle du cricket. Comme chaque année, la compétition d'aviron oppose Oxford et Cambridge, et le marathon de Londres réunit, dans les rues de la ville, des milliers de concurrents.

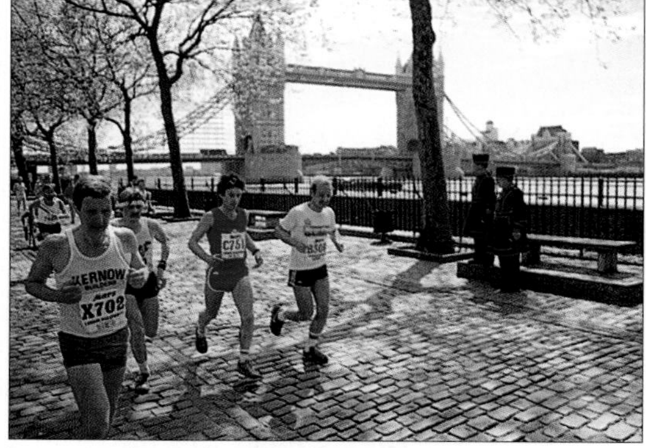

Les coureurs du marathon de Londres à proximité de Tower Bridge

Mars

Chelsea Antiques Fair (deuxième semaine, ainsi que sept.), Chelsea Old Town Hall, King's Rd SW3.
Foire aux antiquités.
Ideal Home Exhibition (deuxième semaine), Earl's Court, Warwick Rd SW5. Ce salon des arts ménagers présente les technologies les plus avancées.
Oranges and Lemons Service, St Clement Danes (*p. 55*). Office réservé aux écoliers.
Compétition d'aviron Oxford-Cambridge (sam. avant Pâques ou jour de Pâques), de Putney à Mortlake (*p. 339*).
Célébration de l'équinoxe de printemps (21 mars), colline de la Tour EC3.

Pâques

Le Vendredi saint et le lun. suivant sont des jours de fêtes légales.
Parades de Pâques, Battersea Park (*p. 251*).
Cerfs-volants, Blackheath (*p. 243*) et Hampstead Heath (*p. 234*). **Procession et hymnes de Pâques** (lun. de Pâques), abbaye de Westminster (*p. 76-79*).
International Model Railway Exhibition (week-end de Pâques), Royal Horticultural Hall, Vincent Sq SW1.

Un parc londonien au printemps

Avril

London Harness Horse Parade (début avr.), Battersea Park (*p. 251*).
Salves royales pour l'anniversaire de la reine (21 avril), Hyde Park, Tour de Londres (*p. 54*).
Marathon de Londres (dim. en avr. ou en mai), de Greenwich à Westminster (*p. 339*).

Mai

Le premier et le dernier lundi sont des jours de fêtes légales.
Finale de la coupe de football, Wembley.
Henry VI memorial (*p. 55*).
Beating the Bounds (jeudi de l'Ascension), dans la City.
Oak Apple Day, au Royal Hospital, Chelsea (*p. 55*).
Fêtes foraines (dernier week-end), dans des jardins publics.
Chelsea Flower Show (fin mai), Royal Hospital, Chelsea.
Beating the Retreat (*p. 54*).
Royal Academy Summer Exhibition (mai-juillet), Piccadilly (*p. 90*).

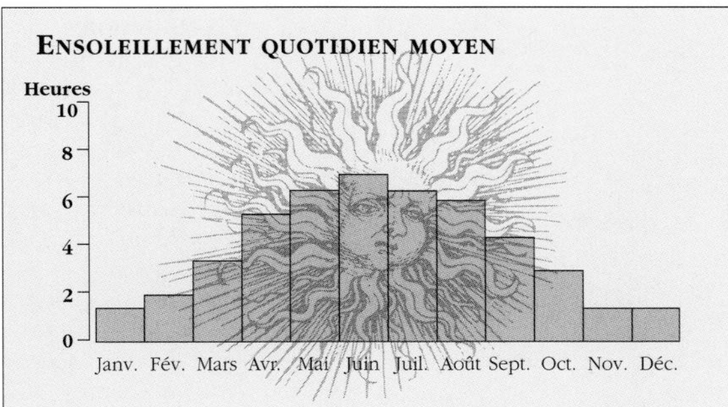

Ensoleillement
Les jours les plus longs et les plus ensoleillés de la capitale se situent entre les mois de mai et d'août. Au beau milieu de l'été, il fait jour de 5 h à 21 h. Les journées sont nettement plus courtes en hiver, mais le soleil peut donner à la ville un éclat particulier.

Été

L'été est sans aucun doute la saison la plus riche en matière de festivités en tout genre et le soleil devrait vous permettre de profiter de votre séjour.

Cette sélection comprend nombre de manifestations traditionnelles, comme les internationaux de Wimbledon ou les épreuves de cricket, au Lord's. La reine organise des garden-parties dans les jardins du palais de Buckingham. Les fêtes foraines battent leur plein dans certains parcs londoniens, notamment lorsqu'un week-end est prolongé par un jour férié.

Juin

Salves royales célébrant le jour du Couronnement (2 juin), Hyde Park et Tour de Londres (*p. 54*).
International Ceramics Fair, Dorchester Hotel, Park Lane W1.
Fine Art and Antiques fair, Olympia, Olympia Way W14 (beaux-arts et antiquités).
Trooping the Colour, Horse Guards Parade (*p. 54*).
Festival des fleurs de Covent Garden (mi-juin), Covent Garden WC2 (*p. 111-119*). Installations florales, animations de rues, gratuit pour tous.
Salves royales en l'honneur de l'anniversaire du duc d'Édimbourg (10 juin), Hyde Park et Tour de Londres (*p. 54*).
Internationaux de Wimbledon (deux dernières semaines de juin ; *p. 338*).
Épreuves de cricket, Lord's (*p. 338*).
Théâtre en plein air (tout

Le carnaval de Notting Hill

l'été), Regent's Park et Holland Park : Shakespeare, Shaw, et d'autres mis en scène. (*p. 328*).
Concerts en plein air, Kenwood, Hampstead Heath, Crystal Palace, Marble Hill, St James's Park (*p. 333*).
Festival du théâtre de rue (juin-juillet), Covent Garden (*p. 114*). Des comédiens en tout genre font connaître leurs talents dans les rues du quartier.
Festivals d'été (fin juin), Greenwich, Spitalfields et Primrose Hill. L'office du tourisme (*p. 347*) ou la presse hebdomadaire (*p. 326*) vous fourniront tous les renseignements sur les différentes manifestations.
Festival de la City (fin juin - mi-juil.). Divers lieux de la City (*p. 143*). Art et musique dans certaines des plus belles églises.

Juillet

Festivals d'été, Soho, Greenwich, Docklands, Regent's Park, Richmond.
Soldes. Dans la plupart des magasins de Londres (*p. 313*).
Doggett's Coat and Badge Race (*p. 55*).
Floralies de Hampton Court, Hampton Court Palace (*p. 254-257*).
Capital Radio Jazz Festival, Royal Festival Hall (*p. 188*).
Henry Wood Promenade Concerts (fin juillet-sept), Royal Albert Hall (*p. 207*).

Août

Le dernier lundi d'août est férié.
Salves royales en l'honneur de la reine mère (4 août), Hyde Park et Tour de Londres (*p. 54*).
Carnaval de Notting Hill (dernier week-end du mois d'août). Manifestation, aujourd'hui célèbre dans le monde entier, organisée par les différentes communautés ethniques du quartier (*p. 219*).
Fêtes foraines (dernier week-end) dans la plupart des parcs londoniens.

Fanfare militaire, à St James's Park

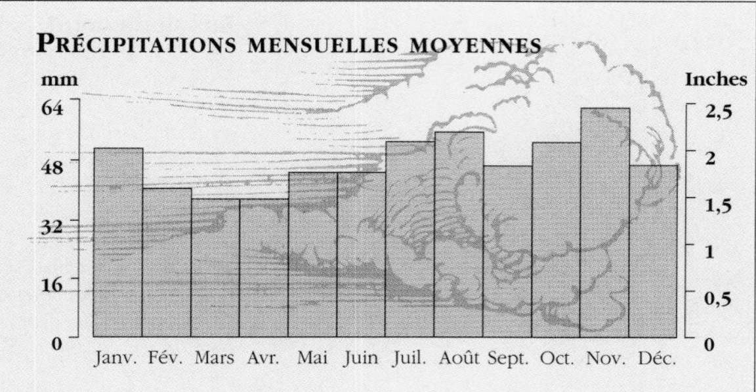

Précipitations
Les précipitations mensuelles moyennes de Londres demeurent à peu près identiques toute l'année. Les deux mois les plus chauds, juillet et août, sont également les plus arrosés. Il pleut moins au printemps, mais il y a des averses en toute saison.

Automne

Avec la rentrée universitaire, l'ouverture de la session parlementaire (*p. 54*) et la croissance de la fréquentation dans les magasins, l'automne à Londres n'est pas une demi-saison. Avec les dernières épreuves au Lord's, se termine la saison de cricket tandis que pour faire honneur à la pêche, de superbes étals de poissons frais sont disposés dans la salle de réunion du conseil paroissial de St Mary-at-the-Hill, une église conçue par Christopher Wren.

Une tumultueuse ouverture de session parlementaire est évoquée le 5 novembre avec des pétards et des feux d'artifice. Ils commémorent l'échec de la conspiration des Poudres fomentée par Guy Fawkes, qui projetait, en 1605, de faire sauter le Parlement. Quelques jours plus tard, la reine, à Whitehall, rend hommage aux soldats anglais morts au cours des deux guerres mondiales.

Le rallye des voitures anciennes

Les Pearly Kings, représentants de marchands de l'E. de Londres, se réunissent à St Martin-in-the-Fields

Septembre

National Rose Society Annual Show, Royal Horticultural Hall. **Great River Race.** Régate sur la Tamise. **Chelsea Antiques Fair** (*3e semaine*), Chelsea Old Town Hall. Foire aux antiquités. **Horse of the Year Show** (*25-29 sept.*). Show équestre à Wembley.
Dernier Concert des «Proms» Royal Albert Hall (*p. 207*).

Octobre

Pearly Harvest Festival (*3 oct.*), St Martin-in-the-Fields (*p. 55*). **Punch and Judy Festival** (*3 oct.*), Covent Garden WC2. Festival de marionnettes. **Harvest of the Sea** (*2e dim.*), St Mary-at-Hill Church (*p. 152*). Fête de la pêche. **Vintners' and Distillers' Wine Harvest** (*p. 55*). Fête des vendanges.
National Navy Day (*p. 54*). Fête de la Marine.

Novembre

Guy Fawkes Night (*5 nov.*). Feux d'artifice. Voir la presse hebdomadaire (*p. 326*).
Remembrance Sunday (*p. 54*). Dim. du Souvenir.
Silent Change (*p. 55*).
Procession du Lord-Maire (*p. 55*). **London to Brighton Veteran Car Run** (*1er dim.*). Départ à Hyde Park. Voitures anciennes (*p. 211*).

Couleurs d'automne dans un parc

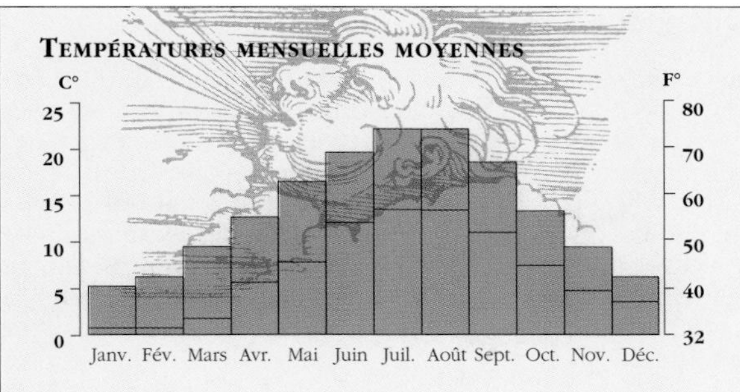

Températures
La moyenne des températures estivales se situe juste en dessous de 25°C. La mauvaise réputation du climat londonien est donc exagérée. Les températures baissent régulièrement à mesure que les jours raccourcissent, et il gèle de novembre à février.

HIVER

De superbes paysages de Londres – des œuvres des XVIIe et XVIIIe s. – représentent la Tamise gelée. Plus près de nous, Claude Monet a aussi décrit les rives du fleuve, souvent enveloppées dans un épais brouillard hivernal. Pendant des siècles, l'hiver, le « fog » a fait partie du paysage. L'installation du chauffage au mazout et de dispositifs de dépollution de l'atmosphère a semble-t-il résolu le problème.

Avant les fêtes, sapins et illuminations décorent tous les quartiers, et l'odeur des marrons chauds, grillés dans les braseros de marchands ambulants, se répand aux quatre coins de la ville.

Les restaurants servent de la dinde rôtie, des *mince pies* et le fameux pudding de Noël. Les pantomimes et les ballets classiques comme *Le Lac des cygnes*, sont les sorties en famille, les plus appréciées de cette période de l'année.

La patinoire en plein air du Broadgate Centre, dans la City, compte de nombreux amateurs et la glace recouvrant les lacs des parcs et jardins est parfois assez épaisse pour s'y lancer sans appréhension.

JOURS FÉRIÉS
Jour de l'an (1er jan.) ; **Vendredi saint ; lun. de Pâques ; May Day** (1er lun. du mois de mai) ; **lundi de la Pentecôte** (dernier lun. du mois de mai) ; **August Bank Holiday** (dernier lun. du mois d'août) ; **Noël** (25-26 déc.).

Kensington Gardens, l'hiver

DÉCEMBRE

Match de rugby opposant Oxford à Cambridge (*mi-déc.*), à Twickenham (*p. 338*).
International Showjumping Championship (*fin déc.*), Olympia. Compétition équestre où concourent les meilleurs cavaliers du monde.

NOËL ET NOUVEL AN

Les 25-26 déc. et 1er janv. sont fériés. Pas de métro le 25 déc. **Carol Services** (*tous les soirs précédant Noël*), Trafalgar Square (*p. 102*), St-Paul (*p. 148-151*), abbaye de Westminster (*p. 76-79*) et autres églises : chants de Noël.
Turkey auction (*24 déc.*), Smithfield Market (*p. 164*) : marché à la volaille de Noël.
Baignade du jour de Noël, Serpentine, Hyde Park (*p. 211*).
Saint-Sylvestre (*31 déc.*), Trafalgar Square, St-Paul.

JANVIER

Soldes (*p. 313*).
Parade du 1er janvier, commence à Parliament Square (*p. 74*).
International Mime Festival (*mi-jan.-début fév.*), dans différents théâtres.
Dépôt de fleurs au pied de la statue de Charles Ier (*dernier dim.*). Procession de St James's Palace à Banqueting House.
Nouvel an chinois (*fin jan.-début fév.*), quartier chinois (*p. 108*) et Soho (*p. 109*).

FÉVRIER

Salves royales en l'honneur de l'accession au trône de la reine (*6 fév.*), 41 coups de canons tirés de Hyde Park, 62 de la Tour (*p. 54*).
Pancake races (*mardi gras*), Lincoln's Inn Fields (*p. 137*) et Covent Garden (*p. 114*).

Illuminations de Noël à Trafalgar Square

Londres au fil de l'eau

Les excursions sur la Tamise constituent l'un des moyens les plus intéressants de découvrir Londres. Principale voie commerciale de la ville depuis l'invasion romaine jusqu'aux années 1950, le fleuve est jalonné d'innombrables monuments historiques, comme la reconstruction du Globe Theatre élisabéthain, des palais et des parcs royaux, quantité de ponts à plusieurs étages et autres centrales électriques désaffectées. Aujourd'hui, la Tamise est devenue le principal lieu de loisirs de la ville, apprécié des citadins et des touristes, avec ses rives desservies par le Thames Path et ses nombreux pubs. De Hampton Court à l'ouest jusqu'à la Thames Barrier à l'est, des excursions sont proposées sur environ 50 km. La partie la plus appréciée, et aussi la mieux desservie, traverse le cœur de la ville, de Westminster au Tower Bridge. Souvent assorties de commentaires intelligents, ces promenades sur cette partie fascinante de la Tamise ne sont à manquer sous aucun prétexte.

Décoration sur le Chelsea Bridge

Vue à l'est de Waterloo Bridge : St Paul's et Tower 42

N
Kew Bridge
Kew Pier
Kew Rail Bridge
Chiswick Bridge
Barnes Rail Bridge
Hammersmith Bridge
Putney Bridge
Putney Rail Bridge
Wandsworth Bridge
Chelsea Harbour Pier
Battersea Bridge
Cadogan Pier
Albert Bridge
Chelsea Bridge
Grosvenor Rail Bridge
Vauxhall Bridge
Millbank Millennium Pier
Lambeth Bridge
Twickenham Bridge
Twickenham Rail Bridge
Richmond Bridge
Richmond St Helena Pier
Richmond Landing Stage
Teddington Foot Bridge
Kingston Turks Pier
Kingston Bridge
Kingston Town End Pier
Hampton Bridge
Hampton Court Pier
0 **4 km**
0 **2 miles**

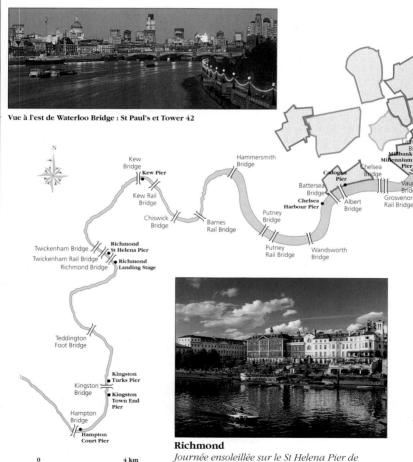

Richmond
Journée ensoleillée sur le St Helena Pier de Richmond, dans ce village de l'ouest de Londres.

La Thames Barrier
Achevé en 1982, le plus grand barrage anti-crues à portes pivotantes au monde protège Londres de la montée des eaux. L'ouvrage a déjà servi à plus de 60 reprises.

Pubs au fil de l'eau
De jolis pubs anciens, comme le Prospect of Whitby à Wapping, se dressent sur les rives de la Tamise.

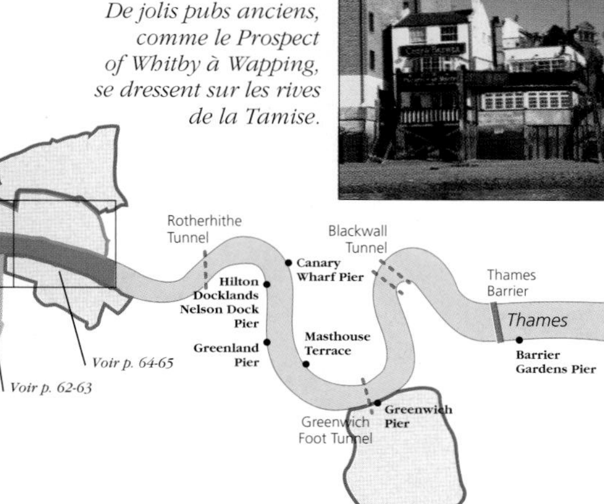

Croisières

Bateaux London
☎ *020-7925 2215.*
W www.bateauxlondon.com

Campion Launches
☎ *020-8305 0300.*

Catamaran Cruisers
☎ *020-7987 1185.*
W www.catamarancruisers.co.uk

City Cruises
☎ *020-7740 0400.*
W www.citycruises.com

Crown River Cruises
☎ *020-7936 2033.*
W www.crownriver.com

Riverside Launches
☎ *020-7352 5888.*

Thames Clippers
☎ *020-7977 6892.*
W www.thamesclippers.com

Thames River Services
☎ *020-7930 4097.*

Turks Launches
☎ *020-8546 2434.*
W www.turks.co.uk

Westminster Passenger Service Association (Upriver) Ltd
☎ *020-7930 2062*
or 020-7930 4721.
W www.wpsa.co.uk

Les excursions

La plupart des itinéraires sont assurés d'avril à septembre, certains même en hiver. En été, les départs sont fréquents entre Westminster et Greenwich (entre 30 min et 1 h).
Une navette relie Canary Wharf et Chelsea Harbour à plusieurs grands embarcadères de la ville. Plusieurs exploitants assurent quantité d'itinéraires. Un guide, le River Thames Boat Service Guide, est disponible dans les stations de métro.
Quelques sociétés consentent une remise d'un tiers du prix du billet aux détenteurs de la *Travelcard (p. 362).*

Greenwich *(p. 236-243)*
En bateau, la découverte de cette destination prendra une dimension supplémentaire (départs fréquents).
Exploitants : Catamaran Cruisers, City Cruises, Thames River Services.
Embarcadères : Westminster, Waterloo, Embankment, Bankside, Tower.
Durée : 1 h (de Westminster).

Thames Barrier *(p. 249)*
Excursion entre les neuf imposants piliers qui soutiennent les portes d'acier. Vous passerez aussi l'étonnant Millennium Dome et divers sites industriels.
Exploitant : Thames River Services.
Embarcadères : Westminster, Greenwich.
Durée : 30 min (de Greenwich).

Kew *(p. 260-261)*
Pour rejoindre ce site pittoresque, on passe la centrale électrique de Battersea et le bâtiment du MI6 avant de traverser Hammersmith.
Exploitant : WPSA.
Embarcadère : Westminster.
Durée : 1 h 30 (de Westminster)

Hampton Court *(p. 254-257)*
Arrivée majestueuse à Hampton Court. Comme l'aller-retour depuis Westminster peut prendre jusqu'à 8 heures, mieux vaut partir d'un embarcadère en amont.
Exploitants : WPSA, Turks Launches.
Embarcadères : Kew, tous ceux de Richmond et Kingston
Durée : 2 h (de Kew).

De Westminster Bridge à Blackfriars Bridge

Jusqu'à la Seconde Guerre mondiale, cette partie de la Tamise établissait une sorte de frontière entre les riches et les pauvres de la capitale. Les bureaux, les magasins, les hôtels de luxe et les superbes appartements de Whitehall et du Strand se trouvaient sur la rive gauche. La rive droite, en revanche, devait se contenter des usines noires de suie et des bidonvilles. Après la guerre, le Festival of Britain favorisa la réhabilitation du Southbank (*p. 184-191*).

Hôtel Savoy
Cet hôtel a été construit sur le site d'un palais médiéval (p. 116).

Shell Mex House
Le siège de la compagnie pétrolière a été construit en 1931 sur le site du Cecil Hotel.

Somerset House, construite en 1786, abrite deux galeries d'art (*p. 117*).

Cleopatra's Needle, obélisque égyptien érigé à Londres en 1878 (*p. 118*).

Embankment Gardens
Nombreux concerts en plein air, pendant l'été (*p. 118*).

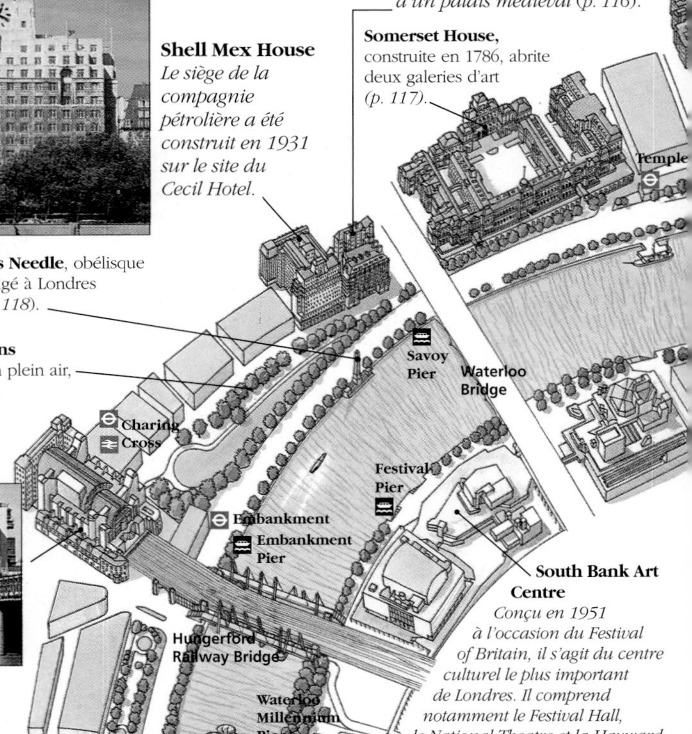

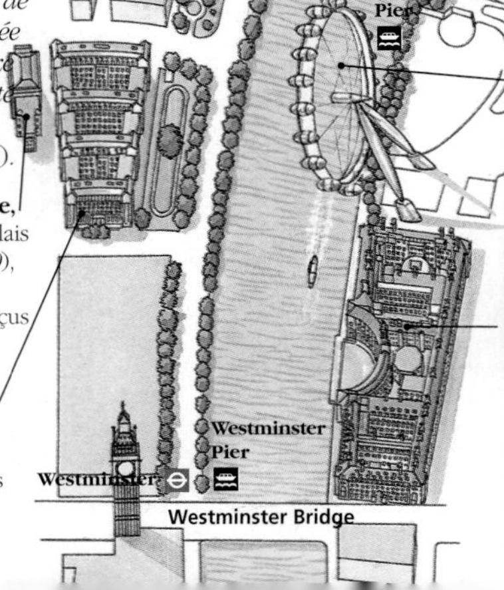

Charing Cross
L'une des principales gares de Londres, enchâssée dans un complexe post-moderne doté de nombreux magasins (p. 119).

South Bank Art Centre
Conçu en 1951 à l'occasion du Festival of Britain, il s'agit du centre culturel le plus important de Londres. Il comprend notamment le Festival Hall, le National Theatre et la Hayward Gallery (p. 184-191).

British Airways London Eye offre une vue magnifique sur Londres (*p. 189*).

Banqueting House, seul rescapé du palais de Whitehall (*p. 80*), est l'un des plus beaux édifices conçus par Inigo Jones.

Le ministère de la Défense est un immeuble blanc et massif achevé dans les années 1950.

London Aquarium
L'ancien siège du conseil du Grand Londres est maintenant transformé en aquarium (p. 188).

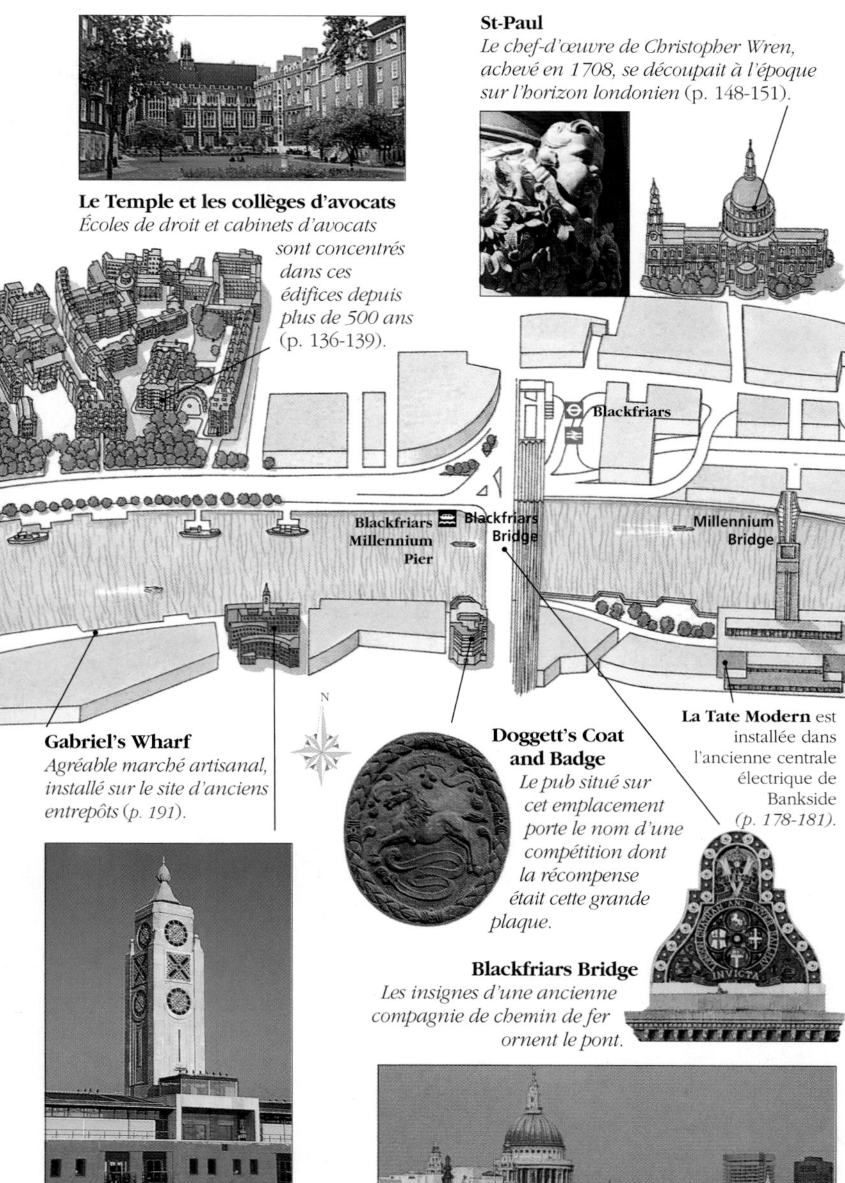

Le Temple et les collèges d'avocats
Écoles de droit et cabinets d'avocats sont concentrés dans ces édifices depuis plus de 500 ans (p. 136-139).

St-Paul
Le chef-d'œuvre de Christopher Wren, achevé en 1708, se découpait à l'époque sur l'horizon londonien (p. 148-151).

Gabriel's Wharf
Agréable marché artisanal, installé sur le site d'anciens entrepôts (*p. 191*).

Doggett's Coat and Badge
Le pub situé sur cet emplacement porte le nom d'une compétition dont la récompense était cette grande plaque.

La Tate Modern est installée dans l'ancienne centrale électrique de Bankside *(p. 178-181).*

Blackfriars Bridge
Les insignes d'une ancienne compagnie de chemin de fer ornent le pont.

OXO Tower
Les fenêtres dessinent les lettres de la célèbre marque anglaise de bouillon en cubes.

Légende

- Station de métro
- Gare ferroviaire
- Arrêt des bateaux-mouches

St-Paul
La cathédrale, vue de la rive sud, se détache nettement.

De Southwark Bridge à Katharine's Dock

Pendant des siècles, la partie de la Tamise située à l'E. de London Bridge a été la plus active de la capitale, les marchandises des nombreux navires y étant déchargées sur les deux rives. Puis, au XIXe s., la construction des docks décongestionne cette zone fluviale. Aujourd'hui, la plupart des bâtiments de ces quartiers témoignent encore de cette prospérité.

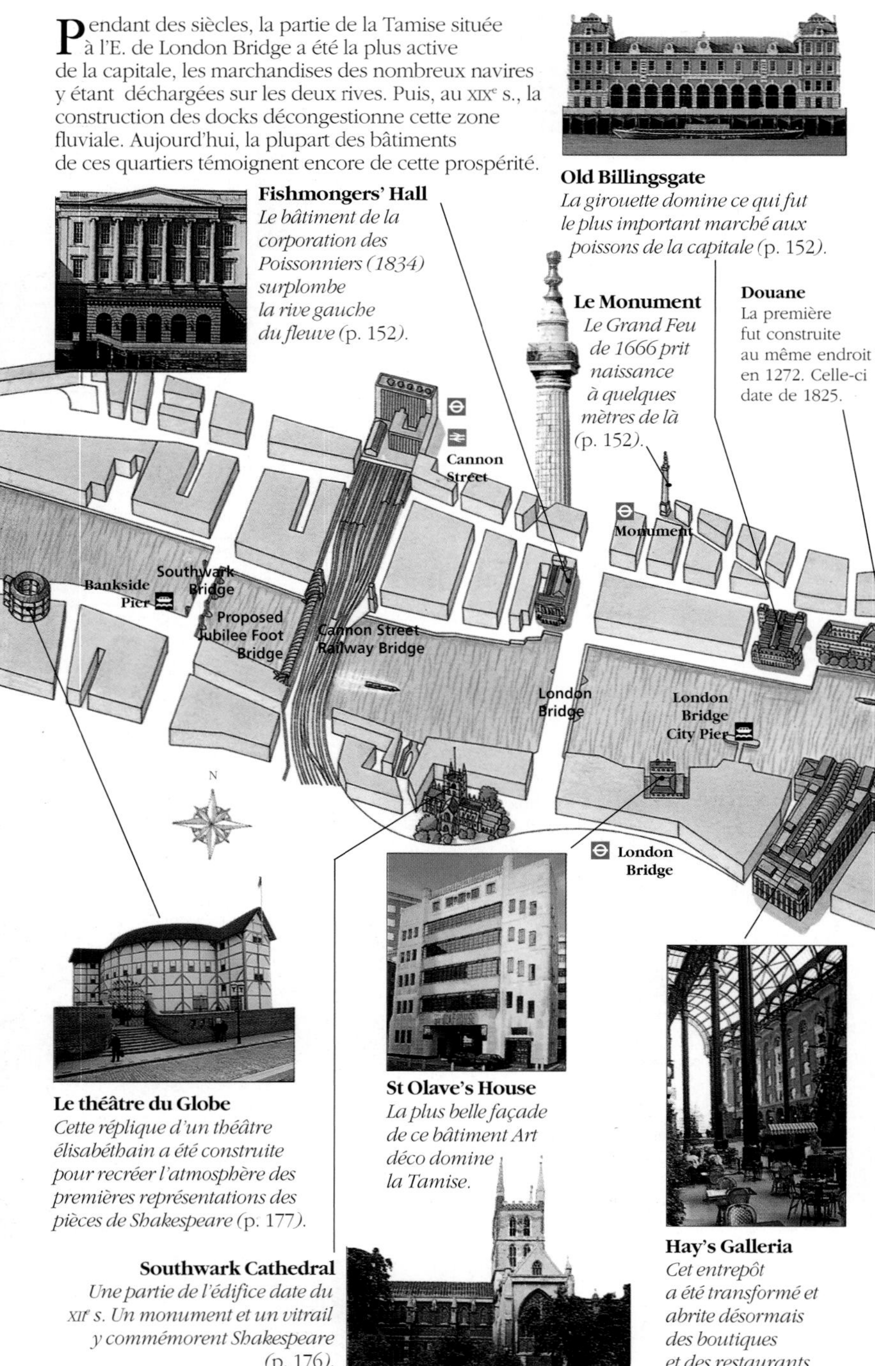

Old Billingsgate
La girouette domine ce qui fut le plus important marché aux poissons de la capitale (p. 152).

Fishmongers' Hall
Le bâtiment de la corporation des Poissonniers (1834) surplombe la rive gauche du fleuve (p. 152).

Le Monument
Le Grand Feu de 1666 prit naissance à quelques mètres de là (p. 152).

Douane
La première fut construite au même endroit en 1272. Celle-ci date de 1825.

Le théâtre du Globe
Cette réplique d'un théâtre élisabéthain a été construite pour recréer l'atmosphère des premières représentations des pièces de Shakespeare (p. 177).

St Olave's House
La plus belle façade de ce bâtiment Art déco domine la Tamise.

Southwark Cathedral
Une partie de l'édifice date du XIIe s. Un monument et un vitrail y commémorent Shakespeare (p. 176).

Hay's Galleria
Cet entrepôt a été transformé et abrite désormais des boutiques et des restaurants.

Quais de Southwark
Ces appontements où les navires étaient amarrés ont été transformés en promenades.

Tower Bridge
Il s'ouvre encore de temps en temps pour laisser passer les plus grands navires (p. 153).

Tour de Londres
Remarquer l'entrée du Traître par laquelle on faisait pénétrer les prisonniers dans la Tour (p. 154-157).

St Katharine's Dock
L'ancien dock et sa marina sont aujourd'hui un agréable but de balade pour les flâneurs (p. 158).

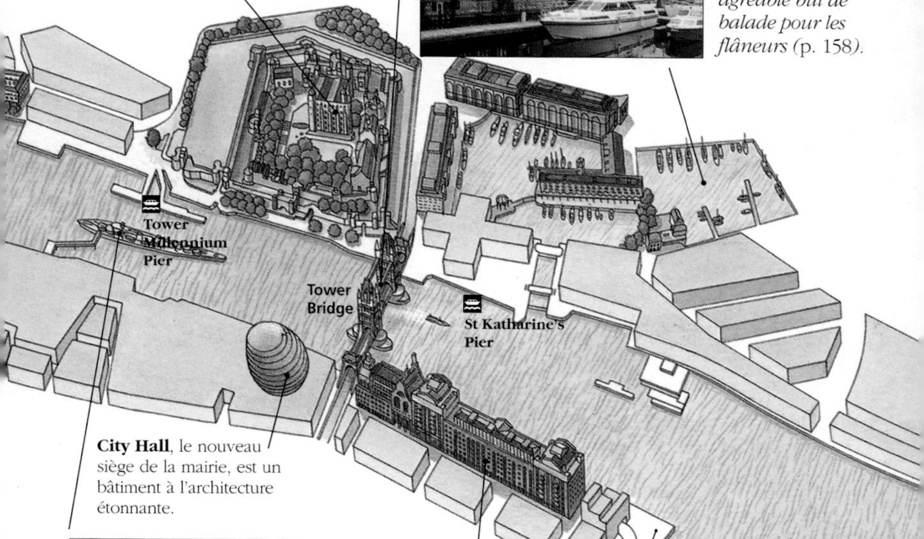

Tower Millennium Pier

Tower Bridge

St Katharine's Pier

City Hall, le nouveau siège de la mairie, est un bâtiment à l'architecture étonnante.

Les entrepôts victoriens de Butlers Wharf ont été transformés en appartements.

HMS Belfast
Ce bâtiment de la Seconde Guerre mondiale a été tranformé en musée en 1971 (p. 183).

Design Museum
Inauguré en 1989, cet édifice très moderne symbolise parfaitement la réhabilitation du quartier des docks (p. 183).

LONDRES QUARTIER PAR QUARTIER

Whitehall et Westminster

Whitehall et Westminster sont au cœur de la vie politique et religieuse du pays depuis un millier d'années. Knut le Grand, qui régna sur Londres au début du XIe siècle, fut le premier monarque à faire édifier un palais sur le site autrefois marécageux où la Tamise et son affluent aujourd'hui disparu, la Tyburn, se rejoignaient.

Knut fit construire son palais à proximité de l'église dont, 50 ans plus tard, Édouard le Confesseur fit la plus grande abbaye d'Angleterre, et qui donna son nom à tout le quartier (« minster » signifie église abbatiale).

Au cours des siècles suivants, les grandes institutions de l'État s'établirent dans les environs. Au nord, Trafalgar Square est à la limite du West End, le quartier des salles de spectacle.

Horse Guard à Whitehall

Le quartier d'un coup d'œil

Rues et édifices historiques

Palais de Westminster p. 72-73 ❶
Big Ben ❷
Tour du Trésor ❸
Dean's Yard ❺
Parliament Square ❼
Downing Street ❾
Cabinet War Rooms ❿
Banqueting House ⓫
Horse Guards Parade ⓬
Queen Anne's Gate ⓮
Station de métro de St James's Park ⓰
Blewcoat School ⓱

Églises, abbayes et cathédrales

Abbaye de Westminster p. 76-79 ❹
St Margaret's Church ❻
Cathédrale de Westminster ⓲
St John's, Smith Square ⓳

Musées et galeries

Musée de la Garde ⓯
Tate Britain p. 82-85 ⓴

Théâtre

Whitehall Theatre ⓭

Monument

Cénotaphe ❽

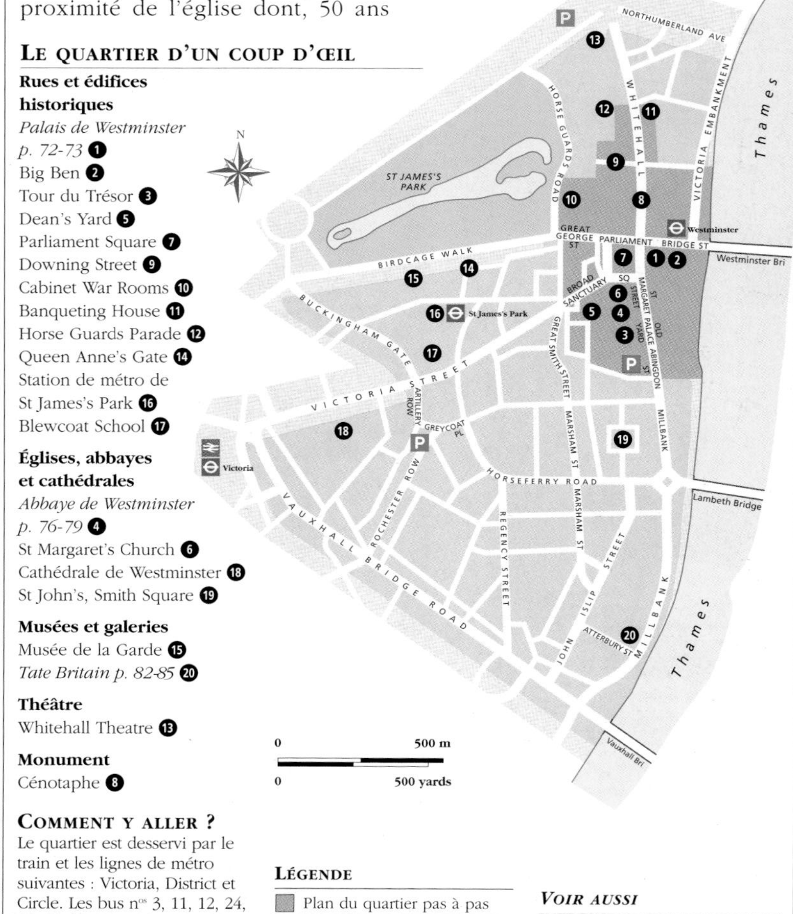

Comment y aller ?

Le quartier est desservi par le train et les lignes de métro suivantes : Victoria, District et Circle. Les bus nos 3, 11, 12, 24, 29, 53, 77, 77A, 88, 109, 159, 170 et 184 desservent Whitehall ; les nos 2, 2B, 16, 25, 36A, 38, 39, 52, 52A, 73, 76, 135, 507 et 510 s'arrêtent à Victoria.

Légende

- Plan du quartier pas à pas
- Station de métro
- Gare ferroviaire
- Parc de stationnement

Voir aussi

- ***Atlas des rues*** plans 13, 20, 21
- ***Hébergement*** p. 272-285
- ***Restaurants*** p. 286-311

◁ **La perspective de Whitehall en direction de Big Ben**

Whitehall et Westminster pas à pas

Contrairement à d'autres capitales, Londres n'a pas une architecture froide ou intimidante. Toutefois, dans ce quartier, épicentre politique et religieux du royaume, le caractère monumental des édifices et la largeur des avenues ne sont pas sans évoquer la magnificence de Paris, de Rome ou de Madrid. Les jours ouvrables, les rues sont noires de fonctionnaires, car la plupart des administrations se situent dans ce quartier. En revanche, le week-end, elles sont envahies par les touristes qui flânent d'un monument à l'autre.

Earl Haig, commandant les forces britanniques pendant la Première Guerre mondiale (sculpture d'A. Hardiman, 1936)

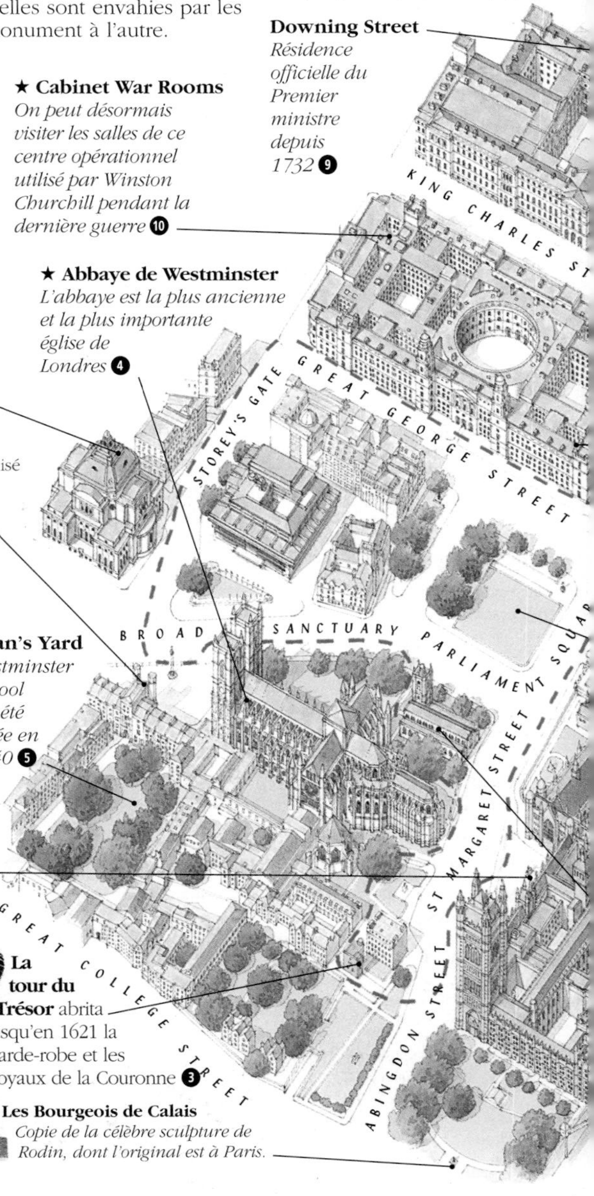

Downing Street
Résidence officielle du Premier ministre depuis 1732 ❾

Central Hall, salle de réunion des méthodistes, construite en 1911. La première assemblée générale des Nations unies y est organisée en 1946.

★ Cabinet War Rooms
On peut désormais visiter les salles de ce centre opérationnel utilisé par Winston Churchill pendant la dernière guerre ❿

★ Abbaye de Westminster
L'abbaye est la plus ancienne et la plus importante église de Londres ❹

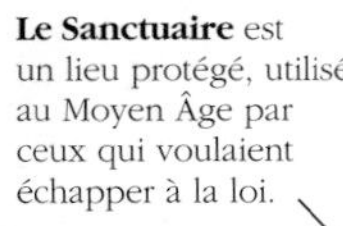

Le Sanctuaire est un lieu protégé, utilisé au Moyen Âge par ceux qui voulaient échapper à la loi.

Dean's Yard
Westminster School y a été créée en 1540 ❺

Statue de Richard Ier
Cœur de Lion par Carlo Marochetti (1860).

La tour du Trésor abrita jusqu'en 1621 la garde-robe et les joyaux de la Couronne ❸

Les Bourgeois de Calais
Copie de la célèbre sculpture de Rodin, dont l'original est à Paris.

KING CHARLES ST
GREAT GEORGE STREET
STOREY'S GATE
BROAD SANCTUARY
PARLIAMENT SQUARE
ST MARGARET STREET
GREAT COLLEGE STREET
ABINGDON STREET

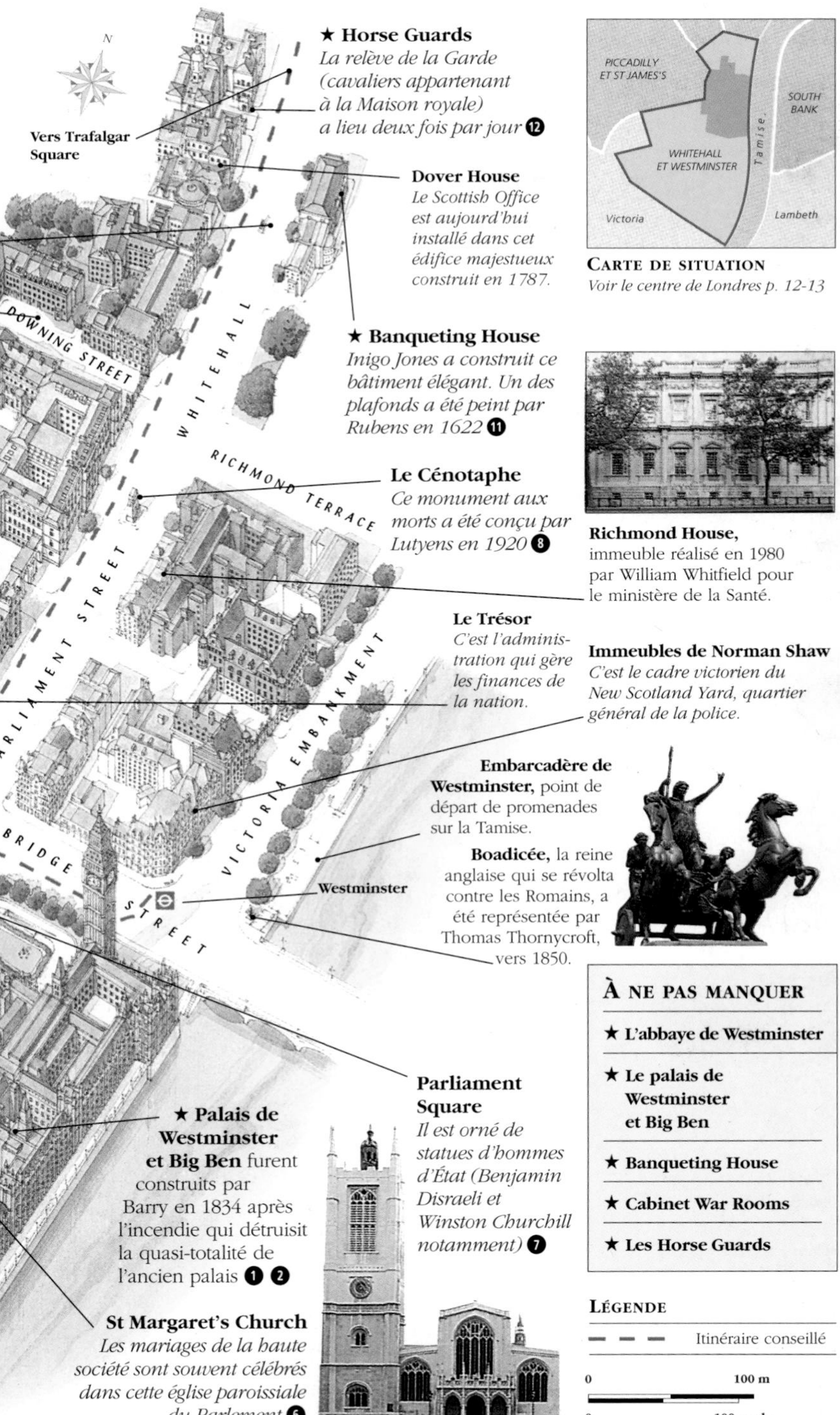

★ Horse Guards
La relève de la Garde (cavaliers appartenant à la Maison royale) a lieu deux fois par jour ⓬

Vers Trafalgar Square

Dover House
Le Scottish Office est aujourd'hui installé dans cet édifice majestueux construit en 1787.

CARTE DE SITUATION
Voir le centre de Londres p. 12-13

★ Banqueting House
Inigo Jones a construit ce bâtiment élégant. Un des plafonds a été peint par Rubens en 1622 ⓫

Le Cénotaphe
Ce monument aux morts a été conçu par Lutyens en 1920 ❽

Richmond House, immeuble réalisé en 1980 par William Whitfield pour le ministère de la Santé.

Le Trésor
C'est l'administration qui gère les finances de la nation.

Immeubles de Norman Shaw
C'est le cadre victorien du New Scotland Yard, quartier général de la police.

Embarcadère de Westminster, point de départ de promenades sur la Tamise.

Boadicée, la reine anglaise qui se révolta contre les Romains, a été représentée par Thomas Thornycroft, vers 1850.

À NE PAS MANQUER

- ★ L'abbaye de Westminster
- ★ Le palais de Westminster et Big Ben
- ★ Banqueting House
- ★ Cabinet War Rooms
- ★ Les Horse Guards

Parliament Square
Il est orné de statues d'hommes d'État (Benjamin Disraeli et Winston Churchill notamment) ❼

★ Palais de Westminster et Big Ben furent construits par Barry en 1834 après l'incendie qui détruisit la quasi-totalité de l'ancien palais ❶ ❷

St Margaret's Church
Les mariages de la haute société sont souvent célébrés dans cette église paroissiale du Parlement ❻

LÉGENDE

— — — Itinéraire conseillé

0 100 m

0 100 yards

Le palais de Westminster ❶

Depuis 1512, le palais de Westminster est le siège de la Chambre des communes et de la Chambre des lords. La première est composée de membres du parlement (MPs) élus et issus des différents partis politiques. Le parti qui détient le plus grand nombre de sièges forme le gouvernement et son président devient Premier ministre. Les députés des autres partis constituent l'opposition. Les débats de la Chambre des communes, parfois assez houleux, sont arbitrés par un député, appelé le « speaker ». Les Communes formulent les lois qui sont débattues au sein des deux Chambres avant d'être adoptées.

L'édifice est un pastiche gothique, réalisé par l'architecte victorien Charles Barry. La Tour Victoria (à gauche) conserve les milliers de lois adoptées depuis 1497.

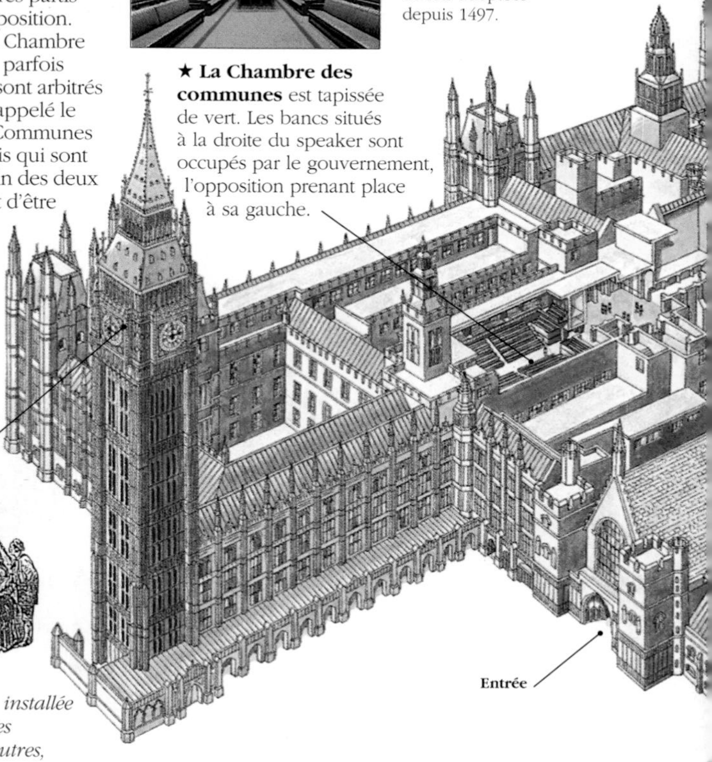

★ La Chambre des communes est tapissée de vert. Les bancs situés à la droite du speaker sont occupés par le gouvernement, l'opposition prenant place à sa gauche.

Entrée

Big Ben
L'énorme cloche, installée en 1858, sonne les heures. Quatre autres, plus petites, sonnent les quarts d'heure (p. 74).

À NE PAS MANQUER
- ★ Westminster Hall
- ★ Chambre des lords
- ★ Ch. des communes

★ Westminster Hall
Seul vestige du palais d'origine, il date de 1097. Son exceptionnelle charpente a été conçue au XIVe siècle.

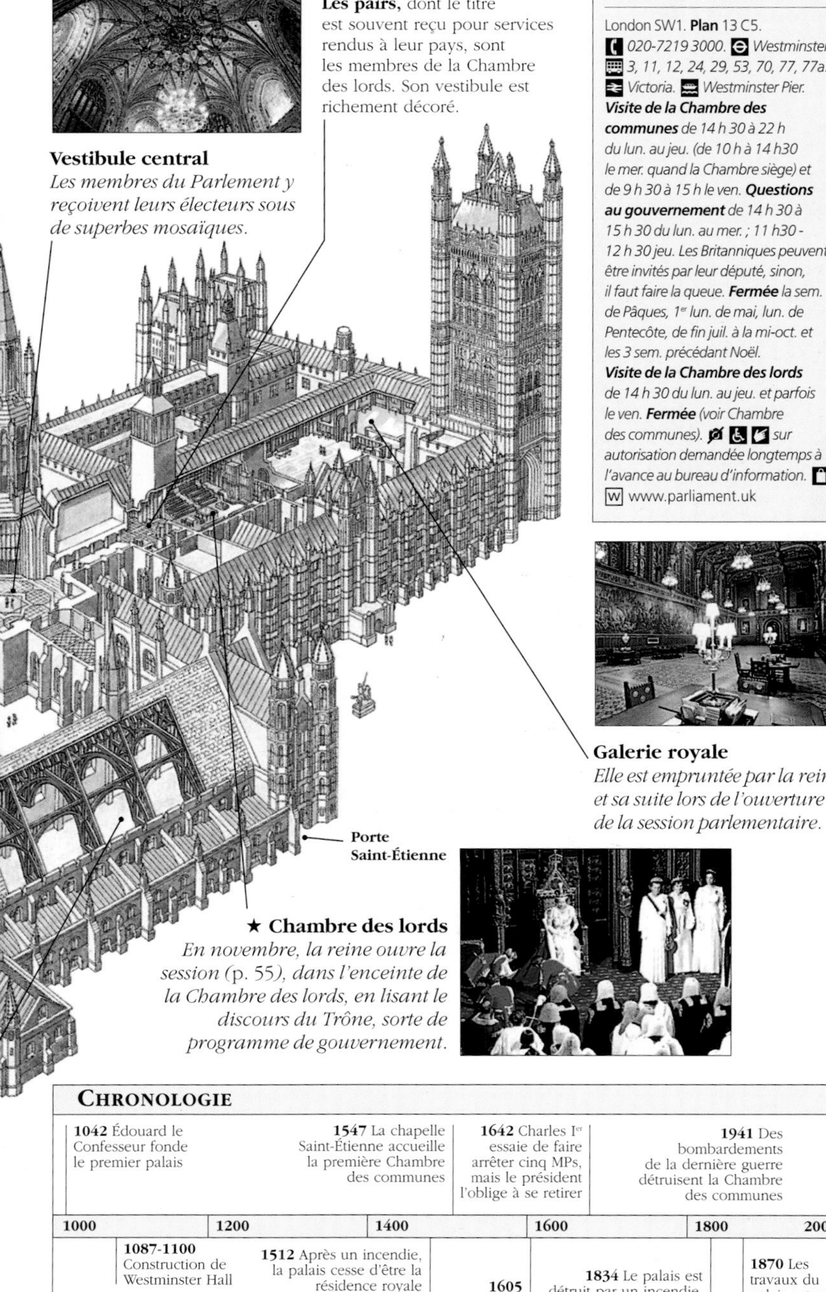

Les pairs, dont le titre est souvent reçu pour services rendus à leur pays, sont les membres de la Chambre des lords. Son vestibule est richement décoré.

Vestibule central
Les membres du Parlement y reçoivent leurs électeurs sous de superbes mosaïques.

Galerie royale
Elle est empruntée par la reine et sa suite lors de l'ouverture de la session parlementaire.

Porte Saint-Étienne

★ Chambre des lords
En novembre, la reine ouvre la session (p. 55), dans l'enceinte de la Chambre des lords, en lisant le discours du Trône, sorte de programme de gouvernement.

Mode d'emploi

London SW1. **Plan** 13 C5.
020-7219 3000. Westminster. 3, 11, 12, 24, 29, 53, 70, 77, 77a. Victoria. Westminster Pier. ***Visite de la Chambre des communes*** *de 14 h 30 à 22 h du lun. au jeu. (de 10 h à 14 h30 le mer. quand la Chambre siège) et de 9 h 30 à 15 h le ven.* ***Questions au gouvernement*** *de 14 h 30 à 15 h 30 du lun. au mer. ; 11 h30 - 12 h 30 jeu. Les Britanniques peuvent être invités par leur député, sinon, il faut faire la queue.* ***Fermée*** *la sem. de Pâques, 1er lun. de mai, lun. de Pentecôte, de fin juil. à la mi-oct. et les 3 sem. précédant Noël.* ***Visite de la Chambre des lords*** *de 14 h 30 du lun. au jeu. et parfois le ven.* ***Fermée*** *(voir Chambre des communes). sur autorisation demandée longtemps à l'avance au bureau d'information.*
www.parliament.uk

Chronologie

1000 – 1200 – 1400 – 1600 – 1800 – 2000

- **1042** Édouard le Confesseur fonde le premier palais
- **1087-1100** Construction de Westminster Hall
- **1512** Après un incendie, la palais cesse d'être la résidence royale
- **1547** La chapelle Saint-Étienne accueille la première Chambre des communes
- **1605** Guy Fawkes et la conspiration des Poudres tentent de faire sauter le Parlement
- **1642** Charles Ier essaie de faire arrêter cinq MPs, mais le président l'oblige à se retirer
- **1834** Le palais est détruit par un incendie. Seuls subsistent Westminster Hall et la tour du Trésor
- **1870** Les travaux du palais actuel s'achèvent
- **1941** Des bombardements de la dernière guerre détruisent la Chambre des communes

La Masse : symbole de l'autorité du souverain sur les Communes

Le palais de Westminster ❶

Voir p. 72-73

Big Ben ❷

Bridge St SW1. **Plan** 13 C5.
Westminster.
***Fermé** au public.*

Pour être précis, Big Ben ne désigne pas la célèbre horloge de la tour de 106 m qui s'élève au-dessus du palais de Westminster, mais la cloche de 14 tonnes qui sonne les heures. Son nom rend hommage à Benjamin Hall, entrepreneur des travaux du palais en 1858. Fondue à Whitechapel, c'était la seconde cloche à être réalisée, la première s'étant fêlée lors des essais. (Big Ben a également une légère fêlure.) L'horloge est la plus grande du royaume. Les cadrans, de 7,5 m de diamètre, et la grande aiguille, qui mesure 4,25 m, ont été réalisés en cuivre creux pour alléger l'ensemble. Son premier carillon résonna le 31 mai 1859 et depuis, son exactitude n'a jamais failli.

La tour du Trésor ❸

Abingdon St SW1. **Plan** 13 B5.
020-7222 2219. *Westminster.*
***Ouvert** avr.-sept. : 10 h-18 h t.l.j. ; oct. : 10 h-17 h ; nov.-mars : 10 h-16 h t.l.j. **Fermé** 24-26 déc., 1er janv. et lors des cérémonies officielles.*
Accès payant.
www.english-heritage.org.uk

La tour du Trésor et Westminster Hall (*p. 72*) sont les seuls vestiges de l'ancien palais de Westminster. Élevée en 1366 pour abriter la garde-robe et les joyaux d'Édouard VII, elle recèle désormais des documents relatifs à l'histoire de l'ancien palais. Une exposition relate l'histoire du Parlement, avec une présentation vidéo.

De 1869 à 1938, la tour abrita le bureau des Poids et Mesures, ce qui est expliqué dans une autre partie de l'exposition.

L'abbaye de Westminster ❹

Voir p. 76-79

Dean's Yard ❺

Broad Sanctuary SW1. **Plan** 13 B5.
*Westminster. **Bâtiments fermés** au public.*

Entrée de l'abbaye et des cloîtres, vue de Dean's Yard

Un passage, à proximité de la porte O. de l'abbaye, s'ouvre sur un square entouré d'édifices conçus à différentes époques. Du côté E., la demeure du Moyen Âge présente une lucarne intéressante. Sa façade arrière donne sur le Little Dean Yard, où se trouvaient les cellules des moines. Dean's Yard est une propriété privée qui appartient au doyen et au chapitre de Westminster. La Westminster School, un des plus prestigieux collèges du pays, y est établie. Elle a notamment compté, parmi ses élèves, le poète John Dryden et l'auteur dramatique Ben Jonson.

St Margaret's Church ❻

Parliament Sq SW1. **Plan** 13 B5.
020-7222 5152. Westminster.
***Ouvert** 9 h 30-15 h 45 lun.-ven., 9 h 30-13 h 45 sam., 14 h-17 h dim.*
11 h dim.

Buste de Charles Ier au-dessus de l'entrée de St Margaret's Church

Eclipsée par l'abbaye, cette église du début du XVe s. a longtemps été le lieu des mariages à la mode. Celui de Winston et Clementine Churchill y fut notamment célébré. Bien que très restaurée, elle conserve des éléments de l'époque des Tudors, comme le superbe vitrail conçu en l'honneur du mariage de Catherine d'Aragon et du prince Arthur, frère aîné de Henri VIII.

Parliament Square ❼

SW1. **Plan** 13 B5. *Westminster.*

Tracé dans les années 1840 pour dégager la vue sur le palais de Westminster, la place devint, en 1926, le premier rond-point de Grande-Bretagne. Aujourd'hui, la circulation y est souvent dense. Parmi les statues, on remarque tout de suite celle de Winston Churchill, enveloppé dans un grand manteau et observant la Chambre des communes d'un air maussade. La statue d'Abraham Lincoln se trouve au N. du square, devant l'édifice néogothique (1913) du Middlesex Guildhall.

Le Cénotaphe ❽

Whitehall SW1. **Plan** 13 B4.
Westminster.

D'une grande simplicité, cette stèle, située sur Whitehall, a été érigée en 1920 par Edwin Lutyens à la mémoire des soldats anglais morts au cours de la Première Guerre mondiale. Chaque année, le dimanche le plus proche du 11 novembre, la reine, accompagnée de personnalités, y dépose des couronnes de coquelicots. Cette cérémonie commémorative de l'armistice de 1918 rend hommage aux victimes des deux dernières guerres (*p. 54-55*).

Le Cénotaphe

Cabinet War Rooms ⑩

Clive Steps, King Charles St SW1. **Plan** 13 B5. *020-7930 6961.* *Westminster.* ***Ouvert*** *avr.-sept., 9 h 30-18 h ; oct.-mars, 10 h -18 h (der. ent. : 17 h 15).* ***Fermé*** *24-26 déc.* ***Accès payant.***

Un épisode étonnant de l'histoire du pays s'est déroulé dans ces caves du Government Office Building, au nord de Parliament Square. En effet, les membres du cabinet du ministère de la Défense, placés sous l'autorité de Neville Chamberlain, puis de Winston Churchill, s'y réunissaient lors des attaques aériennes sur la capitale pendant la dernière guerre. Les Cabinet War Rooms comprennent les appartements privés des principaux ministres et généraux de l'époque et une salle complètement insonorisée où étaient prises les décisions importantes. Les cloisons, en béton, font un mètre d'épaisseur. Rien n'y a été modifié depuis la guerre. Le mobilier d'époque, le bureau de Churchill, les vieux téléphones et les cartes ont été conservés.

Téléphones de la salle des cartes, Cabinet War Rooms

Downing Street ⑨

SW1. **Plan** 13 B4. *Westminster.* ***Fermé*** *au public.*

George Downing (1623-1684) passa une partie de sa jeunesse dans les colonies d'Amérique. L'un des premiers étudiants diplômés de Harvard, il regagna la Grande-Bretagne pour se battre aux côtés des parlementaristes, lors de la guerre civile.

En 1680, il acheta des terres, à proximité du palais de Whitehall, et y fit construire des immeubles dont quatre d'entre eux ont subisté. En 1732, George II installa Robert Walpole au nº 10. Depuis, la maison est la résidence officielle du Premier ministre. En 1989, pour des raisons de sécurité, des grilles ont été dressées du côté de Whitehall.

L'entrée du nº 10 Downing Street

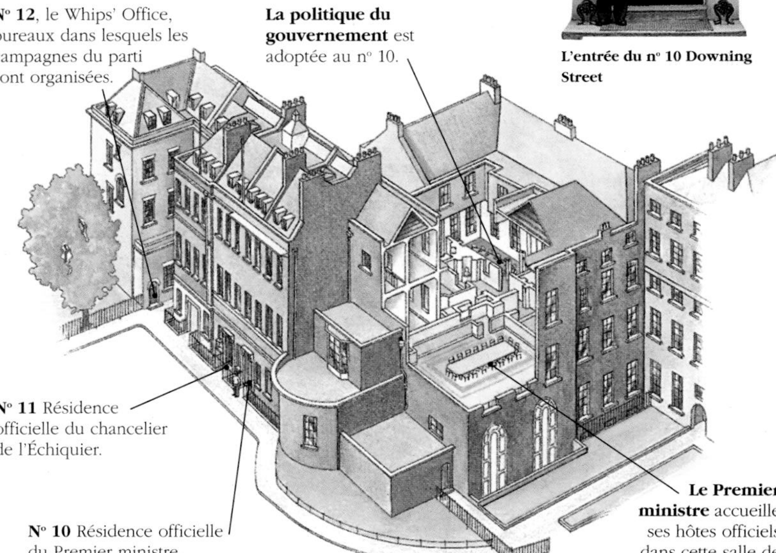

Nº 12, le Whips' Office, bureaux dans lesquels les campagnes du parti sont organisées.

La politique du gouvernement est adoptée au nº 10.

Nº 11 Résidence officielle du chancelier de l'Échiquier.

Nº 10 Résidence officielle du Premier ministre.

Le Premier ministre accueille ses hôtes officiels dans cette salle de réception.

L'abbaye de Westminster ❹

Popularisée dans le monde entier par les retransmissions télévisées des couronnements, des mariages ou des enterrements royaux, l'abbaye est un bel exemple d'architecture médiévale. Elle conserve de très nombreux tombeaux ou monuments intéressants. À la fois centre religieux et musée national, l'abbaye occupe une position particulière dans la conscience collective des Britanniques.

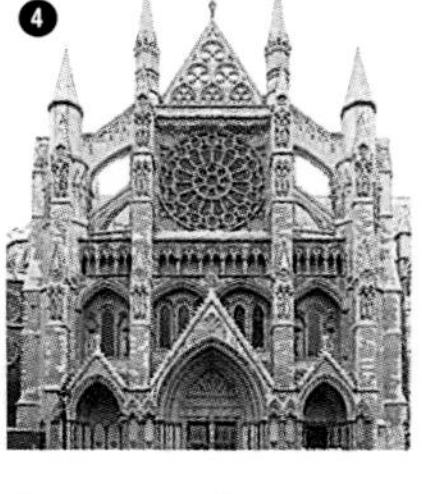

Portail nord
Ce dragon a été taillé dans la pierre à l'époque victorienne.

★ Les arcs-boutants soutiennent de l'extérieur la nef centrale culminant à 31 m.

★ La façade occidentale et ses deux tours ont été conçues par Nicholas Hawksmoor entre 1734 et 1745.

Le transept possède, dans le croisillon gauche, quelques-uns des plus beaux monuments de l'abbaye.

Entrée principale

À NE PAS MANQUER

- **★ La façade occidentale**
- **★ Les arcs-boutants**
- **★ La nef vue de l'ouest**
- **★ Lady Chapel**
- **★ La salle capitulaire**

★ La nef vue de l'O.
Relativement étroite (10 m de large), elle est en revanche la plus haute d'Angleterre.

Les cloîtres, construits en grande partie aux XIIIe et XIVe s., permettent, de l'abbaye, de gagner les autres bâtiments abbatiaux.

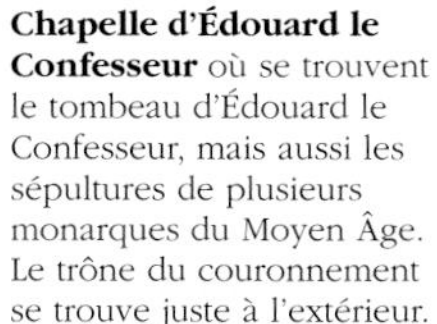

Chapelle d'Édouard le Confesseur où se trouvent le tombeau d'Édouard le Confesseur, mais aussi les sépultures de plusieurs monarques du Moyen Âge. Le trône du couronnement se trouve juste à l'extérieur.

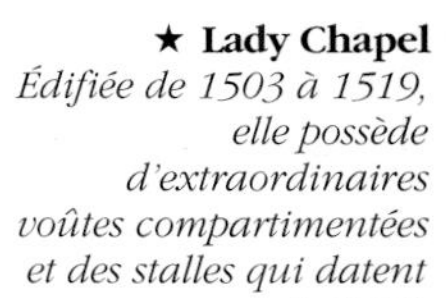

★ Lady Chapel
Édifiée de 1503 à 1519, elle possède d'extraordinaires voûtes compartimentées et des stalles qui datent de 1512.

Mode d'emploi

Broad Sanctuary SW1. **Plan** 13 B5. *020-7222 5152.*
St James's Park, Westminster.
3, 11, 12, 24, 29, 53, 70, 77, 77a, 88, 109, 159, 170.
Victoria, Waterloo.
Westminster Pier.
***Visite des cloîtres** de 8 h à 18 h t.l.j.*
***Chapelles royales, le Coin des poètes, chœur déambulatoire et nef** visite de 9 h 30 à 15 h 45 du lun. au ven., de 9 h 30 à 13 h 45 le sam.*
***Salle capitulaire, salle de coffre et musées** visite de 10 h 30 à 16 h t.l.j.*
***Accès payant** pour les chapelles royales, le Coin des poètes, la nef, le déambulatoire, la salle du coffre, le chœur, musées et la nef.*
***Visite du jardin** le mar. et le jeu.*
***Concerts** 17 h du lun. au ven., 15 h le sam. et le dim.*
www.westminster-abbey.org.uk

★ Salle capitulaire
Cette structure octogonale mérite d'être visitée pour ses superbes carreaux du XIIIe s.

Le croisillon sud du transept est « le Coin des poètes ». Il possède des monuments rendant hommage aux principaux écrivains du royaume.

Musée

Chronologie

Carreau du XIIIe s. dans la salle capitulaire

- **1050** Début de la construction de la première abbatiale par Édouard le Confesseur
- **1245** Nouvelle abbaye conçue par Henri de Reims
- **1269** Le corps d'Édouard le Confesseur est inhumé dans un nouveau tombeau de l'abbaye
- **1376** Henry Yevele reprend entièrement la nef de l'abbatiale
- **1540** Les moines bénédictins sont chassés
- **1734** Début de la construction de la façade aux deux tours
- **1838** Couronnement de Victoria
- **1953** Dernier couronnement en date : celui d'Elisabeth II

1000 — 1200 — 1400 — 1600 — 1800 — 2000

Visite guidée de l'abbaye de Westminster

L'abbaye présente des styles extrêmement variés : la nef a l'austérité des édifices gothiques français, la chapelle Henri VII est d'une finesse et d'une légèreté arachnéennes et l'imagination des artistes a triomphé lors de la réalisation des monuments de la fin du XVIIIe siècle. De nombreux monarques ont été inhumés dans l'abbaye. Certaines sépultures sont volontairement dépouillées, d'autres sont richement décorées. Par ailleurs, des monuments ont été élevés à la mémoire de plusieurs personnalités britanniques – hommes politiques ou poètes – tant dans les bas-côtés que dans le transept.

② Le monument à lady Nightingale
Le croisillon nord du transept possède quelques-uns des plus beaux monuments de l'abbaye. Celui-ci, exécuté par Roubilliac en 1861, rend hommage à lady Nightingale.

Les étapes de la construction

La première abbaye daterait du Xe s., époque à laquelle saint Dunstan réunit un groupe de bénédictins. La majeure partie de la structure actuelle date du XIIIe s. Henri III Plantagenêt fit reconstruire l'abbaye en 1245 en s'inspirant des formules de l'art gothique français. Sanctuaire privilégié de la monarchie où se déroulent, depuis Guillaume le Conquérant, les sacres des souverains, elle fut peu touchée par la Réforme, en 1540.

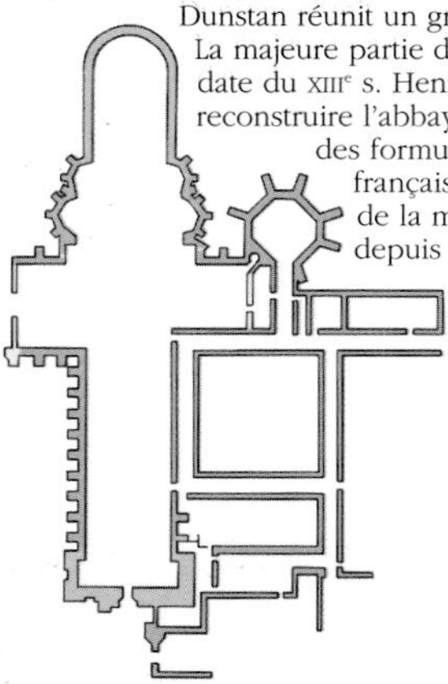

Légende

- Antérieur à 1400
- Ajouté au XVe siècle
- Construit de 1503 à 1519
- Achevé en 1745
- Restauré après 1850

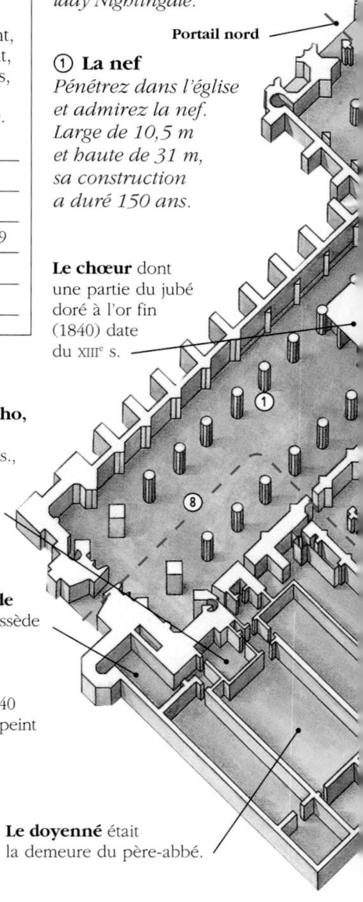

Portail nord

① La nef
Pénétrez dans l'église et admirez la nef. Large de 10,5 m et haute de 31 m, sa construction a duré 150 ans.

Le chœur dont une partie du jubé doré à l'or fin (1840) date du XIIIe s.

La salle Jéricho, ajoutée au début du XVIe s., possède de belles boiseries.

La chambre de Jérusalem possède une cheminée du XVIIe s., des tapisseries des années 1540 et un plafond peint intéressant.

Le doyenné était la demeure du père-abbé.

⑧ Tombe du soldat inconnu
Cette tombe simple et émouvante rend hommage aux milliers de soldats tombés à la Première Guerre mondiale et qui n'ont pas de sépulture. Un soldat inconnu est enterré ici.

LES COURONNEMENTS
Depuis 1066, l'abbaye est le cadre des cérémonies du sacre des souverains. La reine Élisabeth II est le dernier monarque à être monté sur le trône du Couronnement. La cérémonie, célébrée en 1953, fut rentransmise à la télévision.

③ Le trône du couronnement
Construit en 1301, c'est le trône sur lequel tous les monarques ont été couronnés depuis 1308.

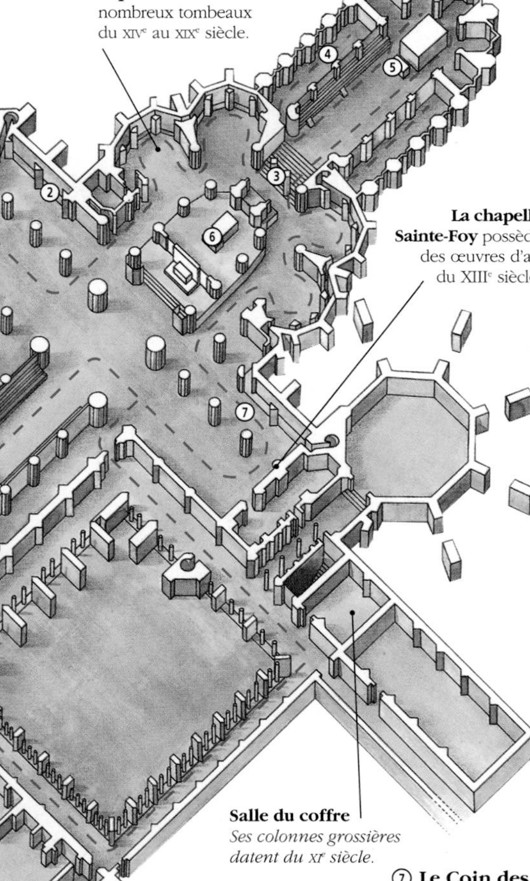

La chapelle St-Jean-Baptiste conserve de nombreux tombeaux du XIVe au XIXe siècle.

La chapelle Sainte-Foy possède des œuvres d'art du XIIIe siècle.

④ Le gisant d'Élisabeth Ire
(qui régna de 1558 à 1603). Il est à l'intérieur de la chapelle Henri VII. Sa demi-sœur Marie Tudor est inhumée dans le même caveau.

⑤ Chapelle Henri VII
Les stalles de chêne du chœur, sculptées en 1512, représentent d'amusantes miséricordes historiées.

⑥ Chapelle Saint-Édouard
Elle renferme les reliques d'Édouard le Confesseur, roi saxon, ainsi que les tombes de plusieurs rois du Moyen Âge.

Salle du coffre
Ses colonnes grossières datent du XIe siècle.

⑦ Le Coin des poètes
Prenez le temps d'admirer les innombrables monuments élevés à la mémoire des grands écrivains britanniques (Shakespeare et Dickens, notamment).

Entrée du Dean's Yard

LÉGENDE

— — — Itinéraire de visite

Banqueting House ⓫

Whitehall SW1. **Plan** 13 B4.
020-7839 8919. *Charing Cross, Embankment, Westminster.* ***Ouvert*** *10 h-17 h lun.-sam. (dernière admission : 16 h 30).* ***Fermé*** *jours fériés, 24 déc.- 2 jan.* ***Accès payant.***
Vidéocassettes.
www.hrp.org.uk

L'architecture de ce superbe édifice a eu, à Londres, une influence considérable. L'architecte Inigo Jones, très influencé par l'Italie, a donné ici son interprétation du style palladien. Achevée en 1622, la sobre façade en pierre, très classique, contrastait totalement avec le pittoresque des tourelles et de l'ornementation extérieure des bâtiments élisabéthains. Banqueting House fut la seule construction à échapper au feu qui, en 1698, détruisit l'ancien palais de Whitehall.

Chef-d'œuvre de Rubens, le plafond, qui représente l'Apothéose de Jacques Ier, a été commandé en 1629 par Charles Ier. Cet hommage, rendu à la monarchie, ne plaisait guère à Oliver Cromwell ni aux parlementaristes, qui, en 1649, firent exécuter Charles Ier devant le palais. Vingt ans plus tard, Banqueting House fut pourtant le théâtre de la Restauration, lorsque Charles II monta sur le trône. Le bâtiment est parfois utilisé pour des cérémonies officielles.

Cavalier en faction (Horse Guards)

Horse Guards Parade ⓬

Whitehall SW1. **Plan** 13 B4.
0906-866 3344. *Westminster, Charing Cross.* ***Relève de la Garde*** *11 h lun.-sam., 10 h dim.* ***Cérémonie de mise pied à terre*** *16 h t.l.j. Les horaires sont susceptibles de changer, téléphoner pour plus d'informations.* ***Salut aux Couleurs*** *voir* ***cérémonies de Londres*** *p. 52-55.*

Terrain jadis utilisé par Henri VIII pour des tournois, ce site est aujourd'hui celui de la relève de la Garde. Les élégants bâtiments, achevés en 1755, ont été conçus par William Kent. Sur la gauche, remarquez l'ancienne trésorerie, également édifiée par Kent, ainsi que la façade arrière de Dover House, achevée en 1758 et siège, à présent, du Scottish Office. À proximité, subsiste le tracé du court de tennis sur lequel Henri VIII aurait pratiqué ce sport très ancien. En face, couvert de lierre, se trouve le bâtiment de la Citadelle. Construit en 1940 à côté de l'Amirauté, il assurait une protection contre les bombardements aériens. La Marine l'utilisa pendant la dernière guerre comme centre de télécommunications.

Plafond peint par Rubens, à Banqueting House

Whitehall Theatre ⓭

Whitehall SW1. **Plan** 13 B3.
020-7369 1735. *Charing Cross.* ***Ouvert*** *lors des représentations seulement. Voir* ***Spectacles*** *p. 326-327.*

Détail d'une loge au Whitehall Th.

Construit en 1930, la façade blanche, très sobre, est un peu à l'image du Cénotaphe (*p. 74*), situé à l'autre extrémité de la rue. L'intérieur, toutefois, recèle de beaux exemples d'ornementation Art déco. De 1950 à 1980, ce théâtre était très couru pour ses mises en scène de farces.

Queen Anne's Gate ⓮

SW1. **Plan** 13 A5. *St James's Park.*

La partie ouest de cet élégant ensemble de demeures résidentielles en brique (1704) est réputée pour ses auvents richement décorés. À l'autre extrémité, les maisons, construites 70 ans plus tard, portent des plaques bleues, apposées en souvenir de leurs habitants (lord Palmerston, le Premier ministre de l'ère victorienne, par exemple). Depuis peu, les services secrets britanniques auraient quitté l'un des immeubles. La petite statue de la reine Anne se dresse devant le mur qui sépare les nos 13 et 15. À l'ouest, au coin de Petty France, le Home Office Building (1976) de Sir

Basil Spence est plutôt étonnant. Des marches conduisent à Birdcage Walk, l'endroit où se réunissaient au XVIIe siècle les amateurs de combats de coqs.

Le musée de la Garde ⓯

Birdcage Walk SW1. **Plan** 13 A5. *020-7930 4466 p. 3271. St James's Park.* ***Ouvert*** *10 h-16 h t.l.j.* ***Fermé*** *période de Noël, et lors des cérémonies.* ***Accès payant.***

Le musée est situé sous l'esplanade des casernes Wellington, quartier général des cinq régiments de la Garde.

Des tableaux et des dioramas retracent les différentes batailles auxquelles la Garde a participé, de la guerre civile (1642-1648) à nos jours. Des armes de toutes sortes et de superbes uniformes y sont présentés.

La station de métro de St James's Park ⓰

55 Broadway SW1. **Plan** 13 A5. *St James's Park.*

Sculpture de Epstein à la station de métro de St James's Park

Réputée pour ses sculptures et ses bas-reliefs, la station fut construite à l'intérieur de Broadway House, édifice conçu en 1929 par Charles Holden pour la régie des transports londoniens.

Blewcoat School ⓱

23 Caxton St SW1. **Plan** 13 A5. *020-7222 2877. St James's Park.* ***Ouvert*** *10 h-17 h 30 lun.-mer., ven., 10 h-19 h jeu.* ***Fermé*** *les jours fériés.*

Statue d'un élève de Blewcoat School, au-dessus de l'entrée, sur Caxton Street

Ce petit bijou en brique rouge, cerné par les immeubles de bureaux de Victoria Street, fut construit en 1709 pour accueillir des orphelins et leur apprendre «à lire, à écrire, le catéchisme et à faire des comptes». L'école resta ouverte jusqu'en 1939, et fut transformée en arsenal jusqu'à la fin de la dernière guerre. En 1954, elle fut rachetée par le National Trust. L'intérieur, aux proportions très harmonieuses, abrite une boutique de cadeaux.

La cathédrale de Westminster ⓲

Ashley Place SW1. **Plan** 20 F1. *020-7798 9055. Victoria.* ***Ouvert*** *7 h-19 h lun.-ven., 8 h-19 h sam.-dim.* ***Accès payant*** *pour la montée au campanile (avr.-nov. : 9 h-17 h t.l.j., déc.-mars : 9 h-17 h jeu.-dim.). 17 h 30 lun.-ven., 10 h 30 sam. et dim., chorale et chants grégoriens pendant les offices. Concerts.*

Conçue dans le style néo-byzantin par John Francis Bentley pour le diocèse catholique, la cathédrale a été achevée en 1903. Son campanile, de brique rose rayée de pierre blanche, de 87 m de haut, se détache sur l'horizon du quartier et contraste avec l'abbaye voisine. Le paisible parvis, situé du côté nord, permet d'admirer la cathédrale depuis Victoria Street. À l'intérieur, au-dessus de la nef, la nudité des coupoles tranche nettement avec les marbres et les mosaïques multicolores qui ornent l'édifice. Faute de moyens, sa décoration est inachevée. Les 14 scènes du chemin de Croix, exécutées par Eric Gill pendant la Première Guerre mondiale, couvrent les piliers de la nef. L'orgue, un des plus beaux d'Europe, est utilisé lors des concerts.

St John's, Smith Square ⓳

Smith Sq SW1. **Plan** 21 B1. *020-7222 1061. Westminster,* ***Ouvert*** *10 h-17 h 30 et le soir pour les concerts.* ***Concerts.*** *Voir* ***Spectacles*** *p. 330-333.*

Concert à St John's, Smith Square

Considérée comme l'un des chefs-d'œuvre de l'architecture baroque britannique par l'artiste et historien d'art Hugh Casson, l'église ornée de tourelles, conçue par Thomas Archer, donne l'impression de dominer tout le square. Il est vrai que son style est beaucoup plus voyant que celui des discrètes maisons du XVIIIe siècle, situées du côté nord de la place. L'histoire de cet édifice est assez mouvementée : achevé en 1728, il fut dévasté par un incendie en 1742, foudroyé en 1773 et détruit de nouveau lors des bombardements de la dernière guerre. Un restaurant, aménagé au sous-sol, propose des déjeuners et des dîners (les soirs de concerts) à des prix raisonnables.

La Tate Britain ⓴

Voir p. 82-85

Tate Britain ⑳

Anciennement Tate Gallery, la Tate Britain recèle la plus grande collection au monde d'art britannique, du XVIe au XXIe siècle. Le fonds international d'art moderne que le musée présentait autrefois se trouve désormais à la Tate Modern *(p. 178-181)*. La Clore Gallery, adjacente, abrite le magnifique legs Turner, offert au pays par le grand peintre paysagiste en 1851. Cette galerie dispose de sa propre entrée, qui donne un accès direct à la collection Turner et qui permet d'apprécier pleinement la physionomie post-moderniste du bâtiment, due à Sir James Stirling.

La Famille Saltonstall *(1637)*
Ce portrait de famille, grandeur nature, de David des Granges, représente la première Lady Saltonstall, décédée, et la seconde épouse avec son jeune bébé.

Le Moulin de Flatford (scène sur une rivière navigable) *(1816-1817)*
John Constable fut l'un des premiers artistes à peindre des paysages achevés, directement d'après nature, révélant une observation magistrale de l'ombre et de la lumière.

Des prêts couvrant tous les genres d'art britannique sont présentés ici et au rez-de-chaussée.

Niveau principal

Rez-de-chaussée

Entrée Atterbury St

SUIVEZ LE GUIDE !
La collection permanente occupe les trois quarts du niveau principal. En partant de l'angle nord-ouest, le visiteur découvre des œuvres agencées selon un ordre chronologique, depuis le début du XVIe siècle jusqu'à nos jours. Chaque salle est consacrée à un thème historique ou à un grand artiste. Les grandes expositions reposant sur des prêts occupent le quart restant de l'étage principal et les galeries du rez-de-chaussée.

LÉGENDE

- 1500-1800
- 1800-1900
- 1900-1960
- 1960 à nos jours
- Duveen Sculpture Gallery
- Clore Gallery
- Prêts
- Salles sans expositions

Nocturne en bleu et or : le vieux pont de Battersea *(v. 1872-1875)*
Les nocturnes pittoresques de J. A. M. Whistler représentant la Tamise à Londres marquent l'arrivée de l'art moderne en Grande-Bretagne.

L'ART DE LA TABLE

L'étage inférieur de la Tate Britain abrite un café, un bar à expresso et un restaurant. Des œuvres célèbres de Rex Whistler ornent les murs du restaurant, racontant l'histoire des habitants de la cité mythique d'Epicuriana et leur quête de nourritures rares. La carte des vins, couronnée de plusieurs distinctions, est réputée pour son bon rapport qualité-prix. Ouvert à midi seulement.

MODE D'EMPLOI

Millbank SW1. **Plan** 21 B2. *020-7887 8000.* *020-7887 8008.* *Pimlico.* *C10, 36, 77a, 88, 159, 185, 507.* *Victoria, Vauxhall.* **Ouvert** *10h-17h30 t.l.j.* **Fermé** *du 24 au 26 déc.* **Accès payant** *pour les grandes expositions.* *Atterbury St.* **Conférences, films, expositions temporaires, ateliers pour enfants.** www.tate.org.uk

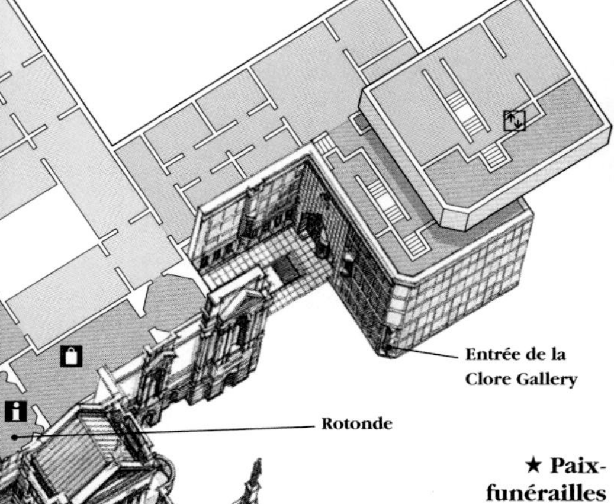

Lady of Shalott *(1888)*
Cette œuvre de J. W. Waterhouse illustre la fascination des préraphaélites pour le mythe d'Arthur.

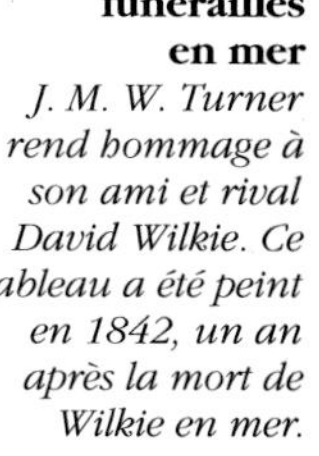

★ Paix-funérailles en mer
J. M. W. Turner rend hommage à son ami et rival David Wilkie. Ce tableau a été peint en 1842, un an après la mort de Wilkie en mer.

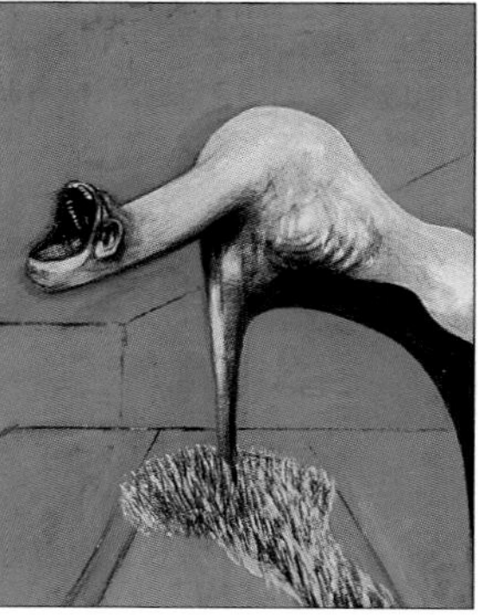

★ Études pour trois visages sur la base de la crucifixion
(1944, détail)
Le célèbre triptyque de Francis Bacon exprime une vision angoissée de l'existence humaine. Sa violence choqua profondément les premiers spectateurs.

À NE PAS MANQUER

- ★ ***Paix-funérailles en mer*** **de Turner**
- ★ ***Nocturne en bleu et or*** **de Whistler**
- ★ ***Études pour trois visages sur la base de la crucifixion*** **de Bacon**

À la découverte de la Tate Britain

La grande diversité des œuvres présentées, qui proviennent de l'imposante Tate Collection, ainsi qu'un programme complet d'expositions reposant sur des prêts permettent de satisfaire tous les goûts du public, depuis les portraits élisabéthains jusqu'aux installations modernes. Malgré l'agrandissement récent de la Tate Britain, les innombrables œuvres britanniques dépassent encore l'espace disponible, exigeant une rotation des présentations.

The Cholmondeley Sisters **(v. 1600-1610), de l'école britannique**

1500-1800

Ces galeries retracent l'émergence d'une école artistique spécifiquement britannique. « English Renaissance » est consacré à l'art décoratif et stylisé de l'époque d'Élisabeth Ire, qu'incarnent les poses rigides et les exquis détails des *Cholmondeley Sisters*, tandis que « Hogarth and Modern Life » rend hommage à William Hogarth, le père de la peinture britannique. Quant à la tradition du portrait, illustrée par Joshua Reynolds et Thomas Gainsborough, elle constitue le thème de la galerie « Courtly Portraiture ». L'émergence des paysages est à l'honneur dans « Landscape and Empire ». C'est à la fin de cette période qu'apparut l'un des grands génies excentriques de l'art britannique, William Blake. Inspiré par Michel Ange, il créa des peintures et des poèmes exprimant une vision très personnelle de l'Homme et de Dieu.

Le Châtiment de Job par Satan **(v. 1826), de William Blake**

1800-1900

Dès la fin du XVIIIe siècle, la représentation de scènes de l'histoire, du théâtre et des lettres britanniques connut un grand succès.
Dans « Making British History », on découvre aussi bien les créations fantastiques d'inspiration shakespearienne de Henry Fuseli que les événements historiques de John Singleton Copley et J. M. W. Turner. Les thèmes des préraphaélites, influencés par la vie littéraire et l'actualité, sont également exposés dans cette vaste galerie.

Trois salles sont dédiées à John Constable, l'un des plus grands paysagistes anglais avec Turner. L'une d'elles présente des éléments contextuels et biographiques, tandis que les deux autres, « Constable and Outdoor Painting 1800-1817 » et « Constable's Later Years 1818-1837 » retracent l'évolution de sa peinture.

« John Martin and Visions of the Apocalypse » expose de grandes toiles de John Martin et de Francis Danby. En cette époque de ferveur religieuse, les représentations de scènes fantastiques de la Bible connurent un grand succès. « Art and Victorian Society » s'intéresse aux femmes dans l'art victorien. Enfin, l'influence de l'impressionnisme français, introduit outre-Manche par le grand peintre J. A. M. Whistler et ses adeptes, est le thème de « British Art and France ».

Turner à la Clore Gallery

Le legs Turner réunit quelque 300 peintures à l'huile ainsi que 20 000 aquarelles et dessins, légués à la nation par le grand paysagiste J. M. W. Turner, mort en 1851. L'artiste exigea toutefois qu'une galerie soit construite pour abriter ses œuvres. C'est désormais chose faite avec la Clore Gallery, ouverte en 1987. Toutes les peintures à l'huile sont exposées dans les salles principales, tandis que les aquarelles sont présentées dans le cadre d'expositions temporaires.

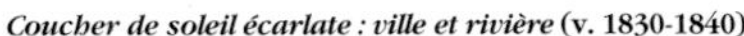

Coucher de soleil écarlate : ville et rivière **(v. 1830-1840)**

M. et Mme Clark et Percy **(1970-1971) de David Hockney**

1900-1960

Ici, les œuvres sont agencées par thèmes. « War and Memory » s'intéresse à l'impact de la Première Guerre mondiale, avec des images de la guerre dues au futuriste C. R. W. Nevinson et au sculpteur Charles Sargent Jagger, et des œuvres de l'après-guerre, comme les paysages hantés de Paul Nash.

Dans « Modern Art and Tradition », des sculptures modernistes pionnières réalisées dans les années 1930 par Henry Moore et Barbara Hepworth côtoient des créations plus traditionnelles, comme celles de Cecil Collins. Les produits les plus extrêmes du modernisme nés dans la Grande-Bretagne des années 1930 sont exposés dans « An International Abstract Art ».

Des expositions présentent l'histoire de l'art britannique depuis la Seconde Guerre mondiale, avec des œuvres de Francis Bacon et Graham Sutherland, la sculpture d'après-guerre chargée d'angoisse surnommée « la géométrie de la peur », les peintures réalistes de la Kitchen Sink School et les travaux de l'Independent Group, conduit par Richard Hamilton et Eduardo Paolozzi, qui préfigura le pop art.

Recumbent Figure **(1938) de Henry Moore**

1960 À NOS JOURS

À compter des années 1960, les moyens alloués à la Tate pour l'acquisition d'œuvres augmentèrent considérablement, tandis que l'activité artistique s'accélérait encore. La richesse de la Tate en créations de cette époque est telle qu'elle nécessite une rotation fréquente des présentations.

L'art britannique des années 1960 a été marqué par le développement du pop art, qui se dessine dans les premières œuvres de David Hockney, les peintures et les constructions de Peter Blake et le pop art plus intellectuel de Richard Hamilton. Parallèlement, l'art abstrait connut une véritable explosion, avec de grandes œuvres aux couleurs vives, tant dans la peinture que dans la sculpture. Une réaction à ce mouvement se profila à la fin des années 1960, avec l'émergence d'artistes conceptuels comme Gilbert et George – *alias* les sculptures vivantes – et Richard Long, instigateur d'une approche radicalement nouvelle du paysage, installant des éléments de paysage dans les galeries d'art. Au début des années 1980, l'art conceptuel fut à son retour rejeté par les peintres de l'École de Londres, comme Howard Hodgkin, Lucian Freud et Kitaj, tandis que Francis Bacon, parrain du mouvement, connut un regain de popularité. Tony Cragg, Richard Deacon et Bill Woodrow lancèrent une sculpture nouvelle, symbolique et travaillée, explorant la nature des matériaux.

Dans les années 1990, l'art britannique connut une nouvelle effervescence. Les mouvements les plus récents, comme celui des YBAs, les Young British Artists, sont bien représentés à la Tate Britain. Damian Hirst crée des installations à grande échelle. Toutefois, il est plus connu pour ses animaux conservés dans le formol. Citons aussi Tracey Emin et Sarah Lucas, qui créent toutes deux des œuvres très personnelles et controversées sur le plan esthétique, tandis que Cornelia Parker apporte une vision plus poétique des objets trouvés, caractéristiques des YBAs. Quantité d'artistes contemporains, comme Tacita Dean, Sam Taylor-Wood, Douglas Gordon, Steve McQueen et les jumeaux Wilson, recourent au film et à la vidéo – une évolution récente majeure, qui fait l'objet de plusieurs expositions spéciales et de projections de films à la Tate Britain.

Cold Dark Matter: An Exploded View **(1991) de Cornelia Parker**

NEW &
LINGWOOD
22
SHOEMAKERS
NEW &
PICCADILLY
PHOTO CENTRE
PICCADILLY
PHOTO CENTRE

PICCADILLY ET ST JAMES'S

Piccadilly est l'artère principale du West End. Dénommée, jadis, Portugal Street, elle tiendrait son nom actuel du commerce des « piccadils », hauts cols empesés très en faveur auprès des dandies du XVIIe s. À St James's, plusieurs édifices témoignent de l'époque où le quartier abondait en courtisans et en magasins réputés. Deux de ces établissements ont subsisté sur St James's Street : Lock the Hatter et Berry Bros vintners. Fortnum and Mason, sur Piccadilly, propose de l'épicerie fine de grande qualité depuis près de 300 ans. Mayfair est toujours un des quartiers les plus chic de la capitale, et Piccadilly Circus permet d'accéder à Soho.

Serrure, à Buckingham Palace

LE QUARTIER D'UN COUP D'ŒIL

Rues et édifices historiques
- Piccadilly Circus 1
- Albany 3
- Burlington Arcade 5
- L'hôtel Ritz 6
- Spencer House 7
- Le palais de St-James 8
- St James's Square 9
- Royal Opera Arcade 10
- Pall Mall 11
- Le Mall 14
- Marlborough House 15
- Clarence House 17
- Lancaster House 18
- *Le palais de Buckingham p. 94-95* 19
- Royal Mews 21
- Wellington Arch 22
- Shepherd Market 24

Musées et galeries
- Royal Academy of Arts 4
- Institute of Contemporary Arts 12
- Queen's Gallery 20
- Royal Mews 21
- Apsley House 23
- Faraday Museum 26

Églises
- St James's Church 2
- Queen's Chapel 16

Parcs et jardins
- St James's Park 13
- Green Park 25

VOIR AUSSI

- ***Atlas des rues*** plans 12, 13
- ***Hébergement*** p. 272-285
- ***Restaurants*** p. 286-311

COMMENT Y ALLER

La Piccadilly Line passe à Hyde Park Corner, Piccadilly Circus et Green Park. Les lignes Bakerloo et Northern desservent Charing Cross. Les bus n°s 6, 9, 15, 23 et 139 traversent le quartier.

0 500 m

0 500 yards

LÉGENDE
- Plan du quartier pas à pas
- Station de métro
- Gare ferroviaire
- Parc de stationnement

◁ **Piccadilly Arcade avec ses nombreuses boutiques de luxe**

Piccadilly et St James's pas à pas

Dès la construction de St James's par Henri VIII dans les années 1530, le quartier alentour devint le cœur du Londres chic, une réputation qui, depuis, n'a jamais été démentie. Les personnalités les plus influentes du pays empruntent ses rues historiques pour aller déjeuner dans leur club, faire des emplettes dans les magasins les plus anciens ou les plus prestigieux de la ville ou visiter ses nombreuses galeries d'art.

Hôtel Albany
Depuis plus de deux siècles, c'est une des adresses les plus chic de la capitale ❸

★ Royal Academy of Arts
Créée en 1768 par Joshua Reynolds, elle organise aujourd'hui de magnifiques expositions ❹

★ Burlington Arcade
Ce passage est gardé par des huissiers portant redingote et chapeau haut de forme ❺

Fortnum and Mason
Épicerie fine, fondée en 1707, réputée pour sa marmelade d'orange et son thé.

Le Ritz
Construit en 1906, son luxe est à la hauteur de sa réputation ❻

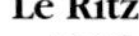

Spencer House
Maison construite en 1766 par un ancêtre de la princesse Diana ❼

Palais de St-James
Construit par Henri VIII il est encore occupé par le grand chambellan et le personnel de la Cour ❽

Vers le Mall

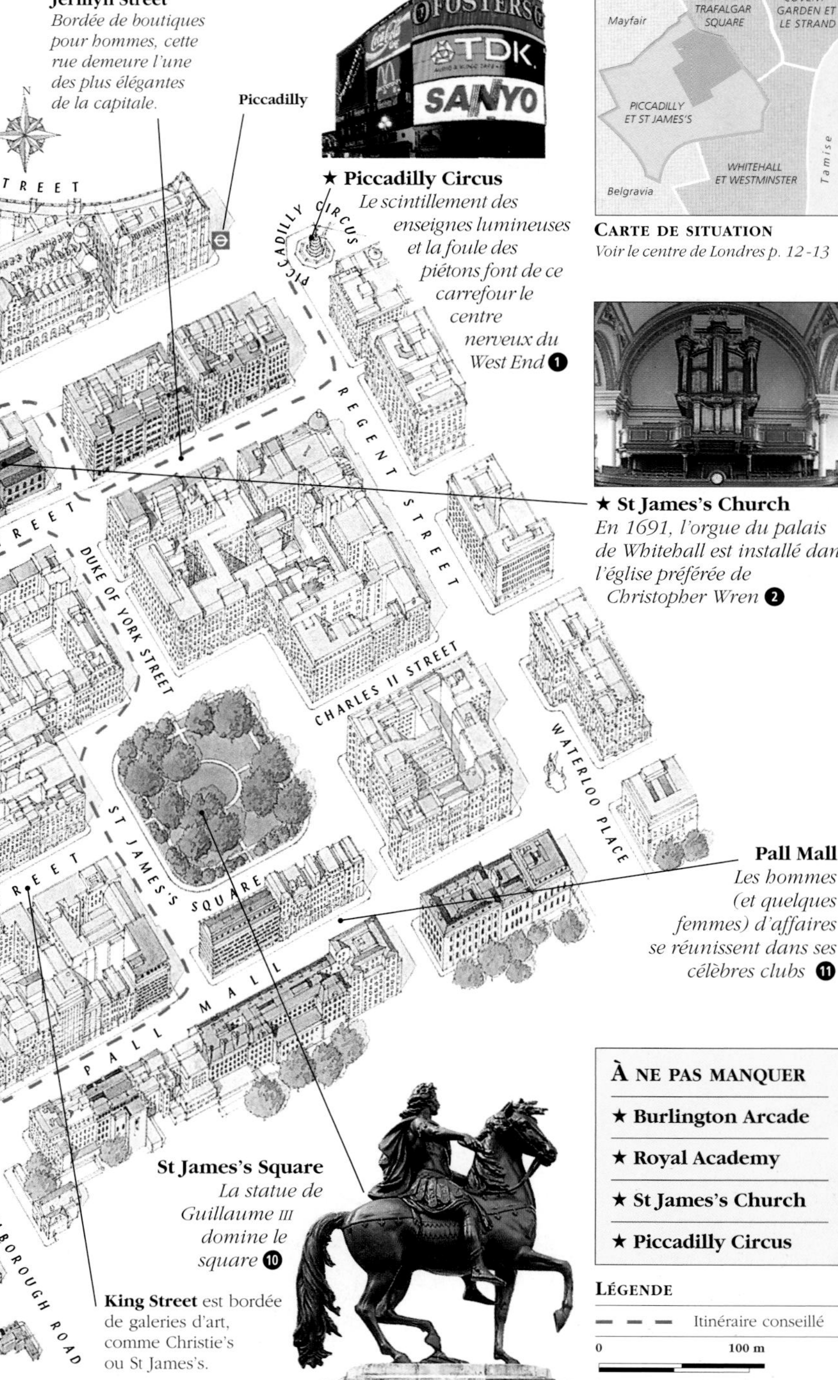

Jermyn Street
Bordée de boutiques pour hommes, cette rue demeure l'une des plus élégantes de la capitale.

Piccadilly

★ Piccadilly Circus
Le scintillement des enseignes lumineuses et la foule des piétons font de ce carrefour le centre nerveux du West End ❶

Carte de situation
Voir le centre de Londres p. 12-13

★ St James's Church
En 1691, l'orgue du palais de Whitehall est installé dans l'église préférée de Christopher Wren ❷

Pall Mall
Les hommes (et quelques femmes) d'affaires se réunissent dans ses célèbres clubs ⓫

St James's Square
La statue de Guillaume III domine le square ❿

King Street est bordée de galeries d'art, comme Christie's ou St James's.

À ne pas manquer

- ★ **Burlington Arcade**
- ★ **Royal Academy**
- ★ **St James's Church**
- ★ **Piccadilly Circus**

Légende

– – – Itinéraire conseillé

0 100 m

0 100 yards

Piccadilly Circus ❶

W1. **Plan** 13 A3. ⊖ *Piccadilly*

***Éros*, par Alfred Gilbert**

Depuis des années, les badauds se réunissent sous l'*Éros* de Piccadilly Circus. Cet ange de la miséricorde, armé de son arc et qui porte aujourd'hui le nom du dieu grec de l'amour, est en quelque sorte la mascotte de la capitale. Il fut érigé en 1892 en mémoire de Lord Shaftesbury, le philanthrope de l'ère victorienne. Élément important du projet de Nash pour Regent's Street, la place a beaucoup changé au cours de ces dernières années. Le carrefour est désormais agrémenté de plusieurs galeries marchandes. L'une d'entre elles se situe derrière la façade du London Pavilion (1885), qui fut jadis un music-hall très populaire. Le soir, le scintillement des enseignes lumineuses invite les passants à entrer dans les cinémas, théâtres, boîtes de nuit, restaurants et pubs de ce quartier très animé.

St James's Church ❷

197 Piccadilly W1. **Plan** 13 A3. *020-7734 4511.* ⊖ *Piccadilly Circus, Green Park.* ***Ouvert*** *8 h-18 h 30 t.l.j. 10 h -18 h mer.-sam.* *pendant les offices.* ***Concerts, conférences.***

Parmi les nombreuses églises conçues par Wren (*p. 47*), celle-ci était sa préférée. Modifiée à de nombreuses reprises et à moitié détruite lors des bombardements de 1940, elle a cependant conservé les éléments essentiels de sa construction (1684) : sa voûte en berceau, sa fine flèche (réplique en fibre de verre exécutée en 1966) et son intérieur clair et élégant. L'encadrement du retable d'autel et les fonts baptismaux en marbre blanc dont le fût évoque *la Tentation d'Adam et Ève* ont été sculptés au XVIIe siècle par Grinling Gibbons. L'artiste peintre et poète William Blake et le Premier ministre Pitt l'ancien ont été baptisés dans cette église. Le buffet d'orgues, fabriqué pour le palais Whitehall mais installé ici en 1691, a également été sculpté par Gibbons. Aujourd'hui, l'église propose de nombreuses manifestations et abrite un café très couru.

Albany ❸

Albany Court Yard, Piccadilly W1. **Plan** 12 F3. ⊖ *Green Park, Piccadilly Circus.* ***Fermé*** *au public..*

Ces appartements pour célibataires fortunés furent construits en 1803 par Henry Holland. Le poète Lord Byron, le romancier Graham Greene, deux Premiers ministres (William Gladstone et Edward Heath) et l'acteur Terence Stamp sont quelques-uns des occupants célèbres. En 1878, les hommes mariés commencent à être tolérés, mais leurs femmes ne peuvent les rejoindre qu'à partir de 1919.

Lord Byron a vécu à l'Albany

Royal Academy of Arts ❹

Burlington House, Piccadilly W1. **Plan** 12 F3. *020-7300 8000.* ⊖ *Piccadilly Circus, Green Park.* ***Ouvert*** *10 h-18 h dim.-jeu., 10 h-22 h ven.* ***Fermé*** *24-25 déc., ven. saint.* ***Accès payant****.* *rés. à l'avance.* www.royalacademy.org.uk

***Madonne à l'enfant*, de Michel-Ange**

La cour située à l'entrée de Burlington House, l'un des derniers hôtels particuliers édifiés dans le West End au XVIIIe siècle, est fréquemment noire de monde. En effet, les visiteurs y font souvent la queue lors des grandes expositions organisées à la Royal Academy (1768). Le célèbre Salon d'été, qui a lieu depuis plus de 200 ans, présente environ 1 200 œuvres récentes. Celles-ci sont réalisées tant par des peintres, sculpteurs ou architectes réputés que par des artistes totalement inconnus.

Les Sackler Galleries, salles spacieuses conçues par Norman Foster en 1991, accueillent les expositions temporaires. Parmi les sculptures du fonds, on remarquera celle de Michel-Ange : *Madone à l'enfant* (1505). La collection (qui n'est jamais entièrement exposée) comprend une œuvre de chacun des anciens ou nouveaux académiciens.

Au premier étage, un magasin vend des cartes postales et divers objets conçus par des membres de la Royal Academy.

Burlington Arcade ❺

Piccadilly W1. **Plan** 12 F3. ⊖ *Green Park, Piccadilly Circus. Voir* ***Boutiques et marchés*** *p. 320.*

C'est l'un des quatre passages du XIXe siècle à regrouper des boutiques d'articles de luxe (Prince et Piccadilly Arcades sont au sud de Piccadilly, Royal Opera Arcade est du côté de Pall Mall). Burlington Arcade fut construite en 1819 par Lord Cavendish. Elle est toujours surveillée par des huissiers portant redingote et haut-de- forme. Ceux-ci peuvent demander de sortir à toute personne à qui il prendrait l'envie de chanter, de siffler, de courir ou d'ouvrir un parapluie dans le passage. Mais ils font de moins en moins usage de ce pouvoir car les impératifs du commerce prennent de plus en plus le pas sur le respect de la tradition.

L'hôtel Ritz ❻

Piccadilly W1. **Plan** 12 F3. ☎ *020-7493 8181.* ⊖ *Green Park. Les visiteurs peuvent prendre le thé ou un repas au restaurant.* ♿ 📷 *Voir* ***Hébergement*** *p. 281.* W www.theritzlondon.com

L'hôtelier suisse César Ritz, est à l'origine, en Angleterre, de l'épithète « ritzy », qui veut dire « luxueux ». Construit en 1906 le célèbre hôtel ne dément pas ce qualificatif. Il a préservé son atmosphère édouardienne et sert, l'après-midi, l'un des meilleurs thés de la capitale. Ses arcades devaient rappeler la rue de Rivoli, à Paris, où fleurissaient les plus grands hôtels du début du siècle. Il y règne encore cette opulence édouardienne fin de siècle ; le thé y est servi chaque jour à 13 h 30, 15 h 30 et 17 h 30.

L'élégante Palm Room à Spencer House

Spencer House ❼

27 St James's Pl SW1. **Plan** 12 F4. ☎ *020-7499 8620.* ⊖ *Green Park.* ***Ouvert*** *10 h 30-17 h 30 dim. (der. ent. : 16 h 45).* ***Fermé*** *en jan. et août.* ***Accès payant. Les enfants*** *de moins de 10 ans ne sont pas admis.* 🚫📷 ♿ *obligatoire.*

Cette demeure palladienne fut construite en 1766 pour le premier comte de Spencer, un ancêtre de la princesse Diana. Magnifiquement restaurée, elle abrite des superbes peintures et des meubles contemporains. L'une des pièces est ornée de peintures murales. La visite est guidée et la maison peut être louée pour des réceptions ou des réunions.

Le rituel du thé dans l'opulente Palm Court au Ritz

L'entrée du palais de St James

Le palais de St-James ❽

The Mall SW1. **Plan** 12 F4. ⊖ *Green Park.* ***Fermé*** *au public.*

Construit par Henri VIII à partir de 1532 sur l'emplacement d'un hospice de lépreux, le palais est une résidence royale sous le règne d'Élisabeth Ire, ainsi qu'à la fin du XVIIe siècle et au début du XVIIIe siècle. En 1952, la reine Elisabeth II y prononce son premier discours et les ambassadeurs étrangers sont toujours accrédités auprès de la cour de St-James. L'entrée principale du palais est une belle porte fortifiée, de style Tudor. Derrière, les appartements sont occupés par des dignitaires de la Cour.

Royal Opera Arcade

St James's Square ❾

SW1. **Plan** 13 A3. *Green Park, Piccadilly Circus.*

Ce square, l'un des premiers de Londres, fut tracé dans les années 1670. Les fonctions exercées par ses riverains leur imposaient d'habiter à proximité du palais de St-James. La plupart des immeubles datent des XVIIIe et XIXe siècles et ont été occupés par des personnalités célèbres. Pendant la dernière guerre, Eisenhower et de Gaulle y ont tenu des réunions importantes.

Aujourd'hui, du côté nord, au n° 10, Chatham House (1736) est le siège du Royal Institute for International Affairs. Du côté nord-ouest, dans un coin du square, se trouve la London Library (1896), une bibliothèque de prêt, privée, créée notamment par l'historien Thomas Carlyle (*p. 196*). Au centre du square, trône depuis 1808 une statue équestre de Guillaume III.

Royal Opera Arcade ❿

SW1. **Plan** 13 A3. *Piccadilly Circus.*

Première galerie marchande de Londres, elle fut construite par John Nash en 1818 derrière l'opéra de Haymarket (dénommé aujourd'hui Her Majesty's Theatre). Elle fut achevée à peu près un an avant Burlington Arcade (*p. 91*). Farlows y vend des armes de chasse, des articles de pêche, les célèbres bottes en caoutchouc Hunter et tout ce qu'il faut pour vivre comme un « gentleman farmer ».

Pall Mall ⓫

SW1. **Plan** 13 A4. *Charing Cross, Green Park, Picadilly Circus.*

Le duc de Wellington (1842) : visiteur assidu de Pall Mall

Pall Mall est ainsi nommé parce que l'on y pratiquait, au XVIIe siècle, le « paille-maille », un jeu français dont les règles tenaient de celles du croquet et du golf. Pendant plus de 150 ans, quantité de clubs ont été créés dans ce quartier. Des gentlemen de la haute société trouvaient là un havre de paix.

Les immeubles furent construits par les architectes les plus en vue de cette période. À l'extrémité est de l'avenue, au n° 116, se trouvait le United Services Club, conçu par Nash en 1827. Le bâtiment abrite désormais l'Institute of Directors. En face, de l'autre côté de Waterloo Place, se trouve l'Athenaeum, bâti trois ans plus tard par Decimus Burton et où se rassemblait une bonne partie de l'establishment britannique. Les deux clubs conçus par Charles Barry, l'architecte du palais de Westminster (*p. 72-73*), sont juste à côté : le Travellers est au n° 106 et le Reform au n° 104. Les intérieurs ont été soigneusement entretenus, mais seuls les membres et leurs hôtes peuvent en profiter…

Institute of Contemporary Arts ⓬

The Mall SW1. **Plan** 13 B3. *020-7930 3647. Charing Cross, Piccadilly Circus.* ***Ouvert*** *midi-1 h mar-sam, midi-22 h 30 dim., midi-23 h lun.* ***Fermé*** *24-26, 31 déc., 1er jan., jours fériés.* ***Accès payant.*** *(seul. cinéma), prévenir à l'avance.* ***Concerts, théâtre, danse, conférences, films, expositions.*** *Voir* ***Spectacles*** *p. 332-333.*

L'Institut d'art contemporain est créé en 1947 pour offrir aux peintres britanniques une structure comparable à celle proposée aux artistes américains au Musée d'art moderne de New York. Installé dans un premier temps sur Dover Street, l'ICA occupe depuis 1968 une partie de Carlton House Terrace, le bâtiment dessiné par Nash en 1833. Par l'entrée, on accède au cinéma, à l'auditorium, à la librairie, à la galerie d'art, au bar et au restaurant. L'ICA propose des expositions, des conférences, des concerts, des films et des pièces de théâtre, souvent avant-gardistes.

L'Institut d'art contemporain, à Carlton House Terrace

St James's Park ⓭

SW1. **Plan** 13 A4. *020-7930 1793.* *St James's Park.* ***Ouvert*** *aube au crépuscule t.l.j.* ***Ouvert*** *t.l.j.* ***Concerts*** *deux fois par jour le week-end et en été selon la météo.* ***Réserve d'oiseaux****.* www.royalparks.gov.uk

L'été, les employés de bureau font la pause au soleil entre les massifs de fleurs de ce parc, l'un des plus agréables de la ville. L'hiver, les hauts fonctionnaires y discutent des affaires de l'État, tout en observant les canards, les oies et les pélicans. Ce marais asséché par Henri VIII fut utilisé pour ses parties de chasse. Charles II modifia le tracé et ajouta une volière (qui donna son nom à Birdcage Walk). Ce parc permet de prendre un bol d'air avant de regagner les rues embouteillées et donne l'occasion d'apercevoir les toitures de Whitehall. L'été, des concerts sont donnés dans le kiosque à musique.

Le Mall ⓮

SW1. **Plan** 13 A4. *Charing Cross, Green Park, Piccadilly Circus.*

Cette large avenue fut percée, en 1911, par Aston Webb lorsqu'il modifia la façade du palais de Buckingham et qu'il érigea le monument de Victoria (*photo p. 96*). Elle suit le tracé de la promenade qui, à partir du règne de Charles II, longeait St James's Park. De part et d'autre du Mall, des drapeaux sont hissés sur les mâts lors des visites officielles de chefs d'État.

Marlborough House ⓯

Pall Mall SW1. **Plan** 13 A4. *0171-839 3411.* *St James's Park, Green Park.* ***Ouvert*** *un sam. en sept. seul. (téléphoner pour précisions).*

Marlborough House fut construite par Christopher Wren (*p. 47*) pour la duchesse de Marlborough. Achevée en 1711, elle fut considérablement agrandie au XIXe siècle et utilisée par des membres de la famille royale. De 1863 à 1901, elle fut la résidence du prince (futur Édouard VII) et de la princesse de Galles. Du côté de Marlborough Road, un Mémorial, de style Art nouveau, rend hommage à l'épouse d'Édouard VII, la reine Alexandra. L'édifice abrite désormais le secrétariat général du Commonwealth.

Queen's Chapel ⓰

Marlborough Rd SW1. **Plan** 13 A4. *020-7930 4832.* *Green Park.* ***Ouvert*** *Pâques-fin juil. : dim. seul.*

Ce chef-d'œuvre de l'architecte Inigo Jones fut aménagé, en 1627, pour l'épouse de Charles Ier, Henriette-Marie de France. Il s'agit du premier édifice de style classique élevé en Grande-Bretagne. Cette chapelle devait faire partie du palais de Saint-James mais en fut finalement séparée par Marlborough Gate. En 1761, George III y épousa Charlotte de Mecklenburg-Strelitz (qui lui donna 15 enfants !).

L'intérieur, orné du magnifique autel, peint par Annibale Carrache, est accessible aux paroissiens et aux visiteurs, au printemps et au début de l'été.

Queen's Chapel

St James's Park, aux premiers jours de l'été

Le palais de Buckingham ⓳

Buckingham Palace est la résidence officielle des souverains britanniques. Il sert pour les réceptions et les cérémonies d'État : des banquets y sont donnés lors des visites de chefs d'État. Le personnel du palais comprend environ 300 personnes, parmi lesquelles les officiers de la Maison royale.

George IV (qui régna de 1820 à 1830) demanda à John Nash de transformer en palais le vieux manoir d'origine. Le roi et son frère (qui lui succéda de 1830 à 1837) moururent tous deux, alors que les travaux n'étaient pas achevés. La reine Victoria fut le premier monarque à s'installer dans le nouveau palais. La façade actuelle, à l'extrémité de la large promenade du Mall, fut ajoutée en 1913. Certaines pièces du palais sont ouvertes au public en été.

Le salon de musique
Il sert de cadre aux baptêmes royaux et de salon d'accueil pour les visiteurs officiels.

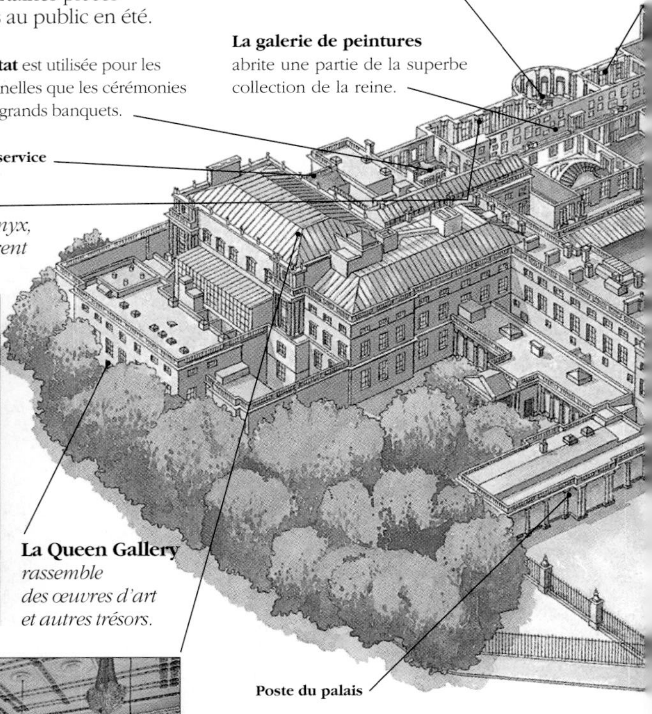

La galerie de peintures abrite une partie de la superbe collection de la reine.

La salle à manger d'État est utilisée pour les réceptions moins solennelles que les cérémonies d'investiture et que les grands banquets.

Cuisines et service

Le salon Bleu
Des colonnes imitant l'onyx, conçues par Nash, décorent cette pièce.

La Queen Gallery
rassemble des œuvres d'art et autres trésors.

Poste du palais

La salle de bal,
dans le style chargé de l'ère georgienne, est utilisée pour les investitures et les grands banquets.

La relève de la Garde
Pendant l'été, le changement des deux gardes a lieu régulièrement (p. 52-55).

MODE D'EMPLOI

SW1. **Plan** 12 F5. *020-7839 1377.* *St James's Park, Victoria.* *2B, 11, 16, 24, 25, 36, 38, 52, 73, 135, C1.* *Victoria.* ***Appartements d'État ouvert*** *août-sept. : 9 h 30-17 h 30 t.l.j. (der. ent. : 16 h 30).* ***Accès payant.*** ***Relève de la Garde*** *: avril-juil. : 11 h 30 t.l.j. ; août-mars : en alternance.* *0906 866 33 44 (office du tourisme de Londres).*

Les salles de la façade arrière du palais ouvrent sur la pièce d'eau et les jardins peuplés de nombreuses espèces d'oiseaux.

Le salon Blanc est la pièce dans laquelle la famille royale se réunit avant de gagner la salle de bal.

La salle du Trône est éclairée par sept candélabres.

Une piscine et un cinéma ont été aménagés à l'intérieur du palais.

Le salon Vert est la pièce dans laquelle les hôtes de la reine sont accueillis.

La chambre des audiences est l'une des 12 pièces des appartements privés de la reine, au premier étage du palais.

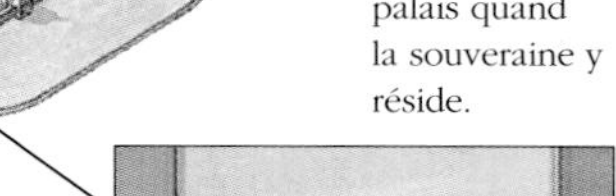

L'Union Jack flotte sur le palais quand la souveraine y réside.

Vue sur le Mall depuis le balcon où apparaît la famille royale à chaque grande occasion.

QUI HABITE À BUCKINGHAM ?

Le palais est la résidence londonienne de la reine et de son époux, le duc d'Édimbourg. Le prince Édouard, la princesse Anne et le duc d'York y ont également des appartements. Environ 50 domestiques sont logés au palais. Les autres membres du personnel logent aux Royal Mews (*p. 96*).

Clarence House ⓱

Stable Yard SW1. **Plan** 12 F4.
⊖ *Green Park, St James's Park.*
***Fermé** au public.*

Cette demeure qui donne sur le Mall a été conçue en 1827 par John Nash pour le prédécesseur de la reine Victoria, Guillaume IV. Il y a vécu après avoir accédé au trône, en 1830. Elle est désormais habitée par la mère de la reine Élisabeth.

Lancaster House ⓲

Stable Yard SW1. **Plan** 12 F4. ⊖ *Green Park, St James's Park.* ***Fermé** au public.*

Lancaster House

Cet hôtel particulier fut construit en 1825 pour le duc d'York par Benjamin Wyatt, l'architecte d'Apsley House. En 1848, Chopin y interpréta ses œuvres pour la reine Victoria, le prince Albert et le duc de Wellington. L'édifice est désormais utilisé comme centre de conférences.

Le palais de Buckingham ⓳

p. 94-95

Queen's Gallery ⓴

Buckingham Palace Rd SW1. **Plan** 12 F5.
020-7839 1377. ⊖ *St James's Park, Victoria.* ***Ouvert** 10 h-17 h 30 t.l.j. (dernière adm. 16 h 30).* ***Accès payant.***
www.royal.gov.uk

La reine possède la plus riche collection privée de peintures du monde. Elle comprend notamment des œuvres de Vermeer et de Léonard de Vinci. Les galeries ont été la plus importante extension de Buckingham Palace en 150 ans. L'espace d'exposition a ainsi plus que triplé. On y accède par une nouvelle entrée impressionnante avec un portique à colonnes. Parmi les sept salles, l'une est consacrée en permanence à l'exposition des chefs-d'œuvre des collections royales. Porcelaines, bijoux, mobilier, livres et manuscrits peuvent apparaître au gré des expositions temporaires.

Œuf de Fabergé, Queen's Gallery

Royal Mews ㉑

Buckingham Palace Rd SW1.
Plan 12 E5. *020-7839 1377.*
⊖ *St James's Park, Victoria.*
Ouvert** (der. ent. 15 h 15). Parfois fermé, tél.* ***Accès payant.

Bien que la visite ne soit autorisée que quelques heures par semaine, les Royal Mews combleront les amateurs de chevaux et d'apparat. Les écuries et les bâtiments des équipages, conçus par Nash en 1825, sont occupés par les chevaux et les carrosses utilisés par la famille royale lors des cérémonies officielles. Le carrosse du couronnement, conçu en 1761 pour George III, est orné de scènes allégoriques exécutées par Giovanni Cipriani. On remarquera aussi l'Irish State Coach, utilisé pour l'ouverture de la session parlementaire, le State Landau, pour les visites des chefs d'État, et le carrosse vitré, à parois latérales de glaces transparentes, pour les mariages princiers. Les superbes harnais sont exposés avec quelques-uns des magnifiques chevaux qui les portent. Une exposition récente explique l'histoire et le fonctionnement actuel des écuries. Les visiteurs pourront voir la préparation des carrosses et des limousines. Un nouvel itinéraire permet de découvrir l'école d'équitation du XVIIIe siècle.

Le monument à la reine Victoria, devant le palais de Buckingham

Wellington Arch 22

SW1. **Plan** 12 D4. 020-7930 2726 Hyde Park Corner. **Ouvert** *avr.-sept. : 10 h-18 h mer.-dim., oct. 10 h-17 h mer.-dim. ; nov.-mars 10 h-16 h mer.-dim.* **Fermé** *24-26 déc., 1er janv. Accès payant.* www.englishheritage.org.uk

Après un siècle d'hésitations portant sur ce qu'il convenait de faire du terrain qui se trouvait devant Apsley House, cet arc de triomphe, conçu par Decimus Burton, fut élevé en 1828. La sculpture d'Adrian Jones fut ajoutée en 1912 au-dessus du monument, après que Jones eut organisé un dîner avec trois convives, assis à l'intérieur du corps creux de l'un des chevaux. Après restauration, l'arche a ouvert dessalles d'exposition au public.

Wellington Arch

Apsley House 23

Hyde Park Corner. **Plan** 12 D4. 020-7495 8525. Hyde Park Corner. **Ouvert** *: 11 h-17 h mar.-dim. (der. entrée 16 h 30).* **Fermé** *: 24-26 déc., 1er jan., ven. saint, 1er mai.* **Accès payant**. *téléphoner.* www.apsleyhouse.org.uk

Apsley House, située au coin S.-E. de Hyde Park, fut conçue en 1778 par Robert Adam pour le baron Apsley. Cinquante ans plus tard, elle fut agrandie et modifiée par les architectes Benjamin et Philip Wyatt pour le duc de Wellington, vainqueur de Napoléon, en 1815, à Waterloo. Plus tard, Wellington devint Premier ministre. Elle présente désormais la collection d'objets d'art rassemblés par le célèbre homme de guerre. On remarquera l'immense statue de Napoléon, sculptée dans un marbre de Carrare par Canova, et représentant l'Empereur dans le plus simple appareil. Elle fut exposée quelque temps au musée du Louvre. Parmi les œuvres d'art figurent des peintures de Goya, Vélasquez, Breughel et Rubens, mais aussi de la porcelaine, de l'argenterie et du mobilier.

Intérieur, à Apsley House

Shepherd Market 24

W1. **Plan** 12 E4. *Green Park.*

Situé entre Piccadilly et Curzon Street, ce village miniature aux rues piétonnes, groupant des antiquaires, des marchands de souvenirs, des restaurants et des pubs, fut conçu par Edward Shepherd en 1735. Au XVIIe siècle, la foire de Mai (qui donna son nom au quartier de Mayfair) avait lieu sur cet emplacement et aujourd'hui, Shepherd Market est encore le centre nerveux du quartier.

Green Park 25

SW1. **Plan** 12 E4. *020-7930 1793.* *Green Park, Hyde Park Corner.* **Ouvert** *5 h-minuit t.l.j.*

Jadis utilisé par le roi Henri VIII pour ses parties de chasse, il fut, comme St James's Park, ouvert au public par Charles II dans les années 1660. Ses plantations, à l'aspect naturel, et ses superbes fleurs le rendent fort agréable au printemps. Au XVIIIe siècle, des duels s'y déroulaient fréquemment. En 1771, le poète Alfieri y fut blessé par l'époux de sa maîtresse, le vicomte Ligonier. Cela ne l'empêcha pas de se rendre aussitôt après au Haymarket Theatre pour assister au dernier acte d'une pièce. Aujourd'hui, le parc est très apprécié des clients des hôtels de Mayfair.

Le musée Faraday 26

The Royal Institution, 21 Albemarle St W1. **Plan** 12 F3. *020-7409 2992.* *Green Park.* **Ouvert** *10 h-17 h 30 lun.-ven.* **Fermé** *24 déc.-7 jan.* **Accès payant**. *tél.* **Conférences**.

Michael Faraday fut, au XIXe siècle, un véritable promoteur dans le domaine de l'industrie électrique. Son laboratoire de recherches des années 1850 a été reconstitué dans les sous-sols de la Royal Institution. Un petit musée présente des appareils et quelques-unes des expériences menées par le savant.

Michael Faraday

SOHO ET TRAFALGAR SQUARE

Depuis sa création à la fin du XVIIe siècle, Soho est réputé pour les plaisirs de la table, de l'esprit ou de la chair. Durant le premier siècle de son existence, le quartier a été l'un des plus en vogue de la capitale et ses habitants y ont organisé des réceptions mémorables.

Horloge du magasin Liberty's

Aujourd'hui, malgré la législation qui pèse sur les prostituées depuis 1959, Soho demeure le quartier chaud le plus connu de Londres. De nombreux artistes, peintres ou écrivains fréquentent ses pubs, ses clubs et ses cafés.

Soho est un des coins de Londres parmi les plus cosmopolites. Au XVIIIe siècle, les premiers immigrants à s'y installer furent des Huguenots (*Christ Church, Spitalfields p. 170*). Ils furent suivis par des personnes venues de tous les autres pays d'Europe. Aujourd'hui, Soho est le *Chinatown* (quartier chinois) de la capitale.

LE QUARTIER D'UN SEUL COUP D'ŒIL

Rues et édifices historiques
Trafalgar Square ❶
Admiralty Arch ❷
Leicester Square ❻
Shaftesbury Avenue ❽
Chinatown ❾
Charing Cross Road ❿
Soho Square ⓬
Carnaby Street ⓮

Magasins et marchés
Berwick Street Market ⓭
Liberty's ⓯

Église
St Martin-in-the-Fields ❹

Musées et galeries
National Gallery p. 104-107 ❸
National Portrait Gallery ❺

Théâtres
Theatre Royal ❼
Palace Theatre ⓫

COMMENT Y ALLER

Le quartier est desservi par les lignes de métro suivantes : Central, Piccadilly, Bakerloo, Victoria et Northern. De nombreux bus traversent Trafalgar Square et Picadilly Circus. Charing Cross est aussi une gare ferroviaire.

LÉGENDE
- Plan du quartier pas à pas
- Station de métro
- Gare ferroviaire
- Parc de stationnement

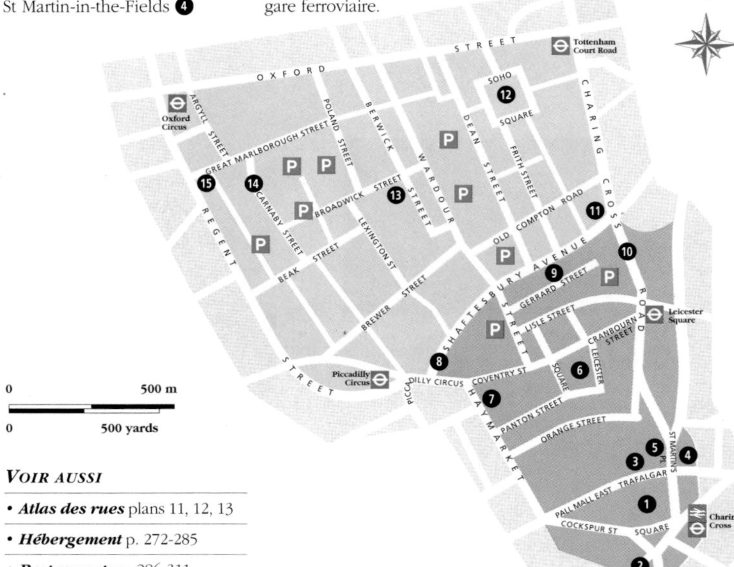

VOIR AUSSI

- ***Atlas des rues*** plans 11, 12, 13
- ***Hébergement*** p. 272-285
- ***Restaurants*** p. 286-311

◁ **St Martin-in-the-Fields et Trafalgar Square**

Trafalgar Square pas à pas

C'est le quartier de Londres le plus animé grâce à ses théâtres, cinémas, boîtes de nuit et restaurants. Les rues qui entourent la place deviennent peu à peu piétonnes, ce qui rend ce point de rencontre encore plus accessible.

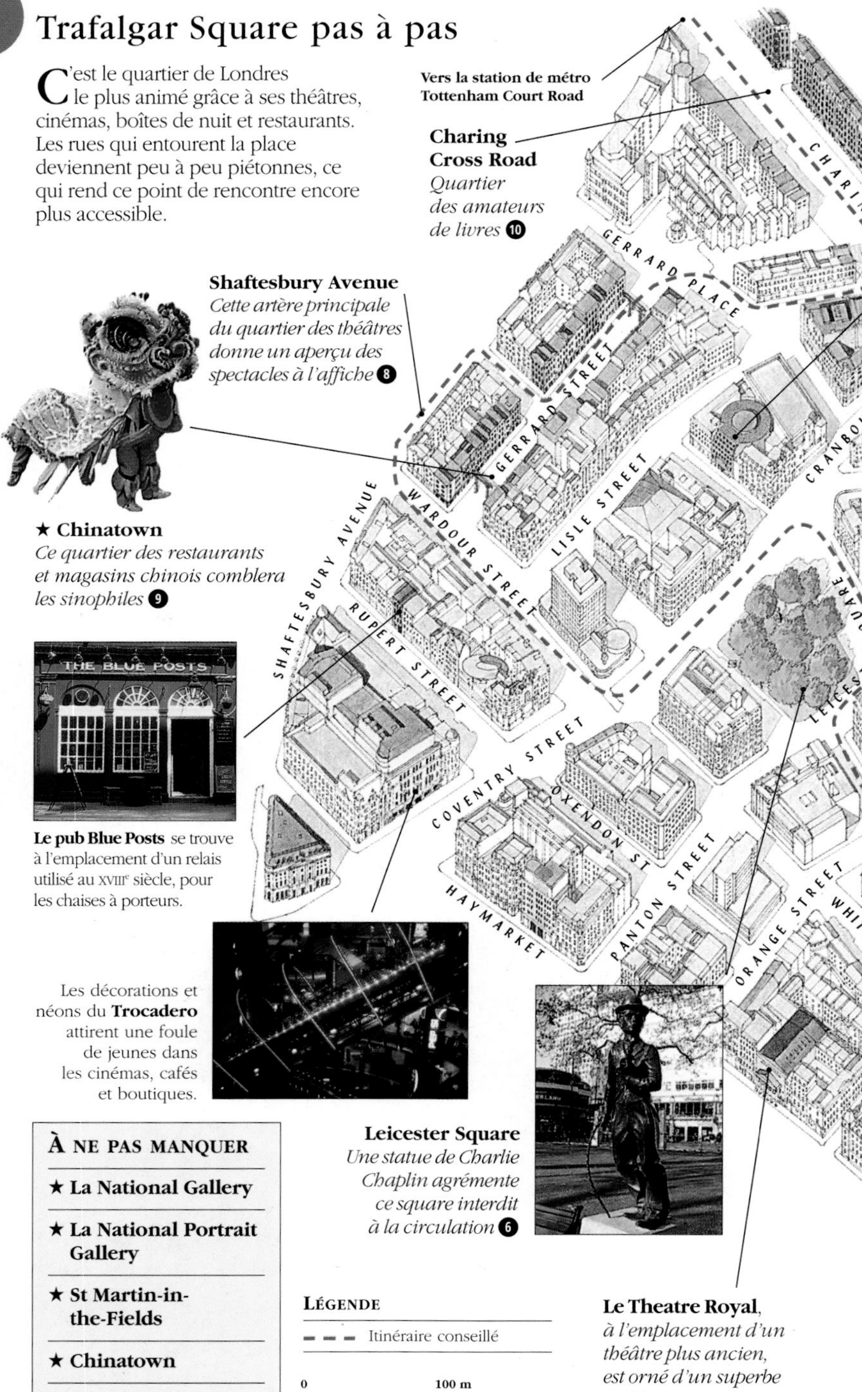

Vers la station de métro Tottenham Court Road

Charing Cross Road
Quartier des amateurs de livres ❿

Shaftesbury Avenue
Cette artère principale du quartier des théâtres donne un aperçu des spectacles à l'affiche ❽

★ Chinatown
Ce quartier des restaurants et magasins chinois comblera les sinophiles ❾

Le pub Blue Posts se trouve à l'emplacement d'un relais utilisé au XVIIIe siècle, pour les chaises à porteurs.

Les décorations et néons du **Trocadero** attirent une foule de jeunes dans les cinémas, cafés et boutiques.

Leicester Square
Une statue de Charlie Chaplin agrémente ce square interdit à la circulation ❻

Le Theatre Royal, *à l'emplacement d'un théâtre plus ancien, est orné d'un superbe portique conçu par John Nash* ❼

À NE PAS MANQUER

- ★ La National Gallery
- ★ La National Portrait Gallery
- ★ St Martin-in-the-Fields
- ★ Chinatown
- ★ Trafalgar Square

LÉGENDE

– – – Itinéraire conseillé

0 100 m

0 100 yards

Notre-Dame. *Cet ancien théâtre a été transformé en église en 1855. La peinture murale de Jean Cocteau a été réalisée en 1960.*

L'Hippodrome *Cet ancien théâtre de variétés a été transformé en discothèque* (p. 336-337).

Carte de situation
Voir le centre de Londres p. 12-13

Cecil Court est bordé de magasins vendant des livres et des lithographies.

★ National Gallery
Ces bâtiments abritent la collection nationale de peintures ❸

Leicester Square

★ St Martin-in-the-Fields
Ce chef-d'œuvre de James Gibbs a lancé la mode du style des colonies d'Amérique ❹

Charing Cross

★ National Portrait Gallery
Belle collection de portraits représentant des personnalités britanniques de l'époque des Tudors jusqu'à nos jours ❺

Colonne de Nelson

Admiralty Arch
Cette porte monumentale permet d'accéder au Mall ❷

★ Trafalgar Square
Des millions de touristes y ont donné à manger aux pigeons en admirant les fontaines ❶

Trafalgar Square ❶

WC2. **Plan** 13 B3. *Charing Cross.*

La place a été dessinée par John Nash et aménagée dans les années 1830. La colonne, de 50 m de haut, rend hommage à Nelson, amiral plusieurs fois victorieux qui trouva la mort à bord du *Victory*, en 1805, le jour de la bataille de Trafalgar. La colonne a été dressée en 1842. On raconte que 14 tailleurs de pierre prirent un dîner à son sommet avant l'installation de la statue. Les quatre lions de Edwin Landseer ont été ajoutés au pied de la colonne 25 ans plus tard. Le côté N. de la place est désormais occupé par la National Gallery et son annexe (*p. 104-107*). Le musée est flanqué à l'O. de la Canada House et à l'E. de la South Africa House. Les immeubles et l'arcade situés du côté S. de la place ont été construits en 1880 pour abriter le Grand Hôtel. Aujourd'hui, le square couvert d'une nuée de pigeons draine régulièrement des militants de tous bords et rassemble les foules le soir de la Saint- Sylvestre.

Statue de Nelson dominant Trafalgar Square

Admiralty Arch ❷

The Mall SW1. **Plan** 13 B3. *Charing Cross.*

Conçu en 1911, cet arc de triomphe faisait partie du projet d'Aston Webb visant à donner au Mall l'allure d'une allée d'honneur conduisant au palais de Buckingham. Bien que la circulation soit autorisée sous l'arc, celui-ci constitue le point de départ de la promenade et sépare efficacement les quartiers royaux de la capitale du tumulte de Trafalgar Square. Le portail central de l'arc n'est ouvert que pour les processions royales et sert ainsi de décor grandiose aux carrosses et chevaux des cortèges.

Le tournage du film *Howard's End*, à proximité de l'Admiralty Arch

La National Gallery ❸

p. 104-107

St Martin-in-the-Fields ❹

Trafalgar Sq WC2. **Plan** 13 B3. *020-7930 1862. Charing Cross. **Ouvert** 8 h-18 h 30 t.l.j. 8 h, 10 h, midi, 17 h, 18 h dim.. **London Brass Rubbing Centre**. 020-7930 9306. **Visite** : du lun. au sam. de 10 h à 18 h et le dim. de 12 h à 18 h. **Concerts** voir **Se distraire** p. 333.*

Il y a une église sur cet emplacement depuis le XIIIe siècle. Plusieurs personnalités y ont été inhumées parmi lesquelles la maîtresse de Charles II, Nell Gwynne, ainsi que les peintres William Hogarth et Joshua Reynolds. L'église actuelle a été conçue par James Gibbs et achevée en 1726. Le style de l'édifice a eu une influence déterminante sur l'architecture anglaise. À l'intérieur, on remarquera la loge aménagée dans la galerie pour la famille royale.

De 1914 à 1917, des soldats et des sans-abri ont pu se réfugier dans la crypte. Celle-ci fut également utilisée lors des bombardements de la dernière guerre. Aujourd'hui, des repas y sont encore servis aux plus démunis. L'église comprend également un restaurant, une librairie vendant des ouvrages religieux et la boutique du Brass Rubbing Centre (*p. 342*). Il y a un marché intéressant dans la cour située à proximité (*p. 325*) et des concerts sont souvent donnés dans l'église à l'heure du déjeuner ou en soirée.

National Portrait Gallery ❺

2 St Martin's Place WC2. **Plan** 13 B3. *020-7306 0055. Leicester Sq, Charing Cross. **Ouvert** : 10 h-18 h sam.-mer., 10 h-21 h jeu.-ven. **Fermé** : ven. saint, May Day, 24-26 déc., 1er jan. entrée Orange St. au mois d'août. **Conférences.***

www.npg.org.uk

Trop souvent négligé en raison de la proximité de la National Gallery, ce fascinant musée retrace pourtant toute l'histoire de l'Angleterre. On y verra des tableaux de la fin du XIVe siècle à nos jours, représentant des rois, des reines, des poètes, des musiciens, des peintres,

Portrait de William Shakespeare, aile Ondaatje

des penseurs, des héros et des crapules. Les œuvres les plus anciennes, au quatrième étage, comprennent un dessin de Hans Holbein représentant le roi Henri VIII et des peintures de quelques-unes de ses malheureuses femmes. La toute nouvelle aile Ondaatje, qui a été inaugurée en mai 2000, a permis d'augmenter de moitié l'espace aloué aux expositions. Elle comprend la galerie Tudor, où sont exposées les œuvres les plus anciennes et les plus précieuses, tel un portrait de Shakespeare par John Taylor (1651) et le portrait d'Elisabeth Ire par Ditchley.

Sur un nouveau balcon sont exposés des portraits datant de la période 1960-1990.

Le musée a également, sur son toit, un nouveau restaurant, et un théâtre destiné aux conférences ou aux représentations et projections de films.

Le musée accueille aussi des expositions temporaires et possède une excellente librairie qui propose une bonnes sélection d'ouvrages d'art et de littérature.

Leicester Square ❻

WC2. **Plan** 13 B2. ⊖ *Leicester Sq, Piccadilly Circus.*

Il est aujourd'hui très difficile d'imaginer que cette place du West End était jadis convoitée par la haute société. Tracé en 1670 au S. de Leicester House, résidence officielle qui a disparu depuis, le square a eu le privilège d'avoir comme riverains le savant Isaac Newton, et, plus tard, les peintres Joshua Reynolds et William Hogarth. (La maison de Hogarth, au coin S.-E. du square, devint, en 1801, l'Hôtel de la Sablonnière, le premier restaurant du quartier.)

À l'époque de la reine Victoria, plusieurs music-halls y ont ouvert leurs portes : l'Empire (dont le cinéma aujourd'hui situé au même emplacement a conservé le nom) et l'Alhambra, remplacé en 1937 par l'Odeon, de style Art déco. Le centre du square a récemment été réaménagé et s'y trouve un kiosque où l'on peut se procurer des places de théâtre à des tarifs intéressants (*p. 329-330*). On remarquera également la statue de Charlie Chaplin (de John Doubleday), installée en 1981. La fontaine de Shakespeare a été réalisée à l'occasion d'un réaménagement antérieur, en 1874.

Theatre Royal ❼

Haymarket SW1. **Plan** 13 A3. ☎ *020-7930 8800.* ⊖ *Piccadilly Circus.* ***Ouvert*** *spectacles seul.*

Œuvre de John Nash, l'élégante façade de ce théâtre, dotée de colonnes corinthiennes, date de 1821. L'intérieur est un exemple unique d'architecture georgienne. On y programme surtout des comédies musicales.

Shaftesbury Avenue ❽

W1. **Plan** 13 A2. ⊖ *Piccadilly Circus, Leicester Sq.*

Artère principale du quartier des spectacles, Shaftesbury Avenue possède six théâtres et deux cinémas tous situés de son côté nord. Tracée entre 1877 et 1886 dans un quartier alors assez crasseux, sur l'emplacement d'une ancienne route, elle avait pour objet d'améliorer la circulation du West End. Elle porte le nom du comte de Shaftesbury (1801-1885), philanthrope victorien qui contribua à améliorer les conditions de vie des pauvres du quartier (la statue d'Eros, à Piccadilly Circus, lui rend également hommage, *p. 90*). Le Lyric Theatre, conçu par C. J. Phipps, a ouvert ses portes peu de temps après le percement de l'avenue.

La façade du Gielgud Theatre sur Shaftesbury Avenue

La National Gallery ❸

Façade sur Trafalgar Square

Depuis sa création au début du XIXe siècle, la collection de la National Gallery n'a cessé de croître. En 1824, George IV parvint à persuader le gouvernement de se porter acquéreur de 38 peintures – parmi lesquelles figuraient des œuvres de Raphaël et de Rembrandt –, pour créer un musée national. Au fil des ans, grâce à plusieurs legs et à différentes contributions, la collection s'enrichit. Le bâtiment principal fut construit dans un style néo-classique par Williams Wilkins entre 1834 et 1838. Assez controversée, la construction de la nouvelle aile du musée, la Sainsbury Wing, a été financée par les propriétaires de la chaîne de supermarchés britanniques et achevée en 1991. Elle abrite la peinture des primitifs du début de la Renaissance.

Suivez le guide !

La majeure partie des collections est présentée sur un seul niveau, divisé en quatre ailes. Les tableaux sont accrochés par ordre chronologique. Les plus anciens (1260-1510) sont regroupés dans la Sainsbury Wing. Les ailes N., O. et E. sont consacrées à la période qui va du XVIe au début du XXe siècle. Au niveau inférieur se trouvent des œuvres de toutes les époques en moins grand nombre.

Accès au niveau inférieur

Entrée d'Orange St

Accès au niveau inférieur

Accès au bâtiment principal

Accès au niveau inférieur

★ Carton de Léonard de Vinci (vers 1500)
Le génie de Léonard de Vinci transparaît dans ce carton intitulé La Vierge, l'Enfant, sainte Anne et saint Jean-Baptiste.

Légende

- Peintures 1260–1510
- Peintures 1510–1600
- Peintures 1600–1700
- Peintures 1700–1900
- Expositions temporaires
- Circulations et services

Le Doge Leonardo Loredan (1501)
Ce portrait du notable vénitien a été conçu par Giovanni Bellini comme un buste sculpté.

Entrée principale de l'aile Sainsbu

★ **La Vénus au miroir** (1649)
Également appelée Vénus de Rokeby, *cette toile est le seul nu féminin de Vélasquez.*

★ **La Charrette de foin**
(1821) *John Constable a merveilleusement retranscrit les effets d'ombre et de lumière de cette journée d'été, dans le Suffolk.*

MODE D'EMPLOI

Trafalgar Sq WC2. **Plan** 13 B3. *020-7747 2885.* *Charing Cross, Leicester Sq, Piccadilly Circus.* *3, 6, 9, 11, 12, 13, 15, 23, 24, 29, 53, 77a, 88, 91, 94, 109, 139, 159, 176.* *Charing Cross.* **Ouvert** *10 h-18 h t.l.j. (21 h mer.).* **Fermé** *24-26 déc., 1er jan., ven. saint.* *(Entrée aile Sainsbury).* ***Conférences, films, vidéos, expositions temporaires, manifestations, guide de la National Gallery sur CD-Rom.*** www.nationalgallery.org.uk

Une baignade à Asnières (1884)
Exemple précoce du divisionnisme dans lequel Georges Seurat décompose la lumière en milliers de petites touches de couleurs.

★ **Les Ambassadeurs**
La forme bizarre du premier plan de ce tableau de Holbein est une anamorphose de crâne, rappelant la vanité de ce monde.

★ **Le Baptême du Christ** *Piero della Francesca a exécuté ce chef-d'œuvre (vers 1442), d'une grande fraîcheur de coloris, pour une église de sa région natale, l'Ombrie.*

Les Fiançailles des Arnolfini
Sur ce tableau de Van Eyck (1434), la jeune femme n'est pas enceinte : son physique correspond aux canons de la beauté de l'époque.

À NE PAS MANQUER

★ ***Le Baptême du Christ*** **par Piero della Francesca**

★ **Le Carton de Léonard de Vinci**

★ ***La Vénus au miroir*** **par Diego Vélasquez**

★ ***Les Ambassadeurs*** **par Hans Holbein**

★ ***La Charrette de foin*** **par John Constable**

À la découverte de la National Gallery

Avec ses 2 300 tableaux, dont la plupart sont exposés en permanence, la National Gallery possède l'une des collections les plus riches de la capitale. Consacrée à la peinture, de Giotto (XIIIe siècle) aux impressionnistes (XIXe siècle), elle recèle surtout des chefs-d'œuvre de l'école hollandaise, des précurseurs de la Renaissance italienne et des maîtres espagnols du XVIIe siècle.

***Adoration des mages* (1564), de Bruegel**

Précurseurs de la Renaissance (1260-1510) : écoles italienne et flamande

Les célèbres panneaux du retable *La Maestà*, de Duccio, sont les tableaux les plus anciens de la collection.

Le *Diptyque Wilton*, qui représente Richard II, est attribué à un artiste anglais. Il a l'élégance lyrique du style gothique international.

Les maîtres italiens de cette période sont Pisanello et Gentile da Fabriano, dont la *Madone* (1426) est souvent accrochée à côté de celle de Masaccio. De l'école florentine, on admirera les œuvres de Lippi, Botticelli et Uccello, ainsi que *La Nativité* et *Le Baptême du Christ*, de Piero della Francesca. Font également partie de cet ensemble, de superbes toiles de Mantegna et de Bellini, ainsi que d'autres œuvres, des écoles vénitienne et ferraraise. *Saint Jérôme dans sa cellule*, qui fut attribuée à Van Eyck, est en fait une peinture d'Antonello de Messine. À la vue des *Fiançailles des Arnolfini*, de Van Eyck, on comprend immédiatement pourquoi cette confusion a pu être faite. Des œuvres importantes de l'école flamande, notamment celles de Van der Weyden et de ses disciples, sont également présentées dans l'aile Sainsbury.

Renaissance (1510-1600) : peintures italiennes, flamandes et allemandes

***Le Christ aux outrages* (1490-1500), de Jérôme Bosch**

La *Résurrection de Lazare*, de Sebastiano del Piombo, dont Michel-Ange dessina certains des personnages, a été exécutée en réponse à la *Transfiguration*, de Raphaël, exposée à la pinacothèque du Vatican. Les écoles italiennes du XVIe siècle sont admirablement représentées. On remarquera *Le Mariage mystique de sainte Catherine*, de Parmesan, *Vierge à l'enfant avec sainte Anne et saint Jean-Baptiste*, de Léonard de Vinci (étude sur papier à la pierre noire rehaussée de blanc), et sa seconde version de la *Vierge aux rochers*. Figurent aussi des œuvres tendres et amusantes de Piero di Cosimo et plusieurs Titien, dont *Bacchus et Ariane*, qui, une fois restauré, en 1840, surprit les visiteurs par la vivacité de ses couleurs.

Les écoles flamande et allemande sont moins riches. Elles comprennent toutefois *Les Ambassadeurs*, le double portrait exécuté par Hans Holbein et le merveilleux *Christ quittant sa mère*, d'Albrecht Altdorfer, acquis par le musée en 1980. On admirera enfin le *Christ aux outrages*, de Jérôme Bosch, et l'excellent Bruegel, *Adoration des mages*.

***L'Annonciation* (1450), de Fra Filippo Lippi**

L'aile Sainsbury

La construction de cette aile, achevée en 1991, a fait couler beaucoup d'encre. Le prince Charles a qualifié l'un des premiers projets de « bouton monstrueux sur le visage d'un ami cher ». D'autres ont accusé Venturi Scott Brown Associates, les architectes du bâtiment, d'avoir consenti à un compromis. C'est ici que se tiennent les grandes expositions temporaires. On y trouve aussi la Micro Gallery, une base de données informatique de la collection.

Écoles hollandaise, italienne, française et espagnole du XVIIe s.

Deux salles de peinture hollandaise sont consacrées à Rembrandt. Vermeer, Van Dyck (avec son portrait équestre du roi Charles Ier) et Rubens (avec le *Chapeau de paille*) sont également représentés.

De l'école italienne, on pourra voir les œuvres de Carrache, du Caravage et l'autoportrait de Salvatore Rosa.

Les toiles françaises présentées comprennent un beau portrait du cardinal de Richelieu par Philippe de Champaigne. *L'Embarquement de la reine de Saba*, du Lorrain, est accroché, comme Turner l'avait demandé, à côté de son imitation : *Didon dirige la construction de Carthage.*

Les œuvres espagnoles les plus connues sont celles de Murillo, de Vélasquez et de Zurbarán.

***La Jeune Femme à l'épinette* (1670), de Vermeer**

***La Gamme d'amour* (1715-1718), de Watteau**

Écoles vénitienne, française et anglaise du XVIIIe s.

La *Cour du tailleur de pierre*, de Canaletto, est une des œuvres du XVIIIe siècle parmi les plus célèbres du musée.

La collection de peintures françaises comprend les maîtres du style rocaille, Chardin, Watteau et Boucher, ainsi que des paysagistes et des portraitistes.

Les premières œuvres de Gainsborough, *M. et Mme Andrews* et La *Promenade matinale*, ont de nombreux admirateurs. Son rival, Joshua Reynolds, est représenté par quelques-unes de ses toiles classiques et par des portraits.

Écoles anglaise, française et allemande (1800-1900)

La grande époque que fut le XIXe siècle en matière de peinture de paysage est ici amplement représentée. Parmi ceux-ci, on verra les œuvres de Constable et de Turner, ainsi que celles de Corot et de Daubigny.

De l'époque romantique, figurent *Cheval effrayé par l'éclair*, de Géricault, et plusieurs toiles intéressantes de Delacroix. Par comparaison, le portrait de *Madame Moitessier assise*, d'Ingres, semble d'inspiration beaucoup plus classique.

Les impressionnistes et autres avant-gardistes français sont bien représentés.

Les Nymphéas, de Monet, *Au théâtre*, de Renoir, les *Tournesols*, de Van Gogh, *Une baignade à Asnières*, de Seurat, *Femmes assises dans un jardin*, de Toulouse-Lautrec et *Surpris !* du Douanier Rousseau sont les œuvres les plus connues.

***Au théâtre* (1876-1877), de Pierre-Auguste Renoir**

Chinatown ❾

Rues à proximité de Gerrard St W1. **Plan** 13 A2. ⊖ *Leicester Sq, Piccadilly Circus.*

Une communauté chinoise est installée à Londres depuis le XIXe siècle. Dans un premier temps, elle s'est réunie à Limehouse, à proximité des docks de l'East End, où se sont créées les fumeries d'opium à l'ère victorienne. Le nombre d'immigrants augmentant considérablement dans les années 50, plusieurs investirent Soho où se trouve aujourd'hui, un véritable quartier chinois. Il recèle quantité de restaurants et de magasins dans lesquels se répandent les parfums des épices exotiques. Trois arcs enjambent Gerrard Street où des processions colorées célèbrent le nouvel an chinois (*p. 59*).

Charing Cross Road ❿

WC2. **Plan** 13 B2. ⊖ *Leicester Sq.* *Voir* ***Boutiques et marchés*** *p. 318.*

Livres anciens d'une librairie de Charing Cross Road

Avec ses boutiques qui, au S. de Cambridge Circus, vendent des livres d'occasion et celles, plus au N., qui vendent des livres neufs, Charing Cross Road est le paradis des amateurs de littérature. Parmi les grandes librairies, citons Foyle's ainsi que Waterstones, peut-être la plus agréable. Malheureusement, une forte hausse des loyers menace ce quartier unique. Au niveau de New Oxford Street s'élève le gratte-ciel des années 60 : Centre Point. Ses propriétaires refusant de le louer, il demeura vide pendant les dix années qui suivirent sa construction !

Au Palace Theatre, en 1898

Le Palace Theatre ⓫

Shaftesbury Ave W1. **Plan** 13 B2. ☎ ***Locations*** *: 020-7434 0909.* ⊖ *Leicester Sq.* ***Visite*** *: lors des représentations uniquement.* *Voir* ***Se distraire*** *p. 328-329.*

D'un point de vue architectural, la plupart des théâtres du West End ne sont guère intéressants. Celui-ci, en revanche, situé du côté O. de Cambridge Circus, vaut le détour, notamment pour sa façade revêtue de céramique et son intérieur luxueux. La salle d'opéra, achevée en 1891, devint salle de concert dès 1892. La ballerine Anna Pavlova y fit ses débuts londoniens en 1910. Andrew Lloyd Webber, dont les comédies musicales sont présentées partout dans le West End, en est désormais le propriétaire.

Soho Square ⓬

W1. **Plan** 13 A1. ⊖ *Tottenham Court Rd.*

Peu de temps après sa naissance, en 1681, cette place fit l'objet de toutes les convoitises. Dans un premier temps, elle fut appelé King Square, en raison de la statue de Charles II qui y fut érigée, mais à la fin du XVIIIe siècle, elle cessa d'être réputée. Elle est désormais entourée d'immeubles de bureaux sans grand intérêt. L'abri de jardin, dans un style néotudor, fut ajouté à l'époque victorienne.

Berwick Street Market ⓭

W1. **Plan** 13 A1. ⊖ *Piccadilly Circus.* ***Visite*** *: du lun. au sam. de 9 h à 18 h.* *Voir* ***Boutiques et marchés*** *p. 324.*

Un marché s'installa sur cet emplacement dès les années 1840. En 1890, Jack Smith, marchand de Berwick Street, fit connaître les pamplemousses aux Londoniens. Aujourd'hui, Berwick Street Market est le meilleur marché en plein air du West End. On y trouve les produits les plus frais et les moins chers de cette partie de la ville ainsi que quelques magasins intéressants, comme Borovick's, qui vend de magnifiques tissus, et des cafés et des restaurants. À l'extrémité S., la rue se transforme en impasse où le Raymond Revue Bar (l'établissement le plus fréquentable de ce quartier chaud) présente son festival érotique depuis 1958.

Le marché de Berwick Street est un des moins chers de Londres

Carnaby Street ⓮

W1. **Plan** 12 F2. ⊖ *Oxford Circus.*

Pendant les années 60, cette rue était tellement associée à l'effervescence du mouvement Pop, que le dictionnaire Oxford de la langue anglaise admet « Carnaby Street » comme synonyme de « vêtements à la mode pour les jeunes gens ». Aujourd'hui, elle attire davantage les touristes que les branchés authentiques. On y trouve Inderwick's, le plus ancien fabricant de pipes d'Angleterre, nº 45, et de jeunes couturiers ont ouvert des magasins dans les rues avoisinantes, sur Newburgh Street notamment (*p. 316-317*).

La façade de Liberty's (style Tudor)

Liberty's ⓯

Regent St W1. **Plan** 12 F2. ⊖ *Oxford Circus. Voir* ***Boutiques et marchés*** *p. 313.*

En 1875, Arthur Lasenby Liberty ouvrait son premier commerce et vendait des soieries orientales. Les peintres Ruskin, Rossetti et Whistler furent quelques-uns de ses premiers clients. Les tissus imprimés, dessinés notamment par William Morris, eurent une influence considérable sur le mouvement Arts and Crafts de la fin du XIXe siècle et du début du XXe siècle. Ils sont encore très appréciés.

Bâti comme un pastiche étonnant du style Tudor, ce grand magasin date de 1925. Aujourd'hui, le magasin a maintenu des liens avec tous les types d'artisanat et propose des objets originaux de qualité. L'étage supérieur rassemble du mobilier Art nouveau, Art déco et Arts and Crafts.

Au cœur de Soho

Old Compton Street est l'artère principale du quartier. Ses magasins et ses restaurants témoignent de la grande diversité des gens qui ont vécu dans cette partie de la ville depuis des siècles. Nombre de ses habitants sont artistes, musiciens ou écrivains.

La Maison Bertaux est connue pour son délicieux « café-croissant » et ses pâtisseries.

Ronnie Scott's ouvrit ses portes en 1959. Depuis, tous les grands noms du jazz sont venus s'y produire (*p. 335-337*).

Le Bar Italia est une cafétéria située sous la pièce où, en 1926, John Logie Baird présenta la première télévision. Mozart a vécu à proximité, entre 1764 et 1765.

The Coach and Horses. *Ce pub, rendez-vous de la bohème du quartier depuis les années 50, est très populaire.*

Algerian Coffee Stores est l'une des plus anciennes boutiques de Soho. Des arômes de cafés du monde entier flottent dans l'air.

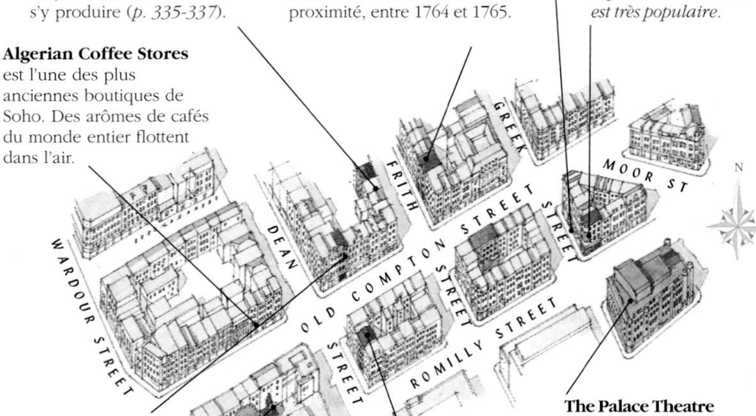

The Palace Theatre a présenté de nombreuses comédies musicales à succès.

Pâtisserie Valérie *Les propriétaires hongrois de ce café servent de délicieuses pâtisseries* (p. 306, 308).

Clocher de l'église Ste-Anne *Seul vestige du monument, détruit lors des bombardements de la dernière guerre.*

The French House était fréquentée par Maurice Chevalier et le général de Gaulle.

COVENT GARDEN ET LE STRAND

Les terrasses de café, les amuseurs de rues, les magasins chic et les marchés de ce quartier attirent de nombreux visiteurs. La Piazza, a d'abord abrité un marché de gros jusqu'en 1974. Depuis, ses édifices victoriens et ceux des rues avoisinantes ont été transformés et le quartier est aujourd'hui l'un des plus animés de la capitale. Au Moyen Âge, un jardin conventuel – *convent garden* – approvisionnait l'abbaye de Westminster. Dans les années 1630, Inigo Jones dessina la place dont le côté ouest est occupé par l'église Saint-Paul. Il répondait à une commande du duc de Bedford, propriétaire de l'une des demeures du Strand, au bord de la Tamise.

Fleurs séchées de la Piazza

LE QUARTIER D'UN COUP D'ŒIL

Rues et édifices historiques
La Piazza et le marché central ❶
Neal Street et Neal's Yard ❼
L'hôtel Savoy ⓭
Somerset House ⓯
Le bain romain ⓱
Bush House ⓲
Adelphi ㉑
Charing Cross ㉒

Musées et galeries
London Transport Museum ❸
Theatre Museum ❹
Photographers' Gallery ⓫

Églises
St Paul's Church ❷
Savoy Chapel ⓮
St Mary-le-Strand ⓰

Monuments et statues
Seven Dials ❾
Cleopatra's Needle ⓳

Théâtres célèbres
Theatre Royal ❺
Royal Opera House ❻
Adelphi Theatre ⓬
The London Coliseum ㉓

Parc ou jardin
Victoria Embankment Gardens ⓴

Pubs historiques et galeries marchandes
Lamb and Flag ❿
Thomas Neal's ❽

COMMENT Y ALLER ?

Les stations de métro Covent Garden, Leicester Square et Charing Cross sont à proximité. Plusieurs bus (n°s 9, 11, 15 et 30) conduisent au Strand ou à Shaftesbury Avenue (n°s 14, 19, 22b, 24, 29, 38 et 76). La gare ferroviaire de Charing Cross est à deux pas.

LÉGENDE

- Plan du quartier pas à pas
- Station de métro
- Gare ferroviaire
- Parc de stationnement

VOIR AUSSI

• ***Atlas des rues*** plans 13, 14
• ***Hébergement*** p. 272-285
• ***Restaurants*** p. 286-311

◁ ***La Jeune Danseuse*** **(1988), statue d'Enzo Piazotta, face au Royal Opera House**

Covent Garden pas à pas

Quartier aux rues autrefois vétustes et bordées d'entrepôts délabrés, Covent Garden ne prenait vie qu'aux petites heures de la nuit, lorsque les marchands de fruits et légumes commençaient à déballer leur marchandise. Il est aujourd'hui totalement rénové : touristes et riverains, noctambules et amuseurs de rue fréquentent cette place animée.

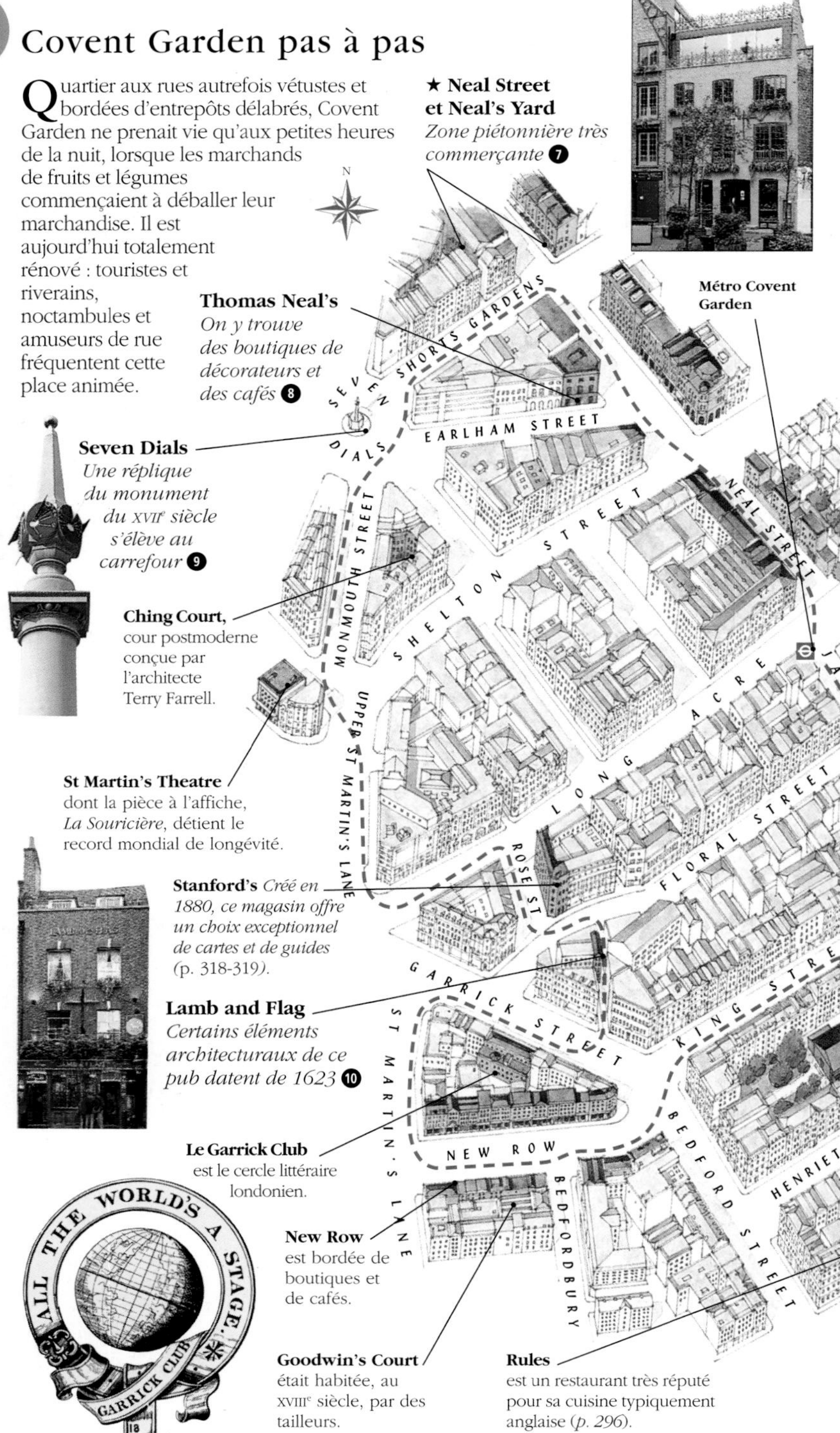

★ Neal Street et Neal's Yard
Zone piétonnière très commerçante ❼

Métro Covent Garden

Thomas Neal's
On y trouve des boutiques de décorateurs et des cafés ❽

Seven Dials
Une réplique du monument du XVIIe siècle s'élève au carrefour ❾

Ching Court,
cour postmoderne conçue par l'architecte Terry Farrell.

St Martin's Theatre
dont la pièce à l'affiche, *La Souricière*, détient le record mondial de longévité.

Stanford's *Créé en 1880, ce magasin offre un choix exceptionnel de cartes et de guides* (p. 318-319).

Lamb and Flag
Certains éléments architecturaux de ce pub datent de 1623 ❿

Le Garrick Club
est le cercle littéraire londonien.

New Row
est bordée de boutiques et de cafés.

Goodwin's Court
était habitée, au XVIIIe siècle, par des tailleurs.

Rules
est un restaurant très réputé pour sa cuisine typiquement anglaise (*p. 296*).

★ La place et l'ancien marché
Des artistes en tout genre – jongleurs, acrobates et musiciens – divertissent les passants ❶

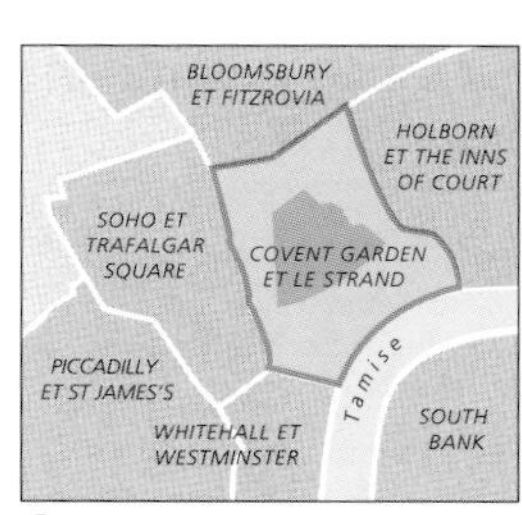

Carte de situation
Voir le centre de Londres p. 12-13

Royal Opera House
Les plus grands chanteurs et danseurs du monde y ont été acclamés ❻

Bow Street Police Station, quartier général de la police londonienne depuis le XVIIIe siècle, a fermé en 1992.

★ Theatre Museum
conserve une collection consacrée au monde du spectacle ❹

Theatre Royal
Ce vieux théâtre présente désormais des comédies musicales ❺

Boswells est aujourd'hui un restaurant. C'est là que Samuel Johnson rencontra son biographe Boswell.

Jubilee Market
vend fripes et bric-à-brac.

★ Le London Transport Museum
évoque l'histoire du métro et des bus londoniens ❸

★ St Paul's Church
Cette église d'Inigo Jones n'ouvre pas sur la place mais sur un petit jardin situé à l'arrière ❷

À ne pas manquer

- ★ La Piazza et le marché central
- ★ St Paul's Church
- ★ Le London Transport Museum
- ★ Le Theatre Museum
- ★ Neal Street et Neal's Yard

Légende

- - - Itinéraire conseillé

0 100 m

0 100 yards

La place et l'ancien marché ❶

Covent Garden WC2. **Plan** 13 C2. *Covent Garden.* *mais rues pavées.* ***Amuseurs de rues*** *de 10 h à la tombée du jour. Voir* ***Boutiques et marchés*** *p. 325*

Le projet d'Inigo Jones, au XVIIe siècle, s'inspira de la Piazza Grande de Livourne, en Italie. La halle centrale, quant à elle, a été conçue par Fowler en 1833 pour abriter les étals de fruits et légumes. Sa toiture de verre et de métal servit de modèle, à la fin du XIXe siècle, aux grandes gares comme St-Pancras (*p. 130*) ou Waterloo (*p. 187*). Elle abrite aujourd'hui de nombreuses boutiques qui vendent vêtements chic, livres, objets d'art, artisanat, articles de décoration ou antiquités. Les étals installés à l'extérieur atteignent, au S., Jubilee Hall, construit en 1903.

La colonnade de Bedford Chambers, du côté N., rappelle le projet d'Inigo Jones. La plupart des édifices actuels situés sur la place ou à proximité datent cependant de l'époque victorienne : ils ont été reconstruits et partiellement modifiés en 1879.

Les bateleurs, qui attirent toujours une foule amusée, animent le quartier depuis plusieurs siècles. Déjà, en 1662, Samuel Pepys écrivait dans son journal qu'il avait assisté à une pantomime sous le portique de St Paul's Church.

L'entrée ouest de St Paul's

St Paul's Church ❷

Bedford St WC2. **Plan** 13 C2. *020-7836 5221.* *Covent Garden.* ***Ouvert*** *: 8 h 30-16 h lun.-ven.* *le dim. à 11 h.*

Inigo Jones construisit cette église (achevée en 1633) en plaçant l'autel à l'ouest, de façon à ce que le grand portique, composé de deux colonnes de section carrée et de deux autres de section ronde, ouvre sur la place. Mais le clergé s'opposa à cette disposition peu orthodoxe et l'autel dut être installé à… l'emplacement habituel, du côté est. Jones conserva toutefois à l'édifice sa physionomie extérieure initiale. Il faut donc contourner l'église pour y pénétrer, tandis que la façade qui donne sur la Piazza est aveugle. Le portique sert souvent de scène improvisée aux artistes de rues. En 1795, l'intérieur fut dévasté par un incendie mais restauré ensuite dans le style sobre et aéré d'Inigo Jones. St Paul's est désormais le seul vestige du projet que l'architecte avait conçu pour le quartier. Longtemps appelée « église des acteurs », des plaques y évoquent des célébrités. Un bas-relief de Grinling Gibbons (XVIIe siècle), rend hommage à Jones.

Punch and Judy performer

Le London Transport Museum ❸

The Piazza WC2. **Plan** 13 C2. *020-7379 6344.* *Covent Garden.* ***Ouv.*** *: 10 h-18 h sam.-jeu., 11 h -18 h ven. (dern. entrée : 17 h 15).* ***Fermé*** *: 24-26 déc.* ***Accès payant.*** www.ltmuseum.co.uk

Le London Transport Museum

Même si vous n'êtes pas un passionné du rail ou un fervent adepte des bus londoniens, vous prendrez plaisir à visiter ce musée. Son étonnante collection est présentée depuis 1980 dans un pittoresque marché aux fleurs, reconstruit en 1872. Elle est consacrée aux modes de transport de la capitale à toutes les époques.

L'histoire des transports londoniens est intimement liée à l'évolution sociale de la capitale. Par exemple, l'accroissement de la population dans les banlieues O. et N. a largement influencé le tracé des itinéraires des bus, tramways et rames de métro. Le musée possède une importante collection de gravures, affiches et souvenirs car les sociétés de chemins de fer et les régies de transports londoniens ont souvent parrainé des artistes contemporains. Des reproductions de leurs œuvres sont en vente à la boutique du musée. On y trouvera, par exemple, des dessins Art déco de E. McKnight ou des œuvres d'artistes connus des années 30, tels Graham Sutherland et Paul Nash.

Les enfants adorent ce musée. Ils peuvent toucher la plupart des objets exposés, s'installer sur le siège d'un chauffeur d'autobus, ou prendre la place du conducteur d'une rame de métro.

La place au XVIIIe siècle

Le Theatre Museum ❹

7 Russell St WC2. **Plan** 13 C2. *020-7943 4700. Covent Garden.* **Ouvert** *: 10 h-18 h mar.- dim.* **Fermé** *: 25-26 déc., 1er jan. et jours fériés.* **Accès payant.** www.theatremuseum.org

Il ne faut à aucun prix manquer une visite dans les galeries de ce musée, mémoire vivante de l'histoire du théâtre. La magnifique collection comprend des affiches, des programmes, des accessoires et des costumes de mises en scène célèbres, des éléments de décorations intérieures de théâtres disparus, des portraits d'acteurs et des toiles représentant des pièces de théâtre. Une partie du musée renferme des maquettes illustrant l'évolution des salles de spectacle depuis l'époque de Shakespeare à nos jours. Des expositions temporaires sont fréquemment organisées dans les galeries Gielgud et Irving.

Dans la journée, on peut voir des séances de maquillage.

Le Theatre Royal ❺

Catherine St WC2. **Plan** 13 C2. *020-7494 5040. Covent Garden, Holborn, Temple.* **Ouv.** *: lors des représentations et des visites guidées (téléphoner).* **Se distraire** *p. 328-329.*

C'est le premier à avoir été construit sur le site, qui était, en 1663, l'un des deux endroits de spectacles autorisés, à Londres. Nell Gwynne, la maîtresse de Charles II, y a joué. Depuis, trois des théâtres qui ont été bâtis à cet emplacement (dont un construit par Christopher Wren, *p. 47*) furent dévastés par des incendies. Le bâtiment actuel, conçu par Benjamin Wyatt et achevé en 1812, possède l'une des plus grandes salles de la ville. Dans les années 1800, il était réputé pour ses pantomimes. Il est désormais spécialisé dans les comédies musicales grand public.

Vilar Floral Hall, partie du Royal Opera House

Le Royal Opera House ❻

Covent Garden WC2. **Plan** 13 C2. *020-7304 4000. Covent Garden.* **Visite** *: lors des représentations et visites guidées (téléphoner). Voir* **Se distraire** *p. 332.* www.royaloperahouse.org.uk

Le premier théâtre à avoir été construit sur cet emplacement, en 1732, proposait des concerts et des pièces. Il fut dévasté par les flammes à deux reprises, en 1808 et en 1856, et l'opéra actuel a été conçu en 1858 par E. M. Barry (fils de l'architecte du palais de Westminster). La frise du portique, représentant la Tragédie et la Comédie, est due à John Flaxman. Elle est le seul vestige du bâtiment élevé en 1809. Au fil des décennies, cet opéra a connu des périodes plus ou moins fastes. En 1892, Gustav Mahler y dirigea la première londonienne de *L'Anneau de Nibelung*, de Richard Wagner. Plus tard, pendant la Première Guerre mondiale, il fut réquisitionné par le gouvernement pour servir d'entrepôt. Sa proximité avec un marché très animé a été utilisée par George Bernard Shaw pour sa pièce *Pygmalion*, dont la comédie musicale *My Fair Lady* est une adaptation. L'édifice abrite désormais le Royal Opera et son corps de ballet, le Royal Ballet. Les meilleures places, qui coûtent plus de £ 100, sont difficiles à obtenir. Toutefois, l'établissement connaît aujourd'hui une crise financière grave, due à des travaux d'extension, qui rend son avenir incertain.

Neal Street et Neal's Yard ❼

Covent Garden WC2. **Plan** 13 B1. *Covent Garden. Voir* **Boutiques et marchés** *p. 314-315*

Une boutique de thé, sur Neal Street

Dans Neal Street, les entrepôts du XIXe siècle sont reconnaissables à leurs curieux dispositifs de levage fixés aux façades. Les immeubles ont été transformés en magasins, en galeries d'art ou en restaurants. À proximité se trouve Neal's Yard, un vrai paradis pour les amateurs de produits macrobiotiques, fromages et yoghourts fermiers, herbes fraîches et autres pains cuits à l'ancienne. Idée originale de feu Nicholas Saunders, le quartier reste une oasis de valeurs alternatives dans un environnement commercial.

Thomas Neal's

Thomas Neal's ❽

Earlham St WC2. **Plan** 13 B2. *Covent Garden.* *r-d-c uniquement.*

Ce centre commercial haut de gamme offre une intéressante variété de magasins. On y trouve des vêtements de stylistes, des bijoux et des accessoires, de la dentelle et des fripes. C'est un endroit idéal pour acheter des cadeaux et flâner dans le café ou le restaurant du niveau inférieur. Le théâtre Donmar Warehouse fait aussi partie du complexe, programmant d'intéressants spectacles (*p. 328*).

Seven Dials ❾

Monmouth St WC2. **Plan** 13 B2. *Covent Garden, Leicester Sq.*

La colonne de ce carrefour de sept rues est un cadran solaire à six faces, la septième aiguille étant la colonne elle-même. Installée en 1989, elle est la réplique d'un monument du XVIIe s. L'ancienne horloge a été retirée au XIXe s. car elle était devenue le lieu de rendez-vous favori des criminels.

Lamb and Flag ❿

33 Rose St WC2. **Plan** 13 B2. *020-7497 9504.* *Covent Garden, Leicester Sq.* ***Ouvert** : 11 h-23 h lun.-jeu., 11 h -22 h 45 ven. et sam., midi - 22 h 30 dim. Voir* ***Restaurants et pubs** p. 309, 311.*

Une auberge ouvre ses portes à cet emplacement dès le XVIe siècle. Depuis, son aménagement intérieur n'a guère changé. Une plaque rend hommage au satiriste John Dryden qui fut rossé à proximité du pub, en 1679, probablement parce qu'il s'était moqué de la duchesse de Portsmouth, l'une des maîtresses de Charles II.

La Photographers' Gallery ⓫

5 & 8 Great Newport St WC2. **Plan** 13 B2. *020-7831 1772.* *Leicester Sq.* ***Visite** : du mar. au sam. de 11 h à 18 h.*

Cette galerie très dynamique accueille régulièrement d'excellentes expositions de photographies. Conférences et manifestations théâtrales y sont organisées. La librairie vend des ouvrages spécialisés et des tirages de qualité. La plaque située à l'extérieur de l'immeuble rend hommage à Joshua Reynolds, fondateur de la Royal Academy (*p. 90*), qui a habité ici au XVIIIe siècle.

L'Adelphi Theatre ⓬

Strand WC2. **Plan** 13 C3. *020-7344 0055.* *Charing Cross, Embankment.* ***Visite** : représentations uniquement. Voir* ***Se distraire** p. 328-329.*

Construit en 1806, l'Adelphi ouvrit ses portes à l'initiative de John Scott, un riche marchand qui voulait aider sa fille à faire carrière au théâtre. Transformé en 1930, il est désormais de style Art déco. On remarquera les motifs sur la façade, l'entrée, la salle ainsi que les éléments de décoration.

L'hôtel Savoy ⓭

Strand WC2. **Plan** 13 C2. *020-7836 4343.* *Charing Cross, Embankment. Voir* ***Hébergement** p. 284.*

L'hôtel a été inauguré en 1889 sur l'emplacement du palais médiéval le Savoy Palace. Cet établissement fut le premier à proposer le confort moderne et l'éclairage électrique. La cour d'accès à l'hôtel est le seul endroit de Grande-Bretagne où l'on conduit à droite. Le Savoy abrite également un théâtre, le restaurant anglais Simpson's où l'on sert le fameux « roast beef », et une boutique de tailleur à devanture Art nouveau.

L'entrée de l'hôtel Savoy

La Savoy Chapel ⓮

Strand WC2. **Plan** 13 C2. *020-7836 7221.* *Charing Cross, Embankment.* ***Visite** : mar.-ven. de 11 h 30 à 15 h 30.* ***Fermée** : août-sept.* *Dim. 11 h.* *téléphoner.*

La première chapelle a été créée au XVIe siècle pour l'hôpital construit sur l'emplacement de l'ancien Savoy Palace. La quasi-totalité du bâtiment actuel remonte aux années 1850. En 1890, ce fut le premier édifice religieux à être doté de l'éclairage électrique. En 1936, elle devint la chapelle du Royal Victorian Order. La reine en est désormais la souveraine spirituelle et temporelle. De 1922 à 1932, les premiers studios de la BBC s'installèrent à proximité, sur Savoy Hill.

Somerset House ⓯

Strand WC2. **Map** 14 D2. *020-7845 4600.* *Covent Garden, Holborn, Temple.* **Ouvert** *10 h-16 h t.l.j.* ***Fermé*** *24-26 déc, 1er jan.* **Patinoire:** *ouverte deux mois en hiver.* ***Entrée payante.*** **Courtauld Gallery.** *020-7848 2526.* ***Entrée payante.*** **The Gilbert Collection.** *020-7240 9400.* ***Entrée payante.*** www.somerset-house.org.uk

Cet élégant bâtiment georgien, dû à Sir William Chambers, a été construit dans les années 1770, à l'emplacement de la première Somerset House, un palais Renaissance des ducs de Somerset datant du milieu du XVIe siècle. Première construction importante destinée à accueillir des bureaux, elle abrita le Navy Board (remarquez l'architecture classique majestueuse de la salle d'attente des marins et l'escalier Nelson), diverses sociétés royales et, longtemps, l'administration fiscale. Aujourd'hui, elle abrite deux magnifiques collections d'art, la Courtauld Gallery et la Gilbert Collection. Durant presque un siècle, la cour de la Somerset House resta fermée au public (récemment encore, c'était un parking lugubre). Elle vient de subir de coûteux travaux d'aménagement, pour accueillir une place avec un somptueux jet d'eau, un café, des concerts de musique classique et, en hiver, une patinoire. De la cour, les visiteurs peuvent flâner sous les arcades pour rejoindre un nouveau complexe au bord de la Tamise avec une terrasse ornée de sculptures, la King's Barge House restaurée. De là, une voie pour piétons mène à Waterloo Bridge et au South Bank Centre (*p. 184-191*).

***Partridge*, par Gorg Ruel (vers 1600), Gilbert Collection**

La **Courtauld Gallery**, installée dans la Somerset House, mérite une visite. Cette magnifique collection de peinture, exposée ici depuis 1990, doit son existence au legs de Samuel Courtauld, magnat du textile et philanthrope.

Elle comprend des œuvres de Botticelli, Bruegel, Bellini et Rubens (dont la *Descente de Croix*, l'un de ses premiers chefs-d'œuvre). Toutefois, la collection de peinture impressionniste et post-impressionniste est particulièrement remarquable. Outre des œuvres de Monet, Gauguin, Pissarro, Renoir et Modigliani, on y admire *Un bar aux Folies-Bergère* de Manet, l'*Autoportrait à l'oreille bandée* de Van Gogh, les *Joueurs de cartes* de Cézanne et quelques superbes études de danseuses de Degas. En plus de la collection permanente, la Courtauld Gallery accueille désormais toute l'année des expositions temporaires d'envergure internationale. Tous les deux ans, les étudiants organisent une manifestation appelée East Wing Collection, qui présente des œuvres contemporaines des quatre coins du monde. Les visites se font sur rendez-vous uniquement.

La Somerset House recèle une autre merveille qui ne demande qu'à être découverte : le musée des arts décoratifs de Londres, une acquisition récente. Installée dans le bâtiment sud, la **Gilbert Collection** est le don d'un magnat de l'immobilier, Arthur Gilbert, né à Londres. Le legs de cette collection servit de tremplin à la renaissance de la Somerset House. Elle réunit 800 pièces, comprenant un ensemble étonnant de tabatières en or, des mosaïques en *pietra dura* (pierre dure) italiennes, des portraits miniatures émaillés et des pièces d'argenterie européenne du XVIe au XIXe siècle. Le passionnant guide audio compris dans le prix de la visite accroît le plaisir de la découverte.

***Autoportrait à l'oreille coupée* (1889) de Van Gogh, à la Courtauld Gallery**

St Mary-le-Strand ⓰

The Strand WC2. **Plan** 14 D2. *020-7836 3126. Temple, Holborn.* ***Visite*** *lun.-ven. de 11 h à 15 h 30, et le dim. de 10 h à 13 h, dim. à 11 h, 13 h 05 mar. et jeu.*

Cette église a été achevée en 1717. Ce fut le premier édifice public construit par James Gibbs, à qui l'on doit également St Martin-in-the-Fields (*p. 102*). Si Gibbs a sans aucun doute été influencé par Christopher Wren, on remarquera également que la riche décoration extérieure doit beaucoup aux églises baroques de Rome. L'église présente un porche en rotonde, un toit en terrasse et un clocher étagé qui se termine par un lanternon. Les offices y sont désormais célébrés pour le Women's Royal Naval Service (les femmes de la Marine nationale britannique).

St Mary-le-Strand

Le bain romain ⓱

5 Strand Lane WC2. **Plan** 14 D2. *020-7641 5264. Temple, Embankment, Charing Cross.* ***Visite*** *été : 14 h-16 h la plupart des mer. ; tél. pour réserver. par Temple Pl.*

Ce bain, aux dimensions réduites, peut être vu d'une fenêtre qui donne sur Surrey Street. Il suffit pour cela d'appuyer sur l'interrupteur de l'éclairage, situé sur le mur extérieur. Il est pratiquement

Bush House vue de Kingsway

certain qu'il ne s'agit pas d'un véritable bain romain. En effet, aucun vestige d'habitation romaine n'a été découvert à proximité. Il est plus probable qu'il faisait partie de Arundel House, un des palais qui se dressaient sur le Strand depuis l'époque des Tudors et qui furent démolis au XVIIe siècle pour être remplacés par d'autres édifices. Au XIXe siècle, on pouvait encore aller y prendre un bain glacé, apprécié pour ses vertus tonifiantes.

Bush House ⓲

Aldwych WC2. **Plan** 14 D2. *Temple, Holborn.* ***Fermé*** *au public.*

Situé au centre d'Aldwych Crescent, cet immeuble néoclassique achevé en 1935 a été conçu par l'Américain Irving T. Bush pour être utilisé comme hall d'exposition. Il est particulièrement impressionnant quand on l'observe depuis Kingsway, d'où l'on voit son entrée N. ornée de différentes statues symbolisant les relations anglo-américaines. Depuis les années 1940, il est devenu le siège du BBC World Service, qui sera transféré à l'ouest de Londres d'ici quelques années.

Cleopatra's Needle ⓳

Embankment WC2. **Plan** 13 C3. *Embankment, Charing Cross.*

Dressé à Héliopolis aux environs de l'an 1500 av. J.-C., cet étonnant monument en granit rose est bien plus ancien que Londres. Ses inscriptions rendent hommage aux pharaons de l'Égypte ancienne. En 1819, il fut offert à la Grande-Bretagne par le vice-roi d'Égypte, Mohammed Ali, puis dressé à Londres en 1878, peu après la construction du quai Victoria. Dans le piédestal, on a scellé un coffret qui renferme des objets de ce temps-là : des journaux, un horaire des trains et les photographies de 12 beautés de l'époque.

Les deux sphinx en bronze, ajoutés en 1882, ont eu moins de chemin à parcourir que l'obélisque : ils sont anglais.

Les jardins du quai Victoria ⓴

WC2. **Plan** 13 C3. *Embankment, Charing Cross.* ***Visite*** *t.l.j. de 7 h 30 au coucher du soleil.*

Cette étroite enfilade de jardins, créée à l'époque de la construction du quai Victoria, révèle des massifs bien entretenus, quelques statues représentant des personnalités britanniques (le poète écossais Robert Burns, par exemple) et accueille, l'été, des concerts de musique classique. Dans l'angle N.-O. des jardins, la porte d'eau est le seul vestige de York House, l'ancien palais du duc de Buckingham, bâti en 1626. Toujours à son emplacement d'origine, cette porte à trois arcades ne donne plus directement accès à la Tamise depuis la construction du quai.

Jardins du quai Victoria

Centre commercial et bureaux de la gare de Charing Cross

Les Adelphi ㉑

Strand WC2. **Plan** 13 C3. *Embankment, Charing Cross.* **Fermé** *au public.*

John Adam Street, Adelphi

Le nom de ce quartier construit par Robert et John Adam en 1772, et qui avait jadis la faveur des artistes, vient du grec *adelphoi* signifiant « frères ». Ce nom fait aujourd'hui référence à l'ensemble de bureaux de style Art déco qui, en 1938, remplaça les immeubles de rapport conçus par les frères Adam dans un style palladien. L'entrée présente des bas-reliefs de N. A. Trent figurant des hommes au travail. La démolition des édifices antérieurs est aujourd'hui considérée comme un des pires actes de vandalisme du XXe siècle. Par chance, quelques immeubles d'origine ont subsisté, notamment la Royal Society for the Encouragement of the Arts, Manufactures and Commerce. De la même période, on remarquera aussi les nos 1-4 de Robert Street, où vécut Robert Adam, et le no 7 d'Adam Street, orné de chèvrefeuille sculpté.

Charing Cross ㉒

Strand WC2. **Plan** 13 C3. *Charing Cross, Embankment.*

En 1290, Édouard le Confesseur fit élever douze croix à la mémoire de sa femme Éléonore de Castille, entre le Nottinghamshire et l'abbaye de Westminster. La dernière d'entre elles a donné son nom à l'une des principales gares de Londres. Au XIXe siècle, une reproduction de cette croix a été érigée devant la gare. La croix et le Charing Cross Hotel ont été dessinés en 1863 par E. M. Barry, l'architecte du Royal Opera House (*p. 115*). Depuis 1991, un centre commercial et des bureaux surmontent l'édifice de la gare. Cette construction, imaginée par Terry Farrell, fait penser à un gigantesque paquebot dont les hublots donneraient sur Villiers Street. Du fleuve, l'effet est saisissant. Les arcades situées à l'arrière de la gare ont été modernisées et investies par des petits magasins et des cafés, et par le Players Theatre, l'un des derniers music-halls de l'époque victorienne.

Le London Coliseum ㉓

St Martin's Lane WC2. **Plan** 13 B3. *020-7836 0111.* *Leicester Sq, Charing Cross.* ***Visite*** *: lors des représentations.* ***Fermé*** *jusqu'en déc. 2003 pour rénovation.* *téléphoner.* ***Conférences.*** *Voir* ***Se distraire*** *p. 332-333.*

Ce curieux édifice surmonté d'un globe, conçu en 1904 par Frank Matcham et doté de la première scène tournante de Londres, est le plus grand et le plus sophistiqué des théâtres de la capitale. Pouvant accueillir plus de 2 500 spectateurs, il fut également le premier d'Europe à être équipé d'ascenseurs. Théâtre de variétés pendant quelque temps, il fut transformé en cinéma entre 1961 et 1968. Il abrite à présent l'English National Opera et mérite une visite, ne serait-ce que pour sa décoration édouardienne, avec ses chérubins dorés et ses lourds rideaux pourpres.

Le London Coliseum

53

BLOOMSBURY ET FITZROVIA

Depuis le début du XXe siècle, Bloomsbury et Fitzrovia sont des quartiers qui évoquent la littérature, l'art et le savoir. Le groupe de Bloomsbury a réuni des écrivains et des peintres du début du siècle jusqu'aux années 1930. Le nom Fitzrovia a été inventé par des écrivains, dont Dylan Thomas, au pub Fitzroy Tavern. Bloomsbury abrite toujours l'université de Londres, le British Museum et plusieurs squares de style georgien. Le quartier est réputé pour ses restaurants de Charlotte Street et pour ses magasins de meubles ou d'appareils électriques de Tottenham Court Road.

Bas-relief à Russell Square

Rues et édifices historiques

Bloomsbury Square 2
Bedford Square 4
Russell Square 5
Queen Square 6
British Library 8
Gare de St-Pancras 9
Woburn Walk 11
Fitzroy Square 13
Charlotte Street 15

Musées

British Museum p. 126-129 1
Dickens House Museum 7
Percival David Foundation of Chinese Art 12
Pollock's Toy Museum 16

Églises

St George's, Bloomsbury 3
St Pancras Parish Church 10

Pub

Fitzroy Tavern 14

VOIR AUSSI

• ***Atlas des rues*** plans 4, 5, 6, 13
• ***Hébergement*** p. 272-285
• ***Restaurants*** p. 286-311

COMMENT Y ALLER ?

Les lignes Circle, Northern, Piccadilly, Victoria et Central desservent le quartier. Parmi les bus les plus pratiques, il faut citer les n°s 8 et 98. Les grandes gares ferroviaires sont Euston, St-Pancras et King's Cross.

0 500 m
0 500 yards

LÉGENDE

Plan du quartier pas à pas
Station de métro
Gare ferroviaire
Parc de stationnement

◁ **Une demeure de style georgien sur Bedford Square**

Le quartier de Bloomsbury pas à pas

La présence du British Museum influence toute la vie du quartier. Son atmosphère intellectuelle a gagné les rues voisines jusqu'aux couloirs de l'université de Londres, plus au N. De nombreux écrivains et peintres ont élu domicile dans ces immeubles. Si la plupart des maisons d'édition ont quitté les lieux, on y trouve néanmoins encore plusieurs librairies.

La Senate House (1932) abrite l'administration de l'université de Londres. Sa bibliothèque est extrêmement bien pourvue.

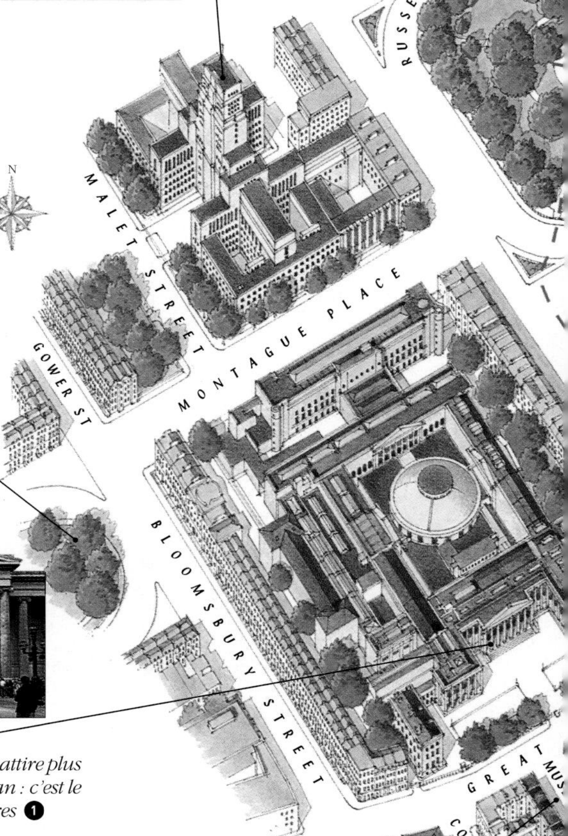

Bedford Square
Toutes identiques, les portes des immeubles qui bordent le square (1775) sont ornées de pierres artificielles ❹

★ Le British Museum
Conçu au milieu du XIXe siècle, il attire plus de cinq millions de visiteurs par an : c'est le monument le plus visité de Londres ❶

RUSSELL SQUARE
MALET STREET
MONTAGUE PLACE
GOWER ST
BLOOMSBURY STREET
GREAT RUSSELL STREET
COPTIC ST
N

À NE PAS MANQUER

- ★ Le British Museum
- ★ Russell Square

LÉGENDE

▬ ▬ ▬ Itinéraire conseillé

0 100 m
0 100 yards

Museum Street est bordée de petits cafés et de boutiques qui vendent des livres, des lithographies et des antiquités.

Pizza Express occupe les locaux d'une ancienne laiterie de l'époque victorienne.

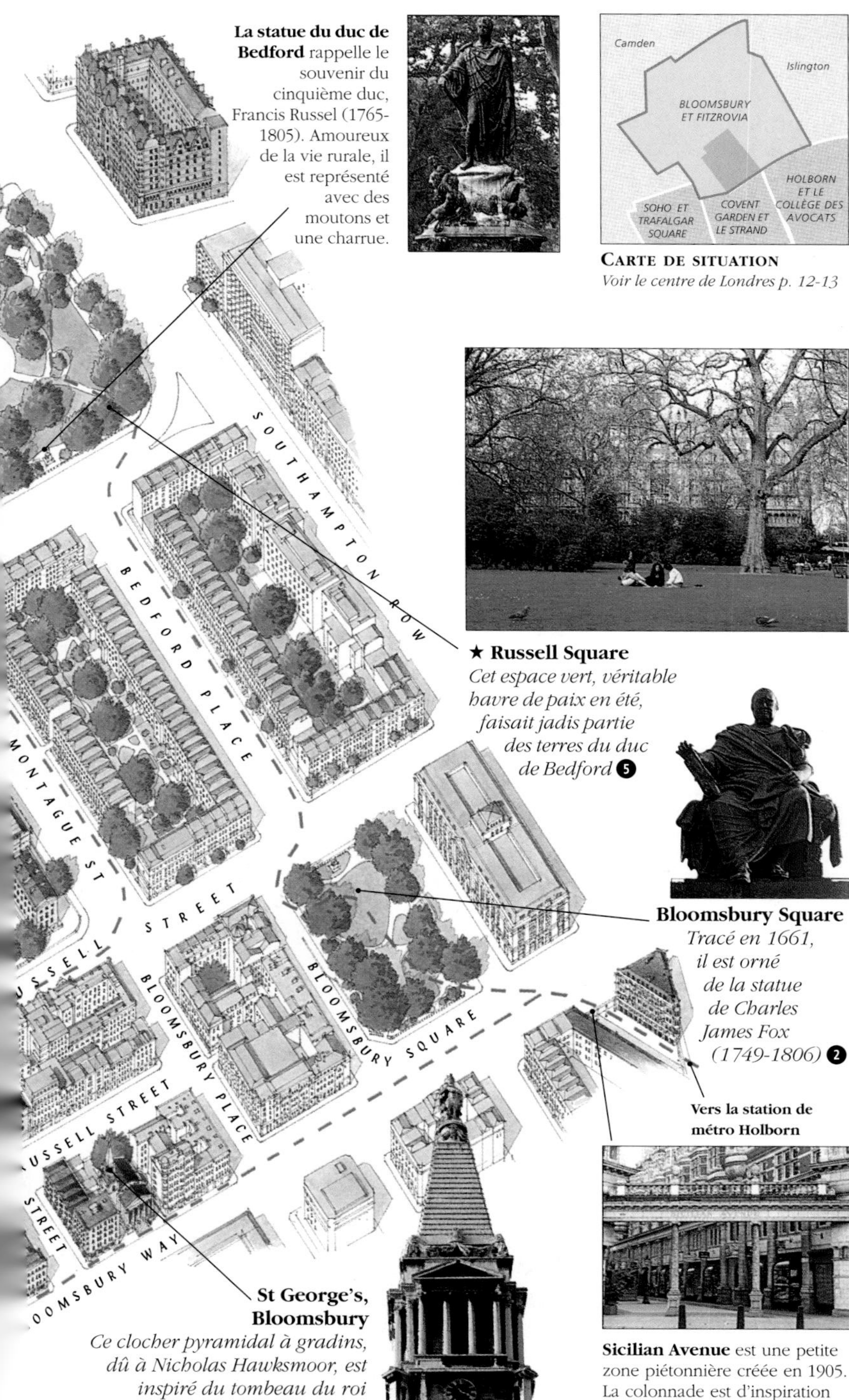

La statue du duc de Bedford rappelle le souvenir du cinquième duc, Francis Russel (1765-1805). Amoureux de la vie rurale, il est représenté avec des moutons et une charrue.

CARTE DE SITUATION
Voir le centre de Londres p. 12-13

★ Russell Square
Cet espace vert, véritable havre de paix en été, faisait jadis partie des terres du duc de Bedford ❺

Bloomsbury Square
Tracé en 1661, il est orné de la statue de Charles James Fox (1749-1806) ❷

Vers la station de métro Holborn

St George's, Bloomsbury
Ce clocher pyramidal à gradins, dû à Nicholas Hawksmoor, est inspiré du tombeau du roi Mausole à Halicarnasse ❸

Sicilian Avenue est une petite zone piétonnière créée en 1905. La colonnade est d'inspiration romaine.

Le British Museum ❶

p. 126-129.

Bloomsbury Square ❷

WC1. **Plan** 5 C5. *Holborn.*

La romancière Virginia Woolf habita le quartier de Bloomsbury

Le plus ancien des squares du quartier a été tracé en 1661 par le comte de Southampton, propriétaire des terrains. Aucun des immeubles de l'époque n'a subsisté, et le jardin ombragé est désormais cerné par une circulation intense. Si l'on veut se promener à pied dans le centre de Londres, il est presque toujours possible de trouver une place dans le parking souterrain aménagé sous le square. Les riverains célèbres ont été nombreux. Une plaque rappelle la présence du groupe de Bloomsbury qui se réunissait dans le quartier au début du siècle autour de la romancière Virginia Woolf ; le biographe Lytton Strachey, et les peintres Vanessa Bell, Duncan Grant et Dora Carrington. D'autres plaques leur rendent hommage sur leurs immeubles respectifs.

St George's, Bloomsbury ❸

Bloomsbury Way WC1. **Plan** 13 B1. *020-7405 3044. Holborn, Tottenham Court Rd.* ***Ouvert*** *: 10 h-17 h 30 lun.-ven., seul. pour les messes le dim. 10 h 30 dim.* ***Récitals.***

Cette église a été conçue par Nicholas Hawksmoor, l'élève de Wren, et achevée en 1730. Elle a été construite pour les habitants aisés de ce nouveau quartier, très en vogue dès sa création. Le clocher pyramidal à gradins, inspiré du tombeau du roi Mausole à Halicarnasse et surmonté d'une statue du roi George Ier, a fait l'objet de nombreuses critiques. La décoration intérieure est intéressante, notamment dans l'abside.

Bedford Square ❹

WC1. **Plan** 5 B5. *Tottenham Court Rd, Goodge St.*

Tracé en 1775, ce square est l'un des mieux conservés du XVIIIe siècle. Toutes les portes d'entrée des immeubles en brique sont ornées avec de la « pierre de Coade », sorte de terre cuite dure créée à Lambeth par Eleanor Coade, et dont le mode de fabrication est longtemps resté secret. Ces rangées de maisons étaient habitées par des membres de l'aristocratie. Aujourd'hui, la plupart ont été transformées en bureaux. Plusieurs maisons d'édition les occupaient, mais les loyers ayant récemment augmenté, elles ont été obligées de déménager. Un grand nombre d'architectes londoniens ont fait partie (nos 34-36) de l'Architectural Association, dont Richard Rogers, à qui l'on doit le Centre Pompidou à Paris et la Lloyd's (*p. 159*).

Plaque rendant hommage à des habitants célèbres de Bloomsbury Square

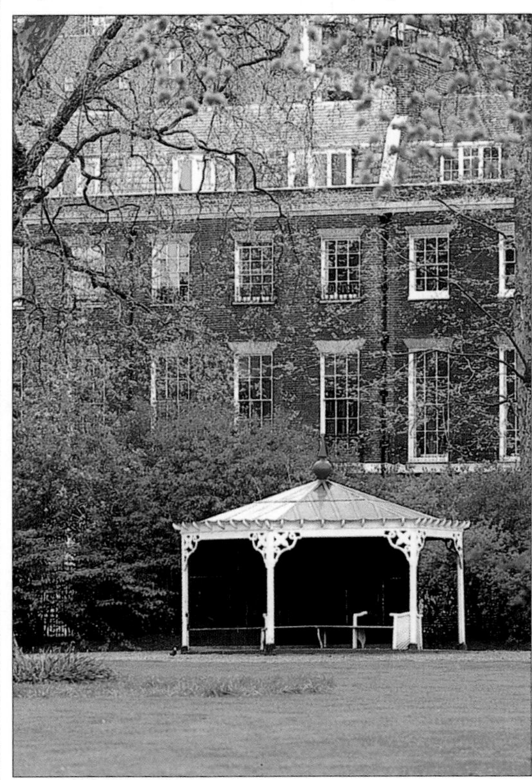

Les superbes jardins de Bedford Square

Russell Square 5

WC1. **Plan** 5 B5. *Russell Sq.*
Les heures d'ouverture peuvent varier.

Sur l'une des plus vastes places de Londres se trouvent, du côté E., les plus beaux hôtels victoriens de la capitale. L'hôtel Russell, dû à Charles Doll, a ouvert ses portes en 1900. Sa magnifique façade en céramique est ornée d'une colonnade et d'angelots placés sous les pilastres. À l'intérieur, le hall est revêtu de marbres polychromes.

Le jardin est accessible au public. De 1925 à 1965, le poète T. S. Eliot a travaillé dans l'immeuble situé à l'angle O. du square, dans les bureaux de la maison d'édition Faber & Faber.

Le pompeux hôtel Russell, sur Russell Square

Queen Square 6

WC1. **Plan** 5 C5. *Russell Sq.*

Bien que le nom du square fasse référence à la reine Anne, on y a élevé une statue de la reine Charlotte. Son époux, le roi George III, a séjourné ici, au domicile de son médecin, avant de devenir fou et de mourir en 1820. À présent, la plupart des édifices du square sont des bâtiments hospitaliers. Du côté O., on remarquera des maisons de style georgien.

Statue de la reine Charlotte, à Queen Square

La maison de Dickens 7

48 Doughty St WC1. **Plan** 6 D4. *020-7405 2127. Chancery Lane, Russell Sq.* ***Visite*** *: lun.-sam. de 10 h à 17 h (dern. adm. : 16 h 30), dim. de 11 h à 17 h.* ***Accès payant.***

Le romancier Charles Dickens a vécu dans cette maison du début du XIXe siècle pendant les années les plus productives de sa vie (de 1837 à 1839). *Oliver Twist, Nicholas Nickleby* ont été écrits dans ces murs et les *Aventures de M. Pickwick* y ont été achevées. Dickens a habité plusieurs maisons à Londres, mais celle-ci est la seule qui existe encore. Achetée par les amis de Dickens en 1923, elle a été transformée en musée et reconstitue l'environnement quotidien du célèbre écrivain. Des pièces ont spécialement été aménagées pour présenter différents souvenirs : lettres, manuscrits, portraits, meubles retrouvés dans les autres maisons londoniennes de l'écrivain et premières éditions de ses œuvres.

British Library 8

96 Euston Rd NW1. **Plan** 5 B3. *020-7412 7332. King's Cross, St Pancras.* ***Ouv.*** *9 h 30-18 h lun.-ven. (20 h mar.), 9 h 30-17 h sam., 11 h-17 h dim.* ***Fermé*** *dim. réserv. par tél.* www.bl.uk

Le bâtiment datant de la fin du XXe siècle le plus important de Londres abrite aujourd'hui la Bibliothèque nationale, ainsi que la Sonothèque nationale (National Sound Archive). Construit en brique rouge, selon les plans de sir Colin St John Wilson, il a été ouvert en 1997. Si l'édifice est à présent largement admiré, sa construction, qui a duré presque vingt ans, a fait l'objet d'une controverse en raison de surcoûts et de problèmes technologiques.

Un exemplaire de presque chaque livre imprimé en anglais y est conservé – plus de 18 millions de volumes en tout –, et peut être consulté si l'on a une carte de lecteur. En outre, 3 galeries d'exposition sont ouvertes au public. Quelques-uns des plus précieux ouvrages de la Bibliothèque y sont exposés, notamment la Magna Carta, les évangiles de Lindisfarne, une bible de Gutenberg et le premier manuscrit de Shakespeare. Une spectaculaire tour en verre s'élevant sur 6 étages contient les 65 000 volumes de la bibliothèque de George III.

Page des évangiles de Lindisfarne

Le British Museum ❶

La Grande Cour, récemment réaménagée

Le plus ancien musée public au monde fut créé en 1753 pour accueillir la collection d'un médecin, Sir Hans Sloane (1660-1753), qui participa aussi à la création du jardin botanique de Chelsea (*p. 197*). Au fil des années, legs et acquisitions venus du monde entier enrichirent la collection. Le British Museum possède désormais d'innombrables trésors, de la préhistoire à nos jours.

La partie principale de l'édifice actuel (1823-1850) a été construite par Robert Smirke. Toutefois, le joyau architectural du site est la Grande Cour moderne, qui accueille en son centre la célèbre salle de lecture.

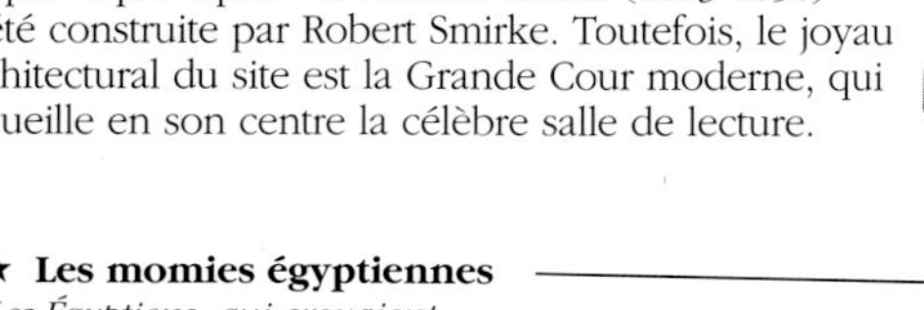

★ Les momies égyptiennes
Les Égyptiens, qui croyaient en une vie après la mort, conservaient les corps des défunts. Certains animaux supposés détenir des pouvoirs sacrés étaient également momifiés. Ce chat, découvert à Abydos, sur le Nil, date de l'an 30 av. J.-C.

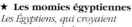

★ Les marbres d'Elgin
Ces reliefs ont été enlevés du Parthénon d'Athènes par un Anglais, Lord Elgin. En 1816, le gouvernement britannique les acheta pour le musée (p. 129).

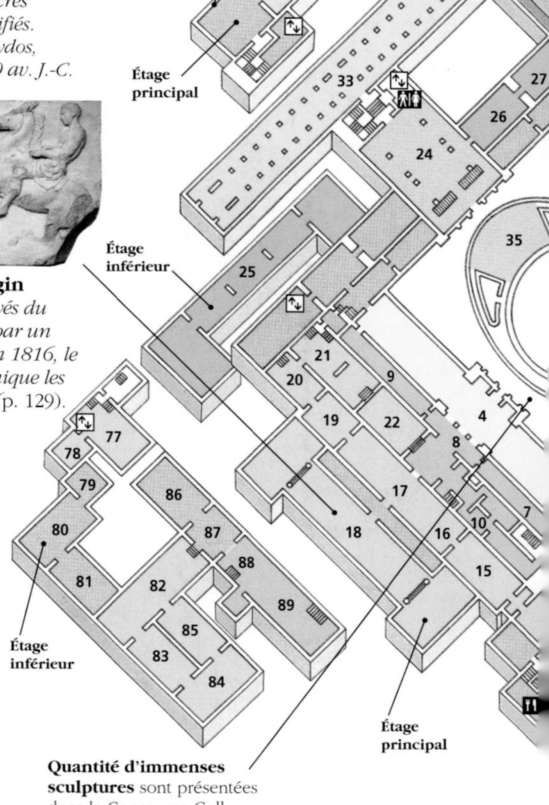

Quantité d'immenses sculptures sont présentées dans la Concourse Gallery de la Grande Cour.

LÉGENDE

- Collection asiatique
- Collection américaine
- Pièces, médailles, gravures et dessins
- Collection grecque et romaine
- Collection égyptienne
- Collection d'antiquités orientales
- Collection préhistorique
- Collection européenne
- Collection africaine
- Expositions temporaires
- Salles sans expositions

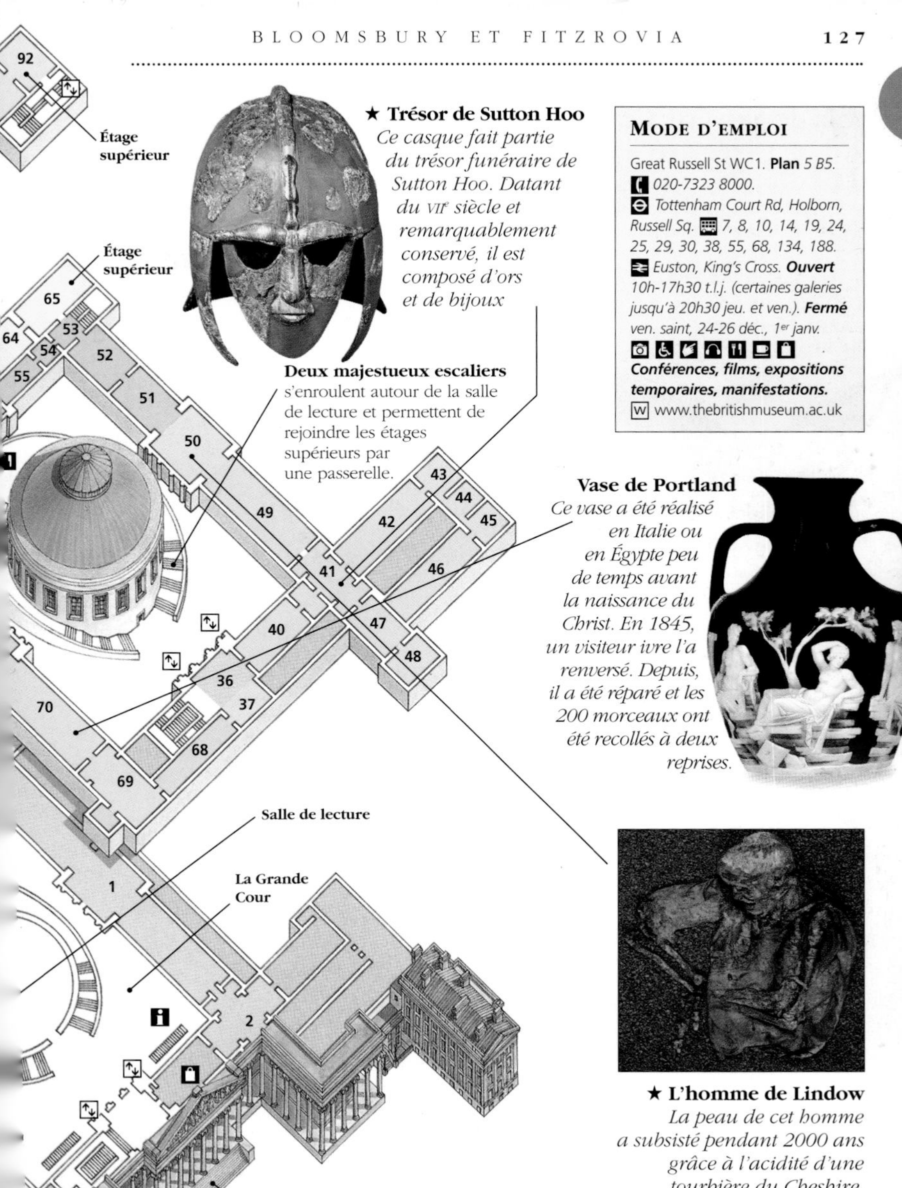

★ Trésor de Sutton Hoo
Ce casque fait partie du trésor funéraire de Sutton Hoo. Datant du VIIe siècle et remarquablement conservé, il est composé d'ors et de bijoux

Deux majestueux escaliers s'enroulent autour de la salle de lecture et permettent de rejoindre les étages supérieurs par une passerelle.

Vase de Portland
Ce vase a été réalisé en Italie ou en Égypte peu de temps avant la naissance du Christ. En 1845, un visiteur ivre l'a renversé. Depuis, il a été réparé et les 200 morceaux ont été recollés à deux reprises.

★ L'homme de Lindow
La peau de cet homme a subsisté pendant 2000 ans grâce à l'acidité d'une tourbière du Cheshire. Il a probablement trouvé la mort lors d'un rituel complexe.

Mode d'emploi

Great Russell St WC1. **Plan** *5 B5.*
020-7323 8000.
Tottenham Court Rd, Holborn, Russell Sq. *7, 8, 10, 14, 19, 24, 25, 29, 30, 38, 55, 68, 134, 188.*
Euston, King's Cross. ***Ouvert*** *10h-17h30 t.l.j. (certaines galeries jusqu'à 20h30 jeu. et ven.).* ***Fermé*** *ven. saint, 24-26 déc., 1er janv.*
Conférences, films, expositions temporaires, manifestations.
www.thebritishmuseum.ac.uk

Suivez le guide !

La collection grecque et romaine, et les antiquités orientales occupent trois étages du musée, essentiellement dans la partie ouest. La collection africaine est installée à l'étage inférieur, tandis que les pièces asiatiques se trouvent à l'étage principal et à l'étage supérieur, dans le fond du musée. Quant à la collection américaine, elle est située à l'angle nord-est de l'étage principal. Les objets égyptiens sont à l'ouest de la Grande Cour et à l'étage supérieur.

À ne pas manquer

- **★ Les marbres d'Elgin**
- **★ L'homme de Lindow**
- **★ Les momies égyptiennes**
- **★ Le trésor de Sutton Hoo**

À la découverte des collections du British Museum

Les innombrables merveilles du musée, présentées dans 94 salles (d'une longueur totale de 4 km !), couvrent quelque deux millions d'années d'histoire, allant de l'Assyrie de l'Antiquité jusqu'au Japon moderne.

Détail de la lyre d'une reine sumérienne

Grande-Bretagne préhistorique et romaine

Casque en bronze du Ier siècle av. J.-C. retrouvé dans la Tamise

Les vestiges de la Grande-Bretagne préhistorique occupent six salles. On verra notamment le Sweet Track, un ponton en bois du Néolithique permettant de traverser les marais du Somerset ; le couvre-chef d'un chasseur-cueilleur datant de 9000 ans ; et l'homme de Lindow, mort lors d'un sacrifice rituel, dont le corps fut découvert dans une tourbière en 1984. Plusieurs objets celtes en métal sont présentés, avec le Mildenhall Treasure et d'autres objets romains. La mosaïque de Hinton St Mary (IVe siècle) est la plus ancienne représentation connue du Christ en Grande-Bretagne.

Europe

Le spectaculaire trésor de Sutton Hoo, découvert dans la sépulture d'un roi anglo-saxon du VIIe siècle, est présenté dans la salle 41. Cette découverte de 1939 bouleversa nos connaissances des rituels et du mode de vie des Anglo-Saxons. Il comprend un casque et un bouclier, des récipients suspendus celtes, les vestiges d'une lyre, et des bijoux en or et en grenat.

Les salles adjacentes abritent une collection de montres, d'horloges et d'instruments scientifiques, avec une horloge praguoise en forme de galion datant de quatre siècles, qui tanguait, jouait de la musique et tirait même un coup de canon.

Non loin se trouvent les célèbres pièces de jeu d'échecs de Lewis, du XIIe siècle, et une salle présentant divers trésors du baron Ferdinand de Rothschild (1839-1898). La collection moderne comprend des faïences Wedgwood, des livres illustrés, de la verrerie et des assiettes révolutionnaires russes.

Horloge-galion en cuivre doré de la fin du XVIe siècle, Prague

Moyen-Orient

De nombreuses galeries sont consacrées aux collections du Moyen-Orient, qui couvrent 7 000 ans d'histoire. Les pièces les plus célèbres sont les reliefs assyriens du palais du roi Assurbanipal à Ninive, datant du VIIe siècle av. J.-C. On remarquera aussi deux colossales statues de taureaux à tête humaine venant de Khorsabad et datant du VIIe siècle av. J.-C., ainsi qu'un obélisque noir gravé, du roi assyrien Salmanasar III. Les étages supérieurs renferment des pièces du Trésor d'Oxus (enseveli depuis plus de 2000 ans) du Sumer antique, et une collection de tablettes d'argile couvertes de textes en cunéiforme, gravées pour certaines des plus anciens idéogrammes connus (3300 avant J.-C.). On verra également le crâne d'un chasseur décoré de coquillages, vieux de 7 000 ans et découvert à Jéricho dans les années 1950.

Antiquités égyptiennes

Les sculptures égyptiennes se trouvent dans la salle 4. On remarquera un célèbre chat en bronze dont le nez est orné d'un anneau en or, une tête en granit rouge, qui serait celle d'Aménophis III et une statue colossale du roi Ramsès II. Admirez aussi la célèbre pierre de Rosette, qui servit à Jean-François Champollion (1790-1832) pour déchiffrer les hiéroglyphes égyptiens. Une vaste collection de momies, de bijoux et d'art copte est présentée à l'étage supérieur. Les divers instruments utilisés par les embaumeurs pour conserver les corps sont exposés.

Fragment d'une statue en granit représentant Ramsès II, pharaon égyptien du XIIIe siècle av. J.-C.

Grèce et Rome

Cette collection comprend le plus précieux trésor du musée, la frise du Parthénon. Ces reliefs du Vᵉ siècle av. J.-C. faisaient partie d'une frise en marbre qui ornait le temple d'Athéna sur l'Acropole d'Athènes, en grande partie endommagée lors d'une bataille en 1687. La partie préservée fut enlevée entre 1801 et 1804 par Lord Elgin, un diplomate britannique, puis vendue à la Grande-Bretagne. Admirez aussi le monument des Néréïdes, ainsi que les sculptures et les frises du Mausolée d'Halicarnasse. Le magnifique vase de Portland, un camée en verre du Iᵉʳ siècle av. J.-C., se trouve dans la section consacrée à l'Empire romain.

Vase grec illustrant le combat du héros mythologique Hercule avec un taureau

Art d'Orient et d'Extrême-Orient

La collection chinoise est célèbre pour ses belles porcelaines et ses bronzes de la dynastie Shang (v. 1500-1050 av. J.-C.). Les récipients cérémoniels en bronze, aux mystérieuses formes de tête d'animaux, sont saisissants. Parmi les céramiques, on trouve aussi bien de magnifiques bols à thé qu'un bassin miniature. À côté se trouve l'une des plus belles collections de sculptures religieuses asiatiques hors d'Inde, composée de reliefs sculptés illustrant la vie de Bouddha, qui ornaient autrefois les murs du temple bouddhique d'Amarati. La section coréenne abrite plusieurs gigantesques œuvres d'art bouddhique.

L'art islamique est présenté dans la salle 34, avec une étonnante tortue en jade découverte au fond d'une citerne. Les salles 92 à 94 accueillent les galeries japonaises, avec une maison de thé classique et quantité de ravissants netsuke (petites sculptures en ivoire) ornant le hall.

Statue du dieu hindou Shiva Nataraja, également appelé le seigneur de la danse (XIᵉ siècle)

Afrique

Une intéressante collection de sculptures, de textiles et d'art graphique africain est présentée dans la salle 25 du sous-sol. De célèbres bronzes du royaume du Bénin y côtoient des gravures, des peintures et des dessins modernes, ainsi que de nombreux tissus chatoyants.

La Grande Cour (Great Court) et l'ancienne salle de lecture

Projet de 100 millions de livres sterling, la Grande Cour est la contribution du musée aux célébrations du millénaire. Conçue par Sir Norman Foster, elle est construite autour de l'ancienne salle de lecture de la British Library. Protégée par une gigantesque verrière, c'est la première place couverte de Londres. La salle de lecture a retrouvé son état d'origine, permettant aux visiteurs de découvrir l'atmosphère chère à Karl Marx, au Mahatma Gandhi et à George Bernard Shaw. De l'extérieur, elle est à peine reconnaissable, intégrée à une construction à plusieurs niveaux qui soutient en partie le toit, et qui abrite aussi un centre pédagogique, des espaces d'expositions temporaires, des librairies, des cafés et des restaurants. Une partie de la salle est un espace d'étude permettant aux visiteurs de se documenter sur les collections du musée.

Le bâtiment du Midland Grand Hotel, à la gare de St-Pancras

La gare de St-Pancras ❾

Euston Rd NW1. **Plan** 5 B2. *0845 748 4950 (renseignements). King's Cross, St Pancras.* ***Ouvert*** *: t.l.j. de 5 h à 23 h.* *Voir* ***Aller à Londres*** *p. 356-357.*

À l'origine, le plus impressionnant des trois terminus situés sur Euston Road, avec sa façade en brique rouge de style néo-gothique, ne fait pas partie de la gare. L'édifice conçu par Gilbert Scott et inauguré en 1874 était en réalité le Midland Grand Hotel, un luxueux établissement de 250 chambres. En 1890, le premier salon fumeurs réservé aux femmes y ouvre ses portes. De 1935 au début des années 1980, l'immeuble est occupé par des bureaux ; il n'est plus utilisé aujourd'hui et on ignore à quoi il sera destiné. À l'arrière, la verrière de 210 m de long sur 30 m de large, dont l'arc culmine à 75 m, est un exemple des prouesses techniques réalisées à l'époque de la reine Victoria.

Les cariatides de l'église St-Pancras

St Pancras Parish Church ❿

Euston Rd NW1. **Plan** 5 B3. *020-7388 1461. Euston.* ***Visite*** *: horaires variables lun.-ven.(téléphoner pour vérifier). dim. à 10 h.* ***Récitals*** *: mars-sept., le jeu. à 13 h 15.* www.stpancraschurch.org

Cette église de style néoclassique a été conçue en 1822 par William Inwood et son fils Henry, tous deux grands admirateurs de l'architecture grecque. L'Erechthéion de l'Acropole d'Athènes a fortement influencé l'ensemble, jusqu'aux colonnes ioniques qui soutiennent la chaire en bois. L'intérieur, long et étroit, a la sévérité qui sied au style de l'édifice. Les cariatides sculptées pour la façade N. étant un peu trop grandes, il a fallu les raccourcir pour les loger sous la corniche qu'elles étaient censées soutenir.

Woburn Walk ⓫

WC1. **Plan** 5 B4. *Euston, Euston Sq.*

Cette rue bordée de boutiques aux devantures en saillie a été conçue par Thomas Cubitt en 1822 et récemment restaurée. Du côté E., le trottoir surélevé était destiné à protéger les magasins des éclaboussures. Le poète W.B. Yeats a vécu au n° 5 de 1895 à 1919.

Percival David Foundation of Chinese Art ⓬

53 Gordon Sq WC1. **Plan** 5 B4. *020-7387 3909. Russell Sq, Euston Sq, Goodge St.* ***Visite*** *: du lun. au ven. de 10 h 30 à 17 h.* ***Fermé*** *les jours fériés.*

Appréciée des amateurs de porcelaine chinoise, cette fondation présente des objets du Xe au XVIIIe siècle. Percival David fit don de cette magnifique collection, dont la plus grande partie est exceptionnellement préservée, à l'université de Londres en 1950, et elle est gérée par l'École d'études orientales et africaines. Elle comprend une bibliothèque et organise des expositions présentant des objets d'art d'Extrême-Orient.

Vase bleu de la collection David

Fitzroy Square ⓭

W1. **Plan** 4 F4. *Warren St, Great Portland St.*

De ce square édifié en pierre de Portland par Robert Adam en 1794, seuls les côtés S. et E. ont subsisté. Les plaques bleues rendent hommage aux nombreux artistes, écrivains et hommes politiques qui ont vécu dans ces superbes immeubles : George Bernard Shaw et Virginia Woolf, par exemple, ont habité au n° 29, à des époques différentes. En 1913, Shaw aida Roger Fry à créer l'atelier Omega au n° 33. De jeunes artisans et peintres salariés y réalisaient et vendaient meubles, poteries, tapis et peintures dans le style postimpressionniste.

Numéro 29, Fitzroy Square

Fitzroy Tavern ⓮

16 Charlotte St W1. **Plan** 4 F5.
020-7580 3714. *Goodge St.*
Visite** : du lun. au sam. de 11 h à 23 h, midi- 22 h 30 le dim.* *Voir* ***Restaurants et pubs *p. 309-311.*

Un groupe d'écrivains et de peintres, qui se réunissait dans ce pub traditionnel durant l'entre-deux-guerres, décida d'appeler « Fitzrovia » le quartier de Fitzroy Square et de Charlotte Street. Au sous-sol, le « bar des écrivains et des artistes » expose des photographies de ses clients célèbres : Dylan Thomas, George Orwell et Augustus John.

Charlotte Street ⓯

W1. **Plan** 5 A5. *Goodge St.*

Lorsque, au début du XIXe siècle, la haute société quitta Bloomsbury pour s'installer plus à l'O., artistes et immigrants européens affluèrent dans le quartier qui devint une sorte d'annexe de Soho (*p. 98-109*). Le peintre John Constable vécut et travailla pendant plusieurs années au n° 76. Des ateliers se créèrent pour fournir les boutiques de vêtements d'Oxford Street et les magasins de meubles de Tottenham Court Road. D'autres arrivants ouvrirent des restaurants. Bon nombre de ces établissements existent encore aujourd'hui. Depuis 1964, la gigantesque tour de verre et d'acier (180 m) des British Telecom (*p. 30*) domine l'extrémité N. de Charlotte Street.

La tour des British Telecom

Le Pollock's Toy Museum ⓰

1 Scala St W1. **Plan** 5 A5.
020-7636 3452. *Goodge St.*
Visite** : lun.-sam. de 10 h à 17 h.* ***Fermé *les jours fériés.* ***Accès payant.***
www. pollocksweb.co.uk

À la fin du XIXe siècle et au début du XXe siècle, Benjamin Pollock était un fabricant réputé de théâtres de marionnettes. Le romancier Robert Louis Stevenson était un client fidèle de la maison. Le musée, qui comprend une reconstitution de l'atelier de Pollock, a ouvert en 1956. Conçue pour les enfants, sa collection est exposée dans deux maisons du XVIIIe siècle. Les salles renferment des jouets anciens de tous les pays du monde. On y trouve des poupées, des marionnettes, des trains, des voitures, des jeux de construction et une série de superbes maisons de poupées datant de l'ère victorienne. Des spectacles sont organisés pendant les vacances scolaires et des jeux sont prêtés aux enfants pendant leur visite. À la sortie, vous ne résisterez sûrement pas à la tentation de rapporter un jouet acheté dans le magasin.

Un Pearly King et une Pearly Queen (*voir p. 55*). Pollock's Toy Museum

HOLBORN ET LES COLLÈGES D'AVOCATS

Ce quartier est depuis longtemps celui du droit et de la presse. Si le Palais de justice et les collèges d'avocats sont toujours présents, la plupart des quotidiens nationaux ont quitté Fleet Street dans les années 80. Plusieurs édifices sont antérieurs au Grand Feu de 1666 (*p. 22-23*) : Staple Inn, Prince Henry's Room ou Middle Temple Hall, entre autres. Le quartier était autrefois l'un des plus commerçants de la capitale. Ce n'est plus le cas, même si les joailliers et les marchands de diamants de Hatton Garden sont encore là, ainsi que les London Silver Vaults (boutiques d'orfèvres construites sous terre).

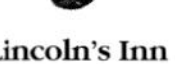

Lincoln's Inn

LE QUARTIER D'UN COUP D'ŒIL

Rues et édifices historiques
Lincoln's Inn 2
Old Curiosity Shop 4
Law Society 5
Royal Courts of Justice 7
Fleet Street 9
Prince Henry's Room 10
Le Temple 11
Dr Johnson's House 14
Holborn Viaduct 16
Hatton Garden 18
Staple Inn 19
Gray's Inn 21

Musée
Sir John Soane's Museum 1

Églises
St Clement Danes 6
St Bride's 12
St Andrew, Holborn 15
St Etheldreda's Chapel 17

Monument
Temple Bar Memorial 8

Parc ou jardin
Lincoln's Inn Fields 3

Pub
Ye Olde Cheshire Cheese 13

Magasin
London Silver Vaults 20

LÉGENDE

- Plan du quartier pas à pas
- Station de métro
- Gare ferroviaire
- Parc de stationnement

COMMENT Y ALLER ?

Le quartier est desservi par les lignes de métro suivantes : Circle, Central, District, Metropolitan et Piccadilly. Parmi les nombreux bus qui sillonnent Holborn, citons les n°s 17, 18, 45, 46, 171, 243 et 259. Des gares ferroviaires se trouvent également dans le quartier.

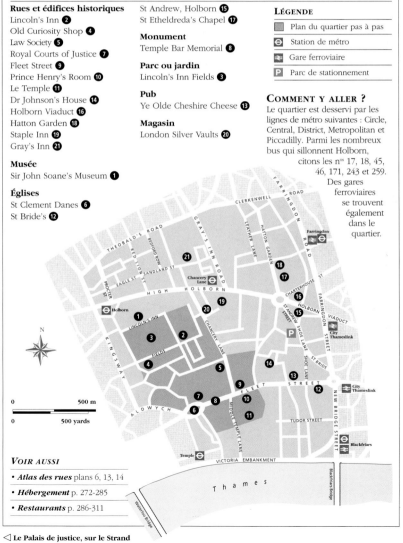

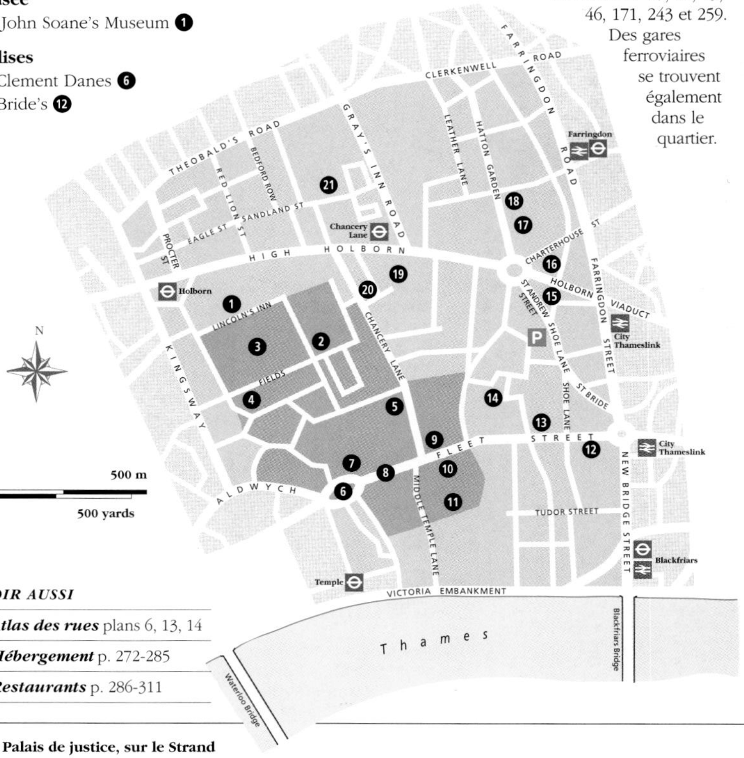

0 500 m
0 500 yards

VOIR AUSSI

• ***Atlas des rues*** plans 6, 13, 14
• ***Hébergement*** p. 272-285
• ***Restaurants*** p. 286-311

◁ **Le Palais de justice, sur le Strand**

Le quartier de Lincoln's Inn pas à pas

Toute l'histoire du droit britannique est concentrée dans ce quartier passionnant. Lincoln's Inn, mitoyen avec le premier square résidentiel de la ville, comprend des édifices de la fin du XVe siècle. On y voit fréquemment des hommes de loi, vêtus de noir et leurs dossiers sous le bras, gagner les collèges d'avocats. Le Temple est à proximité, ainsi que sa célèbre église de forme circulaire, édifiée au XIIIe siècle.

★ Sir John Soane's Museum
Soane a fait bâtir cette maison où il vécut, puis l'a léguée à la nation, avec l'étonnante collection qu'elle contient ❶

Vers Kingsway

★ Lincoln's Inn Fields
L'entrée du square, élevée en 1845, est une imitation du style Tudor ❸

Old Curiosity Shop
L'une des rares constructions du XVIIe siècle à avoir échappé au Grand Feu de Londres est un magasin ❹

Le Royal College of Surgeons a été conçu par Charles Barry, en 1836. Il abrite des laboratoires de recherche et un musée d'Anatomie.

À NE PAS MANQUER

- ★ Sir John Soane's Museum
- ★ Le Temple
- ★ Lincoln's Inn Fields
- ★ Lincoln's Inn

LÉGENDE

– – – – Itinéraire conseillé

0 100 m
0 100 yards

Twinings vend du thé dans cette boutique depuis 1706. L'entrée date de 1787, époque à laquelle le magasin s'appelait le Lion d'or.

La statue de William Gladstone a été érigée en 1905 pour rendre hommage à l'homme politique de l'ère victorienne qui a été quatre fois Premier ministre.

★ Lincoln's Inn
La Court of Chancery siégea ici, dans l'ancien Hall, de 1835 à 1858. Sir John Taylor Coleridge était l'un des juges les plus connus de l'époque ❷

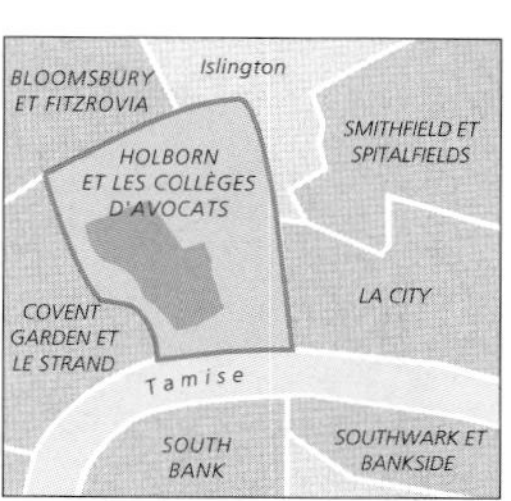

CARTE DE SITUATION
Voir le centre de Londres p. 12-13

Royal Courts of Justice
Le principal palais de justice du pays pour les procès civils et les appels a été construit en 1882, avec des briques habillées de pierre de Portland ❼

Law Society
Ne pas manquer les lions dorés sur la grille de ce superbe édifice ❺

Fleet Street
Pendant près de deux siècles, cette rue fut le centre nerveux de la presse nationale. Aujourd'hui, la plupart des quotidiens ont déménagé ❾

El Vino's est un bar à vin réputé où se côtoient journalistes et hommes de loi.

Prince Henry's Room
La chambre du fils de Jacques Ier, le prince Henri, se trouve dans l'une des entrées du Temple ❿

St Clement Danes *Conçue par Wren en 1679, c'est l'église de la Royal Air Force* ❻

Temple Bar Memorial
Un dragon de bronze indique l'emplacement de la porte monumentale qui marquait la limite de la City ❽

★ Le Temple
Il fut construit au XIIIe siècle pour les templiers et abrite aujourd'hui deux des quatre collèges d'avocats ⓫

Avocats perruqués s'apprêtant à gagner leur étude, à Lincoln's Inn

Lincoln's Inn ❷

WC2. **Plan** 14 D1. *020-7405 6360.*
Holborn, Chancery Lane.
Jardins ouverts *: 7 h à 19 h lun.-ven..*
Chapelle ouverte *: 12 h 30 à 14 h lun.-ven.* ***Hall*** *: fermé au public.*
jardins uniquement.

Certains des édifices de Lincoln's Inn – le mieux préservé des collèges d'avocats londoniens – datent de la fin du XVe siècle. Les armoiries de l'entrée monumentale, située sur Chancery Lane, remontent à Henri VIII et la lourde porte en chêne est de la même période. On raconte que Ben Jonson, un contemporain de Shakespeare, aurait posé quelques-unes des briques de Lincoln's Inn durant le règne d'Élisabeth Ire. La chapelle gothique date du début du XVIIe siècle. Les femmes ne purent y être enterrées qu'à partir de 1839. Lord Brougham demanda en effet à ce que la règle soit modifiée, pour qu'à son décès, sa fille puisse le rejoindre dans la sépulture de la chapelle.

Lincoln's Inn a eu des élèves célèbres : Oliver Cromwell, John Donne, le poète du

Sir John Soane's Museum ❶

13 Lincoln's Inn Fields WC2.
Plan 14 D1. *020-7405 2107.*
Holborn. ***Visite*** *: mar.-sam. de 10 h à 17 h, 1er mar. du mois de 18 h à 21 h.*
Fermé *: 24-26 déc., 1er janv., Pâques, jours fériés.* *sam. à 14 h 30.*
rez-de-chaussée uniquement.
www.soane.org

Cette maison, léguée à la nation par sir John Soane en 1837 abrite l'un des musées les plus étonnants de Londres. Fils de maçon, Soane fut l'un des meilleurs architectes britanniques du XIXe siècle. On lui doit notamment la construction de la Bank of England. Après avoir épousé la nièce d'un riche promoteur qui lui laissa sa fortune, il acheta et reconstruisit le no 12 Lincoln's Inn Fields. En 1813, il emménagea au no 13 et, en 1824, reconstruisit le no 14. Aujourd'hui, selon le vœu de Soane, les collections – une multitude d'objets rares, étranges et souvent instructifs – sont dans l'état où il les laissa.

L'édifice en lui-même est surprenant : dans la salle principale du rez-de-chaussée, tendue de vert et rouge, des miroirs habilement disposés créent des effets d'optique. À l'étage, la salle des peintures est tapissée de panneaux mobiles sur lesquels sont accrochés les tableaux. D'autres parois s'ouvrent sur des salles annexes. On pourra également voir des plans de Soane, notamment ceux du Pitshanger Manor (*p. 258*) et de la Bank of England (*p. 147*). S'y trouvent aussi les suites de Hogarth, la *Vie du libertin* (*Rake's Progress*).

Un dôme vitré laisse filtrer la lumière jusqu'au sous-sol en éclairant des murs couverts de bustes classiques.

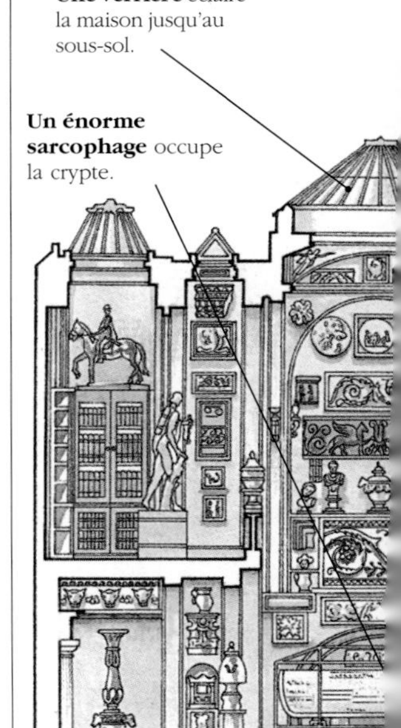

Une verrière éclaire la maison jusqu'au sous-sol.
Un énorme sarcophage occupe la crypte.

XVIIe siècle, et William Penn, le fondateur de l'État de Pennsylvanie, y ont étudié.

Lincoln's Inn Fields ❸

WC2. **Plan** 14 D1. ⊖ *Holborn.* ***Visite*** *: t.l.j. de l'aube au crépuscule.* ***Courts de tennis.*** ☎ *020-7242 1626 (pour réserver).*

Ce square fut le théâtre de plusieurs exécutions publiques. Sous le règne des Tudors et des Stuarts, de nombreux martyrs et autres personnes soupçonnées de trahison envers la Couronne y trouvèrent la mort.

Dans les années 1640, lorsque William Newton décida de commencer à y construire des bâtiments, les étudiants et les riverains lui imposèrent de conserver le jardin public situé au centre du terrain. Grâce à ce véritable « lobby » écolo, les hommes de loi peuvent encore y jouer au tennis ou consulter leurs dossiers en plein air. Depuis quelques années dans ce lieu, le soir, on distribue de la soupe aux sans-abri.

L'enseigne de l'Old Curiosity Shop

Old Curiosity Shop ❹

13-14 Portsmouth St WC2. **Plan** 14 D1. ⊖ *Holborn.*

Qu'il s'agisse ou non du magasin qui a inspiré à Charles Dickens le roman du même nom, l'immeuble est bien du XVIIe siècle. Par ailleurs, c'est certainement la plus ancienne boutique du centre de Londres et, avec son premier étage qui surplombe la rue, elle permet d'imaginer le quartier avant le Grand Feu de 1666. Les locaux sont occupés aujourd'hui par un magasin de chaussures. Classé monument historique, le bâtiment sera préservé dans le futur.

Law Society ❺

113 Chancery Lane WC2. **Plan** 14 E1. ☎ *020-7242 1222.* ***Fermé*** *au public.*

L'architecture du siège du collège des conseillers juridiques est une des plus intéressantes de ce quartier. La partie principale, dominée par quatre colonnes ioniques, fut achevée en 1832. Plus surprenante, l'aile nord est une des premières réalisations de Charles Holden, membre du mouvement Arts and Crafts, qui fut plus tard un des designers renommés des stations du métro de Londres. Les quatre figures assises des fenêtres représentent la Vérité, la Justice, la Liberté, et la Miséricorde.
Le bâtiment est situé à l'angle de Carey Street, dont le nom, détourné en « Queer Street », a donné lieu à l'expression *to be in Queer Street* qui signifie « être dans une situation financière délicate ».

Pas un centimètre carré qui ne soit occupé par un objet de l'immense collection de Soane.

Dans la salle des peintures, les parois mobiles multiplient l'espace disponible pour suspendre les tableaux.

Le Parloir du moine conserve plusieurs objets d'art de style gothique.

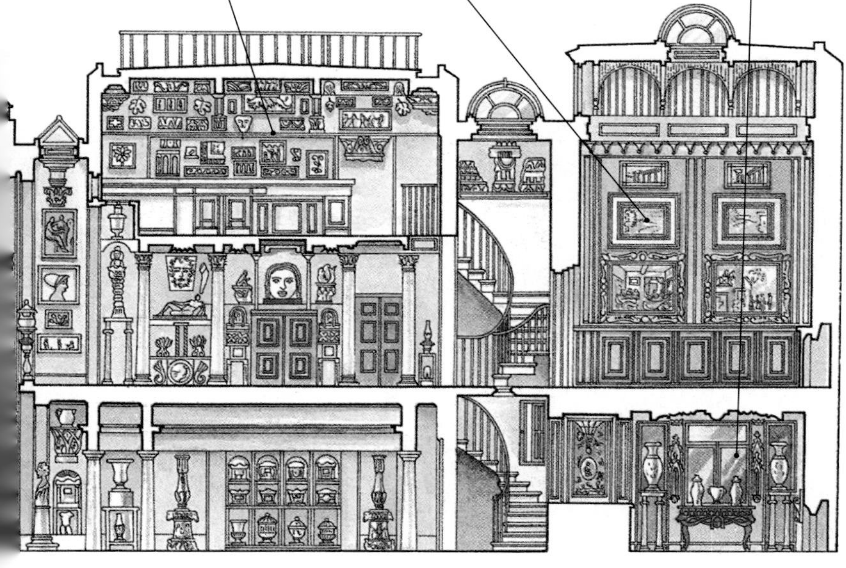

St Clement Danes ❻

Strand WC2. **Plan** 14 D2.
020-7242 8282. *Temple.*
***Ouvert** 9 h -16 h lun. -ven., 9 h 30-15 h sam.-dim.* ***Fermé** midi 25-27 déc.*
dim. à 11 h. Voir ***Cérémonies à Londres*** *p. 55.*

Christopher Wren a conçu cette magnifique église en 1680. Elle doit son nom à celle qui avait été construite au IXe siècle, au même emplacement, par les descendants des envahisseurs danois. Entre le XVIIe et le XIXe siècle, de nombreuses personnalités furent enterrées dans la crypte. La chaîne, scellée à l'une de ses parois, était probablement utilisée pour éviter que les cadavres ne soient dérobés et vendus aux laboratoires des hôpitaux. Le bâtiment est aujourd'hui l'église de la Royal Air Force. Sa décoration intérieure conserve de nombreux symboles et monuments lui rendant hommage.

L'horloge du Palais de justice

À l'extérieur, à l'E., on remarquera une statue (1910) de Samuel Johnson (*p. 140*) qui, au XVIIIe siècle, assistait régulièrement aux offices. Du lundi au samedi, à 9 h, 12 h, 15 h et 18 h, les cloches égrènent les notes de la comptine *Oranges et Citrons* et, une fois par an, les enfants du quartier reçoivent un citron et une orange.

Le griffon, symbole de la City, sur Temple Bar

Royal Courts of Justice (Palais de justice) ❼

Strand WC2. **Plan** 14 D2.
020-7947 6000. *Holborn, Temple, Chancery Lane.* ***Visite** : lun.-ven. de 9 h 30 à 16 h 30.* ***Fermé** : jours fériés.* *Accès limité.*

Le bâtiment, de style néo-gothique, a été achevé en 1882. Immense et tentaculaire, il comprendrait 1 000 pièces et 5,6 km de corridors. Des manifestants et des caméras de télévision sont souvent postés à l'extérieur, dans l'attente des résultats des délibérations lors de certains procès particulièrement polémiques. Principal Palais de justice du pays pour les procès civils, il est compétent en matière de divorce, de diffamation, de responsabilité civile et d'appels. Les audiences sont publiques et des informations sont affichées sur les procès en cours dans les différents tribunaux. Les affaires pénales sont, elles, du ressort de l'Old Bailey, situé à proximité (*p. 147*).

Temple Bar Memorial ❽

Fleet St EC4. **Plan** 14 D2.
Holborn, Temple, Chancery Lane.

Le monument qui se dresse au milieu de Fleet Street, devant le Palais de justice, date de 1880. Il indique l'entrée de la City et, lors des cérémonies officielles, le monarque doit s'y arrêter et demander au lord-maire la permission d'entrer. Temple Bar, la porte monumentale édifiée par Christopher Wren, se trouvait à cet emplacement. Elle est représentée sur l'un des quatre bas-reliefs qui ornent la base du monument actuel.

Fleet Street ❾

EC4. **Plan** 14 E1. *Temple, Blackfriars, St Paul's.*

Le premier imprimeur à s'installer ici à la fin du XVe siècle avait été l'associé du fameux William Caxton. Depuis, Fleet Street est

Gravure de William Capon représentant Fleet Street en 1799

le royaume de la presse et de l'imprimerie. Shakespeare et Ben Jonson ont été des clients célèbres de la Mitre Tavern, qui se trouvait au n° 37. En 1702, le premier quotidien, *The Daily Courant*, prit son essor à Fleet Street. À mi-chemin entre la City et Westminster, il était bien placé pour recevoir le maximum d'informations. La rue ne tarda pas à devenir le centre vital de la presse.

En 1987, les rotatives situées dans les sous-sols ont été abandonnées : il est beaucoup plus facile de fabriquer les journaux à la périphérie de Londres, à Wapping ou dans les Docklands, par exemple. Aujourd'hui, les quotidiens ont quitté Fleet Street et seules les agences Reuter et Press Association sont restées fidèles au quartier. El Vino's, situé à l'extrémité O., en face de Fetter Lane, est un bar à vin fréquenté par des journalistes et des hommes de loi.

Gisants de chevaliers, Temple Church

Prince Henry's Room ⑩

17 Fleet St EC4. **Plan** 14 E1. *020-7936 2710. Temple, Chancery Lane.* ***Ouvert*** *: 11 h -14 h lun.-sam.* ***Fermé*** *: jours fériés.*

Cette chambre, qui faisait partie d'une taverne de Fleet Street construite en 1610, abrite une exposition sur Samuel Pepys. Elle doit son nom aux armoiries du prince de Galles et aux initiales PH qui ornent le centre de son plafond. Elles y ont probablement été inscrites lorsque Henri, fils de Jacques Ier, est devenu prince de Galles. La façade à pans de bois et l'entrée du Temple sont d'époque, ainsi que certaines boiseries de la chambre.

Temple Church ⑪

Inner Temple, King's Bench Walk EC4. **Plan** 14 E2. *020-7797 8250. Temple.* ***Ouvert*** *: 10 h- 16 h. lun. ven. (seul. r.d.c.)*
Middle Temple Hall, Middle Temple Lane EC4. **Plan** 14 E2. *020-7427 4800. Temple.* ***Ouvert*** *: 10 h- 11 h 30, 15 h-16 h lun. ven.* ***Fermé*** *lors des réceptions.*

Le Temple abrite deux des quatre collèges d'avocats, Middle Temple et Inner Temple, les deux autres étant Lincoln's et Gray's Inn (*p. 136 et p. 141*). Son nom rappelle les Templiers, ordre à la fois militaire et religieux chargé d'assurer la protection des Lieux saints et des routes de pèlerinage. La maison londonienne du Temple s'installa à cet endroit en 1185. En 1312, son pouvoir étant jugé dangereux, l'Ordre fut supprimé par la Couronne. Des rites d'initiation avaient probablement lieu en secret dans la crypte de Temple Church. La nef abrite des gisants de chevaliers (XIIe-XIIIe siècles).

On visitera également Middle Temple Hall, dont l'intérieur élisabéthain a subsisté. *La Nuit des rois*, de Shakespeare, y a été représentée en 1601. Derrière le Temple, de grandes pelouses s'étendent jusqu'au bord de la Tamise.

St Bride's ⑫

Fleet St EC4. **Plan** 14 F2. *020-7353 1301. Blackfriars, St Paul's.* ***Ouvert*** *8 h -16 h 45 lun.-ven. (der. ent. : 16 h 30), 9 h-16 h 30 sam., 9 h 30-12 h 30 et 17 h 30-19 h 30 dim.* ***Fermé*** *: jours fériés. dim. à 11 h 30.* ***Concerts*** *13 h mar. et ven.*

St Bride's, l'église de la presse

St Bride's (1703) fut l'une des églises préférées de Christopher Wren. Du fait de son emplacement, à proximité de Fleet Street, elle ne tarda pas à devenir l'église de la presse. Des plaques y rendent hommage à des journalistes et à des imprimeurs célèbres.

On remarquera son superbe clocher constitué d'éléments octogonaux superposés. Après les bombardements de 1940, l'intérieur a été scrupuleusement restauré. La crypte contient des vestiges d'anciennes églises élevées sur le même site, ainsi que des pavements d'époque romaine.

Ye Olde Cheshire Cheese ⓭

145 Fleet St EC4. **Plan** 14 E1. *020-7353 6170.* *Blackfriars.* ***Ouvert*** *11 h 30-23 h lun.-ven., midi-15 h et 17 h 30-23 h sam, midi-15 h dim.* *Voir* ***Restaurants et pubs*** *p. 309-311.*

Cela fait des siècles qu'il y a une auberge à cet emplacement. Une partie du bâtiment remonte à 1667, quand le pub Cheshire Cheese fut reconstruit après le Grand Feu de Londres. Au XVIIe siècle, Samuel Pepys s'y rendait régulièrement, mais c'est surtout Samuel Johnson qui, au XIXe siècle, en fit un véritable salon littéraire. Les romanciers Mark Twain et Charles Dickens comptaient parmi les clients célèbres de l'établissement.

Aujourd'hui, le Cheshire Cheese est l'un des rares pubs de la capitale à avoir conservé sa décoration et son ameublement du XVIIIe siècle : petites pièces, cheminées et bancs.

Dr Johnson's House ⓮

17 Gough Sq EC4. **Plan** 14 E1. *020-7353 3745.* *Blackfriars, Chancery Lane, Temple.* ***Ouvert*** *: avr.-sept. : 11 h à 17 h 30 lun.-sam. ; oct.-mars : 11 h-17 h lun.-sam.* ***Fermé*** *: jours fériés.* ***Accès payant.*** *autorisées, faible droit.* *pour les groupes plus de 10, téléphoner.* www.drjh.dircon.co.uk

L'œuvre de l'écrivain Samuel Johnson (1708-1784) a eu sur la littérature anglaise une profonde influence. Son ami Boswell l'a souligné dans une remarquable biographie. Johnson a habité dans cette maison de 1748 à 1759. Dans le grenier, il a travaillé, avec six aides, à la réalisation du célèbre *Dictionnaire de la langue anglaise* (publié en 1755).

La maison, dont la construction est antérieure à 1700, possède quelques meubles du XVIIIe siècle et quantité d'objets ayant appartenu à Johnson ou datant de son époque. On remarquera, par exemple, le service à thé de son amie Mme Thrale, ou les portraits de l'écrivain et de ses contemporains.

Une élève de St Andrew, XIXe siècle

L'intérieur de la maison de Samuel Johnson

St Andrew, Holborn ⓯

Holborn Circus EC4. **Plan** 14 E1. *020-7583 7394.* *Chancery Lane.* ***Ouvert*** *: 9 h-16 h 30 lun.-ven.*

Cette église médiévale échappa au Grand Feu de 1666. En 1686, il fut demandé à Christopher Wren de la modifier, et seule la base du clocher fut conservée. L'édifice, l'un des plus vastes conçus par Wren, a été dévasté par les bombardements de la dernière guerre, mais soigneusement restauré. St Andrew est l'église des corporations des corps de métier. Benjamin Disraeli, Premier ministre issu d'une famille juive, y a été baptisé en 1817, à l'âge de 12 ans. Au XIXe siècle, un orphelinat fut rattaché à l'église.

Holborn Viaduct ⓰

EC1. **Plan** 14 F1. *Farringdon, St Paul's, Chancery Lane..*

Armoiries sur le viaduc d'Holborn

Cet ouvrage d'art de l'ère victorienne a été réalisé dans les années 1860. À l'intérieur, des tours angulaires et des escaliers relient le viaduc à Farringdon Street, en contrebas. On admirera les statues représentant les héros de la City et les reliefs en bronze évoquant le Commerce, l'Agriculture, la Science et les Beaux-Arts.

St Etheldreda's Chapel ⓱

14 Ely Place EC1. **Plan** 6 E5. *020-7405 1061.* *Chancery Lane, Farringdon.* ***Visite*** *: t.l.j. de 8 h à 18 h 30.* *11 h 30-14 h 30 lun.-ven.*

La chapelle et la crypte d'Ely Place, où vécurent les évêques d'Ely jusqu'à la Réforme, datent des XIIIe et XIVe siècles. St Etheldreda fut ensuite acquise par Christopher Hatton, un courtisan élisabéthain. Ses descendants démolirent le palais mais conservèrent la chapelle qu'ils transformèrent en église protestante. Elle changea plusieurs fois de propriétaire et est redevenue depuis 1874 un lieu de culte catholique.

Hatton Garden ⓲

EC1. **Plan** 6 E5. *Chancery Lane, Farringdon.*

Bâti sur les anciens jardins de Hatton House, ce quartier est celui du diamant et des bijoux. Les pierres précieuses, quelconques ou inestimables, y sont vendues dans une multitude de petits magasins aux devantures étincelantes, et jusque sur les trottoirs. L'un des derniers prêteurs sur gages de la capitale est installé ici. On reconnaît son établissement aux trois boules de cuivre fixées au-dessus de la porte.

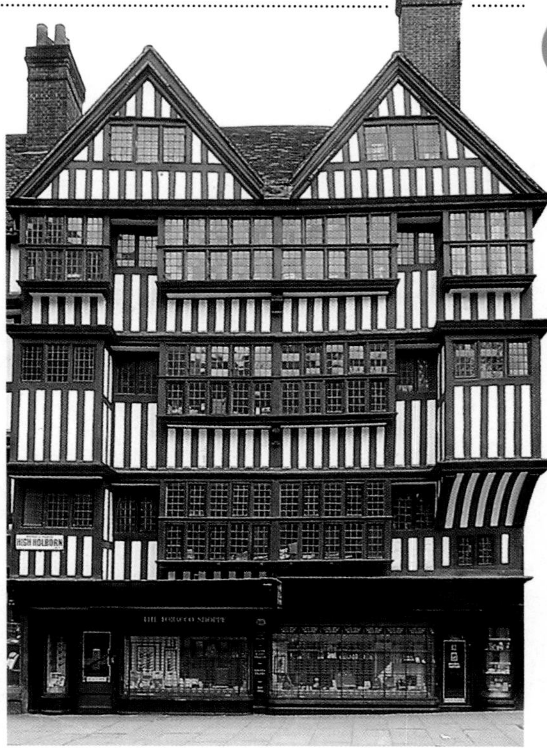

Staple Inn, édifié en 1586

Staple Inn ⓳

Holborn WC1. **Plan** 14 E1. *Chancery Lane.* ***Accès à la cour*** *: lun.-ven. de 9 h à 17 h*

Cet ancien marché aux laines possède l'unique façade à colombages élisabéthaine du centre de Londres. Bien qu'elle ait été largement restaurée, elle ressemble encore à celle construite en 1586. Au rez-de-chaussée, les magasins ont conservé l'atmosphère du XIXe siècle et, dans la cour, quelques bâtiments du XVIIIe siècle ont subsisté.

London Silver Vaults ⓴

53-64 Chancery Lane WC2. **Plan** 14 D1. *Chancery Lane. Voir* ***Boutiques et marchés*** *p. 322-325.*

La Caisse des coffres et des dépôts, fondée en 1885, est à l'origine de la création des London Silver Vaults. Un escalier mène à des portes d'acier derrière lesquelles se trouvent de nombreuses boutiques d'orfèvres, construites comme les coffres souterrains des banques. Les orfèvres de Londres, qui ont connu leur période la plus faste à l'ère georgienne, sont réputés depuis des siècles. Les plus beaux objets coûtent plusieurs milliers de livres sterling, mais la plupart des magasins proposent aussi des pièces à des prix plus abordables.

Cafetière (1716), Silver Vaults

Gray's Inn ㉑

Gray's Inn Rd WC1. **Plan** 6 D5. *020-7458 7800. Chancery Lane, Holborn.* ***Jardins ouverts*** *6 h-minuit t.l.j. demander la permission.*

Fondé en 1391, Gray's Inn est l'un des quatre collèges d'avocats de la City. Comme la plupart des édifices du quartier, il a été sérieusement endommagé lors des bombardements de la dernière guerre. Il a toutefois été soigneusement restauré. Le jubé en bois sculpté date du XVIe siècle. *La Comédie des erreurs*, de Shakespeare, a été représentée dans le hall en 1594. Plus récemment, en 1827-1828, le jeune Dickens y fut employé comme clerc. Aujourd'hui, les jardins, où eurent lieu jadis de nombreux duels, constituent un cadre agréable pour un pique-nique. Il y règne un calme caractéristique des quatre collèges d'avocats. Les édifices ne peuvent être visités que sur autorisation spéciale.

LA CITY

À Londres, le centre des affaires s'élève sur le site conquis par les Romains au premier siècle de notre ère. La physionomie de la City of London, communément appelée la City, a été marquée par le Grand Feu de 1666 puis par la Seconde Guerre mondiale (*p. 24-25 et 31*). Aujourd'hui, des édifices contemporains côtoient des banques aux vestibules ornés de colonnes. La sévérité des constructions de l'ère victorienne rappelle l'austérité des édifices religieux de Christopher Wren, et contraste avec la modernité des gratte-ciel étincelants. Théâtre d'une activité fébrile pendant la journée, le quartier ne compte plus que quelques habitants. Seules les églises témoignent de l'époque où la City était un quartier résidentiel recherché.

Enseigne de banque, sur Lombard Street

LE QUARTIER D'UN COUP D'ŒIL

Rues et édifices historiques
- Mansion House ❶
- Royal Exchange ❸
- Old Bailey ❼
- Maison des Apothicaires ❽
- Maison des Poissonniers ❾
- *Tour de Londres p. 154-157* ⓰
- Tower Bridge ⓱
- Stock Exchange ⓳
- Lloyd's of London ㉓

Musées et galeries
- Bank of England Museum ❹
- Guildhall Art Gallery ㉔

Marchés
- Billingsgate ⓬
- Leadenhall ㉒

Monument
- Le Monument ⓫

Églises et cathédrales
- St Stephen Walbrook ❷
- St Mary-le-Bow ❺
- *St Paul's Cathedral p. 148-151* ❻
- St Magnus-the-Martyr ❿
- St Mary-at-Hill ⓭
- St Margaret Pattens ⓮
- All Hallows-by-the-Tower ⓯
- St Helen's Bishopsgate ⓴
- St Katharine Cree ㉑

Dock
- St Katharine's Dock ⓲

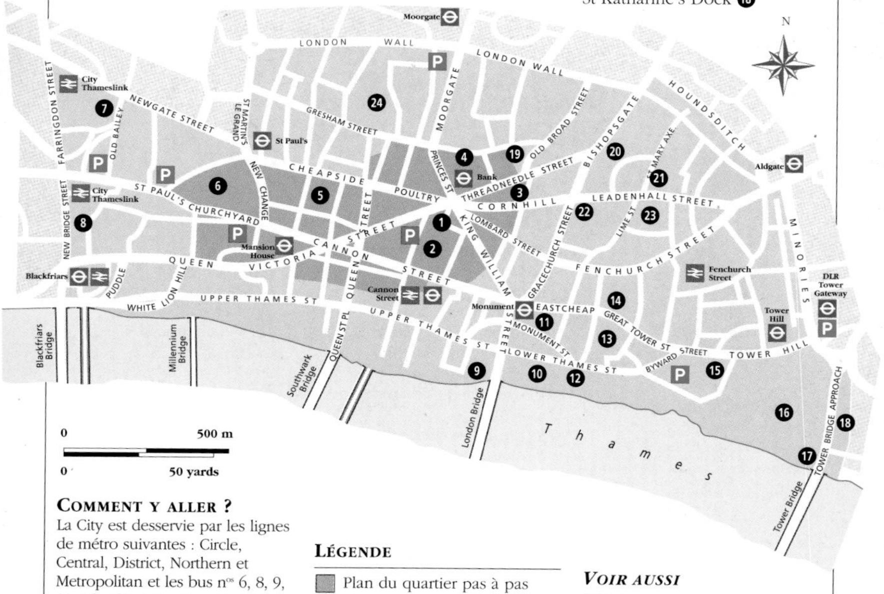

COMMENT Y ALLER ?

La City est desservie par les lignes de métro suivantes : Circle, Central, District, Northern et Metropolitan et les bus n°s 6, 8, 9, 11, 15, 15B, 22B, 25, 133 et 501. Il est également possible de s'y rendre en vedette fluviale ou d'y accéder en train par les nombreuses gares ferroviaires.

LÉGENDE

- Plan du quartier pas à pas
- Station de métro
- Gare ferroviaire
- Parc de stationnement

VOIR AUSSI

- ***Atlas des rues*** plans 14, 15, 16
- ***Hébergement*** p. 272-285
- ***Restaurants*** p. 286-311

◁ **Le jour se lève sur la City : la cathédrale St-Paul et l'ancienne tour de la NatWest (1980) sur la gauche.**

La City pas à pas

Centre des affaires de la capitale, la City abrite d'importantes institutions financières, comme la Bourse des valeurs ou la Banque d'Angleterre. Ces édifices pompeux des XIXe et XXe siècles tranchent nettement avec les églises de Christopher Wren. Une promenade dans la City permet d'en voir un grand nombre car, après le Grand Feu de 1666, Wren n'en reconstruisit pas moins de 52 ! Nombre de ces églises témoignent aujourd'hui du génie du plus grand (et du plus prolifique) architecte du pays.

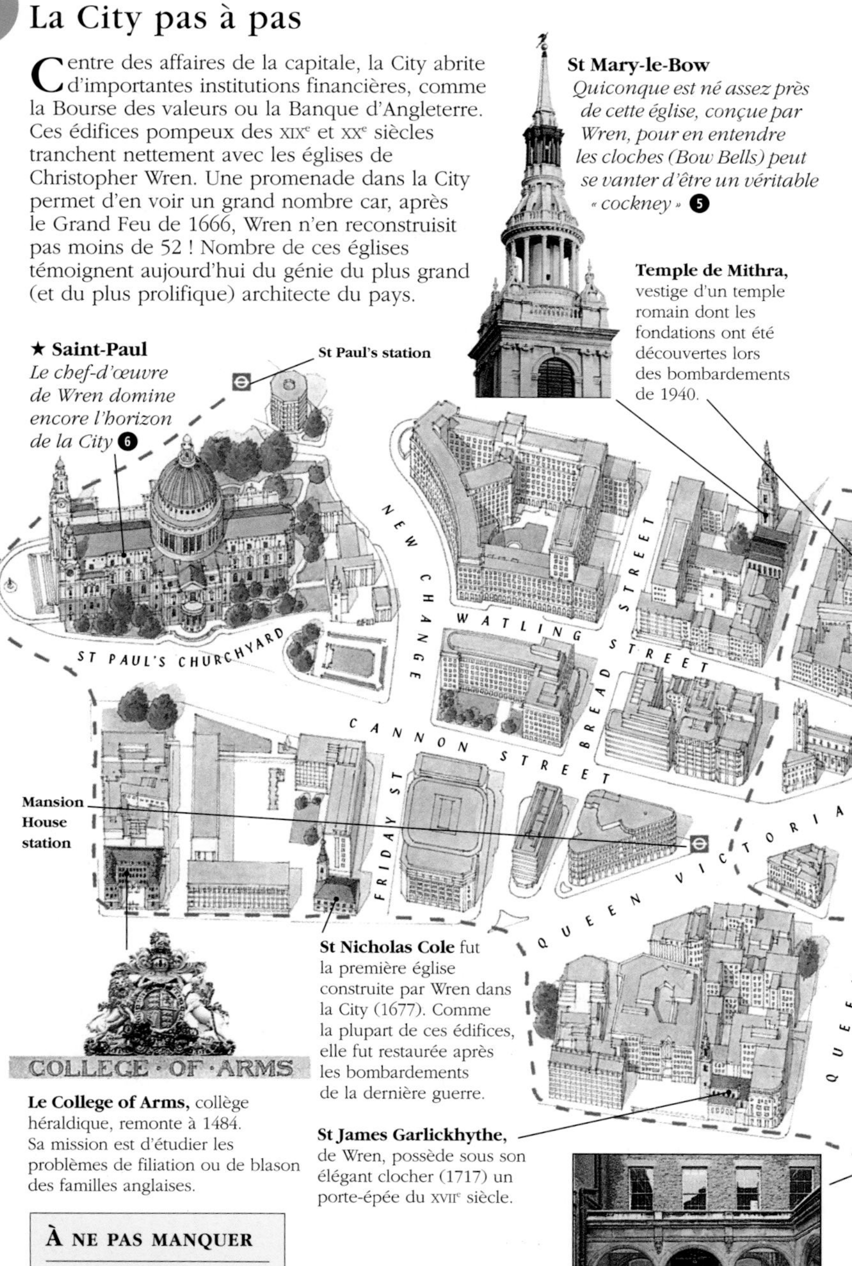

St Mary-le-Bow *Quiconque est né assez près de cette église, conçue par Wren, pour en entendre les cloches (Bow Bells) peut se vanter d'être un véritable « cockney »* ❺

Temple de Mithra, vestige d'un temple romain dont les fondations ont été découvertes lors des bombardements de 1940.

★ Saint-Paul *Le chef-d'œuvre de Wren domine encore l'horizon de la City* ❻

St Paul's station

Mansion House station

St Nicholas Cole fut la première église construite par Wren dans la City (1677). Comme la plupart de ces édifices, elle fut restaurée après les bombardements de la dernière guerre.

Le College of Arms, collège héraldique, remonte à 1484. Sa mission est d'étudier les problèmes de filiation ou de blason des familles anglaises.

St James Garlickhythe, de Wren, possède sous son élégant clocher (1717) un porte-épée du XVIIe siècle.

Skinners' Hall, de la fin du XVIIIe siècle, est l'édifice qui abritait la corporation des pelletiers.

À NE PAS MANQUER

- ★ **Saint-Paul**
- ★ **St Stephen Walbrook**
- ★ **Le musée de la Banque d'Angleterre**

LÉGENDE

- - - - Itinéraire conseillé

0 100 m

0 100 yards

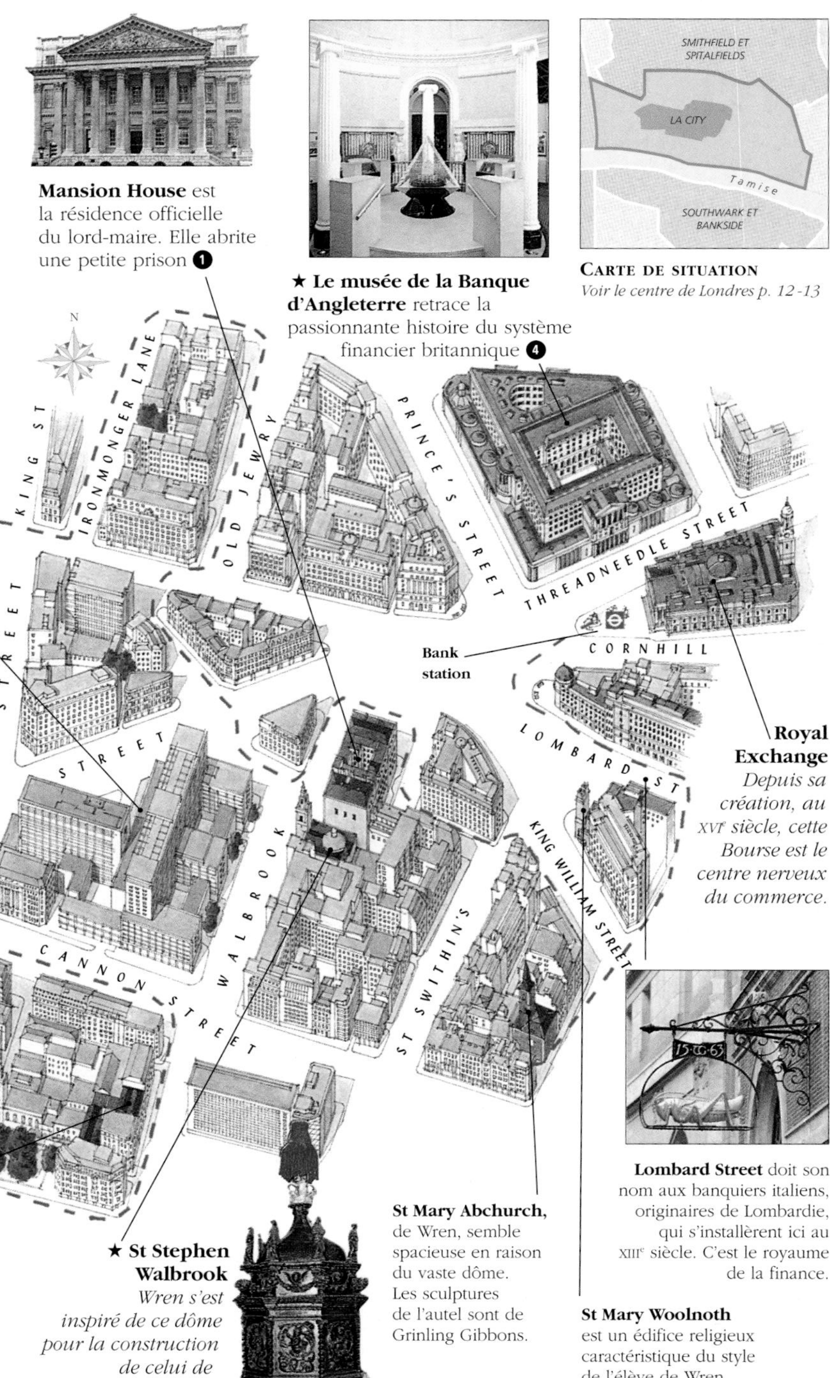

Mansion House est la résidence officielle du lord-maire. Elle abrite une petite prison ❶

★ **Le musée de la Banque d'Angleterre** retrace la passionnante histoire du système financier britannique ❹

Carte de situation
Voir le centre de Londres p. 12-13

Bank station

Royal Exchange
Depuis sa création, au XVIe siècle, cette Bourse est le centre nerveux du commerce.

Lombard Street doit son nom aux banquiers italiens, originaires de Lombardie, qui s'installèrent ici au XIIIe siècle. C'est le royaume de la finance.

St Mary Abchurch, de Wren, semble spacieuse en raison du vaste dôme. Les sculptures de l'autel sont de Grinling Gibbons.

St Mary Woolnoth est un édifice religieux caractéristique du style de l'élève de Wren, Nicholas Hawksmoor.

★ **St Stephen Walbrook**
Wren s'est inspiré de ce dôme pour la construction de celui de Saint-Paul ❷

Mansion House ❶

Walbrook EC4. **Plan** 15 B2 ☎ *020-7626 2500.* ⊖ *Bank, Mansion House.* ***Ouvert*** *aux visites de groupe. uniquement sur r.-v. (téléphoner).* 🅦 www.cityoflondon.go.uk

La résidence officielle du lord-maire, dont les plans sont exposés dans le musée de Sir John Soane (*p. 136-137*), a été conçue par George Dance l'Aîné en 1753. La façade néopalladienne, ornée de grandes colonnes corinthiennes, est une des plus familières de la City. Les appartements du lord-maire et les salons de réception sont richement ornés et meublés. Le hall égyptien, avec ses dimensions impressionnantes (27 m sur 18) est décoré de majestueuses colonnes cannelées. Dans les sous-sols se trouvent dix cellules pour hommes et une pour femmes – la cage d'oiseau – où fut enfermée la suffragette Emmeline Pankhurst. Durant son mandat d'un an, le lord-maire est également le premier magistrat de la City.

Le hall égyptien de Mansion House

St Stephen Walbrook ❷

39 Walbrook EC4. **Plan** 15 B2. ☎ *020-7626 8242.* ⊖ *Bank, Cannon St.* ***Ouvert*** *10 h-16 h lun.-jeu. , 10 h-15 h ven.* ✝ *12 h 45 jeu., messe chantée* 📷 ***Concerts d'orgue*** *ven.*

L'église paroissiale du lord-maire a été construite par Wren de 1672 à 1679. Elle est considérée comme l'une des plus belles églises dessinées par Wren pour la City (*p. 47*). La coupole à caissons, surmontée d'une lanterne, annonce celle de Saint-Paul. Lumineux et aéré, l'intérieur, divisé par quatre rangées de colonnes, contraste avec le dépouillement de l'extérieur.

Le dais de la chaire est finement ouvragé. Quant à l'autel, une énorme pierre blanche, il a été sculpté par Henry Moore (1987).

Cependant, le « monument » qui est probablement le plus émouvant de l'église est un simple téléphone. Il rend hommage au recteur Chad Varah qui, en 1953, forma une équipe de bénévoles pour venir en aide, par téléphone, aux personnes désespérées.

Le Martyre de saint Étienne, accroché sur le mur N. de l'église, est une œuvre d'un peintre américain, Benjamin West, devenu académicien (*p. 90*) en 1768.

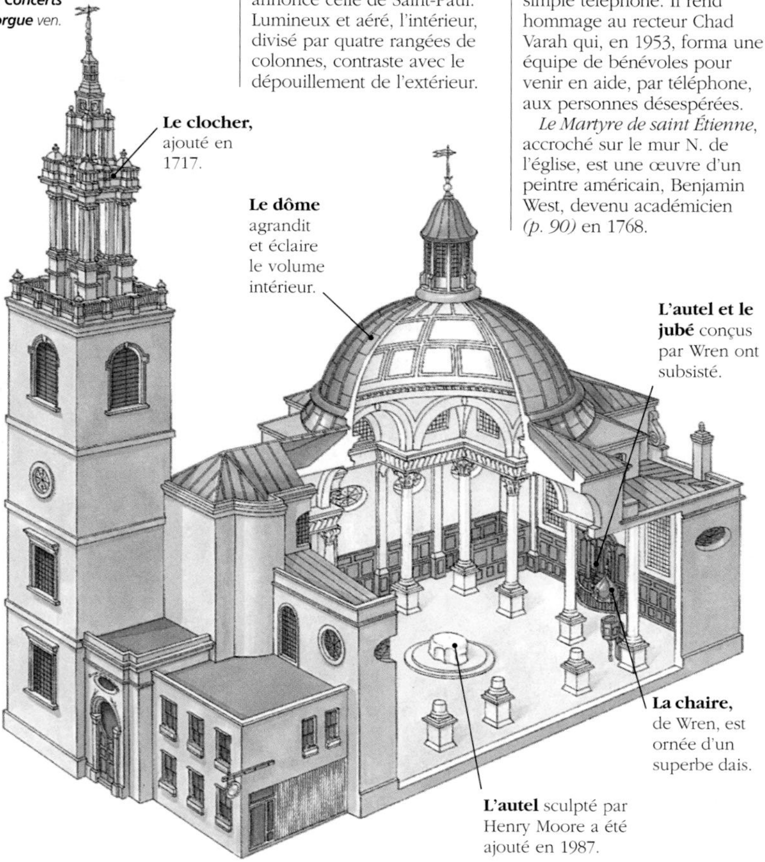

Le clocher, ajouté en 1717.

Le dôme agrandit et éclaire le volume intérieur.

L'autel et le jubé conçus par Wren ont subsisté.

La chaire, de Wren, est ornée d'un superbe dais.

L'autel sculpté par Henry Moore a été ajouté en 1987.

Royal Exchange ❸

EC3. **Plan** 15 C2. *020-7623 0444. Bank.* ***Fermé*** *au public.*

Thomas Gresham (1519-1579), riche marchand mercier, fut le promoteur, en 1565, de la première bourse de Londres. Cet édifice se trouvait au centre d'une vaste cour où les marchands faisaient affaire. Elisabeth Ire, venue l'inaugurer, lui donna ses lettres de noblesse : la bourse devint officiellement le Royal Exchange. Le bâtiment actuel, le troisième construit sur cet emplacement, fut inauguré en 1844 par la reine Victoria.

Les premières toilettes publiques de Grande-Bretagne (pour hommes uniquement), furent construites devant le Royal Exchange en 1855.

La façade du Royal Exchange, construit par William Tite en 1844

Le musée de la Banque d'Angleterre ❹

Bartholomew Lane EC2. **Plan** 15 B1. *020-7601 5545.* *0171-601 5792. Bank.* ***Ouvert*** *10 h-17 h lun.-ven.* ***Fermé*** *les jours fériés.* *téléphoner pour organiser.* ***Films, conférences.***

Statue équestre de Wellington (1884), en face de la Banque d'Angleterre

Fondée en 1694, la Banque d'Angleterre avait pour mission de réunir l'argent nécessaire à la guerre contre la France. La banque conserve aujourd'hui les réserves monétaires du pays et le département « émission » a la charge de frapper la monnaie.

John Soane fut l'architecte du bâtiment élevé sur ce site en 1788, mais seuls les murs extérieurs de son projet ont subsisté. Le reste fut détruit dans les années 1920 et 1930 lorsque la banque fut agrandie. Le Stock Office (1793), également réalisé par Soane, a, quant à lui, été reconstitué. Des éléments de décoration, en métal argenté, et une partie du sol, dans le style des mosaïques romaines, sont exposés au musée. Celui-ci évoque le rôle de la banque et son système financier. Le magasin de souvenirs vend des presse-papiers faits en billets.

St Mary-le-Bow ❺

(Bow Church) Cheapside EC2. **Plan** 15 A2. *020-7248 5139. Mansion House.* ***Ouvert*** *6 h 30-18 h lun.-mer., 6 h 30-18 h 30 jeu., 6 h 30-16 h ven. 17 h 45 jeu.*

Elle est appelée ainsi en raison des arcades de pierre (bow) qui ornaient, pour la première fois à Londres, l'édifice primitif. Lorsque Wren reconstruisit l'église (en 1670-1680) après le Grand Feu (*p. 22-23*), il reprit ce motif architectural pour l'élégant clocher. La girouette, de 1674, représente un énorme dragon.

L'église fut détruite lors des bombardements de 1941. Seuls subsistèrent le clocher et deux des murs extérieurs. Elle fut restaurée en 1956-1962. La tradition veut que tout vrai Londonien « cockney » naisse à portée du son des cloches de St Mary.

Saint-Paul ❻

Voir p. 148-151

Old Bailey ❼

EC4. **Plan** 14 F1. *020-7248 3277. St Paul's.* ***Ouvert*** *10 h 30-13 h, 14 h-16 h 30 lun.-ven. (les horaires peuvent varier d'un tribunal à l'autre).* ***Fermé*** *Noël, nouvel an, Pâques, jours fériés.*

La Justice, au-dessus du tribunal criminel de Londres

Cette petite rue est depuis longtemps associée aux crimes et aux châtiments… Le Central Criminal Court a ouvert ses portes en 1907 sur l'emplacement de la prison de Newgate, de sinistre réputation. Aujourd'hui, la plupart des audiences du tribunal sont ouvertes au public. En face, le pub Magpie and Stump servait un « menu d'exécution » les jours de peine capitale. En effet, jusqu'en 1868, on se pressait devant la prison pour assister aux pendaisons publiques.

La cathédrale St-Paul ❻

En 1666, le Grand Feu de Londres détruisit la cathédrale médiévale St-Paul. C'est à Christopher Wren que l'on demanda de reconstruire l'édifice. Il proposa un plan en croix grecque coiffé d'un dôme, mais le projet fut rejeté. Avec la « grande maquette » de 1672, il chercha, en vain, à lever les résistances. Enfin, contraint de s'incliner, Wren présenta en 1675 un nouveau projet de conception beaucoup moins audacieuse, qui fut finalement accepté. Aujourd'hui, la majesté de la cathédrale témoigne encore de la détermination de l'architecte.

Élément décoratif en pierre à l'extérieur du transept

★ Le dôme
Culminant à 110 m, il est le deuxième du monde après celui de St-Pierre à Rome. Il est aussi impressionnant vu de l'extérieur que de l'intérieur.

Les balustrades qui couronnent trois des côtés ont été ajoutées, en 1718, contre la volonté de Wren.

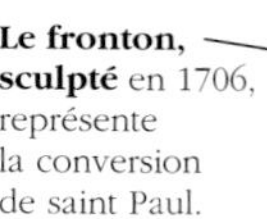

Le fronton, sculpté en 1706, représente la conversion de saint Paul.

★ La façade occidentale et les tours
Les tours, dont les deux clochetons auraient dû être dotés d'horloges, ne faisaient pas partie du projet initial conçu par Wren. Il les ajouta en 1707, à l'âge de 75 ans.

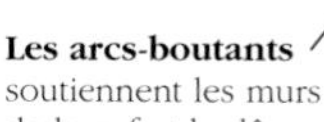

Les arcs-boutants soutiennent les murs de la nef et le dôme.

À NE PAS MANQUER

- ★ La façade occidentale et les tours
- ★ L'intérieur et l'extérieur du dôme
- ★ Galerie des Murmures

Le portique ouest est double et à colonnes jumelées. Wren avait prévu une colonnade disposée sur un seul niveau.

Le portail occidental, du côté de Ludgate Hill, est l'entrée principale de la cathédrale.

La statue de la reine Anne, réplique sculptée en 1886 d'après le modèle de Francis Bird (1712), trône sur le parvis.

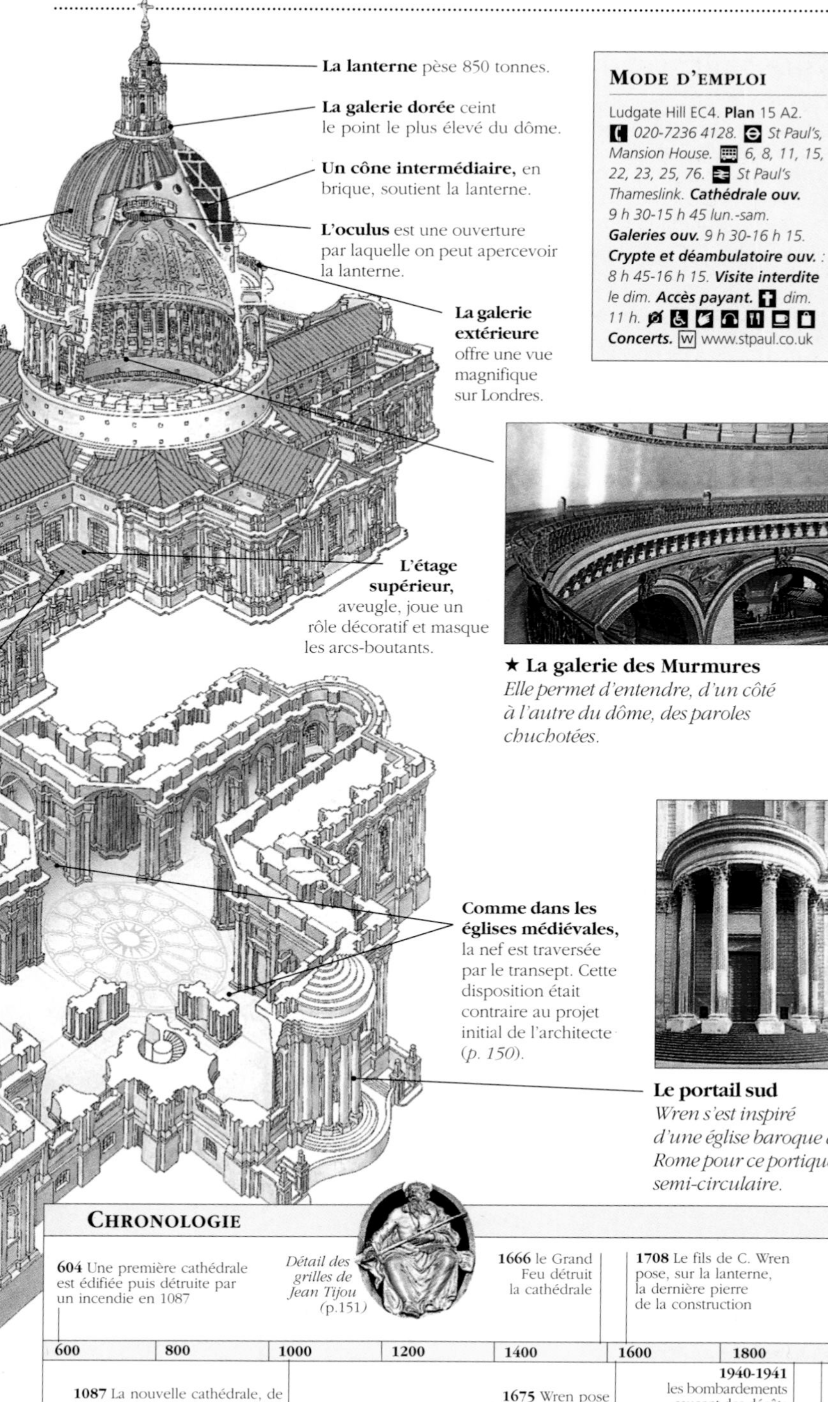

La lanterne pèse 850 tonnes.

La galerie dorée ceint le point le plus élevé du dôme.

Un cône intermédiaire, en brique, soutient la lanterne.

L'oculus est une ouverture par laquelle on peut apercevoir la lanterne.

La galerie extérieure offre une vue magnifique sur Londres.

L'étage supérieur, aveugle, joue un rôle décoratif et masque les arcs-boutants.

★ La galerie des Murmures
Elle permet d'entendre, d'un côté à l'autre du dôme, des paroles chuchotées.

Comme dans les églises médiévales, la nef est traversée par le transept. Cette disposition était contraire au projet initial de l'architecte (*p. 150*).

Le portail sud
Wren s'est inspiré d'une église baroque de Rome pour ce portique semi-circulaire.

Mode d'emploi

Ludgate Hill EC4. **Plan** 15 A2. *020-7236 4128. St Paul's, Mansion House. 6, 8, 11, 15, 22, 23, 25, 76. St Paul's Thameslink.* ***Cathédrale ouv.*** *9 h 30-15 h 45 lun.-sam.* ***Galeries ouv.*** *9 h 30-16 h 15.* ***Crypte et déambulatoire ouv.*** *: 8 h 45-16 h 15.* ***Visite interdite*** *le dim.* ***Accès payant.*** *dim. 11 h.* ***Concerts.*** www.stpaul.co.uk

Chronologie

604 Une première cathédrale est édifiée puis détruite par un incendie en 1087

Détail des grilles de Jean Tijou (p.151)

1087 La nouvelle cathédrale, de style roman, est la plus grande église médiévale d'Europe

1666 le Grand Feu détruit la cathédrale

1675 Wren pose la première pierre de son projet

1708 Le fils de C. Wren pose, sur la lanterne, la dernière pierre de la construction

1940-1941 les bombardements causent des dégâts

1981 Le prince Charles épouse lady Diana Spencer

600 | 800 | 1000 | 1200 | 1400 | 1600 | 1800

Visite guidée de la cathédrale St-Paul

Le visiteur est immédiatement impressionné par l'harmonie et la sérénité qui règnent à l'intérieur de cet édifice très spacieux. La nef, le transept et le chœur forment une croix, comme dans les cathédrales médiévales, mais le style de Wren, d'inspiration classique, a triomphé en dépit des résistances manifestées par les autorités ecclésiastiques. Aidé par quelques-uns des plus célèbres artistes de son temps, il a créé un intérieur baroque d'une grande majesté, cadre à la mesure des cérémonies officielles qui s'y déroulent. Les funérailles de Winston Churchill y ont été célébrées en 1965 et, plus récemment, en 1981, le mariage du prince Charles et de lady Diana Spencer.

Les mosaïques, au-dessus du chœur, ont été exécutées par William Richmond dans les années 1890.

① **La nef,**
qui frappe par ses proportions, est prolongée par le chœur et la coupole.

② **L'aile nord**
En regardant en l'air, vous verrez de petits dômes qui répondent à ceux du plafond de la nef.

⑨ **L'aile sud**
De là les courageux peuvent ravir les 259 marches ui mènent à la galerie les Murmures.

⑧ **La tombe de Florence Nightingale**
Célèbre par ses méthodes pionnières, cette infirmière fut la première femme à recevoir la médaille du Mérite.

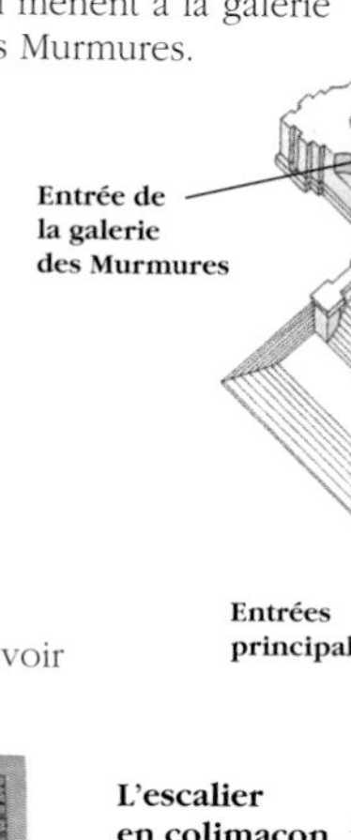

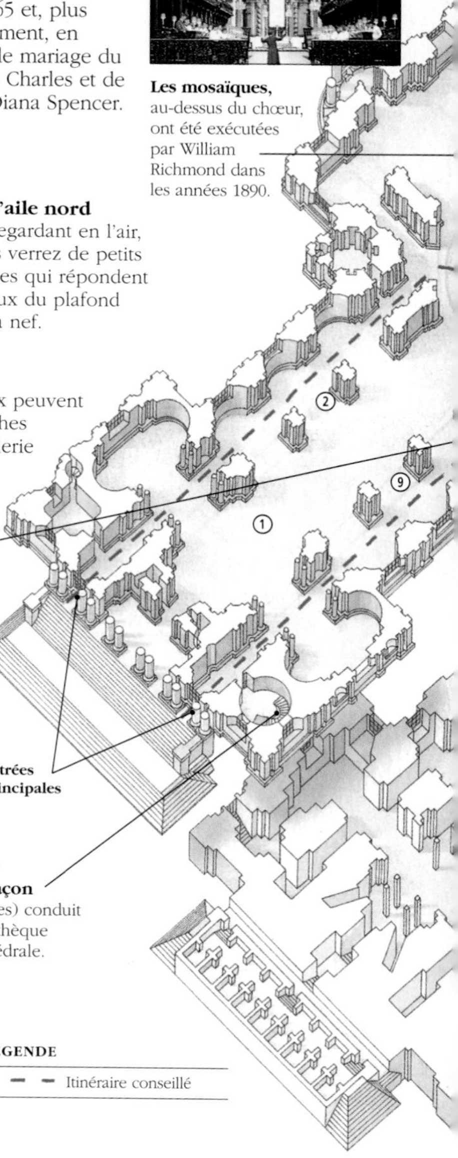

Entrée de la galerie des Murmures

Entrées principales

L'escalier en colimaçon
(92 marches) conduit à la bibliothèque de la cathédrale.

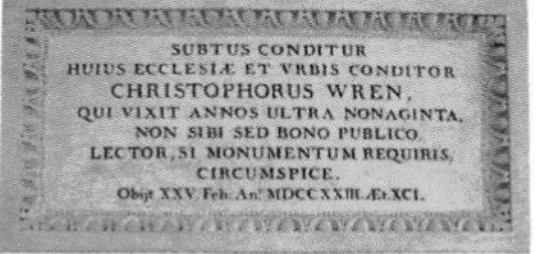

SUBTUS CONDITUR
HUIUS ECCLESIÆ ET VRBIS CONDITOR
CHRISTOPHORUS WREN,
QUI VIXIT ANNOS ULTRA NONAGINTA,
NON SIBI SED BONO PUBLICO.
LECTOR, SI MONUMENTUM REQUIRIS,
CIRCUMSPICE.
Obijt XXV Feb: An° MDCCXXIII. Æt.XCI.

⑦ **La tombe de Wren**
Sur une simple dalle, une dédicace en latin porte ces mots : Si monumentum requiris, circumspice *(« Si tu cherches mon tombeau, regarde autour de toi »).*

LÉGENDE

– – – Itinéraire conseillé

③ **Sous le dôme,** le visiteur est impressionné par l'ampleur de la construction. James Thornhill a décoré la coupole de fresques monochromes illustrant la vie de saint Paul.

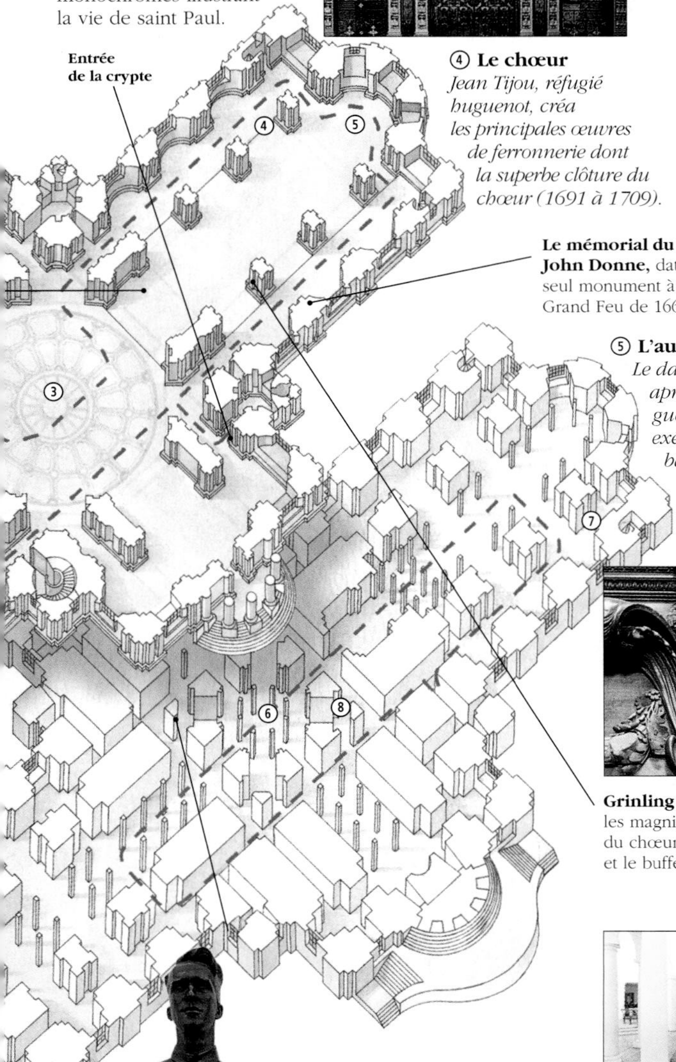

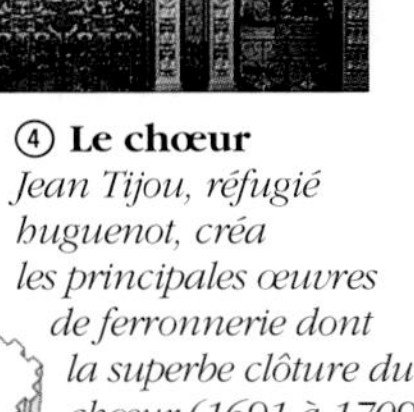

④ **Le chœur**
Jean Tijou, réfugié huguenot, créa les principales œuvres de ferronnerie dont la superbe clôture du chœur (1691 à 1709).

Entrée de la crypte

Le mémorial du poète-théologien John Donne, datant de 1631, est le seul monument à avoir échappé au Grand Feu de 1666.

⑤ **L'autel**
Le dais a été remplacé après la dernière guerre. Il a été exécuté en style baroque d'après les dessins de Wren.

Grinling Gibbons a sculpté les magnifiques stalles du chœur, le trône de l'évêque et le buffet d'orgue.

⑥ **La crypte**
est le panthéon des grands hommes anglais. Elle renferme notamment le tombeau de Nelson.

Dans la crypte, un buste rend hommage à T.E. Lawrence, qui gagna le surnom de Lawrence d'Arabie en combattant aux côtés des tribus arabes dans leur lutte contre la domination turque en 1915.

La maison des Apothicaires ❽

Blackfriars Lane EC4. **Plan** 14 F2. *020-7236 1189. Blackfriars.* ***Accès à la cour*** *: lun.-ven. de 9 h à 17 h.* ***Fermé*** *les jours fériés.* ***Intérieur*** *groupes seul., (téléphoner pour r.-v.).*

La maison des Apothicaires, reconstruite en 1670

Les corporations, ou « Livery Companies », remontent aux guildes du Moyen Âge. La maison des Apothicaires fut fondée en 1617 pour ceux qui préparaient, prescrivaient ou vendaient des médicaments. Elle compta des élèves inattendus parmi lesquels il faut citer Oliver Cromwell et le poète John Keats. Désormais, pratiquement tous ses membres sont médecins ou chirurgiens.

La maison des Poissonniers ❾

London Bridge EC4. **Plan** 15 B3. *020-7626 3531. Monument.* ***Fermé*** *au public.*

Fondée en 1272, c'est l'une des plus anciennes corporations. En 1381, le lord-maire Walworth, membre de la corporation des Poissonniers, assassina Wat Tyler, le chef de la révolte paysanne (*p. 162*). Aujourd'hui, la mission de la Maison est inchangée : tous les poissons vendus dans la City doivent être contrôlés par les responsables de la corporation. L'immeuble actuel date de 1834.

St Magnus-the-Martyr ❿

Lower Thames St EC3. **Plan** 15 C3. *020-7626 4481. Monument.* ***Ouvert*** *: 10 h-16 h mar.-ven., 10 h 15-14 h dim. dim. à 11 h.*

Cela fait plus de 1000 ans qu'il y a une église sur cet emplacement. Son saint patron, Magnus, était un seigneur norvégien, des îles Orcades. Grand chef chrétien, il fut assassiné en 1110. Christopher Wren construisit cette église (1671-1676) à proximité de l'ancien London Bridge qui demeura jusqu'en 1738 l'unique pont de Londres. En quittant la City par le S., le visiteur ne pourra pas manquer son magnifique clocher-porche, ni le dallage conduisant au pont. On admirera également, à l'intérieur, le buffet d'orgue finement sculpté et la chaire, restaurée en 1924.

Le Monument ⓫

Monument St EC3. **Plan** 15 C2. *020-7626 2717. Monument.* ***Ouvert*** *: 9 h 30-17 h t.l.j. (der. entrée 16 h 40).* ***Fermé*** *25-26 déc., 1er jan.* ***Accès payant.***

Elevée par Wren pour commémorer le Grand Feu de septembre 1666, qui détruisit la cité originelle, c'est la plus grande colonne de pierre du monde. Ses 62 m de hauteur représentent la distance qui la sépare de l'endroit exact où se déclara l'incendie. Elle fut dressée à proximité de l'ancien London Bridge, qui se trouvait à quelques mètres en aval du pont actuel. À la base du monument, un bas-relief évoque la reconstruction de la City sous le patronage de Charles II. Les 311 marches conduisent à une plate-forme d'où l'on a une vue superbe sur Londres et la Tamise. En 1842, une rambarde a été ajoutée pour empêcher les suicides. Le panorama est spectaculaire.

L'autel de St Magnus-the-Martyr

Billingsgate ⓬

Lower Thames St EC3. **Plan** 15 C3. *Monument.* ***Fermé*** *au public.*

La girouette du marché de Billingsgate

Il y a 900 ans, le principal marché aux poissons de Londres s'établit à cet emplacement. Au XIXe siècle et au début du XXe siècle, on y vendait 400 tonnes de poisson par jour. C'était le marché le plus bruyant de Londres et il a toujours été connu pour les grossièretés qui s'y échangeaient. En 1982, le marché a été transféré à India and Millwall Docks.

St Mary-at-Hill ⓭

Lovat Lane EC3. **Plan** 15 C2. *020-7626 4184. Monument.* ***Visite :*** *lun.-ven. de 10 h à 15 h.* ***Concerts.***

L'intérieur et l'extrémité E. ont été construits d'après les plans de Christopher Wren (1670-1676). Sa forme de croix grecque lui servit de modèle pour les projets proposés lors de la reconstruction de St-Paul.

Les moulures et la décoration du XVIIe siècle ont échappé à la vague de restauration de l'ère victorienne, puis aux bombardements allemands de la dernière guerre. Elles ont été détruites dans un incendie en 1988. Puis, de nouveau endommagées, en 1992, par une bombe de l'IRA.

St Margaret Pattens ⓮

Rood Lane and Eastcheap EC3. **Plan** 15 C2. *020-7623 6630.* *Monument.* ***Ouvert*** *: lun.-ven. de 8 h à 16 h.* ***Fermé*** *semaine de Noël.* *13 h 15 jeu.*

Cette église construite par Wren (1684-1687) doit son nom aux galoches fabriquées dans une rue voisine, au XVe siècle. Ses murs en pierre de Portland contrastent avec le stuc du parvis, de style georgien. On remarquera les bancs du XVIIe siècle et un superbe bénitier.

All Hallows-by-the-Tower ⓯

Byward St EC3. **Plan** 16 D3. *020-7481 2928.* *Tower Hill.* ***Ouvert*** *9 h-17 h 30 lun.-ven., 10 h-17 h sam-dim.* ***Fermé*** *: 26 déc., 1er janv.* *dim. à 11 h.*

C'est un roi saxon qui fonda la première église sur cet emplacement. L'arc de l'angle S.-O. comprend des carreaux romains, ainsi que certaines des croix érigées dans la crypte à l'époque de la construction. L'intérieur a été modifié lors d'une restauration, mais un couvercle de fonts baptismaux en bois de citronnier, sculpté par Grinling Gibbons en 1682, a subsisté.

William Penn (le fondateur de la Pennsylvanie) a été baptisé dans cette église en 1644 et John Quincy Adams s'y est marié en 1797, avant de devenir président des États-Unis. Samuel Pepys fut témoin du Grand Feu du haut du clocher de l'église.

Carreau romain, à All Hallows-by-the-Tower

La Tour de Londres ⓰

Voir p. 154-157.

Tower Bridge ⓱

SE1. **Plan** 16 D3. *020-7940 3985.* *Tower Hill.* ***The Tower Bridge Experience ouv.*** *: d'avr. à oct. : t.l.j. de 10 h à 18 h 30 (der. ent.: 17 h 15) ; de nov. à mars : 9 h 30-18 h t.l.j. (der. ent. : 16 h 45).* ***Fermé*** *: 24-26 déc., 1er janv., ven. saint.* ***Accès payant.*** ***Video.*** www.towerbridge.org.uk

Achevée en 1894, cette réussite technologique de l'ère victorienne n'a pas tardé à devenir le symbole de la capitale. Les tours néogothiques sont reliées par un pont routier et, à l'étage supérieur, par une passerelle pour piétons. Le pont routier comporte deux tabliers pouvant basculer pour laisser le passage aux navires de haute mer, ou pour des occasions spéciales, comme le retour du *Gipsy Moth* (*p. 241*). Le pont abrite désormais un musée qui illustre son histoire. On y verra également la machine à vapeur qui, jusqu'en 1976, actionnait le mécanisme de levage.

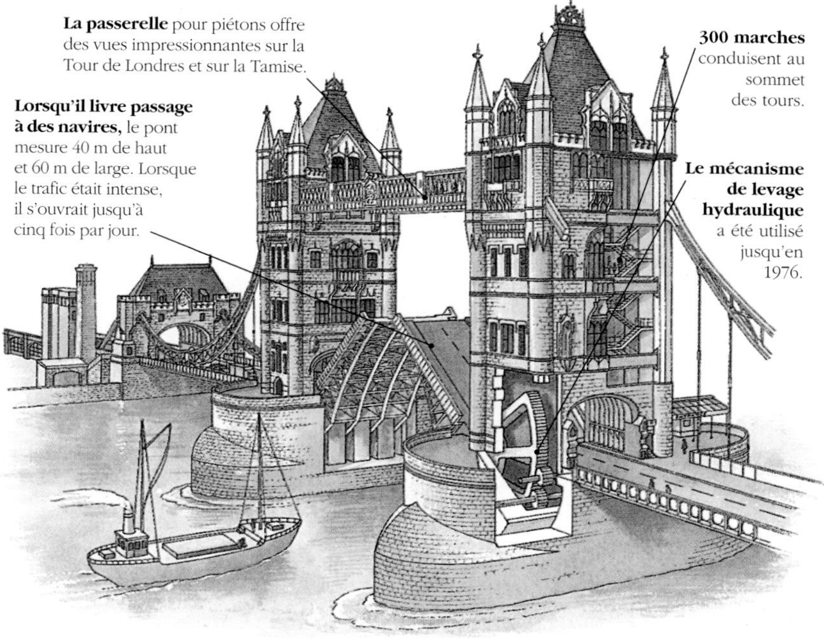

La passerelle pour piétons offre des vues impressionnantes sur la Tour de Londres et sur la Tamise.

Lorsqu'il livre passage à des navires, le pont mesure 40 m de haut et 60 m de large. Lorsque le trafic était intense, il s'ouvrait jusqu'à cinq fois par jour.

300 marches conduisent au sommet des tours.

Le mécanisme de levage hydraulique a été utilisé jusqu'en 1976.

La Tour de Londres ⓰

Depuis qu'elle existe, c'est-à-dire depuis presque neuf siècles, la Tour a toujours inspiré la crainte. Ceux qui avaient offensé le roi étaient incarcérés dans ses cachots humides. Quelques privilégiés jouissaient d'un confort relatif, mais la plupart vivaient dans des conditions terribles. Nombre des prisonniers y ont trouvé la mort ou ont été torturés avant d'être exécutés sur Tower Hill, à proximité.

★ La tour Blanche
Quand elle fut achevée vers 1097, c'était le plus grand bâtiment de la ville (30 m de hauteur).

Un « Beefeater »
Une quarantaine de « Yeoman Warder » armés de hallebardes gardent la forteresse.

★ La maison des Joyaux abrite la somptueuse collection des joyaux de la Couronne (*p. 156*).

La tour Beauchamp
Des prisonniers célèbres y ont été incarcérés, parfois avec leurs domestiques.

Tower Green La pelouse marque l'endroit où périrent sur le billot sept personnalités. Deux des sept femmes d'Henri VIII y furent exécutées. Les prisonniers moins importants mouraient sur la place publique, à Tower Hill.

Entrée principale

À NE PAS MANQUER

- **★ La tour Blanche**
- **★ La maison des Joyaux**
- **★ La chapelle St-Jean**
- **★ La porte du Traître**

Queen's House
L'administrateur de la Tour y a sa résidence officielle.

LES CORBEAUX

Les sept corbeaux de la Tour comptent parmi ses habitants les plus célèbres. On ignore la date de leur installation mais, selon la croyance populaire, le jour où ils disparaîtront, la Tour s'effondrera. En fait, leurs ailes ont été rognées pour les empêcher de s'envoler. Un maître des Corbeaux, l'un des Yeoman Warders, est chargé de s'occuper d'eux.

Un monument a été élevé dans les douves en souvenir des corbeaux morts à la Tour depuis les années 1950.

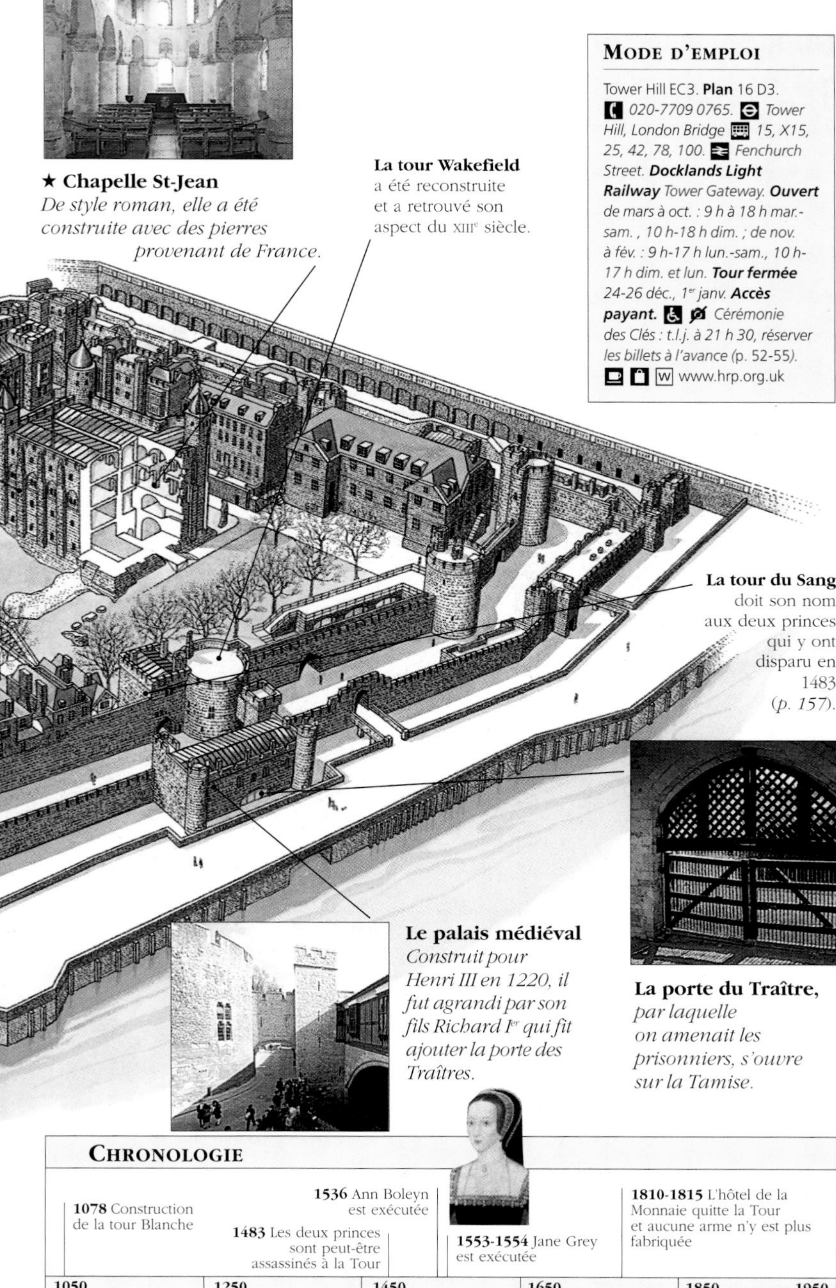

★ Chapelle St-Jean
De style roman, elle a été construite avec des pierres provenant de France.

La tour Wakefield a été reconstruite et a retrouvé son aspect du XIIIe siècle.

La tour du Sang doit son nom aux deux princes qui y ont disparu en 1483 (*p. 157*).

Le palais médiéval
Construit pour Henri III en 1220, il fut agrandi par son fils Richard Ier qui fit ajouter la porte des Traîtres.

La porte du Traître, *par laquelle on amenait les prisonniers, s'ouvre sur la Tamise.*

Mode d'emploi

Tower Hill EC3. **Plan** 16 D3. *020-7709 0765. Tower Hill, London Bridge 15, X15, 25, 42, 78, 100. Fenchurch Street.* ***Docklands Light Railway*** *Tower Gateway.* ***Ouvert*** *de mars à oct. : 9 h à 18 h mar.-sam. , 10 h-18 h dim. ; de nov. à fév. : 9 h-17 h lun.-sam., 10 h-17 h dim. et lun.* ***Tour fermée*** *24-26 déc., 1er janv.* ***Accès payant.*** *Cérémonie des Clés : t.l.j. à 21 h 30, réserver les billets à l'avance* (p. 52-55). www.hrp.org.uk

Chronologie

1066 Guillaume Ier fait construire trois tours dont une en bois

1078 Construction de la tour Blanche

1483 Les deux princes sont peut-être assassinés à la Tour

1530 Le château cesse d'être la résidence officielle du monarque

1534-1535 Thomas More est emprisonné et exécuté

1536 Ann Boleyn est exécutée

1553-1554 Jane Grey est exécutée

1603-1616 Walter Raleigh est emprisonné à la Tour

1671 le « Colonel Blood » essaie de dérober les joyaux de la Couronne

1810-1815 L'hôtel de la Monnaie quitte la Tour et aucune arme n'y est plus fabriquée

1834 La ménagerie royale quitte la Tour

1941 Rudolph Hess est le dernier prisonnier de la Tour

1050 | 1250 | 1450 | 1650 | 1850 | 1950

L'intérieur de la Tour

L'intérêt suscité par la Tour n'a cessé de croître depuis le règne de Charles II (1660-1685), époque à laquelle les joyaux de la Couronne et l'Armurerie furent ouverts au public pour la première fois. Ces symboles et attributs témoignent de la puissance et de la richesse des souverains.

Le Globe, emblème du pouvoir du Christ sur la Terre

Les joyaux de la Couronne

Les insignes de la royauté – couronnes, sceptres, globes et épées – sont utilisés à l'occasion des couronnements ou lors des cérémonies officielles. D'une valeur inestimable, ils font partie de l'histoire et de la vie religieuse du royaume. Après l'exécution de Charles Ier, en 1649, le Parlement détruisit la quasi-totalité des couronnes et des sceptres, et les membres du clergé dissimulèrent jusqu'à la Restauration à l'abbaye de Westminster, les rares pièces antérieures. La plupart des joyaux présentés sont donc ceux qui servirent au sacre de Charles II, en 1661.

La cérémonie du couronnement

Nombre d'éléments de cette cérémonie solennelle datent de l'époque d'Édouard le Confesseur. Le souverain entre à l'abbaye de Westminster, revêt les insignes de la royauté et la grande épée d'apparat lui est présentée par l'archevêque. Il reçoit ensuite l'onction destinée à lui attirer la grâce, puis le manteau royal et les différents emblèmes. Chacun des joyaux rappelle les rôles du monarque, chef de l'Église et de l'État. La couronne de saint Édouard est alors posée sur sa tête tandis que montent les acclamations : « Dieu protège le roi ! » (ou la reine). Les trompettes sonnent et les coups de canons retentissent à la Tour. Le dernier couronnement fut celui d'Élisabeth II, en 1953.

La couronne impériale d'État est ornée de 2 800 diamants, 273 perles et autres pierres précieuses

Les couronnes

Des dix couronnes exposées à la Tour, seule la couronne impériale d'État est régulièrement portée par la Reine, à l'occasion, par exemple, de l'ouverture de la session du Parlement (*p. 73*). Elle fut créée en 1937 pour George VI à l'identique de celle faite pour la reine Victoria. Le saphir qui brille au centre de la croix terminale aurait été porté en anneau par Édouard le Confesseur (roi de 1042 à 1066). La plus récente des couronnes n'est pas présentée à la Tour. Exécutée en 1969, date à laquelle le prince Charles accéda au titre de Prince de Galles, elle est conservée au Museum of Wales à Cardiff. À l'exception de celle conçue en platine pour la reine mère Élisabeth, lors du couronnement de son époux, le roi George VI, en 1937, toutes les couronnes de la Tour sont en or.

Les autres insignes de la royauté

D'autres pièces de cette exceptionnelle collection ont une importance considérable lors des cérémonies de couronnement. Les trois épées de l'Équité, notamment, symbolisent la Miséricorde et les justices divine et humaine. Le Globe en or, cerclé de pierres précieuses, pèse environ 1,3 kg. Le sceptre à la Croix est orné du plus gros diamant taillé du monde, l'*Étoile d'Afrique* (530 carats), extrait d'une pierre gemme de 3 106 carats.

La Bague du souverain, également appelée « l'anneau de mariage de l'Angleterre »

La vaisselle d'apparat

Les joyaux de la Couronne conservent également de superbes pièces d'orfèvrerie et d'argenterie. L'Écuelle du jeudi saint est encore utilisée de nos jours pour distribuer de l'argent à quelques personnes âgées. La salière d'Exeter (datant de l'époque où le sel était une monnaie d'échange) fut offerte par les citoyens d'Exeter, en Cornouailles, à Charles II. Au moment de la guerre civile, Exeter était en effet un bastion royaliste.

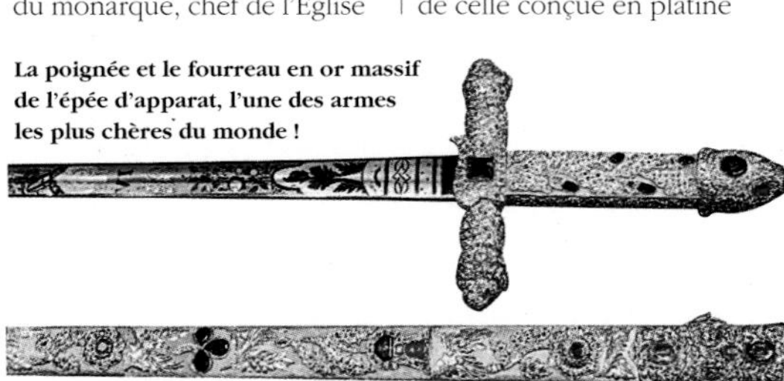
La poignée et le fourreau en or massif de l'épée d'apparat, l'une des armes les plus chères du monde !

Le sceptre à la Croix (1660), modifié en 1910 lorsque l'*Étoile d'Afrique* fut offerte à Édouard VII

White Tower

Érigée par Guillaume le Conquérant en 1077, la « tour Blanche », achevée en 1097, est la plus ancienne tour en pierre de la Tour de Londres. Elle servit pendant des siècles d'armurerie et abrita longtemps la majeure partie de la collection nationale d'armes et d'armures. Dans les années 1990, le déménagement de nombreuses pièces à Leeds et à Portsmouth a permis de mieux mettre en valeur l'architecture du bâtiment, ainsi que les objets qui restent exposés. Leur histoire est souvent liée à celle de la forteresse elle-même.

Royal Castle et Armour Gallery

Ces deux salles du premier étage étaient les principales pièces d'apparat du château normand. Elles gardèrent une hauteur deux fois supérieure à celle d'aujourd'hui jusqu'à l'édification de nouveaux étages à partir de 1490. La première et la plus petite, à l'est, servait probablement d'antichambre à la salle de banquet qui s'ouvre ensuite. Son exposition retrace l'histoire de la White Tower. Solide et austère, la St John Chapel contiguë offre un rare exemple de construction du début de l'occupation normande à nous être parvenu pratiquement intact.
Les armures des Tudors et des Stuarts présentées ici, dont trois furent fabriquées pour Henri VIII, comprennent un magnifique harnois de cavalerie. L'armure de Charles Ier, décorée à la feuille d'or, est de fabrication hollandaise.

Armure japonaise offerte à James Ier en 1613

Ordnance Gallery

Entreprises en 1490, la galerie de l'Artillerie et la galerie voisine réservée aux expositions temporaires servaient principalement de lieu d'entreposage et on compléta en 1603 le dispositif en construisant un nouvel étage où ranger la poudre à canon. La tour en contenaient quelque 10 000 barils en 1667. Parmi les pièces exposées figurent des panneaux et ornements dorés provenant du canot du Grand Artilleur fabriqué en 1700.

Small Armoury et crypte

La salle la plus à l'ouest du rez-de-chaussée a probablement été un lieu d'habitation car elle garde les traces des plus vieilles cheminées connues d'Angleterre. La disposition symétrique des pistolets, mousquets, sabres, piques et baïonnettes, exposés sur les murs et les présentoirs, s'inspire de celle en vogue dans les armureries de la Tour au XVIIIe et au XIXe siècle. Sur le mur ouest on peut voir une maquette du Grand Entrepôt, détruit par un incendie en 1841. L'exposition inclut aussi les armes prises en 1696 aux conjurés qui projetaient d'assassiner Guillaume III et, dans la pièce voisine, le billot taillé en 1747 pour l'exécution de lord Lovat, la dernière décapitation publique en Angleterre.

La Lignée des rois

Créée du temps des Tudors, la Lignée des rois ne comportait à l'origine que huit effigies de monarques anglais représentés en armure et à cheval. Elles décoraient le palais royal de Greenwich. Deux autres les complétèrent en 1660 lors de l'installation de la collection dans la Tour pour célébrer la restauration de Charles II. Le célèbre sculpteur sur bois Grinling Gibbons exécuta certains des dix-sept chevaux et têtes commandés en 1688. On lui attribue le troisième cheval sur la gauche.

Armure de Henri VIII (1540)

Les princes de la Tour

Le plus grand mystère entoure encore l'histoire des deux fils héritiers d'Édouard IV. À la mort de leur père, en 1483, ils furent enfermés dans la Tour sur ordre de Richard de Gloucester. Richard fut sacré roi la même année. Ce n'est qu'en 1674 que les squelettes de deux enfants furent découverts à proximité de la Tour.

La marina de St Katharine's Dock

St Katharine's Dock 18

E1. **Plan** 16 E3. *020-7488 0555.* *Tower Hill.* www.stkaths.co.uk

Ce dock, le plus central de la capitale, a été construit par Thomas Telford sur l'emplacement du vieil hôpital Sainte-Catherine et inauguré en 1828. Du thé, du marbre, mais aussi des tortues vivantes (la soupe de tortue était très appréciée à l'époque de la reine Victoria !) y étaient déchargés.

Au XIXe siècle et au début du XXe siècle, l'activité était intense. À partir des années 50, les anciens docks n'étaient plus adaptés à la taille des cargos et des conteneurs qui étaient de plus en plus grands. Il fallut donc construire de nouveaux quais, plus en aval. St Katharine's a fermé en 1968 et tous les autres docks l'imitèrent les années suivantes.

À présent, St Katharine's est un complexe fort apprécié. On y trouve un centre commercial, des appartements, des salles de spectacle, un hôtel et une marina. Les étages des anciens entrepôts ont été transformés en bureaux et les rez-de-chaussée en magasins.

Du côté N., on remarquera le **LIFFEE** Commodity Products, une bourse spécialisée dans le café, le sucre et l'huile. La visite y est interdite, mais de l'entrée principale, il est possible de jeter un œil sur ce temple du commerce. Après avoir visité la Tour de Londres et Tower Bridge, il faut absolument faire un détour jusqu'à Katharine's dock.

St Helen's Bishopsgate

Stock Exchange 19

Old Broad St EC4. **Plan** 15 B1. *Bank.* ***Fermé** au public.*

La première Bourse de Londres s'installa sur Threadneedle Street en 1773. Auparavant, aux XVIIe et XVIIIe siècles, les agents de change se réunissaient dans les restaurants de la City. Jusqu'en 1914, la Bourse de Londres fut la plus importante du monde. Aujourd'hui, elle est en troisième position derrière celles de Tokyo et de New York. Le bâtiment, de 1969, abritait jusqu'en 1986 la « corbeille » autour de laquelle les agents de change suivaient fiévreusement les cours des principales valeurs. Aujourd'hui, toutes les transactions sont informatisées. La visite est interdite depuis que la Bourse a fait l'objet d'un attentat terroriste.

St Helen's Bishopsgate 20

Great St Helen's EC3. **Plan** 15 C1. *020-7283 2231.* *Liverpool St.* ***Ouvert** 9 h-17 h lun. et mer.-ven.* *12 h 35 et 13 h 15 mar., 10 h15 et 19 h dim.*

Cette église gothique, construite au XIIIe siècle, comprend deux nefs ; l'une était réservée aux religieuses, l'autre aux paroissiens ordinaires (les religieuses médiévales doivent leur notoriété au « baiser séculier »). St Helen abrite d'imposants tombeaux de notables. L'un des plus intéressants est celui de Thomas Gresham (1579), fondateur du Royal Exchange (*p. 147*).

St Katharine Cree 21

86 Leadenhall St EC3. **Plan** 16 D1. *020-7283 5733.* *Aldgate, Tower Hill.* ***Ouvert** : 10 h 30-16 h 30 lun.-mar. et jeu.-ven.* ***Fermé** : Noël, Pâques.* *pendant les offices.* *jeu. à 13 h 05.*

L'orgue de St Katharine Cree

Cette église du XVIIe siècle est l'une des rares de la City à avoir échappé au Grand Feu de 1666.

Quelques-unes des moulures de la nef représentent les armoiries de plusieurs corps de métier. Purcell et Haendel ont interprété certaines de leurs œuvres sur l'orgue du XVIIe siècle, supporté par de magnifiques colonnes sculptées.

Leadenhall Market ㉒

Whittington Ave EC3. **Plan** 15 C2. ⊖ *Bank, Monument.* ***Visite*** *: lun.-ven. de 7 h à 16 h. Voir* ***Boutiques et marchés*** *p. 324-325.*

Depuis le Moyen Âge, l'ancien site du forum romain accueille un marché, qui est aujourd'hui consacré à la volaille et au gibier. La halle victorienne que l'on peut voir aujourd'hui, a été construite en 1881 par Horace Jones, l'architecte du marché au poisson de Billingsgate (*p. 152*). Elle doit son nom à une demeure couverte d'un toit en plomb (*lead* en anglais) qui, au XIVe siècle, se trouvait à proximité. L'endroit est très animé à l'heure du petit déjeuner et à celle du déjeuner : il est fréquenté par les employés de la City et particulièrement par ceux de la Lloyd's voisine. À Noël, tous les étals sont magnifiquement décorés.

Lloyd's ㉓

1 Lime St EC3. **Plan** 15 C2. ☎ *020-7327 1000.* ⊖ *Bank, Monument, Liverpool St, Aldgate.* ***Fermé*** *au public.*

La Lloyd's est née à la fin du XVIIe siècle à l'initiative d'un cabaretier gallois, Edward Lloyd, dont la taverne de Lombard Street, était fréquentée par une clientèle de navigateurs, d'armateurs et de marchands qui y traitaient leurs affaires. Depuis la fin du siècle dernier, la Lloyd's est habilitée à établir toutes les formes de contrat d'assurance : celle d'un super-pétrolier comme celle des jambes de Betty Grable.

Le bâtiment actuel, conçu en 1986 par Richard Rogers (l'architecte du Centre Pompidou à Paris), est l'un des immeubles modernes les plus intéressants de la capitale (*p. 30*). Ses énormes tuyaux en acier inoxydable et son aspect high-tech font penser à une gigantesque usine futuriste, surtout la nuit, lorsque sa structure est illuminée.

Leadenhall Market en 1881

Guildhall Art Gallery ㉔

Gresham St EC2. **Plan** 15 B1. ☎ *020-7606 3030.* ⊖ *St Paul's.* ***Fermé*** *au public.* ***Musée de l'Horlogerie.*** Aldermanbury St EC2. ***Ouvert*** *: 9 h 30 à 16 h 45 lun.-ven.* ♿

Cette galerie fut construite en 1885 pour accueillir la collection d'art de la Corporation of London, l'un des plus anciens gouvernements locaux de la ville. Les tableaux recouvrent la collection de Sir Matthew Smith, artiste du XXe siècle, divers portraits du XVIe siècle à nos jours, une galerie d'œuvres du XVIIIe siècle, comme la *Défaite des batteries flottantes à Gibraltar*, de John Singleton Copley, et des œuvres victoriennes.

En 1988, les fondations d'un amphithéâtre romain de 70 après J.-C., qui pouvait accueillir 6 000 personnes, furent découvertes sous la galerie. La visite des ruines est comprise dans le prix du billet.

Le Guildhall à proprement parler est le centre administratif de la City depuis 800 ans au moins. D'innombrables procès y ont eu lieu, et quantité de prévenus ont été condamnés à mort, comme Henry Garnet, l'un des protagonistes de la conspiration des Poudres (*p. 22*). Aujourd'hui, quelques jours après la procession du Lord-Maire (*p. 54-55*) se tient un banquet, où le Premier ministre prend la parole.

Le bâtiment futuriste de la Lloyd's, encore plus impressionnant de nuit

38
Café Columbia
TEAM DAIWA
TEAM DAIWA

SMITHFIELD ET SPITALFIELDS

Ces quartiers situés au N. de la City servaient de refuge à des individus et des institutions qui ne souhaitaient pas relever de la juridiction de la City ou qui n'avaient pas le droit d'y séjourner. Au XVIIe siècle s'y installèrent notamment des ordres religieux, des Églises dissidentes, des huguenots, puis, aux XIXe et XXe siècles, d'autres immigrants européens et plus tard bengalis. Ils créèrent des ateliers, de petites usines, des restaurants et des lieux de culte.

Dragon de pierre, Smithfield Market

Le quartier Spitalfields doit son nom au prieuré médiéval St Mary Spital. Middlesex Street, à proximité de Aldgate, prit le nom de Petticoat Lane au XVIe siècle, lorsqu'un marché aux vêtements y fut créé. Le marché à la viande de Smithfield est toujours très florissant. Le quartier situé entre Smithfield et la City est dominé par le Barbican, un complexe résidentiel.

LE QUARTIER D'UN COUP D'ŒIL

Rues et édifices historiques
Charterhouse 4
Cloth Fair 5
Barbican Centre 7
Brasserie Whitbread 9
Wesley's Chapel–Leysian Centre 11
Broadgate Centre 12
Petticoat Lane 13
Fournier Street 17
Spitalfields Centre Museum of Immigration 19
Brick Lane 20
Dennis Severs House 21

Musées et galeries
Museum of London p. 166-167 3
Whitechapel Gallery 14

Églises et mosquées
St Botolph, Aldersgate 2
St Bartholomew-the-Great 6
St Giles, Cripplegate 8
Christ Church, Spitalfields 16
London Jamme Masjid 18

Cimetière
Bunhill Fields 10

Marchés
Smithfield Market 1
Spitalfields Market 15
Columbia Road Market 22

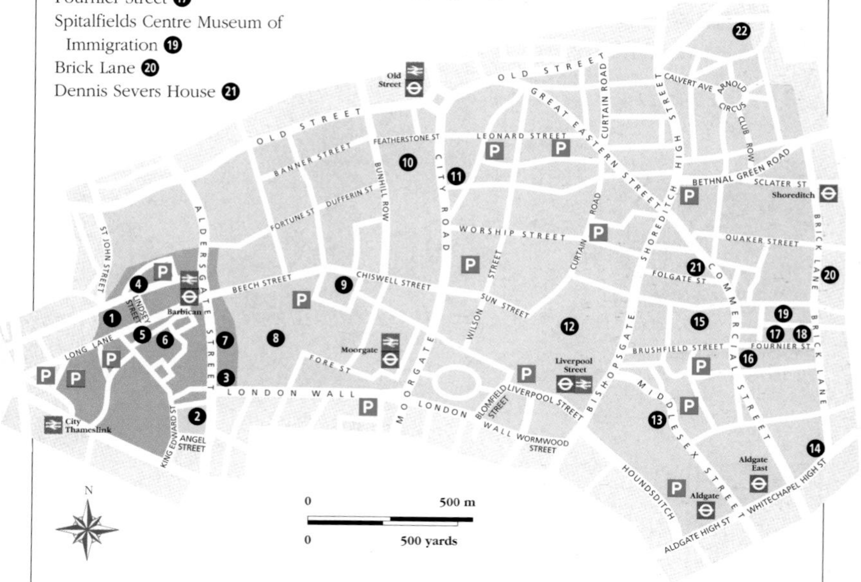

COMMENT Y ALLER ?

Les lignes de métro Northern, Hammersmith & City, Central et Circle ainsi que les gares du ferroviaires desservent le quartier. Les bus nos 8 et 15 passent à proximité.

LÉGENDE

- Plan du quartier pas à pas
- Station de métro
- Gare ferroviaire
- Parc de stationnement

VOIR AUSSI

- ***Atlas des rues***, plans 6, 7, 8, 15, 16
- ***Hébergement*** p. 272-285
- ***Restaurants*** p. 286-311

◁ **Marché aux fleurs et aux plantes de Columbia Road**

Le quartier de Smithfield pas à pas

L'histoire de ce quartier est particulièrement ancienne : il possède des vestiges du mur romain (à proximité du Museum of London), l'une des plus anciennes églises de la capitale, des maisons du XVIIe siècle et le dernier marché alimentaire de gros de la capitale. La longue histoire de Smithfield est marquée par des événements tragiques. En 1381, le chef de la révolte paysanne, Wat Tyler, y fut assassiné par un proche de Richard Ier alors qu'il demandait l'abrogation d'un nouvel impôt. Sous le règne de Marie Ire (1553-1558), plusieurs protestants y furent brûlés vifs.

The Fat Boy : souvenir du Grand Feu de 1666

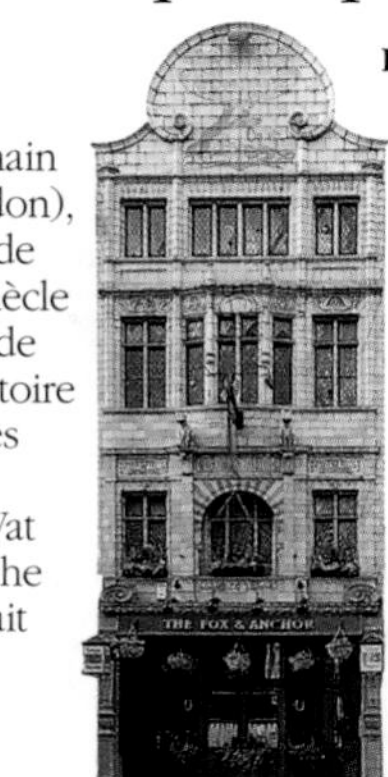

Le pub The Fox and Anchor ouvre ses portes dès 7 h du matin et sert de copieux petits déjeuners aux débardeurs du marché.

★ Smithfield Market
Cette gravure représente le marché à la viande tel qu'il était après son achèvement par Horace Jones en 1867 ❶

Fat Boy

The Saracen's Head était une auberge réputée ; elle fut démolie en 1860 lors de la construction du pont de Holborn (*p. 140*).

St Bartholomew-the-Less possède une tour carrée du XVe siècle. Ce vitrail du début du XXe siècle, qui représente une infirmière, évoque les liens qu'entretenait l'église avec l'hôpital. Il fut offert par une corporation de vitriers.

L'hôpital St Bartholomew a été fondé sur ce site en 1123. Une partie des bâtiments actuels date du milieu du XVIIIe siècle.

LÉGENDE

- - - - Itinéraire conseillé

0 100 m

0 100 yards

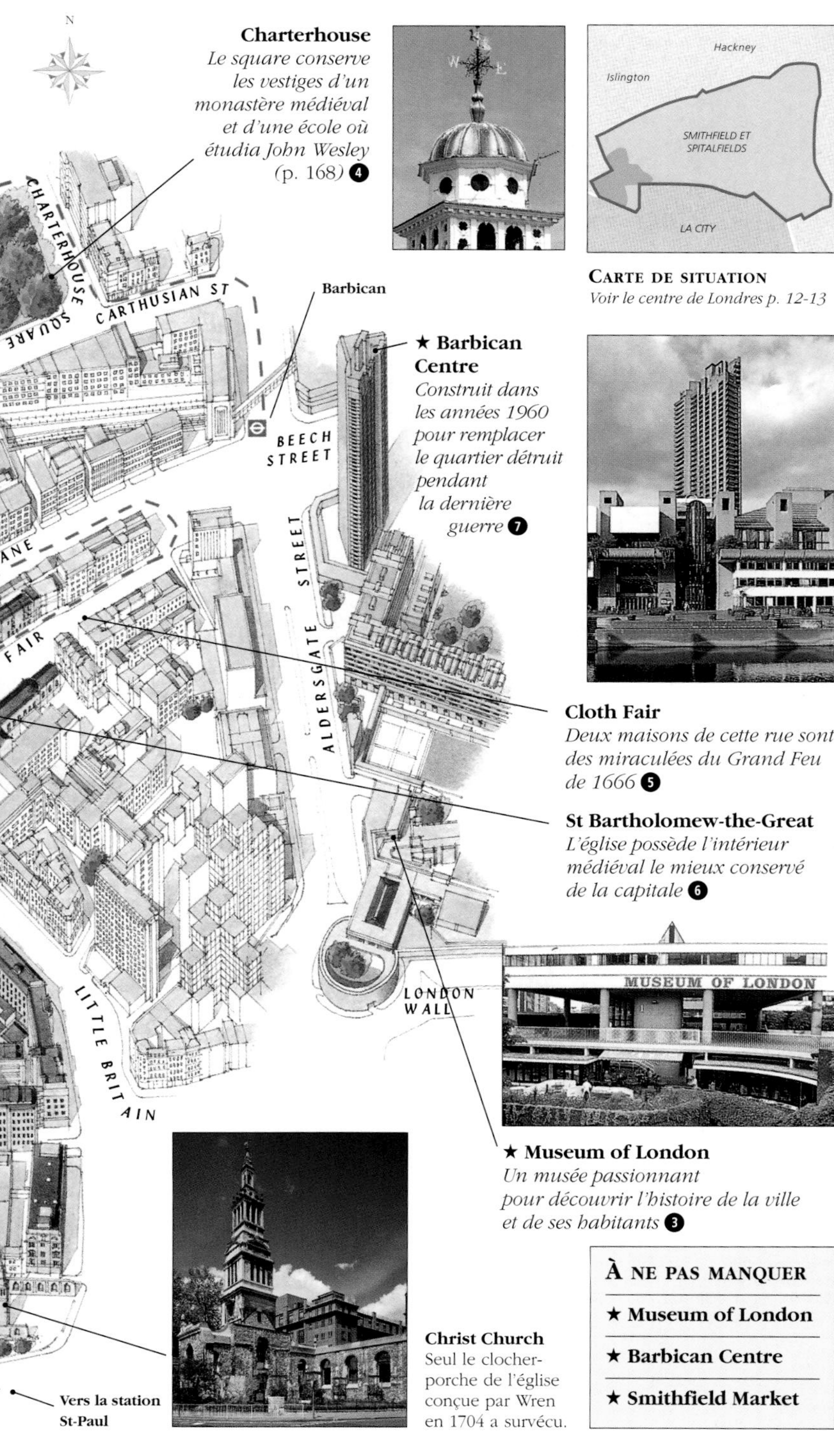

Charterhouse
Le square conserve les vestiges d'un monastère médiéval et d'une école où étudia John Wesley (p. 168) ❹

Carte de situation
Voir le centre de Londres p. 12-13

★ Barbican Centre
Construit dans les années 1960 pour remplacer le quartier détruit pendant la dernière guerre ❼

Cloth Fair
Deux maisons de cette rue sont des miraculées du Grand Feu de 1666 ❺

St Bartholomew-the-Great
L'église possède l'intérieur médiéval le mieux conservé de la capitale ❻

★ Museum of London
Un musée passionnant pour découvrir l'histoire de la ville et de ses habitants ❸

Christ Church
Seul le clocher-porche de l'église conçue par Wren en 1704 a survécu.

À NE PAS MANQUER

- ★ Museum of London
- ★ Barbican Centre
- ★ Smithfield Market

Le Smithfield Market, aujourd'hui baptisé London Central Market

Smithfield Market ❶

Charterhouse St EC1. **Plan** 6 F5. *Farringdon, Barbican.* ***Ouvert*** *: 5 h-9 h lun.-ven.*

Ce site où les paysans venaient déjà vendre leurs bêtes au XIIe siècle devint officiellement un marché aux bestiaux en 1648. Des animaux vivants y furent négociés jusqu'au milieu du XIXe siècle. Aujourd'hui, le site est essentiellement consacré au commerce de gros de viande et de volaille. Autrefois installé au-delà des murs de la ville, à Smithfield, il fut transféré à son emplacement actuel de Charterhouse Street dans les années 1850 mais il conserva son nom d'origine et fut officiellement baptisé « marché central aux viandes de Londres ». Les anciens bâtiments, dus à Sir Horace Jones, architecte victorien, présentent des ajouts du XXe siècle. Certains pubs du quartier fonctionnent encore au rythme du marché. Dès le lever du jour, ils servent de consistants petits déjeuners, arrosés de bière.

St Botolph, Aldersgate ❷

Aldersgate St EC1. **Plan** 15 A1. *020-7283 1670.* *St Paul's.* ***Ouvert*** *: 10 h-15 h lun.-ven.* *13 h 05 lun.-jeu.*

L'extérieur georgien dépouillé (achevé à la fin du XVIIIe siècle) de cette église abrite un somptueux intérieur fort bien conservé, avec un magnifique plafond de plâtre mouluré, un buffet d'orgue et des galeries en bois sombre, ainsi qu'une chaire en chêne reposant sur un palmier sculpté. Les stalles originales ont été placées dans la galerie, et non au cœur de l'édifice. Certains monuments funéraires proviennent de l'église qui se dressait à cet emplacement au XIVe siècle.

En 1880, l'ancien cimetière de l'église a été remplacé par un bel espace vert, baptisé Postman's Park, car il était apprécié des employés de la poste centrale, non loin, qui venaient y goûter un moment de repos. À la fin du XIXe siècle, l'artiste victorien G.-F. Watts a réuni sur l'un des murs une étonnante collection de plaques commémorant des gens ordinaires ayant fait preuve d'un courage exceptionnel. Certaines plaques sont toujours visibles. Un imposant minotaure en bronze, œuvre moderne du sculpteur Michael Ayrton, a été érigé en 1973.

Museum of London ❸

p. 166-167.

Charterhouse ❹

Charterhouse Sq EC1. **Plan** 6 F5. *020-7253 9503.* *Barbican.* ***Ouvert*** *: avr.-juil. 14 h 15 jeu.* ***Entrée payante***. *sur r.-v.*

Sur la face nord de la place, un porche du XIVe siècle conduit à l'emplacement d'un ancien monastère de pères chartreux frappé, sous Henri VIII, par la dissolution des ordres religieux. En 1611, les bâtiments furent transformés, accueillant un hospice pour indigents et une école pour garçons pauvres (Charterhouse). Nombre de personnalités célèbres, comme John Wesley (*p. 168*), l'écrivain William Thackeray et Robert Baden-Powell, le fondateur du scoutisme, comptent parmi les anciens élèves de l'établissement. En 1872, l'école fut transférée à Godalming, dans le Surrey. C'est désormais un luxueux internat payant. L'ancienne chartreuse accueillit alors l'école de médecine du St Bartholomew's Hospital. Une partie des anciens bâtiments a été préservée, comme la chapelle et certains éléments du cloître.

Sculpture en pierre, Charterhouse

Cloth Fair ❺

EC1. **Plan** 6 F5. Barbican.

Cette jolie rue doit son nom à la foire aux étoffes Bartholomew Fair qui s'y tenait jusqu'en 1855.

Les maisons des nos 41 et 42, avec leurs baies vitrées en bois, sont du XVIIe siècle mais les rez-de-chaussée ont été refaits. Le poète John Betjeman, décédé en 1984, a passé une bonne partie de sa vie au no 43. Depuis, la maison a été transformée en un bar à vin qui porte son nom.

Maisons du XVIIe siècle, Cloth Fair

St Bartholomew-the-Great ❻

West Smithfield EC1. **Plan** 6 F5. *020-7606 5171.* *Barbican.* ***Ouvert*** *: 8 h 30-17 h (16 h en hiver) mar.-ven., 8 h 30-13 h sam., 14 h 30-20 h dim.* *9 h, 11 h, 18 h 30 dim.* ***Concerts.***

L'une des plus anciennes églises de Londres, elle a été fondée en 1123 par le moine Rahère, dont le tombeau se trouve à gauche du chœur. Rahère était le bouffon du roi Henri Ier jusqu'à ce que, en rêve, saint Barthélemy lui apparaisse pour le sauver des griffes d'un monstre ailé. Une arcade du XIIIe siècle donnait accès à la nef qui fut détruite sur ordre d'Henri VIII. Aujourd'hui, l'arcade conduit à un petit cimetière dont l'entrée est plus récente. La voûte, renforcée par des arcs en ogive, est d'origine. L'église possède plusieurs beaux monuments de l'époque des Tudors. Le grand peintre et graveur William Hogarth (*p. 259*) y fut baptisé en 1697.

L'église n'a pas toujours servi de lieu de culte : un forgeron s'y est installé pendant quelque temps et en 1725, le jeune Benjamin Franklin y a travaillé dans une imprimerie.

Barbican Centre ❼

Silk St EC2. **Plan** 7 A5. *020-7638 8891.* *020-7638 4141.* *Barbican, Moorgate.* ***Ouvert*** *: 9 h-22 h 30 lun.-sam., midi-23 h dim. et jours fériés.* *Tapis roulant.* ***Films, concerts, expositions.*** *Voir* ***Se distraire*** *p. 326-339.* www.barbican.org.uk

L'ensemble du quartier avait été anéanti lors des bombardements de la dernière guerre et la réalisation d'un ambitieux projet de réaménagement, débutée en 1962, s'est achevée 20 ans plus tard. On y trouve des commerces, un centre culturel et des tours d'habitations, entourant un lac artificiel, des fontaines et des pelouses. Une partie de l'enceinte romaine y est encore visible (notamment depuis les fenêtres du Museum of London – *p. 166-167*).

Barbican vient du français barbacane (ouvrage militaire, percé de meurtrières) et de fait, l'ensemble a l'allure d'une forteresse isolée du monde extérieur. Dédale de bâtiments, cours, tours, escaliers, tunnels et passerelles, la réalisation n'est pas très chaleureuse… En outre, malgré les indications et les lignes jaunes sur le sol, il reste difficile d'y retrouver son chemin.

Le Barbican comprend deux théâtres, une salle de concerts, des cinémas, une galerie où sont présentées d'importantes expositions temporaires, une salle de conférences, une bibliothèque et une école de musique (la Guildhall School of Music). Un étonnant jardin d'hiver a été aménagé sur les toits.

Le porche de St Bartholomew

Le jardin d'hiver du Barbican Centre

Museum of London ❸

Installé depuis 1976 à proximité de l'ensemble du Barbican, le musée retrace l'histoire de la capitale, de la préhistoire à nos jours. Des reconstitutions d'intérieurs et de scènes de rue alternent avec la présentation d'objets divers découverts lors de fouilles archéologiques. Près de la maquette animée du Grand Feu de 1666, on entendra le récit du témoignage de Samuel Pepys, le célèbre chroniqueur de l'époque.

Suivez le guide !
Les différentes époques sont présentées par ordre chronologique. On peut faire un tour complet des collections en une heure et demie.

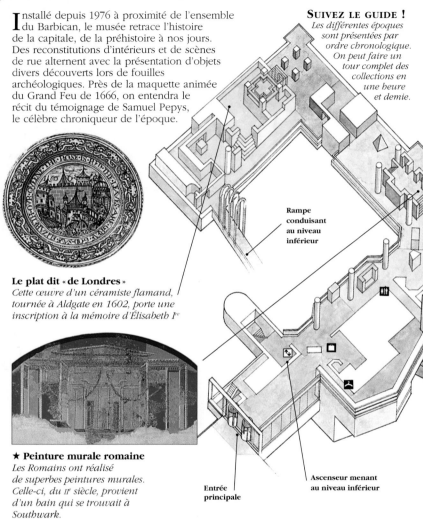

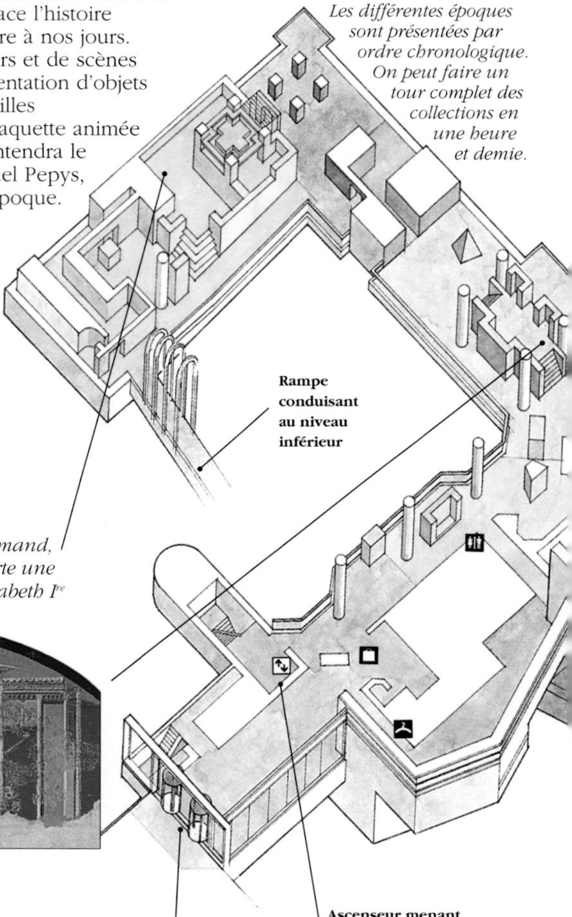

Le plat dit « de Londres »
Cette œuvre d'un céramiste flamand, tournée à Aldgate en 1602, porte une inscription à la mémoire d'Élisabeth Ire

Rampe conduisant au niveau inférieur

★ Peinture murale romaine
Les Romains ont réalisé de superbes peintures murales. Celle-ci, du IIe siècle, provient d'un bain qui se trouvait à Southwark.

Entrée principale

Ascenseur menant au niveau inférieur

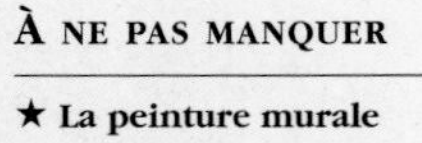

À ne pas manquer

- ★ La peinture murale romaine
- ★ Londres des Stuarts
- ★ Devantures victoriennes de magasins

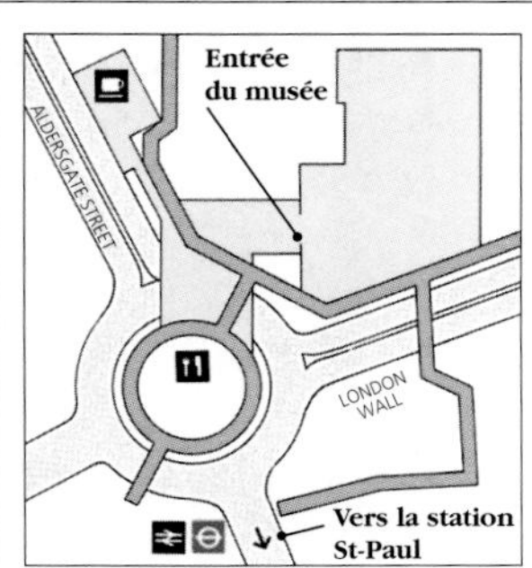

Localisation
Le musée est situé au-dessus du niveau de la rue, à l'angle de Aldersgate Street et London Wall. Des panneaux en indiquent l'entrée.

Légende
- Bâtiments du musée
- Passages piétonniers
- Rues

MODE D'EMPLOI

London Wall EC2. **Plan** 15 A1. *020-7600 3699.* *Barbican, St Paul's, Moorgate.* *4, 6, 8, 9, 11, 15, 22, 25, 141, 279A, 501, 513, 502.* *City Thameslink.* ***Ouvert*** *: 10 h-17 h 50 lun.-sam., midi-17 h 50 dim.* ***Fermé*** *: 24-26 déc.* ***Accès payant.*** *Tapis roulant.* ***Conférences, films.*** www.museumoflondon.org.uk

The World City
Les galeries donnent une image vivante de la vie à Londres pendant les périodes de grands bouleversements : depuis la Révolution française jusqu'à la Première Guerre mondiale.

★ Devantures de magasins de l'époque victorienne
Des boutiques reconstituées, comme cette épicerie, restituent l'atmosphère de la ville du XIXe siècle.

Jardin

Costumes du XVIIIe s.
Cette robe a été réalisée en 1753 avec des soies fines tissées dans le quartier de Spitalfields. Une armature faite de cerceaux légers lui donnait sa forme.

Ascenseur menant au niveau supérieur

★ Londres sous les derniers Stuarts
De superbes objets de demeures de la fin du XVIIe siècle ont été réunis pour cette reconstitution.

LÉGENDE

- Expositions temporaires
- Salle sans expositions

Niveau supérieur

- Londres préhistorique
- Londres romain
- Londres saxon
- Londres médiéval
- Londres des Tudors, des Stuarts

Niveau inférieur

- Carrosse du lord-maire
- Londres des derniers Stuarts
- Londres du XVIIIe siècle
- World City 1789-1914
- Londres du XXe siècle

St Giles, Cripplegate ❽

Fore St EC2. **Plan** 7 A5. 020-7638 1997. *Barbican, Moorgate.* ***Ouvert** : 11 h-16 h lun.-ven.* *8 h, 10 h dim. (office familial 11 h 30 chaque 3e dim. du mois).* *14 h-16 h 40 mar.* www.stgilescripplegate.com

Achevée en 1550, cette église a échappé au Grand Feu de 1666, mais elle a été sérieusement endommagée lors des bombardements de la dernière guerre. Seul le clocher a subsisté. Restaurée dans les années 1950, St Giles sert désormais de paroisse au complexe du Barbican et contraste avec la modernité imposante de ce dernier.

Oliver Cromwell y a épousé Elizabeth Bourchier en 1620 et le poète John Milton y a été enterré en 1674. Des vestiges bien conservés du mur de Londres se trouvent du côté S. de l'église.

La brasserie Whitbread ❾

Chiswell St EC1. **Plan** 7 B5. *Barbican, Moorgate.* ***Fermé** au public.*

En 1736, à l'âge de 16 ans, Samuel Whitbread devint apprenti brasseur à Bedford. L'année de son décès, en 1796, la Whitbread's Brewery, qu'il avait fondée en 1750, brassait 909 200 litres

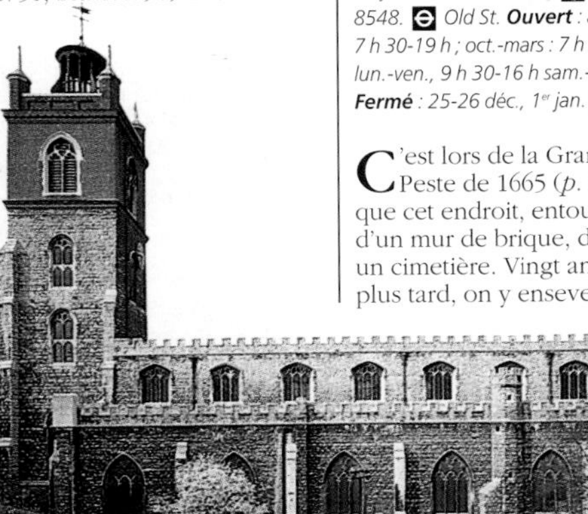

St Giles, Cripplegate

Pierre tombale de William Blake, à Bunhill Fields

de bière par an, un record pour la ville de Londres. La brasserie ferma ses portes en 1976 et le bâtiment fut partagé en salles à louer pour des réceptions. La magnifique charpente de la grande salle, la Great Porter Tun Room, est la plus gande d'Europe (18 m). L'Overlord Embroidery est exposée dans cette salle. Il s'agit de la plus grande broderie du monde : elle commémore le débarquement en Normandie au cours de la dernière guerre.

Les bâtiments du XVIIIe siècle qui bordent la rue sont bien conservés. Une plaque apposée sur l'un d'entre eux rappelle que le roi George III et la reine Charlotte visitèrent la brasserie en 1787.

Bunhill Fields ❿

City Rd EC1. **Plan** 7 B4. 020-7247 8548. *Old St.* ***Ouvert** : avr.-sept. : 7 h 30-19 h ; oct.-mars : 7 h 30-16 h lun.-ven., 9 h 30-16 h sam.-dim.* ***Fermé** : 25-26 déc., 1er jan.*

C'est lors de la Grande Peste de 1665 (*p. 23*) que cet endroit, entouré d'un mur de brique, devint un cimetière. Vingt ans plus tard, on y ensevelissait de nombreux non-conformistes : ne respectant pas la religion anglicane, ceux-ci n'avaient pas le droit d'être enterrés dans un cimetière ordinaire. Situé à l'écart du tumulte de la City, cet endroit paisible, ombragé de grands platanes, possède des monuments rendant hommage aux écrivains Daniel Defoe, John Bunyan et William Blake, ainsi qu'à des membres de la famille d'Oliver Cromwell. John Milton écrivit son célèbre poème, le *Paradis perdu*, à Bunhill Row, où il vécut pendant quelques années, jusqu'à sa mort en 1674.

Wesley's Chapel-Leysian Centre ⓫

49 City Rd EC1. **Plan** 7 B4. 020-7253 2262. *Old St.* ***Maison, chapelle et musée ouverts** : du lun. au sam. de 10 h à 16 h, le dim. de 12 h à 14 h.* ***Accès payant** (sauf dim.)* *9 h 45, 11 h dim., 12 h 45 mar.* ***Films, expositions.***

Wesley's Chapel

John Wesley, fondateur de l'Église méthodiste, posa la première pierre de cette chapelle en 1777. Il y prêcha jusqu'à sa mort, en 1791, et repose désormais derrière la chapelle. Dans sa maison, juste à côté, sont exposés quelques-uns de ses meubles, livres et objets personnels.

La chapelle fut construite dans un style austère, conformément aux rigoureux principes religieux du théologien. Ses colonnes sont faites avec des mâts de navires. Le mariage de Margaret Thatcher, première femme Premier ministre (de 1979 à 1990), y fut célébré. La crypte renferme un musée du méthodisme.

Le Broadgate Centre ⓬

Exchange Sq EC2. **Plan** 7 C5.
020-7505 4068 (patinoire).
Liverpool St.

La patinoire du Broadgate Centre

Construit entre 1985 et 1991, au-dessus et autour de la gare de Liverpool Street, ce complexe comprenant boutiques et bureaux est l'un des plus réussis de ces dernières années. Chacun des squares a un style particulier. Broadgate Arena rappelle le Rockefeller Centre de New York. L'hiver, il sert de patinoire, et accueille, l'été, de nombreuses manifestations culturelles. Parmi les sculptures qui décorent l'ensemble, on remarquera celles de George Segal, *Rush Hour Group*, et de Barry Flanagan, *Leaping Hare on Crescent and Bell*. Depuis Exchange Square, la vue sur Liverpool Street et sur la verrière de la gare est impressionnante.

Petticoat Lane ⓭

Middlesex St E1. **Plan** 16 D1.
Aldgate East, Aldgate, Liverpool St. ***Visite*** *: dim. de 9 h à 14 h. Voir* ***Boutiques et marchés*** *p. 324-325.*

Sous le règne de Victoria, cette rue célèbre pour son marché fut débaptisée, et on la renomma, beaucoup plus banalement, Middlesex Street. Officiellement, elle s'appelle toujours ainsi, mais l'ancien nom, qui faisait référence depuis longtemps, dans ce haut lieu du commerce des vêtements, continue à être employé. Il désigne le marché qui, le dimanche matin, investit tout le quartier. De nombreuses tentatives ont été faites pour l'interdire, mais sans succès. On y vend des articles de toutes sortes, mais les vêtements, en cuir notamment, continuent à s'y tailler la part du lion. L'atmosphère y est fort sympathique et l'accent cockney règne en maître incontesté. On y trouve des snack-bars à tous les coins de rues et on peut y acheter des produits kascher.

Whitechapel Art Gallery ⓮

Whitechapel High St E1. **Plan** 16 E1.
020-7522 7878. *Aldgate East, Aldgate.* ***Visite*** *: mar.-dim. de 11 h à 18 h, le mer. de 11 h à 20 h.* ***Fermé*** *: 25-26 déc., 1er janv., et entre les expositions.* ***Accès payant à l'occasion de certaines expositions.*** ***Films, conférences.***
www.whitechapel.org

Cette galerie d'art, dont la superbe façade Art nouveau a été conçue par C. Harrison Townsend, a ouvert ses portes en 1901. Son objectif est de mieux faire connaître l'art contemporain aux habitants de l'E. de Londres. Elle organise des expositions de grande qualité et bénéficie aujourd'hui d'une excellente réputation à l'échelle internationale. Elle présente également des œuvres qui témoignent de la diversité des cultures et des communautés qui habitent le quartier. Dans les années 1950 et 1960, Jackson Pollock, Robert Rauschenberg, Anthony Caro et John Hoyland y ont exposé leurs œuvres. La première grande rétrospective de David Hockney y fut présentée en 1970. La galerie possède aussi une librairie intéressante et un café très agréable.

L'entrée de la Whitechapel Gallery

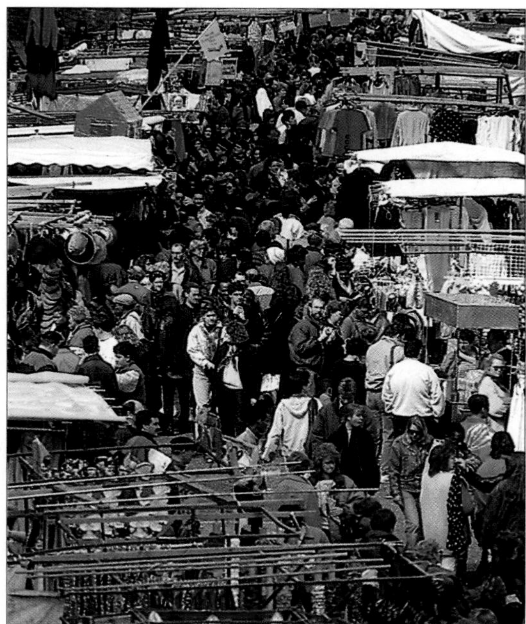

Le marché de Petticoat Lane

Maisons du XVIIIe s., Fournier Street

Old Spitalfields Market ⓯

Commercial St E1. **Plan** 8 E5. *Aldgate East, Liverpool St.* ***Ouvert*** *: 11 h-15 h lun.-ven., 9 h 30-17 h 30 dim.*

C'est l'un des plus anciens marchés de Londres dont l'activité remonte à 1682. Aujourd'hui, on y trouve des produits de qualité : fruits et légumes bio, pain et conserves… S'il est ouvert en semaine, c'est le dimanche que la foule envahit le marché à la recherche de vêtements vintage, de brocante ou des créations de jeunes designers.

Christ Church, Spitalfields ⓰

Commercial St E1. **Plan** 8 E5. *020-7247 7202.* *Aldgate East, Liverpool St.* ***Ouvert*** *: midi-13 h-15 h lun.-ven.* *10 h 30, 19 h dim.* ***Concerts*** *en juin et décembre.*

La plus belle des six églises de Londres conçues par Nicholas Hawksmoor a été construite entre 1714 et 1729. En 1866, elle fit l'objet d'une restauration controversée. Elle présente la particularité de posséder un porche à arche centrale à la romaine, une tour en arc de triomphe et une flèche d'un style proche du gothique.

Christ Church doit son existence à un impôt levé, en 1711, pour donner « cinquante nouvelles églises aux cités de Londres et de Westminster ». L'objectif était d'enrayer la libéralisation de la religion, que la reine Anne considérait comme la décadence morale de l'Angleterre. De plus, les huguenots, persécutés en France, s'étaient réfugiés dans le quartier où ils avaient créé des ateliers de tissage de la soie mais ils manquaient de lieu de culte.

À l'intérieur, l'aspect grandiose de l'église est renforcé par la hauteur de la nef, la structure en bois qui surplombe l'entrée O. et la galerie. L'orgue date de 1735 et les armoiries royales, en pierre artificielle, de 1832.

Fournier Street ⓱

E1. **Plan** 8 E5. *Aldgate East, Liverpool Street.*

Les maisons du XVIIIe siècle situées au N. de la rue étaient dotées de vastes greniers très clairs dans lesquels les huguenots installèrent leurs ateliers de tissage de la soie. Le commerce du textile, stimulé par la main-d'œuvre étrangère, est encore très présent dans le quartier où, désormais, les ouvriers bengalis ont remplacé les huguenots. Les conditions de travail ont été améliorées et de nombreux ateliers ont été transformés en magasins : les entreprises y vendent ce qu'elles fabriquent, aujourd'hui, dans de grandes usines de banlieue.

Christ Church, Spitalfields

Pâtisserie bengali sur Brick Lane

London Jamme Masjid ⓲

Brick Lane E1. **Plan** 8 E5. *Liverpool St, Aldgate East.*

L'histoire de l'édifice correspond aux différents flux migratoires dans le quartier. La chapelle, construite en 1743 pour les huguenots, devint une synagogue au XIXe siècle, une chapelle méthodiste au début du XXe siècle, et enfin une mosquée à partir des années 1950. Le cadran solaire, au-dessus de l'entrée, porte cette inscription : « *Umbra sumus* » « Nous sommes des ombres ».

Spitalfields Center Museum of Immigration ⓳

19 Princelet St E1. **Plan** 8 E5. *020-7247 0971.* *Aldgate East, Liverpool St.* ***Ouvert*** *sur rendez-vous.* www.princeletstreet.org.uk

La petite synagogue cachée derrière l'ancienne maison d'un marchand de soie (1719) abrite désormais des expositions décrivant la vie des populations émigrées, juives et autres, qui s'implantèrent dans l'East End.

Brick Lane ⓴

E1. **Plan** 8 E5. *Liverpool St, Aldgate East, Old St.* ***Marché*** *: dim. de l'aube à 12 h.* *Voir* ***Boutiques et marchés*** *p. 324-325.*

Jadis simple allée traversant Brickfields, la rue est désormais le centre de la communauté bengali. Au fil des décennies, ses magasins et ses

La grande chambre à coucher, Dennis Severs House

maisons, dont certains datent du XVIIIe siècle, ont été investis par des immigrants de différentes nationalités. On y trouve à présent des denrées alimentaires, des épices, des soieries et des saris. Au XIXe siècle, les premiers Bengalis à s'installer dans le quartier étaient des marins. À l'époque, le quartier était principalement juif et quelques magasins kascher ont subsisté, notamment au nº 159. Le dimanche, un grand marché envahit Brick Lane et les rues avoisinantes, complétant ainsi celui de Petticoat Lane (*p. 169*). La brasserie Black Eagle se trouve à l'extrémité N. de Brick Lane. Bel exemple d'architecture industrielle des XVIIIe et XIXe siècles, elle est prolongée par un corps de bâtiment moderne, en verre.

Portrait du XVIIIe s., Dennis Severs House

Dennis Severs House ㉑

18 Folgate St E1. **Plan** 8 D5.
020-7247 4013. *Liverpool St.*
Visite *: 14 h-17 h 1er dim. du mois, 12 h-14 h 1er lun. du mois. Tous les lun. après-midi (réserver).* ***Accès payant.***
www.dennisevershouse.co.uk

Dans la maison du nº 18 Folgate Street, construite en 1724, Dennis Severs, acteur et créateur de décors et de costumes de théâtre, a reconstitué des intérieurs caractéristiques des XVIIe et XIXe siècles. Véritables tableaux vivants, les pièces donnent l'impression que leurs occupants viennent juste de partir. Il y a du pain dans les assiettes, du vin dans les verres et des fruits dans les compotiers. Les bougies sont allumées et, à l'extérieur, on entend les sabots des chevaux qui claquent sur les pavés. Le soir, en semaine, il est possible de participer à une visite plus complète de la maison. On y écoutera de la musique du XVIIIe siècle et on pourra y boire un verre. Ces soirées ne sont organisées que pour des groupes de moins de huit personnes. Les enfants de moins de 12 ans ne sont pas admis et les réservations doivent être effectuées au moins trois semaines à l'avance.

À proximité, sur Elder Street, on remarquera deux des « terraces » parmi les plus anciennes de Londres. Également édifiées dans les années 1720, nombre de ces maisons georgiennes, en brique, ont été restaurées.

Columbia Road Market ㉒

Columbia Rd E2. **Plan** 8 D3.
Liverpool St, Old St, Bethnal Green.
Visite *: le dim. de 8 h 30 à 13 h. Voir* ***Boutiques et marchés*** *p. 324-325.*

Même si l'on n'a pas l'intention d'acheter l'une des nombreuses plantes exotiques qui y sont proposées, parcourir Columbia Road est l'une des façons les plus agréables d'occuper un dimanche matin à Londres. Installé tout le long de la rue, dans de petites boutiques de style victorien, ce marché aux fleurs et aux plantes, très animé, est aussi parfumé que coloré. D'autres magasins vendent du pain cuit au feu de bois, des fromages fermiers, des antiquités et toutes sortes d'articles ayant un rapport avec les fleurs. On y trouve également un traiteur espagnol et un bon snack-bar, où on pourra se réchauffer en hiver.

Marché aux fleurs, Columbia Road

2000
LOUISE BOURGEOIS
COLLECTION

SOUTHWARK ET BANKSIDE

Jadis, le quartier de Southwark permettait de fuir l'austérité et le sérieux de la City. Borough High Street était bordée de tavernes : les cours, qui datent du Moyen Âge, indiquent encore les emplacements de ces établissements. Parmi les auberges de Londres qui étaient dotées d'une galerie, seul le George a subsisté. Les maisons qui faisaient face au fleuve abritaient des maisons closes et le quartier comptait, au XVIe siècle, plusieurs théâtres, des jardins et des montreurs d'ours. La troupe de Shakespeare se produisait au Globe, reconstruit près de son emplacement d'origine. La rive sud de la Tamise a subi d'importants travaux de rénovation. Les plus beaux sites de Southwark se trouvent près du fleuve, du Design Museum jusqu'à la Tate Modern en passant par le Millenium Bridge, les pubs anciens et la cathédrale.

Vitrail de Shakespeare, Southwark Cathedral

LE QUARTIER D'UN COUP D'ŒIL

Rues et sites historiques
Hop Exchange 2
The Old Operating Theatre 5
Cardinal's Wharf 7
Bermondsey 13

Musées et galeries
Shakespeare's Globe 6
Bankside Gallery 8
Tate Modern p. 178-181 9
Vinopolis 11
Clink Prison Museum 12
London Dungeon 14
Design Museum 15

Cathédrale
Southwark Cathedral 1

Pubs
George Inn 4
The Anchor 10

Marché
Borough Market 3

Navire historique
HMS *Belfast* 16

0 500 m
0 500 yards

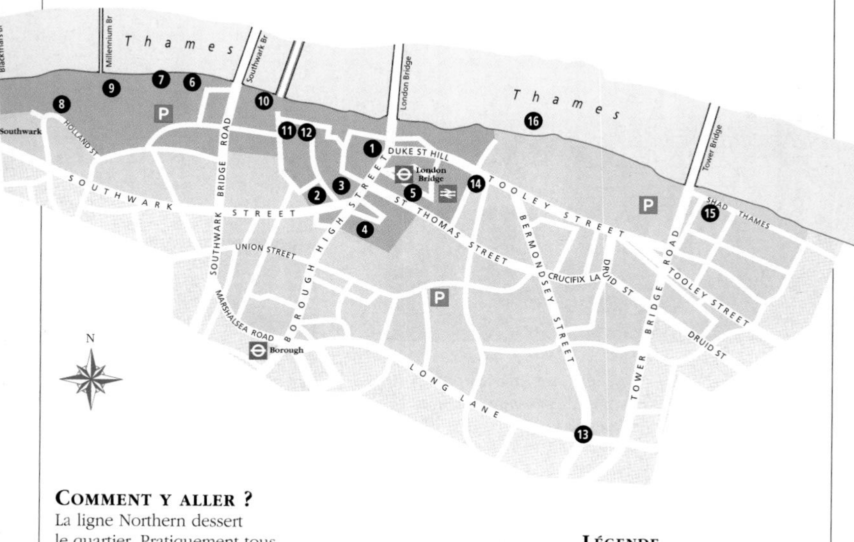

COMMENT Y ALLER ?

La ligne Northern dessert le quartier. Pratiquement tous les trains qui partent des gares ferroviaires Charing Cross ou Cannon Street s'arrêtent à London Bridge. La Jubilee Line assure des correspondances depuis l'est et l'ouest de Londres.

VOIR AUSSI

• ***Atlas des rues***, plans 14, 15, 16
• ***Hébergement*** p. 272–285
• ***Restaurants*** p. 286–311

LÉGENDE

- Plan du quartier pas à pas
- Station de métro
- Gare ferroviaire
- Parc de stationnement

◁ **Le Millennium Bridge, en face de la Tate Modern**

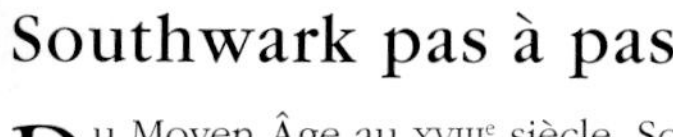

Southwark pas à pas

Du Moyen Âge au XVIIIe siècle, Southwark fut un lieu de prédilection pour mener une vie de plaisirs. Situé au sud de la Tamise, le quartier échappait à la juridiction de la City qui était hostile, entre autres, au théâtre élisabéthain. Aux XVIIIe et XIXe siècles, docks, entrepôts, usines et les chemins de fer s'y implantent. Aujourd'hui, c'est un quartier attractif en plein développement avec l'implantation de la Tate Modern.

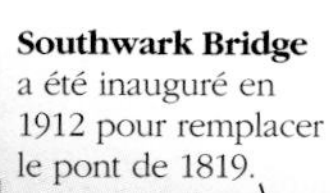

Southwark Bridge a été inauguré en 1912 pour remplacer le pont de 1819.

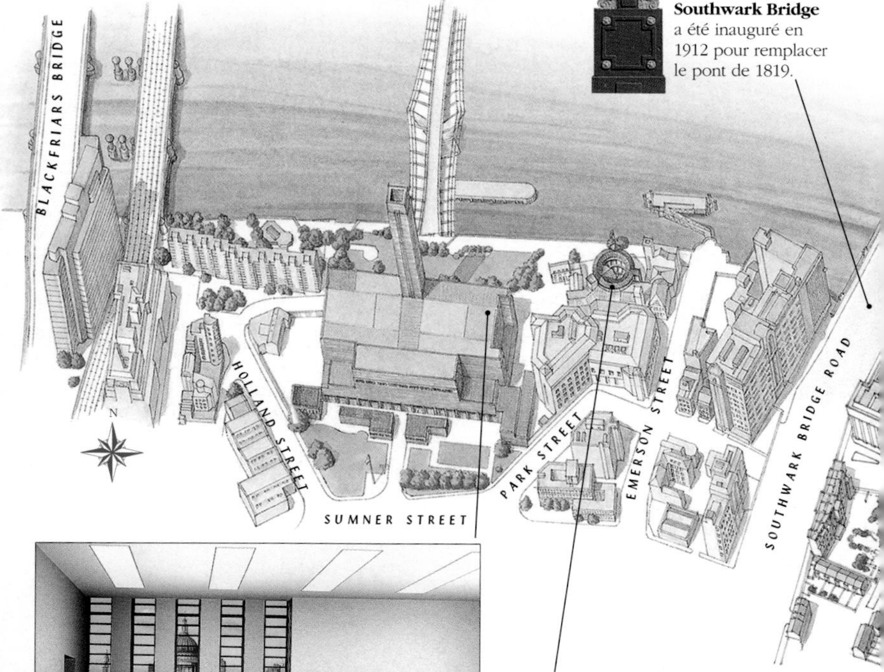

BLACKFRIARS BRIDGE
HOLLAND STREET
SUMNER STREET
PARK STREET
EMERSON STREET
SOUTHWARK BRIDGE ROAD
N

Tate Modern
L'ancienne centrale électrique de Bankside abrite un centre d'art contemporain, où les immenses espaces forment un cadre parfait pour les expositions 9

★ Shakespeare's Globe
Cette magnifique reconstitution d'un théâtre élisabéthain propose des spectacles en plein air l'été 6

À NE PAS MANQUER

- ★ Southwark Cathedral
- ★ Tate Modern
- ★ Shakespeare's Globe

0 100 m
0 100 yards

LÉGENDE

— — — Itinéraire conseillé

Le fleuve à Southwark

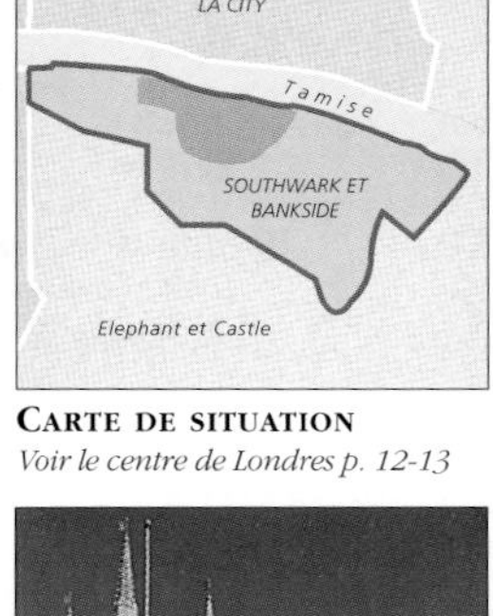

Carte de situation

Voir le centre de Londres p. 12-13

The Anchor
Célèbre depuis de nombreuses années, ce pub offre une belle vue sur la Tamise ⓾

Vinopolis
La cité du vin est une nouvelle attraction basée sur la rive ⓫

Clink Prison Museum
Ce musée installé sur l'emplacement de la célèbre prison retrace le passé du quartier ⓬

Rosace

Réplique du Golden Hind, vaisseau de Francis Drake

Southwark Cathedral
Malgré les altérations qu'elle a subies, elle possède encore des éléments médiévaux ❶

De l'époque romaine à 1750, **London Bridge** fut le seul pont à traverser la Tamise. Le pont actuel, achevé en 1972, a remplacé l'ouvrage de 1831, qui a été transporté et reconstruit… en Arizona !

Borough Market
Un marché est établi sur cet emplacement depuis 1276. À présent, on y vend des fruits et des légumes en gros ❸

War Memorial
Érigé en 1924 sur Borough High Street, ce monument aux morts rend hommage aux soldats disparus lors de la Première Guerre mondiale.

George Inn
est la dernière auberge à galerie de la capitale ❹

Southwark Cathedral ❶

Montague Close SE1. **Plan** 15 B3. *020-7367 6700.* *London Bridge.* ***Ouvert*** *: 8 h-18 h t.l.j.* *dim. à 11 h.* ***Concerts.***

Cette église n'a été élevée au rang de cathédrale qu'en 1905. Certaines parties de l'édifice datent du XIIe siècle, époque à laquelle elle était rattachée au prieuré, et nombre de ses particularités médiévales ont subsisté. On peut y voir une sculpture en bois, de la fin du XIIIe siècle, représentant un chevalier. John Harvard, fondateur de l'université qui porte son nom, a été baptisé ici en 1607.

La cathédrale a été entièrement restaurée et nettoyée. Grâce à ce programme de plusieurs millions de livres sterling, on lui a adjoint de nouveaux bâtiments qui comprennent une boutique et un centre multi-média.

À l'extérieur, des paysagistes ont œuvré pour créer un jardin d'herbes et une cour attrayante qui conduit aux rives de la Tamise.

Vitrail rendant hommage à Shakespeare, dans la cathédrale

Hop Exchange ❷

Southwark St SE1. **Plan** 15 B4. *London Bridge.* ***Fermé*** *au public.*

Southwark, quartier aisément accessible depuis la région du Kent où le houblon est cultivé, était le lieu où négociaient les brasseurs et les agriculteurs. Aujourd'hui transformé en immeuble de bureaux, l'édifice a conservé ses éléments de décoration : des bas-reliefs et des grilles en fer forgé représentant la récolte du houblon.

George Inn appartient aujourd'hui au National Trust

Borough Market ❸

Stoney St SE1. **Plan** 15 B4. *London Bridge.* ***Marché ouvert*** *: midi-6 h ven., 9 h-16 h sam.*

Récemment encore, ce marché situé sous la voie ferrée était spécialisé dans la vente en gros de fruits et légumes. Né au Moyen Âge, il s'était établi à cet endroit en 1756. C'est devenu aujourd'hui un marché très fréquenté où l'on trouve des produits anglais et européens, et des fruits et légumes de qualité.

George Inn ❹

77 Borough High St SE1. **Plan** 15 B4. *020-7407 2056.* *London Bridge, Borough.* ***Visite*** *: 11 h-23 h lun. - sam., midi - 22 h 30 dim.* *Voir* ***Restaurants et pubs*** *p. 309-311.*

Construite au XVIIe siècle, cette auberge dotée, à l'intérieur, d'une galerie en bois, est la seule de ce type à avoir subsisté dans la capitale. Elle a été reconstruite dans un style médiéval après l'incendie de Southwark, en 1676. Initialement, elle était constituée de trois corps de bâtiment entourant une cour dans laquelle, au XVIIe siècle, on donnait des représentations théâtrales. En 1889, les ailes N. et E. ont été démolies lors de la construction de la voie ferrée.

L'auberge, qui appartient désormais au National Trust, abrite toujours un pub et un restaurant. L'été, pièces de théâtre et spectacles divers sont présentés dans la cour.

The Old Operating Theatre ❺

9a St Thomas St SE1. **Plan** 15 B4. *020-7955 4791.* *London Bridge.* ***Visite*** *: 10 h 30-17 h t.l.j.* ***Fermé*** *: 15 déc.-15 janv.* ***Accès payant.*** www.thegarret.org.uk

L'hôpital Saint-Thomas, le plus ancien de Grande-Bretagne, est resté sur cet emplacement depuis sa création, au XIIe siècle, jusqu'à son transfert à Lambeth en 1862. La plupart des bâtiments furent alors démolis pour faciliter la construction de la voie ferrée. Si la salle d'opérations

Instruments de chirurgie du XIXe s.

subsista, ce fut uniquement parce qu'elle se trouvait à bonne distance des bâtiments principaux, dans les combles de l'église de l'hôpital (désormais utilisée comme salle du chapitre de la Southwark Cathedral). Elle tomba dans l'oubli jusqu'aux années 1950. Restaurée, elle a aujourd'hui retrouvé son aspect du début du XIXe siècle, quand il n'y avait ni anesthésie ni antiseptiques.

Bâillonnés, les yeux bandés, les patients étaient solidement attachés à une table de bois. En dessous, une boîte de sciure absorbait le sang.

***Henri IV* de Shakespeare, représenté au Globe vers 1600**

Shakespeare's Globe ❻

New Globe Walk SE1. **Plan** 15 A3. *020-7902 1400. London Bridge, Mansion House . **Ouvert** mi-mai-sept. : 9 h 15-12 h 15 ; oct.-avril : 10 h-17 h t.l.j. **Spectacles** : saison mi-mai-sept. **Accès payant.*** www.shakespeare-globe.org

Cette reconstruction fidèle d'un théâtre élisabéthain a été élevée au bord de la Tamise, à quelques centaines de mètres seulement du site de l'ancien Globe, le théâtre où beaucoup de pièces de Shakespeare furent jouées pour la première fois. Le théâtre ne fonctionne qu'en été, car il a été conçu pour des spectacles à ciel ouvert (les places sont toutefois protégées). Quand il n'y a pas de représentations, on peut participer à une visite commentée par des acteurs, qui explique comment Sam Wanamaker a réussi à mener à bien ce projet, qui avait peu de chances au départ. Une exposition et une présentation vidéo retracent l'histoire du Globe, ainsi que la vie de Shakespeare et d'autres artistes élisabéthains.

Cardinal's Wharf ❼

SE1. **Plan** 15 A3. *London Bridge.*

Un petit groupe de maisons du XVIIe siècle a subsisté à proximité de la nouvelle Tate Modern *(p. 178)*. Une plaque rappelle le séjour de Christopher Wren dans l'une d'entre elles lors de la construction de la cathédrale St-Paul *(p. 148-151)*. De cet emplacement, il avait sans doute une vue superbe sur le chantier engagé sur l'autre rive.

Bankside Gallery ❽

48 Hopton St SE1. **Plan** 14 F3. *020-7928 7521. Blackfriars, Waterloo. **Ouvert** : 10 h-20 h mar., 10 h-17 h mer.-ven., 11 h-17 h. sam. et dim. **Fermé** 25-26 déc., 2 jan. **Accès payant. Conférences.*** www.banksidegallery.com

Cette galerie moderne, installée au bord de la Tamise, abrite la Société royale des aquarellistes et la Société royale des peintres graveurs. Leurs membres sont élus par leurs pairs selon une tradition qui remonte à 200 ans. Leurs travaux sont aussi bien classiques qu'expérimentaux. Des expositions temporaires d'aquarelles et de gravures y sont régulièrement organisées. Une partie des œuvres exposées est à vendre. Une boutique propose des livres d'art et du matériel de dessin.

À proximité, depuis le Founders' Arms, un pub construit sur le site où les cloches de St-Paul furent fondues, la vue sur la cathédrale est exceptionnelle.

Au sud, sur Hopton Street, on remarquera d'anciennes maisons de retraite construites à partir de 1752.

Panorama depuis le Founders'Arms

Maisons du XVIIe siècle sur Cardinal's Wharf

Tate Modern ❾

Installée sur la rive sud de la Tamise, dans l'ancienne centrale électrique de Bankside, la Tate Modern présente l'une des plus extraordinaires collections d'art du XXe siècle. Jusqu'en 2000, l'important fonds de la Tate était disséminé dans trois galeries : la Tate St Ives, la Tate Liverpool et la Tate Gallery, aujourd'hui Tate Britain (*p. 82-85*). Lorsque la Tate Modern vint s'y ajouter, un espace destiné à accueillir une collection d'art contemporain de plus en plus importante vit le jour. Grâce au roulement régulier des œuvres et aux nombreuses expositions temporaires, les visiteurs peuvent admirer d'innombrables créations.

★ Composition (Homme et femme) *(1927)*
La sculpture d'Alberto Giacometti représente l'être humain prisonnier de la vie urbaine.

Do We Turn Round Inside Houses, or Is It Houses which Turn Around Us ? *(1977-1985)*
Les « igloos » de Mario Merz appellent une réflexion sur la relation entre l'Homme et la Nature.

Death from Death Hope Life Fear *(1984)*
Gilbert et George sondent les mystères de l'âme humaine.

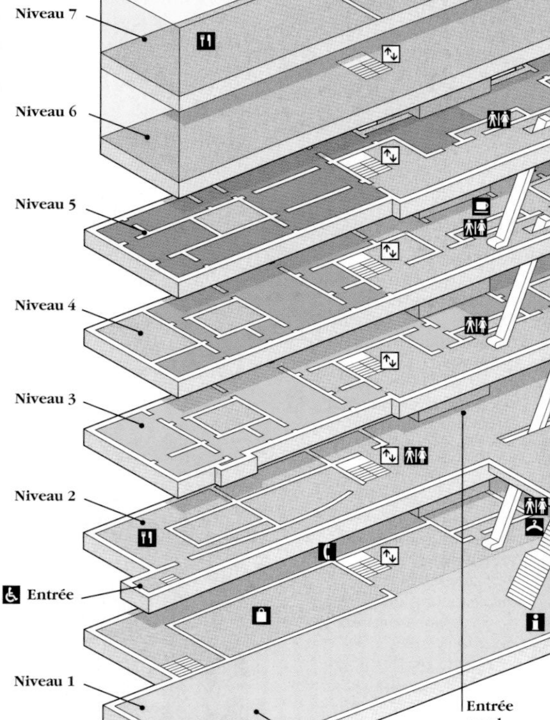

Turbine Hall : l'imposante salle des turbines constitue un défi pour les artistes qui y exposent.

LÉGENDE

- Turbine Hall
- Nature morte/objets/vie réelle
- Paysages/matière/environnement
- Nus/action/corps humain
- Histoire/mémoire/société
- Expositions temporaires
- Salles sans expositions

Standing by the Rags *(1988-1989)*
Avec sa représentation sans concession du corps humain, Lucian Freud nous incite à revoir notre conception du corps. Les nus de l'artiste comptent parmi ses meilleurs tableaux. Celui-ci en constitue un superbe exemple.

MODE D'EMPLOI

Holland St, SE1. **Plan** 14 F3, 15 A3. *020-7887 8000.* *Blackfriars, Mansion House, Southwark.* *45, 63, 100, 344, 381.* **Ouvert** : *dim.-jeu. 10 h-18 h, ven.-sam. 10 h-22 h.* **Fermé** 24-26 déc. **Entrée payante** *pour les expositions seul.*
www.tate.org.uk

Soft Drainpipe-Blue (Cool) Version *(1967)*
C'est une publicité pour des tuyaux de drainage qui a inspiré cette sculpture à l'artiste pop Claes Oldenburg. Comme souvent, il recourt ici à des matières souples pour représenter des surfaces dures, rendant étranges des objets familiers.

Ce « coffrage de verre » de deux étages laisse pénétrer la lumière dans les galeries supérieures.

Deux salles de lecture abritent une sélection de livres d'art et des fauteuils confortables.

Le balcon offre une superbe vue de St Paul's Cathedral *(p. 148-151)* au-delà du fleuve.

SUIVEZ LE GUIDE !

L'entrée principale, à l'ouest, donne sur la salle des turbines (Turbine Hall). Là, un escalier mène au café et au foyer du niveau 2, et un escalator conduit les visiteurs au niveau 3 (galeries). Le niveau 4 est consacré aux expositions temporaires, le niveau 5 aux galeries. L'accès au niveau 6 est réservé au personnel. Au niveau 7, un restaurant offre de magnifiques vues de la ville.

★ **Light Red over Black** *(1957). Ce tableau représentant des rectangles flous sur un fond vertical est caractéristique des œuvres tardives de Mark Rothko.*

★ **Le Baiser** *(1901-1904)*
Cette sculpture d'Auguste Rodin représente un couple adultère, Paolo et Francesca, des personnages de l'Enfer (Inferno) de Dante Alighieri.

À NE PAS MANQUER

★ **La Composition de Giacometti**

★ **Rouge clair sur noir de Rothko**

★ **Le Baiser de Rodin**

À la découverte de la Tate Modern

Contrairement aux conventions, la Tate Modern a opté pour une organisation thématique, et non chronologique ou par école. Ce parti-pris brasse les mouvements et les supports. Quatre thèmes reposant sur les genres traditionnels (nature morte/objets/vie réelle ; paysages/matière/environnement ; nus/action/corps ; histoire/mémoire/société) illustrent comment, au cours du XXe siècle, les artistes ont abordé les traditions, pour les perpétuer ou les rejeter.

***After Lunch* (1975) de Patrick Caulfield**

Nature morte/objets/vie réelle

Tout comme une superbe musique se passe de paroles, une belle peinture n'a pas forcément un sujet important. Il fallut attendre le XVIIe siècle pour que ce postulat, qui préside à la nature morte, soit pleinement apprécié. Des artistes se mirent alors à représenter la poésie simple du monde qui nous entoure. Au début du XXe siècle, des artistes comme Paul Cézanne, et plus tard Pablo Picasso et Georges Braque, ont poussé plus loin ce raisonnement en incluant la réalité (journaux, papiers peints, etc.) à l'œuvre. Dans les années 1930, les surréalistes ont apporté une touche d'humour et d'érotisme à la nature morte, ce qu'illustre le *Téléphone-homard* de Salvador Dalí (*p. 41*). Quant à Marcel Duchamp, il a totalement réinterprété ce genre en représentant des objets usuels comme des œuvres d'art (dont le célèbre urinoir intitulé *Fontaine*). Dans la seconde moitié du XXe siècle, cette idée a été explorée par des artistes comme Cathy de Monchaux, Claes Oldenburg et le célèbre Carl Andre dont l'*Équivalent VIII*, aux yeux des non initiés, ressemble fort à une pile de briques. Dans sa peinture, Patrick Caulfield oppose nature morte à vie réelle en inversant la relation entre la représentation et la réalité. Dans *After Lunch*, le paysage idéalisé au mur est une « vraie » vue de la fenêtre ou simplement une image.

Paysages/matière/environnement

Alors que l'industrialisation menaçait la Nature, la peinture de paysages connut un engouement au XIXe siècle. Ici, la Tate Modern s'intéresse à la représentation de notre environnement par les artistes du XXe siècle, en commençant par les transformations radicales des impressionnistes. Des artistes comme Cézanne, avec *Dans le parc de Château Noir* et Henri Matisse, avec *La Plage rouge*, tentèrent de capturer l'essence de la Nature en peignant ce qu'ils voyaient, et non ce qu'ils pensaient devoir voir. *Les Nymphéas* de Claude Monet (vers 1914) côtoient le *Cercle de schiste rouge* de Richard Long (1988), démontrant la capacité des deux artistes à s'immerger dans le paysage. Les œuvres abstraites exubérantes de Jackson Pollock et les surfaces de couleur magiques de Mark Rothko sont elles aussi représentées ici, tout comme les sculptures biomorphiques de Barbara Hepworth et d'Henry Moore, présentant la Nature sous une forme abstraite en trois dimensions.

Nus/action/corps

Depuis l'Antiquité grecque, le corps humain est l'un des thèmes majeurs de l'art occidental. La Tate Modern réunit ici des artistes du XXe siècle qui se sont efforcés de repenser le corps. Parmi les peintures et les sculptures

La centrale électrique de Bankside

Cette imposante forteresse a été conçue en 1947 par Sir Giles Gilbert Scott, l'architecte de la centrale électrique de Battersea, de Waterloo Bridge et des célèbres cabines téléphoniques rouges londoniennes. La construction réunit plus de 4,2 millions de briques incluses dans des structures en acier. La salle des turbines (Turbine Hall) a été conçue pour accueillir de gigantesques générateurs alimentés au fuel. Trois immenses cuves se trouvent toujours sur place, enterrées au sud du bâtiment. Elles seront utilisées à une étape ultérieure du développement du musée. La centrale a été reconvertie par des architectes suisses, Herzog et de Meuron, qui ont imaginé le coffrage de verre qui court sur toute la longueur du bâtiment. Ce dernier éclaire les galeries supérieures et offre de magnifiques vues de Londres.

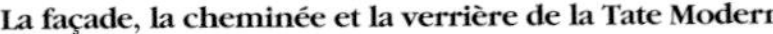

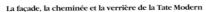

La façade, la cheminée et la verrière de la Tate Modern

***Summertime : Number 9A* (1948) de Jackson Pollock**

présentées, on admirera les *Études pour trois visages sur la base de la Crucifixion* de Francis Bacon et les *Trois Danseuses* de Picasso, aux étranges proportions. Avec sa sculpture *Man pointing*, Alberto Giacometti rejoint Amedeo Modigliani, réinterprétant la représentation de l'être humain dans l'art africain.

Dans *Le Bain*, Pierre Bonnard dépeint le corps humain avec sensualité, mais aussi avec tristesse, en plaçant un sujet aux couleurs douces dans une composition géométrique contraignante. Quant à la peinture détaillée du corps de Lucian Freud, elle témoigne du regard cru de l'artiste.

Né dans les années 1960, le Performance Art recourait au corps de l'artiste comme moyen d'expression, intégrant souvent la photographie et le film dans les œuvres. Des artistes contemporains, comme Gilbert et George, associent la photo et des tactiques de choc pour pousser plus avant l'exploration du corps.

Histoire/mémoire/société

Couvrant aussi bien les mythes antiques que la littérature et les événements historiques, ces salles exposent les œuvres d'artistes qui se sont intéressés à la morale, à la société et à la politique. Le personnage pressé d'Umberto Boccioni, *Formes uniques de la continuité dans l'espace*, incarne la vitesse, la force et la mécanisation – qualités idéalisées par le mouvement futuriste. *La femme qui pleure* de Picasso représente la souffrance d'un être humain, mais aussi celle du peuple espagnol pendant la guerre civile. Une salle est entièrement consacrée aux artistes de De Stijl (« Style »), un mouvement hollandais aspirant à un art totalement abstrait accessible à tous. Son représentant le plus connu est Piet Mondrian, dont les peintures abstraites raffinées côtoient les sculptures à base de tubes fluorescents de Dan Flavin. Là encore, ces associations inattendues incitent le spectateur à s'interroger sur la proximité de certaines œuvres et sur leurs points communs. On y découvre aussi des artistes de l'avant-garde moderniste, qui s'efforcent non pas de traiter du passé ou du présent, mais de l'effacer. À travers des œuvres absurdes comme *Fluxipingpong*, le collectif Fluxus incite les visiteurs à tout considérer comme de l'art, sauf précisément les œuvres des musées et des galeries.

***Formes uniques de la continuité dans l'espace* (1913) d'Umberto Boccioni**

***Maman* (2000) de Louise Bourgeois**

Expositions spéciales

Outre sa collection permanente, la Tate Modern présente diverses expositions temporaires, dont trois grandes manifestations par an (rétrospectives de grands maîtres ou présentations de mouvements majeurs). Par ailleurs, des projets plus modestes sont présentés dans le musée, ou ailleurs. Une fois par an, la Tate Modern invite un artiste à créer une œuvre en mesure d'occuper la vaste Salle des turbines (Turbine Hall). Louise Bourgeois fut la première à relever le défi, suivie de Juan Muñoz et Anish Kapoor. Elle a conçu trois tours géantes et une araignée de 9 m de haut.

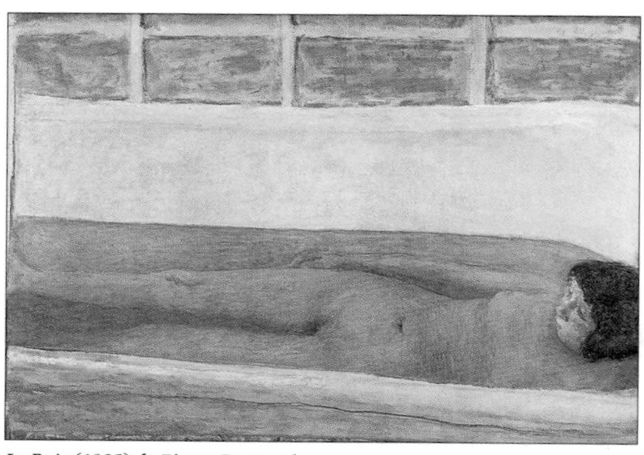

***Le Bain* (1925) de Pierre Bonnard**

The Anchor ⓾

34 Park St SE1. **Plan** 15 A3. *020-7407 1577. London Bridge.* **Ouvert** *11 h–23 h lun– sam, midi–22 h 30 dim.*

L'un des plus célèbres pubs des rives de la Tamise, il a été construit après l'incendie qui dévasta le quartier en 1666 (*p. 22-23*). Le bâtiment actuel date du XVIIIe siècle, mais des vestiges d'une hôtellerie bien plus ancienne ont été découverts dans le sous-sol. Jadis, l'auberge était associée à une brasserie, de l'autre côté de la rue, qui appartenait à Henry Thrale, un ami intime de Samuel Johnson (*p. 140*). À la mort de Thrale en 1781, Samuel Johnson assista à la vente de la brasserie et encouragea les enchérisseurs pour en faire monter le prix.

En été, la terrasse au bord de la Tamise permet de profiter d'une vue superbe sur la City.

Enseigne du pub The Anchor

Vinopolis ⓫

1 Bank End SE1. **Plan** 15 B3. *0870 444 4777. London Bridge.* **Ouvert** *11 h-21 h (der. entrée 19 h) lun., 11 h-18 h (der. entrée 16 h) mar.-ven. & dim., 11 h-18 h (der. entrée 18 h) sam.* **Entrée payante**. ***Bar à vins, à tapas**.*

Mêlant divertissements interactifs et expositions éducatives, ce site unique en son genre, dédié aux plaisirs du vin, plaira à tous ceux qui souhaitent en savoir davantage sur la production et la dégustation de cette boisson. Installé dans des arches de chemins de fer victoriens, Vinopolis explore l'histoire de la vigne jusqu'à la nuit des temps, et présente le processus de la production du vin, de la plantation des ceps à l'étiquetage des bouteilles. Des « étapes-dégustation » permettent même de faire des travaux pratiques ! Après la visite, vous pourrez acheter divers excellents grands crus chez le marchand de vins. Une boutique propose également quantité d'articles liés au vin, comme des tire-bouchons innovants et des flûtes à champagne.

Brocanteur au marché de Bermondsey

Clink Prison Museum ⓬

1 Clink St SE1. **Plan** 15 B3. *020-7378 1558. London Bridge.* **Ouvert** *mai-sept 10 h-19 h t.l.j. ; oct-avril 10 h-18 h t.l.j.* **Fermé** *25 déc., 1er janv.* **Entrée payante**. *groupes (téléphoner).* www.clink.co.uk

Désormais transformée en musée macabre, cette prison qui ouvrit au XIIe siècle fut la propriété des évêques de Winchester, qui occupèrent successivement le palais adjacent, à l'est du musée. Au XVe siècle, la prison fut baptisée « The Clink », puis elle ferma en 1780. Aujourd'hui, tout ce qu'il en reste est une jolie rosace.

Le musée retrace l'histoire de la prison, en racontant l'histoire des détenus qui y furent incarcérés, dont de nombreuses prostituées, des personnes endettées et des prêtres. Les instruments de torture présentés au public, que vous pourrez manipuler, feront frémir d'horreur les âmes sensibles.

Réplique d'un casque de la guerre civile, fabriquée au Clink

Bermondsey ⓭

SE1. **Plan** 15 C5. *London Bridge, Borough.* **Marché *Ouvert*** *5 h-15 h ven., ferme à midi.* **Musée** *020-7403 0222.*

Les ruelles tortueuses de Bermondsey sont bordées de bâtiments du Moyen Âge, du XVIIIe siècle et de l'époque victorienne. Aujourd'hui, le site est renommé pour son marché aux antiquités, l'un des plus grands de Londres. Tous les vendredis, au lever du jour, les antiquaires viennent y proposer leurs dernières acquisitions. La presse rapporte quelquefois qu'un chef-d'œuvre disparu depuis longtemps y a été acheté pour une bouchée de pain. Les lève-tôt optimistes pourront venir y tenter leur chance. Toutefois, sachez que les transactions commencent aux aurores, et qu'à l'heure où la plupart des gens se réveillent, les meilleures affaires ont déjà été conclues.

En 2002, le nouveau Fashion and Textile Museum (*musée de la Mode et du Textile*) a ouvert sur Bermondsey Street. Il présente le meilleur de la mode britannique, avec les collections de Zandra Rhodes, et des vêtements de différentes régions du monde.

London Dungeon ⓮

Tooley St SE1. **Plan** 15 C3. *020-7403 7221.* *London Bridge.* ***Ouvert*** *:juil.-sept. 9 h 30-20 h t.l.j, oct.-juin 10 h-17 h 30 t.l.j.* ***Fermé*** *25 déc.* ***Entrée payante****.* www.thedungeons.com

Version sophistiquée de la chambre des Horreurs de Madame Tussaud's (*p. 224*), ce musée est très apprécié des enfants. Il évoque les événements les plus sinistres de l'histoire du pays. On y assiste à un sacrifice humain accompli par des druides à Stonehenge, à l'exécution d'Anne Boleyn sur ordre de son époux le roi Henri VIII et aux souffrances subies par les Londoniens, contaminés en 1665 par la Grande Peste. Tortures, meurtres et sorcellerie complètent le tableau.

Sculpture d'Eduardo Paolozzi à l'extérieur du Design Museum

Design Museum ⓯

Butlers Wharf, Shad Thames SE1. **Plan** 16 E4. *020-7403 6933.* *020-7940 8790.* *Tower Hill, London Bridge.* ***Ouvert*** *10 h-17 h 45 t.l.j. (der. entrée 17 h 15).* ***Fermé*** *24-26 déc.* ***Entrée payante****.* *020-7378 7031 (réserver).* www.designmuseum.org

Ce musée fut le premier en Grande-Bretagne à être entièrement voué au design du XXe et du XXIe siècle. La collection présente aussi bien du design appliqué que du design graphique, des vêtements, des meubles, des réalisations architecturales, etc. On y trouve des objets de la vie courante : matériel de bureau, voitures, radios, téléviseurs,

Le London Dungeon, aussi lugubre que ses instruments de torture

ainsi que des objets usuels du passé.

Le musée expose des objets-culte, comme la voiture prototype de Le Corbusier et le fauteuil innovant d'Alvar Aalto. Des expositions temporaires consacrées à divers thèmes, comme les nouveaux matériaux, les mouvements artistiques ou l'impact du design sur la vie quotidienne, permettent de présenter tous les éléments de la vaste collection du musée.

Le musée occupe deux niveaux : les grandes expositions sont présentées au premier étage, tandis que la galerie du design contemporain, au deuxième étage, présente plusieurs petites expositions. À l'extérieur, le long du fleuve, le Design Museum Tank accueille des installations de grands artistes et des designers contemporains. Au premier étage se trouve aussi le Blueprint Café, un restaurant offrant de magnifiques vues de la Tamise, surtout de nuit.

HMS Belfast ⓰

Morgan's Lane, Tooley St SE1. **Plan** 16 D3. *020-7940 6328.* *London Bridge, Tower Hill.* ***Ouvert*** *mars-oct. : 10 h-18 h t.l.j. ; nov.-fév. : 10 h-17 h t.l.j.* ***Fermé*** *24-26 déc.* ***Entrée payante****.* *limité.* www.lwm.org.uk

Mis en service en 1938 pour servir lors de la Seconde Guerre mondiale, le HMS *Belfast* a permis la destruction du croiseur allemand *Scharnhorst*, dans la bataille du cap Nord. Il s'est également illustré lors du Débarquement.

Après la guerre, le croiseur, conçu pour des actions offensives et pour soutenir des opérations amphibies, fut envoyé en Corée pour les Nations-Unies. Il resta en service dans la marine britannique jusqu'en 1965.

Ancré depuis 1971, le navire a été transformé en musée de la marine. Une partie a été réaménagée pour recréer la vie à bord en 1943, quand il participa au coulage du croiseur allemand. D'autres présentations illustrent la vie à bord durant la deuxième guerre mondiale. On y trouve également des objets liés à l'histoire de la Royal Navy.

Cette visite est une passionnante sortie en famille. Par ailleurs, des week-ends éducatifs, avec diverses activités, sont proposés pour les enfants.

Le croiseur HMS *Belfast* sur la Tamise, un spectacle familier

SOUTH BANK (LA RIVE SUD)

Construit depuis le Festival of Britain (1951), le South Bank Centre a investi toute la zone située à proximité du Royal Festival Hall. L'architecture de certains bâtiments, comme celle de la Hayward Gallery, par exemple, a fait couler beaucoup d'encre, mais les passions se sont apaisées. Le quartier connaît aujourd'hui un certain succès et les amateurs de culture s'y rendent nombreux, l'après-midi ou en soirée. On y trouve notamment le National Film Institute et le cinéma le plus impressionnant de Londres, l'IMAX (*p. 331*). La rive sud est devenue un lieu d'attraction avec l'érection de la plus haute roue d'observation au monde.

Panneaux au South Bank Centre

LE QUARTIER D'UN COUP D'ŒIL

Rues et édifices historiques
Palais de Lambeth 8
Gare de Waterloo 12
Gabriel's Wharf 11

Musées et galeries
Hayward Gallery 2
Florence Nightingale Museum 6
Museum of Garden History 7
Imperial War Museum 9

Attractions
County Hall 4
British Airways London Eye 5

Théâtres et salles de concert
Royal National Theatre 1
Royal Festival Hall 3
Old Vic 10

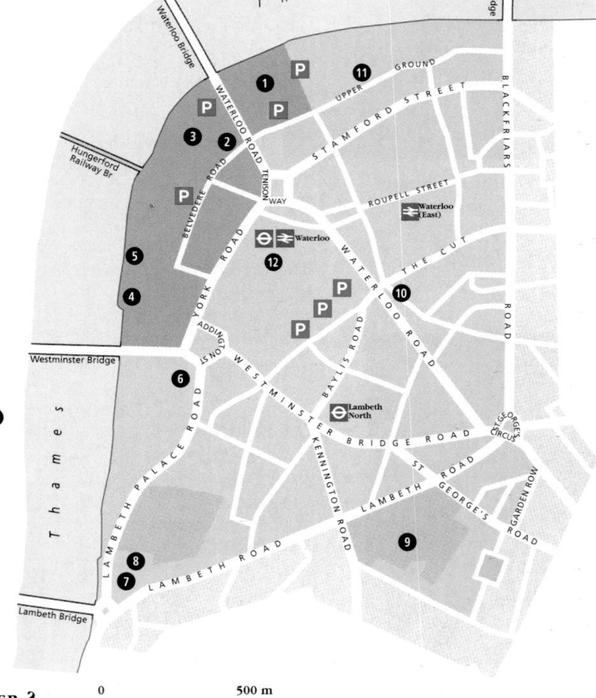

COMMENT Y ALLER ?

Les lignes de métro Northern et Bakerloo desservent la station Waterloo qui est aussi une gare ferroviaire. Quelques bus, dont les nos 12, 53 et 176 passent par Oxford Circus et Trafalgar Square et s'arrêtent sur la rive droite du fleuve, à proximité du South Bank Centre.

VOIR AUSSI

• ***Atlas des rues*** plans 13, 22
• ***Hébergement*** p. 272-285
• ***Restaurants*** p. 286-311

LÉGENDE

Plan du quartier pas à pas
Station de métro
Gare ferroviaire
Parc de stationnement

◁ **Promenade au bord du fleuve, à la hauteur du South Bank Centre**

Le South Bank Centre pas à pas

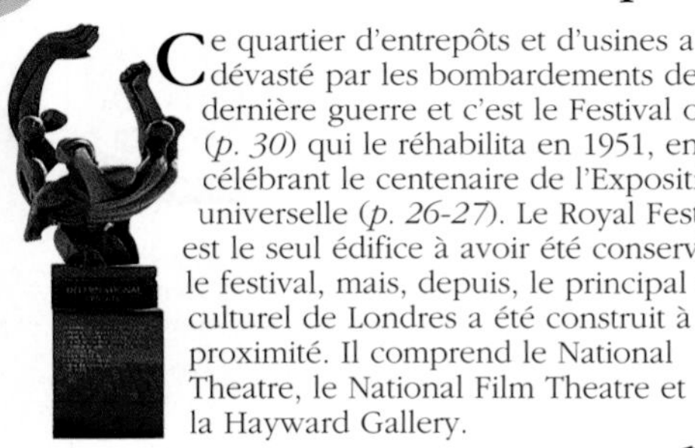

Ce quartier d'entrepôts et d'usines a été dévasté par les bombardements de la dernière guerre et c'est le Festival of Britain *(p. 30)* qui le réhabilita en 1951, en y célébrant le centenaire de l'Exposition universelle *(p. 26-27)*. Le Royal Festival Hall est le seul édifice à avoir été conservé après le festival, mais, depuis, le principal centre culturel de Londres a été construit à proximité. Il comprend le National Theatre, le National Film Theatre et la Hayward Gallery.

Monument rendant hommage à la Brigade internationale de la guerre d'Espagne

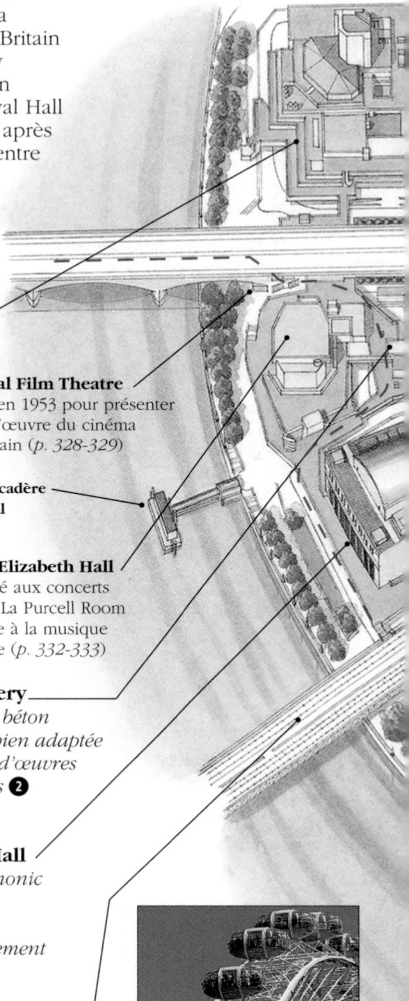

Vers le Strand

★ Royal National Theatre
Ses trois salles présentent le répertoire classique ou contemporain ❶

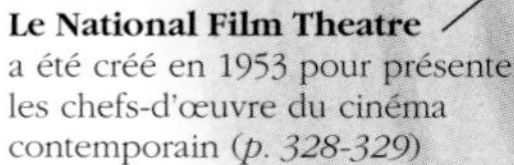

Le National Film Theatre a été créé en 1953 pour présenter les chefs-d'œuvre du cinéma contemporain *(p. 328-329)*

Embarcadère Festival

Le Queen Elizabeth Hall est consacré aux concerts classiques. La Purcell Room est réservée à la musique de chambre *(p. 332-333)*

Hayward Gallery
La structure en béton de l'édifice est bien adaptée à l'accrochage d'œuvres contemporaines ❷

★ Royal Festival Hall
Le London Philharmonic est l'un des grands orchestres qui se produisent régulièrement dans cette salle ❸

Hungerford Bridge a été construit en 1864. Il conduit trains et piétons à la gare de Charing Cross.

★ British Airways London Eye
La roue d'observation offre un panorama unique de Londres ❺

À NE PAS MANQUER

- **★ Le British Airways London Eye**
- **★ Le Royal National Theatre**
- **★ Le Royal Festival Hall**

Légende

Itinéraire conseillé

0 100 m

0 100 yards

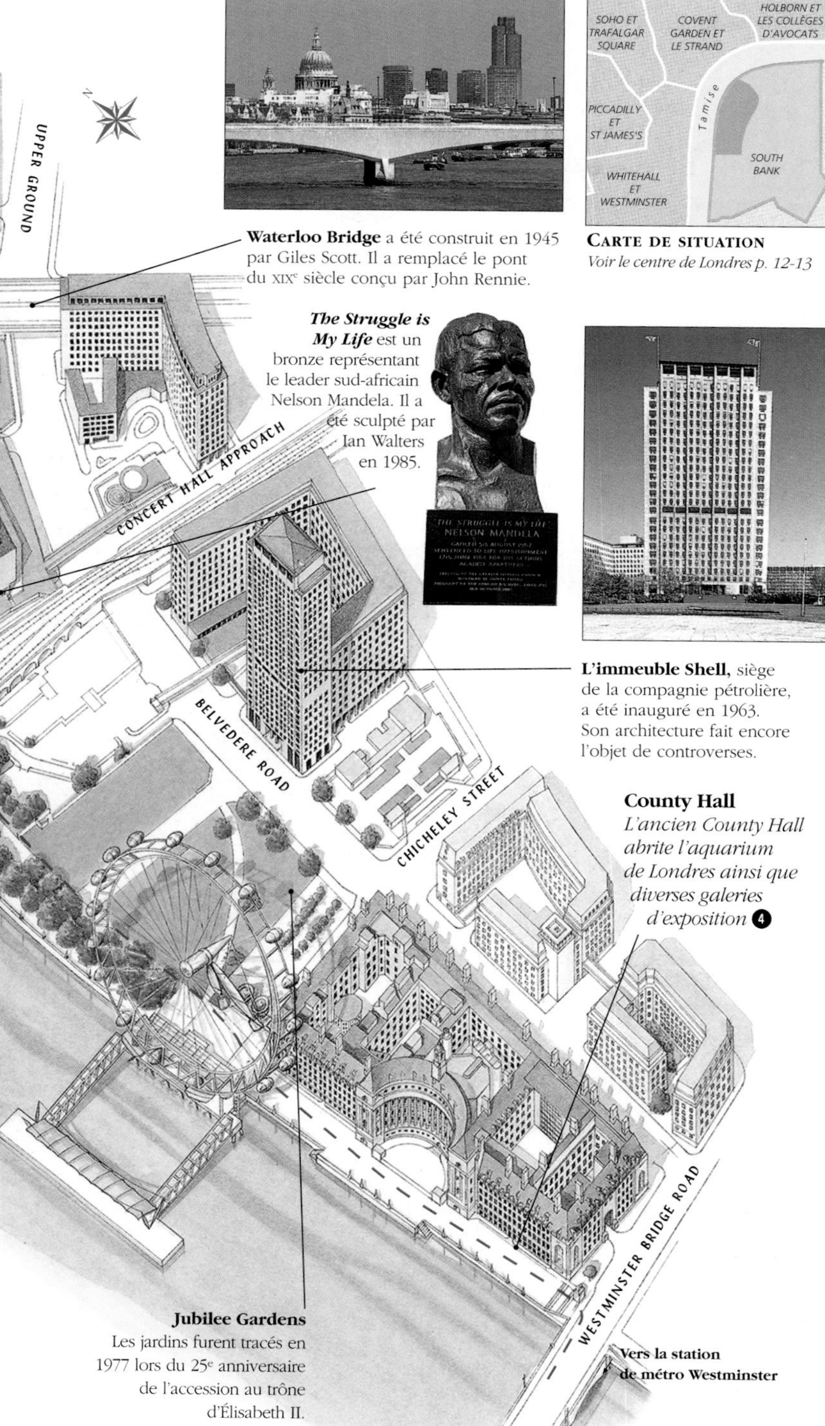

Carte de situation

Voir le centre de Londres p. 12-13

Waterloo Bridge a été construit en 1945 par Giles Scott. Il a remplacé le pont du XIXe siècle conçu par John Rennie.

The Struggle is My Life est un bronze représentant le leader sud-africain Nelson Mandela. Il a été sculpté par Ian Walters en 1985.

L'immeuble Shell, siège de la compagnie pétrolière, a été inauguré en 1963. Son architecture fait encore l'objet de controverses.

County Hall
L'ancien County Hall abrite l'aquarium de Londres ainsi que diverses galeries d'exposition ❹

Jubilee Gardens
Les jardins furent tracés en 1977 lors du 25e anniversaire de l'accession au trône d'Élisabeth II.

Vers la station de métro Westminster

La façade en béton de la Hayward Gallery a fait grincer bien des dents

Royal National Theatre ❶

South Bank Centre SE1. **Plan** 14 D3. 020-7452 3000. Waterloo. **Ouvert** *10 h-23 h lun.-sam.* **Fermé** *24, 25 déc., ven. saint.* *pendant les spectacles.* **Concerts** *18 h,* **expositions** *Voir* **Se distraire** *p. 328-329.* www.nationaltheatre.org.uk

Même si vous n'y venez pas pour voir un spectacle, ce complexe mérite d'être visité. La création d'un théâtre national et son emplacement ont donné lieu à d'âpres discussions pendant deux siècles. Le bâtiment conçu par Denys Lasdun a ouvert ses portes en 1976. La troupe, dirigée par l'acteur Laurence Olivier, a été constituée en 1963. La plus vaste des trois salles porte son nom et les autres, la Cottesloe et la Lyttleton, ceux de deux administrateurs.

L'affiche du Festival of Britain (1951)

Hayward Gallery ❷

South Bank Centre SE1. **Plan** 14 D3. 020-7928 3144. Waterloo. **Fermé** *pour rénovation jusqu'en octobre 2003, tél. pour les horaires d'ouverture.* **Entrée payante**. www.hayward.org.uk

L'architecture de la Hayward Gallery, en béton brut, a fait grincer bien des dents et nombreux sont ses détracteurs qui ont souhaité sa démolition ou son remaniement depuis son inauguration, en octobre 1968. L'ouverture d'un nouveau foyer construit en 2003 devrait modérer les avis. Hayward Gallery accueille de grandes expositions d'art classique et contemporain. Les œuvres des artistes britanniques contemporains y sont particulièrement bien représentées. Il y a souvent la queue, surtout le week-end.

Royal Festival Hall ❸

South Bank Centre SE1. **Plan** 14 D4. 020-7960 4242. Waterloo. **Ouvert** *: 10 h-22 h t.l.j.* **Fermé** *25 déc.* *pendant les spectacles.* **Conférences, expositions, concerts gratuits**. *Voir* **Se distraire** *p. 332.* www.rfh.org.uk

C'est la seule construction du Festival of Britain (*p. 30*) à ne pas avoir été démolie au terme de la manifestation. Conçue par Sir Robert Matthew et Sir Leslie Martin, la salle de concerts fut le premier bâtiment public important mis en chantier après la Deuxième Guerre mondiale. Au fil des années, d'autres institutions culturelles se sont installées à proximité. À l'intérieur, les escaliers – à la fois majestueux et fonctionnels – s'élancent depuis le hall d'entrée. Des musiciens prestigieux, comme la violoncelliste Jacqueline du Pré et le chef d'orchestre Georg Solti, s'y sont produits. L'orgue a été installé en 1954. Les étages inférieurs abritent des cafés et des librairies. Les coulisses et les loges se visitent.

County Hall ❹

Westminster Bridge Rd SE1. **Plan** 13 C4. **Aquarium** 020-7967 8000. Waterloo, Westminster. **Ouvert** *: 10 h-18 h t.l.j. (der. entrée 17 h).* **Entrée payante**.

Requin dans un bassin du London Aquarium

L'ancien siège du conseil municipal de Londres abrite désormais un complexe de loisirs, avec un aquarium, une exposition sur Salvador Dalí : « Dalí Universe », une salle de jeux vidéo : Namco Station, deux hôtels, plusieurs restaurants et un club de remise en forme.

L'immense aquarium présente des espèces des deux plus grands habitats au monde, l'Atlantique et le Pacifique. Il y a aussi un bassin où les enfants peuvent plonger les mains. Les plus grands apprécieront les jeux et les autos-tamponneuses de Namco, ouvert tous les jours de 10 h à minuit.

British Airways London Eye ❺

Le London Eye est une grande roue de 135 m de hauteur. Construite dans le cadre des célébrations de l'an 2000, elle se détache nettement du paysage londonien, non seulement en raison de sa grande taille, mais aussi de par sa forme circulaire parmi les bâtiments rectangulaires qui l'entourent. Trente-deux capsules, pouvant chacune accueillir 25 personnes, décrivent lentement une grande boucle, en 30 minutes. Par beau temps, l'Eye offre une vue magnifique, jusqu'à 40 km à la ronde dans toutes les directions, sur la capitale et ses environs verdoyants et vallonnés.

MODE D'EMPLOI

Jubilee Gardens SE1. **Plan** 14 D4.
0870 5000 600 (information et réservation 24 h à l'avance).
Waterloo, Westminster.
11, 24, 211.
***Ouvert** : jan.-mars et oct.-déc 9 h 30-19 h ; avr.-mai et sept. 9 h 30-20 h ; juin-août 9 h 30-22 h.*
***Fermé** 25 déc. et 1er jan.*
***Entrée payante**. Prendre les billets au County Hall (adjacent) 30 min. avant le départ.*
www.ba-londoneye.com

Houses of Parliament
Au bout de dix-sept minutes de trajet, on profite d'une vue spectaculaire sur Westminster.

Battersea Power Station
Après 15 minutes, on aperçoit les cheminées blanches de l'ancienne centrale électrique.

Buckingham Palace
La résidence officielle de la Reine apparaît après dix minutes de trajet.

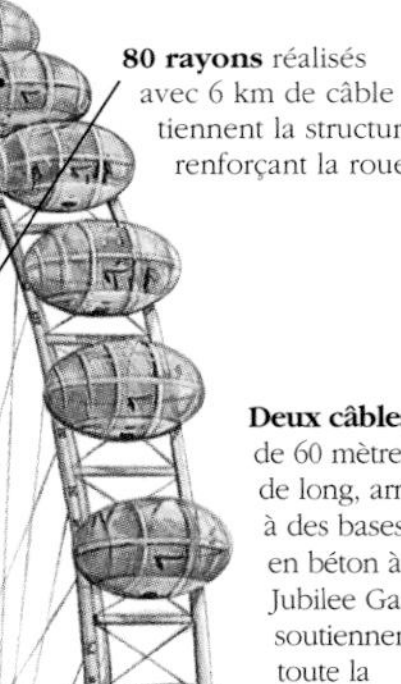

Les capsules de verre, fixées à l'extérieur de la structure, offrent une vue panoramique sur 360°.

80 rayons réalisés avec 6 km de câble tiennent la structure, renforçant la roue.

Deux câbles de 60 mètres de long, arrimés à des bases en béton à Jubilee Gardens, soutiennent toute la structure.

La structure circulaire a été convoyée sur la Tamise en pièces détachées, puis assemblée sur le site.

L'Eye tourne en permanence, si lentement que les passagers peuvent y monter en mouvement. Il peut être arrêté pour ceux qui ont besoin d'une assistance.

Florence Nightingale Museum 6

2 Lambeth Palace Rd SE1. **Plan** 14 D5. *020-7620 0374. Waterloo, Westminster.* ***Ouvert*** *: 10 h-17 h lun.-ven., 11 h 30-16 h 30 sam., dim. et j. fériés (der. entrée 1 h avant fermeture).* ***Fermé*** *24 déc.-2 jan., ven. saint, dim. de Pâques.* ***Entrée payante.*** ***Vidéos, conférences.***
www.florence-nightingale.co.uk

Cette femme au tempérament exceptionnel partit soigner les soldats blessés durant la guerre de Crimée (1853-1856). En 1860, elle ouvrit la première école d'infirmières à l'ancien hôpital St Thomas.

Situé à proximité du nouvel hôpital St Thomas, le musée mérite une visite. Il évoque le destin extraordinaire de Florence Nightingale grâce à des documents, des photographies et des objets personnels. La contribution qu'elle a apportée en matière de soins et d'hygiène jusqu'à son décès en 1910, à 90 ans, justifiait largement un tel hommage.

Florence Nightingale

Museum of Garden History 7

Lambeth Palace Rd SE1. **Plan** 21 C1. *020-7401 8865. Waterloo, Vauxhall, Lambeth North, Westminster.* ***Ouvert*** *: 10 h 30-18 h t.l.j.* ***Fermé*** *3e dim. déc.-1er dim. fév.* ***Films, conférences.***
www.museumgardenhistory.org

Ce musée a été créé en 1979 à l'intérieur et à l'extérieur du clocher, du XIVe siècle, de St Mary's Church. John Tradescant père et fils reposent au cimetière de l'église. Jardiniers des rois au XVIIe siècle, les Tradescant firent plusieurs voyages en Amérique, en Russie et en Europe, d'où ils rapportèrent quantité de plantes. Leur collection de végétaux rares a permis de créer l'Ashmolean Museum à Oxford. Le musée retrace l'histoire des jardins anglais, à travers de nombreux outils, plans et document. Un jardin classique, à l'extérieur, regroupe des plantes caractéristiques du XVIIe siècle. La boutique vend de nombreux articles qui feront le bonheur des amateurs de jardinage.

Lambeth Palace 8

SE1. **Plan** 21 C1. *Lambeth North, Westminster, Waterloo, Vauxhall.* ***Fermé*** *au public.*

Depuis huit siècles, ce palais est la résidence des archevêques de Canterbury, primats de l'Église anglicane. La chapelle et sa crypte voûtée possèdent des éléments du XIIIe siècle, mais une grande partie du palais est bien plus récente. La dernière restauration importante a été conduite par Edward Blore en 1828. Le châtelet (1485), de style Tudor, est l'un des plus beaux bâtiments des bords de la Tamise. Jusqu'à la construction du premier pont de Westminster, un bac à péage, tiré par un cheval, permettait de traverser le fleuve pour rejoindre Millbank. Comme ces revenus étaient versés à l'archevêque, ce dernier reçut une indemnisation pour ce manque à gagner à l'achèvement du pont, en 1750.

Le châtelet de Lambeth Palace, de style Tudor

Imperial War Museum 9

Lambeth Rd SE1. **Plan** 22 E1. *020-7416 5000. 020-7820 1683. Lambeth North, Elephant & Castle.* ***Ouvert*** *: 10 h-18 h t.l.j.* ***Fermé*** *24-26 déc.* ***Films, conférences.***
www.iwm.org.uk

En dépit des deux énormes canons situés à l'entrée principale, le musée n'est pas exclusivement consacré aux armes modernes. Des tanks, des pièces d'artillerie, des bombes et des avions y sont exposés, mais il évoque aussi l'impact des guerres sur la vie des gens. De fidèles reconstitutions dépeignent la vie quotidienne à l'époque du rationnement, du couvre-feu, de la censure et de la propagande.

Les arts sont bien représentés grâce à des extraits de films et d'émissions de radio, des manuscrits d'écrivains et plusieurs

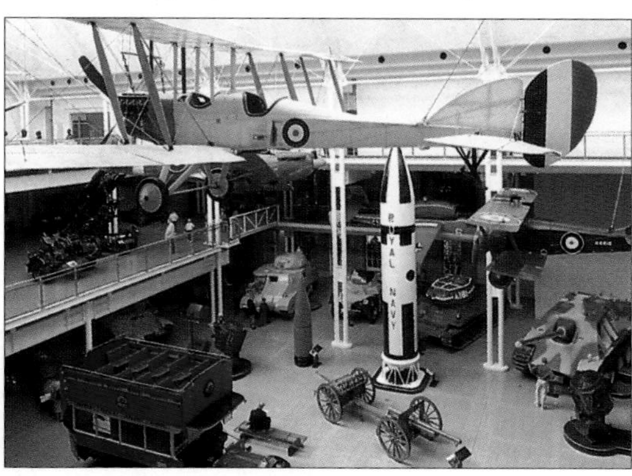

Présentation historique du matériel de guerre

centaines de photographies. On y verra aussi des peintures de Graham Sutherland et de Paul Nash, ainsi que des œuvres du sculpteur Jacob Epstein. Des dessins de Henry Moore illustrent la vie des Londoniens qui, pendant le Blitz de 1940, se réfugiaient dans les stations de métro pour se protéger des bombardements. La bibliothèque possède un extraordinaire fonds de lettres.

Le musée retrace également les conflits auxquels les forces britanniques ont participé au cours de ces dernières années, comme la guerre du Golfe en 1991. Une partie de la collection est présentée dans l'ancien bâtiment du Bethlehem Hospital, un asile d'aliénés construit en 1811. Au XIXe siècle, les visiteurs venaient s'y amuser du spectacle des patients. En 1930, l'hôpital a été transféré dans le Surrey. Les deux ailes ont été démolies et en 1936, le pavillon central accueillit le musée jusqu'alors installé à South Kensington.

La façade de l'Old Vic, 1816

Old Vic ⑩

Waterloo Rd SE1. **Plan** 14 E5. *020-7928 7616.* *020-7928 7618.* *Waterloo.* ***Ouvert*** *: seul. pour les spectacles.* *Voir* ***Se distraire*** *p. 328-330.*

Ce magnifique bâtiment qui date de 1816 abrita d'abord le Royal Coburg Theatre. En 1833, son nom fut changé en Royal Victoria, en l'honneur de la future reine.

Peu après, il devint le haut lieu du music-hall, un type de spectacle extrêmement populaire à l'époque de Victoria, qui réunissait chanteurs, danseurs et comédiens et qui était animé par un présentateur à la voix de stentor, capable de maîtriser un public déchaîné.

Placé sous la direction de Lillian Baylis en 1912, le théâtre présenta des pièces de Shakespeare à partir de 1914. De 1914 à 1923, l'Old Vic présenta tout le répertoire de Shakespeare. Entre 1963 et 1976, il fut le siège du National Theatre (*p. 188*). Après avoir subi une restauration en 1983, l'Old Vic est redevenu un théâtre typique du West End.

Monument aux morts de la Première Guerre mondiale, gare de Waterloo

Gabriel's Wharf ⑪

56 Upper Ground SE1. **Plan** 14 E3. *Waterloo. Voir* ***Boutiques et marchés*** *p. 324-325.*

Cette ancienne zone industrielle a fait l'objet de nombreuses tractations avant d'être transformée en un ensemble de boutiques et de cafés très agréable. Les habitants du quartier étaient farouchement opposés à l'implantation d'immeubles de bureaux. En 1984, une association parvint à acquérir une partie des terrains et à y faire construire des logements. À proximité du marché se trouvent un petit jardin et une promenade au bord de l'eau offrant de belles vues du nord de la ville. À l'est, les fenêtres de l'OXO Tower, construite en 1928, dessinent les lettres de la célèbre marque de bouillon en cubes. La tour abrite désormais un excellent restaurant (*p. 296*).

Waterloo Station ⑫

York Rd SE1. **Plan** 14 D4. *08457 484950.* *Waterloo.* *Voir* ***Aller à Londres*** *p. 356-357.*

Construit en 1848, ce terminus des trains en provenance du sud-ouest de l'Angleterre a été entièrement réaménagé au début du XXe siècle pour présenter, du côté nord-est, une entrée monumentale. Spacieuse, elle abrite de nombreux magasins, des bars et des cafés. C'est l'une des gares les plus agréables de Londres.

À la fin du XXe siècle, la gare a subi un nouvel agrandissement pour pouvoir accueillir les trains qui empruntent le tunnel sous la Manche. Malgré la polémique soulevée par ce mode de transport lors de sa construction, le train est désormais le moyen de transport favori de nombreux voyageurs pour rejoindre l'Europe continentale. Le quartier entourant la gare est fort agréable. Avec ses magasins et son marché, Bayliss Street mérite une visite.

Trompe-l'œil sur des immeubles de Gabriel's Wharf

19

CHELSEA

Les jeunes « branchés » qui, des années 1960 aux années 1980, paradaient sur les trottoirs de King's Road ont plus ou moins disparu. De même, l'extrémisme des comportements, adopté au XIXe s. par tout un groupe d'écrivains et de peintres, est passé de mode. Cet ancien village situé sur la rive gauche de la Tamise prit son essor à l'époque des Tudors. Henri VIII l'appréciait tellement qu'il y fit construire un petit palais. Les peintres furent attirés par les jolies vues du fleuve depuis Cheyne Walk. Dans les années 1830, l'arrivée de l'historien Thomas Carlyle et de l'essayiste Leigh Hunt, puis, plus tard, du poète Swinburne, donna à Chelsea sa réputation de quartier littéraire. Chelsea est également connu pour la vie dissolue que menaient certains de ses habitants : le Chelsea Arts Club demeura célèbre pour ses bals qui se terminaient souvent par des bagarres. Aujourd'hui, Chelsea est devenu un quartier chic et trop cher pour la plupart des peintres, mais de nombreux magasins d'antiquités et galeries ont pris le relais.

Tête de vache indiquant la laiterie de Old Church Street

LE QUARTIER D'UN COUP D'ŒIL

Rues et monuments historiques

King's Road 1
Carlyle's House 2
Cheyne Walk 5
Royal Hospital 8
Sloane Square 9

Musée

National Army Museum 7

Église

Chelsea Old Church 3

Jardins

Roper's Garden 4
Chelsea Physic Garden 6

COMMENT Y ALLER ?

Les lignes District et Circle desservent Sloane Square, et la ligne Piccadilly passe tout près du quartier, à South Kensington. Les bus nos 11, 19 et 22 empruntent King's Road.

VOIR AUSSI

- ***Atlas des rues*** plans 19, 20
- ***Hébergement*** p. 272-285
- ***Restaurants*** p. 285-311
- ***Promenade à Chelsea et à Battersea*** p. 266-267

Le n° 56 Oakley Street, où vécut l'explorateur R. F. Scott

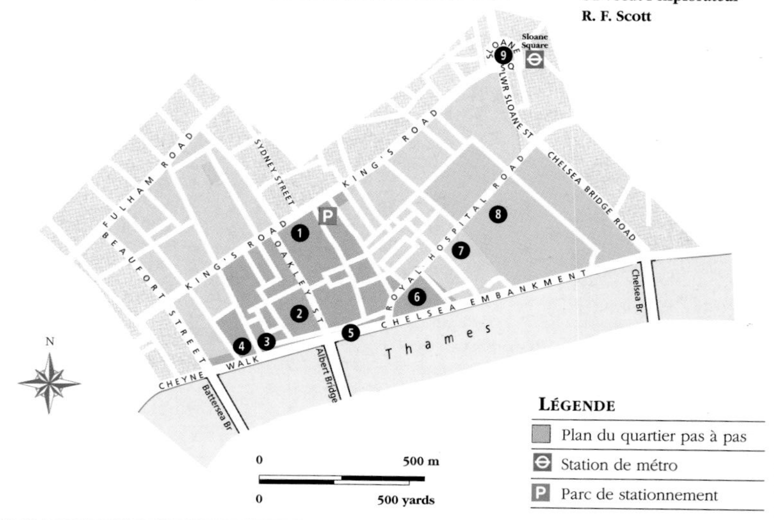

◁ **Maisons proprettes et pimpantes dans une impasse donnant sur King's Road**

Chelsea pas à pas

Jadis paisible village de la rive gauche de la Tamise, Chelsea acquit ses lettres de noblesse lorsque Thomas More, le chancelier du roi Henri VIII, vint s'y installer. Cheyne Walk et sa vue sur la Tamise attirèrent Turner, Whistler et Rossetti. De nombreuses galeries et magasins d'antiquités perpétuent la tradition artistique du quartier et quelques maisons du XVIIIe siècle ont conservé leur aspect villageois.

King's Road
Bordée d'innombrables boutiques de mode dans les années 1960 et 1970, la rue est encore très commerçante aujourd'hui ❶

La Laiterie, au n° 46 Old Church Street, fut construite en 1796, quand les vaches paissaient encore à proximité. Les carreaux de céramique sont d'époque.

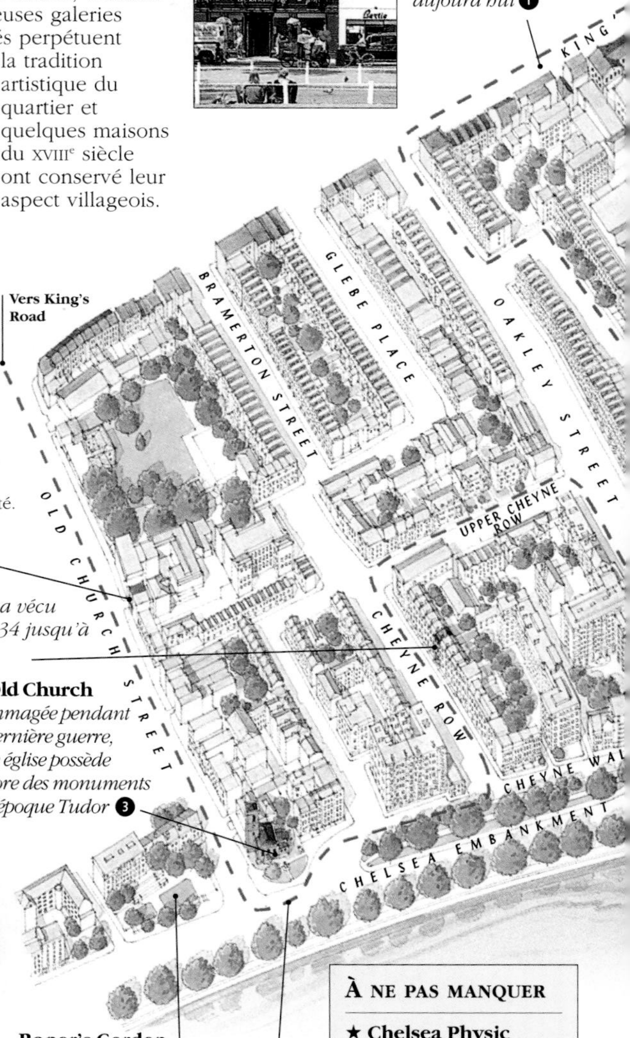

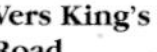

Carlyle's House
L'historien et philosophe a vécu dans cette maison de 1834 jusqu'à son décès en 1882 ❷

Chelsea Old Church
Très endommagée pendant la dernière guerre, cette église possède encore des monuments de l'époque Tudor ❸

Roper's Garden
Le jardin présente notamment une sculpture de Jacob Epstein ❹

Thomas More

Cette sculpture de **Thomas More,** exécutée en 1969 par L. Cubitt Bevis, a été placée près de l'endroit où il vivait.

À NE PAS MANQUER

★ **Chelsea Physic Garden**

LÉGENDE

— — — Itinéraire conseillé

0 100 m

0 100 yards

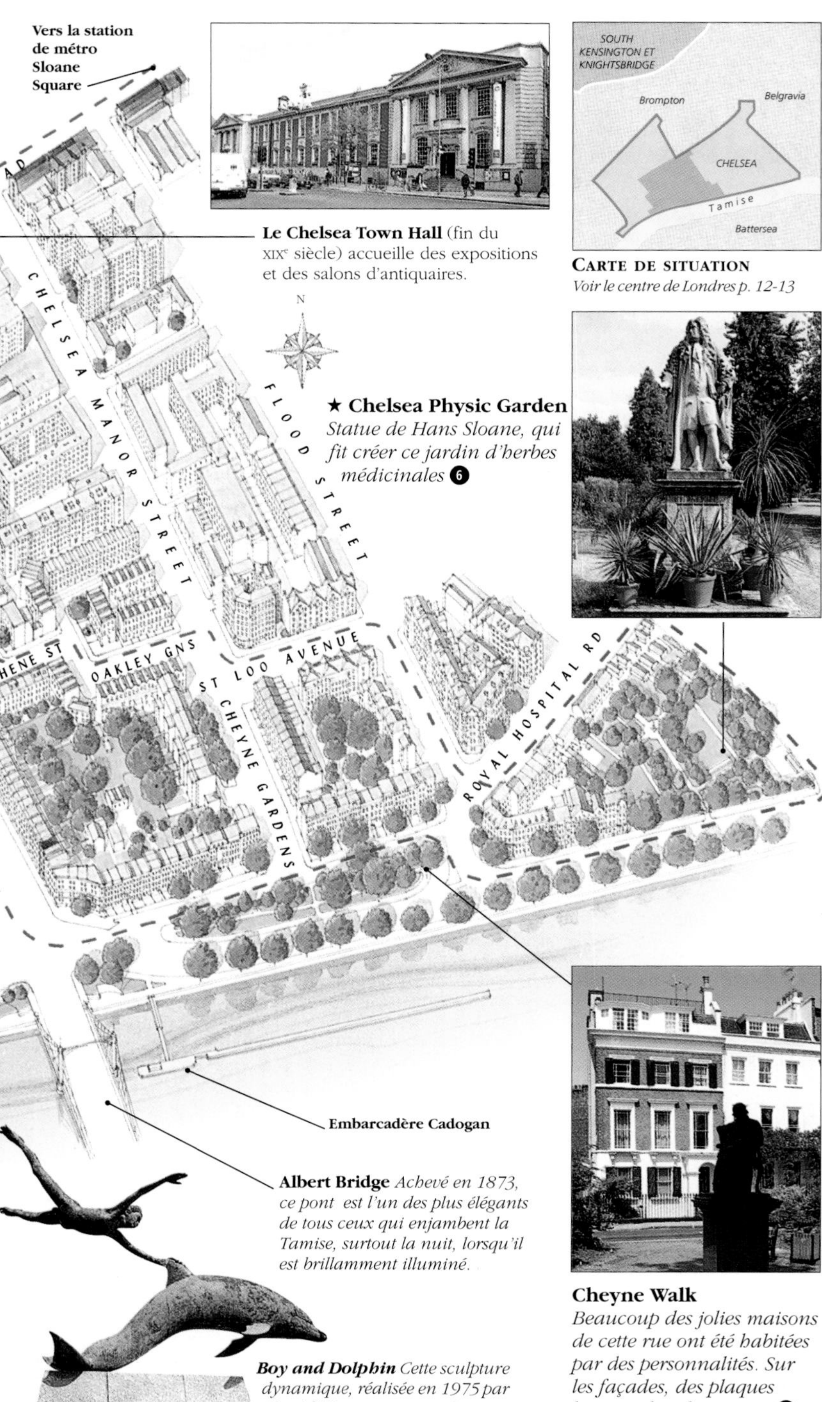

Vers la station de métro Sloane Square

Le Chelsea Town Hall (fin du XIXe siècle) accueille des expositions et des salons d'antiquaires.

Carte de situation

Voir le centre de Londres p. 12-13

★ Chelsea Physic Garden

Statue de Hans Sloane, qui fit créer ce jardin d'herbes médicinales ❻

Embarcadère Cadogan

Albert Bridge *Achevé en 1873, ce pont est l'un des plus élégants de tous ceux qui enjambent la Tamise, surtout la nuit, lorsqu'il est brillamment illuminé.*

Boy and Dolphin *Cette sculpture dynamique, réalisée en 1975 par David Wynne, se trouve à proximité d'Albert Bridge.*

Cheyne Walk

Beaucoup des jolies maisons de cette rue ont été habitées par des personnalités. Sur les façades, des plaques leur rendent hommage ❺

The Pheasantry, King's Road

King's Road ❶

SW3 and SW10. **Plan** 19 B3.
Sloane Square. Voir ***Boutiques et marchés*** *p. 312-325.*

Artère principale du quartier, elle est littéralement envahie par des boutiques de mode. La vogue de la minijupe et quantité de mouvements – les punks, par exemple – sont nés dans cette rue.

Le promeneur s'arrêtera quelques instants devant la façade du Pheasantry, au nº 152, pour observer sa décoration et ses cariatides. L'immeuble fut construit en 1881 pour abriter le hall d'exposition d'un fabricant de meubles. Aujourd'hui, un restaurant s'y est installé. Les amateurs d'antiquités pourront chiner à l'Antiquarius (au nº 137), aux Chenil Galleries (aux nºs 181-183) et au Chelsea Antiques Market (au nº 253).

Carlyle's House ❷

24 Cheyne Row SW3. **Plan** 19 B4.
020-7352 7087. Sloane Square, South Kensington. ***Visite*** *: avr.-nov. : 14 h-17 h mer.-ven., 11 h-17 h sam.-dim. et j. fériés. (der. adm. : 16 h 30).* ***Fermé*** *: ven. saint.* **Accès payant.** *sur r.-v.* www.nationaltrust.org.uk

L'historien et le fondateur de la London Library (*St James's Square p. 92*), Thomas Carlyle, s'installa dans cette modeste demeure en 1834. Il y a écrit nombre de ses ouvrages, dont *La Révolution française* et *Frédéric le Grand*. C'est lui qui mit le quartier à la mode, conviant chez lui quelques-uns des plus grands écrivains du XIXe siècle. Les romanciers Charles Dickens et William Thackeray, le poète Alfred Lord Tennyson, le naturaliste Charles Darwin et le philosophe John Stuart Mill s'y rendaient régulièrement. La maison, restaurée, a retrouvé son aspect d'autrefois et abrite désormais un musée consacré à la vie et à l'œuvre de Carlyle.

Chelsea Old Church ❸

Cheyne Walk SW3. **Plan** 19 A4.
020-7795 1019. Sloane Square, South Kensington. ***Ouvert*** *: 14 h-17 h mar.-ven., 13 h 30-17 h dim. sur r.-v. 8 h, 10 h, 11 h, 18 h dim.*

Chelsea Old Church, en 1860

De l'extérieur, cette église à tour carrée, reconstruite après la Seconde Guerre mondiale, n'a pas l'air très ancienne. Pourtant des gravures attestent qu'il s'agit bien de la réplique exacte de l'église médiévale détruite par les bombardements.

Ses vestiges de l'époque Tudor sont remarquables. En 1532, Thomas More y fit ériger pour sa femme un monument funéraire où il désirait être lui-même enseveli. On remarquera la chapelle Lawrence, dédiée à un marchand de l'époque élisabéthaine, et le gisant de lady Jane Cheyne, du XVIIe siècle, dont le mari, Cheyne Walk, a pris le nom. À l'extérieur de l'église se trouve la statue de Thomas More, « un homme d'État, un érudit, un saint ».

Roper's Garden ❹

Cheyne Walk SW3. **Plan** 19 A4.
Sloane Square, South Kensington.

Il s'agit d'un petit jardin qui jouxte Chelsea Old Church. Il doit son nom à Margaret Roper, fille de Thomas More, et à son époux William, qui écrivit la biographie de More. Le sculpteur Jacob Epstein travailla dans un atelier situé ici entre 1909 et 1914. Une de ses sculptures lui rend hommage. La statue de femme nue est une œuvre de Gilbert Carter.

Cheyne Walk ❺

SW3. **Plan** 19 B4. *Sloane Square, South Kensington.*

Jusqu'à la construction du quai de Chelsea en 1874, Cheyne Walk était très agréable à emprunter. Aujourd'hui, les maisons donnent sur une rue au trafic intense qui masque une partie de leur charme. La plupart des façades, du XVIIIe siècle, portent une plaque de céramique bleue qui rappelle le passage d'une personnalité. J. M. W. Turner a vécu au nº 119, George Eliot au nº 4 et quelques écrivains (Henry James, T. S. Eliot et Ian Fleming, notamment) ont habité à Carlyle Mansions.

Thomas More, Cheyne Walk

Chelsea Physic Garden ❻

Swan Walk SW3. **Plan** 19 C4. ☎ *020-7352 5646.* ⊖ *Sloane Square.* ***Ouvert*** *: avr.-oct. : midi-17 h mer., 14 h-18 dim.* ***Accès payant.*** ♿ ☕ *de 15 h 15 à 16 h 45.* 🛍 ***Exposition annuelle*** *pendant le Chelsea Flower Show, voir p. 56.* ***École de jardinage.***

Fondé en 1673 par la société des apothicaires, ce jardin est consacré à l'étude des plantes médicinales. Menacé de fermeture en 1722, il fut racheté par Hans Sloane et offert à la société. Sa statue se trouve au fond de l'allée principale. Si le nombre de variétés plantées a sensiblement augmenté au fil des siècles, la plupart demeurent caractéristiques du XVIIIe siècle.

Les premiers plants de coton y furent élevés, puis envoyés en Amérique, dans les États du Sud. Les visiteurs peuvent contempler ses arbres plusieurs fois centenaires et la première rocaille de Grande-Bretagne, créée en 1772.

Un pensionnaire du Royal Hospital

Chelsea Physic Garden, au printemps

Le National Army Museum ❼

Royal Hospital Rd SW3. **Plan** 19 C4. ☎ *20-7730 0717.* ⊖ *Sloane Square.* ***Visite*** *: t.l.j. de 10 h à 17 h 30.* ***Fermé*** *: 24-26 déc., 1er janv., ven. saint, 1er lun. du mois de mai.* ♿ ☕ 🛍

Ce musée évoque de façon agréable et rationnelle l'histoire de l'armée du Royaume-Uni de 1845 à nos jours. Des tableaux vivants, des diaporamas et des extraits de films d'archives sont consacrés aux principaux conflits. On y remarquera également des peintures représentant des batailles et des portraits de soldats. Le magasin du musée vend des livres et des soldats de plomb.

Le Royal Hospital ❽

Royal Hospital Rd SW3. **Plan** 20 D3. ☎ *020-7730 0161.* ⊖ *Sloane Square.* ***Ouvert*** *9 h-midi, 14 h-16 h lun.-sam., 14 h-16 h dim.* ***Fermé*** *les jours fériés.*

En 1682, Christopher Wren est chargé par Charles II de créer cet ensemble d'architecture classique pour accueillir 400 soldats âgés d'au moins 65 ans. Le Royal Hospital fut inauguré dix ans plus tard. Aujourd'hui, ses pensionnaires portent toujours l'uniforme créé au XVIIe siècle : une tunique de sortie rouge et un tricorne. La chapelle, d'une grande sobriété, et le grand hall utilisé comme réfectoire, sont situés de part et d'autre du dôme central. Un petit musée illustre l'histoire des pensionnaires.

Une statue de Charles II, exécutée par Grinling Gibbons, a été érigée face à la chapelle. Des jardins, on pourra observer l'impressionnante bâtisse de la centrale électrique de Battersea.

Sloane Square ❾

SW1. **Plan** 20 D2. ⊖ *Sloane Square.*

Fontaine de Sloane Square

Ce charmant petit square (de forme rectangulaire) présente une partie centrale pavée et agrémentée d'une statue de Vénus. Tracé à la fin du XVIIIe siècle, il porte le nom de Hans Sloane, riche médecin qui acheta le domaine de Chelsea en 1712. En face du grand magasin Peter Jones, construit en 1936, se trouve le Royal Court Theatre, où, depuis plus d'un siècle, se jouent des pièces modernes.

QUEEN VICTORIA AND HER PEOPLE

SOUTH KENSINGTON ET KNIGHTSBRIDGE

Avec leurs espaces verts, leurs ambassades et leurs consulats, South Kensington et Knightsbridge sont parmi les quartiers chic de la capitale. Du fait de la proximité du palais de Kensington, résidence royale, cette partie de la ville a encore peu changé. Avec Mayfair, c'est l'endroit le plus cher de la capitale, et les magasins de luxe, dont Harrod's, répondent à toutes les exigences d'une clientèle de privilégiés. Enfin, au cœur de ces quartiers où les visiteurs trouveront un mélange de calme et de monumentalité, de grands musées témoignent du goût du savoir de l'ère victorienne.

LE QUARTIER D'UN COUP D'ŒIL

Rues et édifices historiques
Royal College of Music 5
Royal College of Art 7
Kensington Palace 10
Speakers' Corner 13

Église
Brompton Oratory 4

Musées et galeries
Natural History Museum *p. 208-209* 1
Science Museum *p. 212-213* 2
Victoria and Albert Museum *p. 202-205* 3
Serpentine Gallery 9

Parcs et jardins
Kensington Gardens 11
Hyde Park 12

Monuments
Albert Memorial 8
Marble Arch 14

Salle de concerts
Royal Albert Hall 6

Magasin
Harrod's 15

Bas-relief animalier, Natural History Museum

La statue de Peter Pan à Kensington Gardens

COMMENT Y ALLER ?

Les lignes Piccadilly, Circle et District desservent la station South Kensington. La ligne Piccadilly est la seule à desservir la station Knightsbridge. Le bus n° 14 relie directement Piccadilly Circus à South Kensington ; il s'arrête à Green Park et à Knightsbridge.

VOIR AUSSI

• ***Atlas des rues*** plans 10, 11, 19
• ***Hébergement*** p. 272-285
• ***Restaurants*** p. 286-311

LÉGENDE

- Plan du quartier pas à pas
- Station de métro
- Parc de stationnement

◁ **L'Albert Memorial, face au Royal Albert Hall**

South Kensington pas à pas

L'Exposition universelle de 1851 eut un tel succès que, les années suivantes, d'autres manifestations d'envergure furent organisées un peu plus au sud. À la fin du siècle, celles-ci furent à l'origine de la création des musées que nous connaissons aujourd'hui, construits dans un style froid et pompeux caractéristique de l'ère victorienne. Le quartier possède donc une concentration exceptionnelle d'institutions culturelles.

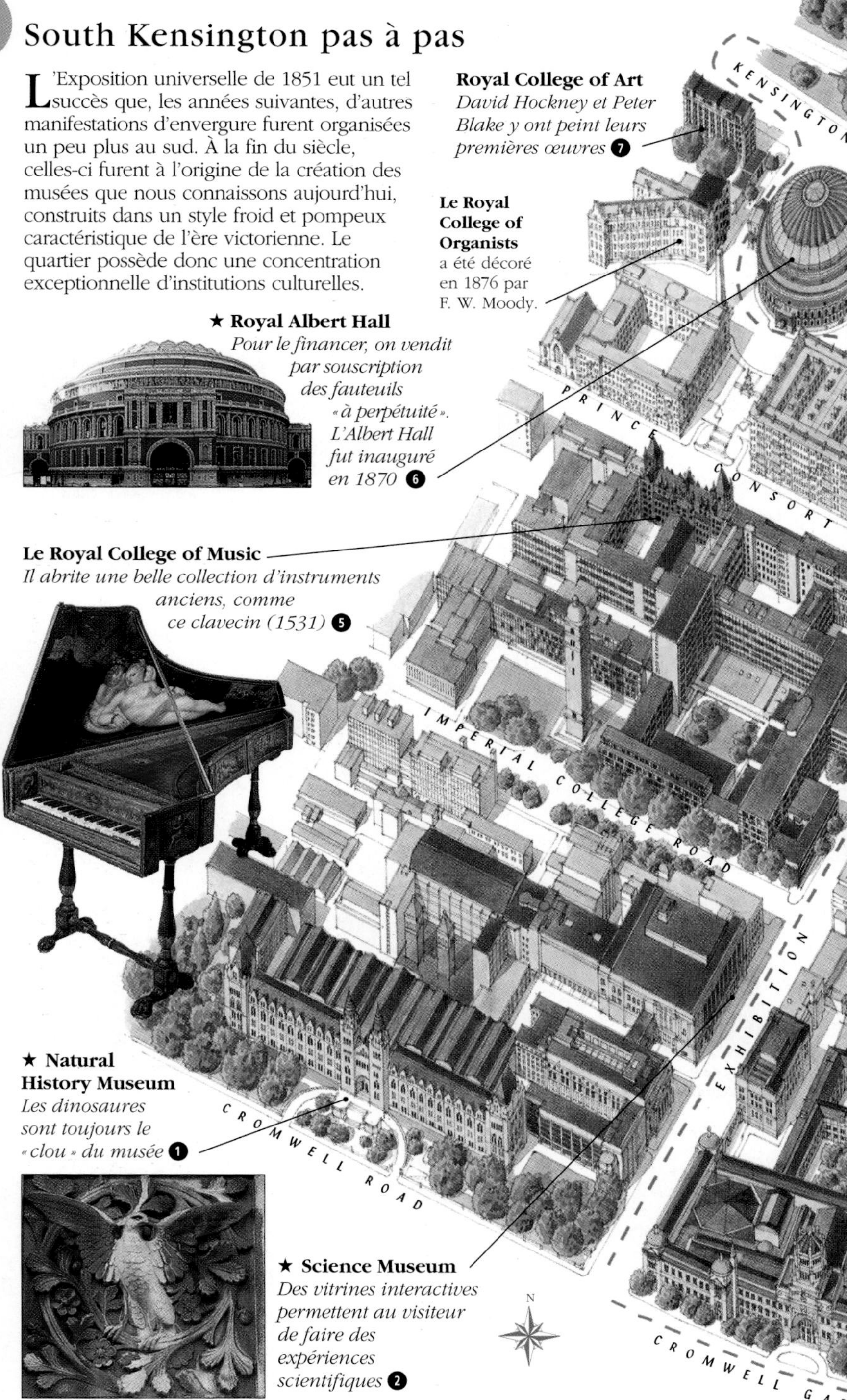

Royal College of Art
David Hockney et Peter Blake y ont peint leurs premières œuvres ❼

Le Royal College of Organists a été décoré en 1876 par F. W. Moody.

★ Royal Albert Hall
Pour le financer, on vendit par souscription des fauteuils « à perpétuité ». L'Albert Hall fut inauguré en 1870 ❻

Le Royal College of Music
Il abrite une belle collection d'instruments anciens, comme ce clavecin (1531) ❺

★ Natural History Museum
Les dinosaures sont toujours le « clou » du musée ❶

★ Science Museum
Des vitrines interactives permettent au visiteur de faire des expériences scientifiques ❷

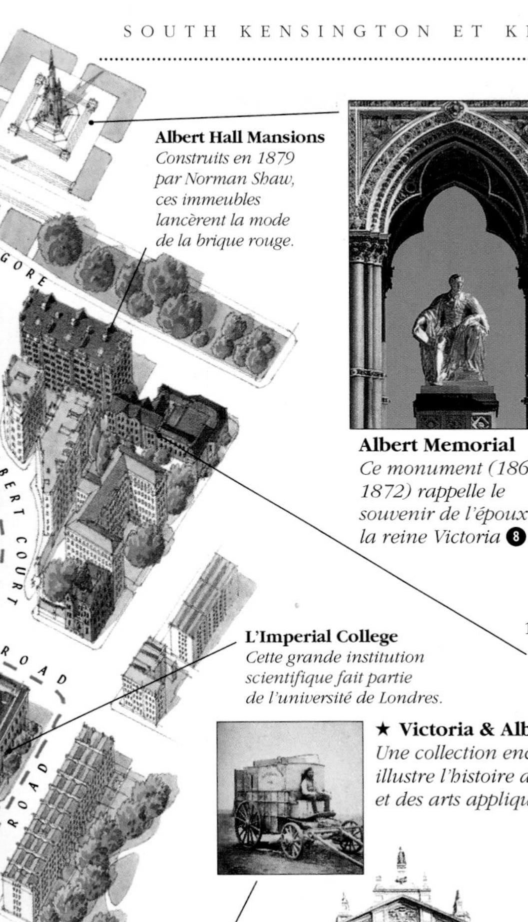

Albert Hall Mansions *Construits en 1879 par Norman Shaw, ces immeubles lancèrent la mode de la brique rouge.*

Albert Memorial *Ce monument (1861-1872) rappelle le souvenir de l'époux de la reine Victoria* ❽

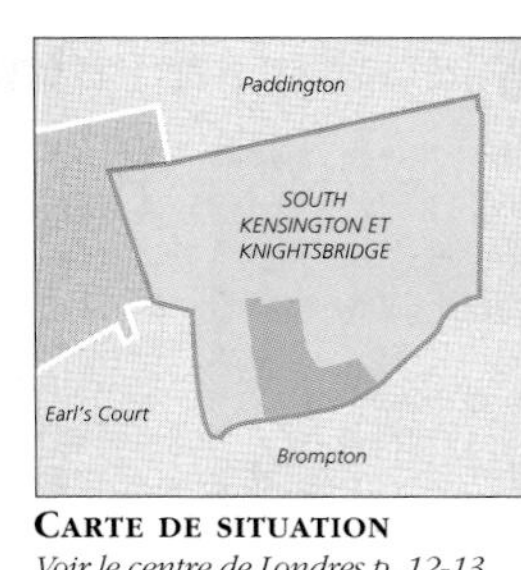

CARTE DE SITUATION
Voir le centre de Londres p. 12-13

LÉGENDE

- - - - Itinéraire conseillé

0 100 m

0 100 yards

La Royal Geographical Society a été fondée en 1830. L'explorateur David Livingstone (1813-1873) en était membre.

L'Imperial College *Cette grande institution scientifique fait partie de l'université de Londres.*

★ Victoria & Albert Museum *Une collection encyclopédique illustre l'histoire des beaux-arts et des arts appliqués* ❸

Le Brompton Oratory a été construit au XIXe siècle dans le style baroque italien ❹

Brompton Square *Tracé en 1821, il ne tarda guère à devenir un quartier résidentiel très prisé.*

Holy Trinity Church *Cette église du XIXe siècle est située dans un environnement très agréable.*

Vers la station de métro Knightsbridge

À NE PAS MANQUER

- ★ Le Victoria and Albert Museum
- ★ Le Natural History Museum
- ★ Le Science Museum
- ★ Le Royal Albert Hall

Victoria and Albert Museum ❸

Glass Gallery

Familièrement appelé V&A, ce musée abrite l'une des plus grandes collections d'arts décoratifs, couvrant aussi bien des objets de culte paléochrétiens que des meubles au design épuré. Fondé en 1852 comme Musée des produits manufacturés pour inspirer les étudiants en arts appliqués, il fut rebaptisé par la reine Victoria en 1899, en mémoire du prince Albert. Le musée prépare actuellement une importante réorganisation de l'essentiel de ses collections. Les travaux commenceront en 2004 pour donner naissance à un nouvel espace contemporain, la *Spiral*, conçue par Daniel Libeskind.

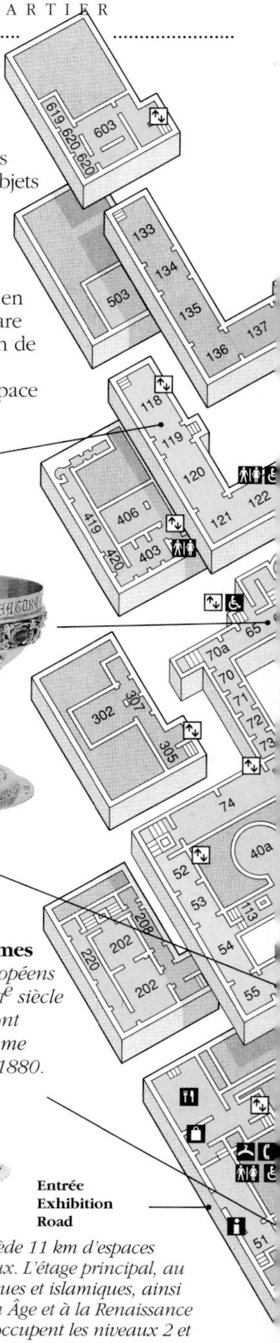

Galeries britanniques (1760-1900)
Cette ravissante bonbonnière (1770) est l'une des nombreuses créations d'artisans britanniques présentées par le musée.

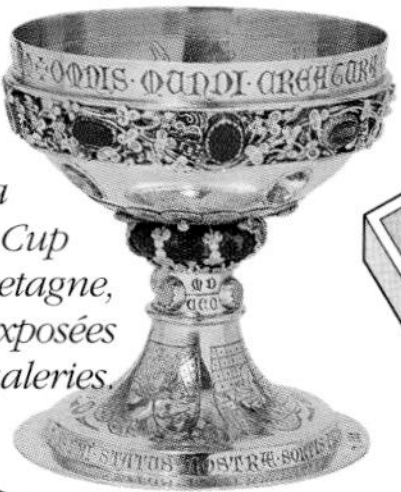

Argenterie
De superbes pièces, comme la Burgess Cup (Grande-Bretagne, 1863) sont exposées dans ces galeries.

★ Galeries britanniques (1500-1760)
Des objets évocateurs, comme ce secrétaire de la cour du roi Henri VIII, illustrent l'histoire fascinante du pays.

★ Salles des costumes
Des vêtements européens du milieu du XVIe siècle à nos jours y sont présentés, comme cette robe de 1880.

Entrée Exhibition Road

Légende

- Niveau 0
- Niveau 1
- Niveau 2
- Niveau 3
- Niveau 4
- Niveau 6
- Aile Henry Cole
- Salles sans expositions

Suivez le guide !

Véritable labyrinthe, ce musée possède 11 km d'espaces d'expositions répartis sur six niveaux. L'étage principal, au niveau 1, accueille les salles asiatiques et islamiques, ainsi que les espaces consacrés au Moyen Âge et à la Renaissance en Europe. Les salles britanniques occupent les niveaux 2 et 4. Quant au niveau 3, il est voué au XXe siècle, à l'argenterie, au métal, aux armes et aux bijoux. Les salles consacrées au textile occupent l'angle nord-est de cet étage. La verrerie et la céramique sont présentées aux niveaux 4 et 6. L'aile Henry Cole, installée sur la face nord-ouest du bâtiment et accessible uniquement depuis le niveau 1, abrite des salles consacrées à Frank Lloyd Wright et des portraits miniatures.

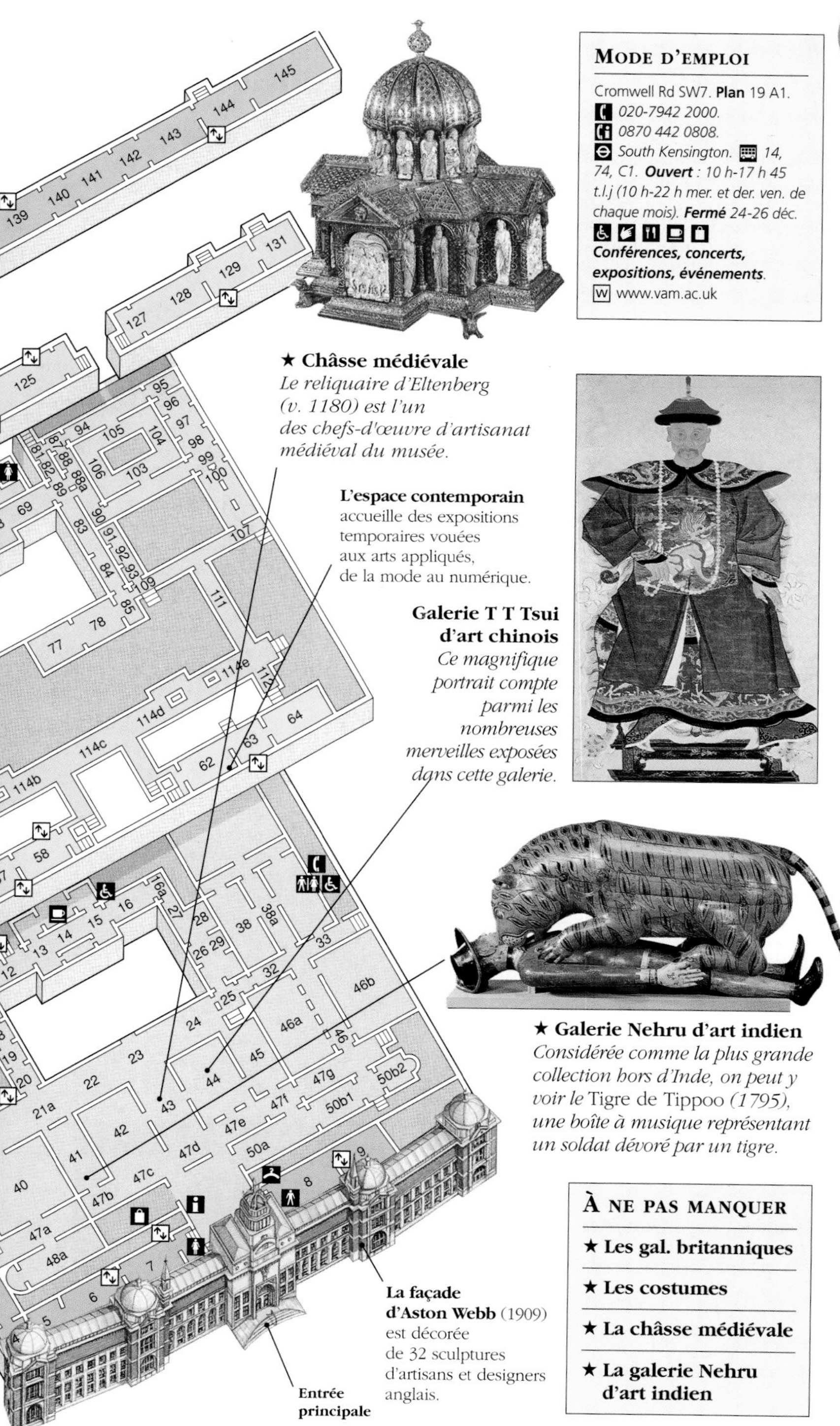

MODE D'EMPLOI

Cromwell Rd SW7. **Plan** 19 A1.
020-7942 2000.
0870 442 0808.
South Kensington. *14, 74, C1.* ***Ouvert*** *: 10 h-17 h 45 t.l.j (10 h-22 h mer. et der. ven. de chaque mois).* ***Fermé*** *24-26 déc.*
Conférences, concerts, expositions, événements.
www.vam.ac.uk

★ Châsse médiévale
Le reliquaire d'Eltenberg (v. 1180) est l'un des chefs-d'œuvre d'artisanat médiéval du musée.

L'espace contemporain accueille des expositions temporaires vouées aux arts appliqués, de la mode au numérique.

Galerie T T Tsui d'art chinois
Ce magnifique portrait compte parmi les nombreuses merveilles exposées dans cette galerie.

★ Galerie Nehru d'art indien
Considérée comme la plus grande collection hors d'Inde, on peut y voir le Tigre de Tippoo *(1795), une boîte à musique représentant un soldat dévoré par un tigre.*

La façade d'Aston Webb (1909) est décorée de 32 sculptures d'artisans et designers anglais.

Entrée principale

À NE PAS MANQUER

- ★ **Les gal. britanniques**
- ★ **Les costumes**
- ★ **La châsse médiévale**
- ★ **La galerie Nehru d'art indien**

À la découverte des collections du V&A

La visite de cet immense musée mérite d'être planifiée avec soin, sous peine de manquer une section ou un objet particulièrement intéressants. Toutefois, l'une des joies de la découverte consiste aussi à tomber par hasard sur des trésors inattendus. Ne manquez pas de visiter les salles de restaurant d'origine du musée (depuis les salles 13 et 15), dont l'une fut conçue par William Morris, alors inconnu. La Canon Photography Gallery (salle 38) présente des clichés tirés de la collection nationale, recouvrant 300 000 photographies, de 1856 à nos jours.

Galeries britanniques

Un ensemble de salles majestueuses, aux niveaux 2 et 4, accueille les luxueuses galeries britanniques. Présentant les beaux-arts et les arts appliqués de 1500 à 1900, elles illustrent l'ascension de la Grande-Bretagne, île inconnue devenue l'« atelier du monde », et l'évolution des arts appliqués britanniques et les influences, technologiques ou esthétiques, venues des quatre coins du monde.

De beaux textiles, meubles, costumes et objets quotidiens illustrent le goût et le mode de vie des classes dirigeantes britanniques. On admirera l'habit de noces de James II, le majestueux lit de Melville House, et plusieurs salles d'époque soigneusement conservées, comme la salle de musique rococo de Norfolk House. Des espaces de découverte permettent de passer une collerette de style Tudor ou de regarder des images en 3D dans un stéréoscope victorien.

Veste brodée (1610), salle 56

Art asiatique et islamique

La galerie Nehru, dans la salle 41, est au centre de l'importante collection d'art indien de 1550 à 1900. La tente moghole en coton peint (1640), ornée d'oiseaux, d'arbres et d'un aigle à deux têtes, est l'un de ses chefs-d'œuvre.

La salle 42 abrite des œuvres d'art de Syrie, d'Irak, d'Iran, de Turquie et d'Égypte. Des textiles et des céramiques illustrent l'influence du monde musulman sur les beaux-arts et les arts décoratifs. Un arc spectaculaire en acier bruni, représentant l'épine dorsale d'un dragon chinois, traverse la T T Tsui Gallery d'art chinois (salle 44). Couvrant plusieurs millénaires, de 3000 av. J.-C. à nos jours, l'imposante collection comprend une tête de Bouddha géante de 700-900 apr. J.-C., un gigantesque lit à baldaquin Ming, ainsi que des jades et des céramiques rares.

L'art japonais est regroupé dans la Toshiba Gallery, dans la salle 45. On y admire des laques, des armures de samouraï et des estampes.

Coffre à glace en cuivre doré (dynastie Qing, XVIIIe siècle), salle 44

Art européen

Cette vaste collection s'ouvre sur les pièces les plus anciennes, avec le reliquaire médiéval (salle 3). Quantité de chefs-d'œuvre de petite taille y sont présentés, comme le coffret de Veroli de Constantinople en ivoire superbement sculpté (v. 1000). Les œuvres de la Renaissance italienne sont disséminées dans les salles 11 à 19, la salle 16 étant consacrée aux sculptures et aux reliefs de Donatello. Dans la salle 48a, on voit sept grands cartons de Raphaël, commandés en 1515 par le pape Léon X. Il s'agit de projets de tapisseries destinées à orner les murs de la Chapelle Sixtine. À la fin de l'année 2003, d'importants travaux de réaménagement débuteront, pour créer une

Le grand lit de Ware

Fabriqué à Ware, dans le Hertfordshire, vers 1590, ce lit monumental en chêne marqueté et peint mesure 3,60 m de large sur 3,60 m de long. C'est aucun doute le meuble le plus célèbre du V&A Museum, non seulement parce qu'il représente un admirable travail d'ébénisterie de cette période, mais aussi parce que ses proportions considérables ne cessent d'attiser les imaginations… Mentionné dans *La Nuit des rois*, pièce de Shakespeare écrite en 1601, il ne tarda pas à acquérir une solide réputation. Le lit, présenté dans la salle 57, a été redécoré et restauré récemment.

Le grand lit a meublé plusieurs auberges de la ville de Ware.

L'une des quatre Hunting Tapestries, dans la salle 94. Elle a été réalisée dans les Flandres de 1425 à 1450.

succession spectaculaire de galeries dédiées au Moyen Âge et à la Renaissance.

Les principales collections d'art européen de 1600 à 1900 occupent les salles 1 à 9. Une collection d'instruments de musique, recouvrant aussi bien des boîtes à musique que des épinettes incrustées de verre est installée dans la salle 40a, au-dessus des costumes.

Les salles 50a et b illustrent l'importance de la sculpture dans l'architecture de 1500 à 1900. L'opulence des Cast Courts (salles 46a et b) force l'admiration. Ces nombreux moulages d'œuvres célèbres donnent un aperçu des goûts prévalant à l'époque victorienne.

XXᵉ SIÈCLE

Depuis sa fondation en 1852, le V&A a réuni quantité d'œuvres d'art et de design contemporains. Cette collection éclectique incite à une réflexion sur la qualité du design. Les galeries sont installées au niveau 3 dans les salles 70 à 74 et 103 à 106. Les créations de Frank Lloyd Wright, l'un des plus grands architectes américains, sont exposées dans la salle 202 de l'aile Henry Cole, avec notamment un magnifique bureau lambrissé.

TEXTILES ET COSTUMES

Couvrant quatre siècles de création vestimentaire, le Costume Court de la salle 40 présente aussi bien des costumes d'apparat du XVIIIᵉ siècle que des couturiers du XXᵉ siècle, comme Dior et Alexander McQueen. Quatre gigantesques tapisseries médiévales dominent la salle 94, au niveau 3. Elles décrivent les passe-temps de la cour. Bien que provenant des Flandres, elles sont appelées les *Devonshire Hunts*. La collection se poursuit dans les salles 95 à 101. De superbes tapis du Moyen-Orient et d'Asie ornent la cage d'escalier, non loin, et la salle 33, au niveau 1.

Collier en argent, acier, or et nacre (1983), salle 92

BIJOUX ET MÉTAL

Ces galeries se situent au niveau 3. Dans les salles 65 à 69 consacrées à l'argenterie, 3 500 pièces, de 1400 à nos jours, sont présentées. Des armes et des armures, des objets en métal du XVIᵉ siècle à nos jours, originaires d'Europe, ainsi que des bronzes et des cuivres islamiques sont exposés dans les salles 81, 82 et 87 à 89. Les Church Plate Galleries, dans les salles 83 et 84, contiennent des reliquaires, des calices et autres objets de culte. Une éblouissante collection consacrée à l'ornement du métal occupe les Jewellery Galleries, dans les salles 91 à 93. Les espaces consacrés à la ferronnerie, dans les salles 113 à 114e, recèlent l'éblouissante Hereford Screen, conçue par Sir George Gilbert Scott en 1862. La grille a été donnée au V&A dans les années 1980, rouillée et en plusieurs morceaux. Le plus grand projet de restauration entrepris à ce jour par le V&A a été achevé en 2002.

CÉRAMIQUE ET VERRERIES

Des poteries, des porcelaines et des verreries couvrant 2 000 ans sont exposées dans plusieurs galeries, aux niveaux 4 et 6, avec des merveilles des manufactures de porcelaine européennes, comme Meissen et Royal Worcester. Étonnante balustrade due à l'artiste verrier Danny Lane, salle 131. Poteries d'artistes, avec des pièces rares de Picasso et Bernard Leach. Carreaux de faïence perses et turques aux motifs intriqués. Vitraux, y compris les ravissants « Labours of the Months » médiévaux, dans les salles 111, 116 et 117 au niveau 3.

***Susanne et les Anciens*, œuvre en verre peint (v. 1520), salle 111.**

Le Natural History Museum ❶

Voir p. 208-209.

Bas-relief au Natural History Museum

Le Science Museum ❷

Voir p. 212-213.

Le Victoria & Albert Museum ❸

Voir p. 202-205

Brompton Oratory ❹

Brompton Rd SW7. **Plan** 19 A1. *020-7808 0900.* *South Kensington.* ***Visite*** *: t.l.j. de 6 h 30 à 20 h.* *dim. à 11 h, messe chantée en latin.* www.bromptonoratory.org.uk

De style néobaroque italien, l'Oratoire de Londres, improprement appelé Brompton Oratory, doit son existence à John Henry Newman (1801-1890). Frederick William Faber avait fondé à Charing Cross une communauté de prêtres qui, plus tard, s'installa à Brompton. Newman et Faber (tous deux convertis au catholicisme) y introduisirent alors la congrégation de l'Oratoire, créée à Rome par saint Philippe Neri en 1575. Celui-ci avait fondé une communauté de séculiers, qui, sans faire de vœu, était implantée dans les grandes villes.

L'église actuelle date de 1884. La façade et le dôme ont été ajoutés dans les années 1890, et la décoration intérieure a été progressivement enrichie. Herbert Gribble, l'architecte, lui aussi converti au catholicisme, n'avait que 29 ans lorsqu'il fut chargé du projet.

La plupart des trésors que conserve l'oratoire proviennent d'églises italiennes. Ainsi, les douze statues représentant les apôtres ont été sculptées par Giuseppe Mazzuoli au XVIIe siècle, pour la cathédrale de Sienne. La chapelle de la Vierge abrite un superbe retable Renaissance destiné, à l'origine, à l'église dominicaine de Brescia. Enfin, le retable du XVIIe siècle, installé dans la chapelle Wilfrid, se trouvait auparavant à Rochefort en Belgique.

Le Royal College of Music ❺

Prince Consort Rd SW7. **Plan** 10 F5. *020-7589 3643.* *High St Kensington, Knightsbridge, South Kensington.* ***Visite du musée instrumental*** *: le mer., hors vacances universitaires, de 14 h à 16 h 30.* ***Accès payant.*** www.rcm.ac.uk

Cet édifice de style néogothique, orné de tourelles en poivrière, a été conçu en 1894 par sir Arthur Blomfield. George Grove, auteur d'un célèbre dictionnaire de la musique, fonda l'institution en 1882. Celle-ci a notamment accueilli les compositeurs anglais Benjamin Britten et Ralph Vaughan Williams. Le musée est très intéressant mais rarement ouvert. On y trouve des instruments construits à différentes époques et provenant de tous les pays du monde. Certains des instruments exposés ont servi à de grands musiciens : on remarquera notamment une épinette de Haendel et un clavecin de Haydn.

Viole du XVIIe siècle, Royal College of Music

L'intérieur somptueux du Brompton Oratory

La statue du prince Albert, par Joseph Durham (1858), à côté du Royal Albert Hall

Le Royal Albert Hall ❻

Kensington Gore SW7. **Plan** 10 F5. *020-7589 3203. High St Kensington, South Kensington Knightsbridge.* ***Ouvert*** *lors des concerts.* *coulisses sur r.-v.* *Voir* ***Se distraire*** *p. 332-333.*

Conçu par l'ingénieur Francis Fowke, ce bâtiment, achevé en 1871, est bâti sur un plan circulaire semblable à celui des amphithéâtres romains. Il présente une façade de brique rouge sur laquelle se détache une frise en terre cuite évoquant le Triomphe des arts. Le nom initialement prévu, Hall of Arts and Sciences, fut changé par la reine Victoria lorsqu'elle posa la première pierre.

Le Royal Albert Hall accueille principalement des concerts de musique classique, mais aussi des matchs de boxe, des concerts rock ou des congrès professionnels.

Le Royal College of Art ❼

Kensington Gore SW7. **Plan** 10 F5. *020-7590 4444. High St Kensington, South Kensington, Knightsbridge.* ***Visite*** *: lun.-ven. de 10 h à 18 h (téléphoner).* ***Conférences, manifestations, films, expositions.*** www.rca.ac.uk

L'immeuble de verre conçu en 1973 par Hugh Casson tranche nettement avec le style victorien du quartier. À l'origine, le RCA était une école d'arts appliqués. Dans les années 1950 et 1960, il acquit une réputation internationale lorsque David Hockney, Peter Blake et Eduardo Paolozzi y firent leurs débuts de plasticiens.

Albert Memorial ❽

South Carriage Drive, Kensington Gdns SW7. **Plan** 10 F5. *High St Kensington, Knightsbridge, South Kensington.*

Ce témoignage de l'affection de Victoria pour son époux fut achevé en 1876. Albert était un prince allemand, cousin de la reine Victoria. Époux de la reine depuis 21 ans et père de neuf enfants, il mourut de la typhoïde en 1861, à l'âge de 41 ans. Le monument a été élevé à proximité de l'emplacement de l'Exposition universelle de 1851 (*p. 26-27*) pour rappeler que le prince était un ardent défenseur de l'éducation, de la culture et des sciences. La statue de John Foley, plus grande que nature, le représente assis, un catalogue de l'Exposition sur les genoux.

George Gilbert Scott fut désigné par la reine pour élaborer ce monument haut de 55 m, qui comporte un soubassement orné de près de 200 effigies de marbre et un dais néogothique enrichi de mosaïques. Il est entouré d'une plate-forme supportant des groupes de marbre qui symbolisent les continents : l'Asie avec un superbe éléphant, l'Europe sur un taureau, l'Afrique avec un sphinx et une « Cléopâtre » sur un chameau, et l'Amérique avec un bison chargeant et un Indien emplumé.

Victoria et Albert, à l'inauguration de l'Exposition universelle (1851)

Natural History Museum ❶

Entrée du Museum

Ce musée d'Histoire naturelle présente toutes les formes de vie sur notre planète ainsi que l'histoire et la composition de la Terre. Associant l'utilisation des technologies les plus récentes à des présentations plus traditionnelles, il aborde toutes sortes de sujets, comme la fragilité des écosystèmes, la lente évolution de la Terre, l'origine des espèces et la morphologie des êtres humains à travers les âges. Le bâtiment victorien qui l'abrite ressemble à une cathédrale romane ; conçu par Alfred Waterhouse, il fut inauguré en 1881. Les arcs et les colonnes, richement décorés de sculptures de plantes et d'animaux, dissimulent la structure de fer et d'acier.

★ Insectes

Huit espèces animales sur dix sont des arthropodes (insectes et araignées) comme cette tarentule.

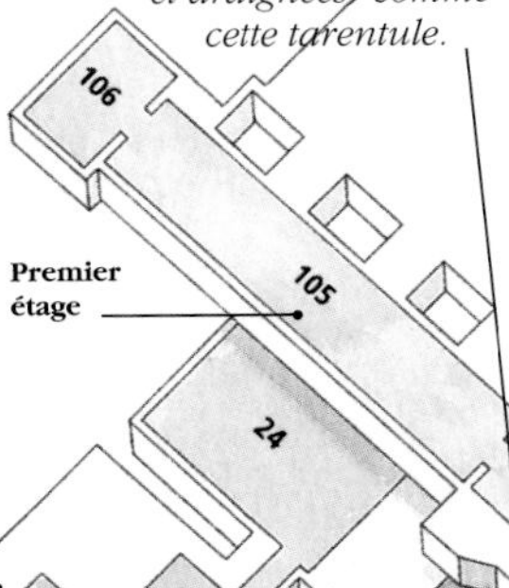

Premier étage

Rez-de-chaussée

Galerie des dinosaures

Ce déinonychus est l'un des dinosaures présentés dans la galerie.

Entrée sur Cromwell Road. Vers la Section Vie

Accès au sous-sol

Suivez le guide !

Le musée se partage en deux grandes sections : la Vie et la Terre. Du haut de ses 26 m, le squelette d'un diplodocus domine le hall d'entrée **(10)** *de la section Vie – les dinosaures* **(21)**, *la biologie humaine* **(22)** *et les mammifères* **(23-24)** *sont présentés à gauche de ce même hall, les insectes* **(33)** *et l'écologie* **(32)** *à droite. Les reptiles et les poissons* **(12)** *sont situés au fond du hall principal. Au 1er étage sont traités l'origine des espèces* **(105)**, *et les minéraux et météorites* **(102)**. *Un escalator géant* **(60)** *conduit à travers un magnifique globe en rotation vers les superbes expositions de la section Terre : « The Power Within »* **(61)** *et « Earth's Treasury »* **(64)**.

★ Écologie

La reconstitution d'une petite forêt tropicale humide sert d'introduction aux écosystèmes.

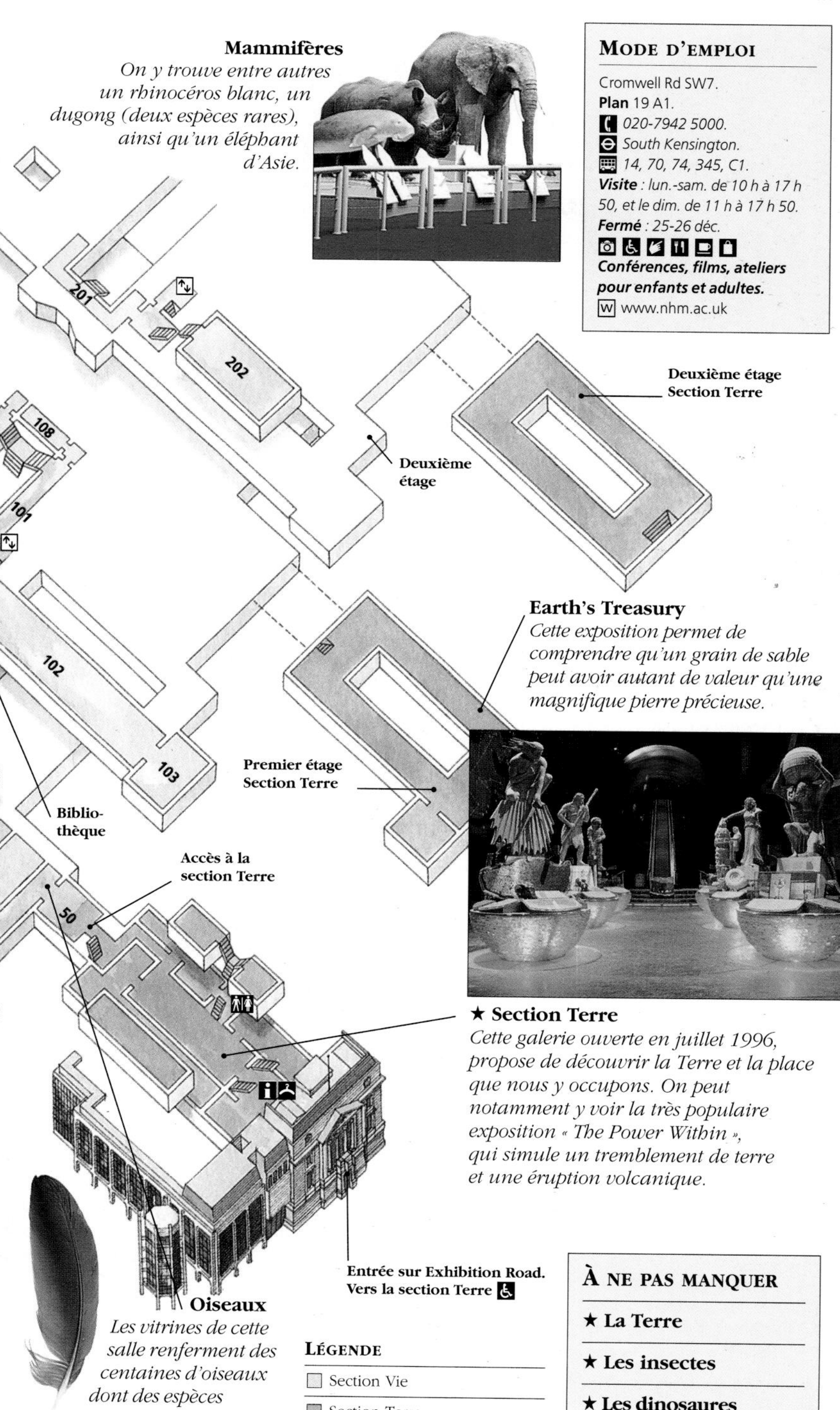

Mammifères
On y trouve entre autres un rhinocéros blanc, un dugong (deux espèces rares), ainsi qu'un éléphant d'Asie.
201
202
108
101
102
103
50
Deuxième étage
Deuxième étage Section Terre
Earth's Treasury
Cette exposition permet de comprendre qu'un grain de sable peut avoir autant de valeur qu'une magnifique pierre précieuse.
Premier étage Section Terre
Biblio-thèque
Accès à la section Terre
★ Section Terre
Cette galerie ouverte en juillet 1996, propose de découvrir la Terre et la place que nous y occupons. On peut notamment y voir la très populaire exposition « The Power Within », qui simule un tremblement de terre et une éruption volcanique.
Entrée sur Exhibition Road. Vers la section Terre
Oiseaux
Les vitrines de cette salle renferment des centaines d'oiseaux dont des espèces disparues.

MODE D'EMPLOI

Cromwell Rd SW7.
Plan 19 A1.
020-7942 5000.
South Kensington.
14, 70, 74, 345, C1.
Visite *: lun.-sam. de 10 h à 17 h 50, et le dim. de 11 h à 17 h 50.*
Fermé *: 25-26 déc.*
Conférences, films, ateliers pour enfants et adultes.
www.nhm.ac.uk

LÉGENDE

- Section Vie
- Section Terre

À NE PAS MANQUER

- ★ La Terre
- ★ Les insectes
- ★ Les dinosaures

Statue de la reine Victoria, sculptée par sa fille Louise, devant le palais de Kensington

La Serpentine Gallery ❾

Kensington Gdns W2. **Plan** 10 F4. *020-7402 6075.* *Lancaster Gate, South Kensington.* ***Visite*** *: t.l.j. de 10 h à 18 h.* ***Fermé*** *: entre les expositions, semaine de Noël.* *Librairie d'art.* ***Conférences*** *sur l'exposition en cours, le dim. à 15 h.* www.serpentinegallery.org

La Serpentine Gallery se situe au coin S.-E. de Kensington Gardens. Elle abrite des expositions temporaires de peinture et de sculpture contemporaines. On a pu y voir les œuvres de Gilbert & George, Rachel Whiteread ou Felix Gonzales-Torres. Construit en 1910, le bâtiment abritait jadis un salon de thé. Parfois, les œuvres sont également présentées à l'extérieur. La librairie possède un nombre considérable d'ouvrages d'art.

Kensington Palace ❿

Kensington Palace Gdns W8. **Plan** 10 D4. *020-7937 9561.* *High St Kensington, Queensway.* ***Ouvert*** *: mars-oct. : 10 h-18 h t.l.j. ; nov.-fév. : 10 h-17 h t.l.j. (der. ent. 16 h).* ***Fermé*** *: 24-26 déc., 1er janv., ven. saint.* ***Accès payant.*** *rez-de-chaussée uniquement.* ***Expositions temporaires, manifestations.***

La moitié de ce vaste palais est occupée par des membres de la famille royale. L'autre moitié, une résidence royale du XVIIIe siècle, peut être visitée. En 1689, lorsque Guillaume III et son épouse Marie accédèrent au trône, ils chargèrent Christopher Wren d'agrandir les bâtiments existants (1605) pour en faire un palais. Aujourd'hui, les visiteurs pénètrent dans le palais par l'entrée de la reine. Les pièces d'apparat sont splendides : des audio-guides gratuits évoquent l'atmosphère des XVIIe et XVIIIe siècles. Au rez-de-chaussée, on peut voir une exposition d'habits de cour de 1760 à nos jours, parmi lesquels ceux portés par Élisabeth II. On peut aussi admirer l'exposition permanente de la garde-robe de la princesse Diana.

Le palais fut le théâtre d'importants événements royaux. En 1714, la reine Anne y mourut d'apoplexie pour avoir trop mangé et le 20 juin 1837, à 5 h du matin, la princesse Victoria y débuta son long règne de 64 ans : on venait de la réveiller pour lui apprendre la mort du roi, son oncle.

Depuis la mort de la princesse Diana, en 1997, des milliers de personnes viennent déposer des fleurs devant les portes du palais (William gates).

Kensington Gardens ⓫

W8. **Plan** 10 E4. *020-7262 5484.* *Bayswater, High St Kensington, Queensway, Lancaster Gate.* ***Visite*** *: t.l.j. de l'aube au crépuscule.*

Les anciens jardins dupalais de Kensington sont ouverts au public depuis 1841 ; à l'est, ils rejoignent Hyde Park. Ces jardins sont pleins de charme et restent une des promenades favorites des familles londoniennes. Sculptée par G. Frampton en 1912, la statue de Peter Pan attire toujours les petits Londoniens qui viennent caresser les lapins gambadant sur son socle en compagnie des fées. La statue a été érigée à proximité de la Serpentine, cet étang dans lequel Harriet, l'épouse du poète Shelley, se noya en 1816.

Sur la rive nord, on remarquera les fontaines et les sculptures, tout particulièrement celle de Jacob Epstein, intitulée *Rima. Physical Energy*, la statue équestre sculptée par George Frederick Watts, se trouve sur la rive sud. À proximité, s'élèvent un pavillon d'été conçu par William Kent en 1735, et la Serpentine Gallery. La pièce d'eau

Détail des grilles de Kensington Gardens

circulaire, créée en 1728 à l'est du palais, est souvent couverte de maquettes de bateaux. L'hiver, il est parfois possible d'y patiner. Au nord, près de Lancaster Gate, se trouve un cimetière de chiens, fondé en 1880 par le duc de Cambridge à la mort d'un de ses animaux familiers.

Hyde Park ⓬

W2. **Plan** 11 B3. *020-7298 2100.* *Hyde Park Corner, Knightsbridge, Lancaster Gate, Marble Arch.* ***Visite*** *: t.l.j. de 5 h à minuit.* ***Installations sportives.*** www.royalparks.gov.uk

Promenade à cheval, Hyde Park

Hyde Park doit son nom à l'ancien manoir de Hyde, possession de l'abbaye de Westminster passée à la Couronne à la suite de la Réforme et devenue réserve de chasse de Henri VIII. Au début du XVIIe siècle, le parc fut ouvert au public par Jacques Ier et devint alors lieu de détente et de loisir. La Serpentine, lac artificiel où l'on peut faire de la barque et se baigner, a été créée en 1730, lorsque Caroline d'Anspach, femme de George II, fit construire un barrage sur un ruisseau affluent de la Tamise.

Ce parc célèbre a été le théâtre de duels, de courses de chevaux, de manifestations politiques et de concerts, comme celui des Rolling Stones ou de Luciano Pavarotti. L'Exposition universelle de 1851 y fut organisée dans un vaste palais de verre (*p. 26-27*).

Speakers' Corner ⓭

Hyde Park W2. **Plan** 11 C2. *Marble Arch.*

Une loi adoptée en 1872 permet aux orateurs de s'exprimer en public sur le sujet de leur choix. Depuis, prédications religieuses, déclamations morales, apostrophes politiques ou révolutionnaires sont dispensées sur tous les tons au milieu d'un parterre de Londoniens plus ou moins attentifs. Faites-y un saut le dimanche : les discours se succèdent, et le moins que l'on puisse dire est que le public ne manque pas d'esprit critique.

Marble Arch ⓮

Park Lane W1. **Plan** 11 C2. *Marble Arch.*

Dessiné par John Nash en 1827, cet arc de triomphe devait servir d'entrée monumentale au palais de Buckingham. Trop étroit pour les grands carrosses d'apparat, il fut transféré à son emplacement actuel en 1851.

À côté de Marble Arch coulait jadis une petite rivière, la Tyburn, désormais comblée, sur les bords de laquelle eurent lieu les pendaisons jusqu'en 1783. Une pierre marque l'emplacement de l'orme qui servait de potence.

Orateur pessimiste à Speakers' Corner

Harrod's ⓯

Knightsbridge SW1. **Plan** 11 C5. *020-7730 1234.* *Knightsbridge.* ***Ouvert*** *: lun.-sam. de 10 h à 19 h.* *Voir* ***Boutiques et marchés*** *p. 313.* www.harrods.com

Le plus célèbre des grands magasins de Londres doit son existence à Henry Charles Harrod qui, en 1849, ouvrit une petite épicerie sur Brompton Road. Grâce à la qualité des services et des produits proposés, le magasin acquit rapidement une excellente réputation.

On disait que Harrod's pouvait fournir n'importe quoi, « même un éléphant ». Aujourd'hui, cela n'est plus tout à fait vrai, même si la gamme d'articles mis en vente est encore très étendue.

La nuit, Harrod's est illuminé par 11 500 ampoules électriques !

Science Museum ❷

Ce musée consacré à la science et à la technologie à travers les siècles présente de magnifiques objets, depuis les premières machines à vapeur jusqu'aux vaisseaux spatiaux en passant par les aéromoteurs et les calculatrices mécaniques. Le contexte social de ces découvertes et inventions, leurs implications pour la vie quotidienne des hommes et le processus de la découverte à proprement parler sont également évoqués. L'aile Wellcome, vouée à la haute technologie, regroupe quantité d'animations interactives, un cinéma IMAX 3D et un simulateur de mouvements, appelé Virtual Voyages.

★ L'histoire de la médecine
Cette collection intéressante présente des objets comme ce vase italien du XVIIe siècle destiné à conserver du venin de serpent.

La science au XVIIIe siècle
Le planétaire, un modèle mécanique du système solaire, compte parmi les instruments scientifiques présentés ici.

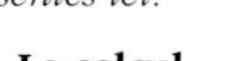

Le calcul
Magnifique exemple de mécanique de précision, la machine à différences N° 1 de Babbage (1832), la première calculatrice automatique, est l'une des merveilles de cette galerie.

La galerie de l'industrie chimique est consacrée à des thèmes aussi divers que les biotechnologies et les engrais.

Les matériaux
Des objets comme un pont en verre ou cette robe de mariée en acier viennent bouleverser nos idées reçues sur les matériaux.

Escalier vers l'étage inférieur

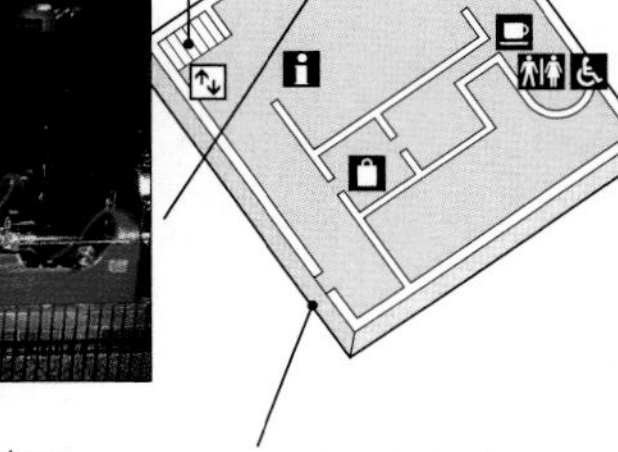

Entrée principale

Légende

- Sous-sol
- Rez-de-chaussée
- Premier étage
- Deuxième étage
- Troisième étage
- Quatrième étage
- Cinquième étage
- Aile Wellcome

★ Énergie : l'East Hall
Cette galerie vouée aux machines à vapeur présente le moteur du moulin de Harle Syke (1903), en état de marche.

★ L'aviation
Cette galerie regorge d'engins volants anciens, d'avions de combat et d'aéromoteurs, pour beaucoup suspendus dans les airs.

Mode d'emploi

Exhibition Rd SW7. **Plan** 19 A1.
020-7942 4000.
South Kensington. *9, 10, 49, 52, 74, 345, C1.*
***Ouvert** : 10 h-18 h t.l.j.*
***Fermé** 24-26 déc.*
Conférences, films, ateliers, démonstrations.
www.sciencemuseum.org.uk

La navigation
Parmi les instruments de navigation présentés, on admirera ce graphomètre richement décoré (1676), conçu par l'architecte Joannes Macarius.

★ Aile Wellcome
Superbe ajout au musée, cette aile inclut le paysage numérique de Digitopolis, permettant aux curieux d'explorer un monde virtuel sonore et visuel.

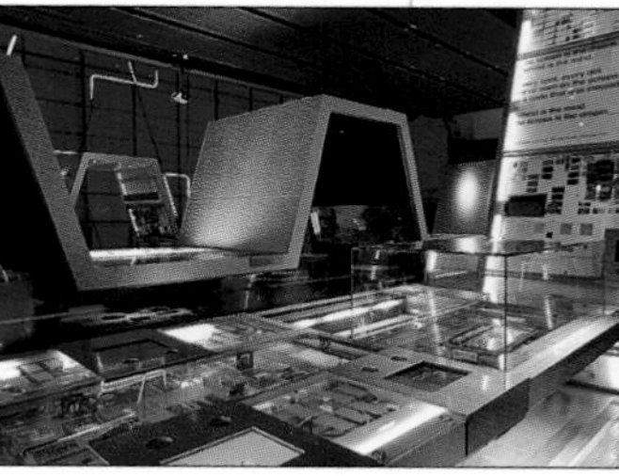

Escalator vers Imax Cinema

★ Le monde moderne
La cabine d'Apollo 10 dans laquelle les astronautes américains furent placés en orbite autour de la lune, en mai 1969, est présentée dans le musée.

Des galeries avec des animations « à toucher », comme la rampe de lancement et le jardin, sont très appréciées des enfants.

Suivez le guide !

Le musée de la Science occupe sept étages, balcons et mezzanines compris. À l'extrémité ouest, l'aile Wellcome, avec ses quatre niveaux de technologie interactive, est accessible depuis le rez-de-chaussée et le 3e étage du bâtiment principal. L'énergie est le thème principal au rez-de-chaussée, avec l'Espace et le Monde moderne. Le 1er niveau est dédié aux matériaux, à l'alimentation, à l'agriculture et à la mesure du temps. Au 2e étage, on trouve diverses galeries, comme le nucléaire, la navigation, l'imprimerie et le calcul ; au 3e étage, l'aviation et l'optique. Les 4e et 5e étages, desservis par un seul ascenseur, accueillent les sciences de la médecine.

À ne pas manquer

- ★ **L'aviation**
- ★ **L'histoire de la médecine**
- ★ **Le monde moderne**
- ★ **Énergie : l'East Hall**
- ★ **Aile Wellcome**

KENSINGTON ET HOLLAND PARK

Les quartiers situés à l'O. et au N. de Kensington Gardens sont résidentiels et très cossus ; de nombreuses ambassades y sont installées. Les magasins de Kensington High Street sont presque aussi chic que ceux de Knightsbridge, et Kensington Church Street est le paradis des amateurs d'antiquités. De superbes demeures ont été construites à proximité de Holland Park à la fin de l'ère victorienne. Deux d'entre elles peuvent être visitées. Du côté de Bayswater et de Notting Hill, l'atmosphère est bien plus animée. Nombre des immeubles ornés de stuc ont été transformés en hôtels ou en restaurants bon marché. Bayswater est un quartier qui a toujours eu un côté un peu mystérieux. Les bourgeois de l'ère victorienne y logeaient souvent leurs maîtresses. Les scandales y sont monnaie courante et la prostitution y règne avec discrétion depuis fort longtemps. L'artère principale, Queensway, propose de nombreux clubs et cafés, et Portobello Road, plus à l'ouest, est connue pour son marché aux puces. Dans les années 1950, une communauté antillaise s'est installée à Notting Hill et organise, au mois d'août, un magnifique carnaval (*p. 57*).

Faîtière, Holland House

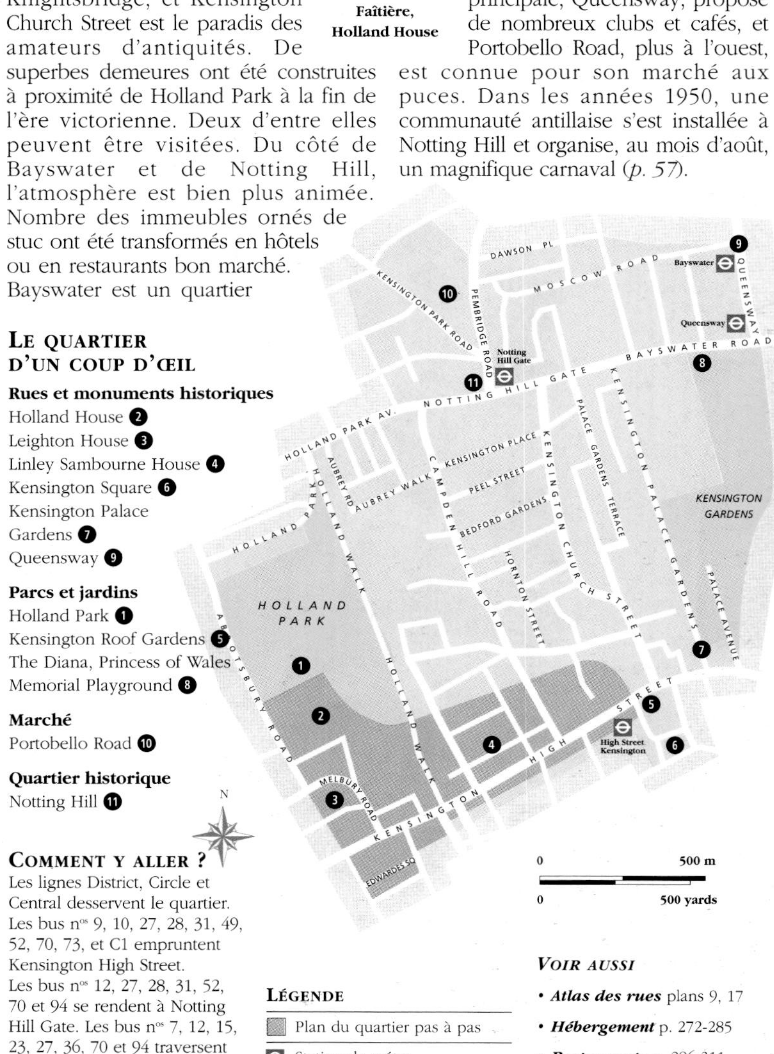

LE QUARTIER D'UN COUP D'ŒIL

Rues et monuments historiques

Holland House ❷
Leighton House ❸
Linley Sambourne House ❹
Kensington Square ❻
Kensington Palace Gardens ❼
Queensway ❾

Parcs et jardins

Holland Park ❶
Kensington Roof Gardens ❺
The Diana, Princess of Wales Memorial Playground ❽

Marché

Portobello Road ❿

Quartier historique

Notting Hill ⓫

COMMENT Y ALLER ?

Les lignes District, Circle et Central desservent le quartier. Les bus nos 9, 10, 27, 28, 31, 49, 52, 70, 73, et C1 empruntent Kensington High Street. Les bus nos 12, 27, 28, 31, 52, 70 et 94 se rendent à Notting Hill Gate. Les bus nos 7, 12, 15, 23, 27, 36, 70 et 94 traversent Bayswater.

LÉGENDE

▭ Plan du quartier pas à pas

⊖ Station de métro

VOIR AUSSI

• ***Atlas des rues*** plans 9, 17
• ***Hébergement*** p. 272-285
• ***Restaurants*** p. 286-311

◁ **Entrée d'une maison sur Edward's Square, dans le quartier de Kensington**

Kensington et Holland Park pas à pas

Dans les années 1830, ce quartier, actuellement au centre de Londres, n'était qu'un village composé de jardins maraîchers et de quelques manoirs. L'un des plus élégants était Holland House, dont il ne subsiste que l'aile orientale. La population a fortement augmenté vers les années 1850, entraînant la construction d'appartements de standing et de nombreux magasins.

Holland House
Édifiée au début du XVIIe siècle, cette demeure a été sérieusement endommagée lors de la dernière guerre ❷

★ Holland Park
Une partie des anciens jardins à la française a été conservée ❶

L'Orangerie, qui abrite aujourd'hui un restaurant, possède des éléments architecturaux des années 1630.

Melbury Road est bordée de vastes maisons victoriennes. Beaucoup furent construites pour des artistes célèbres à l'époque.

★ Leighton House
La maison de ce célèbre peintre de l'ère victorienne a été conservée en l'état. Il possédait des céramiques du Moyen-Orient ❸

ILCHESTER PLACE

MELBURY ROAD

EDWARDES SQUARE

PHILLIMORE

L'auteur de ***The Wind in the Willows,*** Kenneth Graham, a habité au nº 16 Phillimore Place de 1901 à 1908.

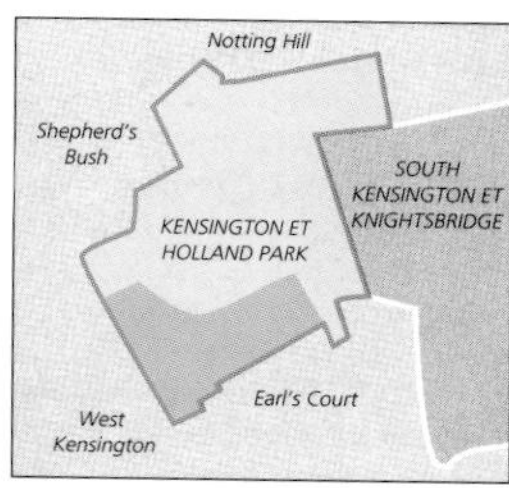

CARTE DE SITUATION
Voir le centre de Londres p. 12-13

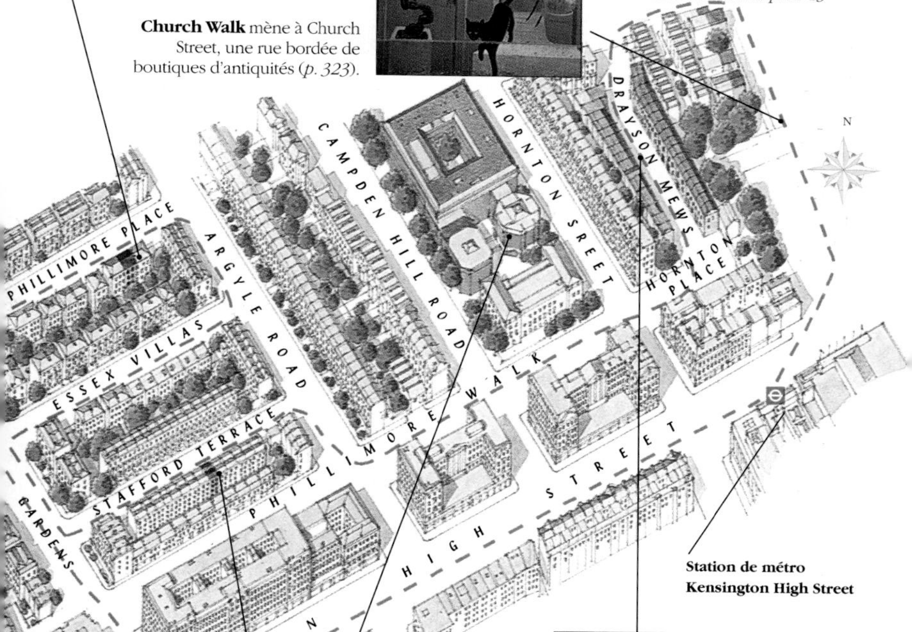

Church Walk mène à Church Street, une rue bordée de boutiques d'antiquités (*p. 323*).

Station de métro Kensington High Street

Kensington Civic Centre, immeuble moderne conçu par Basil Spence, a été achevé en 1976.

Drayson Mews *Les petites maisons anciennes qui bordent cette pittoresque allée étaient construites derrière de grandes demeures auxquelles elles servaient d'écuries.*

Linley Sambourne House
La décoration intérieure de cette maison, de la fin de l'époque victorienne, a été soigneusement conservée ❹

Sticky Fingers
Bill Wyman, le bassiste des Rolling Stones, est propriétaire de ce café animé, au coin de Phillimore Gardens.

À NE PAS MANQUER

★ **Holland Park**

★ **Leighton House**

LÉGENDE

– – – – Itinéraire conseillé

0 100 m

0 100 yards

Holland Park ❶

Abbotsbury Rd W14. **Plan** 9 B4. *020-7471 9813. Holland Park, High St Kensington, Notting Hill Gate.* **Visite** *: d'avr. à fin oct. : t.l.j. de 7 h 30 à 22 h ; de fin oct. à mars : de 7 h 45 à 16 h 30 (horaires variables selon la luminosité).* **Opéras, pièces de théâtre et ballets en plein air.** *D'avr. à oct. :* **expositions temporaires.** *Voir* **Se distraire** *p. 328.*

Ce petit parc très agréable, plus boisé que ses voisins situés à l'est (Hyde Park et Kensington Gardens, *p. 210-211*), a ouvert ses portes en 1952 sur une partie de l'ancien domaine de Holland House. Le reste du terrain a été vendu à la fin du XIXe siècle et l'on y a construit de vastes maisons et des terre-pleins. Le parc a conservé une partie des jardins à la française tracés pour Holland House au début du XIXe siècle. Il comprend également un jardin japonais, créé en 1991 pour le London Festival of Japan. Des paons et de nombreux oiseaux ont élu domicile dans le parc.

Le café, à Holland Park

Holland House ❷

Holland Park W8. **Plan** 9 B5.***Auberge de jeunesse*** *020-7937 0748. Holland Park, High St Kensington.*

Carreaux de céramique, à Holland House

Au XIXe siècle, Holland House accueillait sous son toit des personnalités aussi différentes que le politicien lord Palmerston et le poète Byron. L'aile qui a échappé aux bombardements de la dernière guerre abrite désormais une auberge de jeunesse. Des expositions sont organisées dans l'orangerie et dans la glacière. Quant à la salle de bal de l'ancien jardin, elle a été transformée en restaurant.

Leighton House ❸

12 Holland Park Rd W14. **Plan** 17 B1. *020-7602 3316. High St Kensington.* **Ouvert** *: 11 h-17 h 30 lun.-sam.* **Fermé** *j. fériés. à midi mer. et jeu. ou sur r.-v.* **Concerts, expositions.** www.rbkc.gov.uk/leightonhousemuseum

Construite pour le peintre préraphaélite lord Leighton, cette maison de la seconde moitié du XIXe siècle possède une décoration intérieure victorienne soigneusement conservée. Elle comprend un salon arabe qui abrite une superbe collection de céramiques du Moyen-Orient. Les plus belles peintures – parmi lesquelles figurent des œuvres d'Edward Burne- Jones, de John Millais et de lord Leighton – sont présentées dans les pièces du rez-de-chaussée.

Linley Sambourne House ❹

18 Stafford Terrace W8. **Plan** 9 C5. *020-7602 3316. High St Kensington.* **Visite** *: tél. pour vérifier.* **Fermé** *: pour rénovation.* **Accès payant.**

Cette maison construite dans les années 1870 n'a subi, depuis, que de très légères modifications. Sambourne était célèbre pour ses dessins satiriques publiés dans le magazine *Punch*. Plusieurs de ses œuvres décorent les murs de la maison. On remarquera le papier peint conçu par William Morris (*p. 249*) et on jettera un coup d'œil sur les toilettes typiquement victoriennes…

Kensington Roof Gardens ❺

99 High Street W8 (entrée sur Derry Street). **Plan** 10 D5. *020 7937 7994.* **Ouvert** *: 9 h-17 h t.l.j. (appeler pour vérifier).*

Au-dessus de l'animation de High Street, à Kensington, se cache un secret jalousement gardé : ce jardin de toit de 6 000 m² fut aménagé dans les années 1930 par les propriétaires du grand magasin Derry and Toms, situé en-dessous (qui abrite aujourd'hui plusieurs magasins). Cet incroyable jardin à thèmes réunit une petite forêt (avec un

Logo du magazine *Punch* (1841-1992), par Sambourne

ruisseau), un jardin espagnol (palmiers, fontaine et couvent aux murs blancs), et un espace anglais classique (avec une mare, des canards et des flamants roses). De plus, l'entrée est gratuite et si le site n'a pas été réservé pour une manifestation, les visiteurs sont les bienvenus.

Kensington Square ❻

W8. **Plan** 10 D5. ⊖ *High St Kensington.*

Tracé dans les années 1680, ce square possède encore quelques maisons du XVIIIe siècle (celles des nos 11 et 12 sont les plus anciennes). Le philosophe John Stuart Mill a vécu au no 18, et le peintre et illustrateur préraphaélite Edward Burne-Jones au no 41.

Plaque rendant hommage à John Stuart Mill, à Kensington Square

Kensington Palace Gardens ❼

W8. **Plan** 10 D3. ⊖ *High St Kensington, Notting Hill Gate, Queensway.*

Cette voie privée bordée de superbes maisons se trouve sur l'ancien emplacement du jardin potager du palais de Kensington (*p. 210*). À mi-chemin, elle change de nom et devient Palace Green. Les piétons peuvent y accéder, mais seuls les riverains ont le droit d'y faire pénétrer leurs voitures. En soirée, les barrières situées à chacune des extrémités de la rue s'ouvrent fréquemment pour laisser entrer de superbes limousines noires.

Devanture de magasin, Queensway

The Diana, Princess of Wales Memorial Playground ❽

Kensington Gardens. **Plan** 10 E3. ☎ *020 7298 2141.* ⊖ *Bayswater, Queensway.* ***Ouvert*** *: 10 h-18 h 45 t.l.j.*

La plus récente des trois aires de jeux de Kensington Gardens, ouverte en 2000, est dédiée à la mémoire de la princesse Diana. Situé près de Bayswater Road, cet espace d'aventures novateur a pour thème le garçon qui ne veut pas devenir adulte (la première aire de jeux a vu le jour à l'initiative de J. M. Barrie, le créateur de Peter Pan). Il foisonne d'idées et d'activités originales : une plage avec un galion de pirates de 15 mètres, une cabane perchée dans un arbre avec des passages et des rampes, et une fontaine-sirène où somnole un crocodile (attention à ne pas le tirer de son sommeil !). Tous les enfants doivent être accompagnés par un adulte. De plus, des animateurs spécialisés veillent à la sécurité des petits visiteurs. Beaucoup d'activités, comme le jardin musical, ont été conçues pour être accessibles aux enfants handicapés.

Queensway ❾

W2. **Plan** 10 D2. ⊖ *Queensway, Bayswater.*

Queensway, l'une des rues les plus cosmopolites de Londres, possède d'innombrables restaurants. Chez le marchand de journaux, les quotidiens arabes sont parfois plus nombreux que les périodiques britanniques. Le magasin Whiteley se trouve à l'extrémité nord de la rue. Fondé par William Whiteley, né dans le Yorkshire en 1863, c'était un des premiers grands magasins du monde. Le bâtiment actuel date de 1911.

La rue doit son nom à la reine Victoria qui, avant d'accéder au trône, s'y promenait fréquemment à cheval.

Portobello Road ❿

W11. **Plan** 9 C3. ⊖ *Notting Hill Gate, Ladbroke Grove.* ***Visite du marché aux puces*** *: ven. de 9 h 30 à 16 h, et le sam. de 8 h à 17 h. Voir également* ***Boutiques et marchés*** *p. 325.*

Un marché est établi dans ce quartier depuis 1837. À l'extrémité sud de la rue se trouvent les stands des brocanteurs (meubles, bijoux, souvenirs et bric-à-brac de collection). L'été, la rue grouille de monde, mais le marché vaut la visite pour son atmosphère sympathique. Les vendeurs restant très fermes sur les prix, vous aurez sans doute du mal à y faire de véritables affaires.

Antiquaire sur Portobello Road

Notting Hill ⓫

W11. **Plan** 9 C3. ⊖ *Notting Hill Gate.*

Principalement agricole jusqu'au XIXe siècle, ce quartier de Londres organise aujourd'hui l'un des plus beaux carnavals d'Europe.

Dans les années 1950 et 1960, une communauté antillaise s'est installée dans cette partie de la capitale, et organise depuis 1966 un carnaval de trois jours le dernier week-end d'août (*p. 57*).

Regent's Park et Marylebone

Le quartier situé au sud de Regent's Park, englobant le village médiéval de Marylebone, a été aménagé par Robert Harley, comte d'Oxford, quand Londres s'est étendu vers l'ouest au XVIIIe siècle. C'est ici que l'on peut voir le plus grand nombre de résidences et d'élégants immeubles de style georgien. Les «terraces» dues à John Nash marquent la limite sud de Regent's Park, tandis qu'au nord-ouest, s'étend l'élégant faubourg de St John's Wood.

Comment y aller ?

Regent's Park et Baker Street sont les stations de métro les plus proches. Marylebone est desservie par le métro et le chemin de fer. Les bus 13, 139 et 159, qui partent de Trafalgar Square, passent à proximité de Baker Street ; de nombreux bus suivent également Oxford Street, Baker Street et Gloucester Place.

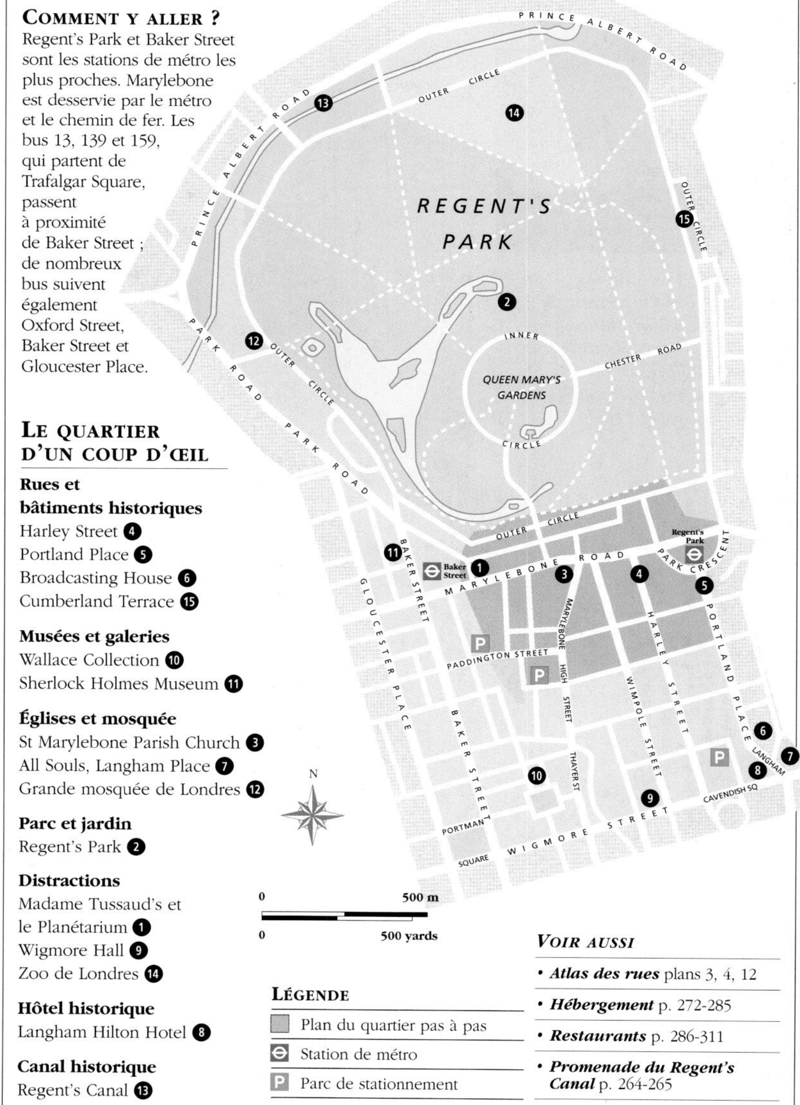

Le quartier d'un coup d'œil

Rues et bâtiments historiques
Harley Street 4
Portland Place 5
Broadcasting House 6
Cumberland Terrace 15

Musées et galeries
Wallace Collection 10
Sherlock Holmes Museum 11

Églises et mosquée
St Marylebone Parish Church 3
All Souls, Langham Place 7
Grande mosquée de Londres 12

Parc et jardin
Regent's Park 2

Distractions
Madame Tussaud's et le Planétarium 1
Wigmore Hall 9
Zoo de Londres 14

Hôtel historique
Langham Hilton Hotel 8

Canal historique
Regent's Canal 13

Légende

- Plan du quartier pas à pas
- Station de métro
- Parc de stationnement

Voir aussi

- ***Atlas des rues*** plans 3, 4, 12
- ***Hébergement*** p. 272-285
- ***Restaurants*** p. 286-311
- ***Promenade du Regent's Canal*** p. 264-265

◁ **St Andrew's Place, Regent's Park**

Marylebone pas à pas

Situé au sud de Regent's Park, le quartier de l'ancien village médiéval de Marylebone (appelé à l'origine Maryburne, c'est-à-dire le « ruisseau près de l'église Sainte-Marie ») fut urbanisé au XVIIIe siècle, lorsque la noblesse et la grande bourgeoisie abandonnèrent la City et Westminster pour s'installer plus à l'ouest. C'est ici que s'élève le plus grand nombre de résidences aristocratiques de style georgien. Au milieu du XIXe siècle, les membres des professions libérales, surtout des médecins, occupent à leur tour ces spacieuses demeures pour recevoir leur clientèle.

Mémorial de Tian'anmen sur Portland Place

★ Regent's Park
fut aménagé en 1812 par John Nash, pour servir de cadre à des villas et des terrasses de style classique ❷

L'Académie royale de musique, la première d'Angleterre, fut fondée en 1774. L'actuel bâtiment en brique, qui possède sa propre salle de concert, date de 1911.

★ Madame Tussaud's Museum et le Planétarium
Le musée de cire de Madame Tussaud est l'une des attractions les plus populaires de Londres. Le Planétarium propose des spectacles sur le ciel et les étoiles ❶

Vers Regent's Park

St Marylebone Parish Church
Le poète Robert Browning et Elizabeth Barrett se sont mariés dans cette église ❸

Station de métro Baker Street

LÉGENDE

Itinéraire conseillé

0 100 m

0 100 yards

Park Crescent a conservé les magnifiques façades de Nash, mais l'intérieur des bâtiments a été transformé en bureaux dans les années 1960. Le « croissant » marque l'extrémité de l'axe triomphal, également créé par Nash, reliant St James's Park à Regent's Park via Regent Street et Portland Place.

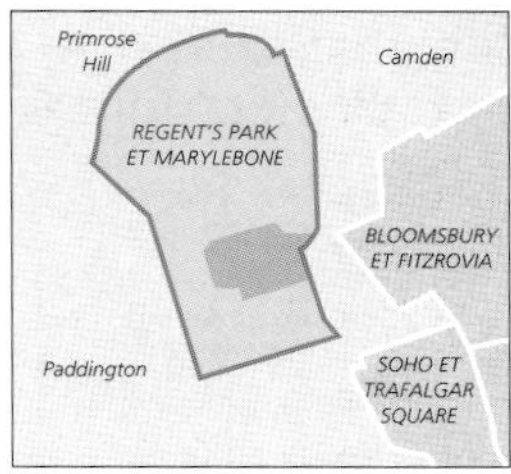

Carte de situation

Voir le centre de Londres p. 12-13

La London Clinic est l'un des établissements privés les plus célèbres de ce quartier de médecins.

Station de métro Regent's Park

Portland Place

Au centre de cette large avenue s'élève une statue du maréchal George Stuart White, qui obtint la Victoria Cross pour sa bravoure lors de la Guerre afghane, en 1879 ❺

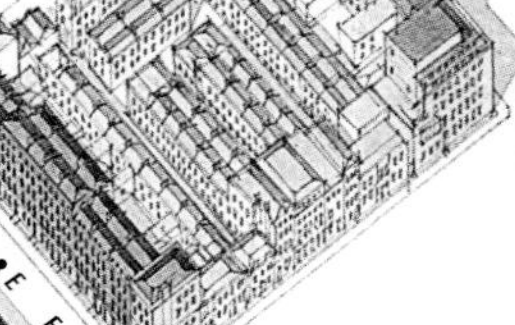

Le Royal Institute of British Architects occupe un bâtiment de style Art déco, conçu par Grey Wornum en 1934.

Harley Street *est connue depuis plus d'un siècle pour ses cabinets de médecins spécialistes* ❹

À ne pas manquer

★ **Madame Tussaud's et le Planétarium**

★ **Regent's Park**

Mme Tussaud's et le Planétarium ❶

Marylebone Rd NW1. **Plan** 4 D5. *0870-400 3000.* *Baker St.* ***Ouvert*** *10 h-17 h 30 t.l.j.* ***Fermé*** *25 déc.* ***Accès payant.*** *téléphoner.* www.madame-tussauds.com

Madame Tussaud, d'origine française, a commencé sa carrière de sculpteur sur cire en prenant le masque mortuaire des victimes illustres de la Révolution française. Arrivée en Angleterre en 1802, elle organise peu après la première exposition de ses œuvres à Baker Street, à quelques pas du musée actuel.

Les personnalités de la politique, du cinéma, de la télévision et du sport que l'on peut voir dans le musée sont toujours modelées en cire selon des procédés traditionnels. Parmi les principaux tableaux de l'exposition, la « Garden Party » montre des célébrités plus vraies que nature, « Super Stars » est consacrée aux stars du show business, et le « Grand Hall » rassemble souverains, hommes d'État, écrivains et artistes. La chambre des Horreurs, la plus connue et la plus macabre du musée, représente dans leurs moindres détails les assassinats les plus épouvantables de l'histoire du crime (Gary Gilmore, Dr Crippen et Ethel le Nève…). Avec l'exposition « Spirit of London », les visiteurs effectuent un voyage temporel, et assistent à des événements qui ont marqué la capitale, tels le Grand Feu de 1666, les bombardements de la dernière guerre et le « Swinging London » des années 1960.

La sculpture sur cire traditionnelle chez Mme Tussaud

Juste à côté du musée, le London Planetarium présente un extraordinaire spectacle qui permet de découvrir et de mieux connaître les planètes, le système solaire et les étoiles. Une exposition interactive, le Space Trail (voyage dans l'espace), présente des maquettes détaillées des planètes, des satellites et d'un vaisseau spatial.

Effigie en cire d'Élisabeth II

L'époque des tulipes aux Queen Mary's Gardens

Regent's Park ❷

NW1. **Plan** 3 C2. *020-7486 7905.* *Regent's Park, Baker St, Great Portland St.* ***Ouvert*** *t.l.j. 5 h au coucher du soleil.* ***Théâtre de plein air.*** *Voir* ***Se distraire*** *p. 328.*

Ce gigantesque jardin a été créé en 1812 par John Nash qui envisageait d'y aménager une sorte de cité-jardin. Huit villas furent édifiées à l'intérieur du parc (trois sont encore visibles autour de l'Inner Circle). Le lac, permet de faire du canotage au milieu de différentes espèces de gibier d'eau. C'est un endroit merveilleusement romantique, d'où l'on peut percevoir les échos lointains des concerts donnés sous le kiosque à musique. Les Queen Mary's Gardens, splendides roseraies à l'intérieur de l'Inner Circle, sont particulièrement agréables ; on y assiste, en été, à des représentations des pièces de Shakespeare au théâtre de plein air. Broad Walk, au nord de Park Square, est une promenade pittoresque. Les aménagements urbains effectués par Nash pour Regent's Park se prolongent vers le nord-est, dans Park Village East et West, où on peut remarquer d'élégants bâtiments de 1828, revêtus de stuc et parfois ornés de médaillons de style Wedgwood.

St Marylebone Parish Church ❸

Marylebone Rd NW1. **Plan** 4 D5. *020-7935 7315.* *Regent's Park.* ***Ouvert*** *12 h 30-13 h 30 lun.-ven., dim. matin.* *11 h dim.*

C'est dans cette grande et imposante église, consacrée en 1817, que les poètes Robert Browning et Elizabeth Barrett se marièrent secrètement en 1846 après avoir fui l'autorité rigide de leurs familles, qui habitaient près de là, à Wimpole Street. C'est parce que la précédente église, où fut baptisé lord

Byron en 1778, était devenue trop petite pour le quartier que Thomas Hardwick décida de construire sa nouvelle église avec d'aussi vastes proportions.

Vitrail commémoratif de St Marylebone Parish Church

Harley Street ❹

W1. **Plan** 4 E5. ⊖ *Regent's Park, Oxford Circus, Bond St, Great Portland St.*

Cette rue, bordée de grands immeubles de la fin du XVIIIe siècle, doit sa célébrité aux nombreux médecins et spécialistes de renom qui vinrent y installer leurs cabinets de consultation au milieu du XIXe siècle. Elle a conservé une atmosphère silencieuse et de bonne moralité ouatée, assez inhabituelle pour le centre de Londres. William Gladstone y vécut de 1876 à 1882 (no 73).

Portland Place ❺

W1. **Plan** 4 E5. ⊖ *Regent's Park.*

Les frères Adam, Robert et James, tracèrent cette rue en 1773. Il ne reste que quelques-unes des maisons de l'époque, les plus belles étant les nos 27 et 47 du côté ouest, au sud de Devonshire Street. John Nash intégra la rue dans l'axe triomphal qui allait de Carlton House à Regent's Park et aboutissait, à son extrémité nord, à Park Crescent. Le bâtiment du Royal Institute of British Architects (1934), au no 66, est orné de statues et de hauts-reliefs intéressants ; ses portes de bronze représentent les monuments de Londres et la Tamise.

Broadcasting House ❻

Portland Place W1. **Plan** 12 F1. ⊖ *Oxford Circus.* ***Fermé*** *au public.* ***Visite des coulisses de la BBC*** *: BBC Television Centre, Wood Lane.* ☎ *0870-603 0304* ⊖ *White City.* ***Accès payant.*** ♿ *obligatoire, tél. pour réserver, pas d'enfant en dessous de 10 ans*

Le bâtiment Art déco de Broadcasting House fut édifié en 1931 pour abriter les bureaux d'un média alors tout nouveau : la radio. La façade, qui épouse la courbure de la rue, est dominée notamment par un haut-relief du sculpteur Éric Gill, inspiré d'une scène de *La Tempête* de Shakespeare et représentant Prospero et son messager Ariel. Le hall d'entrée a été soigneusement restauré pour lui restituer son apparence des années 1930. Dans les années 1990, la plupart des studios de BBC furent transférés à l'ouest de Londres, à l'exception toutefois de la direction. On peut visiter les studios de télévision de la BBC de Wood Lane. Les visites guidées sont passionnantes : chacune d'entre elles est unique car chaque itinéraire dépend des programmes et enregistrement de la journée.

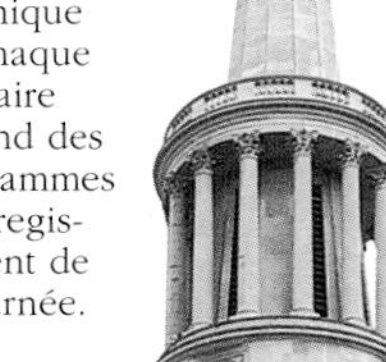

All Souls (1824), sur Langham Place

Haut-relief du Royal Institute of British Architects sur Portland Place

All Souls, Langham Place ❼

Langham Place W1. **Plan** 12 F1. ☎ *020-7580 3522.* ⊖ *Oxford Circus.* ***Ouvert*** *9 h 30-18 h lun.-ven. 9 h-21 h dim.* ♿ ✝ *9 h 30, 11 h, 18 h 30 dim.* 🛍 *seul. dim.*

C'est depuis Regent's Street que l'on apprécie le mieux le portique ionique circulaire de cette église, édifiée par Nash en 1824. Auparavant située en face de la BBC, qui occupait Broadcasting House, elle servait souvent de studio d'enregistrement pour certaines des émissions quotidiennes.

Langham Hilton Hotel ❽

1 Portland Place W1. **Plan** 12 F1. ☎ *020-7636 1000.* ⊖ *Oxford Circus.* *Voir* ***Hébergement*** *p. 282.*

C'était le plus grand hôtel de Londres au moment de son ouverture, en 1865. Les écrivains Oscar Wilde et Mark Twain, ainsi que le compositeur Anton Dvořák, furent parmi les clients célèbres. La facade est restée intacte et l'intérieur a été restauré dans son état original. Le hall d'entrée recouvert de marbre conduit à la Palm Court, où l'on vient boire le thé en écoutant du piano. Des souvenirs coloniaux sont exposés au restaurant Memories et au bar Chukka.

Wigmore Hall ❾

36 Wigmore St W1. **Plan** 12 E1. *020-7935 2141. Bond St., Oxford Circus. Voir* ***Se distraire*** *p. 333.* www.wigmore-hall.org.uk

Cette agréable petite salle de concerts de musique de chambre fut conçue par T. E. Collcutt, l'architecte de l'hôtel Savoy *(p. 284)*, en 1900. Elle fut tout d'abord appelée Bechstein Hall en raison de la proximité de Bechstein, principal marchand de claviers de Londres. En face s'élève un bâtiment Art nouveau, à carreaux de céramique blancs, construit en 1907 pour les grands magasins Debenham and Freebody.

Wallace Collection ❿

Hertford House, Manchester Square W1. **Plan** 12 D1. *020-7563 9500. Bond St.* ***Ouvert*** *10 h-17 h lun.-sam., midi-17 h dim.* ***Fermé*** *24-26 déc., 1er jan., ven. saint.* **Conférences** www.wallace-collection.org.uk

Vase en porcelaine de Sèvres de la fin du XVIIIe siècle

La Wallace Collection, l'une des plus belles collections privées d'œuvres d'art, est le fruit de la passion de quatre générations de Hertford. Léguée au gouvernement anglais en 1897, à la condition qu'elle soit mise à la disposition du public, et qu'on ne la modifie en rien, elle représente un trésor inestimable de l'art européen jusqu'à la fin du XIXe siècle. En juin 2000, quatre nouvelles galeries furent ouvertes, ce qui permet d'exposer la plus grande partie des œuvres : parmi celles-ci, le *Cavalier riant* de Frans Hals, *Titus* de Rembrandt, *Persée et Andromède* du Titien, et la *Ronde de la vie humaine* de Nicolas Poussin, ainsi que de superbes portraits dus à des peintres anglais comme Reynolds, Gainsborough et Romney. Les 25 galeries présentent également de belles porcelaines de Sèvres et des sculptures de Houdon, Roubiliac et Rysbrack, de même qu'une intéressante collection d'armes et d'armures.

La Mosquée de Londres, en lisière de Regent's Park

Sherlock Holmes Museum ⓫

221b Baker St NW1. **Plan** 3 C5. *020-7935 8866. Baker St.* ***Ouvert*** *t.l.j. 9 h 30-18 h.* ***Fermé*** *25 déc.* ***Accès payant.***

Si le célèbre détective, né de l'imagination de sir Arthur Conan Doyle, est censé avoir habité au 221b Baker Street, le musée est installé entre les numéros 237 et 239. Accueilli par la « logeuse » de Holmes, on parcourt les pièces du premier étage, fidèlement reconstituées. Au troisième étage, une boutique-librairie vend des « chapeaux à la Sherlock Holmes ».

Grande mosquée de Londres ⓬

146 Park Rd NW8. **Plan** 3 B3. *020-7724 3363. Marylebone, St John's Wood, Baker St.* ***Ouvert*** *t.l.j. de l'aube au crépuscule.* ***Conférences.***

En lisière de Regent's Park, cette grande mosquée au dôme doré, dessinée par sir Frederick Gibberd, fut achevée en 1978. Elle fut édifiée pour accueillir le nombre croissant de musulmans résidant ou de passage à Londres. La principale salle de prière, qui peut accueillir 1 800 personnes, est un vaste espace quadrangulaire, orné d'un magnifique tapis et d'un lustre colossal. La coupole qui la coiffe est soulignée par des dessins traditionnels d'inspiration islamique dans les tons de bleu.

Sherlock Holmes

Regent's Canal ⓭

NW1 & NW8. **Plan** 3 C1. *020-7482 2660. Camden Town, St John's Wood, Warwick Ave.* **Chemin de halage ouv.** *t.l.j. de l'aube au crépuscule. Voir* **Trois promenades à pied** *p. 264-265.*

Croisière sur le Regent's Canal

Ce canal, ouvert en 1820, relie Grand Junction Canal, qui aboutit à Little Venice dans Paddington, aux docks de Londres, à Limehouse. John Nash, très enthousiaste, le considérait comme un élément intéressant à intégrer dans le plan de Regent's Park, et aurait même souhaité qu'il le traverse. Il fut détourné de son projet par certains qui pensèrent que la vulgarité des bateliers risquerait d'offenser les bourgeois du quartier. Peut-être était-ce aussi parce que les péniches à vapeur qui tiraient les barges étaient sales et, parfois même, dangereuses. Ainsi, en 1874, une barge transportant de la poudre à canon explosa dans la traversée du zoo de Londres, tuant l'équipage, détruisant un pont et terrifiant la population et les animaux. Après une certaine période de prospérité, le trafic fluvial se mit à décliner face à la concurrence croissante du chemin de fer.

Le canal connaît aujourd'hui une nouvelle vie : le chemin de halage a été aménagé en une agréable promenade à pied tandis que des minipéniches d'excursion circulent entre Little Venice et Camden Lock, où se tient un intéressant marché d'art et d'artisanat.

Zoo de Londres ⓮

Regent's Park NW1. **Plan** 4 D2. *020-7722 3333. Camden Town.* **Ouvert** *t.l.j. 10 h-17 h 30 (der. entrée 16 h 30).* **Accès payant. Fermé** *25 déc.* www.zsl.org

Ouvert en 1828, le zoo sert également de centre de recherches et a longtemps été l'un des hauts lieux touristiques de Londres (avec un record de 3 millions de visiteurs dans les années 1950). Toutefois, les émissions de télévision sur la vie sauvage, et les interrogations éthiques

La volière du zoo de Londres, dessinée par lord Snowdon (1964)

sur la mise en cage des animaux ont entraîné une chute de la fréquentation du zoo. Son avenir est désormais incertain.

Cumberland Terrace ⓯

NW1. **Plan** 4 E2. *Great Portland St, Regent's Park., Camden Town.*

C'est à James Thomson que l'on attribue la conception des détails de la Cumberland Terrace, la plus longue et la plus élaborée des terrasses de Nash autour de Regent's Park. Sa façade de colonnes ioniques est surmontée d'un fronton classique sculpté. Achevé en 1828, cet ensemble était conçu pour fermer la perspective que l'on aurait eue depuis le palais que Nash prévoyait de construire pour le prince-régent (le futur George IV), et qui ne fut jamais édifié.

Façade de Cumberland Terrace, de Nash

HAMPSTEAD

Hampstead s'est toujours tenu à l'écart de la capitale, qu'il semble regarder de haut depuis sa colline au nord de Londres. La « lande » (*heath*), vaste espace boisé qui sépare Hampstead de Highgate, ajoute à son attrait en l'isolant de l'agitation de la ville moderne. Une balade dans les charmantes rues de ce village à l'atmosphère georgienne, et à travers la lande, en fait un des plus agréables lieux de promenade de Londres.

LE QUARTIER D'UN COUP D'ŒIL

Rues et bâtiments historiques
Flask Walk et Well Walk 1
Church Row 5
Downshire Hill 6
Vale of Health 13

Musées et galeries
Burgh House 2
Fenton House 4
Keats House 7
Kenwood House 10

Parcs et jardins
Hampstead Heath 8
Parliament Hill 9
The Hill Garden 12

Pubs et restaurants
Jack Straw's Castle 3
Spaniards Inn 11

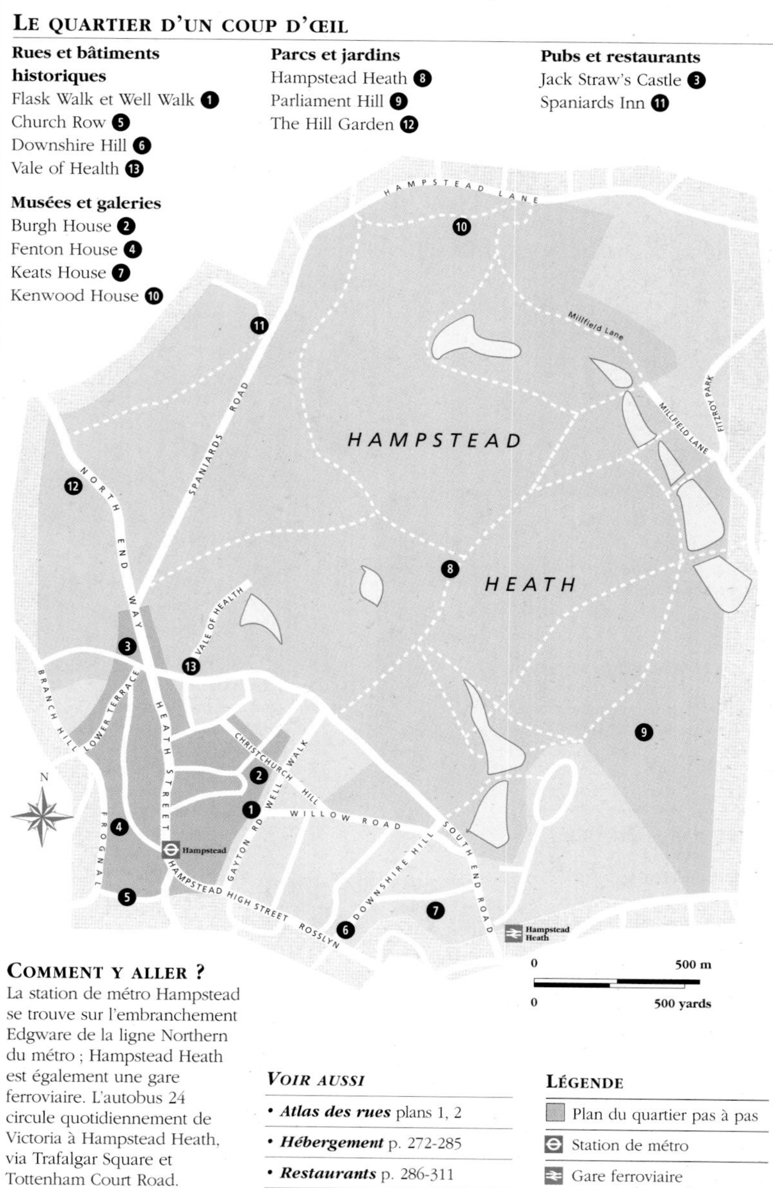

COMMENT Y ALLER ?

La station de métro Hampstead se trouve sur l'embranchement Edgware de la ligne Northern du métro ; Hampstead Heath est également une gare ferroviaire. L'autobus 24 circule quotidiennement de Victoria à Hampstead Heath, via Trafalgar Square et Tottenham Court Road.

VOIR AUSSI

- ***Atlas des rues*** plans 1, 2
- ***Hébergement*** p. 272-285
- ***Restaurants*** p. 286-311

LÉGENDE

- Plan du quartier pas à pas
- Station de métro
- Gare ferroviaire

◁ **Vue sur Hampstead depuis Holly Hill : la campagne en pleine ville**

Hampstead pas à pas

Fièrement perché au sommet d'une colline que borde une grande lande au nord, Hampstead a su conserver une atmosphère villageoise et paisible qui a attiré nombre d'artistes et d'écrivains depuis l'époque georgienne. C'est l'un des quartiers résidentiels les plus recherchés de Londres. Une promenade à travers ses étroites rues, bordées de belles demeures et d'hôtels particuliers préservés, est un des plaisirs tranquilles de la capitale.

Jack Straw's Castle
Ce pub, situé en lisière de la lande, porte le nom d'un insurgé du XIVe siècle ❸

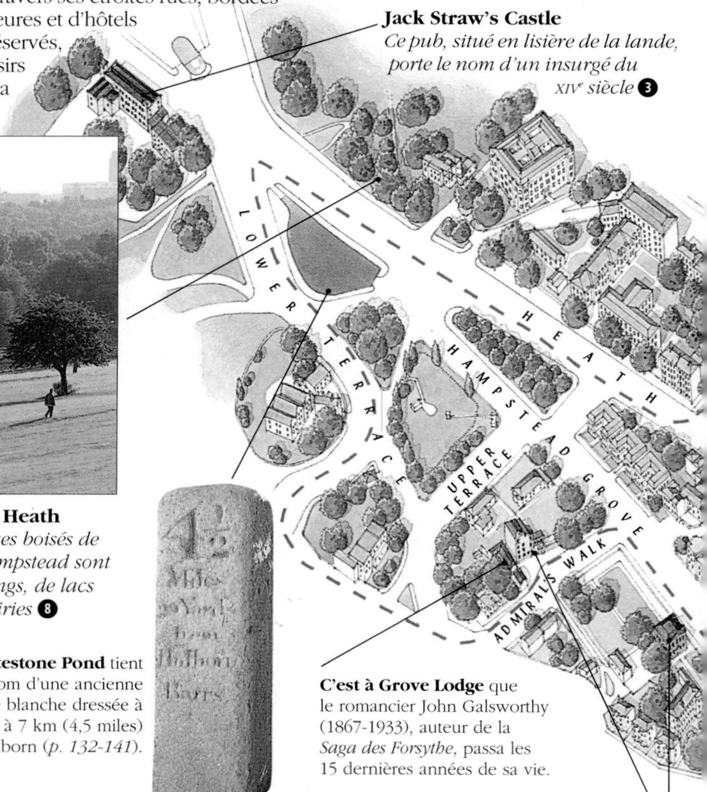

★ Hampstead Heath
Les vastes espaces boisés de la lande de Hampstead sont parsemés d'étangs, de lacs et de vertes prairies ❽

Le Whitestone Pond tient son nom d'une ancienne borne blanche dressée à proximité, à 7 km (4,5 miles) de Holborn (*p. 132-141*).

C'est à Grove Lodge que le romancier John Galsworthy (1867-1933), auteur de la *Saga des Forsythe*, passa les 15 dernières années de sa vie.

L'Admiral's House, dont la façade est décorée de motifs à caractère maritime, fut édifiée vers 1700 pour un capitaine au long cours, mais aucun amiral n'y a jamais vécu.

À NE PAS MANQUER

- ★ Burgh House
- ★ Hampstead Heath
- ★ Fenton House
- ★ Church Row

★ Fenton House
En été, cette demeure de la fin du XVIIe siècle et son délicieux jardin clos se dissimulent sous les frondaisons des arbres de la lande ❹

LÉGENDE

– – – – Itinéraire conseillé

0 100 m

0 100 yards

★ Burgh House
Édifiée en 1702 – mais beaucoup modifiée par la suite –, cette demeure abrite un surprenant musée d'histoire locale, ainsi qu'un café donnant sur un petit jardin ❷

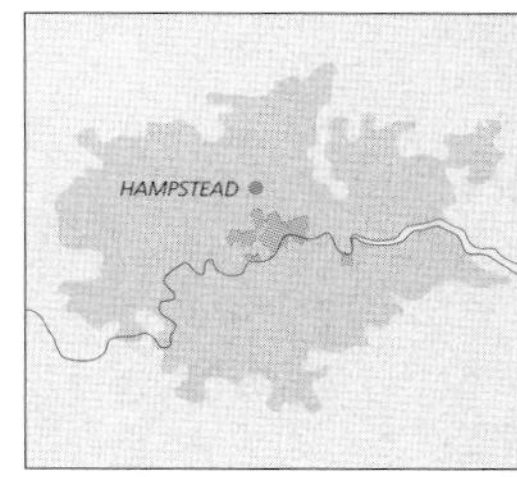

CARTE DE SITUATION
Voir le Grand Londres p. 10-11

Le New End Theatre, qui servit de morgue, expose des œuvres peu nombreuses mais de grand intérêt.

C'est au 40 Well Walk que vécut John Constable, lorsqu'il travaillait à ses nombreux tableaux sur Hampstead.

Flask Walk et Well Walk
Cette allée bordée de charmantes boutiques s'élargit en une rue de village résidentielle ❶

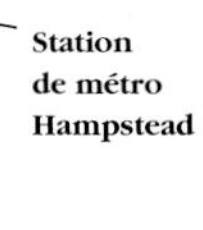

Station de métro Hampstead

★ Church Row
Les hautes maisons qui dominent ce qui est sans doute la plus belle rue georgienne de Londres sont admirablement ornées de grilles en fer forgé ❺

Le Everyman Cinema est un cinéma d'art et d'essai depuis 1933.

La taverne Jack Straw's Castle au XIXe siècle

Flask Walk et Well Walk ❶

NW3. **Plan** 1 B5. *Hampstead.*

Flask Walk doit son nom au pub Flask. C'est ici qu'étaient mises en bouteilles, au XVIIIe siècle, les eaux thérapeutiques de la source thermale du village de Hampstead. L'eau, riche en sels de fer, provenait du puits (marqué par une fontaine aujourd'hui abandonnée) de Well Walk. La Wells Tavern, située presque en face de la source, était une hostellerie qui accueillait complaisamment des couples illégitimes, ce qui contribua à la réputation de la station thermale.

Par la suite, Well Walk fut habitée par de nombreuses célébrités : l'artiste John Constable (au n° 40), les romanciers D. H. Lawrence et J. B. Priestley, et le poète John Keats avant qu'il ne s'installe à Keats Grove.

Étroite et bordée de vieilles boutiques du côté de High Street, Flask Walk s'élargit à la hauteur du pub (remarquez les panneaux de carrelage victoriens de la façade) où elle est dominée par des maisons de style Regency, l'une d'entre elles ayant appartenu au romancier Kingsley Amis.

L'emplacement du puits de Well Walk

Burgh House ❷

New End Sq NW3. **Plan** 1 B4. *020-7431 0144. Hampstead.* ***Ouvert*** *midi-17 h mer.-dim., 14 h-17 h jours fériés.* ***Fermé*** *semaine de Noël.* ***Récitals de musique*** *sam. sur r.v.*

Le dernier propriétaire de Burgh House étant le gendre de l'écrivain Rudyard Kipling, ce dernier y logea de temps en temps au cours des dernières années de sa vie. Après avoir été la propriété du Hampstead Borough Council, la maison fut confiée au Burgh House Trust, qui l'a transformée à partir de 1979 en musée de Hampstead. On peut y découvrir l'histoire de la région et quelques-uns de ses plus célèbres habitants. Une pièce est consacrée à la vie de John Constable, peintre d'une extraordinaire série d'études de nuages à Hampstead Heath ; on y voit également des sections consacrées à Lawrence, Keats, l'artiste Stanley Spencer, et bien d'autres encore qui vécurent et travaillèrent dans la région. Est également présentée une intéressante exposition sur Hampstead, ville d'eaux aux XVIIIe et XIXe siècles. La Burgh House expose régulièrement des artistes locaux contemporains.

La maison, édifiée en 1703 et très modifiée depuis, fut habitée vers 1720 par le Dr William Gibbons, médecin-chef de la station thermale, et doit son nom au révérend Allatson Burgh, un de ses locataires au XIXe siècle. À l'intérieur, l'escalier sculpté est un véritable chef-d'œuvre. La salle de musique, reconstruite en 1920, et où ont été placés de beaux lambris de pin d'une autre demeure datant du XVIIIe siècle, mérite une visite.

Il existe un café (très abordable) au rez-de-chaussée. Sa terrasse ouvre sur le charmant jardin de la maison.

L'escalier de Burgh House

Jack Straw's Castle ❸

12 North End Way NW3. **Plan** 1 A3. *020-7435 8885 Hampstead.* ***Ouvert*** *midi-23 h lun.-sam., midi-22 h 30 dim.*

Ce pub porte le nom d'un des lieutenants de Wat Tyler à l'époque de la révolte des Paysans en 1381 (*p. 162*). On pense que Jack Straw, prévoyant de marcher sur Londres, aurait établi son camp à cet emplacement ; il fut capturé et pendu par les hommes du roi avant de mettre son projet à exécution. S'il y eut effectivement un pub ici – Charles Dickens en fut un des clients –, le bâtiment actuel ne date que de 1962. On découvre un beau panorama sur la lande de Hampstead depuis le restaurant et le Turret Bar à l'étage.

Fenton House ❹

20 Hampstead Grove NW3. **Plan** 1 A4. 020-7435 3471. *Hampstead.* ***Ouvert** : 14 h-17 h mer.-ven., 11 h-17 h sam., dim., jours fériés.* ***Fermé** nov.-mi-mars.* ***Accès payant.*** ***Concerts en été** jeudi 20 h.* www.nationaltrust.org.uk

Cette splendide maison de l'époque de Guillaume et Marie d'Orange (construite en 1686) est le plus ancien manoir de Hampstead. Il abrite deux expositions ouvertes au public en été. La collection Benton-Fletcher d'instruments à clavier anciens, possède notamment un clavecin de 1612 dont Haendel aurait joué ; les instruments sont bien entretenus et sont utilisés pour des concerts organisés dans la demeure. La belle collection de porcelaines a été rassemblée par lady Binning qui légua la maison et tout son contenu au National Trust en 1952.

Church Row ❺

NW3. **Plan** 1 A5. *Hampstead.*

Cette rue aux maisons de style georgien, remarquables pour leurs ferronneries, est l'une des mieux conservées de Londres.

À l'extrémité ouest de la rue s'élève St John's, l'église paroissiale de Hampstead, édifiée en 1745. Les grilles, plus anciennes, proviennent de Canons Park, à Edgware. À l'intérieur de l'église se trouve un buste de John Keats. Outre John Constable, de nombreuses célébrités de Hampstead sont enterrées dans le cimetière adjacent.

Downshire Hill ❻

NW3. **Plan** 1 C5. *Hampstead.*

Cette belle rue aux maisons Regency a donné son nom à un groupe d'artistes, notamment Stanley Spencer et Mark Gertler, qui se rassemblait entre les deux guerres au n° 47, là où se retrouvaient également des artistes préraphaélites parmi lesquels Dante Gabriel Rossetti et Edward Burne-Jones. Jim Henson, le créateur du Muppet Show, a quant à lui résidé au n° 5.

L'église située au coin de la rue (la seconde église de Hampstead consacrée à St John's) fut édifiée en 1823 pour les habitants du quartier de Hill ; elle a conservé ses bancs d'origine.

Keats House ❼

Keats Grove NW3. **Plan** 1 C5. *020-7435 2062.* *Hampstead, Belsize Park.* ***Ouvert** midi-17 h mar.-dim.* ***Fermé** régulièrement pour rénovation (téléphoner).* ***Lectures de poésie, débats.*** www.keatshouse.org.uk

Une boucle de cheveux de John Keats

En 1818, Keats fut incité à s'installer dans la plus petite des deux maisons jumelles, construites en 1816, par son ami Charles Armitage Brown. Keats y passa deux années particulièrement créatrices : l'*Ode à un rossignol*, sans doute son poème le plus admiré, fut composé sous un prunier du jardin. Keats se fiança à Fanny, la fille des Brawne, qui vinrent occuper un an plus tard la grande maison voisine. Le mariage n'eut jamais lieu car Keats mourut de phtisie à Rome moins de deux ans après, à l'âge de 25 ans.

La maison de Keats, ouverte pour la première fois au public en 1925, expose entre autres la copie de l'une des lettres d'amour de Keats à Fanny, la bague de fiançailles qu'il lui offrit, et une boucle de ses cheveux, ainsi que certains facsimile de manuscrits du poète, et des livres.

L'église St John's, à Downshire Hill

Façade XVIIe siècle de Fenton House

Vue sur Londres depuis Hampstead Heath

Hampstead Heath ❽

NW3. Plan 1 C2. 020-8348 9945. Belsize Park, Hampstead. ***Ouvert :*** *t.l.j. 24 h/24.* ***Promenades guidées*** *dim.* ***Concerts, lectures de poésie, activités pour enfants*** *en été.* ***Installations sportives, bassins de baignade. Réservations pour le sport*** *020-8358 9930.*

Séparant les villages de Hampstead, au sommet de la colline, et de Highgate (*p. 246*), la lande (80 ha) a été créée sur les terrains de plusieurs propriétés, et présente une grande diversité de paysages – bois, prairies, collines, étangs et lacs – que ne « dépare » aucun des édicules ou statues qui peuplent les parcs du centre de Londres. Aussi, ce vaste espace est-il devenu de plus en plus cher au cœur des Londoniens. Le dimanche après-midi est sans doute le meilleur moment pour se promener sur la lande. On profitera également de l'atmosphère privilégiée du parc lorsque la partie sud de Hampstead Heath est occupée par la foire populaire (*p. 56-59*), qui se déroule les trois week-ends fériés : Pâques, fin du printemps et fin de l'été.

Parliament Hill ❾

NW5. **Plan** *2 E4. 020-7485 4491. Belsize Park, Hampstead.* ***Concerts, activités pour enfants*** *en été.* ***Installations sportives.***

Une des explications avancées pour le nom de cet endroit est qu'il s'agit du lieu où se rassemblèrent, le 5 novembre 1605, les compagnons du félon Guy Fawkes dans le vain espoir d'assister à la destruction du Parlement de Londres après y avoir placé des charges de poudre (*p. 22*). Il s'agit en fait, plus vraisemblablement, de l'emplacements d'une des batteries d'artillerie des troupes

Kenwood House ❿

Hampstead Lane NW3. **Plan** 1 C1. *020-8348 1286. Highgate, Archway.* ***Ouvert*** *avr.-sept. : t.l.j. 10 h-18 h ; oct.-mars : mer.-ven. 10 h-16 h.* ***Fermé*** *nov.-1er janv.* ***Concerts près du lac*** *en été.* ***Expositions, lectures de poésie, récitals.*** *Voir* ***Se distraire*** *p. 333.* www.english-heritage.org.uk

Cette magnifique demeure due à Adam, ornée de tableaux de maîtres – Vermeer, Turner et Romney –, est située sur un terrain paysager au-dessus de Hampstead Heath. La maison qui occupait cet emplacement depuis 1616 fut transformée par Robert Adam en 1764 pour le comte de Mansfield, Grand Chancelier du roi. Adam réaménagea les pièces existantes et en ajouta d'autres au bâtiment originel. La plupart des décorations intérieures ont subsisté, la pièce maîtresse étant constituée par la bibliothèque. Outre des œuvres de Van Dyck, Hals, Reynolds, etc., on peut y admirer un autoportrait de Rembrandt, chef-d'œuvre de la collection.

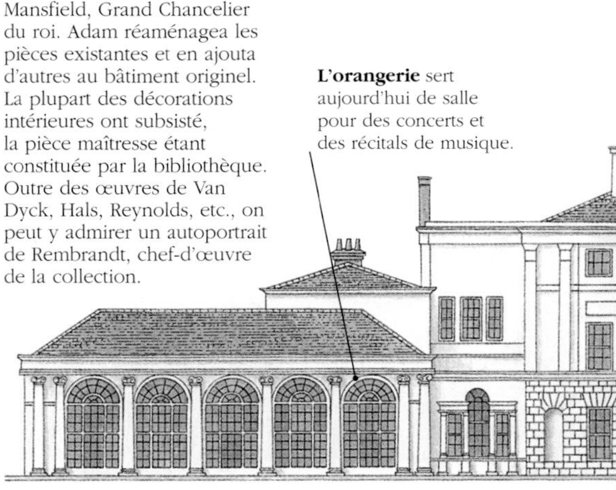

L'orangerie sert aujourd'hui de salle pour des concerts et des récitals de musique.

du Parlement pendant la Guerre civile, 40 ans plus tard. Aujourd'hui encore, malgré les hautes silhouettes des buildings, on y découvre un spectaculaire panorama sur la capitale, le dôme de St-Paul apparaissant dans toute sa splendeur.

Parliament Hill est également un lieu fréquenté par les amateurs de modélisme (avions et bateaux notamment).

Spaniards Inn ⓫

Spaniards Rd NW3. **Plan** 1 B1.
020-8731 6571. Hampstead, Golders Green. ***Ouvert*** *11 h-23 h lun.-sam., midi-22 h 30 dim.*
Voir ***Restaurants et pubs*** *p. 309-311.*

Le pub Spaniards Inn

On dit que Dick Turpin, célèbre bandit de grand chemin au XVIIIe siècle, aurait fréquenté ce pub, mettant son cheval en pension à l'écurie voisine lorsqu'il n'était pas occupé à attaquer les malles-postes sur la route de Londres. Bien que le bar du rez-de-chaussée ait été fréquemment modifié, la maison remonte certainement à l'époque de Turpin – comme en témoigne le petit Turpin Bar de l'étage. La paire de pistolets accrochée au-dessus du bar aurait été prise à des catholiques venus à Hampstead brûler la maison du lord chancelier (Kenwood House) pendant les Gordon Riots de 1780 : l'aubergiste les aurait soûlés de bière puis désarmés.

Parmi les clients du pub, on note les poètes Shelley, Keats et Byron, l'acteur David Garrick et le peintre Joshua Reynolds.

La maison d'octroi, restaurée, est édifiée en saillie sur la route de sorte qu'il était impossible aux véhicules de passer sans payer.

The Hill Garden ⓬

North End Way NW3. **Plan** 1 A2
020-8455 5183. Hampstead, Golders Green. ***Ouvert*** *t.l.j. 9 h au crépuscule.*

Ce charmant jardin fut créé à l'époque édouardienne par lord Everhulme, savonnier et protecteur des arts. Sa maison, aujourd'hui transformée en hôpital, fait partie de Hampstead Heath. Deux de ses plus grands attraits sont son allée en pergola, très agréable en été quand les plantes sont en fleurs, et son étang régulier.

L'allée en pergola, The Hill Garden

Vale of Health ⓭

NW3. **Plan** 1 B4. *Hampstead.*

Cette région, appelée Hatches Bottom, était connue pour être un marécage insalubre avant qu'on ne le draine en 1770. Son nom actuel lui vient peut-être de l'époque où elle a servi de refuge aux Londoniens fuyant une épidémie de choléra au XVIIIe siècle ; mais il peut également s'agir du nom choisi à des fins publicitaires (le « Val de Santé ») par un promoteur immobilier en 1801.

Le poète James Henry Leigh Hunt s'y installa en 1815, et y accueillit Coleridge, Byron, Shelley et Keats. D.H. Lawrence vécut également ici, et le peintre Stanley Spencer travailla dans une chambre du Vale of Health Hotel, démoli en 1964.

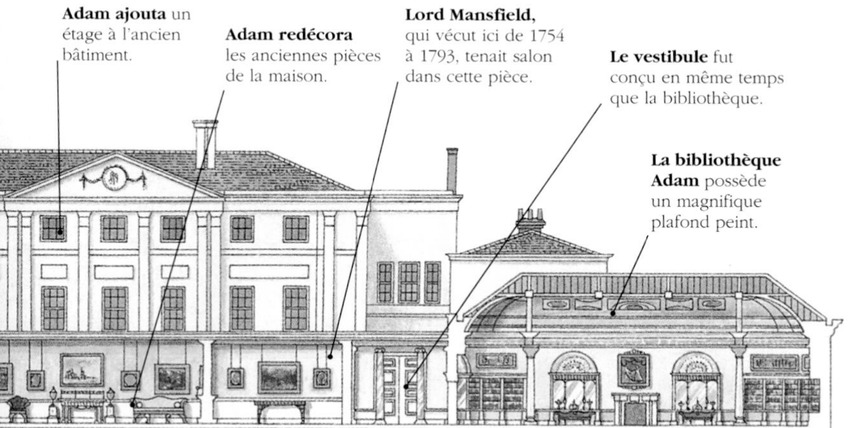
Adam ajouta un étage à l'ancien bâtiment.
Adam redécora les anciennes pièces de la maison.
Lord Mansfield, qui vécut ici de 1754 à 1793, tenait salon dans cette pièce.
Le vestibule fut conçu en même temps que la bibliothèque.
La bibliothèque Adam possède un magnifique plafond peint.

GREENWICH ET BLACKHEATH

Greenwich est connu dans le monde entier : c'est l'endroit où passe le méridien de référence à partir duquel sont déterminées latitudes, longitudes et fuseaux horaires. Historiquement, Greenwich est aussi la porte orientale de Londres. La ville abrite le National Maritime Museum et l'exquise Queen's House, ainsi que nombre de librairies, de boutiques d'antiquités et de marchés élégants. Blackheath s'étend un peu plus au sud.

LE QUARTIER D'UN COUP D'ŒIL

Rues et bâtiments historiques
Queen's House 2
Old Royal Naval College 7
Royal Observatory Greenwich 9
Croom's Hill 12

Musées
National Maritime Museum 1
Fan Museum 13

Église
St Alfege Church 3

Parcs et jardins
Greenwich Park 10
Blackheath 11

Passage pour piétons
Tunnel de Greenwich 6

Pub
Trafalgar Tavern 8

Navires
Gipsy Moth IV 4
Cutty Sark 5

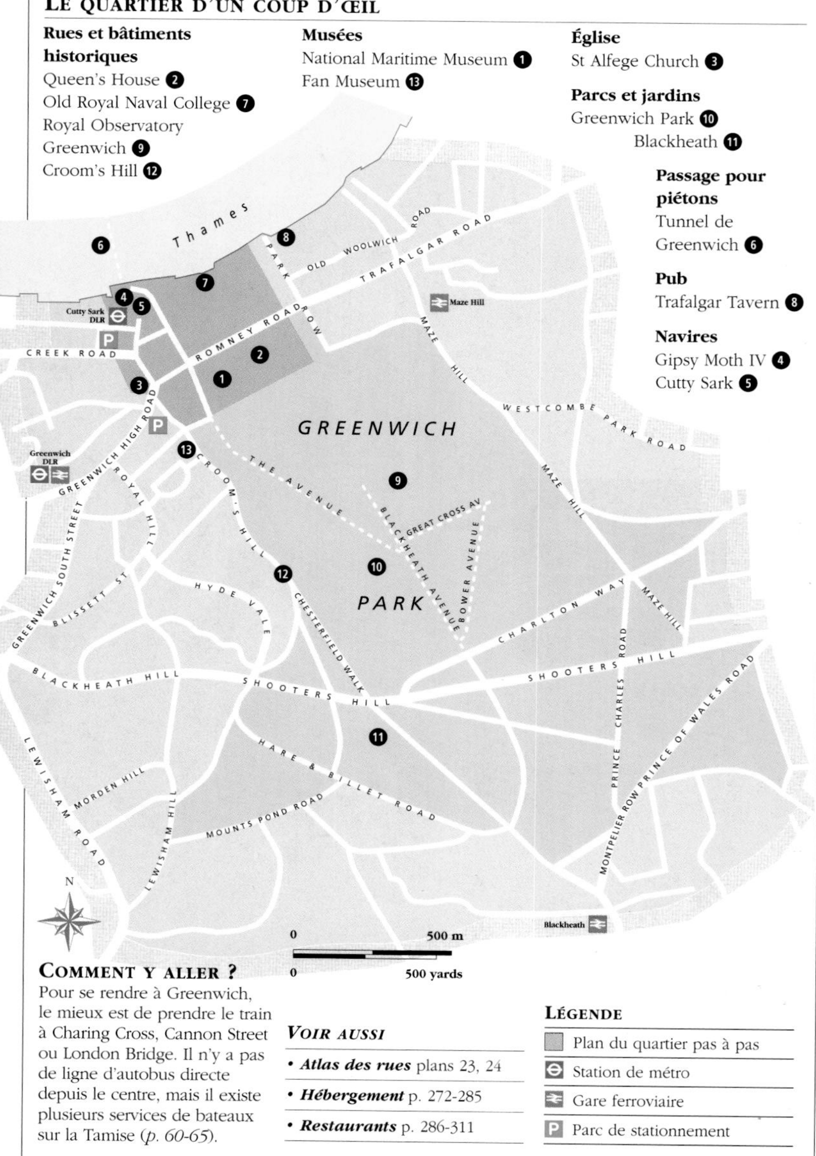

COMMENT Y ALLER ?

Pour se rendre à Greenwich, le mieux est de prendre le train à Charing Cross, Cannon Street ou London Bridge. Il n'y a pas de ligne d'autobus directe depuis le centre, mais il existe plusieurs services de bateaux sur la Tamise (*p. 60-65*).

VOIR AUSSI

• ***Atlas des rues*** plans 23, 24
• ***Hébergement*** p. 272-285
• ***Restaurants*** p. 286-311

LÉGENDE

- Plan du quartier pas à pas
- Station de métro
- Gare ferroviaire
- Parc de stationnement

◁ **D'une rive à l'autre de la Tamise, la maison de la Reine vue de Greenwich Park**

Greenwich pas à pas

C'est en arrivant par la Tamise (*p. 60-65*) que l'on apprécie le mieux la ville. À l'époque des Tudors s'y élevait un palais très apprécié de Henri VIII pour sa proximité avec un beau terrain de chasse et la base navale royale. Le vieux palais fut démoli et remplacé par l'exquise Queen's House, dessinée par Inigo Jones pour l'épouse de Jacques Ier. Ses musées, ses librairies et ses boutiques d'antiquités, ses marchés, ses monuments de Wren et son magnifique parc font de Greenwich un but d'excursion agréable.

Greenwich Foot Tunnel
*Conduisant à l'île des Chiens (*Isle of Dogs*), c'est le seul tunnel sous la Tamise réservé aux piétons* 6

Le Greenwich Pier est un des embarcadères pour les bateaux allant vers Westminster et la Thames Barrier.

Gipsy Moth IV
Sir Francis Chichester fit le tour du monde en solitaire à bord de ce voilier 4

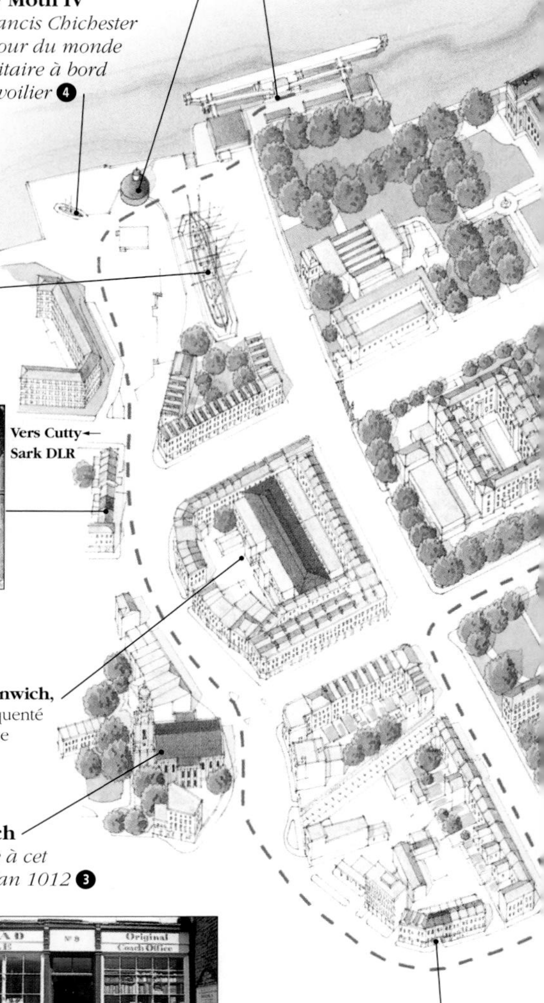

Cutty Sark
De majestueux clippers comme celui-ci parcouraient autrefois les océans 5

Vers Cutty Sark DLR

Goddard's Pie et Eel House sont parmi les rares à préserver la tradition londonienne.

Le marché de Greenwich, particulièrement fréquenté le week-end, propose objets d'artisanat, antiquités et livres.

St Alfege Church
Une église s'élève à cet endroit depuis l'an 1012 3

Le Spread Eagle Yard est un ancien relais de poste, aujourd'hui en partie occupé par une librairie d'occasion.

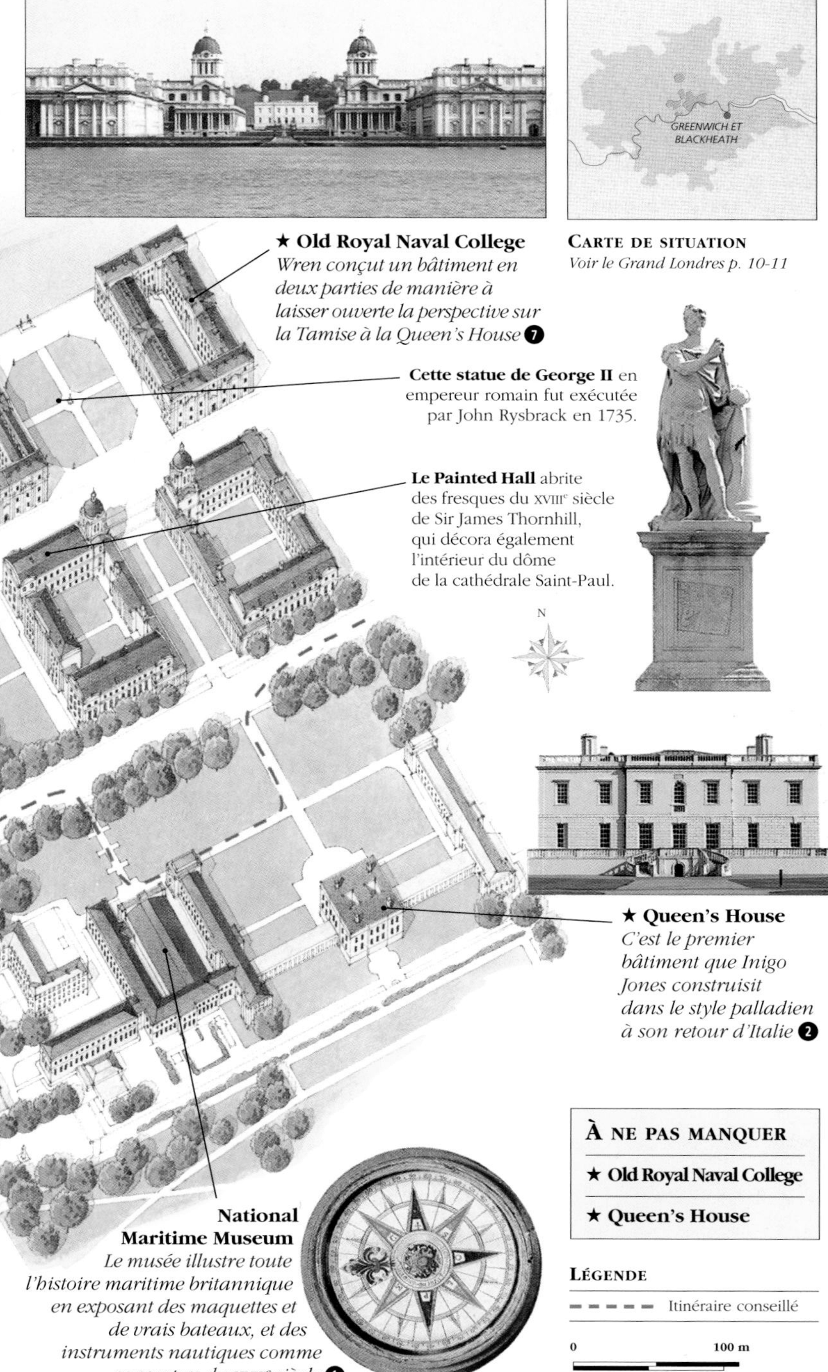

Carte de situation
Voir le Grand Londres p. 10-11

★ Old Royal Naval College
Wren conçut un bâtiment en deux parties de manière à laisser ouverte la perspective sur la Tamise à la Queen's House ❼

Cette statue de George II en empereur romain fut exécutée par John Rysbrack en 1735.

Le Painted Hall abrite des fresques du XVIIIe siècle de Sir James Thornhill, qui décora également l'intérieur du dôme de la cathédrale Saint-Paul.

★ Queen's House
C'est le premier bâtiment que Inigo Jones construisit dans le style palladien à son retour d'Italie ❷

National Maritime Museum
Le musée illustre toute l'histoire maritime britannique en exposant des maquettes et de vrais bateaux, et des instruments nautiques comme ce compas du XVIIIe siècle ❶

À ne pas manquer

★ Old Royal Naval College

★ Queen's House

Légende

Itinéraire conseillé

0 100 m

0 100 yards

National Maritime Museum ❶

Romney Rd SE10. **Plan** 23 C2. *020-8858 4422. Cutty Sark DLR. Maze Hill.* ***Ouvert*** *t.l.j. de 10 h à 17 h (der. ent. : 30 min av. la ferm.).* ***Fermé*** *24-26 déc.* ***Accès payant****. une grande partie du musée.* ***Conférences, expositions****.* www.nmm.ac.uk

La mer a toujours joué un rôle extrêmement important dans l'histoire de la Grande-Bretagne, et ce vaste musée célèbre l'héritage maritime de « l'île-nation ». On peut y découvrir les premiers *curragh* (canoës primitifs) en bois et cuir, les galions d'époque élisabéthaine ainsi que des cargos, des paquebots et des navires de guerre modernes. Certaines salles sont plus particulièrement consacrées aux relations commerciales dans l'Empire britannique, d'autres aux expéditions du capitaine Cook ou encore aux guerres napoléoniennes.

L'une des pièces principales du musée est l'uniforme que portait lord Nelson lorsqu'il fut blessé à la bataille de Trafalgar (octobre 1805) : on remarquera les traces de sang et le trou de la balle qui le tua. Plus spectaculaire encore, les barges royales exposées au rez-de-chaussée, dont celle qui fut construite pour le prince Frédéric en 1732, ornée somptueusement, avec en poupe, des plumes du prince de Galles.
Le musée abrite également nombre de maquettes délicatement ouvragées de bateaux ainsi que de belles marines.

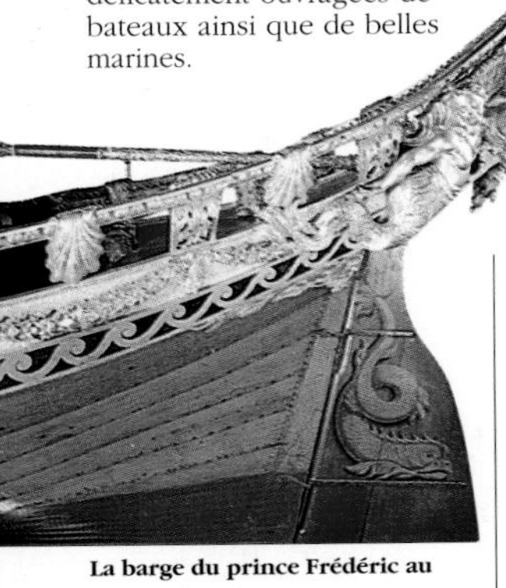

La barge du prince Frédéric au National Maritime Museum

La clôture du chœur et l'autel de St Alfege, par Jean Tijou

Queen's House ❷

Romney Rd SE10. **Plan** 23 C2. *020-8858 4422. Maze Hill, Greenwich.* ***Ouvert*** *10 h-17 h t.l.j.l (der. ent. 16 h 30).* ***Accès payant****.* ***Conférences, concerts, expositions.***

Le « pavillon de la Reine » fut dessiné par Inigo Jones à son retour d'Italie et terminé en 1637. Destiné à l'origine à l'épouse de Jacques Ier, Anne de Danemark, qui décéda au cours de la construction, il fut alors achevé pour la reine Henrietta Maria, femme de Charles Ier, qui l'appela sa « maison des plaisirs ». Brièvement occupée par Henrietta, alors reine douairière, après la Guerre civile, la maison fut progressivement délaissée par la famille royale.

Queen's House a été récemment restaurée dans son état du XVIIe siècle. En 2001, de nouvelles galeries ont ouvert pour exposer la collection d'œuvres d'art du National Maritime Museum. Au rez-de-chaussée, une exposition permanente retrace l'histoire de Greenwich. Des peintures évoquent Greenwich au XVIIe siècle, et l'on peut admirer les portraits des personnages qui ont été associés à Queen's House (par exemple Inigo Jones). On remarquera « l'escalier tulipe » (nommé ainsi à cause de ses balustrades) à vis sans noyau qui dessert les étages supérieurs.

St Alfege Church ❸

Greenwich Church St SE10. **Plan** 23 B2. *020-8853 6808. Greenwich.* ***Ouvert*** *10 h-16 h lun.-sam., 13 h-16 h dim. 9 h 30, 11 h 15 dim.* ***Concerts, expositions****.* www.st-alfege.org

Cette église est, avec ses gigantesques colonnes et ses frontons coiffés d'urnes, l'une des réalisations les plus imposantes et les plus caractéristiques de Nicholas Hawksmoor. Achevée en 1714, elle occupe l'emplacement d'une précédente église qui marquait le lieu du martyre de saint Alfege, archevêque de Canterbury, assassiné par les envahisseurs danois en 1012.

Les bois sculptés de l'intérieur, dus à Grinling Gibbons, ont été restaurés après avoir été endommagés par une bombe pendant la Seconde Guerre mondiale. Les grilles en fer forgé de la clôture du chœur et du chancel sont des œuvres originales attribuées à Jean Tijou. On peut également voir une reproduction du registre de baptême d'Henri VIII, une dalle de cuivre qui marque la tombe du général Wolfe, mort en combattant les Français au Québec en 1759, et un vitrail rappelant le souvenir de Thomas Tallis, compositeur et organiste du XVIe siècle, enterré ici.

Le Gipsy Moth IV ❹

King William Walk SE10. **Plan** 23 B2. *020-8858 3445. Greenwich, Maze Hill. Greenwich Pier.* ***Fermé*** *au public.*

Le *Gipsy Moth IV*

C'est en 1966-1967 que sir Francis Chichester fit le tour du monde en solitaire (48 000 km en 226 jours, dans des conditions souvent très difficiles) à bord de ce ketch de 16 m. À l'issue de son périple, la reine le fit chevalier à bord même de son bateau en utilisant l'épée qui avait servi à Élisabeth Ire pour adouber un autre grand navigateur anglais, sir Francis Drake.

Le dôme du tunnel piéton de Greenwich

Le Cutty Sark ❺

King William Walk SE10. **Plan** 23 B2. *020-8858 3445. Cutty Sark DLR. Greenwich, Maze Hill. Greenwich Pier.* ***Ouvert*** *10 h-17 h t.l.j. (der. ent. 16 h 30).* ***Fermé*** *24-26 déc.* ***Accès payant.*** ***Films, vidéos.*** www.cuttysark.org.uk

Ce majestueux navire est un des clippers qui sillonnaient l'Atlantique et le Pacifique au XIXe siècle. Lancé en 1869, il remporta en 107 jours la « course du thé », disputée entre la Chine et Londres en 1871. Après son dernier voyage, en 1938, il fut exposé ici en cale sèche dès 1957. À bord, des expositions illustrent l'histoire de la marine et du commerce dans le Pacifique. Ce bateau-musée abrite également une extraordinaire collection de figures de proue.

Le tunnel piéton de Greenwich ❻

Entre Greenwich Pier SE10 et Isle of Dogs E14. **Plan** 23 B1. *Island Gardens, Cutty Sark DLR. Greenwich Pier.* ***Ouvert*** *t.l.j. 24 h/24.* ***Ascenseur ouvert*** *t.l.j. 5 h-21 h. horaire des ascenseurs.*

Ce souterrain de 370 m de long et de 2,5 m de haut fut ouvert en 1902 pour permettre aux ouvriers du sud de Londres de se rendre aux Millwall Docks. De l'autre côté de la Tamise, on bénéficie d'un superbe point de vue sur le Royal Naval College de Christopher Wren et Queen's House d'Inigo Jones. Les sorties du tunnel, de chaque côté de la Tamise, sont marquées par un bâtiment de brique rouge coiffé d'un dôme en verre. Son extrémité nord, à la pointe sud de Isle of Dogs, est proche du terminus du Docklands Light Railway (DLR), dont les rames desservent Canary Wharf (*p. 249*), Limehouse, East London et la City. Malgré l'existence de caméras de surveillance, il est déconseillé d'emprunter le tunnel la nuit.

Figure de proue de la fin du XIXe siècle exposée sur le *Cutty Sark*

Old Royal Naval College ❼

Greenwich SE10. **Plan** 23 C2. *020-8269 4747.* *Greenwich, Maze Hill.* ***Ouvert*** *10 h-17 h lun.-sam., 12 h 30-17 h dim. (der. ent. 16 h 15).* ***Fermé*** *25 déc.*

Cet ambitieux ensemble de bâtiments fut édifié par Christopher Wren sur le site de l'ancien palais royal du XVᵉ siècle où vécurent Henri VIII, Marie Iʳᵉ et Élisabeth Iʳᵉ. La façade ouest a été achevée par Vanbrugh. La chapelle et le hall sont les seules parties du collège ouvertes au public.

La chapelle de Wren fut détruite par un incendie en 1779. L'actuel intérieur rococo, dessiné par Jacques Stuart, est un vaste espace lumineux, qui présente de délicates moulurations sur les plafonds et les murs. La clôture du chœur, l'autel et le candélabre sont dorés. La somptueuse décoration du Painted Hall fut exécutée par James Thornhill dans le premier quart du XVIIIᵉ siècle. Les magnifiques peintures du plafond sont agrémentées de piliers en trompe l'œil et de frises. En bas de l'une des fresques du mur ouest, l'artiste s'est représenté la main tendue, pour réclamer de l'argent !

La fresque de Thornhill représentant le roi William, dans le Hall du Naval College

Trafalgar Tavern ❽

Park Row SE10. **Plan** 23 C1. *020-8858 2437. Voir* ***Restaurants et pubs*** *p. 309-311.*

Ce charmant pub lambrissé, construit en 1837, devint bientôt, à l'instar de nombreuses autres auberges de Greenwich, un lieu fréquenté pour ses *whitebait dinners* (littéralement « dîners de blanchaille », c'est-à-dire de la friture de petits poissons pêchés dans le fleuve). S'y rencontraient, en certaines occasions, ministres du gouvernement, ténors du barreau, etc., venant de Westminster et de Charing Cross par bateau sur la Tamise. La dernière rencontre entre ministres du gouvernement eut lieu ici en 1885. Ce pub fut également fréquenté par Charles Dickens, qui venait souvent y boire accompagné par l'un de ses plus célèbres illustrateurs, le graveur George Cruickshank.

Devenu le point de ralliement des anciens marins du commerce en 1915, le pub fut restauré en 1965 après avoir longtemps servi de club ouvrier.

Trafalgar Tavern vue depuis la Tamise

Royal Observatory Greenwich ❾

Greenwich Park SE10. **Plan** 23 C3. *020-8858 4422.* *Maze Hill, Greenwich.* ***Ouvert*** *10 h-17 h t.l.j. (der. ent. : 16 h 30).* ***Fermé*** *24-26 déc.* ***Accès payant.*** www.rog.nmm.ac.uk

Le méridien (0° de longitude) qui marque la limite entre les hémisphères est et ouest de la terre passe exactement à cet endroit, matérialisé par une ligne. C'est en 1884 que le Greenwich Mean Time (GMT) est devenu, par convention internationale, l'heure de référence pour le monde entier.

Le bâtiment d'origine de Flamsteed House (Flamsteed fut le premier astronome du Roi appointé par Charles II), dessiné par Wren, présente au sommet une pièce octogonale enfermée dans un carré et couronnée par deux tourelles. Au-dessus de l'une d'elles, un globe horaire tombe d'un mât tous les jours à 13 h depuis 1833, permettant aux marins de la Tamise et aux fabricants de chronomètres (horloge marine) de régler leurs instruments.

Le bâtiment fut l'observatoire officiel de la Couronne de 1675 à 1948, date à laquelle les astronomes s'installèrent dans le Sussex, au ciel plus lumineux que celui de Londres. L'astronome du Roi est aujourd'hui installé à Cambridge. L'ancien observatoire présente une exposition intéressante d'instruments astronomiques, de chronomètres et d'horloges.

Une horloge de 24 heures au Royal Observatory Greenwich

Greenwich Park ⑩

SE10. **Plan** 23 C3. *020-8858 2608.* *Greenwich, Blackheath, Maze Hill.* ***Ouvert*** *6 h-18 h.* ***Spectacles pour enfants, musique, sports. Ranger's House,*** Chesterfield Walk, Greenwich Park SE10. **Plan** 23 C4. *020-8853 0035.* ***Ouvert*** *1er avr.-30 sept. : 10 h-18 h mer.-dim. ; 1er-31oct. : 10 h-17 h mer.-dim. ; 1er nov.-31 mars 10 h-14 h mer.-dim.* ***Fermé*** *24-25 déc.* *réserver.*

Dépendant à l'origine d'un palais royal et toujours propriété de la Couronne, le parc fut enclos en 1433 et son mur d'enceinte en brique construit sous le règne de Jacques Ier. Au XVIIe siècle, le jardinier royal André Le Nôtre, qui dessina les jardins de Versailles, fut invité à dessiner ceux de Greenwich ; c'est à lui que l'on doit la large avenue qui escalade la colline au sud, et d'où l'on découvre un beau panorama sur le fleuve (par beau temps, on peut voir presque tout Londres).

À l'extrémité sud-est du parc s'élève la Ranger's House (1688), donnée aux gardes forestiers du parc en 1815, mais qui abrite aujourd'hui la collection Wernher. Sir Julius Wernher, propriétaire de mines sud-africain de la fin du XIXe siècle, avait accumulé plus de 650 œuvres : elles sont exposées dans plus de 12 pièces de cette élégante maison.

La Ranger's House de Greenwich Park

Blackheath ⑪

SE3. **Plan** 24 D5. *Blackheath.*

Cette lande servait de lieu de rassemblement aux grandes bandes arrivant à Londres par l'est, notamment les compagnons de Wat Tyler à l'époque de la Révolte des paysans de 1381. C'est également ici que Jacques Ier initia les Anglais au jeu de golf, originaire de son Écosse natale.

Aujourd'hui, une promenade dans la lande permet de découvrir les belles demeures georgiennes et les « terraces » qui l'entourent. Dans Tranquil Vale, au sud, on trouvera des boutiques de livres, de gravures et de meubles anciens.

Croom's Hill ⑫

SE10. **Plan** 23 C3. *Greenwich.*

Cette rue est une des mieux conservées du vieux Londres (XVIIe-XIXe siècle). Les plus anciens bâtiments sont à l'extrémité sud, près de Blackheath : Manor House, de 1695, puis le no 68, à peu près de la même date, et enfin la maison du no 66, la plus ancienne.

Entre autres habitants célèbres de Croom's Hill, on compte le général James Wolfe (enterré à St Alfege) et l'acteur irlandais Daniel Day Lewis.

Fan Museum ⑬

12 Croom's Hill SE10. **Plan** 23 B3. *020-8858 7879.* *Greenwich.* ***Ouvert*** *11 h-17 h 30 mar.-sam., midi-17 h dim.* ***Accès payant*** *mais réductions pour retraités et invalides.* ***Conférences, ateliers de création d'éventails.*** www.fanmuseum.org

Ce musée – unique au monde – est l'un des plus étonnants de la capitale. Ouvert en 1989, il doit son existence à l'enthousiasme de Hélène Alexander, dont la collection personnelle de 2 000 éventails (du XVIIe siècle à nos jours) a été augmentée par de nombreux dons, parmi lesquels des éventails créés pour le théâtre. Les expositions tournent régulièrement pour présenter toute la diversité de cet art (dessin, miniature, sculpture et broderie). Si elle est là, Mme Alexander vous guidera elle-même dans son exposition.

Éventail de théâtre utilisé dans une opérette de D'Oyly Carte

EN DEHORS DU CENTRE

Suite au développement des banlieues à l'époque victorienne, les grandes demeures construites pour servir de maison de campagne aux riches Londoniens se sont retrouvées englobées dans le Grand Londres. Nombre de ces demeures ont été transformées en musées. Si Richmond Park et Wimbledon Common donnent un avant-goût de campagne, une balade jusqu'à Thames Barrier est une expérience à ne pas manquer.

LE GRAND LONDRES D'UN COUP D'ŒIL

Rues et bâtiments historiques
Sutton House 11
Charlton House 19
Eltham Palace 20
Hampton Court p. 254–257 28
Ham House 29
Orleans House 30
Marble Hill House 31
Syon House 33
Osterley Park House 35
PM Gallery and House 36
Strand on the Green 39
Chiswick House 40
Fulham Palace 42

Églises
St Mary, Rotherhithe 13
St Anne's, Limehouse 14
St Mary's, Battersea 24

Marché
Camden Market 2

Musées et galeries d'art
Lord's Cricket Ground 1
Freud Museum 3
The Jewish Museum 6
St John's Gate 7
Crafts Council Gallery 8
Geffrye Museum 10
Bethnal Green Museum of Childhood 12
William Morris Gallery 16
Horniman Museum 21
Dulwich Picture Gallery 22
Wimbledon Lawn Tennis Museum 25
Wimbledon Windmill Museum 26
Musical Museum 34
Kew Bridge Steam Museum 37
Hogarth's House 41

Parcs et jardins
Battersea Park 23
Richmond Park 27
Kew Gardens p. 260–261 38

Cimetière
Highgate Cemetery 5

Architecture moderne
Canary Wharf 15
The Dome 18
Chelsea Harbour 43

Quartiers historiques
Highgate 4
Islington 9
Richmond 32

Dispositif technologique
Thames Barrier 17

Tous les sites décrits dans ce chapitre sont dans le périmètre de l'autoroute M25 (*p. 10-11*).

0 5 km
0 3 miles

LÉGENDE
Principales zones de visite
Autoroute

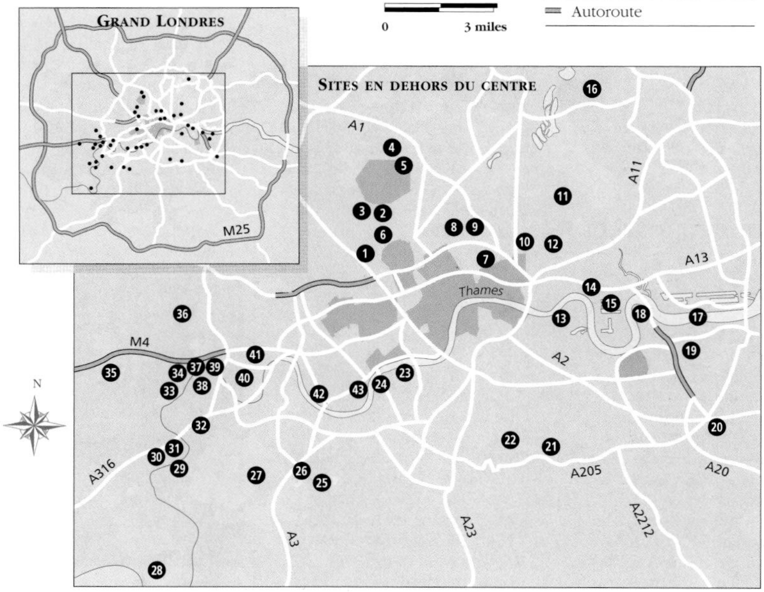

GRAND LONDRES

SITES EN DEHORS DU CENTRE

◁ **Pub au bord du fleuve à Richmond**

Au nord de Londres

Lord's Cricket Ground ❶

NW8. **Plan** 3 A3. *020-7289 1611. St John's Wood.* ***Ouvert** seul. visites guidées et spectateurs les jours de match.* ***Fermé** 25 déc.* ***Accès payant.*** *mi-sept.-mi-avr. : midi, 14 h ; mi-avr.-mi-sept. : 10 h, midi, 14 h.* *Voir* ***Se distraire*** *p. 338-339.* www.lords.org

Ce temple du cricket abrite un musée assez étonnant par les pièces qui y sont exposées, comme un moineau tué par une balle au cours d'une partie, ainsi qu'une collection de trophées. Le musée retrace l'histoire de ce sport national, et expose de nombreux tableaux et souvenirs de joueurs célèbres. Les visiteurs étrangers pourront s'y familiariser avec les règles de ce sport.

Thomas Lord, pionnier du cricket, a aménagé le terrain qui porte son nom à cet emplacement en 1814. Le Pavillon, construit à l'époque victorienne, supporte une girouette qui représente le Temps.

Des visites guidées sont organisées même en dehors des périodes de compétition.

Un trophée de cricket

Camden Market ❷

NW1. *Camden Town, Chalk Farm.* ***Ouvert :*** *midi-18 h t.l.j.*

Camden Market regroupe en fait six marchés situés le long de Chalk Farm Road et Camden High Street. La foule l'envahit le week-end, mais la plupart des étals sont ouverts en semaine. Certaines maisons victoriennes restaurées, le long de Camden Lock et du canal, abritent aussi des boutiques.

Le célèbre divan de Sigmund Freud

Freud Museum ❸

20 Maresfield Gdns NW3. *020-7435 2002. Finchley Rd.* ***Ouvert** 12 h-17 h mer.-dim.* ***Fermé** 24-26 déc.* ***Accès payant.*** ***Conférences, vidéos.*** www.freud.org.uk

Sigmund Freud, le père de la psychanalyse, fuyant l'Autriche et les persécutions nazies, vint s'installer en 1938 dans cette maison de Hampstead, et recréa l'atmosphère de son cabinet de consultation viennois grâce au mobilier qu'il avait emporté avec lui. Après la mort de Freud (1939), sa fille Anna (initiatrice de la psychanalyse des enfants) conserva la maison en l'état. En 1986, après la mort d'Anna, le bâtiment fut aménagé en musée. Sa pièce maîtresse est le fameux divan sur lequel le maître faisait allonger ses patients. Un montage de films de famille, datant des années 1930, montre Freud dans l'intimité.

Highgate ❹

N6. *Highgate.*

Le site de Highgate, où étaient installés un relais de poste et une barrière d'octroi sur la grande route nord de Londres, est habité au moins depuis le début du Moyen Âge. À l'instar de Hampstead Heath (*p. 234*), Highgate est rapidement devenu à la mode en raison de la pureté de son air, et de nombreux nobles y firent édifier leur résidence de campagne. Sur Highgate Hill, la statue d'un chat noir marque l'endroit où le marchand Richard Whittington et son chat se seraient arrêtés. Découragé par des revers électoraux, au moment de quitter Londres, il entendit les cloches le rappeler… et il obtint trois mandats successifs de lord-maire (*p. 18*).

Highgate Cemetery ❺

Swain's Lane N6. *020-8340 1834. Archway.* ***Cimetière est ouvert*** *avr.-oct. : lun.-ven. 10 h-17 h, sam.-dim. 11 h-16 h ; nov.-mars : t.l.j. 10 h-16 h.* ***Cimetière ouest ouvert*** ***seulement*** *mars.-oct. : midi, 14 h, 16 h lun.-ven. ; 11 h-16 h sam., dim. ; nov.-mars : 11 h-15 h sam. et dim.* ***Fermé** 25-26 déc. et pendant les enterrements.* ***Accès payant.*** *Cimetière Est seulement.* www.highgate-cemetery.org

La partie ouest de ce cimetière, qui reflète le goût victorien pour la fantaisie et le pittoresque, fut ouverte en 1839. Laissé à l'abandon, il a été remis en état par une association de volontaires. C'est à ses efforts que l'on doit la restauration de l'Egyptian Avenue, une allée bordée de caveaux de famille édifiés dans le style des tombeaux des pharaons, et des tombes du Circle of Lebanon, disposées en cercle autour d'un cèdre. Dans la section E. du cimetière se trouve la tombe de Karl Marx, que domine son buste gigantesque. La romancière George Eliot repose également ici.

Le mausolée de George Wombwell au cimetière de Highgate

Bannière de la corporation des boulangers juifs (vers 1926)

The Jewish Museum ❻

129–31 Albert Street, NW1. **Plan** 4 E1. *020-7284 1997.* *Camden Town.* ***Sternberg Centre***, 80 East End Road, Finchley N3. *020-8349 1143.* *Finchley Central.* ***Ouvert*** *10 h-16 h lun.-ven., 10 h-17 h dim.* ***Fermé*** *ven., sam., fêtes juives.* ***Accès payant*** www.jewishmuseum.org.uk

Le Musée juif, fondé en 1932, occupe désormais deux sites. La succursale de Camden réunit trois galeries retraçant la vie de la communauté juive en Angleterre depuis le Moyen Âge. Le musée, qui foisonne d'objets et de présentations interactives, abrite une importante collection d'art cérémoniel juif, dont des lampes de Hanoukka, une collection d'alliances juives et divers contrats de mariage. Le joyau du musée est une magnifique arche de synagogue vénitienne du XVIe siècle, en noyer doré sculpté.

Quant à la succursale de Finchley, elle accueille une collection vouée à l'histoire sociale, avec des archives sonores et photographiques, des reconstitutions d'ateliers d'artisans de l'East End, ainsi qu'une bouleversante exposition sur l'Holocauste.

St John's Gate ❼

St John's Lane EC1. **Plan** 6 F4. *020-7324 4000.* *Farringdon.* ***Musée ouvert*** *10 h-17 h lun.-ven., 10 h-16 h sam.* ***Fermé*** *jours fériés.* ***Accès*** *: don.* *11 h, 14 h 30 mar., ven., sam.*

La loge de style Tudor et une partie de l'église (XIIe siècle) sont tout ce qui reste du prieuré des Chevaliers hospitaliers de Saint-Jean, qui fut florissant pendant 4 siècles. Les bâtiments du prieuré ont servi à de multiples usages : bureaux du maître des divertissements d'Élisabeth Ire, pub, salon de thé (tenu par le père du peintre William Hogarth), et bureaux du *Gentlemen's Magazine* (1731-1754), de Edward Cave. Si le musée de l'Histoire de l'ordre des hospitaliers est ouvert tous les jours, il faut se joindre à une visite guidée pour visiter le reste du bâtiment.

The Crafts Council Gallery

Crafts Council Gallery ❽

44a Pentonville Rd N1. **Plan** 6 D2. *020-7278 7700.* *Angel.* ***Ouvert*** *11 h-18 h mar.-sam., 14 h-18 h dim.* ***Fermé*** *25-26 déc., 1er jan.* ***Conférences.*** www.craftscouncil.org.uk

Le Conseil a mission de promouvoir la création et de favoriser l'artisanat en Grande-Bretagne. Il possède une importante collection d'objets d'artisanat d'art britannique. À la boutique, on peut acheter de belles pièces d'artisanat contemporain.

Islington ❾

N1. **Plan** 6 E1. *Angel, Highbury & Islington.*

Islington était autrefois une station thermale très en vogue. La région déclina rapidement à la fin du XVIIIe siècle quand les membres de la haute société commencèrent à s'en désintéresser. Au XXe siècle, des écrivains comme Evelyn Waugh, George Orwell et Joe Orton y vécurent. Aujourd'hui, Islington est redevenue à la mode et s'est « embourgeoisée ».

La Canonbury Tower, vestige d'un manoir médiéval converti en appartements au XVIIIe siècle, fut habitée par des écrivains comme Washington Irving et Oliver Goldsmith. Elle abrite aujourd'hui le Tower Theatre. Sur Islington Green se dresse la statue de sir Hugh Myddleton, créateur en 1613 du canal qui traversait Islington pour alimenter Londres en eau depuis le Hertfordshire ; les rives du canal sont aménagées en agréable promenade, entre les gares de Essex Road et de Canonbury (*p. 264-265*). Deux marchés sont installés à proximité de la station de métro Angel (*p. 324*) : celui de Chapel Road, spécialisé dans les produits frais, celui de Camden Passage.

Le prieuré de Saint-Jean : aujourd'hui, seul subsiste le bâtiment de la loge

À l'est de Londres

La chambre victorienne du musée Geffrye

Geffrye Museum ⑩

Kingsland Rd E2. ☎ *020-7739 9893.* ⊖ *Liverpool St, Old St.* **Ouvert** *10 h-17 h mar.-sam., midi-17 h dim. (midi-17 h les lun. fériés).* **Fermé** *24-26 déc., 1er jan., ven. saint.* ***Expositions, conférences, manifestations.*** www.geffrye-museum.org.uk

Ce petit musée est aménagé dans les bâtiments d'un hospice, construit en 1715 sur un terrain légué par Robert Geffrye, lord-maire de Londres. Celui-ci fit fortune dans le trafic des esclaves, au XVIIe siècle. L'aménagement a pour but d'offrir un aperçu de l'évolution du cadre de la vie familiale et de la décoration intérieure. Les appartements de l'hospice (construits pour accueillir les ouvriers métallurgistes et leur famille) ont été décorés et meublés dans le style de différentes époques – élisabéthaine (avec de magnifiques boiseries), ou encore Art nouveau et années 1950. Une nouvelle aile en verre et brique rouge abrite des décors typiques des années 1990. La chapelle située au centre de l'hospice n'a pas subi de modifications importantes, et a conservé ses stalles et ses bancs. Le musée est entouré de verdure, dont un joli jardin d'herbes aromatiques.

Sutton House ⑪

2-4 Homerton High St E9. ☎ *020-8986 2264.* ⊖ *Bethnal Green puis bus 253.* **Ouvert** *fév.-nov. : 13 h 30-17 h ven., 11 h 30-17 h sam.-dim.* **Fermé** *déc., jan., ven saint.* ***Accès payant.*** ***Concerts, conférences.***

Cette maison de négociant est actuellement en cours de restauration. Édifiée en 1535 pour Ralph Sadleir, un courtisan de Henri VIII, elle servit de résidence à plusieurs riches familles avant d'être transformée en école, au XVIIe siècle. Si la façade a été modifiée au XVIIIe, le gros œuvre Tudor est resté intact, conservant une grande partie de son appareil en brique, ses grandes cheminées et ses boiseries.

Bethnal Green Museum of Childhood ⑫

Cambridge Heath Rd E2. ☎ *020-8983 5200.* *Cambridge Heath.* ⊖ *Bethnal Green.* **Ouvert** *10 h-17 h 50 lun.-jeu., sam.-dim.* **Fermé** *24-26 déc., 1er jan., 1er mai.* ***Atelier, animations pour enfants.*** www.museumofchildhood.org.uk

Cette annexe du Victoria and Albert Museum (*p. 202-205*) est généralement considérée comme un musée du Jouet, bien qu'il soit prévu d'étendre son domaine en y présentant des expositions sur l'histoire sociale de l'enfance. Ses collections de poupées anciennes, de maisons de poupée (certaines offertes par la famille royale), de jeux, de trains miniatures, de petits théâtres, de marionnettes… sont bien expliquées et présentées de manière attrayante. Le bâtiment construit spécialement pour le musée se trouvait autrefois sur le site du Victoria & Albert Museum. En 1872, lorsque ce dernier fut agrandi, il fut démonté et remonté ici pour diffuser les « lumières de l'instruction » dans l'East End.

Une maison de poupée (vers 1760)

St Mary, Rotherhithe ⑬

St Marychurch St SE16. ☎ *020-7231 2465.* ⊖ *Rotherhithe.* **Ouvert** *t.l.j. 7 h 30-18 h.* ✝ *9 h 30, 18 h dim.* *limité.*

St Mary, Rotherhithe

Cette église fut édifiée en 1715 sur l'emplacement d'un sanctuaire médiéval, dont le clocher conserve quelques éléments. Elle abrite un monument à Christopher Jones, le capitaine du *Mayflower* sur lequel les « Pères Fondateurs » s'embarquèrent pour l'Amérique du Nord. On remarque également sa voûte en berceau, en forme de carène renversée, et son autel, construit à l'aide des membrures du *Téméraire*, vaisseau de guerre immortalisé dans un tableau de Turner à la National Gallery (*p. 104-107*).

Une tapisserie de William Morris (1885)

St Anne's, Limehouse ⓮

Commercial Rd E14. ☎ 020-7987 1502. **Docklands Light Railway** *Westferry.* ***Ouvert*** *14 h-16 h lun.-ven. ; 14 h 30-17 h sam. et dim., ou demander la clé à la sacristie. 5 Newell St, E14.* ✝ *10 h 30, 18 h dim.* ***Concerts, conférences.***

Achevée en 1724, cette église de l'East End a été dessinée par Nicholas Hawksmoor. Son clocher de 40 m de haut (le plus élevé de Londres) servait d'amer aux navires se rendant aux docks de l'East End. L'église, gravement endommagée par le feu en 1850, fut restaurée par l'architecte Philip Hardwick, qui décora son intérieur dans le style victorien. Bombardée au cours de la Seconde Guerre mondiale, elle mériterait une seconde restauration.

Canary Wharf ⓯

E14. ***Docklands Light Railway*** *Canary Wharf.* ***Centre d'information, concerts, expositions.*** **Dockland's Museum** ☎ *020-7001 9800.* ***Ouvert*** *t.l.j.*

Le plus ambitieux projet d'aménagement de Londres a été inauguré en 1991, lors de l'aménagement de la Canada Tower, conçue par l'architecte argentin Cesar Pelli. Cette tour de 250 m de hauteur (50 étages) qui domine tout l'est de la ville est le plus haut gratte-ciel de bureaux d'Europe. Elle occupe les terrains de l'ancien West India Dock, fermé, comme tous les docks de Londres, entre 1960 et 1980. Lorsque le complexe commercial de Canary Wharf sera achevé, il offrira 21 immeubles de bureau ainsi que des boutiques et des centres de loisirs. Un nouveau musée est consacré à l'histoire des docks ; on peut y voir un des salons 1920 du *Queen Mary*.

William Morris Gallery ⓰

Lloyd Park, Forest Rd E17. ☎ *020-8527 3782.* ⊖ *Walthamstow Central.* ***Ouvert*** *10 h-13 h, 14 h-17 h mar.-sam., 10 h-13 h, 14 h-17 h 1er dim. de chaque mois.* ***Fermé*** *24-26 déc. et j. fériés.* ***Conférences.***

William Morris (né en 1834), l'architecte-décorateur le plus influent de l'ère victorienne, passa sa jeunesse dans cette imposante demeure du XVIIIe siècle. Le musée agréable et bien présenté permet de découvrir la personnalité de cet artiste, décorateur, artisan, écrivain et pionnier du socialisme en raison de ses œuvres et de celles de différents autres membres du mouvement Arts and Crafts qu'il inspira : mobilier de A. H. Mackmurdo, livres de Kelmscott Press, céramiques de Morgan et tableaux des pré-raphaélites.

Canada Tower, à Canary Wharf

Thames Barrier ⓱

Unity Way SE18. ☎ *020-8305 4188.* *Charlton.* ***Ouvert*** *avr.-sept. 10 h-16 h 30 lun.-ven. (sept.-mars 11 h-15 h 30), 10 h 30-17 h 30 sam.-dim.* ***Fermé*** *24 déc.-2 janv.* ***Accès payant.*** ***Spectacles multimédias, expositions.***

En 1236, la Tamise eut une crue si forte que les Londoniens pouvaient traverser Westminster Hall en barque. Londres fut aussi inondée en 1663, en 1928 ainsi qu'en 1953. Aussi, le Conseil du Grand Londres lança-t-il en 1965 un concours pour mettre un terme à cette menace permanente. Thames Barrier fut achevé en 1984 : il mesure 520 m de long et se compose de 10 portes pivotantes pouvant se redresser jusqu'à 1,60 m

La structure du Dome

au-dessus du niveau atteint par la marée de 1953. Le mieux est de le visiter par bateau (*p. 60-65*).

The Dome ⓲

North Greenwich SE10. ⊖ *North Greenwich/The Dome (Jubilee Line).* ***Fermé*** *au public.*

Au centre des célébrations du millénaire, le Dome n'a cessé de provoquer la controverse. Ce n'en n'est pas moins une prouesse technique. Sa circonférence comprend 10 fois la cathédrale St-Paul et la colonne de Nelson pourrait tenir sous son toit. Plus de 100 000 m² de fibres de verre recouvertes de Teflon forment son toit, supporté par 70 km de câbles d'acier… L'idée de vendre le bâtiment au plus offrant a été évoquée, bien qu'à ce jour aucune décision n'ait été prise.

Le sud de Londres

Cheminée jacobéenne de Charlton House

Charlton House ⓳

Charlton Rd SE7. *020-8856 3951.* *Charlton.* ***Ouvert*** *9 h-22 h lun.-ven., 10 h-17 h sam. (téléphoner).* ***Fermé*** *jours fériés.*

Cette maison de style jacobéen – la mieux conservée de l'époque aux environs de Londres – fut achevée en 1612 pour Adam Newton, précepteur du prince Henri, fils aîné de Jacques Ier. À l'intérieur subsistent la plupart des plafonds (certains restaurés à l'aide des moules originaux découverts au sous-sol) et des cheminées d'origine, ainsi qu'un remarquable escalier sculpté, étonnamment surchargé d'ornements. Certaines parties des lambris sont d'époque.

La maison, qui accueille aujourd'hui un centre social, offre de belles vues sur le fleuve. On remarquera, dans le parc, un pavillon d'été, qui pourrait avoir été conçu par Inigo Jones, et un mûrier (probablement le plus vieux de toute l'Angleterre) qui aurait été planté par Jacques Ier en 1608.

Eltham Palace ⓴

Court Yard SE9. *020-8294 2548.* *Eltham puis 15 min à pied.* ***Ouvert*** *mer.-ven., dim. Avr.-sept. : 10 h-18 h ; oct. : 10 h-17 h ; nov.-mars : 10 h-16 h.* ***Fermé*** *24 déc.-fin janv.* ***Accès payant.***

Au XIVe siècle, la famille royale avait coutume de passer Noël dans ce palais. Il servit ensuite de relais de chasse aux Tudors mais tomba en ruine après la Guerre civile (1642-1648). En 1932, Stephen Courtauld, un réalisateur de film membre d'une célèbre famille de l'industrie textile, fit restaurer le hall (Great Hall), seule partie ancienne conservée (avec le pont franchissant les douves).

À côté, il fit construire une maison que l'on décrivit parfois comme « une extraordinaire combinaison de glamour hollywoodienne et de style Art déco ». Superbement restaurée, elle est désormais ouverte à la visite ainsi que le beau jardin 1930.

Horniman Museum ㉑

100 London Rd SE23. *020-8693 5254.* *Forest Hill.* ***Jardins ouverts*** *t.l.j. 8 h-au crépuscule.* ***Musée ouvert*** *10 h 30-17 h 30 lun.-sam., 14 h-17 h 30 dim.* ***Fermé*** *24-26 déc.* ***Concerts, conférences, manifestations.***

Frederick Horniman, négociant en thé, a fait construire ce musée en 1901 pour abriter les curiosités qu'il avait collectionnées au cours de ses voyages. Récemment restaurées, les galeries du musée ont été organisées pour présenter des objets qui illustrent la culture et la nature. Les cultures du monde y sont diversement représentées.

Dulwich Picture Gallery ㉒

College Rd SE21. *020-8693 5254.* *West Dulwich, North Dulwich.* ***Ouvert*** *10 h-17 h mar.-ven., 11 h-17 h sam., dim. et lundi fériés.* ***Fermé*** *jours fériés sauf lun. fériés.* ***Accès payant.*** ***Concerts, manifestations, conférences, cours d'art.***
W www.dulwichpicturegallery.org.uk

La plus ancienne galerie d'Angleterre fut ouverte en 1817. Conçue par sir John Soane (*p. 136-137*), son utilisation de la lumière

***Portrait de Jacob de Gheyn III*, par Rembrandt, Dulwich Picture Gallery**

naturelle en a fait le modèle de la plupart des galeries construites depuis cette époque. Elle abrite la magnifique collection de tableaux du Dulwich College voisin (édifié en 1870 par Charles Barry), comprenant des œuvres de Rembrandt (le *Portrait de Jacob de Gheyn III* y fut volé quatre fois), Canaletto, Poussin, Watteau, Le Lorrain, Murillo et Raphaël. Le bâtiment abrite le mausolée dédié à Desenfans et Bourgeois, fondateurs de la collection. Le parc de Dulwich est situé en face du musée.

Battersea Park ㉓

Albert Bridge Rd SW11. **Plan** 19 C5. *020-8871 7530.* *Sloane Square puis bus 137.* *Battersea Park.* **Ouvert** *t.l.j. du lever au coucher du soleil.* **Horticultural Therapy Garden** *020-7720 2212.* ***Manifestations.*** *Voir* ***Trois promenades à pied*** *p. 266-267.*

Pagode de la Paix, Battersea Park

Battersea Park, inauguré en 1858, est le deuxième jardin public créé à l'époque victorienne pour aérer Londres dans sa croissance urbaine. Il fut aménagé à l'emplacement des anciens Battersea Fields, quartier marécageux où le vice régnait sous toutes ses formes, particulièrement autour du pub de la Maison Rouge.

Le nouveau parc fut immédiatement apprécié, notamment pour son lac artificiel, ses rochers, ses jardins et ses cascades romantiques. Plus tard, il devint le lieu de rendez-vous favori des cyclistes.

En 1985, une pagode dédiée à la Paix – l'une des 70 construites dans le monde – fut érigée dans le parc par des moines bouddhistes, qui mirent 11 mois pour achever ce monument de 35 m de haut.

Raquette et filet de tennis de 1888, musée du Tennis de Wimbledon

St Mary's, Battersea ㉔

Battersea Church Rd SW11. *020-7228 9648.* *Sloane Square puis bus 19 ou 219.* **Ouvert** *midi-15 h mar. et mer. ou sur r.-v.* *11 h, 18 h 30 dim.* ***Concerts.***

Une église occupait cet emplacement depuis au moins le xe siècle. Le bâtiment en brique actuel date de 1775, mais les vitraux du XVIIe siècle, représentant les Tudors, proviennent de l'ancienne église. C'est ici que le poète et artiste William Blake épousa la fille d'un maraîcher du marché de Battersea en 1782. Turner peignit certains des paysages de la vallée de la Tamise que l'on découvre depuis le clocher. La Old Battersea House (1699) s'élève à proximité.

Wimbledon Lawn Tennis Museum ㉕

Church Rd SW19. *020-8946 6131.* *Southfields.* **Ouvert** *10 h-17 h t.l.j (pendant les tournois seul. pour les spectateurs).* **Fermé** *ven. saint, 24-26 déc., 1er jan.* ***Accès payant.*** ***Expositions.*** www.wimbledon.org.uk

Même ceux qui s'intéressent peu au tennis apprécieront cet agréable musée. Toute l'histoire de ce sport y est retracée, depuis son invention (vers 1860), destinée à animer les réceptions données à la campagne dans les demeures de la haute société, jusqu'au sport professionnel que nous connaissons aujourd'hui.

Après avoir vu le curieux matériel utilisé au XIXe siècle, on peut assister à la projection de courts métrages montrant les matchs d'anciens joueurs.

Wimbledon Windmill Museum ㉖

Windmill Rd SW19. *020-8947 2825.* *Wimbledon puis 30 min à pied.* **Ouvert** *Pâques-31 oct. : 14 h-17 h sam. et j. fériés, 11 h-17 h dim.* **Fermé** *1er nov.-Pâques (sauf sur r.-v. pour les groupes).* ***Accès payant.*** *sur r.-v.*

Ce moulin, situé sur la commune de Wimbledon, fut construit en 1817 et modifié en 1893. Le bâtiment fut transformé en 1864 en cottages, où résida notamment Baden-Powell, fondateur du scoutisme. Il abrite aujourd'hui un musée.

L'église St Mary's, Battersea

À l'ouest de Londres

Ham House

Richmond Park ㉗

Kingston Vale SW15. 020-8948 3209. Richmond puis bus 65 ou 71. ***Ouv.*** *oct.-mars : t.l.j. 7 h 30 au crépuscule ; avr.-sept. : t.l.j. 7 h au crépuscule.* ***Pêche, golf, équitation, cyclisme.***
www.royalparks.gov.uk

Daims dans le parc de Richmond

Charles Ier fit construire en 1637 un mur de 13 km de longueur pour clôturer le parc royal qui servait alors de terrain de chasse. C'est aujourd'hui une réserve nationale où vivent des cerfs soigneusement sélectionnés, parmi les châtaigniers, les bouleaux et les chênes, observés par les milliers de visiteurs qui viennent se promener aux beaux jours. À la fin du printemps, les rhododendrons en fleurs égaient la pépinière Isabella, tandis que les Pen Ponds voisins sont fréquentés par les pêcheurs (Adam's Pond est réservé aux maquettes de bateaux). Le reste du parc est couvert de landes, de fougères et d'arbres. Richmond Gate, au nord-ouest, fut dessinée par le jardinier-paysagiste Capability Brown en 1798. À proximité s'élève le Henry VIII Mound, d'où le roi attendit, en 1536, le signal de l'exécution de son ex-femme, Anne Boleyn. La White Lodge, construite en 1729 dans le style palladien pour George II, est occupée par l'école nationale de danse, la Royal Ballet School.

Hampton Court ㉘

Voir p. 254-257

Ham House ㉙

Ham St, Richmond. 020-8940 1950. Richmond puis bus 65 ou 371. ***Ouvert*** *avr. à oct. : 13 h-17 h sam.-mer.* ***Fermé*** *nov. à mars.* ***Accès payant.*** *sur r.v. seul.*
www.nationaltrust.org.uk

Cette magnifique demeure des bords de la Tamise, édifiée en 1610, a dû sa notoriété, le siècle suivant, à son propriétaire, le duc de Lauderdale, confident de Charles II et secrétaire d'État à l'Écosse. Sa femme, la comtesse de Dysart, avait hérité de la maison par son père, le «whipping boy» de Charles Ier (c'est lui qui était fouetté à la place du roi !). À partir de 1672, le duc et la comtesse modernisèrent la propriété pour qu'elle soit la plus belle de Grande-Bretagne. Le mémorialiste John Evelyn admirait beaucoup le jardin des Lauderdale, aujourd'hui restauré selon son dessin du XVIIe siècle.

Certains jours d'été, une navette rejoint Marble Hill House et Orleans House à Twickenham.

Marble Hill House

Orleans House ㉚

Orleans Rd, Twickenham. 020-8892 0221. Richmond puis bus 33, 90, 290, R68 ou R70. ***Ouvert*** *avr.-sept. : 13 h-17 h 30 mar.-sam., 14 h-17 h 30 dim., jours fériés ; oct.-mars : 13 h 30-16 h 30 mar.-sam., 14 h-16 h 30 dim., jours fériés.* ***Fermé*** *24-26 déc., ven saint. restreint.* ***Concerts, conférences.***
www.richmond.gov.uk

Seul l'Octogone, dessiné par James Gibbs pour James Johnson en 1720, subsiste de cette demeure du début du XVIIIe siècle. Elle doit son nom à Louis-Philippe, duc d'Orléans, qui vécut ici de 1800 à 1817, avant de devenir roi de France en 1830. Les magnifiques stucs de l'intérieur de l'Octogone sont restés intacts. La galerie voisine organise des expositions temporaires, notamment sur l'histoire locale.

Marble Hill House ㉛

Richmond Rd, Twickenham. 020-8892 5115. Richmond puis bus 33, 90, 290, R68 ou R70. ***Ouvert*** *avr.-sept. : t.l.j. 10 h-18 h mer.-dim. ; oct.-mars : t.l.j. 10 h-17 h.* ***Fermé*** *24-26 déc. 1er nov.-31 mars. restreint.* ***Concerts, feu d'artifices*** *le week-end en été. Voir* ***Se distraire*** *p. 333.*

Edifiée en 1729 pour la maîtresse de George II, la demeure et le parc qui l'entoure sont ouverts au public depuis 1903. Aujourd'hui en grande partie restaurée dans son style georgien, son mobilier reste encore à compléter. On y remarque quelques tableaux de William Hogarth, ainsi qu'une vue du fleuve et de la maison exécutée en 1762 par Richard Wilson, considéré comme le père de la peinture anglaise de paysages.

Richmond ㉜

SW15. *Richmond.*

Une ruelle de Richmond

De nombreuses maisons du XVIIIe siècle subsistent à proximité du fleuve et sur la colline de Richmond, notamment à Maids of Honour Row, édifiée en 1724. Reproduit par de nombreux peintres paysagistes, le célèbre panorama sur la Tamise, que l'on découvre depuis le sommet de la colline, est encore en grande partie intact.

Syon House ㉝

London Rd, Brentford. *020-8560 0881. Gunnersbury puis bus 237 ou 267.* ***Maison ouverte*** *mi-mars-oct. : 11 h-17 h. mer.-jeu., dim. (der. ent. : 16 h 15).* ***Fermée*** *nov.-mi-mars.* ***Jardins ouverts*** *t.l.j. 10 h 30-17 h 30.* ***Fermé*** *25-26 déc.* ***Accès payant****.* *aux jardins seulement.* www.syonpark.co.uk

Les comtes et les ducs de Northumberland ont vécu ici pendant quatre siècles, et c'est le seul grand manoir de la région de Londres à être toujours resté entre les mains de la même famille. Le parc a été dessiné par Capability Brown et comprend un jardin où sont regroupées plus de 200 espèces d'arbres très rares. La demeure reste cependant le principal attrait de la visite pour ses superbes intérieurs décorés par Robert Adam, ses pièces tendues de soie de Spitalfields et ses nombreux tableaux. À voir, dans les jardins, la roseraie et une spectaculaire serre édifiée en 1830.

Musical Museum ㉞

368 High St, Brentford. *020-8560 8108. Gunnersbury, South Ealing puis bus 65, 237 ou 267.* ***Ouvert*** *avr.-juin, sept.-oct. : 14 h-17 h sam. et dim. ; juil. et août : 14 h-16 h mer.-ven., sam., 14 h-17 h dim.* ***Fermé*** *nov.-mars.* ***Accès payant****.*

Les collections de ce musée sont constituées de grands instruments de musique, pianos et orgues mécaniques, ainsi que ce que l'on croit être le seul orgue mécanique Wurlitzer conservé en Europe.

Le salon de Osterley Park House

Osterley Park House ㉟

Isleworth. *020-8232 5050. Osterley.* ***Ouvert*** *13 h-16 h 30 mer.-dim. (der. ent. : 16 h).* ***Fermé*** *1er nov.-fin fév., ven. saint.* ***Jardins ouverts*** *9 h au crépuscule.*

Osterley House est considérée comme l'un des chefs-d'œuvre de Robert Adam, en raison notamment de son portique à colonnade et des plafonds peints de sa bibliothèque. Une grande partie du mobilier a été dessinée par Adam lui-même, comme la serre dans le jardin, œuvre de William Chambers.

Le Salon Rouge de Robert Adam, Syon House

Hampton Court ㉘

Détail du plafond du salon de la Reine

Le cardinal Wolsey, fastueux archevêque d'York sous Henri VIII, commença la construction de Hampton Court en 1514. En 1525, Wolsey l'offrit au roi dans l'espoir de s'attirer ses faveurs. Devenu palais royal, Hampton Court fut alors reconstruit et agrandi deux fois, par Henri VIII lui-même puis, vers 1690, par Guillaume et Marie qui firent appel à l'architecte Christopher Wren. Il en résulte un étonnant contraste entre les appartements royaux de style classique dus à Wren et les tourelles, les gâbles et les cheminées Tudor du reste du château. Le dessin des jardins que l'on admire aujourd'hui date de l'époque de Guillaume et Marie, pour qui Wren créa un ensemble paysager ordonné, de style baroque, avec ses avenues de majestueux tilleuls rayonnantes et ses nombreuses plantes exotiques.

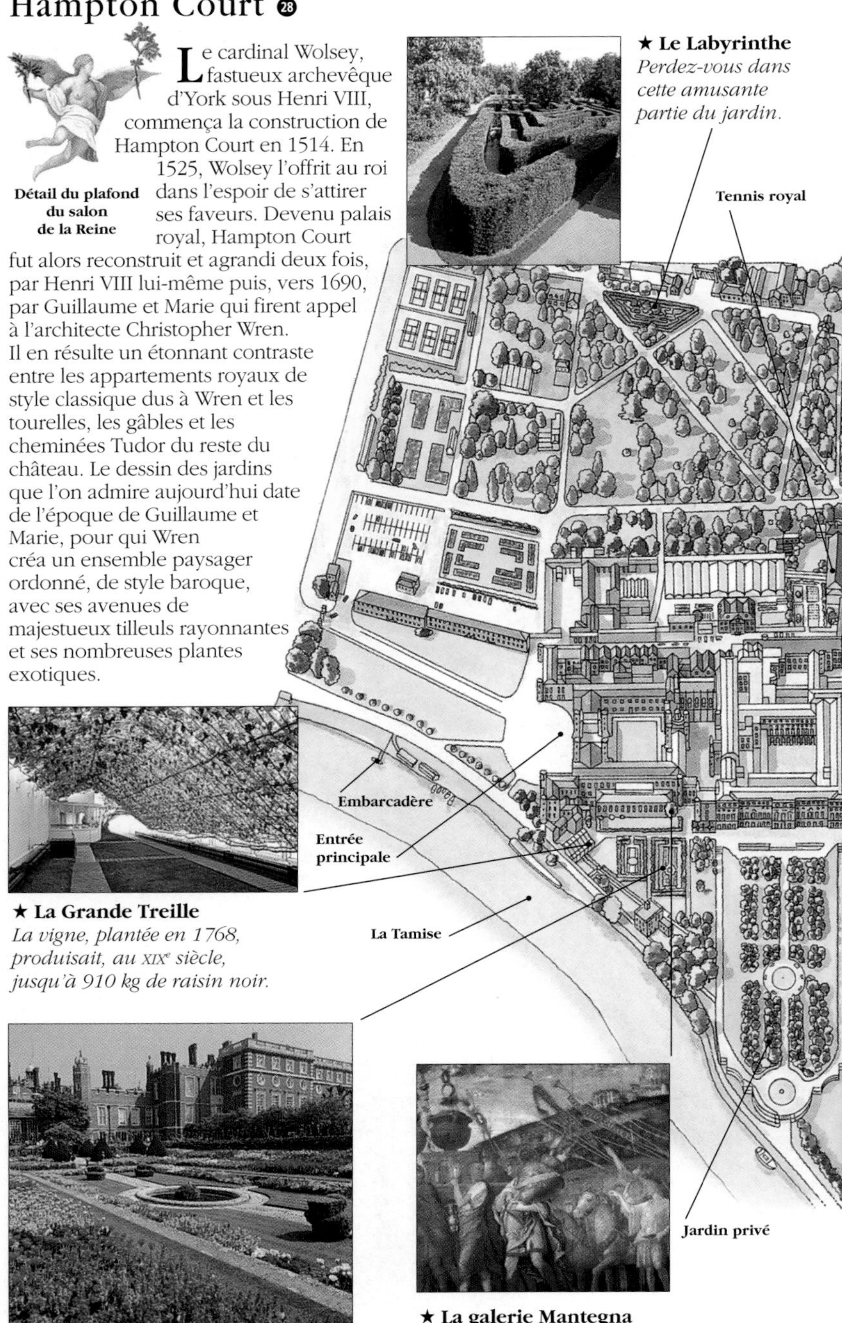

★ Le Labyrinthe
Perdez-vous dans cette amusante partie du jardin.

★ La Grande Treille
La vigne, plantée en 1768, produisait, au XIXe siècle, jusqu'à 910 kg de raisin noir.

Le jardin du Bassin
Ce jardin en contrebas fait partie des aménagements conçus par Henri VIII.

★ La galerie Mantegna
Cette galerie abrite les neuf peintures à la détrempe représentant Le Triomphe de César *par Andrea Mantegna (vers 1490).*

Mode d'emploi

Surrey KT8 9AV. *0870-752 7070.* *111, 216, 267, 411, 440.* *Hampton Court.* *Hampton Court pier.* **Ouvert** *mi-mars-mi-oct. : 9 h 30-18 h mar.-dim., 10 h 15-18 h lun. ; mi-oct.-mi-mars : 9 h 30-16 h 30 mar.-dim., 10 h 15-16 h 30 lun. (der. ent. : 45 min avant).* **Fermé** *24-26 déc.* **Accès payant.** *Voir* **Hébergement** *p. 274.*

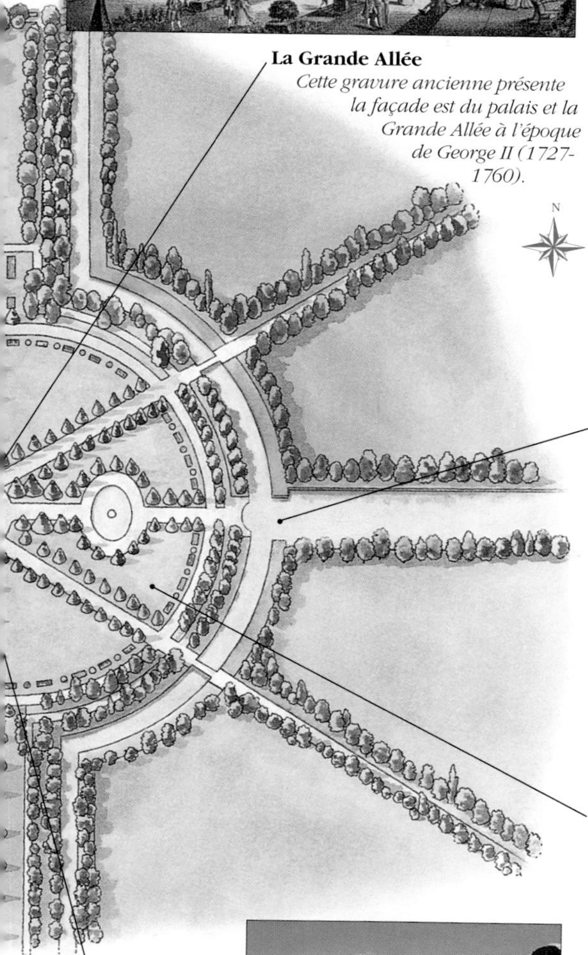

La Grande Allée
Cette gravure ancienne présente la façade est du palais et la Grande Allée à l'époque de George II (1727-1760).

Le Grand Canal
Un bassin artificiel, creusé parallèlement à la Tamise, traverse le parc depuis le jardin de la Fontaine.

Jardin de la Fontaine
Quelques-uns de ces ifs taillés furent plantés sous le règne de Guillaume et Marie.

La façade est
Les fenêtres du salon de la Reine ont été dessinées par Wren. Elles dominent l'allée centrale du jardin de la Fontaine.

À ne pas manquer

★ La Grande Treille

★ La galerie Mantegna

★ Le Labyrinthe

À la découverte de Hampton Court

Sculpture du toit de la grande salle

Harmonieux mélange d'architecture Tudor et de baroque anglais, le palais royal de Hampton Court conserve des souvenirs de nombreux souverains d'Angleterre, depuis Henri VIII jusqu'à nos jours. À l'intérieur, on visite la grande salle, aménagée sous Henri VIII, ainsi que les appartements royaux ; ceux situés au-dessus de la cour du Jet d'eau, créée par Christopher Wren, conservent du mobilier, des tapisseries et des tableaux anciens appartenant aux collections royales.

Les cheminées Tudor
Des cheminées sculptées, certaines d'origine, d'autres restaurées, se profilent sur les toits du palais.

La salle de réception de la Reine

La salle des gardes de la Reine

★ La chapelle royale
La chapelle Tudor a été aménagée par Wren à l'exception du plafond sculpté et doré.

La galerie hantée

★ La grande salle
Le vitrail de la grande salle, de style Tudor, montre Henri VIII encadré par les armoiries de ses six femmes.

★ La cour de l'Horloge
La porte d'Anne Boleyn marque l'entrée de la cour de l'Horloge, que domine l'horloge astronomique, créée pour Henri VIII en 1540.

À NE PAS MANQUER

- ★ La grande salle
- ★ La cour du Jet d'eau
- ★ La cour de l'Horloge
- ★ La chapelle royale

La chambre du Roi
Guillaume III acheta ce lit à garniture de damas rouge à son grand chambellan.

La galerie de la Reine
Cette cheminée de marbre, due à John Nost, orne la galerie de la Reine, où étaient souvent donnés des spectacles.

Façade est, due à Wren

Le Cardinal Wolsey

Thomas Wolsey (v. 1475-1530), à la fois cardinal, archevêque d'York et chancelier de la Couronne, était la personne la plus puissante d'Angleterre après le roi. Cependant, n'étant pas parvenu à persuader le pape d'autoriser le divorce de Henri VIII d'avec sa première femme, Catherine d'Aragon, Wolsey tomba en disgrâce et décéda en se défendant d'un procès pour trahison.

★ La cour du Jet d'eau
Les fenêtres des appartements royaux dominent les arcades de la cour du Jet d'eau.

L'escalier du Roi
Conduisant aux appartements royaux, l'escalier du roi est décoré de fresques d'Antonio Verrio.

Chronologie

1514 Construction du palais

1528 Wolsey offre le palais à Henri VIII

1532 Henri commence la grande salle

Henri VIII, par Hans Holbein

1647 Charles Ier emprisonné par Cromwell

1689 Guillaume et Marie s'installent à Hampton Court

V. 1727 Achèvement des appartements de la Reine

1734 William Kent décore l'escalier de la Reine

1773 La tour de garde de Great Gatehouse est réduite de deux étages

1838 Première ouverture au public

1986 Incendie partiel des appartements royaux

1992 Les appartements endommagés sont rouverts

1500 | 1600 | 1700 | 1800 | 1900

Pitshanger Manor and Gallery ㊱

Mattock Lane W5. *020-8567 1227.* *Ealing Broadway.* ***Ouvert*** *11 h-17 h mar.-sam.* ***Fermé*** *jours fériés.* ***Expositions, concerts, conférences.***

John Soane, l'architecte de la Banque d'Angleterre *(p. 147)*, dessina les plans de cette maison qui, achevée en 1803, devait devenir sa propre résidence de campagne. On y trouve à l'évidence des points communs avec son élégante maison de ville de Lincoln's Inn Fields *(p. 136-137)*, notamment dans la bibliothèque, décorée de miroirs, dans la couleur noire de la salle du petit déjeuner en face, ainsi que dans le « réfectoire des moines » du sous-sol. Soane conserva le plan classique de deux des principales pièces : le salon et la salle à manger, conçus en 1768 par George Dance le Jeune, avec lequel Soane avait travaillé avant de se forger sa propre réputation. Une aile a été réaménagée en galerie où sont organisées des expositions d'art contemporain. La maison abrite également une grande exposition de faïences émaillées, exécutées à Southall entre 1877 et 1915, très à la mode à la fin de l'époque victorienne.

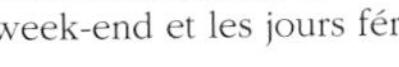

Oiseau en faïence au manoir de Pitshanger

Les jardins du manoir de Pitshanger sont aujourd'hui un agréable jardin public, dont la tranquillité contraste avec la fébrilité du quartier commerçant de Ealing.

Kew Bridge Steam Museum ㊲

Green Dragon Lane, Brentford. *020-8568 4757.* *Kew Bridge, Gunnersbury puis bus 237 ou 267.* ***Ouvert*** *t.l.j. 11 h-17 h.* ***Fermé*** *semaine avant Noël, ven. saint.* ***Accès payant.*** *réserver à l'avance.* www.kbsm. org

Cette station de pompage du XIXe siècle, située un peu au nord de Kew Bridge, est aujourd'hui un musée de la Vapeur. Ses pièces maîtresses sont cinq machines à balancier cornouaillaises qui servaient à pomper l'eau du fleuve destiné à alimenter Londres. La machine la plus ancienne, qui date de 1820, servait à pomper l'eau des mines d'étain et de cuivre de Cornouailles. Elles fonctionnent le week-end et les jours fériés.

Kew Gardens ㊳

p. 260-261.

Le City Barge, à Strand on the Green

Strand on the Green ㊴

W4. *Gunnersbury puis bus 237 ou 267.*

Cette charmante promenade des bords de la Tamise est bordée par quelques belles demeures du XVIIIe siècle, ainsi que par des rangées de cottages plus modestes habités jadis par des pêcheurs. Le City Barge *(p. 309-311)* est un très vieux pub, en partie du XVe siècle, dont le nom est hérité de l'époque où les barges du lord-maire venaient s'amarrer ici.

Chiswick House ㊵

Burlington Lane W4. *020-8995 0508.* *Chiswick.* ***Ouvert*** *29 mars-30 sept. : 10 h -18 h t.l.j. ; (oct. : 10 h-17 h).* ***Fermé*** *13 h-14 h certains jours.* ***Accès payant.***

Achevée en 1729 sur des plans dessinés par le troisième comte de Burlington, qui appréciait à la fois Palladio et son disciple Inigo Jones,

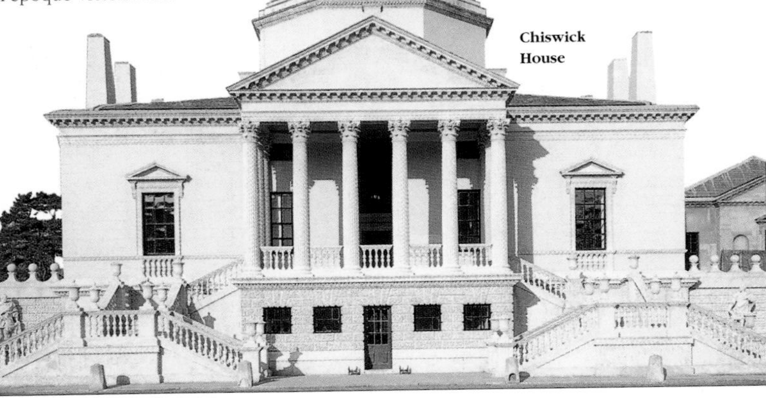

Chiswick House

cette demeure est un exemple intéressant de villa palladienne. Construite autour d'une pièce octogonale centrale, la maison fait référence à la Rome antique et aux canons palladiens, notamment dans la métrique des pièces dont les dimensions déterminent des cubes parfaits. Conçue comme une maison pour le délassement et les plaisirs du spectacle, Chiswick servit d'abord d'annexe à une demeure plus grande et plus ancienne, démolie par la suite. Certaines des peintures du plafond sont dues à William Kent, qui dessina également les jardins. La maison servit d'asile psychiatrique de 1892 à 1928, date à laquelle fut entamée un longue campagne de restauration. Si ses conservateurs recherchent toujours des éléments de son mobilier d'origine, le plan du jardin (aujourd'hui ouvert au public) reprend exactement le dessin de Kent.

Plaque sur Hogarth's House

Hogarth's House ❹❶

Hogarth Lane, W4. *020-8994 6757.* *Turnham Green.* ***Ouvert*** *avr.-oct. : 13 h-17 h mar.-ven., 13 h -18 h sam. et dim. ; nov.-déc. et fév.-mars : 13 h-16 h mar.-ven., 13 h-17 h sam. et dim.* ***Fermé*** *jan.* *rez-de-chaussée uniquement.*

Le peintre William Hogarth, qui vécut ici de 1749 à sa mort en 1764 après avoir quitté sa demeure de Leicester Square (*p. 103*), disait de cette maison qu'elle était « un îlot de campagne au bord de la Tamise ». Il y peignait les paysages bucoliques qu'il voyait depuis ses fenêtres. Aujourd'hui, on entend malheureusement trop le bruit de la circulation et des embouteillages sur Great West Road, qui dessert l'aéroport de Heathrow. Dans cet environnement, malgré des années d'abandon et les bombardements de la dernière guerre, la maison a pourtant subsisté. Elle abrite un petit musée et une galerie de peinture, qui possède une belle collection des estampes moralistes qui firent la célébrité de Hogarth ; on pourra ainsi admirer les planches de contes moraux tels que *The Rake's Progress* (dont les toiles sont au musée John Soane, *p. 136-137*), *Le Mariage à la Mode*, *An Election Entertainment*, etc.

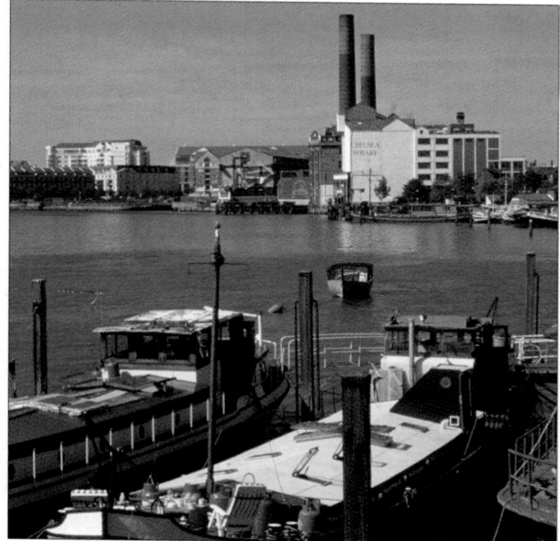

Les développements résidentiels de Chelsea Harbour

Fulham Palace ❹❷

Bishops Ave SW6. *020-7736 3233.* *Putney Bridge.* ***Ouvert*** *mer.-dim., jours fériés lun., mars-oct. : 14 h-17 h ; nov.-mars : 13 h-16 h jeu.-dim.* ***Fermé*** *ven. saint, 25-26 déc.* ***Parc ouvert*** *de l'aube au crépuscule.* ***Accès payant au musée.*** ***Manifestations, concerts.***

Résidence des évêques de Londres du VIIIe siècle jusqu'en 1973, la plus ancienne partie du palais de Fulham remonte au XVe siècle. Le reste du bâtiment montre des styles divers, dus aux embellissements réalisés par les évêques successifs.

Chelsea Harbour ❹❸

SW10. *Fulham Broadway.* ***Expositions.***

Ce grand ensemble moderne regroupe des immeubles d'appartements, des boutiques, des bureaux, des restaurants, un hôtel et une marina. Le complexe est dominé par le Belvédère, une tour d'appartements de 20 étages avec un ascenseur extérieur transparent et un toit pyramidal, couronné par une sphère dorée fichée sur un support qui monte et descend en fonction de la marée.

L'entrée Tudor du palais de Fulham

Kew Gardens ㊳

Le Jardin botanique de Kew est le plus riche du monde quant au nombre d'espèces, soit près de 40 000 plantes différentes. Sa réputation doit beaucoup à Joseph Banks, le naturaliste et botaniste anglais qui travailla ici à la fin du XVIIIe siècle. En 1841, ces anciens jardins royaux furent donnés à la nation, permettant à Kew de devenir un centre de recherches universitaires en horticulture et en botanique. Les amateurs peuvent facilement y passer une journée complète.

La princesse Augusta, la mère du roi George III, aménagea le premier jardin (3,6 ha) en 1759.

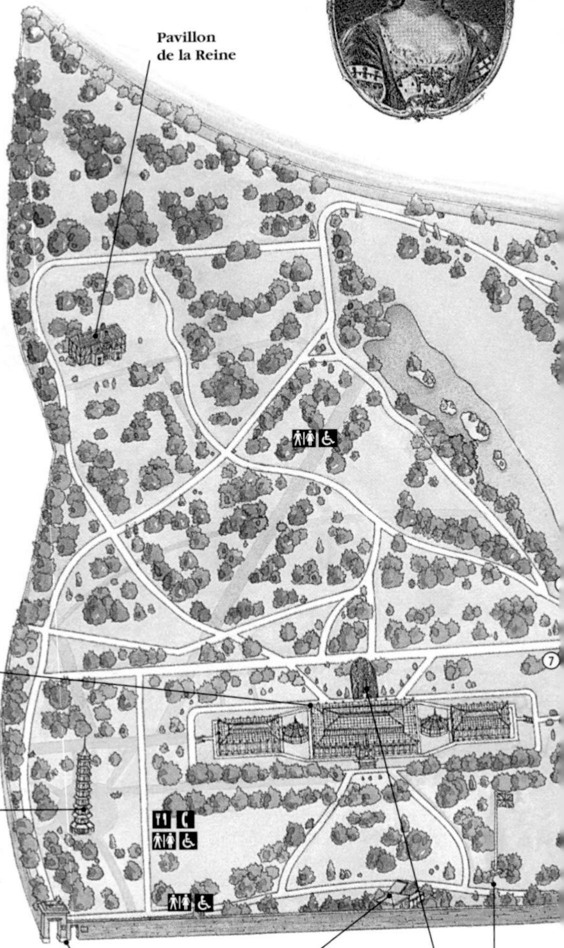

Pavillon de la Reine

★ Le jardin d'hiver
Le bâtiment, qui date de 1899, abrite de fragiles plants d'arbres disposés en fonction de leur origine.

★ La pagode
Inspirée de la fascination de l'Orient sur les Européens. Élevée en 1762 par Williams Chambers.

À NE PAS MANQUER

Au printemps
Les cerisiers en fleurs ①
Le «tapis» de crocus ②

En été
Les rocailles ③
La roseraie ④

En automne
Les feuillages ⑤

En hiver
La serre alpine ⑥
Les hamamélis ⑦

Lion Gate (entrée)

La maison de l'Évolution relate l'histoire de la vie végétale sur Terre

Mât du drapeau

La galerie Marianne North
Le peintre victorien Marianne North a légué son œuvre à Kew, et fit construire cette galerie en 1882.

MODE D'EMPLOI

Royal Botanic Gdns, Kew, Richmond. *020-8332 5655.* *Kew Gdns.* *65, 391, au départ de Richmond.* *Kew Bridge, Kew Gdns.* **Ouvert** de 9 h 30 au crépuscule. **Fermé** 25 déc., 1er jan. **Accès payant.** www.kew.org.uk

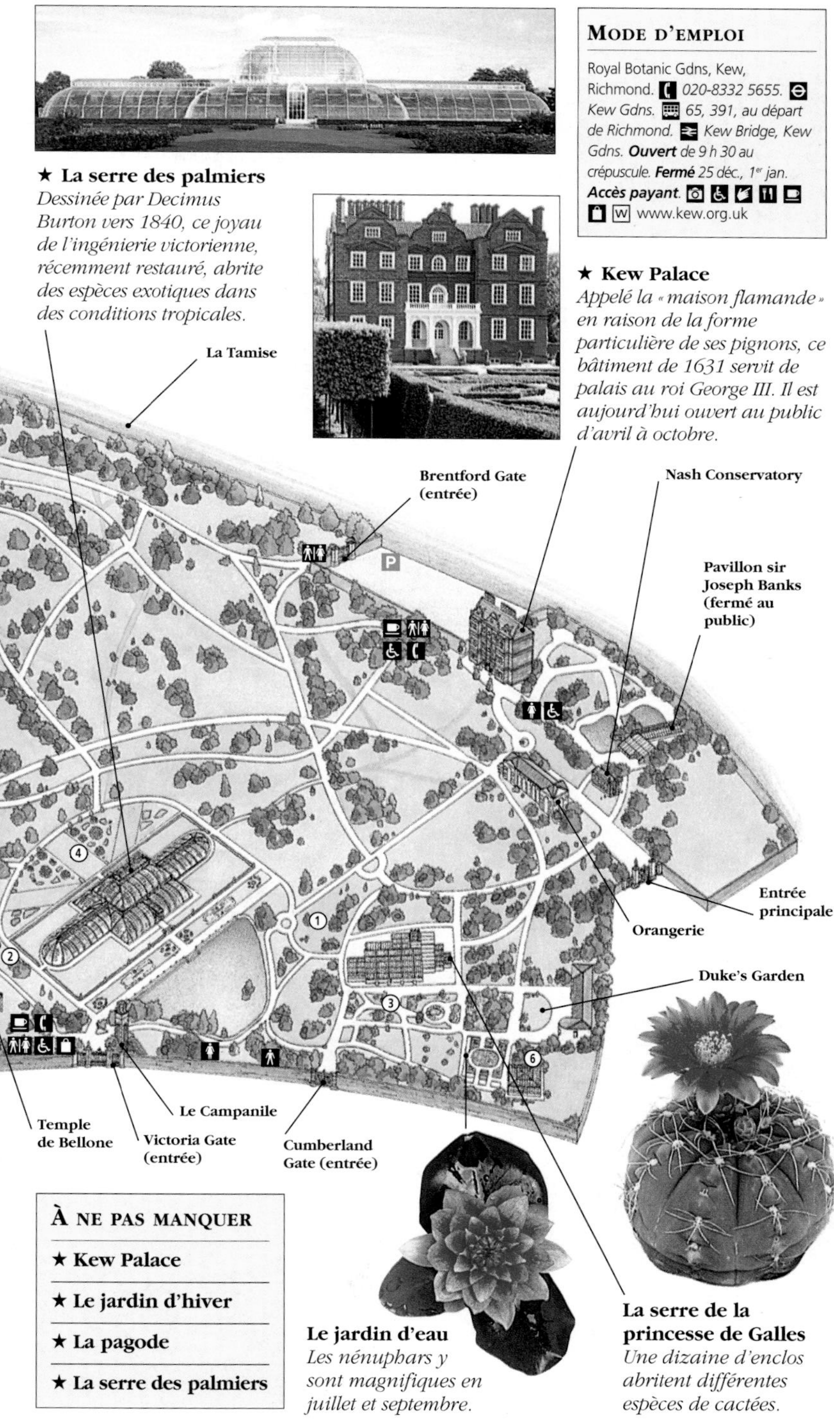

★ La serre des palmiers

Dessinée par Decimus Burton vers 1840, ce joyau de l'ingénierie victorienne, récemment restauré, abrite des espèces exotiques dans des conditions tropicales.

★ Kew Palace

Appelé la « maison flamande » en raison de la forme particulière de ses pignons, ce bâtiment de 1631 servit de palais au roi George III. Il est aujourd'hui ouvert au public d'avril à octobre.

Le jardin d'eau

Les nénuphars y sont magnifiques en juillet et septembre.

La serre de la princesse de Galles

Une dizaine d'enclos abritent différentes espèces de cactées.

À NE PAS MANQUER

- ★ Kew Palace
- ★ Le jardin d'hiver
- ★ La pagode
- ★ La serre des palmiers

MACON
MACON

TROIS PROMENADES À PIED

Londres est une ville merveilleuse pour les marcheurs. En effet, même si elle est plus étendue que n'importe quelle autre capitale européenne, la plupart des principaux sites touristiques sont assez proches les uns des autres (*p. 12-13*). Le centre de Londres est largement aéré de parcs et de jardins (*p. 48-51*), et il existe de nombreuses promenades balisées par l'office de tourisme et les sociétés historiques locales, notamment celles aménagées le long des canaux et au bord de la Tamise, ou encore la promenade du Jubilé d'Argent (Silver Jubilee Walk). Cette dernière, préparée en 1977 à l'occasion du jubilé d'argent de la reine, relie le pont de Lambeth à l'ouest au pont de la Tour à l'est (19 km) ; l'office de tourisme de Londres (*p. 347*) fournit la carte de cet itinéraire, signalé à intervalles réguliers par des plaques argentées sur la chaussée. Chacun des 16 quartiers décrits dans *Londres quartier par quartier* propose un circuit que l'on peut suivre pas à pas sur la carte. Ces balades vous font passer à proximité des sites les plus intéressants. En plus de celles-ci, vous trouverez dans les pages suivantes les itinéraires détaillés de trois promenades qui vous feront découvrir des quartiers qui ne font l'objet d'aucune visite, comme les rues chic et animées de Chelsea (*p. 266-267*) ou les bords de la Tamise à Richmond et Kew (*p. 268-269*). Quelques entreprises proposent des visites guidées, la plupart d'entre elles étant des promenades thématiques (par exemple les maisons hantées, ou le Londres de Shakespeare). Voir dans la presse (*p. 326*) les programmes.

Statue de l'Enfant au Dauphin à Regent's Park

Téléphones utiles The Original London Walks
020-7624 3978. www.walks.com

COMMENT CHOISIR SA PROMENADE ?

Les trois promenades
Cette carte indique l'emplacement de l'itinéraire des trois promenades par rapport aux principaux quartiers de Londres.

King's Road, Chelsea

Strand on the Green, Kew

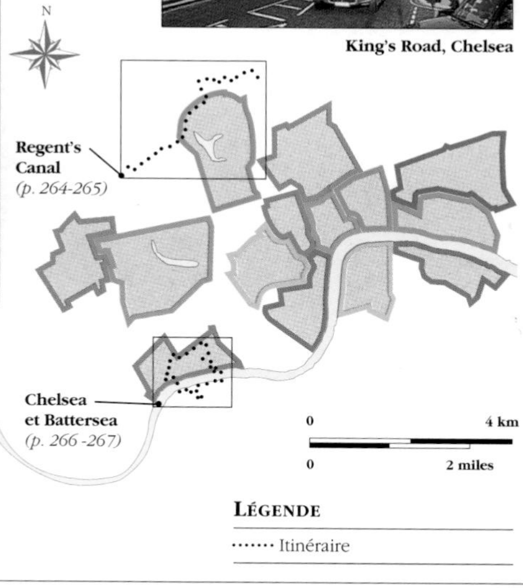

N
Regent's Canal (*p. 264-265*)
Chelsea et Battersea (*p. 266-267*)
Richmond et Kew (*p. 268-269*)
0 4 km
0 2 miles

LÉGENDE
······ Itinéraire

◁ **Péniches sur le Regent's Canal, dans le quartier de Little Venice**

Deux heures au bord du canal du Régent

L'architecte John Nash aurait préféré que le canal du Régent traverse Regent's Park. Ouvert en 1820, ce canal ne sert plus depuis longtemps pour le transport des marchandises, mais offre plutôt un lieu d'agrément et de détente. Cette balade s'écarte brièvement du canal pour profiter du panorama depuis Primrose Hill. Pour plus de détails sur les sites proches du canal du Régent, voir pages 221-227.

Péniche sur le canal ③

De la Petite Venise à Lisson Grove

À la station de métro Warwick Avenue ①, prenez tout droit Blomfield Road à la hauteur des feux de circulation situés près du pont qui franchit le canal. Tournez à dr. et descendez vers la berge en passant une grille en fer ② en face du nº 42, marquée «Lady Rose of Regent». Le charmant bassin où sont amarrées d'étroites péniches est celui de Little Venice («la Petite Venise») ③. Au pied des marches, tournez à g. pour revenir sur vos pas près du pont métallique bleu ④. Vous devrez revenir au niveau de la rue car cette partie est réservée aux péniches. Traversez Edgware Road et descendez Aberdeen Place. Lorsque la rue tourne à g., près du pub Crockers ⑤, suivez les panneaux indiquant Canal Way. Continuez votre route sur le chemin de halage, et traversez Park Road au niveau de la chaussée. Le paysage à cet endroit n'a rien de particulièrement intéressant jusqu'à ce que vous aperceviez de vertes frondaisons sur votre dr., annonçant que vous longez Regent's Park ⑥.

Le Warwick Castle, près de Warwick Avenue

Péniches amarrées à la Petite Venise ③

LÉGENDE

- Itinéraire
- Point de vue
- Station de métro
- Gare ferroviaire

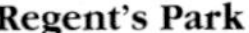

Carnet de route

Point de départ : *station de métro Warwick Avenue.*
Longueur : *5 km.*
Comment y aller ? *Les stations de métro Warwick Avenue et Camden Town sont situées à chaque extrémité de la promenade. Les lignes d'autobus 16, 16A et 98 desservent Warwick Avenue ; 24, 29 et 31 vont à Camden Town.*
Où faire une pause : *Crockers, Queens et The Princess of Wales (au coin de Fitzroy et de Chalcot Road) sont d'agréables pubs. Le Café de la Ville se trouve au carrefour de Edgware Road et d'Aberdeen Place. On ira aussi à Camden Town.*

Regent's Park

Vous apercevez bientôt la silhouette de quatre manoirs ⑦. Un pont, supporté par d'immenses piliers et signalé comme étant «Coalbrookdale» ⑧, permet à Avenue Road de pénétrer à l'intérieur du parc. Traversez sur le prochain pont, le zoo de Londres ⑨ étant sur votre dr., puis tournez à g. en direction de la colline. Quelques mètres plus loin,

Demeure au bord du canal ⑦

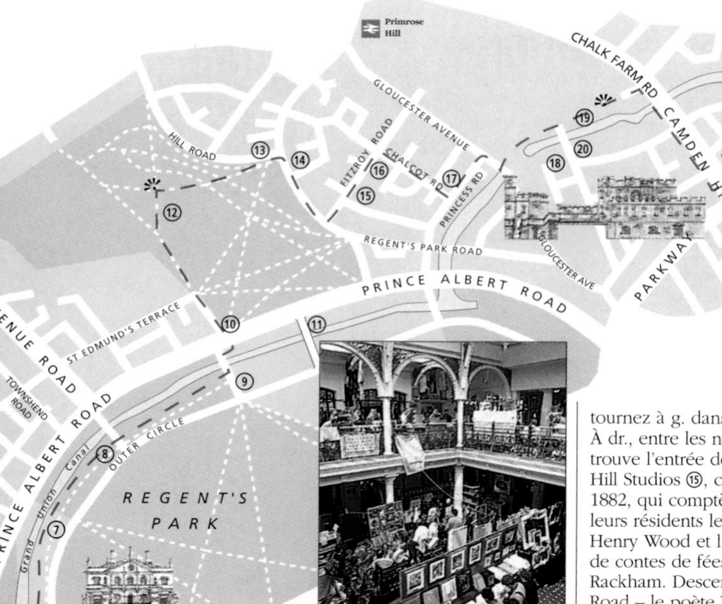

Le marché couvert de Camden Lock ⑲

Primrose Lodge, sur Primrose Hill ⑩

prenez l'embranchement de dr. et tournez à g. pour traverser Prince Albert Road. Tournez à dr. avant d'entrer dans Primrose Hill par une grille ⑩ sur votre g.

Primrose Hill

On voit d'ici la volière du zoo ⑪ dessinée par lord Snowdon et ouverte en 1965. À l'intérieur du parc, prenez le sentier de g. qui gravit la colline, puis celui de dr. jusqu'au sommet d'où l'on découvre un magnifique panorama sur la ville. Une table d'orientation ⑫ permet d'identifier les différents monuments de Londres. Descendez par la g. pour sortir du parc au carrefour de Regent's Park Road et de Primrose Hill Road.

Vers Camden

Presque en face de la porte, se trouve le Queens ⑬, un pub victorien, et, juste à g., le 122 Regent's Park Road ⑭, domicile de Friedrich Engels, que venait retrouver son ami Karl Marx. Tournez à dr. et descendez Regent's Park Road, tournez à g. dans Fitzroy Road. À dr., entre les n°s 41 et 39, se trouve l'entrée des Primrose Hill Studios ⑮, construits en 1882, qui comptèrent parmi leurs résidents le musicien Henry Wood et l'illustrateur de contes de fées Arthur Rackham. Descendez Fitzroy Road – le poète W.B. Yeats a habité au n° 23 ⑯ –, tournez à dr. dans Chalcot Road, puis à g. dans Princess Road après un pensionnat victorien ⑰. Rejoignez la rive du canal en traversant Gloucester Avenue. Tournez à g. sous le pont du chemin de fer et passez devant le Pirate Castle ⑱. Traversez un pont en dos d'âne et passez par une arche située à votre g. pour entrer au Camden Lock Market ⑲ (*p. 324*) où vous pourrez flâner un peu. Pour terminer, prenez un coche d'eau ⑳ pour revenir à la Petite Venise, ou rejoignez la station de métro Camden Town.

Passerelle sur le canal à Camden Lock ⑲

Trois heures dans le quartier de Chelsea et Battersea

Cette délicieuse promenade en boucle traverse le parc du Royal Hospital et franchit le fleuve pour rejoindre Battersea Park. Elle vous reconduit ensuite à votre point de départ en passant par les étroites rues de Chelsea et les boutiques de créateurs de King's Road. Pour plus de détails sur le quartier de Chelsea, voir pages 193 à 197.

L'Hôpital royal ③

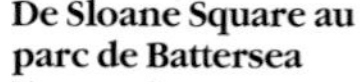

De Sloane Square au parc de Battersea

Tournez à g. en sortant de la station de métro Sloane Square ①, et longez Holbein Place, qui doit son nom au lien d'amitié qui unissait le peintre de la Renaissance et Thomas More, qui vivait près de là à Chelsea. En tournant dans Royal Hospital Road, vous passez devant des boutiques d'antiquités ②. Entrez dans le parc du Royal Hospital ③, dessiné par Christopher Wren, et tournez à g. dans les jardins du Ranelagh ④. Le pavillon ⑤, dû à John Soane, lieu de villégiature à l'époque du roi George III et lieu de rendez-vous de la « gentry » londonienne, évoque l'histoire des jardins. Quittez le parc et admirez la statue de bronze de Charles II ⑥, par Grinling Gibbons. L'obélisque ⑦, qui commémore la bataille de Chilianwalla (1849), au Pakistan actuel, marque le centre de la tente de l'exposition florale de Chelsea (*p. 56*).

Galion sur le pont de Chelsea

Statue de Charles II à l'Hôpital royal ⑥

Le parc de Battersea

En traversant le pont de Chelsea ⑧ (1937), regardez au passage les quatre galions dorés qui ornent le sommet des piliers de chaque extrémité. Tournez dans Battersea Park ⑨ (*p. 251*), et suivez l'allée principale qui borde le fleuve pour profiter des vues qui ouvrent sur Chelsea. Tournez à g., à la hauteur de la Peace Pagoda, un temple bouddhique ⑩, pour pénétrer au centre du parc.
Après les terrains de jeu de boules, vous verrez *Trois femmes debout*, le groupe sculpté par Henry Moore en 1948 ⑪. À proximité on peut louer des barques sur le lac. Juste après la sculpture, dirigez-vous vers le nord-ouest et, après avoir traversé l'allée centrale, tournez à dr. en direction de la grille en bois qui ouvre sur le vieux jardin

Trois femmes debout, sculpture de Henry Moore ⑪

Légende

- Itinéraire
- Point de vue
- Station de métro

Carnet de route

Départ : *Sloane Square.*
Longueur : *6,5 km.*
Comment y aller ? *La station de métro Sloane Square est la plus proche. De nombreuses lignes d'autobus (11, 19, 22 et 349) desservent Sloane Square et descendent King's Road.*
Le parc du Royal Hospital est ouvert *de 10 h à 18 h du lun. au sam., de 14 h à 18 h dim.*
Où faire une pause ? *Il y a un café près du lac du parc de Battersea. Le pub King's Head and Eight Bells, sur Cheyne Walk, est très connu. De nombreux autres pubs, restaurants et vendeurs de sandwiches sont installés sur King's Road, et de nombreux cafés animent Chelsea Farmer's Market, dans Sydney Street.*

Le vieux jardin anglais dans le parc de Battersea ⑫

Le pont Albert ⑬

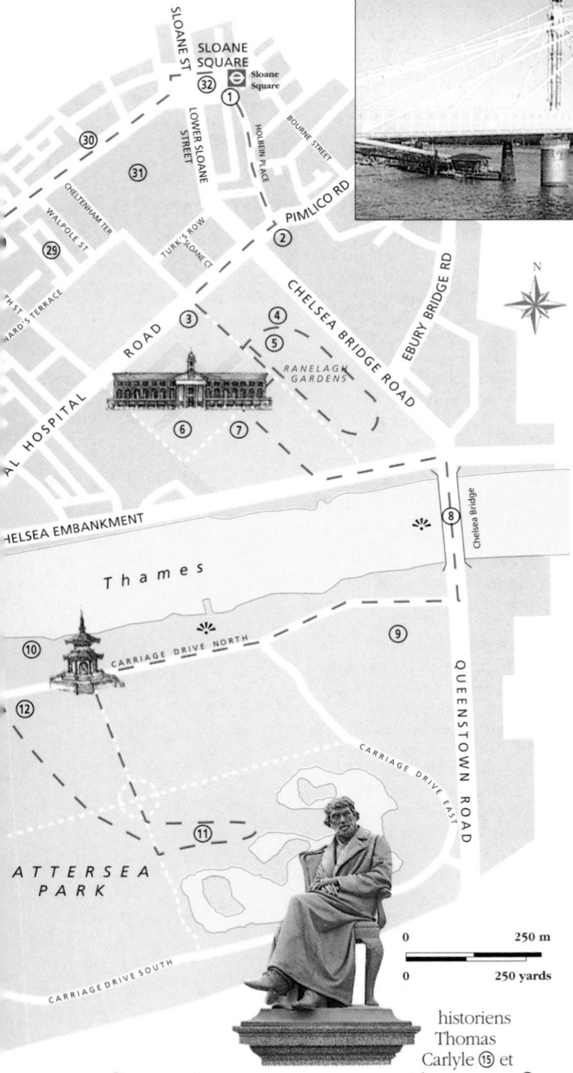

anglais ⑫. Sortez du parc par la grille en fer et revenez dans Chelsea par le pont Albert de l'époque victorienne ⑬.

La statue de Thomas Carlyle ⑮

Les petites rues de Chelsea

De l'autre côté du pont est érigée une sculpture de David Wynne représentant un garçon et un dauphin ⑭ (1975). Passez devant les résidences cossues de Cheyne Walk, et les statues des historiens Thomas Carlyle ⑮ et Thomas More ⑯. Le quartier est célèbre pour les intellectuels qui y vécurent. Après Chelsea Old Church ⑰ se trouvent les Roper's Gardens ⑱, ornés de sculptures de Jacob Epstein. Juste au-delà s'élève l'ancien Crosby Hall médiéval ⑲. Justice Walk offre de belles vues sur deux anciennes demeures de style georgien : Duke's House et Monmouth House. Tournez à g. pour passer devant l'ancienne manufacture de porcelaine de Chelsea ㉑, où l'on fabriquait des objets très à la mode (et aujourd'hui très recherchés) à la fin du XVIIIe siècle. Glebe Place ㉒ a conservé beaucoup de son caractère original. Au carrefour de Glebe Place et de King's Road, remarquez trois charmantes maisons du début du XVIIIe siècle ㉓. Traversez Dovehouse Green (autrefois un cimetière), en face, pour déboucher sur le Farmer's Market de Chelsea ㉔, un îlot de cafés et d'ateliers d'artisans.

King's Road

Sortez du marché par Sydney Street, et traversez le jardin de l'église Saint-Luc ㉕, où se maria Dickens. Vous suivez alors des ruelles jusqu'à King's Road ㉖ (*p. 196*), « la » rue branchée dans les années 60. Sur la g. se trouve The Pheasantry ㉗. Regardez dans les rues latérales à dr. et à g. les placettes : Wellington Square ㉘, puis Royal Avenue ㉙, et Blacklands Terrace ㉚, où les bibliophiles visiteront la boutique de John Sandoe. Le quartier général territorial du duc d'York ㉛ (1803), à dr., marque l'arrivée sur Sloane Square ㉜ et le Royal Court Theatre.

Royal Court Theatre ㉜

Une heure et demie autour de Richmond et Kew

Cette agréable promenade le long de la Tamise commence dans le quartier historique de Richmond, à proximité des vestiges du palais de Henri VII et aboutit à Kew, le premier jardin botanique d'Angleterre. Pour plus de détails sur Richmond et Kew, voir les pages 252 à 261.

La Tamise à marée basse

Richmond Green

Depuis la station de métro Richmond ①, dirigez-vous vers Oriel House ②. Passez en dessous et tournez à gauche vers le bâtiment de brique rouge orné de céramique du théâtre de Richmond ③, (1899). L'acteur Edmund Kean, dont la brève carrière au début du XIXe siècle a eu une énorme influence sur la scène anglaise, était lié à l'ancien théâtre. En face s'étend Richmond Green ④, que vous traversez dans sa diagonale pour franchir par l'arche d'entrée ⑤ l'ancien palais Tudor, décoré aux armes de Henri VII.

Sculpture au-dessus de l'entrée de l'Old Palace ⑤

Le théâtre de Richmond ③

Richmond

Le quartier de Richmond doit son importance – et son nom – à Henri, vainqueur de la guerre des Deux-Roses et premier monarque Tudor. Devenu roi en 1485, il passa un certain temps à son ancienne résidence de Sheen Palace (XIIe siècle), autrefois située à cet emplacement. Le palais, détruit par un incendie en 1499, fut reconstruit par Henri, qui lui donna le nom de Richmond, ville dont il était le comte. La fille d'Henri, Élisabeth Ire, mourut ici en 1603. Les maisons situées à gauche des arcades ont conservé, en partie, des éléments du XVIe siècle. Quittez Old Palace Yard par le coin situé à votre droite ⑥ en suivant les panneaux indiquant « To the River », et tournez à g. devant le pub White Swan ⑦. Une fois près du fleuve, passez à dr. le long du chemin de halage sous le pont métallique du chemin de fer, puis sous celui en béton de Twickenham ⑧, achevé en 1933, pour atteindre l'écluse de Richmond ⑨, avec sa passerelle en fonte construite en 1894. L'écluse permet de rendre le fleuve constamment navigable en dépit des marées.

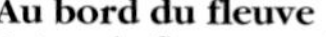

Au bord du fleuve

Suivez le fleuve par le chemin ombragé jusqu'à Isleworth Ait ⑩, une grande île aux berges parfois peuplées de hérons. Sur la rive opposée, s'élève l'église All Saint's ⑪, dont le clocher (XVe siècle) a survécu à plusieurs reconstructions, la plus récente datant des années 60. Vous apercevez un peu plus loin, sur l'autre rive, les maisons d'Isleworth ⑫, autrefois un petit village au port animé aujourd'hui transformé en cité-dortoir pour Londoniens. Vous pourrez observer ici l'intense activité fluviale : barges, péniches, yachts et, en été, bateaux-mouches qui remontent jusqu'à Hampton Court (*p. 60-61*) ou amateurs de canotage qui s'entraînent à des courses. La plus prestigieuse étant la course Oxford-Cambridge, de Putney à Motlake (*p. 56*).

Un héron de la Tamise

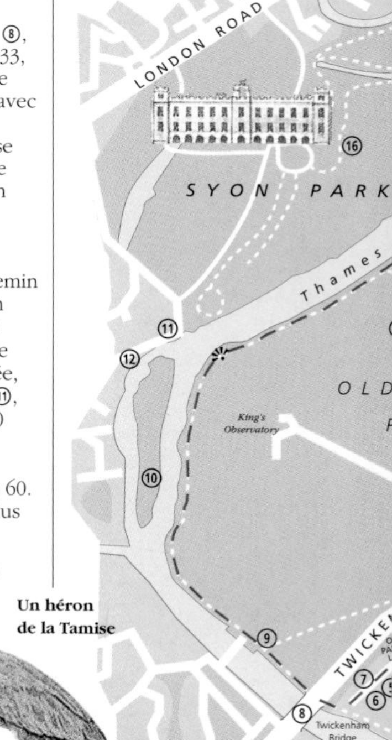

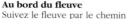

LÉGENDE

- Itinéraire
- Point de vue
- Station de métro
- Gare ferroviaire

Kew
Plus loin, à droite, une clôture métallique indique l'endroit où Old Deer Park ⑬ devient Kew Gardens ⑭ (plus exactement les Jardins botaniques royaux, *p. 260-261*). Il existait une entrée côté fleuve mais cette porte ⑮ est désormais fermée, l'entrée la plus proche se trouve plus au nord, près

Le palais de Kew ⑲

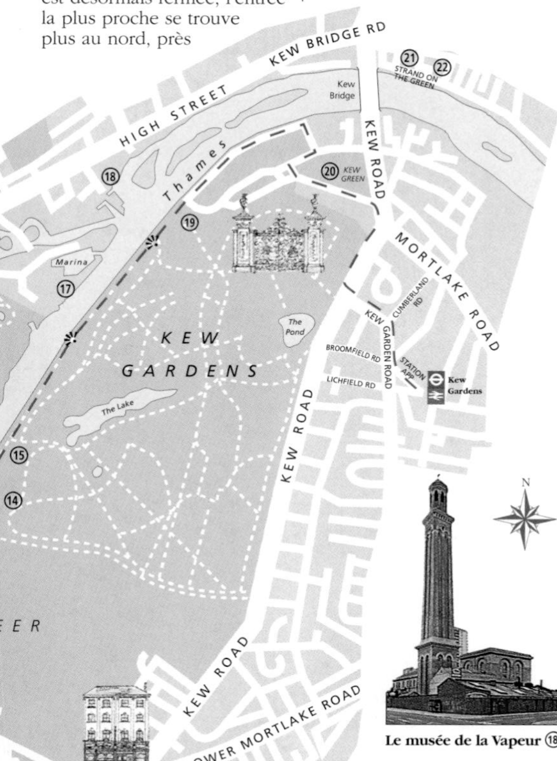

Le musée de la Vapeur ⑱

du parking. De là, on découvre de magnifiques vues sur Syon House ⑯ sur l'autre rive, propriété des ducs de Northumberland depuis 1594. Si une partie de l'actuelle demeure remonte au XVIe siècle, elle fut largement modifiée par Robert Adam vers 1760. Devant s'étend le jardin aménagé par Capability Brown au XVIIIe siècle.
En continuant, on découvre les immeubles modernes de Brentford ⑰, à l'origine banlieue industrielle. On distingue les grandes cheminées de l'ancienne usine hydraulique ⑱, aujourd'hui musée de la Vapeur. Sur la droite, derrière le parking de Kew Gardens, se trouve le palais de Kew ⑲, un édifice en brique rouge construit dans le style hollandais en 1631. Après le parking, quittez les bords du fleuve en suivant Ferry Lane vers Kew Green ⑳. Vous pouvez passer le reste de la journée au jardin botanique de Kew, ou traverser le pont de Kew et tourner à dr. sur Strand on the Green ㉑, une charmante promenade aménagée en bord de Tamise et bordée de nombreux pubs typiques, dont le plus ancien est le City Barge ㉒ (*p. 258*). Dirigez-vous vers le sud par Kew Road si vous préférez revenir en arrière, puis tournez à gauche à Kew Gardens Road pour reprendre le métro à la station Kew Gardens.

Carnet de route

Départ : *station de métro Richmond.*
Longueur : *5 km.*
Comment y aller ? *Station de métro ou gare de Richmond. La ligne d'autobus 415 vient de Victoria, les 391 et R68 de Kew.*
Où faire une pause ? *De nombreux cafés, pubs et salons de thé sont installés à Richmond. Le célèbre salon de thé Maids of Honour se trouve à Kew, ainsi que l'excellent restaurant de Jasper, Bun in the Oven.*

La Tamise entre Richmond et Kew

CENTRE POINT
KING
STREET WC2

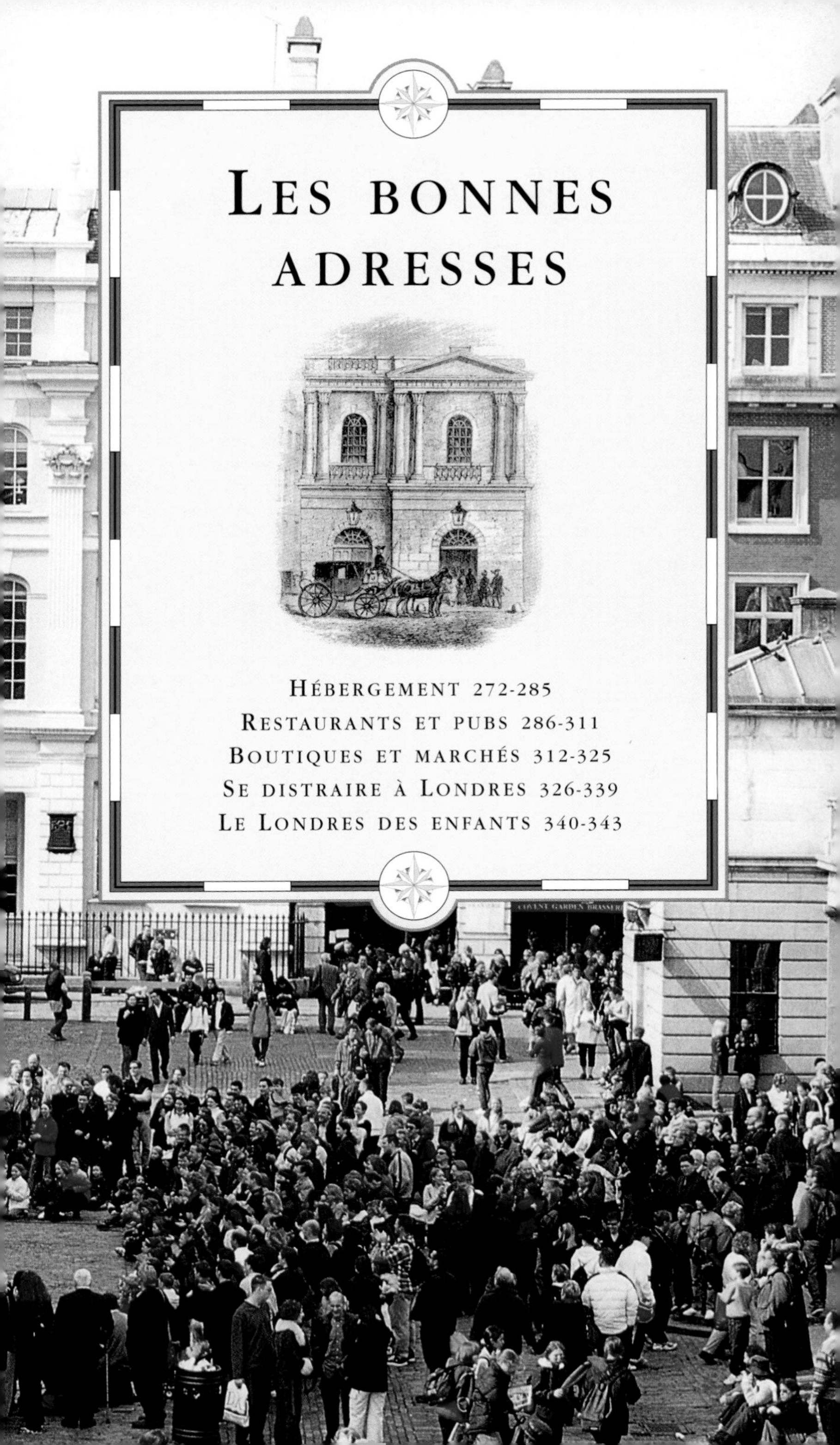

Les bonnes adresses

Hébergement

Les prix prohibitifs des hôtels londoniens risquent fort de décourager plus d'un visiteur. Dans le haut de gamme, on trouve de célèbres palaces comme le Savoy et le Ritz. La plupart des hôtels de catégorie moyenne, nombreux et plus abordables, sont souvent un peu excentrés. Les bons hôtels à bas prix sont rares, et les moins chers sont souvent assez miteux ou en mauvais état, problème exacerbé par l'augmentation des prix de l'immobilier. Toutefois, il existe des solutions pour se loger à Londres sans se ruiner. Des chaînes hôtelières bon marché, comme Travel Inn, Express by Holiday Inn et Ibis, se sont implantées en différents emplacements, offrant des hébergements de qualité, certes impersonnels mais abordables. Plus de 250 hôtels et appartements ont reçu notre visite, dans toutes les catégories de prix et aux endroits les plus divers, et nous en avons retenu environ 120 parmi les meilleurs dans leur catégorie. Pour plus de détails, voir le listing p. 276-285. Vous pourrez aussi loger en appartement ou chez l'habitant (*p. 274-275*), dans toutes les catégories de prix, résider en chambre d'étudiant ou en auberge de jeunesse, ou bien même faire du camping aux environs de Londres.

Portier du Hilton

Où chercher ?

Les hôtels les plus chers, souvent grands et fastueux, sont généralement situés dans le West End, notamment à Mayfair et à Belgravia. On trouve d'autres hôtels, plus petits mais tout aussi luxueux et plus chaleureux, vers South Kensington et Holland Park.

Les établissements les moins coûteux occupent les rues proches de Earl's Court Road, ainsi que les environs des grandes gares, comme Ebury Street près de Victoria et Sussex Gardens près de Paddington. De nombreux hôtels de chaîne sont situés près des gares de Euston et de Waterloo, dans la City et dans les Docklands. Mieux vaut éviter le quartier juste au nord de King's Cross la nuit.

Les environs de Londres, comme Ealing, Hendon, Wembley, Bromley ou Harrow, comptent également des hôtels bon marché. De là, vous pouvez prendre les transports en commun pour venir dans le centre. Attention toutefois à ne pas rater le dernier train le soir.

Si vous êtes bloqué dans un aéroport ou si vous avez un avion à prendre tôt le matin, consultez la liste des hôtels p. 361.

Pour obtenir des informations ou un conseil et pour réserver, contactez le **London Tourist Board (LTB)**.

Le salon de thé du Méridien Waldorf *(p. 284)*

Réductions

Si les prix restent élevés toute l'année, nombre d'hôtels, notamment ceux des grandes chaînes hôtelières, proposent des tarifs réduits pendant les week-ends et à certaines périodes (p. 274). D'autres pratiquent des rabais en fonction de leur taux de remplissage : il est possible de négocier le prix si l'hôtel n'est pas plein (voir ci-dessous « Réservations sur Internet »). Les hôtels bon marché les plus anciens ont souvent des chambres sans bains ni douche, avec des prix à l'avenant.

Suppléments surprise

Lisez attentivement les lignes en petits caractères. La plupart des hôtels indiquent des prix par chambre et non par personne, mais mieux vaut s'en assurer. Faites également attention au montant du service : il arrive qu'il soit ajouté au total. Les communications téléphoniques peuvent être facturées très cher. Au final, la facture d'un hôtel coûteux peut se révéler exorbitante.

Le Raddisson Edwardian Hampshire *(p. 282)*

Dans les hôtels bon marché, le prix de la chambre comprend généralement le petit déjeuner. Le « full English breakfast », avec du bacon, des œufs et des saucisses, est traditionnel et consistant. Le « continental », quant à lui, se résume à une tasse de café et à un petit pain ou un croissant. Les buffets, garnis de fruits, de muesli et de yaourts, sont de plus en plus appréciés par les visiteurs.

Les pourboires sont d'usage dans les hôtels les plus chers, mais il est inutile d'en gratifier d'autres personnes que les chasseurs, à l'exception du concierge s'il vous a rendu service. Les personnes seules doivent souvent acquitter un « supplément », ce qui revient à payer près de 80 % du tarif de la chambre double pour une chambre à un lit. Aussi, assurez-vous d'avoir la meilleure chambre possible.

L'élégant hall du Gore de Kensington *(p. 276)*

Équipements

Dans toutes les catégories de prix, les chambres d'hôtel sont plutôt petites, mais elles disposent pratiquement toutes du téléphone, de la télévision, et d'une salle de bains privée. Les hôtels de luxe rivalisent pour proposer aux clients les derniers systèmes audio et vidéo, des équipements informatiques et autres gadgets high-tech, la dernière marotte étant des mini-écrans de télévision dans les salles de bains. Il est d'usage de libérer la chambre à midi, voire plus tôt.

Réservation

Il est conseillé de réserver longtemps à l'avance, les hôtels de qualité étant toujours très demandés. La réservation auprès de l'hôtel peut s'effectuer par courrier, par téléphone, par télécopie ou par Internet. L'établissement vous demandera généralement une garantie : un numéro de carte bancaire, sur laquelle des frais d'annulation pourront être prélevés, ou des arrhes correspondant au prix d'une nuitée (certains hôtels demandent davantage pour les longs séjours). N'oubliez pas qu'en cas d'annulation, une partie du prix de la chambre vous sera facturé, sauf si l'établissement parvient à relouer la chambre. Une assurance-annulation est recommandée.

Le London Tourist Board (LTB) propose un service gratuit de réservation : écrivez à l'Accommodation Service's Advance Booking Office, au moins six semaines à l'avance, en indiquant une fourchette de prix. Puis confirmez auprès de l'hôtel les réservations que ce bureau aura effectuées pour vous. Si vous formulez votre demande moins de six semaines à l'avance, des frais de réservation seront facturés et il vous sera demandé un dépôt de garantie. Vous pouvez réserver par téléphone en indiquant un numéro de carte bancaire ou vous adresser au Centre d'Information du LTB des gares de Victoria ou de Liverpool Street, ou à Heathrow (hall de la station de métro des terminaux 1, 2 et 3). Le LTB publie également deux brochures fournissant des informations sur les hébergements à Londres.

L'une des magnifiques salles de bains du Portobello *(p. 277)*

Le British Travel Centre de Regent Street offre aussi un service de réservation, ainsi que d'autres agences (service payant) ayant des guichets dans les principales gares. Il est conseillé d'éviter les racoleurs aux abords des gares et des stations de taxi qui proposent des hébergements bon marché.

Réservations sur Internet

Quantité d'hôtels disposent de leur propre site Web, sur lequel ils diffusent des informations mises à jour régulièrement. Pour les habitués d'Internet, ce mode de réservation est rapide et efficace. Il permet aussi de bénéficier de certaines offres intéressantes, notamment dans les grands hôtels. Les agences effectuant des réservations hôtelières et les agences de voyages sur Internet recourent, elles aussi, à cet outil qui leur permet de réduire leurs coûts, ce qui profite souvent aux clients. De plus, Internet permet, dans bien des cas, de profiter des fluctuations des tarifs hôteliers qui, loin d'être immuables, varient en fonction de l'offre et de la demande.

Offres spéciales

De nombreuses agences de voyages disposent des brochures des grandes chaînes hôtelières indiquant les offres spéciales, généralement pour des séjours de deux nuits minimum. Certaines sont particulièrement intéressantes. Pour la plupart des visiteurs et pour les familles avec enfants, c'est le meilleur moyen de séjourner à Londres sans se ruiner.

Des promotions sont proposées par des tour-opérateurs, des compagnies de navigation et des compagnies aériennes, ainsi que par certains hôtels privés. Il arrive ainsi qu'un même établissement figure dans plusieurs brochures à des prix très variables et avec différents avantages. N'hésitez pas à demander directement à l'hôtel quelles réductions il peut vous consentir et à consulter son site Internet.

Voyageurs handicapés

Les informations fournies dans ce guide ont été recueillies auprès des hôtels, mais il est recommandé aux voyageurs ayant des besoins spécifiques de s'assurer, lors de la réservation, que l'hôtel est bien conforme. Un projet national, *Tourism for All*, permet d'obtenir des renseignements sur les normes des hébergements et les équipements pour les visiteurs à mobilité réduite. Pour plus d'informations sur les hôtels conformes à la norme National Accessible Standard, contactez le **LTB** ou le **Holiday Care Service**. Par ailleurs, **RADAR** distribue un fascicule, *Access in London*.

Affiche du Savoy *(1920)*

Voyager avec des enfants

Les hôtels de Londres ont longtemps eu la réputation de ne pas accueillir volontiers les enfants. Aujourd'hui, ils sont de plus en plus nombreux à fournir lits à barreaux, chaises hautes, services de baby-sitting et repas pour enfants. N'hésitez pas à demander si l'hôtel propose des offres spéciales pour les enfants : certains ont des tarifs réduits, d'autres ne facturent aucun supplément pour les enfants dormant dans la chambre de leurs parents. La liste (*p. 276-285*) indique les hôtels disposant d'équipements pour les enfants, et ceux imposant au contraire des restrictions quant à l'âge des plus jeunes clients.

Location d'appartements

Plusieurs agences proposent des locations d'appartement, généralement pour des séjours d'une semaine ou davantage (à partir de £ 300 par semaine selon la superficie et l'emplacement). Dans certains complexes luxueux, les clients n'ont plus besoin de faire la cuisine, les courses ou le ménage. **Bridge Street Accommodations** réunit plus de 500 appartements, accueillant essentiellement des voyageurs d'affaires, mais s'il reste des disponibilités, ils peuvent être loués pour des courts séjours.

Le **Landmark Trust** loue des appartements dans des demeures historiques ou originales, comme des chambres à Hampton Court ou des appartements dans des maisons du XVIIIe siècle dans la City. Une brochure des propriétés gérées par le Landmark Trust est disponible pour un prix modique.

Séjours chez l'habitant

Certaines agences, dont plusieurs sont référencées par le LTB, organisent des séjours chez l'habitant. Les réservations peuvent être effectuées par le service de réservation téléphonique du LTB (*voir encadré*) en indiquant un numéro de carte bancaire. Quelques agences ne traitent que des séjours de plusieurs jours. Les prix dépendent de l'emplacement, à partir de £ 20 par personne et par nuitée. Dans certains cas, la famille d'accueil reçoit les visiteurs, mais ce n'est pas toujours le cas. Renseignez-vous lors de la réservation. On pourra vous demander des arrhes et des frais d'annulation. La **Bed & Breakfast and Homestay Association (BBHA)** regroupe des agences sérieuses, dont les hébergements sont inspectés régulièrement. Plusieurs membres figurent dans le Carnet d'adresses (*voir encadré*).

Uptown Reservations propose des B&B haut de gamme dans des maisons londoniennes intéressantes et bien situées, sélectionnées pour leur accueil, leur sécurité et leur confort. Comptez à partir de £ 85 par nuit pour une chambre double. Cet organisme travaille en coopération avec **Wolsey**

L'opulence classique du Claridge's *(p. 281)*

Lodges, un consortium national de demeures d'exception qui proposent un accueil personnalisé et un bon dîner.

HÉBERGEMENTS BON MARCHÉ

Dans une ville où les hôtels sont chers, quelques adresses permettent de se loger à moindre frais, même si l'on n'est plus un adolescent.

Auberges de jeunesse

Le centre d'information du LTB de Victoria peut réserver ce type d'hébergement pour vous (service payant et dépôt de garantie). Des auberges de jeunesse privées près de Earl's Court proposent un lit en dortoir avec petit déjeuner pour un peu plus de £ 10 par nuit. La **London Hostel Association** offre des hébergements à des prix très raisonnables.

Londres compte sept auberges de jeunesse gérées par la **Youth Hostels Association (YHA)**. Il n'y a pas de limite d'âge, mais les non-membres doivent payer des frais d'adhésion – peu élevés – et les adultes paient un peu plus cher. Deux sont situées au centre de Londres. L'auberge d'Oxford Street (en fait sur Noel Street, Soho), au cœur de la vie nocturne, est bien située. L'auberge de la City est installée dans une rue pittoresque près de St Paul's Cathedral.

L'auberge de jeunesse de la City

Un service de réservation en ligne, le **International Booking Network**, géré par la Fédération internationale des auberges de jeunesse, constitue le moyen le plus simple de réserver un lit. L'une des auberges les plus prisées est celle de Holland House, un manoir jacobéen situé à Holland Park.

Résidences universitaires

À Pâques et de juillet à septembre, des chambres d'étudiants sont disponibles à des prix très raisonnables. Certaines se trouvent à des emplacements centraux, comme South Kensington. S'il est préférable de réserver, on peut quelquefois trouver de la place à court terme. Essayez la **City University**, ou si vous vous y prenez au dernier moment, adressez-vous au **King's College** ou à l'**Imperial College**.

CARNET D'ADRESSES

RÉSERVATIONS ET INFORMATIONS

British Hotel Reservation Centre
13 Grosvenor Gardens SW1W 0BD.
0800 282888.
www.bhrconline.com

London Tourist Board (LTB)
Glen House, Stag Place, SW1E 5LT.
020-7932 2020
www.londontown.com

VOYAGEURS HANDICAPÉS

Holiday Care Service
2nd Floor, Imperial Buildings, Victoria Road, Horley, Surrey RH6 7BZ.
01293 771500.
www.holidaycare.org.uk

RADAR
250 City Road EC1V 8AF.
020-7250 3222.
www.radar.org.uk

LOCATIONS D'APPARTEMENT

Bridge Street Accommodations
42 Lower Sloane St SW1W 8BP.
020-7792 2222.
www.bridgestreet.com

Landmark Trust
Shottesbrooke, Maidenhead, Berks SL6 3SW.
01628 825925.
www.landmarktrust.co.uk

HÉBERGEMENTS CHEZ L'HABITANT

At Home in London
70 Black Lion Lane W6 9BE.
020-8748 1943.
www.athomeinlondon.co.uk

Bed & Breakfast & Homestay Assoc.
www.bbha.org.uk

Host and Guest Services
103 Dawes Road SW6 7DU
020-7385 9922.
www.host-guest.co.uk

London Bed and Breakfast Agency
71 Fellows Road NW3 3JY
020-7586 2768.
www.londonbb.com

Uptown Reservations
41 Paradise Walk SW3 4JL.
020-7351 3445.
www.uptownres.co.uk

Wolsey Lodges
9 Market Place, Hadleigh, Ipswich, Suffolk, IP7 5DL.
01473 822058.
www.wolsey-lodges.co.uk

AUBERGES DE JEUNESSE

International Booking Network (IBN)
www.hostelbooking.com

London Hostel Association
54 Eccleston Sq SW1V 1PG.
020-7834 1545.
www.london-hostels.co.uk

Youth Hostels Association
Trevelyan House, 8 St Stephen's Hill, St Albans, Herts AL1 2DY.
01727 855215.
www.yha.org.uk

RÉSERVATIONS DE CHAMBRES EN RÉSIDENCE UNIVERSITAIRE

City University Accommodation and Conference Service
Northampton Sq EC1V 0HB.
020-7477 8037.

Imperial College Summer Accommodation Centre
Watts Way Princes Gdns SW7 1LU.
020-7594 9507.

King's Conference and Vacation Bureau
King's College London, Strand Bridge House, 3rd floor, Strand WC2R 1HH.
020-7848 1700.

Choisir un hôtel

Les hôtels présentés ont été sélectionnés dans un vaste éventail de tarifs pour leur bon rapport qualité-prix, leur emplacement et leurs équipements. Ils sont classés par quartier, en commençant par l'ouest et le sud-ouest. Suivent les établissements du centre puis ceux des quartiers est, pour finir par les hôtels des environs de Londres. Pour les renvois aux plans, voir p. 370-407.

	Cartes de crédit	Nombre de chambres	Restaurant	Équipements pour enfants	Emplacement calme
Bayswater, Paddington					
Delmere 130 Sussex Gardens, W2. **Plan** 11 A2. ££ 020 7706 3344. FAX 020 7262 1863. W www.delmerehotels.com Hôtel accueillant bien tenu, qui se démarque agréablement dans une rue foisonnant d'établissements bon marché. Chambres petites mais soignées.	AE DC JCB MC V	38	■		■
Pavilion 34-36 Sussex Gardens, W2. **Plan** 11 A1. ££ 020 7262 0905. FAX 020 7262 1324. W www.msi.com.mt/pavilion Adresse branchée mais bon marché, où les chambres ont une déco à thème très originale. Fêtes presque tous les soirs au Silver Salon.	AE DC JCB MC V	27			
Quality 8-14 Talbot Square, W2. **Plan** 11 A2. ££ 020 7262 6699. FAX 020 7229 3333. W www.choicehotelslondon.com Hôtel de chaîne, dans une belle maison de ville, sur une place calme bordée d'arbres. Service aimable, élégant décor contemporain.	AE DC JCB MC V	73	■		■
Mornington 12 Lancaster Gate, W2. **Plan** 10 F2. £££ 020 7262 7361. FAX 020 7706 1028. W www.mornington.se Dans cet hôtel suédois, qui propose un buffet (*Smosgasbord*) au petit déjeuner, la sobriété des chambres contraste avec l'ambiance club du bar.	AE DC JCB MC V	66		●	■
Hempel 31 Craven Hill Gardens, W2. £££££ 020 7298 9000. FAX 020 7402 4666. W www.the-hempel.co.uk La création ultra-chic d'Anouska Hempel marie une décoration originale, un service irréprochable et une technologie de pointe.	AE DC JCB MC V	46	■	●	■
North Kensington, Earl's Court					
Abbey House 11 Vicarage Gate, W8. **Plan** 10 D4. £ 020 7727 2594. FAX 020 7727 1873. W www.abbeyhousekensington.com Ce B&B très prisé, installé dans une maison de ville, reste accessible aux voyageurs au budget limité. Adresse élégante, chambres simples et propres.		16			■
47 Warwick Gardens 47 Warwick Gardens, W14. **Plan** 17 C2. ££ 020 7603 7614. FAX 020 7602 5473. @ nanette@stylianou.fsnet.co.uk Un second chez-soi bien tenu et bien desservi par les transports en commun, avec un joli jardin où l'on peut prendre un verre. Excellent petit déjeuner.	MC V	3			
Rushmore 11 Trebovir Road, SW5. **Plan** 17 C2. ££ 020 7370 3839. FAX 020 7370 0274. W www.rushmorehotel.co.uk Proche de la station de métro Earl's Court, cette maison de ville victorienne bien tenue propose des chambres à la déco intéressante.	AE DC JCB MC V	22		●	■
Kensington House 15–16 Prince of Wales Terrace, W8. **Plan** 10 E5. £££ 020 7937 2345. FAX 020 7368 6700. W www.kenhouse.com Installé dans une maison de ville, cet hôtel élégant qui vient d'ouvrir associe le charme de l'ancien à la sobriété du style contemporain.	AE DC JCB MC V	41	■	●	■
Twenty Nevern Square 20 Nevern Square, SW5. **Plan** 17 C2. £££ 020 7565 9555. FAX 020 7565 9444. W www.twentynevernsquare.co.uk Hôtel particulier somptueusement meublé, dont la décoration recourt avec originalité aux tissus naturels et aux objets orientaux.	AE DC JCB MC V	20	■	●	■
Royal Garden 2-24 Kensington High St, W8. **Plan** 10 5E. ££££ 020 7937 8000. FAX 020 7361 1991. W www.royalgardenhotel.co.uk Les vues de Kensington Gardens ajoutent au plaisir de séjourner dans cet élégant hôtel d'affaires. Service courtois, parc de stationnement.	AE DC JCB MC V	396	■	●	
The Gore 189 Queen's Gate, SW7. **Plan** 10 F5. £££££ 020 7584 6601. FAX 020 7589 8127. W www.gorehotel.com Hôtel victorien original foisonnant de tableaux, de bibelots et d'objets anciens. Deux excellents restaurants. Fermé à Noël.	AE DC JCB MC V	53	■	●	■

Les prix sont indiqués par nuit pour une chambre double, petit déjeuner, taxes et service compris.

- £ moins de £ 80
- ££ £ 80 à £ 120
- £££ £ 120 à £ 180
- ££££ £ 180 à £ 220
- £££££ plus de £ 220

CARTES BANCAIRES
Cartes de paiement acceptées : AE American Express ; DC Diners Club ; JCB Japan Credit Bureau ; MC MasterCard/Access ; V Visa

RESTAURANT
Restaurant ou salle à manger servant d'autres repas que le petit déjeuner. Réservé ou non aux clients de l'hôtel.

ÉQUIPEMENTS POUR ENFANTS
Lits à barreaux, chaises hautes, baby-sitting ou « baby-listening », repas pour enfants, jouets, chambres familiales, etc.

EMPLACEMENT CALME
Emplacement sans trop de circulation la nuit.

Hôtel	Cartes de crédit	Nombre de chambres	Restaurant	Équipements pour enfants	Emplacement calme
THE MILESTONE 1 Kensington Court, W8. **Plan** 10 E5. £££££ ☎ *020 7917 1000.* FAX *020 7917 1010.* W www.redcarnationhotels.com Deux maisons de ville reconverties avec faste, en face de Kensington Gardens. Excellents équipements. Quelques suites et appartements.	AE DC JCB MC V	57	■	●	

NOTTING HILL, HOLLAND PARK

Hôtel	Cartes de crédit	Nombre de chambres	Restaurant	Équipements pour enfants	Emplacement calme
ABBEY COURT 20 Pembridge Gardens, W2. **Plan** 9 C3. £££ ☎ *020 7221 7518.* FAX *020 7792 0858.* W www.abbeycourthotel.co.uk Une demeure victorienne près de Notting Hill Gate, aux chambres calmes agrémentées de livres et de quelques touches personnelles.	AE DC JCB MC V	22		●	■
MILLERS 111a Westbourne Grove, W2. **Plan** 10 D2. ££££ ☎ *020 7243 1024.* FAX *020 7243 1064.* W www.millersuk.com Véritable caverne d'Ali Baba, cet hôtel regorge d'objets d'art fascinants rassemblés par Martin Miller, amateur d'antiquités.	AE MC V	7			
PEMBRIDGE COURT 34 Pembridge Gardens, W2. **Plan** 9 C3. ££££ ☎ *020 7229 9977.* FAX *020 7727 4982.* W www.pemct.co.uk Hôtel foisonnant de bibelots victoriens, qui reçoit volontiers des familles. Deux chats roux, Spencer et Churchill, accueillent les clients.	AE DC MC V	20		●	■
PORTOBELLO 21 Stanley Gardens, W11. **Plan** 9 B2. ££££ ☎ *020 7727 2777.* FAX *020 7792 9641.* W www.portobello-hotel.co.uk Hôtel délicieusement excentrique rempli d'antiquités intéressantes. Les chambres font la part belle à l'exotisme. Fermé à Noël et au Nouvel An.	AE MC V	24	■		■
WESTBOURNE 165 Westbourne Grove, W11. **Plan** 9 B2. ££££ ☎ *020 7243 6008.* FAX *020 7229 7201.* W www.zoohotels.com Au cœur de Notting Hill, un hôtel à la décoration épurée, où règne une atmosphère sobre et contemporaine. Nombreuses œuvres d'art.	AE DC JCB MC V	20	■	●	■

KNIGHTSBRIDGE, BROMPTON, BELGRAVIA

Hôtel	Cartes de crédit	Nombre de chambres	Restaurant	Équipements pour enfants	Emplacement calme
WILLETT 32 Sloane Gardens, SW1. **Plan** 20 D2. ££ ☎ *020 7824 8415.* FAX *020 7730 4830.* W www.eeh.co.uk B&B élégant caché à quelques mètres de Sloane Square. Prix modérés pour une adresse si prestigieuse.	AE DC JCB MC V	19		●	■
CLAVERLEY 13-14 Beaufort Gardens, SW3. **Plan** 19 B1. £££ ☎ *020 7589 8541.* FAX *020 7584 3410.* W www.claverley.co.uk B&B d'un bon rapport qualité-prix dans une impasse verdoyante. Jolies chambres (les meilleures sont celles aux grandes fenêtres, à l'avant).	AE DC JCB MC V	29			■
KNIGHTSBRIDGE GREEN 159 Knightsbridge, SW1. **Plan** 11 C5. £££ ☎ *020 7584 6274.* FAX *020 7225 1635.* W www.thekghotel.co.uk Hôtel impeccable, idéalement situé pour s'adonner au shopping à Knightsbridge, qui sert de copieux petits déjeuners dans les chambres spacieuses.	AE DC MC V	28	■		■
L'HOTEL 28 Basil St, SW3. **Plan** 11 C5. £££ ☎ *020 7589 6286.* FAX *020 7823 7826.* W www.lhotel.co.uk Modestement qualifié de B&B, cet hôtel dispose de chambres élégantes et d'un bar à vin raffiné en sous-sol (Le Metro), servant des plats créatifs.	AE DC JCB MC V	12	■	●	■
SEARCY'S ROOF GARDEN 30 Pavilion Road, SW1. **Plan** 11 C5. £££ ☎ *020 7584 4921.* FAX *020 7823 8694.* W www.searcys.co.uk Ces élégants appartements sont une excellente adresse. L'accès s'effectue par un ancien monte-charge excentrique.	AE MC V	10			■
57 POND ST 57 Pond St, SW1. **Plan** 19 C1. ££££ ☎ *020 7590 1090.* FAX *020 7590 1099.* W www.no57.com Hôtel glamour au design très branché et à l'ambiance détendue. Bar intime au sous-sol.	AE DC JCB MC V	21	■	●	

Légende des symboles, voir rabat de couverture

Les prix sont indiqués par nuit pour une chambre double, petit déjeuner, taxes et service compris.

- £ moins de £ 80
- ££ £ 80 à £ 120
- £££ £ 120 à £ 180
- ££££ £ 180 à £ 220
- £££££ plus de £ 220

Cartes bancaires
Cartes de paiement acceptées : AE American Express ; DC Diners Club ; JCB Japan Credit Bureau ; MC MasterCard/Access ; V Visa

Restaurant
Restaurant ou salle à manger servant d'autres repas que le petit déjeuner. Réservé ou non aux clients de l'hôtel.

Équipements pour enfants
Lits à barreaux, chaises hautes, baby-sitting ou « baby-listening », repas pour enfants, jouets, chambres familiales, etc.

Emplacement calme
Emplacement sans trop de circulation la nuit.

Hôtel	Cartes de crédit	Nombre de chambres	Restaurant	Équipements pour enfants	Emplacement calme
Beaufort 33 Beaufort Gardens, SW3. **Plan** 19 B1. ££££ *020 7584 5252.* FAX *020 7589 2834.* W www.thebeaufort.co.uk Un nid douillet et aristocratique aux chambres joliment décorées, sur une place calme. Room service et accès gratuit au club de remise en forme.	AE DC JCB MC V	28		●	■
Basil Street 23 Basil St, SW3. **Plan** 11 C5. £££££ *020 7581 3311.* FAX *020 7581 3693.* W www.thebasil.com À quelques pas de Sloane Street, cet hôtel de caractère, dont le succès ne s'estompe pas, s'enorgueillit d'une longue histoire.	AE DC JCB MC V	80	■	●	■
Berkeley Wilton Place, SW1. **Plan** 12 D5. £££££ *020 7235 6000.* FAX *020 7235 4330.* W www.savoygroup.co.uk Cet établissement élégant compte deux restaurants haut de gamme (Vong et Tante Claire), ainsi qu'un club de remise en forme Christian Dior.	AE DC JCB MC V	168	■	●	
Beaufort House 45 Beaufort Gardens, SW3. **Plan** 19 B1. £££££ *020 7584 2600.* FAX *020 7584 6532.* W www.beauforthouse.co.uk Des appartements joliment meublés dans une impasse paisible. Le prix inclut le ménage quotidien et l'accès au club de remise en forme Champneys.	AE DC MC V	21		●	■
Capital 22-24 Basil St, SW3. **Plan** 11 C5. £££££ *020 7589 5171.* FAX *020 7225 0011.* W www.capitalhotel.co.uk Ce petit hôtel abrite un restaurant renommé, avec deux étoiles au Michelin. L'hébergement est géré avec panache.	AE DC JCB MC V	48	■	●	■
Egerton House Egerton Terrace, SW3. **Plan** 19 B1. £££££ *020 7589 2412.* FAX *020 7584 6540.* W www.egertonhousehotel.co.uk Hôtel particulier chaleureux donnant sur deux places paisibles, il abrite un établissement à l'ameublement classique et aux prestations haut de gamme.	AE DC MC V	29		●	■
Halkin 5 Halkin St, SW1. **Plan** 12 D5. £££££ *020 7333 1000.* FAX *020 7333 1100.* W www.halkin.co.uk Avec son élégant design italien agrémenté d'une touche orientale et un excellent restaurant thaï qui donne sur une cour verdoyante : le Nahm, cet hôtel fait vivre à ses clients une expérience inoubliable.	AE DC JCB MC V	41	■	●	■
Mandarin Oriental 66 Knightsbridge, SW1. **Plan** 11 C5. £££££ *020 7235 2000.* FAX *020 7235 4552.* W www.mandarinoriental.com Véritable institution, cet hôtel donnant sur Hyde Park propose des chambres et des prestations extraordinaires, ainsi qu'un centre de soins oriental.	AE DC MC V	200	■	●	
SOUTH KENSINGTON, CHELSEA					
Astons Apartments 31 Rosary Gardens, SW7. **Plan** 18 E3. ££ *020 7590 6000.* FAX *020 7590 6060.* W www.astons-apartments.com Ces studios dont la superficie et les prestations varient offrent davantage de liberté qu'un hôtel, pour un prix moindre.	AE DC JCB MC V	54		●	■
Hotel 167 167 Old Brompton Road, SW5. **Plan** 18 E3. ££ *020 7373 0672.* FAX *020 7373 3360.* W www.hotel167.com Un B&B abordable dans un beau quartier de South Kensington. Les chambres sont étonnamment élégantes.	AE DC JCB MC V	19			
Swiss House 171 Old Brompton Road, SW5. **Plan** 18 E3. ££ *020 7373 2769.* FAX *020 7373 4983.* W www.swiss-hh.demon.co.uk Guesthouse chaleureuse et bien tenue, avec quantité de détails bien pensés. Chambres ravissantes, salles de bains agréables.	AE DC MC V	16		●	
Aster House 3 Sumner Place, SW7. **Plan** 19 A2. £££ *020 7581 5888.* FAX *020 7584 4925.* W www.asterhouse.com B&B accueillant dans une rue élégante et paisible. Chambres fonctionnelles et bien tenues, charmant jardin. Exclusivement non-fumeurs.	JCB MC V	14		●	■

FIVE SUMNER PLACE 5 Sumner Place, SW7. **Plan** 19 A2. ££££ *020 7584 7586.* FAX *020 7823 9962.* www.sumnerplace.com Un petit hôtel lauréat de plusieurs distinctions, à l'accueil paisible et courtois. Bons équipements. Journaux gratuits au petit déjeuner.	*AE JCB MC V*	*15*			■
GAINSBOROUGH 7–11 Queensberry Place, SW7. **Plan** 18 F2. £££ *020 7957 0000.* FAX *020 7957 0001.* www.eeh.co.uk À proximité des musées de South Kensington, cet hôtel propose des chambres confortables et joliment décorées. Butler 24 h sur 24 h.	*AE DC JCB MC V*	*49*	■		■
GALLERY 8-10 Queensbury Place, SW7. **Plan** 18 F2. £££ *020 7915 0000.* FAX *020 7915 4400.* www.eeh.co.uk Géré par la même équipe que le Gainsborough (voir ci-dessus), un établissement orné de nombreux tableaux, aux chambres élégantes.	*AE DC JCB MC V*	*36*		●	■
CRANLEY 10-12 Bina Gardens, SW5. **Plan** 18 E2. ££££ *020 7373 0123.* FAX *020 7373 9497.* www.thecranley.com Une maison de ville ornée d'objets anciens, avec une belle décoration intérieure. Apéritifs et thés offerts par la maison.	*AE DC JCB MC V*	*38*		●	■
LONDON OUTPOST 69 Cadogan Gardens, SW3. **Plan** 19 C2. ££££ *020 7589 7333.* FAX *020 7531 4958.* www.londonoutpost.co.uk Dans un décor édouardien, à quelques pas de Sloane Street, cet hôtel compte une salle de billard et de confortables fauteuils.	*AE DC JCB MC V*	*11*			■
NUMBER SIXTEEN 16 Sumner Place, SW7. **Plan** 19 A2. ££££ *020 7589 5232.* FAX *020 7584 8615.* www.numbersixteenhotel.co.uk Avec ses antiquités, ses fleurs et ses jolis tissus, cet hôtel particulier semble tout droit sorti d'un magazine de décoration. Adorable jardin.	*AE MC V*	*39*			■
BLAKES 33 Roland Gardens, SW7. **Plan** 18 F3. £££££ *020 7370 6701.* FAX *020 7373 0442.* Dans cet hôtel luxueux, les chambres sont décorées de matières naturelles et d'objets anciens fascinants. Jardin paisible et restaurant de style oriental.	*AE DC JCB MC V*	*49*	■	●	■
CADOGAN 75 Sloane St, SW1. **Plan** 19 C1. £££££ *020 7235 7141.* FAX *020 7245 0994.* www.cadogan.com Cet établissement respectable évoque la grandeur et le faste d'antan. Téléphones et ordinateurs portables y sont bannis des espaces publics.	*AE MC V*	*65*	■	●	
CLIVEDEN TOWN HOUSE 26 Cadogan Gardens, SW3. **Plan** 19 C1. £££££ *020 7730 6466.* FAX *020 7730 0236.* www.clivedentownhouse.co.uk Un hôtel somptueux, avec de luxueuses chambres et suites de style édouardien et un jardin paisible.	*AE DC JCB MC V*	*35*		●	■
DRAYCOTT HOUSE APARTMENTS 10 Draycott Av, SW3. **Plan** 19 C2. £££££ *020 7584 4659.* FAX *020 7225 3694.* www.draycotthouse.co.uk Ces luxueux appartements occupant un élégant hôtel particulier de Chelsea sont dotés de tous les équipements possibles et imaginables. Certains possèdent des balcons privés.	*AE DC JCB MC V*	*13*		●	■
PELHAM 15 Cromwell Place, SW7. **Plan** 19 A2. £££££ *020 7589 8288.* FAX *020 7584 8444.* www.firmdale.com Le moindre recoin de cet hôtel semble tout droit sorti d'un magazine de décoration, avec quelques touches d'excentricité.	*AE MC V*	*51*	■	●	

VICTORIA, WESTMINSTER, PIMLICO

MORGAN HOUSE 120 Ebury St, SW1. **Plan** 20 E2. £ *020 7730 2384.* FAX *020 7730 8442.* www.morganhouse.co.uk Un B&B élégant et bon marché, dans un bâtiment georgien. Décoration sobre et moderne. Seules quatre chambres ont des salles de bains privées.	*MC V*	*11*		●	
LIME TREE 135-137 Ebury St, SW1. **Plan** 20 E2. ££ *020 7730 8191.* FAX *020 7730 7865.* www.limetreehotel.co.uk Joli B&B où le petit déjeuner est servi dans une pièce attrayante donnant sur un jardin foisonnant de roses. Pas d'enfants de moins de 5 ans.	*AE DC JCB MC V*	*26*			
WINDERMERE 142-144 Warwick St, SW1. **Plan** 20 E2. ££ *020 7834 5163.* FAX *020 7630 8831.* www.windermere-hotel.co.uk Hôtel accueillant aux chambres différentes, soigneusement tenues. Joli restaurant au sous-sol, servant un grand choix de succulents menus.	*AE JCB MC V*	*22*	■	●	

Légende des symboles, voir rabat de couverture

Les prix sont indiqués par nuit pour une chambre double, petit déjeuner, taxes et service compris.

- £ moins de £ 80
- ££ £ 80 à £ 120
- £££ £ 120 à £ 180
- ££££ £ 180 à £ 220
- £££££ plus de £ 220

Cartes bancaires
Cartes de paiement acceptées : AE American Express ; DC Diners Club ; JCB Japan Credit Bureau ; MC MasterCard/Access ; V Visa

Restaurant
Restaurant ou salle à manger servant d'autres repas que le petit déjeuner. Réservé ou non aux clients de l'hôtel.

Équipements pour enfants
Lits à barreaux, chaises hautes, baby-sitting ou « baby-listening », repas pour enfants, jouets, chambres familiales, etc.

Emplacement calme
Emplacement sans trop de circulation la nuit.

Hôtel	Cartes de crédit	Nombre de chambres	Restaurant	Équipements pour enfants	Emplacement calme
Dolphin Square Chichester St, SW1. **Plan** 21 A3. £££ *020 7834 3800.* FAX *020 7798 8735.* W www.dolphinsquarehotel.co.uk Complexe élégant réunissant des suites et des studios près de la Tate Britain. Sur place, jardin, terrains de sport, piscine, centre commercial, restaurant Gary Rhodes et brasserie.	AE DC MC V	148	■	●	■
Tophams Belgravia 28 Ebury St, SW1. **Plan** 20 E1. £££ *020 7730 8147.* FAX *020 7823 5966.* W www.tophams.co.uk Établissement familial près de Victoria Station, occupant plusieurs maisons de ville adjacentes. Bon rapport qualité-prix.	AE DC JCB MC V	39	■	●	
41 41 Buckingham Palace Road, SW1. **Plan** 12 F5. ££££ *020 7300 0041.* FAX *020 7300 0141.* W www.redcarnationhotels.com Étonnant hôtel-boutique en face de Buckingham Palace. Les tarifs comprennent de nombreuses prestations. Incroyable décoration en noir et blanc.	AE DC JCB MC V	20	■		
Crowne Plaza-St James Buckingham Gate, SW1. **Plan** 12 F5. £££££ *020 7834 6655.* FAX *020 7630 7587.* W www.london.crowneplaza.com Près de St James's Park, dans des bâtiments édouardiens, cet hôtel dispose de trois excellents restaurants.	AE DC JCB MC V	342	■	●	
Goring Beeston Place, SW1. £££££ *020 7396 9000.* FAX *020 7834 4393.* W www.goringhotel.co.uk Bel hôtel de Belgravia à l'ameublement élégant et à l'accueil chaleureux. Le jardin soigneusement entretenu offre un cadre agréable.	AE DC MC V	75	■	●	■
Jolly St Ermin's 2 Caxton St, SW1. **Plan** 13 A5. £££££ *020 7222 7888.* FAX *020 7222 6814.* W www.jollyhotels.it/eng/ Hôtel de la fin de l'époque victorienne, orné de superbes plâtres. Proche de Westminster, il est très prisé par les hommes politiques.	AE DC JCB MC V	290	■	●	■
Royal Horseguards Whitehall Court, SW1. **Plan** 13 C4. £££££ *020 7839 3400.* FAX *020 7925 2263.* W www.thistlehotels.com Majestueux bâtiment entre Whitehall et la Tamise. Certaines chambres jouissent d'une vue sur le fleuve. Intérieur classique et élégant.	AE DC JCB MC V	281	■	●	■

Mayfair, St James's

Hôtel	Cartes de crédit	Nombre de chambres	Restaurant	Équipements pour enfants	Emplacement calme
Chesterfield 35 Charles St, W1. **Plan** 12 E3. ££££ *020 7491 2622.* FAX *020 7491 4793.* W www.redcarnationhotels.com Hôtel calme et bien tenu, près de Berkeley Square, à la décoration riche en fruits et en fleurs. Chambres de grand luxe, personnel accueillant.	AE DC MC V	110	■	●	■
22 Jermyn Street 22 Jermyn St, SW1. **Plan** 13 A3. £££££ *020 7734 2353.* FAX *020 7734 9750.* W www.22jermyn.com Complexe luxueux réunissant des suites et des studios. Service 24 h sur 24 h, vidéothèque et accès au club de remise en forme tout proche.	AE DC JCB MC V	18		●	■
Ascott 49 Hill St, W1. **Plan** 12 E3. £££££ *020 7499 6868.* FAX *020 7499 0705.* W www.the-ascott.com Appartements dotés de tous les équipements nécessaires pour les séjours professionnels, les divertissements en famille ou les repas privés.	AE DC JCB MC V	56		●	■
Athenaeum 116 Piccadilly, W1. **Plan** 12 E4. £££££ *020 7499 3464.* FAX *020 7493 1860.* W www.athenaeumhotel.com En dépit de son emplacement élégant et de ses équipements somptueux, cet hôtel est chaleureux et douillet, contrairement à d'autres établissements prestigieux de Mayfair. Appartements joliment meublés et chambres classiques.	AE DC JCB MC V	157	■	●	
Brown's Albemarle St, W1. **Plan** 12 F3. £££££ *020 7493 6020.* FAX *020 7493 9381.* W www.brownshotel.com Un vieil hôtel traditionnel et élégant, qui occupe 11 maisons de ville. Chambres classiques.	AE DC JCB MC V	118	■	●	■

	Cartes	Chambres			
CLARIDGE'S Brook St, W1. **Plan** 12 E2. £££££ ☎ 020 7629 8860. FAX 020 7235 4330. W www.savoy-group.co.uk Cette vieille dame respectable vient de subir des travaux de restauration, mais son service réputé et son charme d'antan demeurent inchangés. Le célèbre cuisinier Gordon Ramsey y a un restaurant.	AE DC JCB MC V	203	■	●	
CONNAUGHT Carlos Place, W1. **Plan** 12 E3. £££££ ☎ 020 7499 7070. FAX 020 7495 3262. W www.savoy-group.co.uk Depuis plus d'un siècle, le Connaught est à juste titre couvert de lauriers. Étonnamment, le personnel n'est pas collet monté, et les chambres cachent une foule de gadgets modernes discrètement camouflés.	AE DC JCB MC V	92	■	●	■
DORCHESTER Park Lane, W1. **Plan** 12 D3. £££££ ☎ 020 7629 8888. FAX 020 7409 0114. W www.dorchesterhotel.com Extraordinaire décor regorgeant de dorures, de miroirs et de statues. Chambres somptueuses. Le thé dans la « Promenade » est une pure merveille, à l'instar du centre de soins Art déco et des trois célèbres restaurants.	AE DC JCB MC V	250	■	●	
DUKES St James's Place, SW1. **Plan** 12 F4. £££££ ☎ 020 7491 4840. FAX 020 7493 1264. W www.dukeshotel.co.uk Installé dans une cour, le Dukes est totalement isolé. À l'intérieur, un ameublement élégant et classique de maison de campagne. Le bar chaleureux sert des martinis légendaires et d'excellents cognacs.	AE DC JCB MC V	89	■	●	■
LE MERIDIEN PICCADILLY 21 Piccadilly, W1. **Plan** 12 F3. £££££ ☎ 0870 400 8400. FAX 020 7437 3574. W www.lemeridien-piccadilly.com Les chambres luxueuses et confortables de ce somptueux hôtel d'affaires disposent de tous les équipements. Le centre de remise en forme Champney's se trouve sur place.	AE DC JCB MC V	266	■	●	
METROPOLITAN Old Park Lane, W1. **Plan** 12 E1. £££££ ☎ 020 7447 1000. FAX 020 7447 1100. W www.metropolitan.co.uk Hôtel branché avec cuisine japonaise, équipement de gymnastique cardio-vasculaire, vue sur Hyde Park et le fameux Met Bar.	AE DC JCB MC V	155	■		
NO.5 MADDOX STREET 5 Maddox St, W1. **Plan** 12 F2. £££££ ☎ 020 7647 0200. FAX 020 7647 0300. W www.living-rooms.co.uk De véritables petits cocons urbains minimalistes installés dans des suites aux tons ivoire et chocolat. Cuisines garnies de glaces Ben and Jerry's.	AE DC JCB MC V	12			
RITZ 150 Piccadilly, W1. **Plan** 12 F3. £££££ ☎ 020 7493 8181. FAX 020 7493 2687. W www.theritzlondon.com Regorgeant de meubles Louis XVI et de grosses fleurs, les espaces publics du Ritz accueillent de nombreuses célébrités. On y sert des thés légendaires. Vues sur Green Park.	AE DC JCB MC V	133	■	●	
STAFFORD 16–18 St James's Place, SW1. **Plan** 12 F4. £££££ ☎ 020 7493 0111. FAX 020 7493 7121. W www.thestaffordhotel.co.uk Un vieil hôtel apprécié pour le dévouement de son personnel et ses excellents équipements. American Bar, au décor et aux martinis secs célèbres.	AE DC JCB MC V	81	■	●	■
THE TRAFALGAR 2 Spring Gardens, SW1. **Plan** 13 B3. £££££ ☎ 020 7493 0111. FAX 020 7493 7121. W www.thestaffordhotel.co.uk Avec vue sur Trafalgar Square, cet hôtel est décoré de façon moderne ; sur le toit, un jardin offre un panorama superbe.	AE DC JCB MC V	129	■	●	

OXFORD STREET, SOHO

	Cartes	Chambres			
EDWARD LEAR 30 Seymour St, W1. **Plan** 11 C2. ££ ☎ 020 7402 5401. FAX 020 7706 3766. W www.edlear.com L'ancienne maison du célèbre écrivain victorien Edward Lear est une adresse bon marché. Accès gratuit à Internet depuis un petit salon réservé aux clients de l'hôtel.	MC V	31		●	
PARKWOOD 4 Stanhope Place, W2. **Plan** 11 B2. ££ ☎ 020 7402 2241. FAX 020 7402 1574. W www.parkwoodhotel.com B&B familial dans une maison de ville bien tenue, aux chambres joliment décorées. Bien que situé à proximité de Marble Arch, très bruyant, l'hôtel est installé dans une rue calme près de Hyde Park.	MC V	16			■
10 MANCHESTER STREET 10 Manchester St, W1. **Plan** 12 D1. £££ ☎ 020 7486 6669. FAX 020 7224 0348. W www.10manchesterstreet.com Ce bel « hôtel-boutique » dans une paisible maison de ville offre des chambres bien équipées, dans un décor aux couleurs douces.	AE MC V	46		●	■

Légende des symboles, voir rabat de couverture

Les prix sont indiqués par nuit pour une chambre double, petit déjeuner, taxes et service compris.

Ⓛ moins de £ 80
ⓁⓁ £ 80 à £ 120
ⓁⓁⓁ £ 120 à £ 180
ⓁⓁⓁⓁ £ 180 à £ 220
ⓁⓁⓁⓁⓁ plus de £ 220

Cartes bancaires
Cartes de paiement acceptées : AE American Express ; DC Diners Club ; JCB Japan Credit Bureau ; MC MasterCard/Access ; V Visa

Restaurant
Restaurant ou salle à manger servant d'autres repas que le petit déjeuner. Réservé ou non aux clients de l'hôtel.

Équipements pour enfants
Lits à barreaux, chaises hautes, baby-sitting ou « baby-listening », repas pour enfants, jouets, chambres familiales, etc.

Emplacement calme
Emplacement sans trop de circulation la nuit.

Hôtel	Cartes de crédit	Nombre de chambres	Restaurant	Équipements pour enfants	Emplacement calme
Durrants George St, W1. **Plan** 12 D1. £££ 020 7935 8131. FAX 020 7487 3510. W www.durrantshotel.co.uk Cet hôtel au personnel courtois, et très apprécié, a conservé des allures de relais d'antan. Chambres traditionnelles.	AE MC V	92	■	●	
The Leonard 15 Seymour St, W1. **Plan** 11 C2. ££££ 020 7935 2010. FAX 020 7935 6700. W www.theleonard.com Hôtel élégamment meublé aux équipements et à la déco extrêmement modernes. Certaines suites ont des cuisines.	AE DC JCB MC V	44	■	●	
Hazlitt's 6 Frith St, W1. **Plan** 13 A2. £££££ 020 7434 1771. FAX 020 7439 1524. W www.hazlittshotel.com Au cœur de Soho, trois maisons du XVIIIe siècle offrent un refuge paisible aux tempéraments d'artistes. L'hôtel est meublé d'antiquités victoriennes, et dispose de tout le confort moderne.	AE DC JCB MC V	23			
Radisson Edwardian Hampshire 31-36 Leicester Sq WC2. £££££ **Plan** 11 C2. 020 7839 9399. FAX 020 7930 8122. W www.radissonedwardian.com L'emplacement central, la belle architecture et les excellents équipements de cet hôtel parviennent presque à justifier les prix élevés.	AE DC JCB MC V	124	■	●	
Sanderson 50 Berners St, W1. **Plan** 12 F1. £££££ 020 7300 1400. FAX 020 7300 1401. W www.ianschragerhotels.com L'un des hôtels les plus chatoyants de Londres. Un décor pour le moins accrocheur, avec des fontaines et des chambres étonnantes.	AE DC JCB MC V	150	■	●	■

Regent's Park, Marylebone

Hôtel	Cartes de crédit	Nombre de chambres	Restaurant	Équipements pour enfants	Emplacement calme
22 York Street **Plan** 3 C5. ££ 020 7224 2990. FAX 020 7224 1990. W www.myrtle-cottage.co.uk Charmant B&B familial dans une maison de ville ornée d'objets anciens. Toutes les chambres sont élégamment meublées. Réservez longtemps à l'avance.	AE DC MC V	10			■
Bickenhall 119 Gloucester Place, W1. **Plan** 3 C5. ££ 020 7935 2418. FAX 020 7935 4547. W www.bickenhallhotel.co.uk B&B sans prétentions mais confortable, dans un cadre georgien ancien, non loin de Marylebone Road. Chambres claires joliment meublées.	AE MC V	20		●	
Four Seasons 173-183 Gloucester Place, NW1. **Plan** 3 C4. ££ 020 7724 3461. FAX 020 7402 5594. W www.4seasonshotel.co.uk Pratiquant des tarifs plus abordables que son somptueux homonyme, cette maison de ville au sud de Regent's Park propose des chambres élégantes.	AE DC JCB MC V	28			
La Place 17 Nottingham Place, W1. **Plan** 4 D5. £££ 020 7486 2323. FAX 020 7486 4335. W www.hotellaplace.com Petit hôtel près de Baker Street apprécié des voyageurs d'affaires et des femmes voyageant seules. Les chambres et les suites sont bien équipées.	AE DC JCB MC V	20	■	●	■
Dorset Square 39 Dorset Square, NW1. **Plan** 3 C5. ££££ 020 7723 7874. FAX 020 7724 3328. W www.firmdale.com Maison de ville joliment meublée donnant sur une place bordée d'arbres. Les chambres, toutes différentes, sont luxueuses et confortables.	AE MC V	38	■	●	■
The Landmark 222 Marylebone Road, NW1. **Plan** 3 B5. £££££ 020 7631 8000. FAX 020 7631 8092. W www.landmarklondon.co.uk Après une restauration digne d'un palais, l'hôtel de la gare de Marylebone compte désormais un hall incroyable orné de grands palmiers.	AE DC MC V	299	■	●	
Langham Hilton 1c Portland Place, W1. **Plan** 12 E1. £££££ 020 7636 1000. FAX 020 7323 2340. W www.langham.hilton.com Affichant une splendeur quasi-victorienne, cette vénérable institution possède des espaces publics de style colonial et des chambres fort confortables, ainsi qu'un luxueux centre de remise en forme.	AE DC JCB MC V	429	■	●	

BLOOMSBURY, FITZROVIA

Hôtel	Prix	Cartes	Chambres			
GENERATOR Compton Place, 37 Tavistock Place, WC1. **Plan** 5 B4. *020 7388 7666.* FAX *020 7388 7644.* W www.the-generator.co.uk À mi-chemin entre la science-fiction et le chic industriel, cette pension propose un hébergement bon marché aux jeunes voyageurs désargentés.	£	MC V	200	■		■
MABLEDON COURT 10-11 Mabledon Place, WC1. **Plan** 5 B3. *020 7388 3866.* FAX *020 7387 5686.* @ book@mabledoncourt.com B&B sans prétentions, à proximité des gares du nord de Londres. Chambres propres et fonctionnelles, avec tout le confort moderne.	£	AE DC JCB MC V	43			■
THANET 8 Bedford Place, WC1. **Plan** 5 C5. *020 7636 2869.* FAX *020 7323 6676.* W www.scoot.co.uk/thanet_hotel/ B&B modeste mais accueillant, occupant une maison de ville près du British Museum. Les chambres sobres mais fonctionnelles ont été rénovées.	££	AE DC MC V	16		●	■
ACADEMY 21 Gower St, WC1. **Plan** 5 A5. *020 7631 4115.* FAX *020 7636 3442.* W www.etontownhouse.com Cinq maisons de ville georgiennes dans le quartier de l'université accueillent cet hôtel joliment meublé avec une cour verdoyante.	£££	AE DC JCB MC V	49	■		
BONNINGTON IN BLOOMSBURY 92 Southampton Row, WC1. **Plan** 5 C5. *020 7242 2828.* FAX *020 7831 9170.* W www.bonnington.com Cet hôtel accueillant où l'hospitalité règne en maître propose un ameublement gai et contemporain, ainsi que des salles de bains impeccables.	£££	AE DC MC V	215	■	●	
BLOOMS 7 Montague St, WC1. **Plan** 5 B5. *020 7323 1717.* FAX *020 7636 6498.* W www.bloomshotel.com Cette élégante maison de ville abrite au sous-sol un bar servant vins et whiskies pur malt, ainsi que des repas légers. Pittoresque cour verdoyante.	££££	AE DC JCB MC V	26	■	●	■
MONTAGUE ON THE GARDENS 15 Montague St, WC1. **Plan** 5 B5. *020 7637 1001.* FAX *020 7637 2516.* W www.redcarnationhotels.com Des espaces publics joliment meublés s'ouvrent sur une serre regorgeant de plantes. Bar en terrasse donnant sur un charmant jardin. Les chambres, toutes différentes, sont ravissantes.	££££	AE DC JCB MC V	104	■	●	■
CHARLOTTE STREET 15 Charlotte St, W1. **Plan** 13 A1. *020 7806 2000.* FAX *020 7806 2002.* W www.charlottestreethotel.com Dans le plus pur style « Bloomsbury », des œuvres d'art ornent les spacieux espaces publics. Dans les chambres, des écrans de télévision miniature dans le granit des salles de bains et autres équipements high-tech.	£££££	AE MC V	52	■		■
GRANGE HOLBORN 50-60 Southampton Row, WC1. **Plan** 5 C5. *020 7611 5800.* FAX *020 7242 0057.* W www.grangehotels.co.uk Hôtel d'affaires fonctionnel et confortable avec un mobilier en marqueterie de bois de rose. Les clients y trouveront un restaurant de sushi, une piscine et un centre de fitness.	£££££	AE DC JCB MC V	201	■	●	
MYHOTEL BLOOMSBURY 11-13 Bayley St, WC1. **Plan** 5 A5. *020 7667 6000.* FAX *020 7667 6001.* W www.myhotels.co.uk Hôtel contemporain chic, à quelques mètres de Tottenham Court Road. À l'intérieur règne un calme tout oriental, du bar à sushi au centre holistique. Chambres immaculées, aux draps empesés et aux serviettes moelleuses.	£££££	AE DC MC V	78	■	●	

COVENT GARDEN, STRAND, HOLBORN

Hôtel	Prix	Cartes	Chambres			
FIELDING 4 Broad Court, Bow St, WC2. **Plan** 12 C2. *020 7836 8305.* FAX *020 7497 0064.* W www.the-fielding-hotel.co.uk Hôtel avec peu d'équipements, mais bien tenu, près du Royal Opera House. Bon rapport qualité-prix. Pas de repas. Pas d'enfants de moins de 12 ans.	££	AE DC JCB MC V	24			■
COVENT GARDEN 10 Monmouth St, WC2. **Plan** 13 B2. *020 7806 1000.* FAX *020 7806 1100.* W www.firmdale.com Installé sur l'une des rues les plus intéressantes de Covent Garden, ce cinq-étoiles discret est aussi un lieu théâtral fascinant, véritable prouesse en matière de décoration intérieure spectaculaire.	£££££	AE MC V	58	■	●	■
KINGSWAY HALL Great Queen St, WC2. **Plan** 13 C1. *020 7309 0909.* FAX *020 7309 9696.* W www.kingswayhall.co.uk Ce nouvel hôtel d'affaires contemporain est aussi extrêmement pratique pour se rendre au théâtre. Son élégant restaurant propose aux spectateurs des dîners avant les représentations.	£££££	AE DC JCB MC V	170	■	●	

Légende des symboles, voir rabat de couverture

Les prix sont indiqués par nuit pour une chambre double, petit déjeuner, taxes et service compris.

- £ moins de £ 80
- ££ £ 80 à £ 120
- £££ £ 120 à £ 180
- ££££ £ 180 à £ 220
- £££££ plus de £ 220

CARTES BANCAIRES
Cartes de paiement acceptées : AE American Express ; DC Diners Club ; JCB Japan Credit Bureau ; MC MasterCard/Access ; V Visa

RESTAURANT
Restaurant ou salle à manger servant d'autres repas que le petit déjeuner. Réservé ou non aux clients de l'hôtel.

ÉQUIPEMENTS POUR ENFANTS
Lits à barreaux, chaises hautes, baby-sitting ou « baby-listening », repas pour enfants, jouets, chambres familiales, etc.

EMPLACEMENT CALME
Emplacement sans trop de circulation la nuit.

Hôtel	Cartes de crédit	Nombre de chambres	Restaurant	Équipements pour enfants	Emplacement calme
LE MÉRIDIEN WALDORF Aldwych, WC2. **Plan** 14 D2. £££££ *0870 400 8484.* FAX *020 7836 7244.* W www.lemeridien.com Élégant hôtel édouardien, bien situé près de Covent Garden et de la City, servant des dîners avant les représentations de théâtre.	AE DC JCB MC V	292	■	●	
ONE ALDWYCH Aldwych, WC2. **Plan** 13 C2. £££££ *020 7300 1000.* FAX *020 7300 1001.* W www.onealdwych.co.uk Regorgeant d'œuvres d'art contemporaines, cet hôtel affiche une créativité débordante, jusque dans ses moindres recoins. Chambres bien conçues. Dans la piscine, de la musique classique est diffusée sous l'eau.	AE DC JCB MC V	105	■		
RENAISSANCE LONDON CHANCERY COURT £££££ 252 High Holborn, WC1. **Plan** 13 C1. *020 7829 9888.* FAX *020 7829 9889.* W www.renaissancehotels.com/loncc L'ancien siège imposant de Pearl Assurance a subi une transformation somptueuse. Le site a servi de cadre à plusieurs films et téléfilms.	AE DC JCB MC V	356	■	●	
SAVOY Strand, WC2. **Plan** 13 C2. £££££ *020 7836 4343.* FAX *020 7872 8901.* W www.savoy-group.co.uk Flamboyant hôtel Art déco offrant de superbes vues du fleuve. Tout le charme de l'ancien associé au confort moderne.	AE DC JCB MC V	265	■	●	■
SOUTHWARK, LAMBETH					
TRAVEL INN CAPITAL Belvedere Road, SE1. **Plan** 14 D4. £ *0870 238 3300.* FAX *020 7902 1619.* W www.travelinn.co.uk D'un excellent rapport-qualité, un hôtel de chaîne, dans l'ancien bâtiment de GLC, près du London Eye. Chambres fonctionnelles et très spacieuses. Prix modérés et emplacement central : réservez longtemps à l'avance.	AE DC MC V	313	■	●	
MAD HATTER 3-7 Stamford St, SE1. **Plan** 14 E3. ££ *020 7401 9222.* FAX *020 7401 7111.* @ madhatter@fullers.demon.co.uk Ce pub-hôtel de style victorien offre des chambres de qualité bien équipées. Bar-restaurant animé.	AE DC MC V	30	■	●	
NOVOTEL WATERLOO 113 Lambeth Road, SE1. **Plan** 22 D1. £££ *020 7793 1010.* FAX *020 7793 0202.* W www.novotel.com Hôtel de chaîne, impersonnel mais pratique, aux chambres spacieuses convenant parfaitement aux voyageurs d'affaires et aux familles. Parking.	AE DC JCB MC V	187	■	●	
LONDON BRIDGE 8–18 London Bridge St, SE1. **Plan** 15 B4. ££££ *020 7855 2200.* FAX *020 7855 2233.* W www.london-bridge-hotel.co.uk Hôtel élégant pour visiter la South Bank ou la City. Centre de remise en forme, infrastructures pour hommes d'affaires, restaurant Simply Nico.	AE DC JCB MC V	138	■	●	
LONDON MARRIOTT COUNTY HALL County Hall, SE1. **Plan** 13 C5. £££££ *020 7928 5200.* FAX *020 7928 5300.* W www.marriott.com/marriott/lonch Hôtel d'affaires au cadre monumental. Certaines chambres offrent de belles vues du fleuve et de Westminster. Piscine et club de remise en forme.	AE DC JCB MC V	200	■	●	
LA CITY, CLERKENWELL					
THE KING'S WARDROBE 6 Wardrobe Place, EC4. **Plan** 14 F2. ££££ *020 7248 0222.* FAX *020 7248 0011.* W www.bridgestreet.com Appartements luxueux donnant sur une cour calme et verdoyante, à deux pas de St Paul's. Ce complexe élégant se démarque par sa superbe architecture et son histoire fascinante.	AE DC JCB MC V	63		●	
NOVOTEL TOWER BRIDGE 10 Pepys St, EC3. **Plan** 16 D2. ££££ *020 7265 6000.* FAX *020 7265 6060.* W www.novotel.com Cet hôtel de chaîne vient d'ouvrir dans un quartier intéressant. Chambres agréables et bien équipées. Bon rapport qualité-prix pour les familles.	AE DC JCB MC V	203	■	●	■

GREAT EASTERN Liverpool St, EC2. **Plan** 15 C1. £££££ ☎ *020 7618 5010.* FAX *020 7618 5011.* W www.great-eastern-hotel.co.uk Le majestueux hôtel de la gare de Liverpool Street a subi une rénovation, et propose désormais d'élégants restaurants et de jolies chambres.	*AE DC MC V*	*267*	■	●	
ROOKERY Peter's Lane, Cowcross St, EC1. **Plan** 6 F5. £££££ ☎ *020 7336 0931.* FAX *020 7336 0932.* W www.rookeryhotel.com B&B joliment rénové dans plusieurs maisons de ville du XVIIIe siècle, près du marché de Smithfield. Le Rook's Nest, avec sa « Lantern Gallery », est unique en son genre, mais toutes les chambres abritent de beaux meubles anciens.	*AE DC JCB MC V*	*33*		●	■
THISTLE TOWER St Katharine's Way, E1. **Plan** 16 E3. ££££ ☎ *020 7481 2575.* FAX *020 7488 4106.* W www.thistlehotels.com Si cet imposant bâtiment en béton manque de charme, son emplacement, au bord de l'eau, est spectaculaire, et l'intérieur confortable.	*AE DC JCB MC V*	*801*	■	●	■
À L'EST DU CENTRE					
IBIS GREENWICH 30 Stockwell St, Greenwich SE10. **Plan** 23 B2. £ ☎ *020 8305 1177.* FAX *020 8858 7139.* W www.ibishotel.com Bien desservi par les transports en commun, cet hôtel de chaîne, sans prétentions et bon marché, est d'un excellent rapport qualité-prix. Chambres propres et bien tenues. Parking gratuit.	*AE DC MC V*	*82*			
MITRE 291 Greenwich High Road, SE10. **Plan** 23 B2. £ ☎ *020 8355 6760.* FAX *020 8355 6761.* Pub animé avec quelques chambres, non loin des centres d'intérêt et des transports en commun. Au XVIIIe siècle, cette ancienne auberge de Greenwich abritait un café. Parking.	*MC V*	*16*	■	●	
HILTON LONDON DOCKLANDS 265 Rotherhithe St, SE16. £££ ☎ *020 7231 1001.* FAX *020 7231 0599.* W www.hilton.com Hôtel au bord de l'eau, accueillant volontiers les familles. Bons équipements, chambres élégantes, navette gratuite pour Canada Water et parking.	*AE DC JCB MC V*	*368*	■	●	■
FOUR SEASONS CANARY WHARF 46 Westferry Circus, E14 . £££££ ☎ *020 7510 1999.* FAX *020 7510 1998.* W www.fourseasons.com Étonnant complexe offrant de superbes vues du fleuve et de bons équipements. Le centre de loisirs de Holmes Place est à deux pas.	*AE DC JCB MC V*	*142*	■	●	
HAMPSTEAD					
HAMPSTEAD VILLAGE GUESTHOUSE 2 Kemplay Road, NW3. **Plan** 1 B5. ££ ☎ *020 7435 8679.* FAX *020 7794 0254.* W www.hampsteadguesthouse.com Cette demeure familiale victorienne propose des chambres regorgeant de livres, d'objets anciens et de détails bien pensés.	*AE DC MC V*	*9*		●	
LA GAFFE 107–111 Heath St, NW3. **Plan** 1 A4. ££ ☎ *020 7435 8965.* FAX *020 7794 7592.* W www.lagaffe.co.uk Restaurant italien familial et accueillant qui propose quelques chambres simples mais jolies, au centre du village de Hampstead.	*AE MC V*	*18*	■	●	
LANGORF 20 Frognal, NW3. **Plan** 1 A5. ££ ☎ *020 7794 4483.* FAX *020 7435 9055.* W www.langorfhotel.com Cet hôtel installé dans trois maisons de ville propose aussi cinq appartements. Des repas légers sont servis par le room service.	*AE DC JCB MC V*	*36*		●	■
EN DEHORS DU CENTRE					
COLONNADE 2 Warrington Crescent, W9. £££ ☎ *020 7286 1052.* FAX *020 7286 1057.* W www.etontownhouse.com Endroit charmant de Little Venice. Un élégant hôtel particulier victorien aux chambres flamboyantes et aux espaces publics confortables.	*AE DC MC V*	*43*	■	●	■
PETERSHAM Nightingale Lane, Richmond, Surrey, TW10. £££ ☎ *020 8940 7471.* FAX *020 8939 1098.* W www.petershamhotel.co.uk Un bâtiment majestueux offrant de superbes vues de la Tamise. L'emplacement romantique et la qualité de la cuisine en font une adresse très prisée.	*AE DC MC V*	*61*	■	●	■
CANNIZARO HOUSE West Side, Wimbledon Common, SW19. £££££ ☎ *020 8879 1464.* FAX *020 8944 6515.* W www.thistlehotels.com Cette demeure georgienne près de Wimbledon Common est élégante et stylée. Elle se dresse dans un jardin spacieux et paisible. Parking.	*AE DC JCB MC*	*45*	■	●	■

Légende des symboles, voir rabat de couverture

Restaurants et pubs

L'extraordinaire diversité gastronomique de Londres lui a valu le titre de capitale mondiale de la restauration. La ville, qui compte depuis longtemps de nombreux restaurants indiens, chinois, français et italiens, permet désormais aux dîneurs de faire un véritable tour du monde culinaire, de l'Amérique à l'Afrique en passant par tous les pays européens ou asiatiques.

Menu théâtre

Choisir votre table

Les restaurants répertoriés dans ce guide présentent une grande diversité de styles et de prix. Ils sont situés dans les principaux quartiers touristiques de la capitale. Ceux des environs de Londres qui méritent un détour ont également été indiqués. Les établissements sélectionnés (*p. 290-293*) sont classés par quartier. Pour plus de détails, reportez-vous à leur description aux pages 294-305, où ils sont regroupés par type de cuisine.

Ces dernières années, les cafés londoniens ont adopté un nouveau style, comptant désormais parmi les endroits les plus animés de la capitale. Toute la journée, ils proposent du café et des en-cas. Les pubs ont également évolué, modernisant leur cadre et leur carte, pour servir des plats anglais classiques ou des spécialités étrangères. Divers lieux décontractés permettant de manger et boire un verre, y compris les pubs, sont indiqués aux pages 306 à 311.

Restaurants londoniens

Covent Garden, Piccadilly, Mayfair, Soho et Leicester Square sont les quartiers où vous trouverez le plus grand choix d'établissements, suivis de Knightsbridge, Kensington et Chelsea. Bien que le centre de Londres compte peu d'établissements au bord de l'eau, il y en a quelques-uns vers Chelsea Harbour, à Chelsea et à Butler's Wharf sur la rive sud de la Tamise. Si certains chefs, comme Gary Rhodes, ont donné un second souffle aux plats anglais traditionnels, la tendance actuelle est plutôt à la cuisine britannique moderne, qui associe diverses influences et techniques culinaires. Certains cuisiniers anglais, comme Sally Clarke, Alastair Little et Marco Pierre White, ont contribué à élever le niveau de la restauration, tant sur le plan du contenu des assiettes que sur celui de la qualité du service et de la décoration. Du décor classique romantique aux ambiances minimalistes modernes et post-modernes, les restaurants londoniens offrent désormais tous les cadres possibles et imaginables. Depuis longtemps pays de cocagne des amateurs de saveurs indienne, chinoise, française et italienne, Londres compte de plus en plus d'établissements permettant de découvrir les cuisines régionales. La gastronomie asiatique, notamment thaïe et japonaise, est particulièrement appréciée. Soho offre un grand choix de tables. La plupart des établissements proposent un plat principal végétarien et un menu sans viande, tandis que des restaurants végétariens, de plus en plus nombreux, servent des plats plus originaux. Le poisson et les fruits de mer sont une autre spécialité des restaurants traditionnels ou modernes.

Chasseur du Hard Rock Café (*p. 294*)

Vue de l'Oxo Tower (*p. 296*)

Autres établissements

De nombreux hôtels londoniens disposent d'excellents restaurants ouverts aux non-résidents, dont certains proposent une carte composée, voire même des plats préparés, par un grand cuisinier. Très guindés ou flamboyants et à la mode, ils sont dans l'ensemble très chers. Les chaînes de pizzerias, de restaurants de pâtes et de brasseries ont proliféré, servant des valeurs sûres d'un bon rapport qualité-prix. Parmi les innovations, citons aussi les « gastro-pubs » et les bars à vin, proposant un peu de tout, des grands classiques jusqu'aux curries thaïs, arrosés de vins internationaux. Vous pouvez aussi grignoter rapidement un en-cas dans l'un des nombreux comptoirs à sandwichs et cafés.

Le Bibendum (*p. 296*)

Aller au restaurant

La plupart des restaurants servent à déjeuner entre 12 h 30 et 14 h 30, et à dîner de 19 h à 23 h (dernières commandes jusqu'à 23 h). Les restaurants étrangers ont tendance à rester ouverts plus longtemps, jusqu'à minuit, voire plus tard. Le week-end, certains établissements ferment à midi ou le soir. Il vaut mieux vérifier avant de se déplacer.

Désormais, les cafés ouverts toute la journée et les brasseries sont autorisés à servir de l'alcool sans restriction, de 11 h à 23 h.

Même si les brunchs, plus décontractés, gagnent en popularité, le traditionnel repas dominical (*British Sunday lunch, p. 288*) reste servi dans de nombreux pubs et restaurants. Le dimanche, la plupart des restaurants, même haut de gamme, ne proposent pas leur carte habituelle. Certains établissements parmi les plus élégants exigent le port d'une veste, voire d'une cravate. Il est préférable de réserver, notamment dans les restaurants les plus en vogue ou les plus prestigieux.

Prix et service

Dans l'une des villes les plus chères au monde, les prix des restaurants peuvent sembler exorbitants : pour un vrai repas composé de trois plats et de quelques verres de vin de la maison, dans un restaurant moyen du centre-ville, comptez entre £ 25 et £ 35 par personne. Certains restaurants proposent des menus à prix fixe, incluant parfois le café et le service. Cette formule est souvent plus intéressante que les prix à la carte,

Dans le West End, des menus spéciaux sont servi avant les représentations de théâtre (à partir de 17 h 30 ou 18 h). Ces formules permettent de manger dans un établissement de qualité pour un prix abordable.

Les petits restaurants étrangers et végétariens, les bars à vin et les pubs, dont certains proposent des plats de qualité, d'un bon rapport qualité-prix, pratiquent des prix plus réduits (de £ 10 à £ 15 par personne). Certains n'acceptent que les paiement en espèces ou par chèques, mais n'acceptent pas les cartes bancaires.

Avant de commander, lisez consciencieusement le texte en petits caractères en bas du menu. Les prix comprennent la TVA mais pas nécessairement le service (entre 10 et 15 %). Quelques restaurants font payer le couvert (£ 1 à £ 2 par personne), d'autres pratiquent un prix minimum pendant les périodes les plus chargées ou n'acceptent pas les cartes de crédit.

Attention, parfois, bien que le service soit compris, le personnel ne remplit pas le montant de la facturette de la carte de paiement, dans l'espoir que vous rajoutiez par erreur 10 % au total.

Le Clarke's (*p. 303*)

Manger avec des enfants

À l'exception des restaurants italiens, des fast-foods et de quelques autres endroits, comme le Rain Forest Café sur Shaftesbury Avenue (espace tropical destiné aux jeunes clients), les enfants sont davantage tolérés que chaleureusement accueillis dans les établissements londoniens.

Toutefois, la tendance étant aux ambiances plus décontractées, certains établissements accueillent plus volontiers les enfants, proposant un menu spécial, des portions réduites et des chaises hautes (*p. 290-293*). Quelques-uns distribuent même des coloriages ou proposent des animations. Vous trouverez p. 341 la liste de ces établissements qui feront le bonheur des enfants de tous âges.

L'un des meilleurs restaurants hongrois de Londres (*p. 304*)

Que manger à Londres ?

Fish and Chips
Poisson pané (haddock ou cabillaud) et frites avec un filet de vinaigre.

Le traditionnel repas dominical (de bons produits frais préparés simplement) est l'occasion de vous réconcilier avec la cuisine anglaise, si décriée. Le plat principal est une tranche de rôti (de l'agneau ou du bœuf), servie avec un accompagnement (sauce à la menthe ou gelée de groseilles pour l'agneau, moutarde ou raifort à la crème pour le bœuf) ; le dessert consiste immanquablement en un délicieux pudding et du fromage anglais, servis avec des biscuits. Ce repas du dimanche, une institution pour les Londoniens, est proposé dans toute la capitale par de nombreux restaurants, cafés, hôtels et pubs. Le légendaire *English breakfast*, s'il est moins copieux aujourd'hui que le festin de cinq plats des Victoriens, reste un repas complet, idéal pour entamer une journée de visites chargée. L'*afternoon tea* (qui se prend généralement vers 16 h) est un autre plaisir des Anglais, qui associe leur goût pour les gâteaux et leur penchant pour le thé. Vous reconnaîtrez souvent l'odeur des *fish and chips* en vous promenant dans la ville ; ce plat typiquement anglais se mange en plein air, à même le papier.

Petit déjeuner anglais
Ce vrai repas se compose de bacon, d'œufs, de tomate, de pain poêlé et de différentes variétés de saucisses.

Toasts et marmelade
Le petit déjeuner se termine généralement par des toasts tartinés de marmelade d'orange.

Ploughman's Lunch
Pain, fromage et pickles doux sont la base de cet en-cas rustique, servi dans les pubs.

Fromages
Les fromages anglais sont étuvés, ou demi-étuvés, comme le Cheshire, le Leicester et, le plus célèbre d'entre eux, le cheddar.

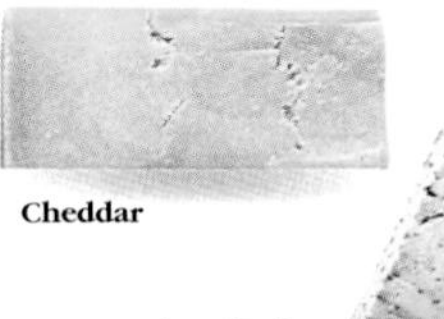

Cheddar

Sage Derby

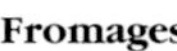

Cheshire

Stilton

Red Leicester

Bread and Butter Pudding
Une tranche de pain garnie de fruits secs, cuite à la crème et servie chaude.

Fraises à la crème
Un grand classique, toujours apprécié à la belle saison.

Le pudding aux fruits rouges
La pâte est imbibée du jus des fruits qui ont cuit à l'intérieur.

Sandwichs au concombre
Garnis de fines rondelles de concombre, ils accompagnent traditionnellement le thé.

Les scones
Petits pains aux raisins que l'on sert avec de la crème et de la confiture.

Thé
Avec un nuage de lait ou une rondelle de citron, c'est LA boisson nationale britannique.

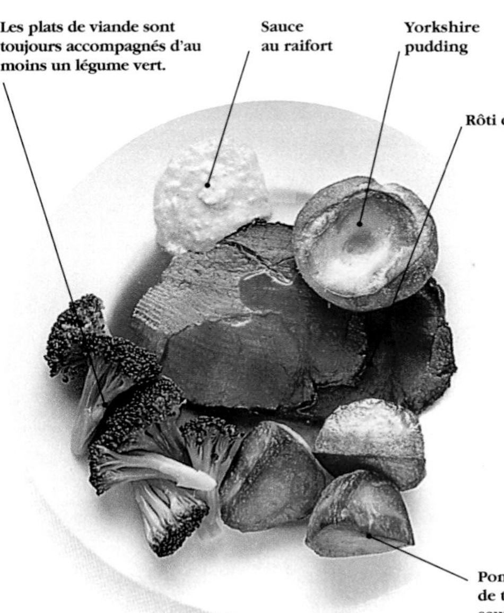

Rosbif et Yorkshire pudding
Le Yorkshire pudding, une sorte de pâte à chou cuite au four, est la garniture traditionnelle du rôti de bœuf, accompagnée d'une sauce au raifort et de pommes de terre sautées.

Steak and Kidney Pie
C'est un pâté en croûte au bœuf et aux rognons de porc dans une sauce épaisse.

Shepherd's Pie
C'est un ragoût de bœuf et de légumes recouvert de purée de pommes de terre.

Les boissons
La bière (p. 309)*, boisson anglaise par excellence, existe en différentes sortes : de la* light lager *à la* stout *et à la* bitter. *Le gin est originaire de Londres. Le Pimms, généralement mélangé à de la limonade ou des jus de fruits, est particulièrement rafraîchissant l'été.*

Stout (Guinness) **Bitter** **Lager**

Pimms **Gin and tonic**

Choisir un restaurant

Les restaurants ont été sélectionnés pour leur bon rapport qualité-prix ou la qualité de leur cuisine. Le tableau ci-dessous présente quelques critères permettant de faire votre choix. Pour plus de détails sur les restaurants, reportez-vous aux pages 294-305 ; pour des repas légers et snacks p. 306-308, et pour les pubs, p. 309-311.

		Numéro de page	Menu à prix fixe	Ouvert tard le soir	Enfants bienvenus	Musique	Tables en terrasse	Espace non-fumeurs	Air conditionné
Bayswater, Paddington									
Veronica's *(britannique)*	££	295			●	■	●		
Kensington, Holland Park, Notting Hill									
Kensington Place *(cuisine moderne internationale)*	££	303	●		●				●
Mandola *(africain)*	££	294	●		●				
Sticky Fingers *(cuisine moderne internationale)*	££	303	●		●			●	●
Wódka *(autres pays d'Europe)*	££	304	●						●
Dakota *(américain)*	£££	295	●		●		●		●
Clarke's *(cuisine moderne internationale)*	££££	303	●		●			■	●
South Kensington, Gloucester Road									
Bombay Brasserie *(indien)*	£££	300		■	●	●		■	●
Bibendum *(britannique)*	££££	296	●	■	●				●
Knightsbridge, Brompton, Belgravia, Pimlico, Victoria									
Emporio Armani Café *(italien)*	££	301			●				●
Osteria d'Isola *(italien)*	££	301	●		●			■	●
Boisdale *(britannique)*	£££	295	●	■		■	●		●
Drones *(cuisine moderne internationale)*	£££	303	●		●				●
The Fifth Floor *(britannique)*	£££	295	●		●			■	●
L'Incontro *(italien)*	£££	301	●	■	●			■	●
Isola *(italien)*	£££	301			●				●
Restaurant One-O-One *(poisson et fruits de mer)*	£££	297	●		●				
Rhodes in the Square *(britannique)*	£££	296	●					■	●
Salloos *(indien)*	£££	300							
Roussillon *(français)*	££££	298	●		●			■	●
Zafferano *(italien)*	££££	302	●		●				●
La Tante Claire *(français)*	£££££	299	●		●				●
Chelsea, Fulham									
Cactus Blue *(américain)*	££	294		■		■			●
The Gaucho Grill *(américain)*	££	294		■	●			■	
The New Culture Revolution *(chinois)*	££	296	●					■	●
Sophie's Steakhouse and Bar *(britannique)*	££	295	●		●		●		●
Soviet Canteen *(autres pays d'Europe)*	££	304	●					■	●
Bluebird *(cuisine moderne internationale)*	£££	303	●		●				●
Nikita's *(autres pays d'Europe)*	£££	304	●	■		■			
Le Suquet *(poisson et fruits de mer)*	£££	297	●	■	●		●		
Vama *(indien)*	£££	300	●		●		●		●
Zaika *(indien)*	£££	300	●		●				●
Piccadilly, Mayfair, Baker Street									
Al Duca *(italien)*	££	301	●		●				●
Al Hamra *(grec, turc ou nord-africain)*	££	299		■	●		●		●
L'Artiste Musclé *(français)*	££	297		■			●		●
Carluccio's *(italien)*	££	301			●		●		●
Getti *(italien)*	££	301			●		●		●
Giraffe *(cuisine moderne internationale)*	££	302	●		●		●	■	●

Prix moyens taxes et service compris pour un repas de trois plats avec une demi-bouteille de vin de la maison.

£ moins de £15
££ £15 à £35
£££ £35 à £55
££££ £55 à £75
£££££ plus de £75.

Numéro de page du descriptif du restaurant.
Menu à prix fixe à midi ou le soir.
Ouvert tard le soir
Commandes jusqu'à 23 h 30 au moins.
Enfants bienvenus
Portions pour enfants et/ou chaises hautes
Musique
Des musiciens s'y produisent.
Tables en terrasse
Repas servis en plein air.
Espace non-fumeurs
Zone réservée aux non-fumeurs.
Air conditionné
Restaurant entièrement climatisé

		Numéro de page	Menu à prix fixe	Ouvert tard le soir	Enfants bienvenus	Musique	Tables en terrasse	Espace non-fumeurs	Air conditionné
Hard Rock Café *(américain)*	££	294	●	■	●		●	■	●
Just Oriental *(Asie du Sud-Est)*	££	305	●						
Sofra *(grec, turc ou nord-africain)*	££	299	●	■	●		●	■	●
Spighetta *(italien)*	££	301			●			■	●
Tamarind *(indien)*	££	300	●		●				●
Alloro *(italien)*	£££	301	●		●		●		●
The Avenue *(britannique)*	£££	295	●	■	●	■		■	●
Che *(cuisine moderne internationale)*	£££	303	●		●				●
Chor Bizarre *(indien)*	£££	300	●		●			■	●
Criterion Brasserie *(français)*	£££	298	●	■	●				●
F. Miyama *(japonais)*	£££	302	●		●				
Just St James *(britannique)*	£££	296	●		●	■			
Momo *(grec, turc ou nord-africain)*	£££	299	●				●		●
Mulligan's of Mayfair *(autres pays d'Europe)*	£££	304	●						
L'Oranger *(français)*	£££	298	●				●		●
Quaglino's *(britannique)*	£££	296	●	■	●	■			●
Royal China *(chinois)*	£££	297	●						
Teca *(italien)*	£££	301	●		●				●
Veeraswamy *(indien)*	£££	300	●	■	●			■	●
Green's Restaurant & Oyster Bar *(poisson et fruits de mer)*	££££	297			●				●
Chez Nico *(français)*	£££££	298	●		●				●
Le Gavroche *(français)*	£££££	299	●						●
Mirabelle *(français)*	£££££	299	●	■	●	■	●		●
Nobu *(japonais)*	£££££	302	●					■	●
The Square *(français)*	£££££	299	●						●
Soho									
Tokyo Diner *(japonais)*	£	302	●	■				■	●
Yo! Sushi *(japonais)*	£	302		■	●			■	●
Blue's Bistro and Bar *(américain)*	££	294	●		●			■	●
Café Fish *(poisson et fruits de mer)*	££	297	●	■	●			■	●
Fung Shing *(chinois)*	££	297	●						
The Gay Hussar *(autres pays d'Europe)*	££	304	●		●				●
Harbour City *(chinois)*	££	297	●						●
Mela *(indien)*	££	300	●	■	●			■	●
Melati *(Asie du Sud-Est)*	££	305	●		●				●
Mezzonine *(Asie du Sud-Est)*	££	305	●	■					●
Mildred's *(végétarien)*	££	305			●		●	■	
New World *(chinois)*	££	297	●	■	●			■	●
Satsuma *(japonais)*	££	302		■				■	●
Spiga Soho *(italien)*	££	301	●	■	●				●
Sri Siam *(Asie du Sud-Est)*	££	305	●		●				●
Alastair Little *(cuisine moderne internationale)*	£££	302	●						
Circus *(cuisine moderne européenne)*	£££	303	●	■	●				●
Mezzo *(cuisine moderne européenne)*	£££	304	●	■		■			●
The Sugar Club *(cuisine moderne internationale)*	£££	303	●					■	●
Richard Corrigan *(autres pays d'Europe)*	££££	305	●		●				●

Prix moyens taxes et service compris pour un repas de trois plats avec une demi-bouteille de vin de la maison.

(£) moins de £15
(£)(£) £15 à £35
(£)(£)(£) £35 à £55
(£)(£)(£)(£) £55 à £75
(£)(£)(£)(£)(£) plus de £75.

Numéro de page du descriptif du restaurant.
Menu à prix fixe à midi ou le soir.
Ouvert tard le soir Commandes jusqu'à 23 h 30 au moins.
Enfants bienvenus Portions pour enfants et/ou chaises hautes
Musique Des musiciens s'y produisent.
Tables en terrasse Repas servis en plein air.
Espace non-fumeurs Zone réservée aux non-fumeurs.
Air conditionné Restaurant entièrement climatisé

	Prix	Numéro de page	Menu à prix fixe	Ouvert tard le soir	Enfants bienvenus	Musique	Tables en terrasse	Espace non-fumeurs	Air conditionné
Covent Garden, Strand									
Food for Thought *(végétarien)*	(£)	305	●		●			■	●
World Food Café *(végétarien)*	(£)	305						■	
Alfred *(britannique)*	(£)(£)	295	●	■	●		●		●
Belgo Centraal *(autres pays d'Europe)*	(£)(£)	304	●		●			●	●
Café Pacífico *(américain)*	(£)(£)	294		■	●				
Calabash *(africain)*	(£)(£)	294			●				●
Chez Gerard *(français)*	(£)(£)	297	●	■		■	●	■	●
Navajo Joe *(américain)*	(£)(£)	294				■			●
Palms *(autres pays d'Europe)*	(£)(£)	304	●	■	●			●	●
La Perla *(américain)*	(£)(£)	294		■	●				
Bank Aldwych *(cuisine moderne internationale)*	(£)(£)(£)	302	●		●	■			●
Christopher's *(américain)*	(£)(£)(£)	294	●		●				●
The Ivy *(cuisine moderne européenne)*	(£)(£)(£)	304		■	●				●
Mon Plaisir *(français)*	(£)(£)(£)	298	●		●				●
Orso *(italien)*	(£)(£)(£)	301	●	■				■	●
Le Palais du Jardin *(français)*	(£)(£)(£)	298	●	■			●		
Rules *(britannique)*	(£)(£)(£)	296		■	●			■	●
Simpson's-in-the-Strand *(britannique)*	(£)(£)(£)	296	●	●		●			●
Tuscan Steak *(italien)*	(£)(£)(£)	301	●	■	●		●		●
River Restaurant *(cuisine moderne européenne)*	(£)(£)(£)(£)	304	●		●	■			●
Bloomsbury, Fitzrovia									
Table Café *(italien)*	(£)	300	●		●			■	
Bertorelli's *(italien)*	(£)(£)	301	●					■	●
Wagamama *(japonais)*	(£)(£)	302	●		●			■	●
Hakkasan *(chinois)*	(£)(£)(£)	297		■					●
Pied à Terre *(français)*	(£)(£)(£)(£)	298	●		●			■	●
Spoon + *(français)*	(£)(£)(£)(£)(£)	299			●	■	●		●
Camden Town, Hampstead									
Lemonia *(grec, turc ou nord-africain)*	(£)(£)	299	●	■	●		●		●
Spitalfields, Clerkenwell									
Nazrul *(indien)*	(£)	299	●		●				●
Cicada *(Asie du Sud-Est)*	(£)(£)	305			●		●	■	●
Moro *(cuisine moderne internationale)*	(£)(£)	303			●		●		●
Quality Chop House *(britannique)*	(£)(£)	295		■				■	
The Real Greek *(grec, turc, ou nord-africain)*	(£)(£)	299		■				■	●
St John *(britannique/britannique moderne)*	(£)(£)(£)	296	●	●				■	●
Maison Novelli *(français)*	(£)(£)(£)(£)	298			●		●	■	●
La City, South Bank									
The Place Below *(végétarien)*	(£)	305	●				●	■	
Wine Wharf at Vinopolis *(cuisine moderne européenne)*	(£)	303							●
Baltic *(autres pays d'Europe)*	(£)(£)	304	●		●	■		■	●
Café Seven *(britannique)*	(£)(£)	295	●		●			■	
Café Spice Namaste *(indien)*	(£)(£)	300	●		●				●
Club Gascon *(français)*	(£)(£)	298	●						●

Restaurant	Prix	Page							
Livebait *(poisson et fruits de mer)*	££	297						■	
The People's Palace *(cuisine moderne européenne)*	££	303	●		●			■	●
Searcy's Restaurant *(britannique)*	££	295	●		●			■	●
Blueprint Café *(cuisine moderne européenne)*	£££	303	●		●		●		
Sweetings *(poisson et fruits de mer)*	£££	297							●
The Oxo Tower *(britannique)*	£££	296	●		●	■	●		●
Trois Garçons *(français)*	£££	298						■	●
City Rhodes *(britannique)*	££££	296			●				●
Le Pont de la Tour *(français)*	££££	298	●		●	■	●		●
Prism *(britannique)*	££££	296	●						●
En dehors du centre									
Istanbul Iskembecisi *(grec, turc ou nord-africain)*	££	299		■	●				●
Madhu's Brilliant *(indien)*	££	300	●		●				●
Manna *(végétarien)*	££	305	●		●		●	■	●
Sonny's *(britannique)*	££	295	●		●				●
Almeida Restaurant *(français)*	£££	298	●	■	●		●		●
Eyre Brothers *(cuisine moderne européenne)*	£££	303	●					■	●
River Café *(italien)*	££££	302			●		●		

Légende des symboles, voir rabat de couverture

Choisir un type de cuisine

Les restaurants de ce chapitre ont été sélectionnés dans un vaste éventail de prix pour leur bon rapport qualité-prix, leur cuisine et leur ambiance. Ils sont présentés par type de cuisine, en commençant par l'Afrique et l'Amérique. Dans chaque rubrique, les restaurants sont classés par catégorie de prix.
Pour les références aux plans, voir l'Atlas des rues pages 384-407.

La cuisine africaine

Malgré sa population très cosmopolite, Londres compte étonnamment peu de restaurants africains. Les plats les plus courants sont la banane plantain frite à la sauce pimentée, les ragoûts épicés et les soupes.

Restaurant	Cartes bancaires	Spécialités végétariennes	Vivement recommandé	Excellente carte des vins
Calabash ££ Africa Centre, 38 King St, WC2. **Plan** 13 C2. ☎ *020 7836 1976.* FAX *020 7836 7736.* Restaurant africain accueillant servant des plats comme l'*egusi* nigérian (soupe de viande cuisinée à l'huile de palme et aux graines de melon). ● *dim., Noël et jours fériés.* Y	*MC V*	●		
Mandola ££ 139–143 Westbourne Grove, W11. **Plan** 9 C2. ☎ *020 7229 4734.* Cuisine soudanaise servie dans un cadre « traditionnel de Khartoum ». Apportez votre vin. Faible droit de bouchon. ● *25 déc., 1er jan.*	*MC V*	●		

La cuisine américaine

Outre les incontournables burger bars (voir p. 306-307), *Londres compte depuis peu des restaurants servant une cuisine authentique et créative d'outre-Atlantique, mexicaine et Tex-Mex, mais aussi de plus en plus d'établissements proposant des spécialités de la côte est et du sud-ouest des États-Unis.*

Restaurant	Cartes bancaires	Spécialités végétariennes	Vivement recommandé	Excellente carte des vins
Blue's Bistro and Bar W www.bluebistro.com ££ 42-43 Dean St, W1. **Plan** 13 A2. ☎ *020 7494 1966.* FAX *020 7494 0717.* Cuisine nord-américaine, avec des classiques comme le poulet Maryland aux beignets de maïs. Cadre moderne, avec des œuvres d'art intéressantes. ● *jours fériés.* Y ▤	*AE MC V*	●		●
Cactus Blue ££ 86 Fulham Rd, SW3. **Plan** 19 A3. ☎ *020 7823 7858.* FAX *020 7823 8577.* Une carte originale venue du sud-ouest des États-Unis, mêlant quantité d'influences. Des œuvres d'art amérindiennes sont présentées dans un décor rétro-moderne. Quantité de tequilas à savourer. Y ♿	*AE DC JCB MC V*	●		
Cafe Pacifico ££ 5 Langley St, WC2. **Plan** 13 B2. ☎ *020 7379 7728.* FAX *020 7836 5088.* Des plats mexicains traditionnels et modernes servis dans le style d'une *cantina* dans un ancien entrepôt à bananes reconverti. Bon choix de tequilas. Y	*AE MC V*	●		
The Gaucho Grill ££ 89 Sloane Avenue, SW3. **Plan** 19 B2. ☎ *020 7584 9901.* Spécialité de bœuf argentin grillé au feu de bois sur un *asado*, à la mode des *gauchos*. Y	*AE DC MC V*	●		●
Hard Rock Cafe ££ 1 Old Park Lane, W1. **Plan** 12 E4. ☎ *020 7629 0382.* Pas de réservations : il y a donc forcément la queue. En récompense, on déguste une cuisine classique nord-américaine, entouré d'une foule d'objets-culte : la guitare de Jimmy Hendrix, les baguettes de Ringo, etc. ● *25 déc.* Y	*AE DC MC V*	●		●
La Perla ££ 28 Maiden Lane, WC2. **Plan** 13 C2. ☎ *020 7240 7400.* FAX *020 7836 5088.* Un bar au grand choix de tequilas et de cocktails, proposant une cuisine mexicaine moderne, traditionnelle et de style tapas, sur un grill ouvert. Y ♿	*AE MC V*	●		
Navajo Joe ££ 34 King St, WC2. **Plan** 13 C2. ☎ *020 7240 4008.* FAX *020 7240 4009.* Cuisine moderne du sud-ouest des États-Unis dans un cadre élégant, avec des œuvres d'art amérindiennes modernes. Parfait pour savourer de la tequila et du mezcal. Y	*AE MC V*	●	■	●
Christopher's W www.christophersgrill.com £££ 18 Wellington St, WC2. **Plan** 13 C2. ☎ *020 7240 4222.* FAX *020 7836 3506.* Cuisine traditionnelle de la côte est. Excellents hamburgers, salades et grillades. Décor théâtral en diable (fresques, escalier majestueux). ● *jours fériés.* Y	*AE DC JCB MC*	●	■	●

Prix moyens taxes et service compris pour un repas de trois plats avec une demi-bouteille de vin de la maison.

£ moins de £ 15
££ £ 15 à £ 35
£££ £ 35 à £ 55
££££ £ 55 à £ 75
£££££ plus de £ 75

CARTES BANCAIRES
Cartes bancaires acceptées : AE American Express ; DC Diners Club ; JCB Japan Credit Bureau ; MasterCard/Access ; V Visa.

SPÉCIALITÉS VÉGÉTARIENNES
Plats végétariens originaux.

VIVEMENT RECOMMANDÉ
Excellent rapport qualité-prix, cuisine délicieuse et service de qualité.

EXCELLENTE CARTE DES VINS
Très bonne sélection de vins.

	Cartes bancaires	Spécialités végétariennes	Vivement recommandé	Excellente carte des vins
DAKOTA £££ 127 Ledbury Rd, W11. **Plan** 9 C2. 020 7792 9191. FAX 020 7792 9090. Cuisine américaine contemporaine affichant une nette influence du Sud-Ouest. Thon aux légumes caponata. Le cadre moderne épuré accueille des expositions de photos. *25-26 déc.*	AE DC JCB MC	●		●
CUISINE BRITANNIQUE / BRITANNIQUE MODERNE				
Les grands classiques de la cuisine britannique, traditionnelle ou revisitée, comptent de nombreux adeptes. Quant à la cuisine britannique moderne, elle intègre des influences et des ingrédients venus d'ailleurs.				
ALFRED ££ 245 Shaftesbury Avenue, WC2. **Plan** 13 B1. 020 7240 2566. Décor rétro minimaliste faisant revivre un café d'après-guerre. Cuisine anglaise revue et corrigée, plats britanniques modernes. Poitrine de porc croustillante et pudding au toffee collant à souhait. *24 déc.-2 jan, jours fériés.*	AE DC JCB MC V	●	■	
CAFE SEVEN ££ 7th Floor, Tate Modern, Bankside, SE1. **Plan** 15 A3. 020 7401 5020. Cuisine britannique moderne, des *fish and chips* à la salade de canard chinoise, dans un cadre moderne et minimaliste. Vues sur St Paul's. *25-26 déc.*	AE DC MC V	●		●
QUALITY CHOP HOUSE ££ 94 Farringdon Rd, EC1. **Plan** 6 E4. 020 7837 5093. FAX 020 7833 8748. Ce petit restaurant victorien, « traiteur progressiste de la classe ouvrière », accueille désormais habitants du quartier et employés de la City. *23 déc.-2 jan.*	AE MC V	●		
SEARCY'S RESTAURANT ££ Level 2, The Barbican, Silk St, EC2. **Plan** 7 B5. 020 7588 3008. La vue sur la cour et la fontaine du Barbican ajoutent au plaisir de savourer des plats comme les ballottines de poussin aux escargots caramélisés.	AE DC MC V	●	■	●
SONNY'S ££ 94 Church Rd, Barnes SW13. 020 8748 0393. FAX 020 8748 2698. Cet excellent restaurant local sert une cuisine britannique moderne. Goûtez à la lotte rôtie, au bacon croustillant ou au chou rouge braisé.	AE DC MC V	●	■	
SOPHIE'S STEAKHOUSE AND BAR ££ 311-313 Fulham Rd, SW1. **Plan** 18 F4. 020 7352 0088. FAX 020 7349 9776. Des salades et des sandwichs délicieux et consistants. Des steaks, des hamburgers, des *steak pies* traditionnels et quelques plats de poisson. *25 déc. & dim. de Pâques.*	AE MC V	●		●
VERONICA'S ££ 3 Hereford Rd, W2. **Plan** 10 D2. & FAX 020 7229 5079. Cuisine britannique régionale, historique, britannique ou internationale moderne, dans plusieurs espaces aux thèmes différents. *25 & 26 déc.*	AE DC MC V	●		●
THE AVENUE £££ 7-9 St James's St, SW1. **Plan** 12 F4. 020 7321 2111. FAX 020 7321 2500. Décoration minimaliste et atmosphère épurée pour une cuisine britannique moderne, comme des bâtonnets de poisson « Avenue » et un pudding au toffee délicieusement collant à la crème. Un pianiste y joue tous les jours. *25 & 26 déc.*	AE DC MC V	●	■	●
BOISDALE W www.boisdale.uk.com £££ 15 Eccleston St, SW1. **Plan** 20 E1. 020 7730 6922. FAX 020 7730 0548. Cuisine britannique moderne et traditionnelle. Spécialités écossaises, comme le *haggis*, plus de 200 vins et grand choix de whiskies pur malt. Jazz du lundi au samedi.	AE DC MC V	●		●
THE FIFTH FLOOR £££ 5th Floor, Harvey Nichols, 109-125 Kinightsbridge, SW1. **Plan** 11 C5. 020 7235 5250. FAX 020 7823 2207. Une cuisine britannique moderne imaginative servie dans un décor élégant, au dernier étage d'un magasin à la mode. *25-26 déc, dim. de Pâques.*	AE DC JCB MC V	●	■	●

Prix moyens taxes et service compris pour un repas de trois plats avec une demi-bouteille de vin de la maison.

£ moins de £ 15
££ £ 15 à £ 35
£££ £ 35 à £ 55
££££ £ 55 à £ 75
£££££ plus de £ 75

Cartes bancaires
Cartes bancaires acceptées : AE American Express ; DC Diners Club ; JCB Japan Credit Bureau ; MasterCard/Access ; V Visa.

Spécialités végétariennes
Plats végétariens originaux.

Vivement recommandé
Excellent rapport qualité-prix, cuisine délicieuse et service de qualité.

Excellente carte des vins
Très bonne sélection de vins.

	Cartes bancaires	Spécialités végétariennes	Vivement recommandé	Excellente carte des vins
Just St James £££ 16 St James's St, SW1. **Plan** 12 F4. ☎ *020 7976 2222.* FAX *020 7976 2020.* Cuisine britannique moderne mâtinée d'influences européennes classiques, servie dans un cadre baroque édouardien avec des peintures et des sculptures. ● *25 déc.* 🍸	AE MC V	●		
The Oxo Tower £££ Oxo Tower Wharf, Barge House St, SE1. **Plan** 14 E3. ☎ *020 7803 3888.* FAX *020 7803 3838.* Installé au 8e étage d'un célèbre bâtiment des années 1930, ce restaurant sert une excellente cuisine britannique moderne. Carte des vins bien fournie. ♿	AE DC MC V	●	■	●
Quaglino's W www.conran.com £££ 16 Bury St, SW1. **Plan** 12 F3. ☎ *020 7930 6767.* FAX *020 7839 2866.* Une cuisine britannique moderne servie dans une brasserie des années 1930, décorée par Conran. Plats classiques comme le foie de veau au bacon.	AE DC MC	●		●
Rhodes in the Square £££ Dolphin Square, Chichester St, SW1. **Plan** 21 A3. ☎ *020 7798 6767.* FAX *020 7798 5685.* Cuisine britannique moderne inspirée, comme les lasagnes au bœuf et au vin rouge à la crème de champignon et de châtaigne. Superbe cadre Art déco. 🍸 ♿	AE DC MC V	●	■	●
Rules £££ 35 Maiden Lane, WC2. **Plan** 13 C2. ☎ *020 7836 5314.* FAX *020 7497 1081.* Le plus ancien restaurant de Londres propose depuis 1798 une cuisine traditionnelle britannique. Droit de bouchon élevé pour les clients apportant leur vin. ● *23-26 déc.*	DC MC V	●	■	●
Simpson's-in-the-Strand £££ 100 Strand, WC2. **Plan** 13 C2. ☎ *020 7836 9112.* FAX *020 7836 1381.* Une authentique ambiance britannique, dans un majestueux décor victorien digne d'un club traditionnel mais accueillant. ● *25-26 déc.* 🍸 👔	AE DC MC V	●		
St John £££ 26 St John Street, EC1. **Plan** 6 F5. ☎ *020 7251 0848.* FAX *020 7251 4090.* Auréolé de lauriers pour sa cuisine novatrice, ce restaurant est aussi, à juste titre, réputé pour son ambiance. Au menu, os à moelle rôtis et salade de persil, eccles cake avec du fromage du Lancashire. ● *25-26 déc.* 🍸	AE DC MC V		■	●
City Rhodes ££££ 1 New St, EC4. **Plan** 14 E1. ☎ *020 7583 1313.* FAX *020 7553 1662.* Le premier restaurant du célèbre cuisinier Gary Rhodes. Au menu, des plats comme le saumon fumé chaud au jus de veau à la truffe. Plus de 100 vins. ♿	AE DC MC V	●	■	●
Bibendum ££££ 1st Floor, Michelin House, 81 Fulham Rd, SW3. **Plan** 19 B2. ☎ *020 7581 5817.* Vitrine rétro-chic de la cuisine britannique moderne. Le rez-de-chaussée abrite un bar à huîtres et un café. ♿	AE MC V		●	
Prism ££££ 147 Leadenhall St, EC3. **Plan** 15 C2. ☎ *020 7256 3888.* FAX *020 7256 3883.* Installé dans l'ancienne Bank of New York, ce restaurant propose quantité de plats de la cuisine britannique moderne, et une bonne carte des vins. 🍸 ♿	AE DC MC V	●	■	●

Chine

Bien que la plupart des restaurants chinois servent de la cuisine cantonnaise, essentiellement à base de riz, les plats pimentés du Sichuan et du Hunan sont de plus en plus en vogue. Au déjeuner, beaucoup de restaurants cantonnais proposent de délicieux en-cas, appelés dim sum.

	Cartes bancaires	Spécialités végétariennes	Vivement recommandé	Excellente carte des vins
The New Culture Revolution ££ 305 Kings Rd, SW3. **Plan** 19 A4. ☎ *020 7352 9281.* Un répertoire cantonnais traditionnel : soupes, plats de nouilles et bouchées, servis dans un décor moderne et accueillant. Service cordial. ● *25-26 déc.*	AE MC V	●	■	

FUNG SHING ££
15 Lisle St, WC2. **Plan** 13 A2. *020 7437 1539.* FAX *020 7734 0284.*
L'un des meilleurs restaurants de Chinatown, offrant une cuisine chinoise dans un cadre européen. *24-26 déc.*
AE DC MC V

HARBOUR CITY ££
46 Gerrard St, W1. **Plan** 13 B2. *020 7439 7120.* FAX *020 7734 7745.*
Cuisine cantonnaise et pékinoise. La spécialité est un genre de ragoût. Vins européens, australiens et chinois. Les clients peuvent apporter leur vin. *25 déc.*
AE DC MC V

NEW WORLD ££
1 Gerrard Place, W1. **Plan** 13 B2. *020 7734 0396.* FAX *020 7287 3994.*
Gamme de plats cantonnais et sichuanais, fruits de mer, ainsi qu'une excellente sélection de dim sum. Le personnel est cordial. *25 déc.*
AE JCB MC V

HAKKASAN £££
8 Hanway Place, W1. **Plan** 13 A1. *020 7927 7000.* FAX *020 7907 1889.*
Des dim sum sont servis toute la journée, puis le soir, on dîne à la carte. Le bar sert également des dim sum pendant la journée.
AE DC MC V

ROYAL CHINA £££
40 Baker St, W1. **Plan** 3 C5. *020 7487 4688.*
Ce restaurant spécialisé dans la gastronomie pékinoise et cantonnaise est aussi réputé pour ses nouilles au homard et ses dim sum. *25-27 déc.*
AE MC JCB V

POISSON ET FRUITS DE MER

De la cuisine moderne informelle à la cuisine traditionnelle, Londres compte un vaste éventail de restaurants de poisson. Tous s'approvisionnent chaque matin en produits frais sur les marchés locaux.

CAFE FISH ££
36-40 Rupert St, W1. **Plan** 13 A2. *020 7287 8989.* FAX *020 7287 8400.*
Une approche française classique de la préparation du poisson et des fruits de mer. Le *fish and chips* est recommandé.
AE DC JCB MC

LIVEBAIT ££
43 The Cut, SE1. **Plan** 14 E4. *020 7928 7211.* FAX *020 7928 2299.*
Ce restaurant, qui a préservé son style victorien d'origine, sert des plats de poisson et de crustacés anglais traditionnels et internationaux.
AE DC JCB MC

RESTAURANT ONE-O-ONE £££
William St, SW1. **Plan** 11 C5. *020 7290 7101.* FAX *020 7235 6196.*
Des poissons et des fruits de mer cuisinés à la française, comme le loup de mer au sel gemme, accompagné d'une sélection de 100 vins.
AE DC MC V

LE SUQUET £££
104 Draycott Avenue, SW3. **Plan** 19 B2. *020 7581 1785.* .
Des plats de poisson et de fruits de mer servis dans l'ambiance maritime et les couleurs pastel de Cannes. Bar à huîtres et patio. *28 déc.-5 janv.*
AE DC MC V

SWEETINGS £££
30 Queen Victoria St, EC4. **Plan** 15 B2. *020 7248 3062.*
Cette institution de la City est réputée pour ses huîtres et ses plats britanniques classiques, comme la sole de Douvres grillée. Pas de réservation. *25 déc.-2 janv.*
AE MC JCB V

GREEN'S RESTAURANT AND OYSTER BAR ££££
36 Duke St, St James's, SW1. **Plan** 12 F3. *020 7930 4566.*
Dans un décor classique de « club pour gentleman », avec force banquettes et compartiments, on déguste du poisson et des huîtres du comté de Cork. *dim., 1er mai-31 août*
AE DC JCB MC V

LA CUISINE FRANÇAISE

De la cuisine régionale à la haute cuisine servie dans des cadres luxueux, en passant par les brasseries où se dégustent des grands classiques, la gastronomie française est bien représentée à Londres.

L'ARTISTE MUSCLÉ ££
1 Shepherd Mkt, W1. **Plan** 12 E4. *020 7493 6150.* FAX *020 7495 5747.*
Bistrot français servant du bœuf bourguignon dans un cadre classique avec des tables en terrasse donnant sur Shepherd Market. *25 déc., ven. saint, dim. de Pâques.*
AE DC MC V

CHEZ GÉRARD ££
Opera Terrace, The Market, Covent Garden Piazza, WC2. **Plan** 13 C2.
020 7379 0666. FAX *020 7497 9060.*
Steaks frites parisiens classiques. Terrasse donnant sur la place de Covent Garden.
AE JCB MC V

Légende des symboles, voir rabat de couverture

Prix moyens taxes et service compris pour un repas de trois plats avec une demi-bouteille de vin de la maison.

- £ moins de £ 15
- ££ £ 15 à £ 35
- £££ £ 35 à £ 55
- ££££ £ 55 à £ 75
- £££££ plus de £ 75

Cartes bancaires
Cartes bancaires acceptées : AE American Express ; DC Diners Club ; JCB Japan Credit Bureau ; MasterCard/Access ; V Visa.

Spécialités végétariennes
Plats végétariens originaux.

Vivement recommandé
Excellent rapport qualité-prix, cuisine délicieuse et service de qualité.

Excellente carte des vins
Très bonne sélection de vins.

	Cartes bancaires	Spécialités végétariennes	Vivement recommandé	Excellente carte des vins
Club Gascon ££ 57 West Smithfield, EC1. **Plan** 14 F1. *020 7796 0600.* FAX *020 7960 0601.* Cuisine du Sud-Ouest, avec du foie gras, des truffes et des plats de fruits de mer. Le bar sert aussi des en-cas sur le mode des tapas.	AE MC V	●	■	●
Almeida Restaurant £££ 30 Almeida St, N1. *020 7354 4777.* FAX *020 7354 2777.* Dans un décor estampillé Conran, on déguste d'exquis plats régionaux français. Steak au poivre, soupe à l'oignon et excellent assortiment de pâtés, de rillettes et de fromages.	AE DC MC V			●
L'Oranger £££ 5 St James's St, SW1. **Plan** 12 F4. *020 7839 3774.* FAX *020 7839 4330.* Cuisine française raffinée servie dans un cadre élégant. Goûtez au boudin de saumon cuit à la vapeur et farci à la mousse de pétoncle.	AE DC MC V	●	■	●
Criterion Brasserie £££ Piccadilly Circus, W1. **Plan** 13 A3. *020 7930 0488.* Un éblouissant décor ancien avec un flamboyant plafond de mosaïque néo-byzantin. Plats français affichant des influences méditerranéennes.	AE DC MC V	●	■	●
Mon Plaisir £££ 21 Monmouth St, WC2. **Plan** 13 B1. *020 7836 7243.* FAX *020 7240 4774.* Une institution du quartier des théâtres de Covent Garden, apprécié pour ses plats régionaux authentiques (coq au vin, tarte Tatin). *jours fériés.*	AE DC JCB MC V	●		●
Le Palais du Jardin £££ 136 Long Acre, WC2. **Plan** 13 B2. *020 7379 5353.* FAX *020 7379 1846.* Brasserie avec un espace spécial dédié aux fruits de mer, servant des valeurs sûres de la cuisine française. Carte des vins bien fournie.	AE DC MC V	●		●
Trois Garçons £££ 1 Club Row, E1. **Plan** 6 E4. *020 7613 1924.* FAX *020 7613 306.* Décor éclectique réunissant chandeliers, animaux empaillés et tissus délirants. La plupart des accessoires de déco sont à vendre. Carte essentiellement française, à base de produits d'excellente qualité, notamment les poissons. *dim., jours fériés.*	AE MC V			●
Maison Novelli ££££ 29 Clerkenwell Green, EC1. **Plan** 6 E4. *020 7251 6606.* FAX *020 7490 1083.* Les origines de Jean-Christophe Novelli, venu de la haute cuisine, transparaissent dans ses plats français rustiques mais modernes. Célèbre dessert au chocolat.	AE DC MC V	●		
Pied à Terre W www.pied.a.terre.co.uk ££££ 34 Charlotte St, W1. **Plan** 5 A5. *020 7636 1178.* Cuisine française moderne, avec des plats comme le tartare de coquilles Saint-Jacques, servie dans un décor intimiste. Excellente carte des vins.	AE DC MC V	●	■	●
Le Pont de la Tour W www.conran.com ££££ Butlers Wharf, SE1. **Plan** 16 E4. *020 7403 8403.* Petite merveille au bord de l'eau, avec un bar à crustacés. Cuisine française méditerranéenne. Pianiste en soirée. Plus de 900 vins. *jours fériés.*	AE DC JCB MC V	●	■	●
Roussillon ££££ 16 St Barnabas St, SW1. **Plan** 20 D3. *020 7730 5550.* FAX *020 7824 8617.* Les clients savourent une exquise cuisine française moderne à base de produits bio, dans un élégant décor provençal aux tons neutres.	AE MC V	●		●
Chez Nico £££££ 90 Park Lane, W1. **Plan** 12 D3. *020 7409 1290.* Dans ce cadre élégant, la super-star des fourneaux, Nico Ladenis, propose une gastronomie française classique. Excellente carte des vins. *jours fériés.*	AE DC MC V	●		●

LE GAVROCHE £££££
43 Upper Brook St, W1. **Plan** 12 D2. *020 7408 0881.* FAX *020 7491 4387.*
La cuisine française classique et moderne portée à son apogée dans un décor raffiné, où le chic français rencontre l'ambiance club anglaise. *23 déc.-3 janv.*
AE DC JCB MC V

MIRABELLE £££££
56 Curzon St, W1. **Plan** 12 E3. *020 7499 4636.* FAX *020 7499 5449.*
Restaurant divin réunissant un élégant cadre Art déco, un agréable patio, un service irréprochable et une cuisine française inventive.
AE DC MC V

THE SQUARE £££££
6-10 Bruton St, W1. **Plan** 12 E3. *020 7495 7100.* FAX *020 7495 7150.*
Les lasagnes de crabe avec leur mousseline de coquilles Saint-Jacques et de basilic sont emblématiques de cette cuisine française moderne.
AE MC V

SPOON + £££££
Sanderson Hotel, 50 Berners St, W1. **Plan** 12 F1. *020 7300 1444.*
Le mariage parfait de l'élégance et de la gastronomie, avec des tables dans un agréable patio rétro-chic chauffé.
AE DC JCB MC V

LA TANTE CLAIRE £££££
The Berkeley Hotel, Wilton Place, SW1. **Plan** 12 D5.
020 7823 2003. FAX *020 7235 6330.*
Élégant restaurant installé dans un décor aux tons lilas et mauve.
Le célèbre Pierre Koffman officie aux fourneaux. *dim., jours fériés.*
AE DC JCB MC V

LES CUISINES GRECQUE, TURQUE ET NORD-AFRICAINE

Ces différentes cuisines sont peu pimentées mais épicées. Elles proposent notamment des viandes grillées, des salades et des crèmes comme la taramasalata *(œufs de cabillaud) et le* houmous *(pâte de pois chiches).*

AL HAMRA ££
31–35 Sherpherd Market, W1. **Plan** 12 E4. *020 7493 1954.*
Cuisine libanaise authentique (traditionnelle et moderne) dans un restaurant réputé pour ses *meze*, avec un choix de plus de 60 plats. *24 déc.-2 janv.*
MC V

ISTANBUL ISKEMBECISI ££
9 Stoke Newington Rd, N16. *020 7254 7291.*
Cuisine turque classique servie quasiment 24 h sur 24 dans un cadre authentique et animé, par un personnel très accueillant.

SOFRA ££
18 Shepherd St, W1. **Plan** 12 E4. *020 7493 3320.* FAX *020 7499 8282.*
L'une des chaînes de restaurants turcs les plus connues et offrant le meilleur rapport qualité-prix de Londres. Plusieurs menus bon marché.
AE DCJ CB MC V

LEMONIA ££
89 Regent's Park Rd, NW1. **Plan** 3 C1. *020 7586 7454.*
Des plats grecs traditionnels et modernes servis dans un décor de brasserie, avec quantité de plantes et une serre. *25-26 déc.*
MC V

THE REAL GREEK £££
15 Hoxton Market, N1. **Plan** 7 B4. *020 7739 8212.*
Cuisine faisant la part belle aux gastronomies régionales grecques. Mangez au restaurant ou dégustez des *mezedes* (en-cas) à la brasserie. *jours fériés.*
AE MC V

MOMO £££
25 Heddon St, W1. **Plan** 12 F2. *020 7434 4040.*
Dans un magnifique « ancien palais marocain », les cuisines marocaine, tunisienne et algérienne mêlent la tradition à une approche plus moderne. Le bar, très « Casablanca », fait un lieu de rendez-vous idéal.
AE JCB MC V

LA CUISINE INDIENNE

Parmi l'incroyable variété d'excellents restaurants indiens, certains sont spécialisés dans un type de cuisine, comme les balti*, des plats cuits rapidement dans une petite poêle. Les plats sont légèrement (*korma*), moyennement (*bhuna, dansak, dopiaza*) ou très épicés (*madras, vindaloo*).*

NAZRUL £
130 Brick Lane, E1. **Plan** 8 E4. *020 7247 2505.*
Des plats indiens classiques ou régionaux, ainsi que des *balti* servis dans un cadre agrémenté d'antiquités indiennes. Allez-y le dimanche, jour de marché (*p. 170-171*). *25 déc.*

Légende des symboles, voir rabat de couverture

Prix moyens taxes et service compris pour un repas de trois plats avec une demi-bouteille de vin de la maison.

£ moins de £ 15
££ £ 15 à £ 35
£££ £ 35 à £ 55
££££ £ 55 à £ 75
£££££ plus de £ 75

Cartes bancaires
Cartes bancaires acceptées : AE American Express ; DC Diners Club ; JCB Japan Credit Bureau ; MasterCard/Access ; V Visa.

Spécialités végétariennes
Plats végétariens originaux.

Vivement recommandé
Excellent rapport qualité-prix, cuisine délicieuse et service de qualité.

Excellente carte des vins
Très bonne sélection de vins.

	Cartes bancaires	Spécialités végétariennes	Vivement recommandé	Excellente carte des vins
Café Spice Namaste ££ 16 Prescot St, E1. **Plan** 16 E2. *020 7488 9242.* FAX *020 7481 0508.* Une carte extraordinaire proposant des spécialités parsi et de Goa (Dansak, agneau aux lentilles), et des vins qui s'y marient bien. *dim., jours fériés.*	AE DC MC V	●		●
Madhu's Brilliant ££ 39 South Rd, Southall, Middlesex UB1. *020 8574 1897.* Cuisine authentique du Pendjab et d'Afrique de l'Est, d'un excellent rapport qualité-prix. Le détour à Southall vaut largement la peine. *mar.*	AE DC MC V	●		
Mela ££ 152–156 Shaftesbury Avenue, WC2. **Plan** 13 B2. *020 7836 8635.* FAX *020 7379 0527.* Cuisine indienne campagnarde, dans un décor à l'avenant, avec des sols et des meubles en bois créant une atmosphère chaleureuse et relaxante.	AE DC MC V	●		
Tamarind ££ 20 Queen St, W1. **Plan** 12 E3. *020 7629 3561.* FAX *020 7499 5034.* Dans un sous-sol au somptueux décor doré, de grands cuisiniers de la région accommodent avec faste une cuisine du nord de l'Inde.	AE DC JCB MC V	●		
Bombay Brasserie £££ Courtfield Close, Courtfield Rd, SW7. **Plan** 18 E2. *020 7370 4040.* FAX *020 7835 1669.* Superbe atmosphère coloniale, avec un pianiste. Cuisine de Bombay et régionale, avec du poulet de Goa à la noix de coco et aux épices. *25-26 déc.*	AE DC MC V	●	■	●
Chor Bizarre £££ 16 Albemarle St, W1. **Plan** 12 F3. *020 7629 9802.* FAX *020 7493 7756.* Entouré d'antiquités indiennes (à vendre), on mange des plats du Cachemire (*gostaba* : émincé d'agneau à la cardamome et au yaourt). *25-26 déc.*	AE MC V	●		●
Salloos £££ 62-64 Kinnerton St, SW1. **Plan** 11 C5. *020 7235 4444.* FAX *020 7259 5703.* Des plats du nord de l'Inde et du Pakistan, avec des spécialités de poulet et d'agneau. Décor soigné, avec des nappes et des éclairages élégants. *jours fériés.*	AE DC MC V	●		
Vama £££ 438 King's Rd, SW10. **Plan** 18 F4. *020 7351 4118.* FAX *020 7565 8501.* Des plats du nord-ouest de l'Inde, des spécialités pakistanaises, afghanes et iraniennes. Le dimanche à midi, des musiciens jouent du jazz. *25 déc.*	AE DC MC V	●		
Veeraswamy £££ Mezzanine Floor, Victory House, 99 Regent St, W1. **Plan** 12 F1. *020 7734 1401.* FAX *020 7439 8434.* Le plus ancien restaurant indien de Londres (fondé en 1927) est aussi l'un des plus modernes, servant une cuisine de qualité dans un décor élégant.	AE DC JCB MC	●	■	
Zaika £££ 1 Kensington High St, W8. **Plan** 10 E5. *020 7795 6533.* FAX *020 7937 8854.* Cuisine indienne moderne haut de gamme servie dans un élégant décor exotique. Le seul restaurant indien ayant une étoile au Michelin. Service attentionné.	AE MC V	●	■	●

La cuisine italienne

Outre les pizzas et les pâtes, les restaurants proposent désormais une cuisine italienne régionale beaucoup plus variée, qui a su séduire la clientèle londonienne.

	Cartes bancaires	Spécialités végétariennes	Vivement recommandé	Excellente carte des vins
Table Café £ Habitat, 196 Tottenham Court Rd, W1. **Plan** 5 A5. *020 7636 8330.* Ce café au sous-sol du célèbre magasin de décoration intérieure sert au déjeuner des plats traditionnels et régionaux. Pâtes, risotto et salades copieuses. Les trois quarts des plats sont végétariens. *25-26 déc.*	MC V	●		

AL DUCA ££
4–5 Duke of York St, SW1. **Plan** 13 A3. *020 7839 3090.* FAX *020 7839 4050.*
Des spécialités régionales et des classiques exquis. Menus d'un excellent rapport qualité-prix. Cadre moderne et coloré. Vins de qualité et bon service.
AE MC V | ● | ■ | ●

BERTORELLI'S ££
44a Floral St, WC2. **Plan** 13 C2. *020 7836 3969.* FAX *020 7836 1868.*
Une cuisine italienne moderne et quantité de spécialités traditionnelles, dans un décor chaleureux et accueillant. Excellente adresse que retiendront les spectateurs de l'opéra et des théâtres de Covent Garden. 🍸
AE DC JCB MC V | ● | ■ | ●

CARLUCCIO'S ££
3–5 Barrett St, St Christopher's Place, W1. **Plan** 12 D1.
020 7935 5927. FAX *020 7487 5436.*
Des plats italiens authentiques, comme des soupes et des pâtes. Le cadre chaleureux abrite aussi une boutique avec des produits italiens Carluccio. 🍸 ♿
AE MC V | ● | ■ |

EMPORIO ARMANI CAFE ££
191 Brompton Rd, SW3. **Plan** 19 B1. *020 7823 8818.* FAX *020 7823 8854.*
Évoquant un élégant wagon-restaurant italien, ce café intégré à un magasin sert des grands classiques, comme le risotto au citron. ● *25-26 déc.* 🍸 ♿
AE DC MC V | ● | |

GETTI ££
16–17 Jermyn St, SW1. **Plan** 13 A3. *020 7734 7334.*
Une cuisine régionale italienne présentée avec originalité. La spécialité est le risotto, accompagné d'un grand choix de boissons italiennes. ♿
AE MC V | ● | ■ | ●

OSTERIA D'ISOLA ££
145 Knightsbridge, SW1. **Plan** 11 C5. *020 7838 1055.* FAX *020 7838 1099.*
Cuisine rustique italienne (raviolis à la betterave) servie dans un sous-sol moderne et spacieux. La salle donne sur la cuisine ouverte. ● *25 déc., 1er janv.* 🍸
AE DC MC V | ● | ■ | ●

SPIGA SOHO ££
84 Wardour St, W1. **Plan** 13 A2. *020 7734 3444.* FAX *020 7734 3332.*
Établissement à la mode et animé, avec des banquettes et un four à bois. Carte italienne classique, avec des pizzas et des pâtes. 🍸 ♿
AE DC MC V | ● | ■ |

SPIGHETTA ££
43 Blandford St, W1. **Plan** 12 D1. *020 7486 7340.*
Une cuisine italienne moderne – pizza à la mozzarella fraîche, aux tomates-cerises et à la sauce au basilic – servie dans une atmosphère familiale. 🍸 ♿
AE DC MC V | ● | | ●

ALLORO £££
19–20 Dover St, W1. **Plan** 12 F3. *020 7495 4768.* FAX *020 7629 5348.*
Des plats italiens traditionnels et créatifs (tagliolini noirs à la sauce au crabe) proposés dans un cadre élégant. 🍸 ♿
AE DC MC V | ● | | ●

L'INCONTRO £££
87 Pimlico Rd, SW1. **Plan** 20 D3. *020 7730 6327.* FAX *020 7730 5062.*
De sublimes mets italiens avec une touche méditerranéenne (loup de mer au vinaigre balsamique et à l'huile d'olive) servis dans un cadre élégant et contemporain, typiquement italien. ● *24-26 déc., déj. Pâques et jours fériés.*
AE DC MC V | ● | |

ISOLA £££
145 Knightbridge, SW1. **Plan** 11 C5. *020 7838 1044.* FAX *020 7838 1099.*
Gastronomie italienne haut de gamme accompagnée de plus de 400 vins, à savourer dans un saisissant décor en rouge et blanc. ● *25 déc., 1er janv.* ♿
AE DC MC V | | ■ | ●

ORSO £££
27 Wellington St, WC2. **Plan** 13 C2. *020 7240 5269.* FAX *020 7497 2148.*
Rendez-vous des personnalités des médias et des spectateurs de théâtre, proposant une cuisine du nord de l'Italie – salade de roquette au jambon de Parme et au parmesan. Carte des vins exclusivement italienne. ● *25 déc.* 🍸
AE MC V | ● | | ●

TECA £££
54 Brook Mews, W1. **Plan** 12 E2. *020 7495 4774.* FAX *020 7491 3545.*
Une cuisine italienne recourant volontiers aux ingrédients de saison. Ce restaurant élégant se cache en un emplacement paisible. 🍸 ♿
AE DC MC V | ● | ■ | ●

TUSCAN STEAK £££
St Martin's Lane Hotel, St Martin's Lane, WC2. **Plan** 13 B2.
020 7300 5544. FAX *020 7300 5501.*
Une carte authentique proposant notamment des steaks à la florentine. Quantité de boissons italiennes servies au bar. Ambiance toscane originale. 🍸
AE DC MC V | ● | ■ | ●

Légende des symboles, voir rabat de couverture

Prix moyens taxes et service compris pour un repas de trois plats avec une demi-bouteille de vin de la maison.

£ moins de £ 15
££ £ 15 à £ 35
£££ £ 35 à £ 55
££££ £ 55 à £ 75
£££££ plus de £ 75

Cartes bancaires
Cartes bancaires acceptées : AE American Express ; DC Diners Club ; JCB Japan Credit Bureau ; MasterCard/Access ; V Visa.

Spécialités végétariennes
Plats végétariens originaux.

Vivement recommandé
Excellent rapport qualité-prix, cuisine exquise et service de qualité.

Excellente carte des vins
Très bonne sélection de vins.

Restaurant	Prix	Cartes bancaires	Spécialités végétariennes	Vivement recommandé	Excellente carte des vins
River Cafe Thames Wharf Studios, Rainville Rd, W6. ☎ *020 7381 8824.* Un cadre moderne et de belles vues sur le fleuve. Quant à la cuisine traditionnelle italienne réinterprétée avec modernité, elle est exquise. ● *jours fériés.* Y	££££	AE DC MC V			●
Zafferano 15 Lowndes St, SW1. **Plan** 20 D1. ☎ *020 7235 5800.* L'une des meilleures adresses de Londres pour déguster une cuisine italienne moderne. Parmi les spécialités, plats de truffes blanches. ● *sem. de Noël, jours fériés.* ♿	££££	MC V	●	■	●

La cuisine japonaise

Les restaurants nippons réservent des surprises : tables teppan-yaki *(les convives entourent un cuisinier officiant sur une grille chauffante), sushi acheminés sur un tapis roulant ou pièces tapissées de tatami.*

Restaurant	Prix	Cartes bancaires	Spécialités végétariennes	Vivement recommandé	Excellente carte des vins
Tokyo Diner 2 Newport Place, WC1. **Plan** 13 B2. ☎ *020 7287 8777.* FAX *020 7434 1415.* Une authentique ambiance de « cantine » japonaise, d'un bon rapport qualité-prix. Au menu, sushi, sashimi et curry japonais. ♿	£	DC MC V	●		
Yo! Sushi 52-53 Poland St, W1. **Plan** 13 A2. ☎ *020 7287 0443.* Sushi, sashimi, salades, soupes et nouilles sont acheminés sur un tapis roulant, dans un cadre moderne et minimaliste. ● *25 déc.* Y	£	AE DC JCB MC V	●		
Satsuma 56 Wardour St, W1. **Plan** 13 A2. ☎ *020 7437 8338.* FAX *020 7437 3389.* Au cœur de Soho, ce petit restaurant sert de succulents sashimi, diverses bouchées, des nouilles et des plats sautés, dans un décor minimaliste.	££	AE DC MC V	●		
Wagamama 4 Streatham St, WC1. **Plan** 13 B1. ☎ *020 7323 9223.* FAX *020 7323 9224.* Un « réfectoire » moderne installé dans un sous-sol animé et spacieux, servant différents types de nouilles sous toutes les formes. ● *25-26 déc.*	££	AE DC MC V	●		
F. Miyama 38 Clarges St, W1. **Plan** 12 E3. ☎ *020 7499 2443.* FAX *020 7493 1573.* Dans un décor européen raffiné, les clients dégustent un vaste choix de plats accommodés avec soin, notamment des viandes et des fruits de mer. ● *25 déc., 1er janv.* Y	£££	AE DC MC V	●		
Nobu 19 Old Park Lane, W1. **Plan** 12 E4. ☎ *020 7447 4747.* Cet élégant restaurant, au premier étage, sert une cuisine inouïe, fusion du Japon et de l'Amérique du Sud. Longue cartes des vins et de saké. ● *jours fériés.* Y ♿	£££££	AE DC MC V	●	■	●

La cuisine moderne internationale

Ce genre éclectique né dans les années 1990 évolue à mesure que sa popularité se confirme. Piochant dans les ingrédients et les techniques des cuisines du monde, il crée une fascinante fusion.

Restaurant	Prix	Cartes bancaires	Spécialités végétariennes	Vivement recommandé	Excellente carte des vins
Bank Aldwych 1 Kingsway, Aldwych, WC2. **Plan** 14 D2. ☎ *020 7379 9797.* Cette ancienne banque sert des plats traditionnels avec un zeste de modernité. Y ♿	££	AE DC MC V	●		
Giraffe 6-8 Blandford St, W1. **Plan** 12 D1. ☎ *020 7935 2333.* Cuisine du monde (nouilles sautées au wok, croquettes de poisson de Louisiane), servie dans un décor ethnique, avec une musique éclectique. ● *25-26 déc.*	££	AE DC MC V	●		
Moro 34–36 Exmouth Market, EC1. **Plan** 6 E4. ☎ *020 7833 8336.* La carte, qui change tous les quinze jours, propose des plats espagnols et nord-africains arrosés de vins espagnols et italiens. ● *jours fériés.* Y ♿	££	AE DC MC V	●		●

Restaurant	Cartes			
STICKY FINGERS ££ 1a Phillimore Gardens, W8. **Plan** 9 C5. ☎ *020 7938 5338.* FAX *020 7938 5337.* Dans un décor d'objets évoquant les Rolling Stones, les clients dégustent des plats allant des hambugers américains au *bang bang chicken.* 🍸 ♿	AE MC V	●		
ALASTAIR LITTLE £££ 49 Frith St, W1. **Plan** 13 A2. ☎ *020 7734 5183.* FAX *020 7734 5206.* L'une des tables les plus prisées de Londres porte à son apogée cette cuisine, mettant l'accent sur les saveurs italiennes. ● *jours fériés.*	AE JCB MC V	●		
BLUEBIRD W www.conran.com £££ 350 King's Rd, SW3. **Plan** 19 A4. ☎ *020 7559 1000.* FAX *020 7559 1111.* Des plats succulents servis dans un espace reconverti agrémenté d'éléments classiques, néo-georgiens et Art déco. Gibier et crustacés. 🍸 ♿	AE DC JCB MC V	●		
CHE £££ 23 St James's St, SW1. **Plan** 12 F3. ☎ *020 7747 9380.* FAX *020 7747 9382.* Sélection de spécialités internationales, de la salade César au homard Thermidor, servies dans le célèbre bâtiment Smithson de 1964, avec les escalators d'origine. Bar à cocktail et fumoir à cigares au rez-de-chaussée. 🍸 ♿	AE JCB MC V	●	■	●
DRONES £££ 1 Pont St, SW1. **Plan** 20 D1. ☎ *020 7235 9555.* FAX *020 7235 9566.* Cuisine française classique aux influences méditerranéennes, joliment préparée et présentée dans un décor moderne raffiné. 🍸	AE DC MC V	●	■	●
KENSINGTON PLACE £££ 205 Kensington Church St, W8. **Plan** 9 C3. ☎ *020 7727 3184.* FAX *020 7229 2025.* Dans un décor minimaliste, une foule d'habitués vient déguster une cuisine internationale moderne, avec des interprétations intéressantes. ● *Noël.* 🍸 ♿	AE DC MC V	●		●
THE SUGAR CLUB £££ 21 Warwick St, W1. **Plan** 12 F2. ☎ *020 7437 7776.* FAX *020 7437 7773.* Cuisine-fusion dans un cadre moderne et épuré – salade de kangourou épicée. Quantité de nouveaux vins des quatre coins du monde, en particulier d'Australie et de Nouvelle-Zélande. 🍸	AE DC MC V	●		●
CLARKE'S ££££ 124 Kensington Church St, W8. **Plan** 10 D4. ☎ *020 7221 9225.* La rencontre des cuisine anglaise, californienne et italienne. Les plats sont légers, mais tous absolument exquis. ♿	AE DC JCB MC V	●	■	

LA CUISINE MODERNE EUROPÉENNE

Tandis que la cuisine britannique moderne et la cuisine internationale moderne célèbrent la fusion des ingrédients et des techniques, la cuisine moderne européenne réinterprète les plats traditionnels.

Restaurant	Cartes			
THE PEOPLE'S PALACE ££ Level 3, Royal Festival Hall, South Bank Centre, SE1. **Plan** 14 D4. ☎ *020 7928 9999.* FAX *020 7928 2355.* Dans un décor rétro des années 1950, on déguste de la cuisse de lapin rôtie, ou du poireau farci. Idéal avant ou après le spectacle. 🍸 ♿	AE DC MC V	●	■	
WINE WHARF AT VINOPOLIS ££ Storey St, Borough Market, SE1. **Plan** 15 B3. ☎ *020 7940 8335.* FAX *020 7940 8336.* Grignotez des plats du genre tapas ou bien dégustez un menu plus consistant dans cet ancien entrepôt victorien. ● *25 déc., 1er janv.* 🍸	AE DC MC V	●		●
BLUEPRINT CAFE £££ 28 Shad Thames, SE1. **Plan** 16 E4. ☎ *020 7378 7031.* FAX *020 7378 6540.* Au premier étage du Design Museum *(p. 183)*, cet établissement qui domine Tower Bridge offre de belles vues de la Tamise. Parmi les plats les plus appréciés, la raie au vin rouge, aux échalotes et au poivre vert. ♿	AE DC MC V	●		●
CIRCUS £££ 1 Upper James St, W1. **Plan** 12 F2. ☎ *020 7534 4000.* FAX *020 7534 4010.* Le bar moderne qui sert les apéritifs est à l'image du décor minimaliste dans lequel la cuisine européenne moderne déploie un maximum de saveurs. 🍸 ♿ *(pas de wc.)*	AE DC MC V	●	■	●
EYRE BROTHERS £££ 70 Leonard St, EC2. **Plan** 7 C4. ☎ *020 7613 5346.* FAX *020 7739 6199.* Ici, la part belle est faite aux saveurs du sud de l'Europe. Goûtez le thon albacore et sa sauce à la marjolaine fraîche et au citron. 🍸 ♿	AE DC MC V	●	■	●

Légende des symboles, voir rabat de couverture

Prix moyens taxes et service compris pour un repas de trois plats avec une demi-bouteille de vin de la maison.

- £ moins de £ 15
- ££ £ 15 à £ 35
- £££ £ 35 à £ 55
- ££££ £ 55 à £ 75
- £££££ plus de £ 75

Cartes bancaires
Cartes bancaires acceptées : AE American Express ; DC Diners Club ; JCB Japan Credit Bureau ; MasterCard/Access ; V Visa.

Spécialités végétariennes
Plats végétariens originaux.

Vivement recommandé
Excellent rapport qualité-prix, cuisine délicieuse et service de qualité.

Excellente carte des vins
Très bonne sélection de vins.

Restaurant	Prix	Cartes bancaires	Spécialités végétariennes	Vivement recommandé	Excellente carte des vins
The Ivy 1 West St, WC2. **Plan** 13 B2. *020 7836 4751.* FAX *020 7240 9333.* Cette institution du quartier des théâtres où se presse le Tout-Londres est ornée de peintures et de sculptures du XIXe et du XXe siècle, de vitraux et de banquettes de cuir vert. Nombreux vins français et américains.	£££	AE DC JCB MC V	●		●
Mezzo 100 Wardour St, W1. **Plan** 13 A2. *020 7314 4000.* Célèbre établissement de Soho. Mets éclectiques – *bruschetta* aux œufs pochés, à la sauce hollandaise, aux figues et au jambon de San Daniele.	£££	AE DC JCB MC V	●		●
River Restaurant The Savoy Hotel, Strand, WC2. **Plan** 13 C2. *020 7420 2698.* FAX *020 7240 6040.* De magnifiques vues de la Tamise et des musiciens jouant toute la semaine. Dîner dansant le vendredi et le samedi. Élégant décor des années 1930.	££££	AE DC MC V			

Les autres pays d'Europe

Si les Britanniques préfèrent en général les cuisines exotiques, Londres compte un nombre croissant de restaurants servant une cuisine du nord et de l'est de l'Europe, méritant d'être découverts.

Restaurant	Prix	Cartes bancaires	Spécialités végétariennes	Vivement recommandé	Excellente carte des vins
Baltic 74 Blackfriars Rd, SE1. **Plan** 14 F4. *020 7928 1111.* FAX *020 7401 6917.* Des plats d'Europe de l'Est mêlés d'influences scandinaves. Fruits de mer, classiques géorgiens, russes, polonais et hongrois.	££	AE DC MC V	●	■	
Belgo Centraal 50 Earlham St, WC2. **Plan** 13 B2. *020 7813 2233.* FAX *020 7681 0811.* Un ascenseur industriel conduit les clients à ce sous-sol monastique, où les serveurs vêtus comme des moines proposent une cuisine belge moderne, avec de la bière, des frites-mayonnaise et des moules. *25 déc.*	££	AE DC MC V	●		
The Gay Hussar 2 Greek St, W1. **Plan** 13 B2. *020 7437 0973.* FAX *020 7437 4631.* Le monde de la politique, des médias et des lettres vient se retrouver dans un décor « club ». Au déjeuner, des menus d'un bon rapport qualité-prix. *jours fériés.*	££	AE DC JCB MC V	●	■	
Palms 39 King St, WC2. **Plan** 13 C2. *020 7240 2939.* FAX *020 7378 5035.* Cuisine méditerranéenne aux influences italienne, française et grecque (poulet à la mozzarella, poissons grillés), servie dans un cadre décontracté.	££	AE MC V	●		
Soviet Canteen 430 King's Rd, SW10. **Plan** 18 F4. *020 7795 1556.* FAX *020 7795 1562.* Sous-sol chaleureux aux murs blanchis à la chaux agrémenté d'art soviétique, où les clients découvrent des plats traditionnels russes revus par la cuisine britannique moderne. Excellent service, longue carte des vins. *dim., 24 déc.-2 janv.*	££	AE DC MC V	●	■	
Wódka 12 St Alban's Grove, W8. **Plan** 10 E5. *020 7937 6513.* Cuisine polonaise traditionnelle et moderne (blinis au saumon fumé, canard rôti). Cadre moderne. 30 vodkas.	££	AE DC MC V	●	■	●
Mulligan's of Mayfair 13–14 Cork St, W1. **Plan** 12 F3. *020 7409 1370.* Ce restaurant installé en sous-sol propose des plats irlandais traditionnels et modernes, comme l'*irish stew* au chou rouge. Les huîtres sont la spécialité. *jours fériés.*	£££	AE DC JCB MC V	●		●
Nikita's W www.nikitasrestaurant.co.uk 65 Ifield Rd, SW10. **Plan** 18 E4. *020 7352 6326.* Au sous-sol de ce petit bar parfaitement achalandé (en vodkas), un restaurant au décor extraordinaire sert des plats russes traditionnels.	£££	AE DC MC V	●		●

RICHARD CORRIGAN AT LINDSAY HOUSE ££££
21 Romilly St, W1. **Plan** 13 A2. *020 7439 0450.* FAX *020 7437 7349.*
Dans une élégante demeure georgienne, ce restaurant pittoresque sert une cuisine irlandaise moderne – boudin d'agneau à l'orge perlé et romarin.
AE DC JCB MC V ● ■ ●

LA CUISINE D'ASIE DU SUD-EST

La cuisine thaïe a servi de pionnière aux différentes gastronomies du Sud-Est asiatique, qui connaissent une popularité croissante, comme la cuisine singapourienne, malaise et indonésienne.

CICADA ££
132–136 St John St, EC1. **Plan** 6 F4. *020 7608 1550.*
Excellente cuisine du Sud-Est asiatique, préparée avec des recettes et des ingrédients traditionnels. Sur la carte figurent des créations comme le calamar au sel et au piment. ● *jours fériés.*
AE DC MC V ● ■ ●

JUST ORIENTAL ££
19 King St, SW1. **Plan** 12 F4. *020 7930 9292.*
Fast-food pan-asiatique à base de produits frais. Nouilles, *dim sum* et poissons à la vapeur dans un cadre chaleureux, avec un aquarium.
AE MC V ● ●

MELATI ££
21 Gt Windmill St, W1. **Plan** 13 A2. *020 7437 2745.* FAX *020 7734 6964.*
Restaurant animé au personnel courtois, servant d'authentiques spécialités d'Indonésie, de Malaisie et de tout le Sud-Est asiatique, comme le *rendang* de bœuf (bœuf épicé dans une sauce épaisse à la noix de coco). ● *Noël.*
AE MC V ●

MEZZONINE ££
100 Wardour St, W1. **Plan** 13 A2. *020 7314 4000.*
Spécialités thaïes contemporaines comme la salade de bœuf thaïe et le bouillon aux oignons de printemps frits et croustillants, servies au son de la musique distillée par des DJ six soirs par semaine.
AE DC JCB MC V ● ●

SRI SIAM ££
16 Old Compton St, W1. **Plan** 13 A2. *020 7434 3544.*
L'adresse idéale pour s'initier à la cuisine thaïe : les saveurs pimentées sont atténuées, mais les parfums demeurent puissants. Nombreux plats végétariens. ● *24-26 déc., 1er janv.*
AE DC MC V ●

LA CUISINE VÉGÉTARIENNE

Désormais, cette cuisine n'est plus un simple substitut, mais un genre culinaire à part entière, et se savoure souvent agrémentée de vins et de boissons biologiques.

FOOD FOR THOUGHT £
31 Neal St, WC2. **Plan** 13 B2. *020 7836 0239.*
La carte qui change tous les jours propose des quiches et des légumes sautés, avec des plats végétaliens ou sans blé. Le premier étage donne sur Covent Garden. Apportez votre propre vin : il n'y a pas de droit de bouchon.
●

THE PLACE BELOW £
St Mary-le-Bow Church, Cheapside, EC2. **Plan** 15 A2.
020 7329 0789. FAX *020 7248 2626.*
Dans la crypte d'une église, on savoure des plats comme le curry aux épinards et aux pommes de terre avec du *dhal*. En été, tables dans la cour. Petit déjeuner et déjeuner uniquement. Apportez votre vin. Pas de réservations. ● *jours fériés.*
AE MC V ●

WORLD FOOD CAFE £
14 Neal's Yard, WC2. **Plan** 13 B1. *020 7379 0298.*
Excellent restaurant végétarien cosmopolite avec différentes spécialités, comme des plats d'Inde et d'Afrique de l'Ouest : masala de légumes, tortillas. Ambiance agréable, avec une cuisine ouverte sur la salle.
MC V ● ●

MANNA ££
4 Erskine Rd, Primrose Hill, NW3. *020 7722 8028.*
Cuisine végétarienne internationale gastronomique (tarte Tatin bio aux échalottes grillées et au poireau, avec son risotto d'ail sauvage). Cadre moderne minimaliste mais chaleureux, aux murs couleur de miel. ● *déj. lun., sam., 25 déc.- 1er janv.*
DC MC V ● ■ ●

MILDRED'S ££
45 Lexington St, W1. **Plan** 13 A2. *020 7494 1634.*
Cuisine végétarienne du monde – *falafel* de haricots blancs avec une sauce au piment et à la *tahina* entouré d'une tortilla de farine. Tous les vins sont bio. Pas de réservations. Paiement en espèces, par chèque uniquement.
●

Repas légers et snacks

Tous ceux qui n'ont pas suffisamment de temps, d'argent ou d'appétit pour faire un repas complet trouveront à Londres quantité d'établissements servant des en-cas simples, souvent bon marché. La plupart des adresses citées ici conviennent parfaitement aux visiteurs pressés et disposant d'un budget limité, qui souhaitent faire une halte reposante.

LE PETIT DÉJEUNER

Un bon petit déjeuner est essentiel pour se préparer à une longue journée de visite. Beaucoup d'hôtels (*p. 276-285*) servent même aux non-résidents le *british breakfast* traditionnel, avec des œufs au bacon, du saumon fumé ou des *kippers* grillés. Certains restaurants, comme **Simpson's-on-the-Strand,** proposent des petits déjeuners cuisinés (*p. 286-287*), dans un cadre historique. La formule baptisée « les 10 pêchés capitaux » réunit des grands classiques, comme du porridge, des rognons d'agneau, de la saucisse de Cumberland et du boudin. Plusieurs pubs installés autour de Smithfield Market reçoivent les employés du marché aux viandes, qui travaillent toute la nuit. Le plus connu est le **Cock Tavern,** proposant des plats d'un bon rapport qualité-prix à partir de 5 h 30.

Quantité de cafés servent des petits déjeuners dits continentaux, avec des pâtisseries et du cappuccino. L'un des plus agréables est le **Villandry,** renommé pour ses bons petits déjeuners avec une touche contemporaine, servis de 8 h à 10 h 30, tous les jours sauf le dimanche. Le brunch est servi jusqu'à 15 h. Le week-end, de plus en plus de restaurants se mettent à l'heure du brunch.

LE CAFÉ ET LE THÉ

Les amateurs de shopping constateront que nombre de grands magasins comptent des cafés, le plus élégant étant l'**Emporio Armani Express.** Les boutiques Nicole Farhi (*p. 317*) et DKNY sur Bond Street ont des bars à la mode où vous pourrez manger, boire et regarder passer les mannequins qui font leurs emplettes. Les pâtisseries françaises comme la **Pâtisserie Valérie** et la **Maison Bertaux,** aux vitrines alléchantes, sont de pures merveilles. Pour découvrir les spécialités anglaises, rien ne vaut un bon *afternoon tea*. Certains palaces, comme le Ritz et le Brown's (*p. 280-281*) proposent du thé, des *scones* à la confiture et à la crème, d'exquis sandwichs au concombre et des gâteaux. **The Orangery** permet de profiter du superbe cadre des Kensington Gardens en dégustant du thé et des gâteaux anglais, dans un bâtiment élégant du XVIIIe siècle. La **Coffee Gallery,** près du British Museum, sert d'exquises pâtisseries (et du café). Chez **Fortnum & Mason** (*p. 313*), on vient prendre l'*afternoon tea* (thé de l'après-midi) ou le *high tea* (thé dinatoire). À Kew, le salon de thé des **Maids of Honour** propose des pâtisseries, dont, dit-on, le roi Henri VIII se délectait déjà.

LES CAFÉS DES MUSÉES ET DES THÉÂTRES

La plupart des musées et des galeries ont leurs cafés, comme la Royal Academy, la Tate Modern (belles vues sur la Tamise), la National Portrait Gallery et le British Museum, qui sert plusieurs plats végétariens. Si vous allez au Young Vic Theatre, **Konditor & Cook** a de délicieuses pâtisseries, tandis que le Royal Opera House, à Covent Garden, propose différentes formules de dîners.

LES BARS À SANDWICHS

La principale chaîne proposant des sandwichs s'appelle **Prêt à Manger.** Les diverses succursales, au centre-ville, servent un grand choix de sandwichs, salades et gâteaux pré-emballés, ainsi que des boissons. Une autre chaîne, **Eat,** propose un menu qui change tous les jours, avec des soupes et des salades originales à base de produits de saison, ainsi que des sandwichs au pain maison ou à la tortilla. Pour de bons sandwichs italiens à la ciabatta ou à la focaccia, allez au **Carlton Coffee House,** à Soho.

LES « DINERS »

Londres regorge de fast-foods de style américain, servant hamburgers, frites, milk shakes et autres sodas, notamment dans les quartiers de Soho, Leicester Square, Shaftesbury Avenue et Covent Garden. Parmi les restaurants, citons le **Maxwell's,** véritable institution de Covent Garden, qui prépare d'excellents hamburgers et cocktails. Quant au **Hard Rock Café,** il reste très apprécié des familles.

LES PÂTES ET LES PIZZAS

La cuisine italienne n'a jamais été aussi appréciée des Londoniens. Si la qualité des produits vendus dans les stands de rue est très variable, certaines chaînes, installées dans tout le centre, comme **Ask Pizza** et **Express,** sont appréciées, grâce à leurs bonnes pizzas à pâte fine et aux garnitures les plus variées. Essayez la succursale installée dans une élégante demeure georgienne, sur King's Road à Chelsea, ou celle occupant une ancienne laiterie à Soho, où se produisent des groupes de jazz. Parmi les institutions de la gastronomie italienne, citons **Kettner's** à Soho et **Carluccio's Caffe** à Fitzrovia (pâtes fraîches et pains italiens croustillants). Des concerts de jazz et des spectacles de cabaret se tiennent régulièrement à **Pizza on the Park** à Hyde Park Corner. Parmi les bonnes chaînes spécialisées dans les pâtes, on compte **Spaghetti House** et **Café Pasta.** Certaines trattorias très animées servent des pâtes bon marché, comme **Pollo** à Soho.

La cuisine des pubs

À l'image de bien des restaurants, les pubs de Londres ont profondément changé leur cuisine. S'ils restent nombreux à servir le dimanche des plats traditionnels, comme le *ploughman's lunch* (fromage, salade, pickles et pain), le *shepherd's pie* (ragoût) ou le *roast beef*, ils proposent aussi de plus en plus de plats originaux. **The Chapel, The Cow, The Eagle, The Engineer, The Crown and Goose, The Fire Station, The Lasdowne** et **The Prince Bonaparte** comptent parmi les meilleurs « gastro-pubs » (*p. 311*), servant une cuisine intéressante à un prix raisonnable. Il est souvent nécessaire de réserver.

Le « Fish and Chips »

Plat national anglais, le *fish and chips* se compose de beignets de poisson (généralement du cabillaud ou du carrelet) et de frites épaisses. Cette spécialité se déguste avec divers accompagnements, comme des petits pains pour un *chip buttie* (sandwich aux frites), de la purée de pois, des œufs en saumure ou des oignons. Les trois meilleurs établissements sont **North Sea Fish Restaurant, Rock & Sole Plaice** et **Faulkner's.** Devenu très « tendance », le *fish and chips* figure sur la carte de quelques restaurants élégants et de chaînes comme **Fish !**

Les bars à soupes

De plus en plus réceptifs aux nouvelles tendances gastronomiques, les Londoniens ont sacrifié à la mode des soupes. Dans le centre-ville, on trouve des succursales de **Soup Opera** et **Soup Works,** qui proposent de nouvelles associations de saveurs : Stilton-épinards, piment-poulet, etc.

Les bars

Ces cinq dernières années, les bars de la capitale ont gagné en qualité et en diversité. Le centre-ville compte quantité de bars à vin, comme le **Café des Amis du Vin,** à Covent Garden, et le légendaire **El Vino** sur Fleet Street, ainsi que des chaînes comme **Corney & Barrow** et **Balls Bros,** qui servent d'excellents plats. Le succès de chaînes comme **All Bar One** est en partie dû au bon rapport qualité-prix de leur cuisine. Les *microbreweries* (micro-brasseries) offrent un vaste choix de bières provenant de petits producteurs, auxquelles s'ajoutent souvent des bières brassées sur place et des plats. Découvrez l'un des deux établissements de **Freedom Brewing Company** (Wardour Street et Covent Garden). Les *style bars*, au design tendance, servent une cuisine de bar et des cocktails originaux. Autour de Piccadilly, les meilleurs sont **Che** et **The Met Bar. Alphabet** et **Lab Bar** à Soho se démarquent aussi par leur bonne cuisine. Certains quartiers de l'est londonien, comme Clerkenwell, Shoreditch et Hoxton, comptent des établissement à la mode, comme **The Shoreditch Electricity Showrooms,** avec un bar, proposant une bonne carte et un restaurant.

Les brasseries

L'engouement pour les établissements ouverts tard le soir, offrant une cuisine d'un bon rapport qualité-prix dans une atmosphère détendue, a profité aux brasseries. D'inspiration parisienne de par leur cadre et leur ambiance, elles servent de grands classiques comme les steaks frites et les plateaux de fruits de mer. Certaines, comme le **Palais du Jardin,** à Covent Garden, disposent d'un bar à fruits de mer. Parmi les nombreuses chaînes, citons **Dôme, Café Rouge** et **Café Flo,** aux décors raffinés. **Randall & Aubin** est un bar à huîtres et à homards animé servant aussi du champagne, installé dans une belle épicerie fine reconvertie donnant sur l'animation de Brewer Street à Soho. **La Brasserie,** à South Kensington, est un autre exemple d'établissement dans le plus pur style parisien.

Les bars à jus

Très tendance, ces bars proposant quantité de jus ont su séduire une clientèle soucieuse d'observer une alimentation saine. Ils sont de plus en plus nombreux à servir de délicieux jus bio rafraîchissants, comme par exemple du jus d'herbe de blé. **Planet Organic, Crussh** et **Fluid Juice Bar** comptent chacun deux succursales. **Ranoush Juice** est un établissement libanais très prisé qui existe depuis longtemps, sur Edgware Road. **Zeta** (dans le Park Lane Hilton), un bar à cocktail apprécié, propose un vaste assortiment de boissons-santé.

Manger dans la rue

En été, des camionnettes vendant des glaces se multiplient à l'entrée des parcs. Celles de **Marine Ices** comptent parmi les meilleures. En hiver, des marchands proposent des marrons grillés, notamment sur Oxford Street. Sur les marchés, des stands vendent des crevettes conservées dans du beurre fondu, ainsi que du crabe, des bulots et des anguilles en gelée à emporter. À Camden Lock et Spitalfields, des stands vendent *falafels*, poulets *satay*, hamburgers végétariens, nouilles chinoises et beignets au miel. Dans l'East End, plusieurs boulangeries juives, comme **Brick Lane Beigel Bake,** restent ouvertes 24 h sur 24. Les bagels frais, exquis nature, sont aussi proposés avec diverses garnitures, comme du fromage frais et du saumon fumé, ou du bœuf salé. On y trouve également beaucoup de *pie and mash shops*, où l'on s'offre à moindre coût une belle portion d'anguilles en gelée et de pommes de terre, ou de pâté en croûte accompagné de purée et de sauce au persil. **G Kelly** et **S&R Kelly,** sur Bethnal Green Road, sont des institutions. Pour savourer un repas typique de l'East End, assaisonnez vos aliments de vinaigre et arrosez le tout de plusieurs chopes de thé fort et bien chaud.

CARNET D'ADRESSES

LE PETIT DÉJEUNER

Cock Tavern
East Poultry Avenue,
Smithfield Market EC1.
Plan 6 F5.

Simpson's-on-the-Strand
100 Strand WC2.
Plan 13 C2.

Villandry
170 Great Portland Street W1. **Plan** 4 F5.

LE CAFÉ ET LE THÉ

Coffee Gallery
23 Museum St WC1.
Plan 13 B1.

Emporio Armani Express
191 Brompton Rd SW3.
Plan 19 B1.

Maids of Honour
288 Kew Rd
Richmond
Surrey.

Maison Bertaux
28 Greek St W1.
Plan 13 A1.

The Orangery
Kensington Palace,
Kensington
Gardens W8.
Plan 10 D3.

Pâtisserie Valérie
215 Brompton Rd SW3.
Plan 19 B1.
Plusieurs succursales.

LES CAFÉS DES MUSÉES ET DES THÉÂTRES

Konditor & Cook
Young Vic Theatre,
66 The Cut SE1.
Plan 14 E4.

LES BARS À SANDWICHS

Carlton Coffee House
41 Broadwick St W1.
Plan 13 A2.

Eat
12 Oxo Tower Wharf,
Barge House St SE1.
Plan 14 E3.

Prêt à Manger
421 Strand WC2.
Plan 13 C3.

LES « DINERS »

Hard Rock Café
150 Old Park Lane W1.
Plan 12 E4.

Maxwell's
89 James St WC2.
Plan 13 C2.

LES PÂTES ET LES PIZZAS

Ask
103 St John St EC1.
Plan 16 E2.

Café Pasta
15 Greek Street W1.
Plan 13 2B.

Carluccio's Caffe
8 Market Place W1.
Plan 12 F1.

Kettner's
29 Romilly St W1.
Plan 13 A2.

Pizza Express
30 Coptic St WC1.
Plan 13 B1.
Plusieurs succursales.

Pizza on the Park
11 Knightsbridge SW1.
Plan 12 D5.

Pollo
20 Old Compton St W1.
Plan 13 A2.

Spaghetti House
15 Goodge Street W1.
Plan 5 A5.

LES « FISH AND CHIPS »

Faulkner's
424–426 Kingsland Rd E8.

Fish!
3B Belvedere Road SE1.
Plan 14 D4.

North Sea Fish
7–8 Leigh St WC1.
Plan 5 B4.

Rock & Sole Plaice
47 Endell St WC2.
Plan 13 B1.

LES BARS À SOUPES

Soup Opera
17 Kingsway WC2.
Plan 13 C1.

Soup Works
9 D'Arblay St W1.
Plan 13 A2.

LES BARS

All Bar One
103 Cannon St EC4.
Plan 15 A2.

Alphabet Bar
61 Beak Street W1.
Plan 12 F2.

Balls Bros
Hays Galleria
Tooley Street SE1.
Plan 15 B3.

Café des Amis du Vin
11–14 Hanover Place WC2
Plan 13 C2.

Che
23 St James's St WC1.
Plan 12 F3.

Corney & Barrow
19 Broadgate Circle EC2.
Plan 7 C5.

El Vino
47 Fleet Street EC4.
Plan 14 E1.

Freedom Brewing Company
41 Earlham St W1.
Plan 13 B2.
Une succursale.

Lab Bar
20 Old Compton St W1.
Plan 13 A2.

The Met Bar
19 Old Park Lane W1.
Plan 12 E4.

The Shoreditch Electricity Showrooms
39a Hoxton Sq N1.
Plan 7 C3.

LES BRASSERIES

La Brasserie
272 Brompton Rd SW3.
Plan 19 B2.

Café Flo
51 St Martin's Lane WC2.
Plan 13 B2.

Café Rouge
27 Basil St SW3.
Plan 11 C5.

Dôme
32–33 Long Acre WC2.
Plan 13 B2.
One of several branches.

Palais du Jardin
136 Long Acre WC2.
Plan 13 B2.

Randall & Aubin
16 Brewer St W1
Plan 13 A2.

LES BARS À JUS

Crussh
Unit 1
1 Curzon Street W1.
Plan 12 E3.

Fluid Juice Bar
Fulham Rd SW3.
Plan 19 A2.

Planet Organic
22 Torrington Place WC1.
Plan 5 A5.

Ranoush Juice
43 Edgware Rd W2.
Plan 11 C2.

Zeta
Park Lane Hilton W1.
Plan 12 E4.

MANGER DANS LA RUE

Brick Lane Beigel Bake
159 Brick La E1.
Plan 8 E5.

G Kelly S&R Kelly
Bethnal Green Road E1
Plan 8 D4.

Marine Ices
8 Haverstock Hill NW3.

Les pubs de Londres

Affectueusement appelées pubs ou *boozers*, les *public houses* étaient à l'origine des auberges où les clients venaient boire, manger et même dormir. Certains grands établissements dotés de cours, comme le George Inn, sont d'anciens relais de poste. Plusieurs pubs occupent les emplacements d'établissements historiques, comme le Ship, le Lamb and Flag ou le City Barge. Toutefois, les plus beaux datent en majorité de la fin du XIXe siècle, où les Londoniens venaient oublier la misère de leurs taudis dans les *gin palaces*, ces établissements aux intérieurs somptueux, souvent ornés de magnifiques miroirs (The Salisbury) et de décorations raffinées. À Maida Vale, le Crockers Folly est probablement le plus beau « palais du gin » subsistant à Londres.

Les règles et les conventions

Si les pubs peuvent désormais être ouverts de 11 h à 23 h du lundi au samedi, et de midi à 22 h 30 le dimanche, certains ferment l'après-midi ou en début de soirée, voire le week-end. Il faut avoir 18 ans pour consommer de l'alcool, et 14 ans pour entrer dans un pub sans un adulte. Les enfants ne sont admis que dans les établissements servant à manger ou ayant une terrasse. On commande au bar puis on paie lorsque les consommations sont servies. Les pourboires ne sont pas d'usage, sauf pour le service à table. « *Last orders* » est annoncé 10 min avant la fermeture du bar, puis « *time* » indique qu'il reste 20 min pour finir les consommations.

La bière anglaise

Les bières anglaises traditionnelles sont plates et se boivent à peine fraîches. En bouteille, elles vont de la *light* à la *old*, très forte, en passant par la *pale*, la *brown* et la *bitter*. Un panaché s'appelle un *shandy*. Les Anglais ont su préserver quantité de méthodes traditionnelles pour le brassage et la dégustation de la bière, et les pubs londoniens qui proposent une grande variété de *real ale* sont les gardiens de cette tradition. Les amateurs de bière ne manqueront pas d'aller dans les *Free Houses*, des pubs indépendants des grandes brasseries. Les principaux brasseurs londoniens sont Young's (goûtez la « Winter Warmer », une bière forte) et Fuller's. La Orange Brewery sert aussi une excellente cuisine et propose des visites de la brasserie.

Les autres boissons

Tous les pubs servent aussi du cidre, autre boisson traditionnelle anglaise, plus ou moins fort et plus ou moins sec, ainsi que du whisky, *blended scotch* ou *pure malt*, et du gin, généralement bu avec du *tonic*. En hiver, ils proposent également du *mulled wine* (vin chaud épicé) et des *hot toddies* (brandy ou whisky additionné d'eau chaude et de sucre). Bien évidemment, on trouve aussi diverses boissons non alcoolisées.

Les pubs historiques

Arrière-salle médiévale, fantaisies victoriennes ou intérieur Arts and Crafts, comme celui du **Black Friar,** quantité de pubs présentent de magnifiques décors anciens. Le bar du **Bunch of Grapes** a toujours ses *snobscreens*, ces cloisons qui permettaient aux classes supérieures d'aller boire un verre sans se mêler à leur domesticité. Quant au **King's Head and Eight Bells,** il foisonne d'antiquités. Nombre de pubs sont liés à l'histoire des lettres, comme la **Fitzroy Tavern,** lieu de rendez-vous des écrivains et des artistes, ou le **Ye Olde Cheshire Cheese,** associé au Dr Johnson. Charles Dickens fréquentait la **Trafalgar Tavern,** Oscar Wilde le **Salisbury.** Moins littéraire, le **Bull and Bush,** dans le nord de Londres, est le sujet d'une chanson de music-hall. D'autres pubs sont associés à des événements moins légers : plusieurs victimes de Jack l'Éventreur ont été retrouvées près du **Ten Bells.** Au XVIIIe siècle, Dick Turpin, bandit de grand chemin, venait se désaltérer au **Spaniards Inn** dans le nord de Londres. Quant à la **French House** à Soho, elle servait de lieu de rendez-vous aux résistants français pendant la Seconde Guerre mondiale.

Le nom des pubs

En 1393, le roi Richard II décida de remplacer les buissons marquant l'entrée des pubs par des enseignes. Leurs clients étant pour la plupart illettrés, les tenanciers choisirent des noms faciles à illustrer, comme le Rose & Crown, le Freemasons' Arms (armoiries), le Princess Louise (personnage historique) ou le White Lion (animal héraldique).

Les spectacles dans les pubs

Le **King's Head,** le **Latchmere** et le **Prince Albert** accueillent des représentations de théâtre d'avant-garde (*p. 330*), tandis que d'autres pubs permettent d'écouter de la musique live, comme l'excellent jazz moderne du **Bull's Head** et divers styles de musique au **Mean Fiddler** (*p. 335-337*), très apprécié.

Terrasses et jardins

La plupart des pubs permettant de prendre un verre en plein air sont situés hors du centre. Le **Freemason's Arms,** par exemple, près de Hampstead Heath, possède un jardin très agréable. Du **Grapes** à Limehouse au **White Cross** à Richmond, quantité de pubs installés au bord de la Tamise offrent de belles vues du fleuve.

Les micro-brasseries

D'excellentes bières sont brassées dans des *microbreweries* comme **Mash,** dont l'intérieur futuriste vous fera oublier que cette boisson attire en général des consommateurs plus âgés. Il est fréquenté par une clientèle jeune et branchée. Le brassage s'y déroule dans de grandes cuves orange. La **Freedom Brewing Company** produit plutôt des bières de style allemand, dans un joli cadre. Pour les meilleurs produits maison, rendez-vous chez **O'Hanlon's** à Clerkenwell, un pub à l'apparence ordinaire, aux bières extraordinaires.

Les pubs et les bars à thème

Les bars à thème sont une invention relativement récente. Les pubs irlandais comme **Filthy McNasty's** et **Waxy O'Connor's** attirent des hordes de clients, de même que les bars australiens comme **Walkabout.** Les *sport bars* sont très appréciés, avec des établissements comme **Shoeless Joe's** et le vaste **Sports Café,** près de Piccadilly, avec trois bars, une piste de danse et 120 écrans de télévision retransmettant des événements sportifs du monde entier.

Les bars

Depuis le milieu des années 1990, où le choix se cantonnait aux bars d'hôtels, aux bars à vin et aux pubs, l'univers des bars londoniens a bien changé. L'engouement pour les cocktails et le plaisir que prennent désormais les Londoniens à sortir pour boire et manger ont entraîné l'ouverture de quantité de nouveaux bars, qui sont devenus un sujet de discussion aussi brûlant que les nouveaux restaurants. Les bars sont désormais les lieux à la mode où il convient d'être vu, tandis que les meilleurs barmans (ou *mixologists*) deviennent de véritables stars. **Che** est réputé pour son vaste assortiment d'alcools des quatre coins du monde et ses excellents cocktails. Parmi les bars à spécialités, citons **La Perla,** un bar-restaurant mexicain de Covent Garden, avec un grand choix de tequilas. La vodka est la spécialité de la chaîne **Babushka. Ten Room, Tokyo Joe** et **Lab Bar** (*p. 308*) servent d'excellents cocktails dans un cadre design. On y confectionne des spécialités latinos comme les *caprinhas* et les *mojitos* à base de citron vert, de glace et d'alcools. Au **Fridge Bar** de Brixton, les clients dansent et boivent tandis que les DJ passent du bon hip hop et de la deep house. Parmi les adresses à la mode, n'oublions pas **Match,** une chaîne avec des succursales à Oxford Circus et Clerkenwell, aux délicieux cocktails à base de cognac.

Les chaînes de bars

Certes, l'ambiance n'est pas toujours exceptionnelle dans les bars de chaînes, mais ce sont des valeurs sûres. Mi-bar, mi-pub, avec de grandes fenêtres et des murs blancs, ils sont aussi plus agréables à fréquenter pour les femmes que les pubs sombres et enfumés. **All Bar One** est très apprécié, avec son mobilier rustique en bois. Chez **Pitcher & Piano,** on trouve des canapés et un décor en bois blond, tandis que chez **The Slug & Lettuce** des salles calmes propices aux conversations s'ornent de tableaux.

Les bars d'hôtels

Les bars des hôtels londoniens continuent d'offrir un cadre agréable pour siroter des cocktails, classiques ou plus originaux. **The Blue Bar** de l'hôtel Berkeley et le **Long Bar** du Sanderson en sont d'excellents exemples. De style Art déco, l'**American Bar** du Savoy possède une ambiance extraordinaire, un pianiste, et un vaste choix de whiskies pur malt. Quant au **Claridge's Bar** (hôtel Claridge), il permet de savourer de délicieux cocktails au champagne dans une atmosphère raffinée. **Tsar's Bar,** au Langham Hilton, propose un choix étonnant de vodkas, tandis que **Trader Vic's,** au Park Lane Hilton, sert un vaste assortiment de cocktails au rhum dans un cadre tropical. Le **Zeta,** lui aussi au Park Lane Hilton, prépare avant tout des boissons à base de jus de fruits bio. Les martinis aux fruits sont la spécialité de **The Met Bar** (ouvert jusqu'à 18 h aux non membres) à l'hôtel Metropolitan.

Les bars gays

Old Compton Street à Soho attire surtout une clientèle homosexuelle, mais les hétérosexuels y sont tout aussi bien accueillis. Les tables y envahissent les trottoirs, dans une atmosphère animée. **Manto,** un célèbre bar gay de Manchester, vient d'ouvrir un établissement à Londres, avec succès. Il se trouve à côté du bar-restaurant gay **Balans,** et près du célèbre pub gay **The Admiral Duncan. The Edge** est un gigantesque bar-boîte de nuit réparti sur quatre étages à l'angle de Soho Square. Un bar lesbien, le **Candy Bar,** vient d'ouvrir à Soho. Quant au **Freedom** sur Wardour Street, il a une clientèle homo et hétéro.

Les bars à cigares

L'engouement pour les cigares, accompagnés des meilleurs whiskies pur malt, cognacs et rhums, a entraîné l'ouverture de quantité d'établissements spécialisés. **Che** compte un fumoir adjacent au bar et au restaurant. Le personnel vous aidera à choisir parmi le vaste assortiment de cigares cubains et de digestifs. Chez **Boisdale** et **The Churchill Bar & Cigar Divan** (hôtel Churchill Intercontinental), on n'a que l'embarras du choix parmi les nombreux whiskies pur malt à siroter avec un cigare. À première vue, **Le Havana,** un bar bruyant et peu avenant de Hanover Square, ne semble pas l'endroit idéal pour savourer des cigares cubains, mais ils se marient divinement bien à l'incroyable sélection de cocktails au rhum.

CARNET D'ADRESSES

SOHO, PICCADILLY

Admiral Duncan
Old Compton St W1.
Plan 13 A2.

Balans
60 Old Compton St W1.
Plan 13 A2.

Candy Bar
4 Carlisle St W1. **Plan** 13 A2.

Che
23 St James's St WC1.
Plan 12 F3.

Churchill Bar & Cigar Divan
30 Portman Sq W1.
Plan 12 D1.

Claridge's
Brook St W1.
Plan 12 E2.

Coach and Horses
29 Greek St WC2.
Plan 14 F2.

Edge
11 Soho Sq W1.
Plan 13 A1.

Freedom Brewing Company
60-66 Wardour St W1.
Plan 13 A2.

French House
49 Dean St W1.
Plan 13 A2.

Havana
17 Hanover Square, W1.
Plan 12 E2.

Long Bar
50 Berners Street.
Plan 12 F1.

Manto
Old Compton St W1.
Plan 13 A2.

Mash
19-21 Great Portland St W1. **Plan** 12 F1.

Met Bar
19 Old Park Lane W1.
Plan 12 E4.

Pitcher & Piano
70 Dean St W1.
Plan 13 A1.

Sports Café
80 Haymarket SW1.
Plan 13 A3.

Ten Room
10 Air St W1.
Plan 13 A2.

Tokyo Joe
85 Piccadilly W1.
Plan 12 F3.

Trader Vic's
22 Park Lane. **Plan** 12 D3.

Tsar's Bar
1 Portland Pl W1. **Plan** 4 E5.

Waxy O'Connor's
14-16 Rupert St W1.
Plan 13 A2.

Zeta
Park Lane Hilton W1.
Plan 12 E4.

COVENT GARDEN, STRAND

American Bar
The Savoy, Strand WC2.
Plan 13 C2.

La Perla
28 Maiden Lane WC2.
Plan 13 C2.

Lamb and Flag
33 Rose St WC2.
Plan 13 B2.

The Salisbury
90 St Martin's Lane WC2.
Plan 13 B2.

Slug and Lettuce
14 Upper St Martin's Lane WC2. **Plan** 14 F2.

Walkabout
11 Henrietta St WC2.
Plan 13 C2.

BLOOMSBURY, FITZROVIA

Fitzroy Tavern
16 Charlotte St W1.
Plan 13 A1.

HOLBORN

Ye Olde Cheshire Cheese
145 Fleet St EC4.
Plan 14 E1.

LA CITY, CLERKENWELL

All Bar One
103 Cannon St EC4.
Plan 15 A2.

Babushka
The City Yacht, Addle St EC2. **Plan** 15 A1.

Balls Brothers
11 Blomfield St EC2.
Plan *15 C1.*

Black Friar
174 Queen Victoria St EC4.
Plan 14 F2.

Corney & Barrow
19 Broadgate Circle EC2.
Plan 7 C5.

Eagle
159 Farringdon Rd EC1.
Plan 6 E4.

Filthy McNasty's
68 Amwell St EC1.
Plan 6 E3.

Match
45-47 Clerkenwell Rd EC1.
Plan 6 E5.

O'Hanlon's
8 Tysoe St EC1.
Plan 6 E3.

Ship
23 Lime St EC3.
Plan 15 C 2.

Ten Bells
84 Commercial St E1.
Plan 16 E1.

SOUTHWARK ET SOUTH BANK

Bunch of Grapes
St Thomas St SE1.
Plan 15 C4.

Fire Station
150 Waterloo Rd SE1.
Plan 14 E4.

George Inn
77 Borough High St SE1.
Plan 15 B4.

CHELSEA, SOUTH KENSINGTON

Blue Bar
Wilton Pl SW1.
Plan 12 D5.

Boisdale
15 Eccleston St SW1.
Plan 20 E1.

King's Head and Eight Bells
50 Cheyne Walk SW3.
Plan 19 A5.

Orange Brewery
37 Pimlico Rd SW1.
Plan 20 D2.

Shoeless Joe's
1 Abbey Orchard St SW1.
Plan 13 B5.

CAMDEN TOWN, HAMPSTEAD

Bull and Bush
North End Way NW3.
Plan 1 A3.

Chapel
48 Chapel St NW1.
Plan 3 B5.

Crown and Goose
100 Arlington Rd NW1.
Plan 4 F1.

The Engineer
65 Gloucester Ave NW1.
Plan 4 D1.

Freemason's Arms
32 Downshire Hill NW3.
Plan 1 C5.

The Lansdowne
90 Gloucester Ave NW1.
Plan 4 D1.

Spaniards Inn
Spaniards Way NW3.
Plan 1 A3.

NOTTING HILL, MAIDA VALE

The Cow
89 Westbourne Park Rd W11. **Plan** 23 C1.

Crockers Folly
24 Aberdeen Pl NW8.

Prince Albert
11 Pembridge Rd W11.
Plan 9 C 3.

Prince Bonaparte
80 Chepstow Rd W2.
Plan 9 C1.

EN DEHORS DU CENTRE

Bull's Head
373 Lonsdale Rd SW13.

City Barge
27 Strand-o-t-Green W4.

Fridge Bar
1 Town Hill Parade SW2.

Grapes
76 Narrow St E14.

King's Head
115 Upper St N1.
Plan 6 F1.

Latchmere
503 Battersea Pk Rd SW11.

Trafalgar Tavern
Park Row SE10.

White Cross
Cholmondeley Walk Richmond, Surrey.

Boutiques et marchés

Londres demeure l'une des grandes capitales mondiales du shopping, où l'on trouve, à quelques minutes à pied les unes des autres, les vitrines somptueuses de grands magasins et celles de boutiques si exiguës qu'un seul client suffit presque à les remplir. Si Knightsbridge ou Regent Street sont renommés pour leurs articles haut de gamme (et leurs prix élevés), les magasins qui bordent Oxford Street, offrant un large éventail de qualités et de prix, méritent aussi une visite. Les amateurs de disques y trouveront le Virgin Megastore. Partout dans la ville, bouquinistes, antiquaires ou galeries d'art se nichent dans des petites rues, et les marchés proposent aussi bien artisanat ou brocante que produits d'alimentation. On trouve de tout à Londres, mais l'Angleterre est particulièrement réputée pour ses vêtements en tweed, ses lainages et ses impers de chez Burberry, ses savons et parfums fleuris, et ses marchés d'art et d'antiquités.

Sacs de deux boutiques célèbres du West End

Heures d'ouverture

La plupart des boutiques du centre de Londres ouvrent vers 9 h ou 10 h et ferment entre 17 h et 18 h en semaine, parfois plus tôt le samedi. Certaines restent ouvertes en nocturne (*late night shopping*) jusqu'à 19 h ou 20 h : le jeudi à Oxford Street et dans le West End, le mercredi à Knightsbridge et Chelsea, et toute la semaine, dimanche compris, dans les quartiers touristiques comme Covent Garden (*p. 110-119*) et le Trocadero. Quelques marchés (*p. 324-325*) se tiennent également le dimanche et parfois seulement ce jour-là.

Comment payer ?

La plupart des commerçants acceptent le règlement par carte de crédit (Mastercard, American Express, Diners Club et Visa), à l'exception prévisible des étals des marchés, et de celle de plus petits magasins. Les chèques de voyage, surtout s'ils sont établis en livres (attention, sinon, au taux de change proposé), sont normalement acceptés partout sur présentation du passeport.

La plupart des magasins acceptent les chèques à condition que le compte soit domicilié au Royaume-Uni.

Le département alimentation de Harrod's

Droits et services

En dehors, souvent, de ceux vendus en solde, les objets défectueux sont normalement repris sur présentation d'une preuve d'achat. La plupart des grands magasins, et certaines boutiques, se chargent de l'emballage et de l'expédition de vos acquisitions dans n'importe quelle partie du globe.

Exemption de taxe

Cet article ne concerne que les visiteurs étrangers à l'Union européenne résidant moins de trois mois en Grande-Bretagne. Ils peuvent en effet se faire rembourser la taxe à la valeur ajoutée (*VAT*) de 17,5 %, appliquée sur quasiment tous les produits vendus en Angleterre, à l'exception des livres, de l'alimentation et des vêtements pour enfants. Cette taxe est généralement incluse dans le prix affiché.

Pour obtenir ce remboursement, il faut présenter son passeport lors de l'achat et remplir un formulaire dont on remettra le double à la douane en quittant le pays (dans la mesure où elles risquent d'être contrôlées, rangez vos acquisitions à part dans vos bagages). Le règlement s'effectuera par chèque ou par virement, mais dans ce dernier cas, la plupart des établissements prélèvent des frais de dossier et demandent un achat minimum de £ 50 à £ 75. Si vous faites expédier vos acquisitions chez vous par le magasin, celui-ci doit déduire directement la taxe de votre paiement.

Les soldes

Les périodes traditionnelles de soldes s'étendent de janvier à février et de juin à juillet. Ce sont les grands magasins qui offrent souvent les réductions les plus importantes, notamment Harrod's (*p. 211*), dont les soldes ont une telle réputation qu'une queue se forme à l'entrée bien avant l'ouverture.

Les plus beaux grands magasins

Avec 300 rayons et 4 000 employés, **Harrod's** demeure le roi des grands magasins de luxe londoniens, et mérite la visite pour le seul plaisir des yeux. Outre un spectaculaire rayon alimentation de style édouardien, on trouve de tout chez Harrod's, jusqu'aux animaux. Valeur sûre auprès des Londoniens fortunés, il subit toutefois la concurrence de **Harvey Nichols** voisin, particulièrement réputé pour l'habillement (les grandes griffes européennes et américaines y sont représentées), mais dont le rayon alimentaire, ouvert en 1992, est l'un des plus chic de la capitale.

Sur Oxford Street, **Selfridge's** propose un très large éventail : des sacs Gucci et foulards Hermès jusqu'aux appareils ménagers et au linge de maison. Il abrite également une succursale de sa filiale, **Miss Selfridge,** populaire chaîne de boutiques de mode.

Fondé par un drapier, **John Lewis** continue de présenter une magnifique sélection de tissus et d'articles de mercerie.

Tout comme le Peter Jones, sur Sloane Square, il est également apprécié des Londoniens pour ses porcelaines, sa verrerie et sa vaisselle.

Vous trouverez chez **Liberty** (*p. 109*), à proximité de Carnaby Street, les soieries imprimées à la main et autres produits orientaux qui le rendirent célèbre dès sa création en 1875, et lui permirent d'imposer au monde le style... Liberty. Ne pas manquer le rayon des foulards.

Le rez-de-chaussée du très classique magasin **Fortnum and Mason's** (*p. 306*) abrite un extraordinaire rayon d'alimentation, plus luxueux encore que chez Fauchon, à Paris.

Grandes marques anglaises de prêt-à-porter

Les grands magasins

Fortnum and Mason
181 Piccadilly W1. **Plan** 12 F3.
020-7734 8040.

Harrod's
87-135 Brompton Rd SW1.
Plan 11 C5.
020-7730 1234.

Harvey Nichols
109-125 Knightsbridge SW1.
Plan 11 C5.
020-7235 5000.

John Lewis
278-306 Oxford St W1. **Plan** 12 E1.
020-7629 7711.

Liberty
210-220 Regent St W1. **Plan** 12 F2.
020-7734 1234.

Selfridge's
400 Oxford St W1. **Plan** 12 D2.
020-7629 1234.

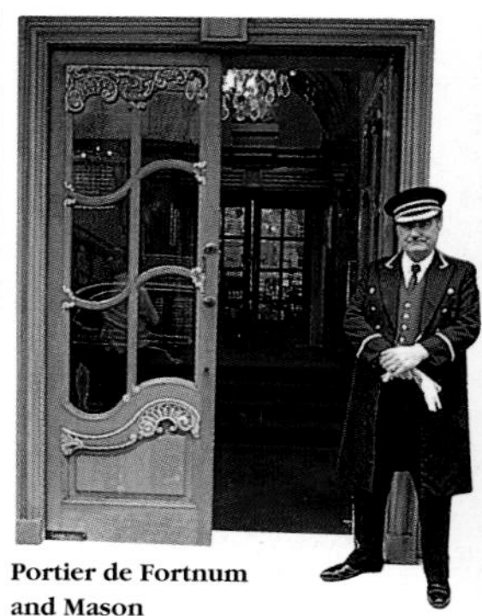

Portier de Fortnum and Mason

Marks and Spencer

A peine plus d'un siècle sépare l'étal tenu sur le marché de Kirkgate à Leeds par un émigré russe, Michael Marks, dont l'enseigne portait comme devise : « Inutile de demander le prix, c'est un penny ! », des 680 magasins qui vendent aujourd'hui (et ne vendent que) les produits étiquetés Marks and Spencer, réputés pour leur qualité et leur solidité (une garde-robe anglaise ne saurait se passer de sous-vêtements Marks and Spencer). Vous trouverez sur Oxford Street, au Pantheon (près d'Oxford Circus) et à Marble Arch, les succursales les mieux fournies.

La parfumerie Penhaligon's (*p. 320*)

Les marchés et rues commerçantes les plus intéressants

De Knightsbridge, où porcelaine, bijoux et haute couture peuvent atteindre des prix faramineux, aux marchés comme ceux de Brick Lane ou de Portobello Road, reflets colorés des nombreuses cultures qui se mêlent à Londres et merveilleux endroits où chiner, les quartiers commerçants de la capitale proposent un éventail pouvant satisfaire tous les goûts et toutes les bourses. Les amateurs plus spécialisés trouveront en outre des rues bordées d'antiquaires, bouquinistes, galeries d'art, etc. Les pages 316 à 325 recensent ces commerces par catégories.

Kensington Church Street
Les librairies et petits magasins de cette rue sinueuse vous servent toujours à l'ancienne (p. 323).

N

Regent's Park et Marylebone

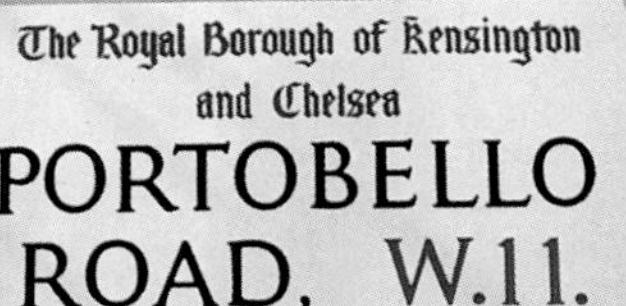

Marché de Portobello Road
Plus de 2 000 étals vendent fruits et légumes ou bijoux, argenterie, médailles et tableaux (p. 325).

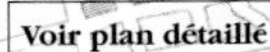

Kensington et Holland Park

South Kensington et Knightsbridge

Piccadilly et St James's

Chelsea

Knightsbridge
Outre à Harrod's, le prêt-à-porter de luxe s'affiche dans d'élégantes petites boutiques (p. 211).

King's Road
À l'avant-garde de la mode dans les années 60 et 70, cette rue aux boutiques assez chères abrite un intéressant marché d'antiquités (p. 196).

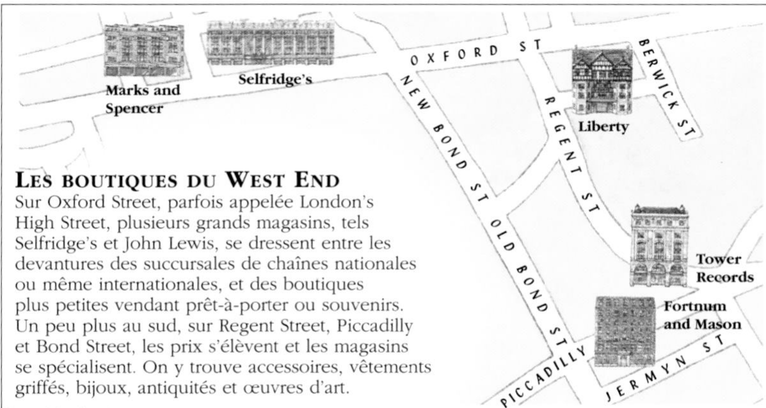

LES BOUTIQUES DU WEST END

Sur Oxford Street, parfois appelée London's High Street, plusieurs grands magasins, tels Selfridge's et John Lewis, se dressent entre les devantures des succursales de chaînes nationales ou même internationales, et des boutiques plus petites vendant prêt-à-porter ou souvenirs. Un peu plus au sud, sur Regent Street, Piccadilly et Bond Street, les prix s'élèvent et les magasins se spécialisent. On y trouve accessoires, vêtements griffés, bijoux, antiquités et œuvres d'art.

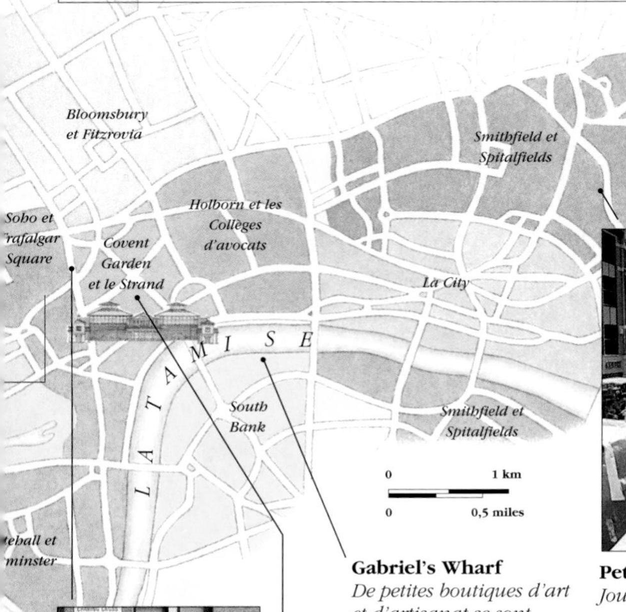

Bloomsbury et Fitzrovia
Smithfield et Spitalfields
Holborn et les Collèges d'avocats
Soho et Trafalgar Square
Covent Garden et le Strand
La City
LA TAMISE
South Bank
Smithfield et Spitalfields
Whitehall et Westminster

0 1 km
0 0,5 miles

Brick Lane Market
Des vieux livres aux vêtements, on trouve de tout dans cette rue de l'East End (p. 324).

Petticoat Lane
Jouets, montres ou cuirs, tout se vend au plus célèbre marché de Londres (p. 325).

Gabriel's Wharf
De petites boutiques d'art et d'artisanat se sont installées sur ce quai (p. 191).

80 ZWEMMER

Charing Cross Road
Une longue rue où chercher livres neufs ou d'occasion (p. 318).

Covent Garden et Neal Street
Des artistes de rue animent ce marché historique près duquel se trouvent les boutiques spécialisées de Neal Street (p. 115).

Les vêtements

En matière de vêtements, Londres offre l'embarras du choix, aussi bien en prix qu'en style et qualité. Les boutiques des grands couturiers du monde entier, et celles de marques internationales plus populaires comme Benetton, se serrent autour de Knightsbridge, Bond Street et Chelsea, mais il serait dommage de ne pas profiter de ce que les Anglais ont de mieux à offrir en matière d'habillement : des vêtements très classiques ou, au contraire, extravagants.

La confection classique

Le style « campagne » inimitable des Britanniques s'affiche dans de nombreuses vitrines du secteur Regent Street/ Piccadilly. Vêtements et accessoires d'équitation se trouvent chez **Swaine Adeney,** les pulls de cricket chez **Kent and Curwen** et les vareuses en jersey et les cirés chez **Captain Watts. The Scotch House** à Knightsbridge vous fournira en tartans écossais traditionnels, cachemires, jerseys d'Aran et châles en shetland.

Dans le même quartier, vous trouverez **Burberry,** véritable institution de l'imperméable, et **Hackett,** le tailleur de l'homme classique. Si vous cherchez des chemises, essayez Jermyn Street, vous pourrez même, pour une petite fortune, les faire couper sur mesure.

Liberty (*p. 109*) propose les imprimés qui ont fait sa réputation aussi bien sur des foulards ou des cravates, que sur des chemisiers, des jupes et même en garniture de vestes en jean. Les robes fleuries et les chemisiers à ruchés de **Laura Ashley** ont également su conquérir une clientèle mondiale.

Savile Row abrite les tailleurs les plus huppés, notamment **Gieves and Hawkes.**

La mode et l'avant-garde anglaise

Jean-Paul Gaultier adore Londres parce que la rue, contrairement à Paris, n'y subit pas la contrainte du bon goût. C'est d'ailleurs la ville de stylistes étonnants, comme **Vivienne Westwood,** ou ceux dont **Browns** propose les créations. Si vous préférez quelque chose de plus facile à porter, essayez les alentours de Newburgh Street, dans West Soho, où sont installés **The Duffer of St George** (pour hommes). Les jeunes designers débutent souvent avec un stand à Portobello Road. Actuellement, des boutiques d'Oxford Street comme **Top Shop** et **Hennes** excellent à suivre les dernières tendances de la mode. En haute couture anglaise, les boutiques de **Paul Smith** sont parmi les meilleures. Pour les dames, **Browns, Whistles, Jasper Conran, Alexander Mc Queen** (qui ouvrira une boutique au printemps 2003) et **Caroline Charles** s'imposent.

Les lainages

Les magasins offrant lesplus beaux choix de lainages classiques se trouvent à Piccadilly, comme **N Peal,** ou à Regent Street et Knightsbridge. De grands stylistes comme **Patricia Roberts** et **Joseph,** et de petites boutiques comme **John Smedley,** proposent des modèles insolites et novateurs, qu'ils soient tricotés à la main ou à la machine.

Les vêtements pour enfants

Classiques ou nostalgiques robes à dentelle, barboteuses à fronces brodées et manteaux de tweed à col de

Tableau de correspondance des tailles

Vêtements pour enfants

Angleterre	2-3	4-5	6-7	8-9	10-11	12	14	14+ (âge)
Canada	2-3	4-5	6-6X	7-8	10	12	14	16 (taille)
France	2-3	4-5	6-7	8-9	10-11	12	14	14+ (âge)

Chaussures pour enfants

Angleterre	7H	8	9	10	11	12	13	1	2
Canada	7H	8H	9H	10H	11H	12H	13H	1H	2H
France	24	25H	27	28	29	30	32	33	34

Robes, jupes et manteaux pour femmes

Angleterre	6	8	10	12	14	16	18	20
Canada	4	6	8	10	12	14	16	18
France	38	40	42	44	46	48	50	52

Chemisiers et pull-overs pour femmes

Angleterre	30	32	34	36	38	40	42
Canada	6	8	10	12	14	16	18
France	40	42	44	46	48	50	52

Chaussures pour femmes

Angleterre	3	4	5	6	7	8
Canada	5	6	7	8	9	10
France	36	37	38	39	40	41

Complets pour hommes

Angleterre	34	36	38	40	42	44	46	48
Canada	34	36	38	40	42	44	46	48
France	44	46	48	50	52	54	56	58

Chemises pour hommes

Angleterre	14	15	15H	16	16H	17	17H	18
Canada	14	15	15H	16	16H	17	17H	18
France	36	38	39	41	42	43	44	45

Chaussures pour hommes

Angleterre	7	7H	8	9	10	11	12
Canada	7H	8	8H	9H	10H	11	11H
France	40	41	42	43	44	45	46

velours se trouvent chez Liberty, **Young England** et **Anthea Moore Ede. Trotters,** juste derrière Sloane Square, équipe les enfants des chaussures jusqu'à la coupe de cheveux.

Les chaussures

En matière de chaussures, c'est encore dans le traditionnel que les Anglais excellent. Si vous avez les moyens, mais pas assez pour vous offrir les souliers faits main de **John Lobb,** chausseur de la famille royale, **Church's Shoes** propose souliers de ville ou de golf de très belle qualité. Beaucoup moins cher, **Shelly's** vend les célèbres et inusables Dr Martens, conçues à l'origine pour offrir confort et sécurité aux ouvriers, et devenues objets de mode. **Jimmy Choo Shoes** ne recule devant aucune extravagance et si vous, vous reculez, vous pouvez encore essayer **Gina Shoes,** sur Sloane Square, ou **Emma Hope** à East London. **Manolo Blahnik** chausse les élégantes de modèles vraiment raffinés, mais **Hobbs** et **Pied à Terre,** souvent aussi originaux, pratiquent des prix plus abordables.

Carnet d'adresses

La confection classique

Burberry
18-22 Haymarket SW1.
Plan 13 A3.
020-7930 3343.
Deux succursales.

Captain Watts
7 Dover St W1. **Plan** 12 E3.
020-7993 4633.

Gieves & Hawkes
1 Savile Row W1.
Plan 12 E3.
020-7434 2001.

Hackett
87 Jermyn St W1.
Plan 13 A3.
020-7930 1300.
Plusieurs succursales.

Kent and Curwen
39 St James's St SW1.
Plan 12 F3.
020-7409 1955.

Laura Ashley
256-258 Regent St W1.
Plan 12 F1.
020-7437 9760.
Plusieurs succursales.

The Scotch House
2 Brompton Rd SW1.
Plan 11 C5.
020-7581 2151.
Plusieurs succursales.

Swaine Adeney
54 St James St W1.
Plan 12 F3.
020-7409 7277.

La mode et l'avant-garde

Browns
23-27 South Molton St W1.
Plan 12 E2.
020-7514 0000.
Plusieurs succursales.

Caroline Charles
56-57 Beauchamp Pl SW3.
Plan 19 B1.
020-7589 5850.

The Duffer of St George
29 Shorts Garden WC2.
Plan 13 B2.
020-7379 4660.

Jasper Conran
6 Burnsall St SW3.
Plan 19 B3.
020-7352 3572.

Jean-Paul Gaultier
171-5 Draycott Ave SW3.
Plan 19 B2.
020-7584 4648.

Katherine Hamnett chez Harvey Nichols
109-125 Knightsbridge.
Plan 11 C5.
020-7235 5000.

Mash
73 Oxford St W1.
Plan 13 A1.
020-7434 9609.

Koh Samui
50 Monmouth St WC2.
Plan 13 B2.
020-7240 4280.

Nicole Farhi
158 New Bond St W1.
Plan 12 E2.
020-7499 8368.

Paul Smith
40-44 Floral St WC2.
Plan 13 B2.
020-7379 7133.

Top Shop
Oxford Circus W1.
Plan 12 F1.
020-7636 7700.
Plusieurs succursales.

Vivienne Westwood
6 Davies St W1.
Plan 12 E2.
020-7629 3757.

Whistles
12-14 St Christopher's Pl W1. **Plan** 12 D1
020-7487 4484.

Les lainages

John Smedley
24 Brook Street W1.
Plan 12 E2.
020-7495 2222.

Joseph
28 Brook St W1. **Plan** 12 E2.
020-7629 6077.

N Peal
Burlington Arcade, Piccadilly, W1. **Plan** 12 F3.
020-7493 9220.
Plusieurs succursales.

Patricia Roberts
60 Kinnerton St SW1.
Plan 11 C5.
020-7235 4742.

Vêtements enfants

Anthea Moore Ede
16 Victoria Grove W8.
Plan 18 E1.
020-7584 8826.

Trotters
34 King's Rd SW3.
Plan 19 C2.
020-7259 9620.

Young England
47 Elizabeth St SW1. **Plan** 20 E2. 020-7259 9003.

Les chaussures

Church's Shoes
163 New Bond St W1.
Plan 12 E2.
020-7499 9449.
Plusieurs succursales.

Emma Hope
53 Sloane Sq SW1.
Plan 19 C2.
020-7259 9566.

Hobbs
47 South Molton St W1.
Plan 12 E2
020-7629 0750.
Plusieurs succursales.

Gina Shoes
Sloane St SW1.
Plan 19 C1.
020-7235 2932.

John Lobb
9 St James's St SW1.
Plan 12 F4.
020-7930 3664.

Manolo Blahnik
49-51 Old Church St, Kings Road SW3.
Plan 19 A4.
020-7352 3863.

Pied à Terre
19 South Molton St W1
Plan 12 E2.
020-7629 1362.
Plusieurs succursales.

Jimmy Choo Shoes
169 Draycott Ave SW3.
Plan 19 B2.
020-7584 6111.

Shelly's
19-21 Foubert's Pl, Carnaby St, W1.
Plan 12 F2.
020-7287 0593.
Plusieurs succursales.

Les magasins spécialisés

Si la réputation des grands magasins londoniens comme Harrod's n'est plus à faire, la capitale abrite également de nombreuses boutiques spécialisées dans toutes sortes d'articles, parfois étonnants. Certaines échoppes existent depuis plus d'un siècle.

Alimentation

Contrairement aux idées reçues, de nombreuses spécialités culinaires britanniques méritent d'être goûtées : thés, bien entendu, mais aussi fromages, chocolats, biscuits et confitures (*p. 288-289*) que vous trouverez somptueusement présentés chez Fortnum and Mason, chez Harrod's ou chez Selfridge's. Essayez aussi **Paxton and Whitfield,** une charmante boutique datant de 1830 qui propose, outre pâtés en croûte, biscuits ou marmelades, plus de 300 sortes de fromages.

Les amateurs de chocolat ne doivent pas manquer **Charbonnel et Walker,** maison 100 % anglaise malgré son nom, dont les produits sont fabriqués artisanalement, à l'instar des chocolats noirs ou des succulents chocolats de **Maxwells,** sur Aldwych.

Thés, cafés et vins

Délicats thés verts infusés presque en poudre, riches thés noirs du petit déjeuner, ou thés parfumés aux fruits, aux fleurs de lotus ou à la bergamote, chaque Britannique consomme en moyenne chaque année cinq kilos de feuilles séchées. Vous en trouverez un vaste assortiment, ainsi que de jolies théières, au **Tea House** de Covent Garden. Malgré son nom, et sa belle sélection de cafés, l'**Algerian Coffee Stores** vend surtout des thés, parfumés notamment. **Vinopolis,** la « cité du vin », propose un vaste choix de vins du monde entier, mais il faut payer un droit d'admission.

Les boutiques spécialisées

Des centaines de boutiques londoniennes sont spécialisées dans une seule catégorie d'objets : **The Covent Garden Candle Company** fournit des bougies de toutes formes et de toutes tailles, des bougeoirs et des accessoires de fabrication, et **Halcyon Days** de petites boîtes en cuivre émaillées selon une technique héritée du XVIIIe siècle.

James Smith & Sons est le plus ancien et le plus grand magasin de parapluies d'Europe. Le premier magasin ouvrit en effet en 1830. Vous y trouverez des parapluies et des cannes d'excellente qualité.

Les collectionneurs d'instruments scientifiques anciens fouineront parmi les sextants et les vieux microscopes d'**Arthur Middleton,** tandis que pour ceux qui s'intéressent aux maquettes et aux reproductions de personnages de TV historiques, **Comet Miniatures** propose le plus vaste choix de Londres.

Enfin, il n'existe probablement rien au monde qui ressemble à **Anything Left-Handed,** à Soho, qui ne propose que des objets conçus pour les gauchers. Ciseaux, coutellerie, stylos, ustensiles de cuisine et outils de jardinage constituent ses meilleures ventes.

Livres et journaux

Charing Cross Road (*p. 108*) est l'artère londonienne où les amateurs de livres neufs, anciens ou d'occasion trouveront le plus de librairies intéressantes : **Foyle's,** célèbre pour son stock gigantesque et particulièrement désordonné, ou les grandes succursales de **Borders** et **Waterstone's.** Plus spécialisées : **Murder One** et ses romans policiers, **Sportspages** pour les ouvrages consacrés au sport, et **Zwemmer** pour les livres d'art. **Stanford's** (*p. 112*) renferme le monde entier sous forme de guides et de cartes. Ce qui pourrait lui manquer se trouve à **Travel Bookshop.** Non loin, **Books for Cooks** s'adresse aux gourmets tandis que sur Neal Street, **Comic Showcase** propose des bandes dessinées et **Forbidden Planet** des romans fantastiques et de science-fiction. L'homosexualité, avec **Gay's the Word** près de Russell Square, a également ses librairies spécialisées. Comme le septième art avec notamment **Cinema Bookshop.**

PC Bookshop vend des milliers de livres sur l'informatique, et son annexe des programmes multimédias. **Hatchard's** sur Piccadilly et **Dillons,** dans Gower Street, très bien approvisionnées, font partie des meilleures librairies généralistes.

Pour les invendus et les soldes, ne manquez pas l'étonnante **The Banana Bookshop.**

C'est également dans ce quartier de Charing Cross Road que les bibliophiles auront le plus de chances de dénicher livres rares ou anciens. De nombreuses librairies disposent d'un service de recherche si le titre désiré n'est plus publié.

En ce qui concerne la presse, **Capital Newsagents** et **Gray's Inn News** (*p. 355*) vendent journaux et magazines du monde entier, le rez-de-chaussée de **Tower Records** propose probablement le plus riche rayon de publications américaines, et l'on peut se procurer le *Monde* et, moins souvent, *Libération* dans de nombreux kiosques à travers la ville.

Disques

Londres renferme d'extraordinaires magasins de disques, proposant un choix immense dans tous les styles musicaux. Les « mégastores » comme

HMV, Virgin et **Tower Records,** qui ont des rayons extrêmement bien fournis de musique classique, mais privilégient pourtant le rock et la variété, ne manquent pas d'intérêt.

Les amateurs de jazz auront plus de chance de trouver leur bonheur dans des boutiques spécialisées comme **Ray's Jazz** et **Honest Jon's,** et pour ceux qui aiment le reggae, un saut chez **Daddy Kool** s'impose.

Malgré l'important rayon world music de **HMV, Stern's** est sans concurrence en ce qui concerne la musique africaine.

Les dernières nouveautés en « dance music » s'achètent, entre autres, chez **Trax** et **Black Market.**

Carnet d'adresses

Alimentation

Charbonnel et Walker
1 Royal Arcade, 28 Old Bond St W1. **Plan** 12 F3.
020-7491 0939.

Maxwells
7 Aldwych WC2.
Plan 13 C2.
020-7836 1846.

Paxton and Whitfield
93 Jermyn St SW1.
Plan 12 F3.
020-7930 0259.

Thés et cafés

Algerian Coffee Stores
52 Old Compton St W1.
Plan 13 A2.
020-7437 2480.

The Tea House
15 Neal St WC2.
Plan 13 B2.
020-7240 7539.

Vinopolis
1 Bank End SE1.
Plan 15 B3.
020-7940 8300.

Les boutiques spécialisées

Anything Left-Handed
57 Brewer St W1.
Plan 13 A2.
020-7437 3910.

Arthur Middleton
12 New Row, Covent Garden WC2. **Plan** 13 B2.
020-7836 7042.

James Smith & Sons
53 New Oxford St W1.
Plan 13 B1.
020-7836 4731.

The Covent Garden Candle Company
30 The Market, Covent Garden Piazza WC2.
Plan 13 C2.
020-7836 9815.

Halcyon Days
14 Brook St W1. **Plan** 12 E2.
020-7629 8811.

Comet Miniatures
44-48 Lavender Hill SWII.
020-7228 3702.

Livres et journaux

The Banana Bookshop
10 The Market, Covent Garden Piazza WC2.
Plan 13 C2.
020-7379 7650.

Borders
120 Charing Cross Rd WC2. **Plan** 13 B1.
020-7379 8877.

Books for Cooks
4 Blenheim Crescent W11.
Plan 9 B2.
020-7221 1992.

Capital Newsagents
48 Old Compton St W1.
Plan 13 A2.
020-7437 2479.

Cinema Bookshop
13-14 Great Russell St WC1. **Plan** 13 B1.
020-7637 0206.

Comic Showcase
76 Neal St WC2. **Plan** 13 B1.
020-7240 3664.

Compendium
234 Camden High St NW1. *020-7485 8944.*

Dillons
82 Gower St WC1.
Plan 5 A5.
020-7636 1577.

Forbidden Planet
71 New Oxford St WC1.
Plan 13 B1.
020-7836 4179.

Foyle's
113-119 Charing Cross Rd WC2. **Plan** 13 B1.
020-7437 5660.

Gay's The Word
66 Marchmont St WC1.
Plan 5 B4.
020-7278 7654.

Gray's Inn News
50 Theobald's Rd WC1.
Plan 6 D5.
020-7405 5241.

Hatchard's
187 Piccadilly W1.
Plan 12 F3.
020-7439 9921.

Murder One
71–73 Charing Cross Rd WC2. **Plan** 13 B2.
020-7734 3485.

PC Bookshop
21 Sicilian Ave WC1.
Plan 13 1C.
020-7831 0022.

Sportspages
94-96 Charing Cross Rd WC2. **Plan** 13 B2.
020-7240 9604.

Stanford's
12–14 Long Acre WC2.
Plan 13 B2.
020-7836 1321.

Travel Bookshop
13 Blenheim Crescent W11. **Plan** 9 B2.
020-7229 5260.

Waterstone's
121-125 Charing Cross Rd WC2. **Plan** 13 B1.
020-7434 4291.
Aussi : 82 Glover St WC1.
Plan 5 A5.
020-7636 1577.

The Women's Book Club
34 Great Sutton St EC1.
Plan 6 F4.
020-7251 3007.

Zwemmer
26 Litchfield St WC2.
Plan 13 B2.
020-7379 7886.

Disques

Black Market
25 D'Arblay St W1.
Plan 13 A2.
020-7437 0478.

Daddy Kool Music
12 Berwick St W1.
Plan 13 A2.
020-7437 3535.

HMV
150 Oxford St W1.
Plan 13 A1.
020-7631 3423.

Honest Jon's Records
278 Portobello Rd W10.
Plan 9 A1.
020-7969 9822.

Ray's Jazz
180 Shaftesbury Ave WC2. **Plan** 13 B1.
020-7240 3969.

Rough Trade
130 Talbot Rd W11.
Plan 9 C1.
020-7229 8541.

Stern's
293 Euston Rd NW1.
Plan 5 A4.
020-7387 5550.

Tower Records
1 Piccadilly Circus W1.
Plan 13 A3.
020-7439 2500.

Trax
55 Greek St W1.
Plan 13 A2.
020-7734 0795.

Virgin Megastore
14–30 Oxford St W1.
Plan 13 A1.
020-7631 1234.

Cadeaux et souvenirs

Pour vos cadeaux, vous trouverez le monde entier à Londres. Les productions des îles Britanniques, bien entendu, notamment en verrerie, joaillerie, porcelaine ou parfumerie, mais aussi des bijoux d'Inde ou d'Afrique, des bibelots d'Extrême-Orient ou de la vaisselle italienne. Si vous cherchez des articles de luxe, essayez les magasins de Burlington Arcade (*p. 91*) qui proposent, dans un cadre Regency, vêtements et objets d'art ou d'artisanat, pour la plupart fabriqués en Grande-Bretagne.

Mais vous pourrez aussi découvrir un cadeau ou un souvenir original dans la boutique d'un grand musée comme le Victoria and Albert Museum (*p. 202-205*), le Natural History Museum (*p. 208-209*) ou le Science Museum (*p. 212-213*). **Contemporary Applied Arts** et le marché de Covent Garden Piazza (*p. 114*) présentent un large éventail d'artisanat anglais, en particulier poteries, lainages et bijoux.

Bijoux

Outre les établissements traditionnels, Londres abrite de minuscules bijouteries, parfois de simples étals, spécialisées dans les articles originaux. Vous en trouverez un grand nombre autour de Covent Garden (*p. 110-119*), Gabriel's Wharf (*p. 191*), et Camden Lock (*p. 324*). Pour des bijoux fantaisie originaux, essayez **Butler and Wilson** ou **Electrum,** juste à côté.

Past Times, et les boutiques du British Museum (*p. 126-129*) et du Victoria and Albert Museum, vendent des reproductions de bijoux anciens, notamment celtes, romains et Tudors. La **Leslie Craze Gallery** et **Contemporary Applied Arts** proposent des créations modernes, et les pièces uniques en lapis-lazuli, ambre, corail, or ou argent de **Manquette** méritent une visite. Les amateurs de joaillerie gothique ne doivent pas manquer **The Great Frog** sur Carnaby Street ; **Folli Follie** propose des bijoux « tendance ».

Chapeaux et accessoires

De la casquette au melon ou au casque colonial, les hommes trouveront la coiffure qui s'accorde à leur style chez **Edward Bates** et **Herbert Johnson.** Les dames essaieront **Herald and Heart Hatters** pour l'élégance classique, ou **Stephen Jones** dont les modèles vont du passe-partout à l'extravagant. Chez ce dernier, elles pourront même, à condition de fournir le tissu, commander un chapeau assorti à une tenue.

Les boutiques de Jermyn Street ou des arcades de Piccadilly proposent une large gamme d'accessoires de luxe. Swaine Adeney (*p. 317*) demeure néanmoins le spécialiste des cannes, badines et cravaches.

Si vous décidez de rentrer avec de splendides bagages anglais, essayez la **Mulberry Company.** Sacs, maroquinerie, bijoux ou chapeaux, vous disposerez d'un large choix chez **Janet Fitch.**

Accessorize vend toutes sortes de perles et de babioles présentées par couleur.

Parfums et articles de toilette

Nombre de parfumeries anglaises restent fidèles à des recettes séculaires. **Floris, Penhaligon's** et **Czech and Speake,** par exemple, vendaient déjà au XIXe siècle les parfums et articles de toilette qu'ils fabriquent aujourd'hui. Il en va de même pour des spécialistes des produits pour hommes comme **Truefitt and Hill** et **George F Trumper** (ce dernier propose également de superbes reproductions de nécessaires de rasage anciens), ou encore pour **Culpeper** et **Neal's Yard Remedies,** qui emploient des préparations traditionnelles à base de plantes et de fleurs pour leurs sels de bain ou savons à vocation médicinale.

Jo Malone est le dernier qui utilise des senteurs anciennes mais revisitées (les emballages sont ravissants !).

D'autres sociétés font preuve d'une démarche plus contemporaine. **Body Shop,** par exemple, utilise un plastique recyclable pour emballer ses cosmétiques à base d'ingrédients naturels. **Molton Brown** commercialise également des produits de beauté « naturels », entre autres dans ses boutiques de South Molton Street et Hampstead.

Papeterie

Tessa Fantoni dessine sans doute les plus intéressants papiers d'emballage de Londres, et elle en couvre boîtes, cadres et albums de photos vendus en papeteries, dans des magasins de souvenirs, à Conran Shop et dans sa propre boutique située à Clapham.

Falkiner Fine Papers offre un bon choix de papiers décoratifs et artisanaux. Leur papier marbré fait un formidable papier cadeau. Si vous préférez le grand luxe classique, vous trouverez tout le nécessaire pour le bureau sur Bond Street, chez **Smythson,** fournisseur de la reine, et de splendides sous-mains ou porte-stylos en cuir chez Fortnum and Mason (*p. 313*).

Le temple de l'agenda (à couverture en vinyle ou en peau d'iguane) demeure le **Filofax Centre.**

Ordning and Reda Paper & Design, marque qui vient de Scandinavie, propose du très beau papier à lettres, des agendas et des carnets. Enfin, les magasins **Paperchase** méritent une visite ainsi que le rayon spécialisé de Liberty (*p. 313*).

DÉCORATION D'INTÉRIEUR

Waterford Wedgwood, sur Piccadilly, vend toujours la célèbre porcelaine jaspée bleu pâle, créée par Josiah Wedgwood au XVIIIe siècle, ainsi que le cristal irlandais de Waterford, mais si vous préférez quelque chose de plus moderne, vous trouverez les créations originales de potiers britanniques au siège de la **Craftsmen Potters Association** de Grande-Bretagne et au **Contemporary Applied Arts.**

Chaque création de **The Holding Company** est originale. On peut y commander également des cadeaux personnalisés. **Heal's, Conran Shop** et **Freud's** offrent un choix remarquable d'objets pour la maison, aussi esthétiques que bien conçus.

David Mellor et **Divertimenti** s'imposent pour les ustensiles de cuisine et les appareils ménagers simples mais de bonne qualité.

CARNET D'ADRESSES

BIJOUX

Butler & Wilson
20 South Molton St W1. **Plan** 12 E2. ☎ *020-7409 2955.*

Contemporary Applied Arts
22 Percy St WC1. **Plan** 13 A1. ☎ *020-7436 2344.*

Electrum Gallery
21 South Molton St W1. **Plan** 12 E2. ☎ *020-7629 6325.*

Folli Follie
188a King's Road SW3. **Plan** 13 B2. ☎ *020-7823 4556.*

The Great Frog
51 Carnaby St W1. **Plan** 12 F2. ☎ *020-7734 1900.*

Janet Fitch
188a King's Road SW3. **Plan** 19 B. *Plusieurs succursales.* ☎ *020-7352 4401.*

Leslie Craze Gallery
34 Clerkenwell Green EC1. **Plan** 6 E4. ☎ *020-7608 0393.*

Manquette
40 Gordon Place Holland St W8. **Plan** 10 D5. ☎ *020-7937 2897.*

Past Times
146 Brompton Rd SW3. **Plan** 11 C5. ☎ *020-7581 7616.*

CHAPEAUX

Accessorize
22 The Market, Covent Garden WC2. **Plan** 13 C2. ☎ *020-7240 2107.*

Edward Bates
21a Jermyn St SW1. **Plan** 13 A3. ☎ *020-7734 2722.*

Herald & Heart Hatters
131 St Philip St SW8. ☎ *020-7627 2414.*

Herbert Johnson
10 Old Bond St W1. **Plan** 12 F3. ☎ *020-7408 1174.*

Mulberry Company
11-12 Gees Court, St Christopher's Pl W1. **Plan** 12 D1. ☎ *020-7493 2546.*

Phillip Treacey
69 Elisabeth Street SW1. **Plan** 20 E2. ☎ *020-7259 9605.*

Stephen Jones
36 Great Queen St WC2. **Plan** 13 C1. ☎ *020-7242 0770.*

PARFUMERIES

The Body Shop
32-34 Great Marlborough St W1. **Plan** 12 F2. *Plusieurs succursales.* ☎ *020-7437 5137.*

Culpeper Ltd
21 Bruton St W1. **Plan** 12 E3. ☎ *020-7629 4559.*

Czech & Speake
39c Jermyn St SW1. **Plan** 13 A3. ☎ *020-7439 0216.*

Floris
89 Jermyn St SW1. **Plan** 13 A3. ☎ *020-7930 2885.*

George F Trumper
9 Curzon St W1. **Plan** 12 E3. ☎ *020-7499 1850.*

Jo Malone
23 Brook St W1. **Plan** 12 E2. ☎ *020-7491 9104.*

Molton Brown
58 South Molton St W1. **Plan** 12 E2. ☎ *020-7499 6474.*

Neal's Yard Remedies
15 Neal's Yard WC2. **Plan** 13 B1. ☎ *020-7379 7222.*

Penhaligon's
41 Wellington St WC2. **Plan** 13 C2. ☎ *020-7836 2150.*

Truefitt & Hill
71 St James St W1. **Plan** 12 F3. ☎ *020-7493 2961.*

PAPETERIE

Falkiner Fine Papers
76 Southampton Row. WC1. **Plan** 5 C5. ☎ *020-7831 1151.*

The Filofax Centre
21 Conduit St W1. **Plan** 12 F2. ☎ *020-7499 0457.*

Ordning & Reda
21-22 New Row St W1. **Plan** 12E2. ☎ *020-7629 8558.*

Paperchase
213 Tottenham Court Rd W1. **Plan** 5 A5. ☎ *020-7467 6200.*

Smythson of Bond Street
40 New Bond St W1. **Plan** 12 E2. ☎ *020-7629 8558.*

Tessa Fantoni
77 Abbeville Rd SW4. ☎ *020-8673 1253.*

DÉCORATION

Conran Shop
Michelin House, 81 Fulham Rd SW3. **Plan** 19 A2. ☎ *020-7589 7401.*

Craftsmen Potters Association of Great Britain
7 Marshall St W1. **Plan** 12 F2. ☎ *020-7437 7605.*

David Mellor
4 Sloane Sq SW1. **Plan** 20 D2. ☎ *020-7730 4259.*

Divertimenti
45-47 Wigmore St W1. **Plan** 12 E1. ☎ *020-7935 0689.*

Freud's
198 Shaftesbury Ave WC2. **Plan** 13 B1. ☎ *020-7831 1071.*

Heal's
196 Tottenham Court Rd W1. **Plan** 5 A5. ☎ *020-7636 1666.*

The Holding Company
241-245 King's Rd SW3. **Plan** 19 A4. ☎ *020-7352 1600.*

Waterford Wedgwood
173-174 Piccadilly W1. **Plan** 12 F3. ☎ *020-7629 2614.*

Œuvres d'art et antiquités

Que vous préfériez les petits maîtres du XIXe ou l'art contemporain, Boulle ou le Bauhaus, vous devriez trouver à Londres tableau, meuble ou bibelot à votre goût et dans vos moyens. Si les galeries d'art et magasins d'antiquités les plus réputés (et les plus chers) sont concentrés dans un secteur relativement limité, entre Mayfair et St James's, on trouve, éparpillées dans toute la cité, des boutiques accessibles à des budgets plus modestes.

Mayfair

Cork Street est le centre londonien de l'art contemporain britannique. Remontez cette rue, en venant de Piccadilly, vous passerez devant la **Piccadilly Gallery,** qui vend de la peinture anglaise moderne. D'autres galleries suivent, comme **BCA,** qui défendent toutes différents courants plus ou moins d'avant-garde. **Waddington** est celle à ne pas manquer si vous voulez connaître la dernière tendance en vogue. Acheter reste néanmoins réservé au collectionneur averti (et fortuné). **Browse and Darby** vend de la peinture française et anglaise des XIXe et XXe siècles, ainsi que des œuvres contemporaines. Avant de descendre la rue, jetez un coup d'œil dans Clifford Street chez **Maas Gallery,** spécialisé dans les maîtres victoriens. L'autre trottoir de Cork Street vous entraînera des scènes de chasse et des sculptures de **Tryon Gallery** aux toiles surréalistes de **Mayor's** et à celles plus classiques de **Redfern.**

Si vous cherchez une aquarelle de Turner ou une commode Louis XV, prenez Old Bond Street depuis Piccadilly. Les somptueux portails de **Richard Green** et de la **Fine Art Society,** entre autres galeries d'art extrêmement chic, la dominent. Pour le mobilier et les arts décoratifs, visitez **Bond Street Antiques Centre** et **Asprey ;** pour l'argenterie, allez chez **S J Phillips ;** et pour l'art anglais du XVIIIe siècle, ne manquez pas **Mallet Gallery.** Même si ce que proposent ces magasins dépasse très largement vos moyens, ne craignez pas d'y entrer, vous pouvez apprendre plus en flânant une heure dans ces endroits fascinants qu'en passant des jours à étudier dans les livres. C'est également dans Old Bond Street que se trouvent deux des quatre grandes salles des ventes londoniennes : **Phillips** et **Sotheby's.** À Bury Street, la galerie **Malcom Innes** propose des aquarelles de scènes sportives.

St James's

Au sud de Piccadilly s'étend un labyrinthe de rues datant du XVIIIe siècle. Ce quartier a une vieille tradition aristocratique que reflètent les galeries qui y sont installées. C'est dans Duke Street, située au cœur de ce carré chic, que tiennent boutique **Johnny Van Haeften** et **Derek Johns,** marchands d'art internationaux spécialisés dans les grands maîtres anciens de la peinture. Plus bas, dans King Street, vous trouverez la succursale principale de la célèbre salle des ventes **Christie's** où les Picasso et les Van Gogh s'échangent contre des millions.

Passez voir, dans Ryder Street, les œuvres d'illustrateurs et de caricaturistes de la galerie **Chris Beetle.**

Belgravia

Ce quartier, et en particulier la galerie **Michael Parkin** située en plein centre sur Motcomb Street, réjouira ceux qui recherchent de beaux tableaux anglais à un prix raisonnable. Dans la même rue, les passionnés du Proche-Orient pousseront jusqu'à la **Mathaf Gallery** et ses peintures du monde arabe par des artistes européens et britanniques du XIXe siècle.

Pimlico Road

Les antiquaires qui bordent cette rue satisfont principalement aux exigences des décorateurs d'intérieur. C'est l'endroit où trouver un masque de *commedia dell'arte* ou un crâne de bélier incrusté d'un filigrane en argent. **Westenholz** et **Henry Sotheran** (belles gravures) ne manquent pas d'intérêt.

Walton Street

Les marchands d'art et les boutiques d'antiquités qui bordent cette élégante petite rue alignent leurs tarifs sur ceux pratiqués dans le quartier voisin, chic et cher de Knightsbridge. À quelques mètres de là, dans Montpelier Street, se trouve la dernière des trois grandes salle des ventes londoniennes : **Bonham's.** Avec beaucoup de chance, vous y ferez une affaire. Sur Brompton Road, la galerie **Crane Kalman** propose un grand choix d'art contemporain.

Œuvres d'art abordables

On peut acheter des toiles à partir de £ 100 lors de la vente annuelle extrêmement populaire organisée chaque automne par la Contemporary Art Society au **Royal Festival Hall.** Outre la réputée et magnifique **Flowers East,** on trouve désormais dans l'East End, un quartier de Londres de plus en plus connu pour l'art contemporain, de nombreuses petites galeries qui défendent les jeunes artistes. **East-West Gallery** vend aussi des œuvres contemporaines à des prix raisonnables. **Purdey Hicks** est spécialisé dans la peinture anglaise contemporaine, et ses prix sont modérés.

Photographie

La **Photographers' Gallery** propose la plus vaste collection de tirages originaux du Royaume-Uni et la **Special Photographers' Company** est réputée pour ses photos de qualité. **Hamilton's** est également réputé pour ses grandes expositions.

Kew

Plus loin, à droite, une clôture métallique indique l'endroit où Old Deer Park ⑬ devient Kew Gardens ⑭ (plus exactement les Jardins botaniques royaux, *p. 260-261*). Il existait une entrée côté fleuve mais cette porte ⑮ est désormais fermée, l'entrée la plus proche se trouve plus au nord, près du parking. De là, on découvre de magnifiques vues sur Syon House ⑯ sur l'autre rive, propriété des ducs de Northumberland depuis 1594. Si une partie de l'actuelle demeure remonte au XVIe siècle, elle fut largement modifiée par Robert Adam vers 1760. Devant s'étend le jardin aménagé par Capability Brown au XVIIIe siècle. En continuant, on découvre les immeubles modernes de Brentford ⑰, à l'origine banlieue industrielle. On distingue les grandes cheminées de l'ancienne usine hydraulique ⑱, aujourd'hui musée de la Vapeur. Sur la droite, derrière le parking de Kew Gardens, se trouve le palais de Kew ⑲, un édifice en brique rouge construit dans le style hollandais en 1631. Après le parking, quittez les bords du fleuve en suivant Ferry Lane vers Kew Green ⑳. Vous pouvez passer le reste de la journée au jardin botanique de Kew, ou traverser le pont de Kew et tourner à dr. sur Strand on the Green ㉑, une charmante promenade aménagée en bord de Tamise et bordée de nombreux pubs typiques, dont le plus ancien est le City Barge ㉒ (*p. 258*). Dirigez-vous vers le sud par Kew Road si vous préférez revenir en arrière, puis tournez à gauche à Kew Gardens Road pour reprendre le métro à la station Kew Gardens.

Le palais de Kew ⑲

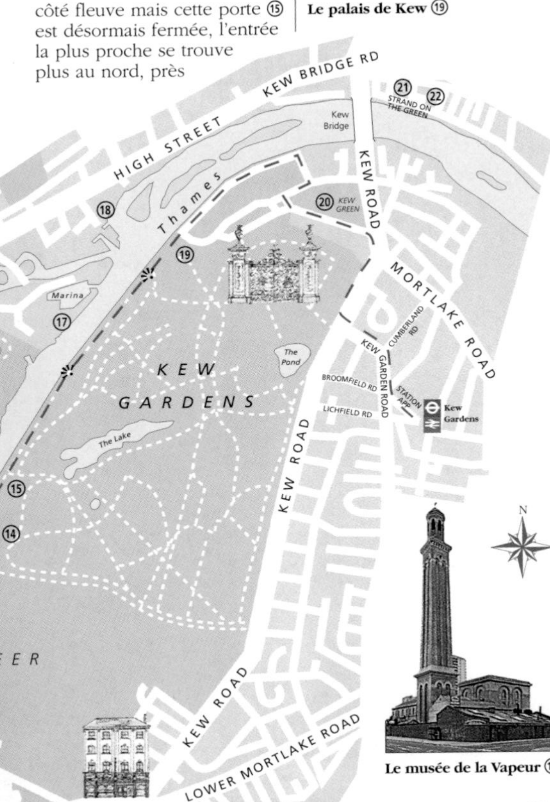

Le musée de la Vapeur ⑱

0 500 m

0 500 yards

CARNET DE ROUTE

Départ : *station de métro Richmond.*

Longueur : *5 km.*

Comment y aller ? *Station de métro ou gare de Richmond. La ligne d'autobus 415 vient de Victoria, les 391 et R68 de Kew.*

Où faire une pause ? *De nombreux cafés, pubs et salons de thé sont installés à Richmond. Le célèbre salon de thé Maids of Honour se trouve à Kew, ainsi que l'excellent restaurant de Jasper, Bun in the Oven.*

La Tamise entre Richmond et Kew

CENTRE POINT
KING STREET WC2

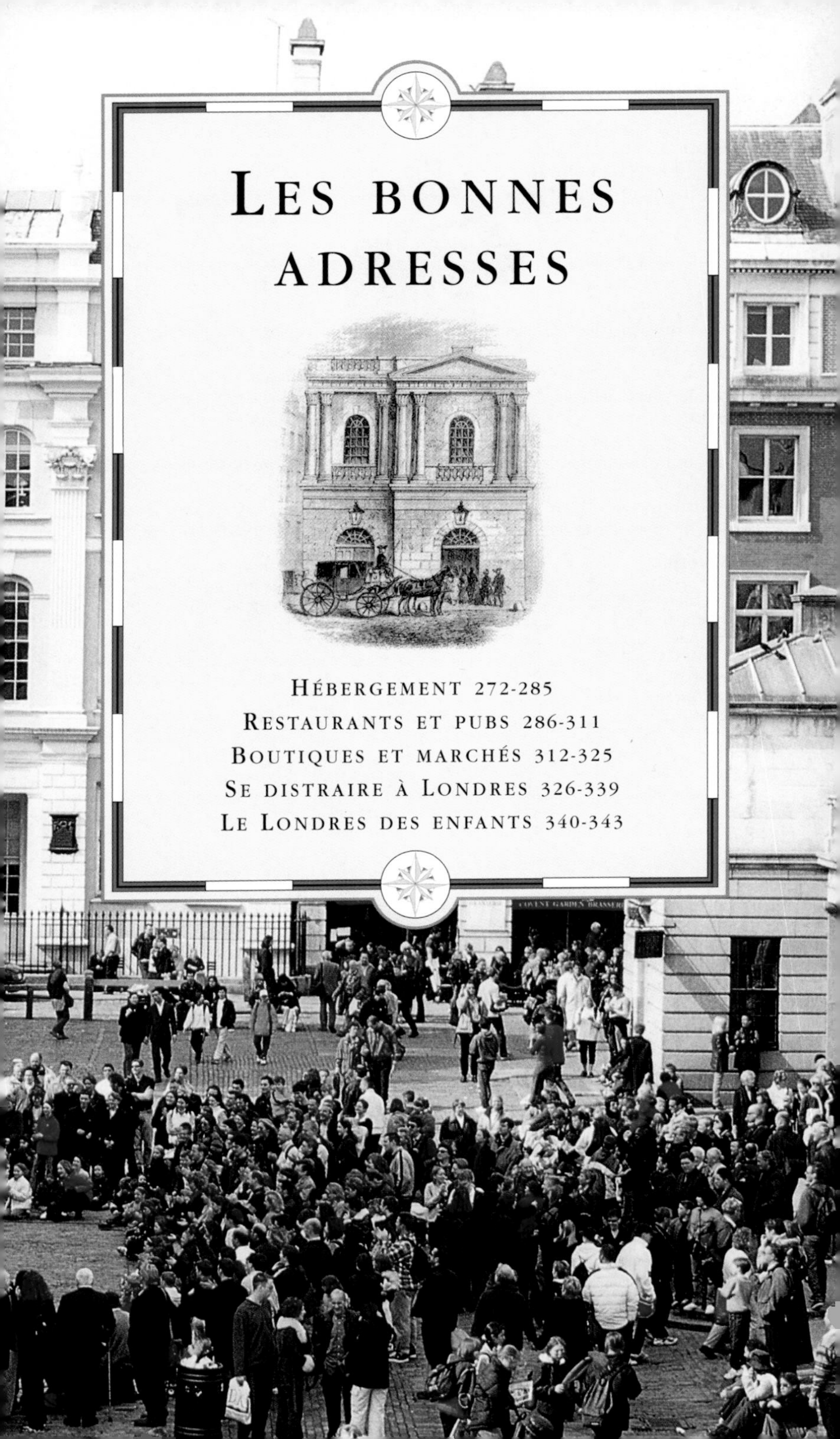

Les bonnes adresses

HÉBERGEMENT

Les prix prohibitifs des hôtels londoniens risquent fort de décourager plus d'un visiteur. Dans le haut de gamme, on trouve de célèbres palaces comme le Savoy et le Ritz. La plupart des hôtels de catégorie moyenne, nombreux et plus abordables, sont souvent un peu excentrés. Les bons hôtels à bas prix sont rares, et les moins chers sont souvent assez miteux ou en mauvais état, problème exacerbé par l'augmentation des prix de l'immobilier. Toutefois, il existe des solutions pour se loger à Londres sans se ruiner. Des chaînes hôtelières bon marché, comme Travel Inn, Express by Holiday Inn et Ibis, se sont implantées en différents emplacements, offrant des hébergements de qualité, certes impersonnels mais abordables. Plus de 250 hôtels et appartements ont reçu notre visite, dans toutes les catégories de prix et aux endroits les plus divers, et nous en avons retenu environ 120 parmi les meilleurs dans leur catégorie. Pour plus de détails, voir le listing p. 276-285. Vous pourrez aussi loger en appartement ou chez l'habitant (*p. 274-275*), dans toutes les catégories de prix, résider en chambre d'étudiant ou en auberge de jeunesse, ou bien même faire du camping aux environs de Londres.

Portier du Hilton

OÙ CHERCHER ?

Les hôtels les plus chers, souvent grands et fastueux, sont généralement situés dans le West End, notamment à Mayfair et à Belgravia. On trouve d'autres hôtels, plus petits mais tout aussi luxueux et plus chaleureux, vers South Kensington et Holland Park.

Les établissements les moins coûteux occupent les rues proches de Earl's Court Road, ainsi que les environs des grandes gares, comme Ebury Street près de Victoria et Sussex Gardens près de Paddington. De nombreux hôtels de chaîne sont situés près des gares de Euston et de Waterloo, dans la City et dans les Docklands. Mieux vaut éviter le quartier juste au nord de King's Cross la nuit.

Les environs de Londres, comme Ealing, Hendon, Wembley, Bromley ou Harrow, comptent également des hôtels bon marché. De là, vous pouvez prendre les transports en commun pour venir dans le centre. Attention toutefois à ne pas rater le dernier train le soir.

Si vous êtes bloqué dans un aéroport ou si vous avez un avion à prendre tôt le matin, consultez la liste des hôtels p. 361.

Pour obtenir des informations ou un conseil et pour réserver, contactez le **London Tourist Board (LTB)**.

Le salon de thé du Méridien Waldorf ***(p. 284)***

RÉDUCTIONS

Si les prix restent élevés toute l'année, nombre d'hôtels, notamment ceux des grandes chaînes hôtelières, proposent des tarifs réduits pendant les week-ends et à certaines périodes (p. 274). D'autres pratiquent des rabais en fonction de leur taux de remplissage : il est possible de négocier le prix si l'hôtel n'est pas plein (voir ci-dessous « Réservations sur Internet »). Les hôtels bon marché les plus anciens ont souvent des chambres sans bains ni douche, avec des prix à l'avenant.

SUPPLÉMENTS SURPRISE

Lisez attentivement les lignes en petits caractères. La plupart des hôtels indiquent des prix par chambre et non par personne, mais mieux vaut s'en assurer. Faites également attention au montant du service : il arrive qu'il soit ajouté au total. Les communications téléphoniques peuvent être facturées très cher. Au final, la facture d'un hôtel coûteux peut se révéler exorbitante.

Brocante et objets de collection

Pour des objets de moindre importance, et moindre valeur, essayez les marchés, notamment ceux de Camden Lock (*p. 324*), Camden Passage (*p. 324*) ou Bermondsey (*p. 324*). Hors du centre de la ville, de nombreuses artères ont également des marchés couverts aux étals spécialisés. Enfin, les petits magasins qui se serrent le long de Kensington Church Street, dans l'ouest de Londres, vendent à peu près tout, des meubles Arts and Crafts aux chiens du Staffordshire.

Les salles des ventes

Si vous décidez de participer à une vente aux enchères, mieux vaut lire attentivement les petits caractères dans le catalogue (vendu généralement £ 15 environ). Vous recevrez un numéro en vous faisant enregistrer, et il vous suffira, pour enchérir, de lever la main lorsque le lot que vous désirez est mis en vente. Les principales salles des ventes sont Christie's, Sotheby's, Phillips et Bonhams, mais ne négligez pas l'annexe de Christie's dans South Kensington, spécialisée dans les objets à portée de budgets plus modestes.

Carnet d'adresses

Mayfair

Asprey Garrard
165-169 New Bond St W1. **Plan** 12 E2.
020-7493 6767.

BCA
124 New Bond St W1.
Plan 12 F3.
020-7351 5353.

BCA
9 Cork St W1. **Plan** 12 F3.
020-7734 6444.

Browse and Darby Gallery
19 Cork St W1.
Plan 12 F3.
020-7734 7984.

Fine Art Society
148 New Bond St W1.
Plan 12 E2.
020-7629 5116.

Maas Gallery
15a Clifford St W1.
Plan 12 F3.
020-7734 2302.

Malcom Innes
7 Bury St SW1. **Plan** 12 F3. *020-7839 8083.*

Mallet Gallery
20 Georgian House, 10 Bury St W1.
Plan 12 F3.
020-7499 7411.

Mayor Gallery
22a Cork St W1.**Plan** 12 F3. *020-7734 3558.*

Piccadilly Gallery
16 Cork Street W1.
Plan 12 F3.
020-7629 2875.

Redfern Art Gallery
20 Cork St W1.
Plan 12 F3.
020-7734 1732.

Richard Green
4 New Bond St W1.
Plan 12 E2.
020-7491 3277.

S J Phillips
139 New Bond St W1.
Plan 12 E2.
020-7629 6261.

Tryon Gallery
23-24 Cork St W1.
Plan 12 F3.
020-7734 6961.

Waddington Galleries
11, 12, 34 Cork St W1.
Plan 12 F3.
020-7437 8611.

St James's

Chris Beetle
8 & 10 Ryder St SW1.
Plan 12 F3.
020-7839 7429.

Derek Johns
12 Duke St SW1.
Plan 12 F3.
020-7839 7671.

Johnny Van Haeften
13 Duke St SW1.
Plan 12 F3.
020-7930 3062.

Walton Street

Crane Kalman
178 Brompton Rd SW3.
Plan 19 B1.
020-7584 7566.

Belgravia

Mathaf Gallery
24 Motcomb St SW1.
Plan 12 D5.
020-7235 0010.

Michael Parkin Fine Art
1 Sloane Square SW1.
Plan 19 C2.
020-7730 9784.

Pimlico Road

Henry Sotheran Ltd
80 Pimlico Rd SW1.
Plan 20 D3.
020-7730 8756.

Westenholz
76 Pimlico Rd SW1.
Plan 20 D2.
020-7824 8090.

Œuvres d'art abordables

East-West Gallery
8 Blennheim Cres W11.
Plan 9 A2.
020-7229 7981.

Flowers East
199-205 Richmond Rd E8.
020-8985 3333.

Purdey Hicks
65 Hopton St SE1.
Plan 14 F3.
020-7401 9229.

Royal Festival Hall
South Bank Centre SE1.
Plan 14 D4.
020-7928 3191.

Photographie

Hamilton's
13 Carlos Place W1.
Plan 12 E3.
020-7499 9493.

Photographers' Gallery
5 & 8 Great Newport St WC2.
Plan 13 B2.
020-7831 1772.

Special Photographers' Company
21 Kensington Park Rd W11. **Plan** 9 B2.
020 7221 3489.

Les salles des ventes

Bonhams, W & F C, Auctioneers
Montpelier St SW7.
Plan 11 B5.
020-7584 9161

Aussi : Chelsea Galleries, 65-69 Lots Road SW10.
Plan 18 F5.
020-7351 7111.

Aussi : Bonhams, 101 New Bond St W1.
Plan 12 E2.
020-7629 6602.

Christie's Fine Art Auctioneers
8 King St SW1.
Plan 12 F4.
020-7839 9060.

Aussi : 85 Old Brompton Road SW7.
Plan 18 F2.
020-7581 7611.

Sotheby's Auctioneers
34-35 New Bond St W1.
Plan 12 E2.
020-7293 5000.

Phillips Auctioneers & Valuers
101 New Bond St W1.
Plan 12 E2.
020-7629 6602.

Les marchés

Les marchés de Londres sont d'une telle exubérance que l'ambiance justifierait à elle seule le déplacement, s'ils ne proposaient pas en prime des prix vraiment intéressants. Prenez toutefois garde à votre sac ou votre portefeuille en vous mêlant à la foule.

Le marché de Bermondsey (New Caledonian Market)

Long Lane and Bermondsey St SE1. **Plan** 15 C5. *London Bridge, Borough.* ***Ouvert*** *5 h-14 h ven.* ***Fermé*** *à partir de midi. Voir p. 182.*

Si les plus beaux bijoux anciens ou pièces d'argenterie proposés le vendredi matin à Bermondsey partent généralement avant 9 h (souvent achetés par des antiquaires), le fouineur plus tardif garde tout de même ses chances de découvrir une curiosité intéressante.

Le marché de Berwick Street

Berwick St W1. **Plan** 13 A1. *Piccadilly Circus, Leicester Sq.* ***Ouvert*** *9 h-18 h lun.-sam. Voir p. 108.*

Les marchands des quatre-saisons de Berwick Street, à Soho, vendent les fruits et légumes les moins chers et les plus alléchants du West End. Vous y trouverez aussi bien radis noir espagnols que tomates olivettes italiennes. Ce marché est également intéressant pour le cuir, l'épicerie, les tissus et les appareils ménagers bon marché. Situé à une ruelle de Berwick Street, le marché de Rupert Street propose dans une ambiance moins animée des produits en général un peu plus chers.

Le marché de Borough

Southwark St SE1. **Plan** 14F3. *London Bridge.* ***Ouvert*** *midi-18 h ven., 9 h-16 h sam. Voir p. 176.*

Un marché où vous trouverez les produits de la ferme : viande bio, fromages de qualité…

Le marché de Brick Lane

Brick Lane E1. **Plan** 8 E5. *Shoreditch, Liverpool St, Aldgate East.* ***Ouvert*** *de l'aube à 13 h dim. Voir p. 170-171.*

Ce sont plutôt les abords de ce marché très fréquenté de l'East End qui valent qu'on s'y promène : vous découvrirez ainsi les appentis de Cheshire Street où s'entassent meubles bancals et vieux livres, ou vous fouillerez les étals croulant de camelote sur Bethnal Green Road. Sur Bacon Street, des vendeurs à la sauvette vous proposeront montres ou anneaux en or, et vous plongerez dans des tonnes de fripes sous les arcades en brique du carrefour de Slater Street et de Brick Lane. Ne négligez pas les odorantes boutiques d'épices de cette artère au cœur de la communauté bengali de Londres.

Le marché de Brixton

Electric Ave SW9. *Brixton.* ***Ouvert*** *8 h 30-17 h 30 lun., mar., jeu.-sam. ; 8 h 30-13 h mer.*

Sur les rythmes entêtants des morceaux de reggae diffusés par les haut-parleurs des marchands de disques, ce marché propose un choix extraordinaire de produits africains et antillais, depuis la queue de porc jusqu'aux bananes plantain et les fruits de l'arbre à pain. C'est sous les vieilles arcades de Granville et de Market Row que l'on trouve les meilleurs produits (beaucoup de poissons). Tout autour, d'autres étals proposent perruques afro, étranges herbes et potions et, sur Brixton Station Road, fripes.

Le marché de Camden Lock

Buck St NW1. *Camden Town.* ***Ouvert*** *9 h 30-17 h 30 lun.-ven., 10 h-18 h sam. et dim.*

Ce marché s'est considérablement agrandi depuis sa création en 1974, et il attire chaque week-end des milliers de jeunes qui s'y rendent autant pour l'ambiance que pour l'artisanat, les vêtements branchés – neufs et d'occasion –, la nourriture bio, les livres, les disques et les antiquités des étals. Musiciens ambulants et comédiens de rue se produisent en outre dans le charmant secteur pavé proche du canal.

Le marché de Camden Passage

Camden Passage N1. **Plan** 6 F1. *Angel.* ***Ouvert*** *10 h-14 h mer., 10 h-17 h sam.*

Camden Passage est une paisible allée que bouquinistes et restaurants partagent avec de coquets magasins d'antiquités. Estampes, pièces d'argenterie, journaux du XIXe siècle, bijoux et jouets font partie des objets que ces boutiques proposent. N'espérez pas faire l'affaire de l'année, les marchands sont des spécialistes, mais le cadre se prête merveilleusement à la flânerie.

Le marché de Chapel

Chapel Market N1. **Plan** 6 E2. *Angel.* ***Ouvert*** *9 h-15 h 30 mar., mer., ven., sam. ; 9 h-13 h jeu., dim.*

Fruits et légumes variés et bon marché, vêtements et articles ménagers à des prix de braderie, les plus beaux étals de poissons du quartier, ce marché est l'un des plus traditionnels et des plus animés de Londres, surtout le samedi et le dimanche.

Les marchés de Church Street et de Bell Street

Church St NW8 and Bell St NW1. **Plan** 3 A5. *Edgware Rd.* ***Ouvert*** *8 h 30-16 h lun.-jeu., 8 h 30-17 h ven., sam.*

Comme beaucoup de marchés à Londres, celui de Church Street s'anime réellement en fin de semaine. Dès le vendredi, des étals de vêtements bon marché, de meubles, de poissons, de fromage et d'antiquités s'installent à côté de ceux de fruits et légumes présents tous les jours. L'Alfie's Antique Market, aux numéros 13-25, abrite plus de 300 petits stands vendant de tout, des bijoux jusqu'au gramophone. Sur Bell Street, une rue parallèle, on brade tous les samedis vêtements, disques et vieux appareils électriques.

Le marché de Columbia Road

Columbia Rd E2. **Plan** 8 D3. *Shoreditch, Old St.* ***Ouvert*** *8 h-12 h 30 dim. voir p. 171.*

Tous les dimanches matin, dans cette charmante rue victorienne, fleurs coupées, plantes vertes, arbustes, semis ou pots sont vendus environ la moitié du prix qu'ils coûtent dans le reste de Londres. On peut aussi n'y venir que pour les odeurs et le plaisir des yeux.

Le marché de East Street

East St SE17. *Elephant and Castle.* ***Ouvert*** *8 h-17 h mar., mer., ven., sam. ; 8 h-14 h jeu., dim.*

Plus de 250 étals se serrent le dimanche dans l'étroite East Street et vendeurs de vêtements (surtout neufs), d'appareils électriques et de meubles l'emportent alors en nombre sur les marchands de fruits et légumes. Çà et là, de furtifs camelots aux valises usagées proposent lacets ou lames de rasoir à des passants qui, pour beaucoup, viennent ici plus pour le spectacle que pour acheter, à l'instar du jeune Charlie Chaplin (*p. 37*) au début de ce siècle. Un petit marché aux fleurs s'installe également sur Blackwood Street.

Les marchés de Gabriel's Wharf et de Riverside Walk

56 Upper Ground and Riverside Walk SE1. **Plan** 14 E3. *Waterloo.* ***Gabriel's Wharf ouvert*** *9 h 30-18 h ven.-dim. ;* ***Riverside Walk ouvert*** *10 h-17 h sam., dim. et certains jours.* *Voir p. 191.*

De petites boutiques pleines de porcelaines, de tableaux et de bijoux cernent le kiosque à musique de Gabriel's Wharf où des groupes de jazz se produisent parfois l'été. Quelques étals se dressent autour de la cour, proposant vêtements exotiques, ou poteries et bijoux artisanaux. On trouvera à la bourse aux livres, située à proximité, sous Waterloo Bridge, aussi bien livres de poche que brochés, neufs ou d'occasion.

Le marché de Greenwich

College Approach SE10. **Plan** 23 B2. *Greenwich.* ***Ouvert*** *9 h-17 h sam., dim.*

Tous les week-ends, le secteur qui s'étend à l'ouest de l'hôtel Ibis est envahi par des douzaines de tables pliantes croulant sous un extraordinaire bric-à-brac d'où émergent médailles ou livres d'occasion. Réservé à l'artisanat, le marché couvert propose jouets en bois, vêtements de jeunes stylistes et accessoires de mode.

Les marchés de Jubilee et d'Apple

Covent Gdn Piazza WC2. **Plan** 13 C2. *Covent Gdn.* ***Ouvert*** *9 h-17 h t.l.j.*

Apple Market, à l'intérieur de la Piazza qu'occupait jadis le célèbre marché de fruits et légumes (*p. 114*), propose notamment tricots faits main, maroquinerie, livres et objets d'art. On trouve en outre surplus militaires, gravures et bijoux dans la partie en plein air. Dans Jubilee Hall, on vend des antiquités le lundi, de l'artisanat le week-end, et des vêtements, des sacs, des produits de beauté et des souvenirs sans intérêt le reste de la semaine.

Le marché de Leadenhall

Whittington Ave EC3. **Plan** 15 C2. *Bank, Monument.* ***Ouvert*** *7 h-16 h lun.-ven.* *Voir p. 159.*

Oasis culinaire au milieu de la City, le marché de Leadenhall, qui comprend certaines des meilleures boutiques d'alimentation de la capitale, a su entretenir sa réputation en matière de gibier à plumes, et canards sauvages, sarcelles, perdrix et bécasses pendent de ses étals en saison. Il propose également un très beau choix de produits de la mer.

Marché de Leather Lane

Leather Lane EC1. **Plan** 6 E5. *Chancery Lane.* ***Ouvert*** *10 h 30-14 h lun.-ven.*

Cette très vieille rue de Londres accueille un marché depuis plus de 300 ans. Si le *leather* de son nom n'a pas de rapport avec le cuir (la rue s'appelait à l'origine Le Vrune Lane), c'est pourtant l'un des articles les plus intéressants qu'on y vend aujourd'hui. Les étals d'appareils électriques, de vêtements ou de cassettes et disques compacts bon marché méritent aussi un coup d'œil.

Le marché de Petticoat Lane

Middlesex St E1. **Plan** 16 D1. *Liverpool St, Aldgate, Aldgate East.* ***Ouvert*** *9 h-14 h dim. (Wentworth St 10 h-14 h 30 lun.-ven.).* *Voir p. 169.*

Le plus connu des marchés de Londres attire toujours visiteurs et habitants du quartier par milliers chaque dimanche. Si les prix pratiqués le rendent souvent moins intéressant que d'autres, le choix d'articles en cuir, de vêtements traditionnels, point fort de Petticoat Lane, de bijoux bon marché et de jouets est tellement vaste qu'il compense largement. En cas de petit creux, une nuée de marchands ambulants proposent toutes sortes d'en-cas.

Le marché artisanal de Piccadilly

St James's Church, Piccadilly W1. **Plan** 13 A3. *Piccadilly Circus, Green Park.* ***Ouvert*** *10 h-17 h jeu.-sam.*

Au Moyen Âge, la plupart des marchés se tenaient dans la cour d'une église, et le Piccadilly Crafts Market, installé dans l'ombre de St James's Church, superbe sanctuaire édifié par Wren (*p. 90*), ranime cette tradition. Visant les touristes plutôt que les Londoniens, il propose pêle-mêle T-shirts de mauvaise qualité, véritables gravures du XIXe siècle, chauds lainages d'Aran, cartes de vœux faites à la main et, sur quelques étals, antiquités.

Le marché de Portobello Road

Portobello Rd W10. **Plan** 9 C3. *Notting Hill Gate, Ladbroke Grove.* ***Ouvert*** *antiquités et bric-à-brac : 7 h-17 h 30 sam. Marché généraliste : 9 h-17 h lun.-mer., ven., sam. ; 9 h-13 h jeu.* *Voir p. 219.*

Trois ou quatre marchés se mêlent pour former celui de Portobello Road. Vers le sommet de Notting Hill, plus de 2 000 étals présentent objets d'art, bijoux, médailles, tableaux ou argenterie. Tenus par des experts, ils n'offrent guère d'espoir de dénicher une affaire. Ils laissent la place plus bas aux marchands de fruits et légumes, eux-mêmes remplacés par des vendeurs de vêtements pas chers et de bric-à-brac sans valeur au niveau du carrefour de Westway. Le marché devient ensuite de plus en plus miteux.

Le marché de Ridley Road

Ridley Rd E8. *Dalston.* ***Ouvert*** *9 h-15 h lun.-mer. ; 9 h-12 h jeu. ; 9 h-17 h ven., sam.*

Au début du siècle, Ridley Road était un des centres de la communauté juive, mais Asiatiques, Grecs, Turcs et Antillais se sont installés depuis dans le quartier. Le marché célèbre gaiement ce mélange culturel. Une boulangerie juive ouverte 24 h sur 24 y côtoie les étals colorés de vendeurs de tissus et des cahutes tôlées proposant bananes vertes, ignames ou disques de reggae.

Le marché de St Martin-in-the-Fields

St Martin-in-the-Fields Churchyard WC2. **Plan** 13 B3. *Charing Cross.* ***Ouvert*** *11 h-17 h lun.-sam. ; 12 h-17 h dim.* *Voir p. 102.*

Ce marché d'artisanat n'existe que depuis la fin des années 80. Si les T-shirts et écharpes aux couleurs des clubs de football ne font pas de grands souvenirs de Londres, les poupées russes et les lainages et objets décoratifs d'Amérique du Sud sont plus intéressants.

Le marché de Shepherd's Bush

Goldhawk Rd W12. *Goldhawk Road, Shepherd's Bush.* ***Ouvert*** *9 h 30-17 h lun.-mer., ven., sam. 9 h 30-14 h 30 jeu.*

Comme ceux de Ridley Road et de Brixton, le marché de Shepherd's Bush sert de point de ralliement aux communautés étrangères du quartier. On y trouve aussi bien nourriture antillaise qu'épices asiatiques.

Old Spitafields Market

Commercial St E1. *Aldgate East, Liverpool Street.* ***Ouvert*** *11 h-15 h lun.-ven., 9 h 30-17 h 30 dim.* *Voir p. 170.*

Très couru le dimanche matin, ce marché est une mecque de la dernière mode. Nombre de jeunes designers y ont un étal et les prix restent raisonnables.

Se distraire à Londres

Enfants comme adultes trouveront à Londres, dans un cadre et une atmosphère marqués par l'histoire, tout l'éventail de distractions que procurent les grandes capitales. Vous pourrez aussi bien passer la nuit sur la piste de danse d'une discothèque bondée comme le Stringfellows ou le Heaven, qu'applaudir les légendes vivantes dont le talent s'exprime sur les très vieilles planches des théâtres du West End, ou encore admirer un ballet ou un opéra dans des salles aussi prestigieuses que celles du Sadler's Wells, du Royal Opera House ou du Coliseum. À moins que vous ne préfériez assister à une pièce ou une chorégraphie d'avant-garde. Londres est en outre la ville européenne où se donne chaque soir le plus de concerts. Classique, jazz, rock ou rythm'n blues, vous n'aurez que l'embarras du choix. Pour les passionnés de cinéma, vastes complexes multisalles ou petits cinémas indépendants proposent chaque soir plusieurs centaines de films, et les amateurs de sport ne rateront sans doute pas l'occasion de s'adonner à des plaisirs aussi typiquement britanniques qu'assister à un match de cricket au Lords, encourager des rameurs sur la Tamise, ou manger des framboises à la crème en regardant une rencontre de tennis à Wimbledon. Et si le temps le permet, pourquoi ne pas se promener à cheval à Hyde Park ? Quoi que vous cherchiez, vous trouverez de quoi vous satisfaire à Londres. À condition de savoir où vous renseigner.

Concerts gratuits dans un café

Soirées classiques : concert à Kenwood House (*en haut*) ; théâtre en plein air à Regent's Park (*à gauche*) ; représentation au Coliseum (*à droite*)

Sources d'information

Chaque mercredi paraissent les magazines *Time Out* et *What's On and Where to Go In London*, vendus par la plupart des marchands de journaux et dans de nombreuses librairies, qui vous donneront le programme complet des spectacles à l'affiche. Parmi les quotidiens du soir, l'*Evening Standard* donne un programme réduit tous les jours, avec un supplément détaillé, « Hot Tickets », le jeudi. L'*Independent* propose également tous les jours un programme, avec une rubrique artistique détaillée. Un programme complet « *The Information* » est publié chaque semaine. Le *Guardian* a une intéressante rubrique critique quotidienne et un programme complet le samedi.

Salles de concert, cinémas et centres culturels, comme le South Bank et le Barbican, distribuent gratuitement brochures d'informations et programmes des manifestations à venir. Ces publications sont en général disponibles sur les lieux mêmes et aux comptoirs des hôtels et des bureaux d'information touristique. Rien n'interdit également de lire les affiches qui égaient partout la ville.

Les amateurs de théâtre se voient particulièrement choyés. Le National Theatre, la Royal Shakespeare Company et la Society of London Theatre (SOLT) publient régulièrement des bulletins d'information gratuits détaillant les pièces de la saison. Si ceux-ci laissent malheureusement de côté les spectacles les plus novateurs, proposés par les *Fringe Theatres* , ils donnent néanmoins de précieux renseignements sur ce qui se passe à Londres.

La SOLT dispose d'un site web (www.officialondontheatre.co.uk) qui renseigne sur toutes les productions, mais ne donne pas les places disponibles. Pour cela, utiliser le service de fax (09069-111 311).

Danseuses du Royal Ballet à Covent Garden

Acheter sa place

Certains des spectacles les plus populaires du West End – la dernière comédie musicale de Lloyd Webber, par exemple – peuvent afficher complet des semaines, voire des mois à l'avance. Ce cas ne constitue toutefois pas la norme, et il est presque toujours possible d'obtenir des billets pour le soir même, surtout si l'on se tient prêt à faire la queue devant le théâtre afin d'attendre la mise en vente des réservations décommandées. Si vous préférez mieux organiser votre séjour, réserver demeure cependant préférable. Pour prendre vos places à l'avance, vous pouvez soit vous déplacer, soit téléphoner ou écrire, soit, si votre hôtel en offre la possibilité, laisser un chasseur se charger de la démarche.

Les billetteries des salles de spectacles sont généralement ouvertes de 10 h à 20 h, et acceptent les règlements en liquide, par carte de crédit, ou en chèques de voyage. La plupart revendent les billets non réclamés ou retournés juste avant le début du spectacle ; renseignez-vous au guichet pour savoir à partir de quelle heure se présenter.

Si vous réservez par téléphone, le plus simple sera de régler à votre arrivée au théâtre. Certains établissements ont une ligne particulière pour les réservations payées par carte bancaire, d'autres, enfin, n'acceptent pas ces dernières. Le guichet principal vous renseignera.

Plaque du Palace Theatre

Spectateurs handicapés

Si de nombreuses salles de spectacles londoniennes occupent des bâtiments anciens, conçus à l'origine sans souci des personnes handicapées, plusieurs se sont récemment dotées de places accessibles en fauteuil roulant et de systèmes adaptés aux malentendants.

Mieux vaut cependant réserver à l'avance ces places ou ce matériel. Profitez-en pour demander si des réductions s'appliquent aux handicapés et à leurs accompagnateurs.

Les transports publics

Les noctambules londoniens apprécient particulièrement l'autobus, mais vous pouvez également commander un taxi par téléphone. En périphérie, tard le soir, il est difficile d'en trouver un dans la rue. Le métro circule en général jusque peu après minuit, mais l'heure de la dernière rame varie selon les lignes ; vérifiez les horaires dans les stations (*p. 364-365*).

Les agences de location

Mieux vaut toujours commencer par essayer d'acheter ses billets au guichet de la salle. Si vraiment il n'en a plus, demandez leurs prix avant de vous rendre dans une agence. La plupart, mais pas toutes, sont des maisons sérieuses qui disposent réellement des places qu'elles prétendent fournir et pratiquent la commission normale de 22 %. Si vous commandez par téléphone, vous pourrez soit recevoir le billet, soit le retirer au théâtre. Certains d'entre eux acquittent eux-mêmes la commission, ce qui est normalement précisé, et vous ne devriez alors payer que les frais habituels de réservation. Comparez toujours les prix et évitez les agences installées dans des bureaux de change.

Les magazines de programme

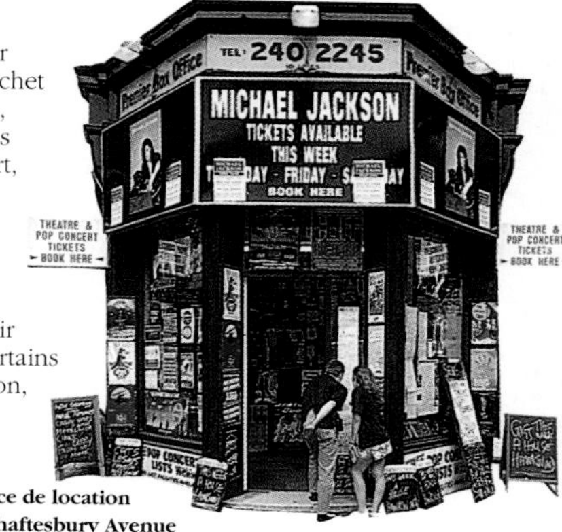

Agence de location sur Shaftesbury Avenue

Les théâtres londoniens

Londres est une des grandes capitales mondiales du théâtre, et les meilleurs spectacles y sont d'une qualité exceptionnelle. En dépit de la réserve dont ils ont la réputation, les Anglais éprouvent une véritable passion pour l'art de la scène, et les salles s'efforcent de répondre à toutes les nuances de cet engouement. En vous promenant dans le West End, vous verrez ainsi à l'affiche aussi bien des drames de Beckett, Brecht ou Tchekhov qu'une farce intitulée *Pas de sexe, je vous prie, nous sommes britanniques !*

Les théâtres du West End

Les théâtres du West End possèdent un charme particulier. Peut-être vient-il des lustres de leurs halls d'entrée, de la richesse de leur décoration ou d'une réputation acquise au fil des siècles. Il leur permet, en tout cas, de garder à l'affiche des vedettes comme Judi Dench, Vanessa Redgrave, John Malkovich, Richard Harris et Peter O'Toole.

Les principales salles privées sont regroupées sur Shaftesbury Avenue et Haymarket, et aux alentours de Covent Garden et de Charing Cross Road. Contrairement aux théâtres nationaux, la plupart de ces établissements ne reçoivent aucune subvention, et survivent uniquement des recettes des spectacles et des avances de financiers prêts à prendre le risque de coproduire leurs créations.

Nombre de ces théâtres appartiennent à l'histoire, comme le classique **Theatre Royal Drury Lane**, fondé en 1663 (*p. 115*), ou l'élégant **Theatre Royal Haymarket** – tous deux installés dans de superbes bâtiments du début du XIXe siècle –, sans oublier le **Palace** (*p. 108*) dont la superbe façade de terre cuite domine Cambridge Circus.

Les théâtres nationaux

Installé dans le South Bank Centre (*p. 332*), le **Royal National Theatre**, dispose de trois salles : la grande salle Olivier équipée d'un immense plateau, la salle Lyttelton dotée d'une importante avant-scène et la petite salle Cottesloe, très modulable, qui permettent à la compagnie de présenter les mises en scène les plus grandioses comme les plus intimistes, les plus classiques comme les plus modernes. Avant la représentation, prenez le temps de boire un verre au café de ce centre culturel animé, de regarder couler le fleuve et la foule, de visiter les expositions gratuites ou d'explorer la librairie.

Le Barbican Centre, à Smithfiel (*p. 165*), abrite le siège londonien de la **Royal Shakespeare Company**, compagnie théâtrale nationale de Grande-Bretagne.

Malgré son nom, cette troupe ne se cantonne pas aux œuvres du génial Shakespeare mais possède aussi à son répertoire des tragédies grecques, des joyaux du théâtre de la Restauration et de très nombreuses pièces modernes. Selon leur importance, les productions sont présentées dans le magnifique Barbican Theatre ou dans une salle plus petite : The Pit. L'agencement du centre culturel étant un peu déroutant, mieux vaut arriver en avance aux représentations : ce sera l'occasion de profiter des expositions organisées dans le hall d'entrée, souvent en rapport avec le spectacle, et de l'animation musicale gratuite qui pourra être aussi bien un ensemble de musique de chambre qu'un orchestre de samba. Vous trouverez également des informations sur les créations de la RSC dans ses théâtres de Stratford-upon-Avon.

Adresses des théâtres nationaux

Royal National Theatre
(Lyttelton, Cottesloe, Olivier) South Bank SE1. **Plan** 14 D3.
020-7452 3000.

Royal Shakespeare Company
Barbican Centre, Silk St EC2.
Plan 7 A5.
020-7638 8891.

La pantomime

Si vous vous trouvez à Londres entre décembre et février, ne manquez pas d'aller en famille assister à un spectacle de pantomime. Marquée par le goût pour l'absurde des Britanniques, la « *panto* » fait partie de l'éducation de presque tous les jeunes Anglais. Les rôles masculins y sont tenus par des femmes, et vice versa, et le public se doit de crier encouragements et instructions aux acteurs. Les adultes trouvent parfois l'expérience bizarre mais les enfants adorent.

Le théâtre en plein air

Les pièces les plus légères de Shakespeare telles *Comme il vous plaira* ou *le Songe d'une nuit d'été* prennent une dimension particulière sous les frondaisons de Regent's Park (*p. 224*) ou de Holland Park (*p. 218*). N'oubliez pas de prendre une couverture et, pour plus de sûreté, un parapluie.

Vous trouverez sur place des rafraîchissements mais pouvez apporter un pique-nique.

Adresses des théâtres en plein air

Holland Park Theatre
Holland Park. **Plan** 9 B4.
020-7602 7856.
Ouvert *juin-août.*
www.operahollandpark.com

Open-Air Theatre
Inner Circle, Regent's Park NW1.
Plan 4 D3.
020-7935 5756.
020-7486 2431.
Ouvert *mai-sept.*

Les théâtres du West End

Adelphi 13
Strand WC2.
020-7344 0055.

Albery 1
St Martin's Lane WC2.
020-7369 1730.

Aldwych 17
Aldwych WC2.
020-7379 3367.

Apollo 32
Shaftesbury Ave W1.
020-7494 5070.

Cambridge 24
Earlham St WC2.
020-7494 5080.

Comedy 8
Panton St SW1.
020-7369 1731.

Criterion 7
Piccadilly Circus W1.
020-7413 1437.

Duchess 15
Catherine St WC2.
020-7494 5075.

Duke of York's 3
St Martin's Lane WC2.
020-7369 1791.

Fortune 20
Russell St WC2.
020-7836 2238.

Garrick 4
Charing Cross Rd WC2.
020-7494 5085.

Gielgud 31
Shaftesbury Ave W1.
020-7494 5065.

Her Majesty's 10
Haymarket SW1.
020-7494 5400.

Lyceum Theatre 15
Wellington St WC2.
0870-243 9000.

Lyric 33
Shaftesbury Ave W1.
0870-890 1107.

New Ambassador 26
West St WC2.
020-7369 1761.

New London 21
Drury Lane WC2.
020-7405 0072.

Palace 28
Shaftesbury Ave W1.
020-7434 0909.

Phoenix 27
Charing Cross Rd WC2.
020-7369 1733.

Piccadilly 34
Denman St W1.
020-7369 1734.

Playhouse 12
Northumberland Ave WC2.
020-7494 5372.

Prince Edward 29
Old Compton St W1.
020-7447 5400.

Prince of Wales 6
Coventry St W1.
020-7839 5972.

Queen's 30
Shaftesbury Ave W1.
0870-890 1110.

Shaftesbury 22
Shaftesbury Ave WC2.
020-7379 3345.

Strand 17
Aldwych WC2.
0870-901 3356.

St Martin's 25
West St WC2.
020-7836 1443.

Theatre Royal : -Drury Lane 19
Catherine St WC2.
020-7494 5000.

-Haymarket 9
Haymarket SW1.
020-7494 5372.

Vaudeville 14
Strand WC2.
020-7836 9987.

The Venue 5
Leicester Pl W1.
0870-899 3355.

Whitehall 11
Whitehall SW1.
020-7369 1735.

Wyndham's 2
Charing Cross Rd WC2.
020-7369 1736.

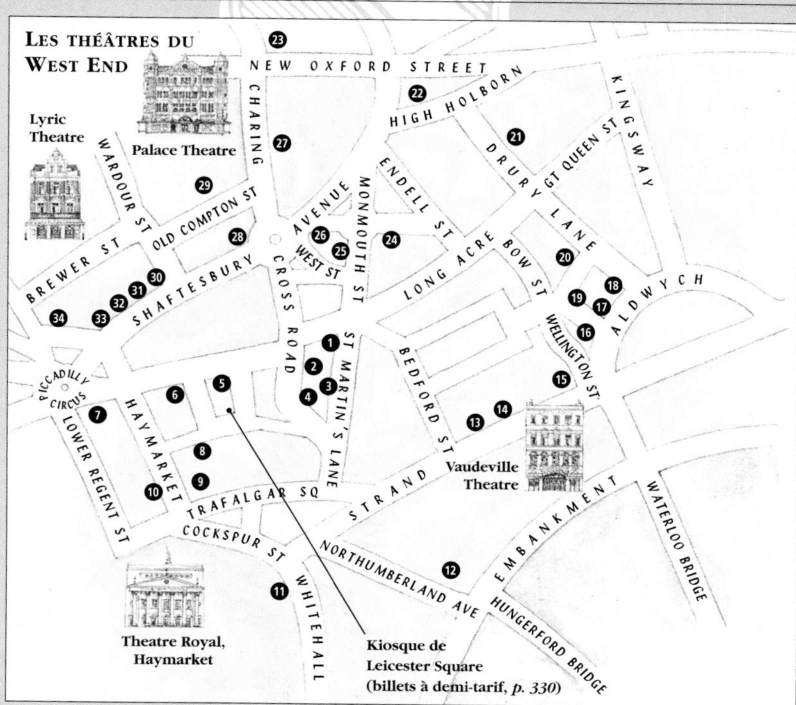

Les « Fringe Theatres »

Parce qu'ils sont souvent situés à la limite de la ville, les Londoniens appellent « fringe theatres » ce que l'on nommerait théâtres « off » à New York ou au festival d'Avignon. C'est là que sont montées les pièces féministes ou « gay », et celles d'auteurs peu connus, notamment irlandais, antillais ou encore latino-américains.

Ces théâtres n'occupent parfois que des salles minuscules dans des pubs – comme le **Gate Theatre** au-dessus du Prince Albert à Noting Hill, le **King's Head** à Islington et le **Grace** au pub Latchmere à Battersea (*p. 309*) – ou un espace vacant dans un établissement plus important, tel le **Donmar Warehouse** et le **Studio** au Lyric.

Le **Bush,** l'**Almeida** et le **Theatre Upstairs** se sont forgé une réputation de découvreurs de talents et certaines des pièces qu'ils montèrent passèrent dans le West End. Si Molière n'a plus besoin d'être découvert, vous ne pouvez toutefois espérer l'entendre en version originale qu'à l' **Institut Français.** Le **Goethe Institute** programme aussi parfois des spectacles en allemand.

Si vous préférez l'insolence du café-théâtre ou des spectacles satiriques, essayez le **Comedy Store,** berceau de la comédie dite « alternative », le **Hackney Empire,** un ancien music-hall victorien dont l'intérieur justifie à lui seul le déplacement.

Les tarifs réduits

Les prix des places varient énormément selon les théâtres. Les billets les moins chers dans le West End ne dépassent pas £ 10, alors que les meilleures places pour une comédie musicale tournent autour de £ 30. Il est cependant possible d'obtenir des billets moins chers.

Le kiosque de Leicester Square (*p. 329*) vend ainsi des billets à demi-tarif pour des représentations du jour même. Il est ouvert du lundi au samedi (10 h-19 h) et le dimanche (midi-15 h 30) pour les spectacles en matinée. Le paiement s'effectue en liquide et un acheteur ne peut prendre plus de quatre places.

Les guichets des théâtres proposent aussi parfois des tarifs réduits pour des matinées, des représentations de presse ou des générales.

Choisir ses places

Si vous réservez vos places au théâtre même, vous pourrez consulter le plan de la salle et choisir celles qui vous conviennent en fonction de vos moyens.

Si vous téléphonez, voici, en ordre de visibilité et de prix décroissants, les types de places : *boxes* (baignoires, dispendieuses), *stalls* (premiers rangs), *back stalls* (juste derrière), *dress circle* (corbeille), *grand* et *royal circles* (premiers balcons), *upper circles* ou *balcony* (seconde galerie) et enfin les *slips* qui sont les fauteuils à l'extrême bord de la salle.

N'oubliez pas que certaines des places les moins chères n'offrent pas une vue complète de la scène.

Activités liées au théâtre

Si le théâtre vous passionne, vous aimerez sans doute visiter les coulisses d'une salle de spectacle. Le National Theatre organise ce genre de visites (se renseigner auprès du service de réservation, *p. 328*). Le musée du Théâtre (*p. 115*) vaut également le détour.

Fantômes irascibles

Si de nombreux théâtres londoniens se prétendent hantés, les deux plus célèbres revenants se manifestent au Garrick et au Duke of York's (*p. 329*). Directeur du premier au début du siècle, Arthur Bourchier continue d'y faire des apparitions régulières quoique spectrales dans le but, estiment les experts, de continuer à traumatiser les critiques qu'il détestait. Quant au Duke of York', il reçoit les visites de Violet Melnotte, actrice de la fin du XIXe siècle réputée pour son caractère emporté.

Les « Fringe Theatres »

Almeida
Almeida St N1.
020-7359 4404.

Bush
Shepherds Bush Green W12.
020-7602 3703.

Comedy Store
28a Leicester Sq WC2.
Plan 13 B3.
020-7344 0234.

Donmar Warehouse
Earlham St WC2. **Plan** 13 B2.
020-7369 1732.

Gate Theatre
The Prince Albert,
11 Pembridge Rd W11.
Plan 9 C3.
020-7229 0706.

Goethe Institute
50 Prince's Gate,
Exhibition Rd SW7.
Plan 11 A5.
020-7596 4000.

Grace
503 Battersea Park
Rd SW11.
020-7228 2620.

Hackney Empire
291 Mare St E8.
020-8985 2424.

Institut Français
17 Queensberry Pl SW7.
Plan 18 F2.
020-7073 1350.

King's Head
115 Upper St N1.
Plan 6 F1.
020-7226 1916.

Royal Court Theatre Upstairs
Sloane Sq SW1.
Plan 19C2.
020-7565 5000.

Studio
Lyric, Hammersmith,
King St W6.
020-8741 2311.

Les cinémas

Si vous ne parvenez pas à trouver un film qui vous séduise parmi les 250 projetés chaque jour à Londres, c'est que vous n'aimez pas le cinéma. Œuvres britanniques, américaines, étrangères (en version originale), récentes, classiques, populaires, le choix est immense. Il existe près de 50 cinémas dans le seul centre de la ville, dont plusieurs complexes multisalles proposant toutes les nouveautés. La cité renferme également beaucoup de cinémas indépendants dont les programmes peuvent satisfaire tous les goûts des cinéphiles. Les magazines spécialisés vous donneront adresses et programmes.

Les cinémas du West End

Les Londoniens englobent sous l'appellation « cinémas du West End » toutes les grandes salles présentant les nouveautés en exclusivité, qu'elles se trouvent dans ce quartier proprement dit, comme l'**Odeon Leicester Square** et l'**UGC** de Shaftesbury Avenue, ou dans les secteurs voisins de Chelsea, Fulham et Notting Hill.

Les séances commencent habituellement vers midi et se succèdent toutes les deux ou trois heures jusqu'à la dernière vers 20 h 30, les nocturnes étant réservées aux vendredis et samedis. Les places sont chères, jusqu'à deux fois plus onéreuses, pour le même film, que dans un cinéma de quartier, mais certaines salles pratiquent un tarif réduit les après-midi de semaine ou le lundi. Les vendredis et samedis soir, ainsi que les dimanches après-midi, mieux vaut réserver. La plupart des grands cinémas acceptent maintenant les réservations par téléphone et le règlement par cartes bancaires.

Les cinémas de répertoire

La programmation de ces salles inclut souvent des films étrangers en version originale sous-titrée. Certaines d'entre elles proposent deux ou trois films, généralement liés par un thème, pour le prix d'un seul billet.

Il s'agit notamment du **Prince Charles** (dans le centre, près de Leicester Square), de l'**Everyman** (nord de Londres), de l'ICA sur le Mall, du **Ritzy,** récemment rénové, et du **National Film Theatre.**

Le National Film Theatre

Le National Film Theatre (NFT) et le Museum of the Moving Image (MOMI) sont tous deux installés au South Bank Arts Complex, près de Waterloo Station. Le NFT dispose de deux salles où il présente des films très variés, notamment des œuvres rares ou restaurées, ainsi que des programmes de télévision du National Film Archive. À ne pas manquer par les cinéphiles.

Les films en langues étrangères

Souvent en français, ils sont projetés dans les salles indépendantes ou les cinémas de répertoire, dont le **Renoir,** le **Prince Charles,** le **Curzon** sur Shaftsbury Avenue, le **Metro,** et les cinémas de la chaîne **Screen.** Ils sont sous-titrés en anglais.

Les âges requis

Les enfants peuvent aller seuls voir un film ayant reçu le visa de censure U (pour tous) ou PG (présence des parents conseillée).

Pour les autres films, les chiffres 12, 15 ou 18 indiquent tout simplement l'âge minimum requis pour avoir le droit d'entrer dans la salle. Ces classifications sont toujours clairement précisées sur les affiches et dans les programmes.

London film festival

Le plus important événement cinématographique de Grande-Bretagne se déroule chaque année en novembre. Plus de 100 films de différents pays sont alors projetés en séance spéciale au NFT, dans plusieurs cinémas de répertoire et dans certaines des grandes salles du West End. Les magazines spécialisés en donnent le programme. Si les billets s'avèrent assez difficiles à obtenir, quelques places sont généralement proposées au public 30 minutes avant le début de la projection.

Adresses des cinémas

BFI London Imax
Waterloo Road SE1.
Plan 14 D4.
020-7902 1234.

Curzon Soho
93-107 Shaftesbury Ave W1. **Plan** 13 B2.
020-7439 4805.

Everyman
Hollybush Vale NW3. **Plan** 1 A5.
020-7431 1777.

Metro
Rupert ST W1. **Plan** 13 A3.
0870-907 0716.

National Film Theatre
South Bank Centre, SE1. **Plan** 14 D3. *020-7928 3232.*

Odeon Leicester Sq
Leicester Sq WC2.
Plan 13 B2.
0870-505 0007.

Prince Charles
Leicester Pl WC2.
Plan 13 B2
020-7494 3654.

Renoir
Brunswick Sq WC1.
Plan 5 C4.
020-7837 8402.

Ritzy
Brixton Rd SW2.
020-7733 2229.

Screen Cinemas
96 Baker St NW1
Plan 3 C5.
020-7935 2772.

UGC (Trocadero)
Coventry St W1
Plan 13 A3.
0870-907 0716.

L'opéra et les musiques classique ou contemporaine

Grand centre mondial de l'industrie du disque, y compris dans le domaine de la musique classique, Londres entretient cinq orchestres philharmoniques de classe internationale et une véritable nuée d'ensembles plus réduits, notamment contemporains. Y résident également en permanence trois compagnies d'opéra ainsi que de nombreux groupes vocaux. Ils s'adressent à un public de plus en plus large et populaire, conquis, entre autres, par les concerts gratuits organisés à Hyde Park, Covent Garden et dans la Piazza. Que vous désiriez assister à un opéra ou un concert de musique symphonique, de chambre, baroque ou dodécaphonique, c'est dans le magazine *Time Out* *(p. 326)* que vous trouverez le programme le plus complet.

Le Royal Opera House

Floral Street WC2. **Plan** 13 C2.
☎ *020-7304 4000. Voir p. 115.*
W www.royalopera.org.uk

Ce bâtiment au somptueux décor intérieur est le siège du prestigieux Royal Opera, mais accueille les créations d'autres compagnies ou corps de ballet. De nombreuses œuvres étant produites en collaboration avec l'étranger, vérifiez que vous n'avez pas déjà vu chez vous le spectacle à l'affiche.

Les places, chères (de £ 5 à parfois plus de £ 200), sont généralement réservées longtemps à l'avance, surtout si des vedettes comme Luciano Pavarotti ou Kiri Te Kanawa se produisent, les moins onéreuses partant en premier, bien qu'un certain nombre ne soient vendues que le jour même. Sachez toutefois que beaucoup de ces places bon marché n'offrent qu'une vue extrêmement réduite de la scène. Si vous en avez les moyens, les fauteuils d'orchestre, au centre de la salle, jouissent de la meilleure acoustique. En désespoir de cause, il reste toujours la possibilité de faire la queue dans l'espoir que des sièges réservés se libéreront, ou même de prendre une place debout (elles sont vendues jusqu'au tout début de la représentation). Au 020-7836 6903, on vous renseignera sur les places disponibles le jour même, certaines pouvant donner lieu à réduction.

Le London Coliseum

St Martin's Lane WC2. **Plan** 13 B3.
☎ *020-7836 0111.*
020-7632 8300. Voir p. 119.

Malgré son décor un peu fané, le Coliseum, siège de l'English National Opera (ENO), compagnie qui forme ses propres chanteurs, ne programme que des spectacles d'un très haut niveau musical. Pratiquement toutes les créations par l'ENO d'œuvres classiques (aux mises en scène souvent si audacieuses que des critiques se plaignent parfois que la clarté du livret s'en ressent) sont interprétées en anglais. Un public plus jeune que celui du Royal Opera fréquente le Coliseum aux places bien meilleur marché. Les moins chères ont toutefois acquis une solide réputation d'inconfort.

Le South Bank Centre

South Bank Centre SE1. **Plan** 14 D4.
☎ *020-7921 0600. Voir p. 186.*

Le South Bank Centre dispose de trois salles de spectacle, toutes d'une excellente acoustique : le Royal Festival Hall (RFH), le Queen Elizabeth Hall et la Purcell Room. La plus grande, le RFH construite dans les années 50, est considérée comme l'une des meilleures salles de Londres ; elle accueille principalement les grands orchestres nationaux et internationaux et œuvres chorales d'importance. À l'extérieur de l'auditorium, les grands halls sont aussi des lieux d'exposition, avec des cafés et une librairie. Des concerts gratuits s'y déroulent souvent. La plus petite, la Purcell Room, offre un espace idéal pour quatuors à cordes, ensembles de musique contemporaine ou récitals de jeunes artistes. De dimensions intermédiaires, le Queen Elizabeth Hall reçoit de préférence des ensembles de taille moyenne dont le public, trop nombreux pour la Purcell Room, ne remplirait cependant pas le Festival Hall. On y donne également des concerts de jazz et de musique traditionnelle, et les créations de l'Opera Factory, compagnie novatrice dont les interprétations modernes d'opéras classiques, ou les mises en scène d'œuvres contemporaines sont souvent controversées.

Le London Philharmonic Orchestra réside au South Bank et le Royal Philharmonic, le Philharmonia et le BBC Symphony Orchestra y donnent fréquemment des concerts, de même que des ensembles et des solistes de réputation internationale tels Shura Tcherkassky, Stephen Kovacevitch, ou Anne-Sofie von Otter. Des musiciens du monde entier, des musiciens au vaste répertoire, depuis le Kronos Quartet jusqu'à l'orchestre symphonique de Vienne, ont joué dans ces lieux. Des chefs d'orchestre prestigieux comme Bernard Haitink ou Simon Rattle y ont conduit des œuvres

L'Academy of St Martin-in-the-Fields, le London Festival Orchestra, le London Classical Players et le London Mozart Players y ont tous une saison régulière.

Des concerts gratuits ont souvent lieu dans le foyer, notamment avant les représentations du Royal

Les festivals de musique à Londres

Les concerts « promenades » (Proms), organisés par la BBC, se déroulent pour la plupart au Royal Albert Hall *(p. 333)* de juillet à septembre. Solistes, orchestres et chefs d'orchestres du monde entier explorent un vaste répertoire, du classique au contemporain, en plus de 70 concerts. Chaque concert est enregistré en direct.

Il est préférable de réserver à l'avance, mais 500 places « debout » sont vendues le jour même, une heure et demie avant le concert.

Le City of London Festival donne lieu chaque année en juin à l'organisation d'événements musicaux variés dans des églises et bâtiments publics de la City tels que la Tour de Londres *(p. 154)* ou le Goldsmith's Hall. Pour plus de détails, contactez le bureau de location (020-7377 0540) à partir de mai.

National Theatre (*p. 328*), et, tout au long de l'été, une visite au centre se voit généralement récompensée par les événements musicaux organisés sur les terrasses quand le temps le permet.

Le Barbican Concert Hall

Silk Street EC2. **Plan** 7 A5.
☎ *020-7638 8891. Voir p. 165.*

Cet austère bâtiment de béton est le siège du London Symphony Orchestra (LSO), dont l'originalité est d'articuler chacune de ses saisons autour des œuvres d'un seul compositeur. Le Royal Philharmonic Orchestra y présente une saison de printemps et l'English National Opera y donne régulièrement des représentations.

Le Barbican est également réputé pour sa programmation de musique contemporaine : le London Sinfonietta, spécialisé dans les compositeurs du XXe siècle, y donne la majorité de ses concerts londoniens et le BBC Symphony Orchestra propose chaque année un festival d'œuvres modernes.

Manifestation d'un abord plus facile, le LSO Summer Pops s'appuie sur une affiche impressionnante où se côtoient vedettes du théâtre, de la télévision, du cinéma et du disque.

Le Royal Albert Hall

Kensington Gore SW7. **Plan** 10 F5.
☎ *020-7589 3203. Voir p. 207.*

Le cadre somptueux du Royal Albert Hall accueille des événements aussi divers que des matchs de catch, des concerts de variétés ou des défilés de mode pendant toute l'année sauf de la mi-juillet à la mi-septembre, période réservée aux Henry Wood Promenade Concerts (les « *Proms* » pour tous les Londoniens), organisés par la BBC.
Outre les interprétations d'œuvres symphoniques modernes ou classiques par le BBC Philharmonic Orchestra, le programme, très varié, propose des orchestres du monde entier tels le City of Birmingham Orchestra, le Chicago Symphony Orchestra et le Boston Symphony Orchestra. S'il est toujours possible d'acheter des billets le jour du spectacle, les files d'attente sont telles que les habitués apportent des coussins. Réserver pour le dernier soir du festival, « *the last night of the Proms* », impose de s'y prendre des semaines, voire des mois, à l'avance. La ferveur du public, agitant des drapeaux et reprenant en chœur des chants patriotiques, en fait une soirée terriblement exotique pour les étrangers.

Concerts en plein air

À Kenwood House, sur Hampstead Heath (*p. 234*), une petite colline herbeuse domine l'étang derrière lequel se trouve la scène. Mieux vaut arriver tôt car ces concerts sont très populaires, surtout s'ils s'accompagnent de feux d'artifice. Chandail et pique-nique recommandés. Que les puristes se méfient : les orchestres sont sonorisés et le public se promène, mange et bavarde pendant la représentation. Pas de remboursement en cas de pluie, aucun concert n'ayant encore été interrompu pour une telle vétille !
Marble Hill House, Twickenham (*p. 252*), le Crystal Palace Park et Holland Park accueillent également des manifestations de ce genre.

Le Wigmore Hall

36 Wigmore St W1. **Plan** 12 E1.
☎ *020-7935 2141. Voir p. 226.*

En raison de son excellente acoustique, le Wigmore Hall, au programme extrêmement varié, attire des artistes internationaux aussi célèbres que Jessye Norman ou Julian Bream. Chaque semaine, le Wigmore Hall propose sept concerts en soirée, et un le dimanche matin de septembre à juillet.

St Martin-in-the-Fields

Trafalgar Sq WC2. **Plan** 13 B3.
☎ *020-7766 1100. Voir p. 102.*

Cette élégante église édifiée par Gibbs abrite l'Academy of St Martin-in-the-Fields et sa chorale. Ces deux ensembles, ainsi que des orchestres aussi variés que le Henry Wood Chamber Orchestra, le Penguin Café Orchestra ou le St Martin in-the-Fields Sinfonia y donnent des concerts en soirée. Jusqu'à un certain point, le programme suit le calendrier religieux (*Passion selon St Jean* de Bach à l'Ascension, et *Messie* de Haendel à Noël, par exemple)

De jeunes artistes se produisent gratuitement les lundis, mardis et vendredis midi.

St John's, Smith Square

Smith Sq SW1. **Plan** 21 B1.
☎ *020-7222 1061. Voir p. 81.*

Cette salle de concert aménagée dans une ancienne église baroque jouit d'une bonne acoustique et de sièges confortables. La BBC retransmet, dans le cadre d'une émission quotidienne, les concerts et récitals qu'y donnent des ensembles aussi variés que le Wren Orchestra, le Venbrugh String Quartet ou le London Sonata Group.

Le Broadgate Arena

3 Broadgate EC2. **Plan** 7 C5.
☎ *020-7505 4000. Voir p. 169.*

Cette nouvelle salle de la City propose une saison estivale de concerts à l'heure du déjeuner. L'occasion, souvent, de découvrir les vedettes de demain.

Lieux de concert

Grands orchestres
Barbican Concert Hall
Broadgate Arena
Queen Elizabeth Hall
Royal Albert Hall
Royal Festival Hall
St Martin-in-the-Fields
St John's, Smith Square

Musique de chambre
Barbican Concert Hall
Broadgate Arena
Purcell Room
Foyer du Royal Festival Hall
St Martin-in-the-Fields
St John's, Smith Square
Wigmore Hall

Solistes et récitals
Barbican Concert Hall
Purcell Room
Royal Albert Hall
St Martin-in-the-Fields
St John's, Smith Square
Wigmore Hall

Enfants
Barbican Concert Hall
Royal Festival Hall

Concerts gratuits
Barbican Concert Hall
Foyer du National Theatre (*p. 328*)
Foyer du Royal Festival Hall
St Martin-in-The-Fields (midi)

Avant midi
Purcell Room
Wigmore Hall

Musique contemporaine
Barbican Concert Hall
South Bank Complex

La danse

Des compagnies pratiquant des styles aussi différents que le ballet classique, le jazz ou la danse expérimentale résident à demeure à Londres mais les salles de la ville, notamment le **Royal Opera House**, le **London Coliseum**, le **Sadler's Wells**, **The Place Theatre** et le **South Bank Centre** accueillent en outre de nombreuses troupes étrangères souvent prestigieuses. Ces dernières, contrairement aux ballets londoniens, se produisent rarement plus d'une quinzaine de jours, souvent moins d'une semaine, et il est conseillé de consulter les magazines de programmes (*p. 326*) pour connaître tous les détails de leur passage.

D'autres établissements reçoivent également de temps en temps des ballets contemporains, notamment l'**Institute of Contemporary Arts (ICA)** (*p. 92*) et le **Shaw Theatre.** Dans l'East End, le **Chisenhale Dance Space** offre à de petites compagnies indépendantes un lieu où présenter leur travail expérimental.

Le ballet classique

La troupe du Royal Ballet, réputée notamment pour les danseurs étoiles du monde entier qu'elle accueille en résidence, a son siège au **Royal Opera House** (*p. 115*). Si son répertoire inclut des valeurs sûres comme *Le Lac des cygnes* ou *Giselle*, il comprend également des chorégraphies modernes. Un abonnement valable pour trois spectacles propose généralement un panachage des deux.

L'English National Ballet, au répertoire très similaire à celui du Royal Ballet, programme quant à lui sa saison estivale au **London Coliseum.** Ces deux établissements sont ceux proposant la plus prestigieuse programmation étrangère mais certaines compagnies se produisent également au **Sadler's Wells** qui, plutôt consacré à la danse contemporaine, accueille cependant des compagnies ayant un répertoire classique.

La danse contemporaine

Parmi la multitude de jeunes compagnies installées à Londres, qui possèdent toutes un style propre, la plus reconnue, le London Contemporary Dance Theatre, a son siège au **Place** dont le programme comprend aussi bien chorégraphies contemporaines que spectacles de danses traditionnelles.

Autre établissement important, le **Sadler's Wells** a acquis une immense réputation en matière de danse contemporaine. La compagnie anglaise Ballet Rambert s'y produit deux fois par an. Un nouveau bâtiment a remplacé en 1998 le site historique du Sadler's Wells Ballet.

Le centre **Jacksons Lane** est devenu un lieu de représentation reconnu des troupes internationales. Le Ballet Rambert se produit également pour une brève période en avril au **Riverside Studios** où il organise une semaine d'ateliers.

Les danses traditionnelles

Des groupes du monde entier viennent présenter à Londres la richesse de leur culture, en particulier au **Sadler's Wells** et au **Riverside Studios.** De grandes compagnies classiques, notamment d'Inde et d'Extrême-Orient, se produisent pour de longues périodes au South Bank Centre, souvent dans le **Queen Elizabeth Hall.**

Les festivals de danse

Deux grands festivals de danse contemporaine, Spring Loaded de février à avril, et Dance Umbrella de début octobre à début novembre, se déroulent chaque année à Londres. Les magazines spécialisés vous en donneront le programme.

Parmi plusieurs festivals de moindre importance, on peut noter l'Almeida Dance (fin avril-première semaine de mai), à l'**Almeida Theatre,** et le Turning World (avril-mai), qui offre l'occasion d'admirer des danseurs venus du monde entier.

Salles de ballet

Almeida Theatre
Almeida St N1.
☎ *020-7226 7432.*

Chisenhale Dance Space
64 Chisenhale Rd E3.
☎ *020-8981 6617.*

ICA
Nash House, Carlton House Terrace, The Mall SW1.
Plan 13 A4.
☎ *020-7930 3647.*

Jacksons Lane
269a Archway Rd N6.
☎ *020-8340 5226.*

London Coliseum
St Martin's Lane WC2.
Plan 13 B3.
☎ *020-7836 0111.*
020-7632 8300.

The Place
17 Duke's Rd WC1.
Plan 5 B3.
☎ *020-7380 1268.*

Queen Elizabeth Hall
South Bank Centre SE1.
Plan 14 D4.
☎ *020-7960 4242.*

Riverside Studios
Crisp Rd W6.
☎ *020-8237 1111.*

Royal Opera House
Floral St WC2. **Plan** 13 C2.
☎ *020-7304 4000.*

Sadler's Wells
Rosebery Ave EC1. **Plan** 6 E3.
☎ *020-7863 8000.*

Shaw Theatre
100 Euston Rd NW1.
Plan 5 B3.
☎ *020-7387 6864.*

Rock, pop, jazz, reggae et world music

Partout à Londres, on fredonne, on hurle ou on expérimente toutes les formes de musique populaire. Chaque soir de semaine peut donner lieu à 80 concerts de rock, reggae, soul, folk, country, musique d'Amérique latine, jazz, ou world music. Des festivals se tiennent en outre tout l'été dans les parcs, les pubs, les grandes salles et les stades de la capitale (*p. 337*). Affiches et magazines vous en donneront tous les détails (*p. 326*).

Les grands lieux

En été, lorsque la saison de football est terminée, les stars internationales, groupes ou chanteurs, attirent au **Wembley Stadium** des dizaines de milliers de spectateurs. En hiver, elles se replient sur le **Wembley Arena,** le **Hammersmith Apollo** ou, si elles se prennent au sérieux, sur le **Royal Albert Hall.**

Beaucoup de Londoniens estiment que la **Brixton Academy** et le **Town and Country Club** constituent les deux meilleures salles de concert de la ville. Anciens cinémas pouvant accueillir plus de mille personnes, ils proposent tous deux places assises en balcons, vaste pistes de danse devant la scène et bars aisément accessibles.

Rock et pop

De nouvelles tendances du rock et de la pop naissent presque tous les ans à Londres. Souvent influencée par des sons venus tout d'abord de Manchester ou de Bristol, la capitale possède une scène rock extrêmement variée : dans toute la ville, on peut entendre du britpop, du bratpop, du hip-hop, du trip-hop ou toute autre variante de la musique pop actuelle.

À Kentish Town, le **Bull and Gate** et le **Union Chapel** à Islington programment du rock « gothique », tandis que l'**Astoria** dans le West End et le **Shepherd's Bush Empire** accueillent plus spécialement des groupes rock. Le **Mean Fiddler,** sur Charing Cross Road, est une des très bonnes salles de moyenne importance.

Mélange de rhythm and blues, de heavy metal et de punk, le « pub-rock » se développe dans les pubs de Londres depuis les années 60. Des groupes comme The Clash, Dr Feelgood ou Dire Straits ont commencé dans les pubs. Si, en général, l'entrée aux concerts dans les pubs est gratuite, en revanche le prix des consommations est plus élevé.

Le **Rock Garden,** à Covent Garden, offre presque tous les soirs une vitrine à des groupes encore peu connus, le **Borderline,** près de Leicester Square, a la réputation d'être fréquenté par les découvreurs de talents des maisons de disques.

Le **Subterania,** à Ladbroke Grove, donne sa chance à de jeunes auteurs-compositeurs lors de soirées spéciales.

Le **Camden Palace,** en particulier le mardi soir, permet de découvrir les valeurs en vogue de la scène londonienne.

Jazz

Le nombre de salles de jazz a augmenté ces dernières années. D'ailleurs, c'est aussi bien ce style de musique que le mode de vie qu'on imagine aller de pair qui sont de nouveau en vogue. **Ronnie Scott's,** dans le West End, fait toujours partie des meilleurs endroits pour écouter du jazz, et, depuis les années 50, nombre des plus grands musiciens y sont venus. Le **100 Club,** sur Oxford Street, est une autre salle très prisée par les jazzmen confirmés.

On peut manger dans de nombreux clubs de jazz londoniens. Parmi les meilleurs, citons le **Palookaville,** à Covent Garden, le **Dover Street Wine Bar** et le **Jazz Café** (plutôt végétarien). Le **Pizza Express** de Dean Street, ainsi que le **Pizza on the Park,** à proximité de Hyde Park Corner, proposent également cette formule.

Des concerts gratuits, y compris de free jazz, animent souvent les foyers du **South Bank Centre** (*p. 186*) et du **Barbican** (*p. 165*).

Reggae

L'importance de sa communauté antillaise a fait de Londres la capitale européenne du reggae. À la fin du mois d'août, de nombreux groupes animent gratuitement le **Notting Hill Carnival** (*p. 57*).

Ils se produisent également tout au long de l'année dans les salles de rock de la ville.

World music

La popularité acquise par des musiques originaires d'autres continents a redonné vigueur aux musiques traditionnelles britannique et irlandaise. **Cecil Sharp House** organise ainsi régulièrement des concerts destinés aux puristes du folk, tandis que l'**ICA** (*p. 92*) présente des groupes plus novateurs.

Spitz, près de Spitafields Market, est célèbre pour ses nuits africaines et latino-américaines, et les nuits sont latines au **Down Mexico Way,** près de Piccadilly, et au **Cuba Libre,** à Islington. C'est au **Café de Piaf,** dans Waterloo Station, que se produisent les artistes de l'Afrique et des Antilles francophones et à l'**Africa Centre** de Covent Garden que l'on découvrira le plus large éventail de sonorités et de saveurs exotiques. Le **Barbican Centre,** le **Royal Festival Hall** et le **Queen Elizabeth Hall** au South Bank Centre programment tous de la world music.

Les boîtes de nuit

L'Europe s'est longtemps moquée des Londoniens qui rentraient se coucher à 23 h, moment où la nuit commençait à peine à Paris, Madrid et Rome. La capitale britannique ne s'éteint plus aujourd'hui avec ses pubs et vous pourrez, si vous le désirez, vous y amuser toute la nuit quels que soient vos goûts, vos moyens et même le quartier où vous résidez, car les meilleures boîtes de nuit ne se trouvent pas toutes dans le centre de la ville.

Les usages

Les modes changent très vite, et les boîtes de nuit les plus en vogue sont aussi celles qui disparaissent le plus vite. Avant de vous déplacer, mieux vaut vous assurer dans les magazines de programmes (*p. 326*) que l'établissement qui vous intéresse existe toujours. Vérifiez également s'il n'exige pas une carte de membre (à prendre 48 h à l'avance), et si un type d'habillement est requis. Attention, les obligations vestimentaires imposées par certains clubs changent selon les jours de la semaine.

Si vous n'êtes qu'entre amis, sachez que les groupes d'hommes reçoivent parfois mauvais accueil, et qu'il vaut donc mieux se présenter séparément et, si possible, accompagné.

Les boîtes de nuit sont habituellement ouvertes de 22 h à 3 h du matin, du lundi au samedi. Beaucoup poussent jusqu'à 6 h le week-end, et certaines ouvrent de 20 h à minuit le dimanche.

Les classiques

Élégant et cher, le **Stringfellows,** célèbre dans le monde entier, fait désormais partie des circuits touristiques au même titre que le musée de Cire de Madame Tussaud. N'essayez pas de vous y présenter en jean, pas plus qu'à l'**Hippodrome** voisin, immense établissement qui compte plusieurs bars et sert à manger.

Il vous faudra de sérieuses relations pour connaître les boîtes les plus chic de Londres, comme **Annabel's,** qui pratiquent une sévère politique de club privé. On ne peut adhérer que sur cooptation des membres actuels et les listes d'attente sont longues.

En revanche, vous ne devriez pas rencontrer de problème pour entrer au **Limelight** et au **Ponona**, et danser le boogie-woogie au **Café de Paris.**

Plus au nord, le **Forum** regroupe des boîtes de nuit très populaires, spécialisées dans la soul, le funk et le rhythm and blues. L'**Equinox** sur Leicester Square et **Tattershall Castle,** un bateau sur la Tamise, proposent la même musique.

Les boîtes en vogue

C'est depuis Londres que la « house music », pourtant née à Chicago, a conquis le monde. Les adeptes trouveront au **Heaven** une immense piste de danse et des systèmes de sonorisation et d'effets de lumière de première qualité. L'endroit connaît un tel succès que mieux vaut y venir tôt. Le **Ministry of Sound** a introduit en Grande-Bretagne le style new-yorkais. Il ne possède cependant pas de licence de vente d'alcool et il est difficile d'y entrer. Si vous vous sentez plein d'énergie, le **Gardening Club** et le **Woody's** proposent également des nuits « house » et « garage ». Il y a toujours la **Fabric** pour ceux qui aiment la bonne musique. Comme dans beaucoup d'endroits, le **Bar Rhumba** a un thème différent selon la soirée, et est réputé pour ses chaudes nuits salsa.

C'est au **Fridge** que l'on peut découvrir le funky jazz le plus intéressant du moment, ainsi qu'au **Turnmills,** le premier club de Londres ouvert 24 h sur 24. Bon marché, ce dernier abrite en outre un restaurant de bonne qualité. Pour les nostalgiques des années 70, **Hanover Grand** ressuscite la disco la plus kitch et la plus ludique, alors, n'hésitez pas à ressortir chaussures compensées et pattes d'éléphants. Curieusement, en dehors du **Gossips** le samedi (ska, soul et rhythm and blues le jeudi), peu de clubs organisent des soirées reggae.

Les clubs gay

Le **Heaven,** avec son immense piste de danse et un bar et salon vidéo à l'étage, est le plus populaire des clubs gay de Londres. Le **Fridge** et le **Gardening Club** accueillent des soirées gay mixtes, et le Fridge organise aussi des nuits strictement féminines.

Les spectacles de travestis

Surveillez dans les magazines de programmes les occasionnelles soirées « Kinky Gerlinky », extraordinairement kitch. La revue de **Madame Jojo's,** à Soho, est un tourbillon de couleurs et de paillettes.

Les casinos

Pour jouer à Londres, vous devez être membre, ou au moins invité par un membre, d'un cercle jouissant d'une licence spéciale. La plupart ne feront pas de difficulté pour vous accueillir, mais vous devez adhérer 48 h à l'avance. Le plus souvent, vous pourrez tout de même profiter des services proposés autres que les tables de jeu. Les restaurants sont en général excellents et les « hôtesses » charmantes, mais attention au prix que coûte leur compagnie.

CARNET D'ADRESSES

LES GRANDS LIEUX

Brixton Academy
211 Stockwell Rd SW9.
☎ *020-7771 2000.*

Forum
9-17 Highgate Rd NW5.
☎ *020-7284 1001.*
020-7284 2200.

London Arena
Limeharbour,
Isle of Dogs E 14.
☎ *020-7538 1212.*

Royal Albert Hall
Voir p. 203.

Wembley Arena
Empire Way, Wembley, Middlesex.
☎ *0870-840 1111.*

LES SALLES DE ROCK ET DE POP

Astoria
157 Charing Cross Rd WC2. **Plan** 13 B1.
☎ *020-7434 9592.*

Borderline
Orange Yard, Manette St WC2.
Plan 13 B1.
☎ *020-7734 2095.*

Bull and Gate
389 Kentish Town Rd NW5.
☎ *020-7485 5358.*

Camden Palace
1a Camden High St NW1. **Plan** 4 F2.
☎ *0906-210 0200.*

The Garage
20-22 Highbury Corner N5.
☎ *020-7607 1818.*

Limelight
136 Shaftesbury Ave WC2. **Plan** 13 B2.
☎ *020-7434 0572.*

Mean Fiddler
157 Charing Cross Rd WC2. **Plan** 13 B2.
☎ *020-7434 9592.*

Rock Garden
6-7 The Piazza, Covent Garden WC2. **Plan** 13 C2.
☎ *020-7836 4052.*
W www.rockgarden.uk

Shepherd's Bush Empire
Shepherd's Bush Green W12.
☎ *020-7771 2000.*

Subterania
12 Acklam Rd W10.
☎ *020-8960 4590.*

Union Chapel
The Vestry, Compton Ave N1.
☎ *0870-120 1349.*

Woody's
41-43 Woodfield Rd W9.
☎ *020-7266 3030.*

LES SALLES DE JAZZ

100 Club
100 Oxford St W1. **Plan** 13 A1.
☎ *020-7636 0933.*

Barbican Hall
Voir p. 165.

Dover Street Wine Bar
8-10 Dover St W1. **Plan** 12 F3.
☎ *020-7629 9813.*

Jazz Café
5 Parkway NW1. **Plan** 4 E1.
☎ *020-7916 6060.*

Pizza Express
10 Dean St W1. **Plan** 13 A1.
☎ *020-7437 9595.*

Pizza on the Park
11 Knightsbridge SW1.
Plan 12 D5.
☎ *020-7235 5550.*

Ronnie Scott's
47 Frith St W1. **Plan** 13 A2.
☎ *020-7439 0747*
W www.ronniescotts.uk

Royal Festival Hall
Voir p. 188.

Vortex
Stoke Newinghton Church St N16.
☎ *020-7254 6516.*

WORLD MUSIC

Africa Centre
38 King St WC2. **Plan** 13 C2.
☎ *020-7836 1973.*

Barbican Centre
Voir p. 165.

Cecil Sharp House
2 Regent's Park Rd NW1.
Plan 4 D1.
☎ *020-7485 2206.*

Cuba Libre
72 Upper St N1. **Plan** 6 F1.
☎ *020-7354 9998.*

Down Mexico Way
25 Swallow St W1. **Plan** 12 F3.
☎ *020-7437 9895.*

ICA
Voir p. 92.

Queen Elizabeth Hall
South Bank Centre SE1.
Plan 11 D4.
☎ *020-7960 4242.*

Royal Festival Hall
Voir p. 188.

Spitz
109 Commercial St E2.
☎ *020-7392 9032.*

Weavers Arms
98 Newington Green Rd N1.
☎ *020-7226 6911.*

LES BOÎTES DE NUIT

Annabel's
44 Berkeley Sq W1.
Plan 12 E3.
☎ *020-7629 1096.*

Bar Rumba
36 Shaftesbury Ave WC2.
Plan 6 F2.
☎ *020-7287 2715.*

Café de Paris
3 Coventry St W1. **Plan** 13 A3.
☎ *020-7734 7700.*

Equinox
Leicester Sq WC2. **Plan** 13 B2
☎ *020-7437 1446*

Fabric
77a Charterhouse St EC1. **Plan** 6 F5 ☎ *020-7336 8898*

Fridge
Town Hall Parade, Brixton Hill SW2.
☎ *020-7326 5100.*

Gardening Club
4 The Piazza, Covent Garden WC2. **Plan** 13 C2.
☎ *020-7497 3154.*

Gossips
69 Dean St W1. **Plan** 13 A2.
☎ *020-7434 4480.*

Hanover Grand
6 Hanover St W1. **Plan** 12 F2. ☎ *020-7499 7977.*

Heaven
Under the Arches, Villiers St WC2. **Plan** 13 C3.
☎ *020-7930 2020.*

Hippodrome
Cranbourn St WC2.
Plan 13 B2.
☎ *020-7437 4311.*

Madame Jojo's
8-10 Brewer St W1.
Plan 13 A2.
☎ *020-7734 3040.*

Ministry of Sound
103 Gaunt St SE1.
☎ *020-7378 6528.*

Ponona
30 Shepherd' Bush Rd W6.
Aussi : 316 King's Rd SW10
☎ *0870-444 8666.*

Scandale
53-54 Berwick St W1.
Plan 13 A1.
☎ *020-7437 6830.*

Stringfellows
16 Upper St Martin's Lane WC2. **Plan** 13 B2.
☎ *020-7240 5534.*
W www.stringfellows.uk

Tattershall Castle
Victoria Embankment, SW1. **Plan** 13 C3.
☎ *020-7839 6548.*

Turnmills
63 Clerkenwell Road EC1
Plan 6 E5.
☎ *020-7250 3409.*

Les sports

Londres offre un choix extraordinaire de sports à voir ou à pratiquer. On peut aussi bien y assister à une rencontre de jeu de paume que faire de la plongée sous-marine au cœur de la ville. Vous préférerez plus probablement vous rendre à un match de football ou de rugby, ou jouer au tennis dans un parc. Vous vous apercevrez que les équipements publics sont aussi nombreux que bon marché.

Football américain

C'est à **Wembley** que l'équipe des London Monarchs rencontre ses adversaires européens et américains, en mars et avril, et que deux grandes équipes nord-américaines s'affrontent en août pour la NFL Bowl, un match spectaculaire.

Athlétisme

Pour s'entraîner, les athlètes disposeront des installations du **West London Stadium,** du stade de **Regent's Park,** gratuit, et de celui de **Parliament Hill Fields.** Pour pratiquer le jogging en société, retrouvez les Bow Street Runners au **Jubilee Hall** tous les mardis à 18 h.

Cricket

Le **Lord's** (*p. 246*) et l'**Oval** sont en été les temples londoniens de ce rituel complexe que les Britanniques appellent cricket. Si vous voulez vous initier, réservez à l'avance pour les rencontres internationales. Les matchs des premières divisions du Middlesex et du Surrey sont plus accessibles.

Football

La saison de football dure en Angleterre d'août à mai ; les matchs se déroulent le week-end ou en semaine le soir. Hormis pour la finale de la FA Cup, qui joue à guichets fermés, il est presque toujours possible de prendre ses billets au stade le jour même, y compris pour les rencontres internationales. Les grands clubs londoniens comprennent **Arsenal, Chelsea, West Ham** et **Tottenham.**

Golf

Il n'y a pas de terrain de golf dans le centre de Londres mais plusieurs dans la périphérie immédiate. Les plus accessibles sont ceux de **Hounslow Heath, Chessington** (neuf trous, train depuis Waterloo) et de **Richmond Park** (deux circuits, salle d'entraînement). On peut y louer des clubs à un prix raisonnable.

Courses de lévriers

Belles courses lors des soirées *« down the dogs »* du **Walthamstow Stadium,** du **Wimbledon Stadium** et du **Embassy London Stadium.** Si vous voulez les regarder du restaurant plutôt que du bord de la piste, réservez une table à l'avance.

Les Courses hippiques

Les courses de plat et le steeple-chase ont lieu à **Ascot, Kempton Park** et **Sandown Park,** à moins d'une heure en train de Londres. Le derby d'**Epsom** se tient en juin.

Équitation

Pendant des siècles, il était de bon ton pour les cavaliers d'entraîner leurs coursiers dans Hyde Park ; vous pourrez les imiter en louant un cheval chez **Ross Nye.**

Patinage

Si la patinoire de **Queens** est la plus connue de Londres, les amateurs trouveront sans doute plus agréable celle du **Broadgate,** au cœur de la City. Cette dernière n'est ouverte qu'en hiver.

Rugby

De septembre à avril, les matchs du championnat de la Rugby League (rugby à 13, professionnel) se déroulent à **Wembley,** et les rencontres internationales de la Rugby Union (rugby à 15, amateur) au **Twickenham Rugby Football Ground.** Les grandes équipes londoniennes : les **Saracens** et **Rosslyn Park** jouent sur leurs propres terrains en dehors du centre de la ville. Les week-ends donnent lieu à d'innombrables rencontres amicales entre équipes locales.

Squash

De nombreux complexes sportifs, notamment le **Swiss Cottage Sports Centre** et le **Saddlers Sports Centre,** disposent de courts de squash et louent l'équipement. Mieux vaut réserver au moins deux jours à l'avance.

Natation

Essayez les piscines couvertes du **Chelsea Sports Centre** et de **Porchester Baths,** et celles en plein air de **Highgate** (bassins séparés pour les hommes et pour les femmes) et **Hampstead** (mixte).

Tennis

Les parcs de Londres, notamment **Holland Park, Parliament Hill** et **Swiss Cottage,** renferment des centaines de courts bon marché et faciles à réserver. En été, mieux vaut prendre néanmoins la précaution de retenir deux ou trois jours à l'avance. Ni raquettes ni balles ne sont fournies. Ceux que séduiraient l'idée de jouer sur le court central du **All England Lawn Tennis Club** de Wimbledon doivent savoir qu'il est plus facile de participer au tournoi que d'y louer le court. On peut toujours tenter de faire la queue toute la nuit, ou espérer profiter d'une réservation annulée après le déjeuner. Le musée (*p. 251*) permettra de se consoler.

Sports traditionnels

Le London Marathon, qui se court de Greenwich à Big Ben (*p. 56*) en avril, est devenu aussi traditionnel que la University Boat Race, qui oppose les rameurs d'Oxford à ceux de Cambridge entre Putney et Mortlake (*p. 56*).

Les rencontres de croquet se déroulent au **Hurlingham Club,** et les matchs de jeu de paume au **Queen's Club.**

Sports nautiques

Planches à voile, dériveurs, bateaux à moteur, ski nautique et canoës se trouvent au **Docklands Sailing and Water Sports Centre.**

Pour une promenade romantique, on peut également louer une barque à **Hyde Park** pour canoter sur les eaux plus calmes de la **Serpentine,** ou sur le **Regent's Park Lake,** au centre de Londres.

Gymnastique

La plupart des centres sportifs proposent gymnases et salles de musculation. Les membres du YMCA pourront profiter des installations du **Central YMCA.** Les autres trouveront au **Jubilee Hall** et au **Swiss Cottage Sports Centre** séances d'aérobic ou de culture physique. En cas de besoin, le **Chelsea Sports Centre** comprend une clinique spécialisée dans les blessures sportives.

Carnet d'adresses

English Sports Council
☎ *020-7273 1500.*
(infos sur les infrastructures londoniennes)
☎ *020-8768 7805.*
W www.sportengland.com

All England Lawn Tennis and Croquet Club
Church Rd, Wimbledon SW19.
☎ *020-8946 2244.*

Arsenal Stadium
Avenell Rd, Highbury N5.
☎ *020-7704 4000.*

Ascot Racecourse
Ascot, Berkshire.
☎ *01344 622211.*

Broadgate Ice Rink
Broadgate Circle EC2.
Plan 7 C5.
☎ *020-7505 4608.*

Central YMCA
112 Great Russell St WC1. **Plan** 13 B1.
☎ *020-7637 8131.*

Chelsea Football Club
Stamford Bridge SW6.
☎ *020-7385 5545.*

Chelsea Sports Centre
Chelsea Manor St SW3.
Plan 19 B3.
☎ *020-7352 6985.*

Chessington Golf Course
Garrison Lane, Chessington, Surrey.
☎ *020-8391 0948.*

Docklands Sailing and Watersports Centre
235a Westferry Rd, Millwall Docks E14.
☎ *020-7537 2626.*

The Embassy London Stadium
Waterden Rd, E15 2EQ.
☎ *020-8986 3511.*

Epsom Racecourse
Epsom Downs, Surrey.
☎ *01372 726311.*

Hampstead Ponds
off East Heath Rd NW3.
Plan 1 C4.
☎ *020-7482 7073.*

Holland Park Lawn Tennis Courts
Kensington High St W8. **Plan** 9 B5. ☎ *020-7603 3928.*

Hounslow Heath Golf Course
Staines Rd, Hounslow, Middlesex.
☎ *020-8570 5271.*

Hurlingham Club
Ranelagh Gdns SW6.
☎ *020-7736 8411.*

Jubilee Hall Sports Centre
30 The Piazza, Covent Garden WC2. **Plan** 13 C2.
☎ *020-7836 4007.*

Kempton Park Racecourse
Sunbury on Thames, Middx.
☎ *01932 782292.*

Kenwood and Highgate Ponds
off Millfield Lane N6. **Plan** 2 E3. ☎ *020-7482 7073.*

Linford Christie Stadium
Du Cane Rd W12.
☎ *020-8743 3401.*

Lord's Cricket Ground
St John's Wood NW8.
Plan 3 A3.
☎ *020-7289 1611.*

Oval Cricket Ground
Kennington Oval SE11.
Plan 22 D4.
☎ *020-7582 6660.*

Parliament Hill
Highgate Rd NW5. **Plan** 2 E4.
☎ *020-8348 9930 (athlétisme).*
☎ *020-7485 4491 (tennis).*

Porchester Centre
Queensway W2. **Plan** 10 D1.
☎ *020-7792 2919.*

Queen's Club Real Tennis
Palliser Rd W14. **Plan** 17 A3.
☎ *020-7385 3421.*

Queens Ice Skating Club
17 Queensway W2. **Plan** 10 E2. ☎ *020-7229 0172.*

Regent's Park Lake
Regent's Park NW1. **Plan** 3 C3. ☎ *020-7486 7905.*

Richmond Park Golf
Roehampton Gate, Priory Lane SW15.
☎ *020-8876 3205.*

Rosslyn Park Rugby
Priory Lane, Upper Richmond Rd SW15.
☎ *020-8876 1879.*

Ross Nye
8 Bathurst Mews W2.
Plan 11 A2.
☎ *020-7262 3791.*

Sandown Park Racecourse
Esher, Surrey.
☎ *01372 463072.*

Saracens Rugby Football Club
5 Vicarage Rd, Watford, Hertfordshire, WD1.
☎ *01923-496 200.*

Serpentine
Hyde Park W2. **Plan** 11 B4.
☎ *020-7298 2100.*

Swiss Cottage Sports Centre
Winchester Rd NW3.
☎ *020-7974 6501.*

Tottenham Hotspur
White Hart Lane, 748 High Rd N17.
☎ *020-8365 5050.*

Twickenham Rugby Ground
Whitton Rd, Twickenham, Middlesex.
☎ *020-8892 2000.*

Walthamstow Stadium
Chingford Rd E4.
☎ *020-8498 3300.*

West Ham United
Boleyn Ground, Green St, Upton Park E13.
☎ *020-8548 2700.*

Le Londres des enfants

Londres offre aux enfants une mine d'or d'amusements. De nouvelles attractions ouvrent tous les ans, et les enfants bénéficient d'une large gamme de loisirs et de distractions. S'ils se lassent des cérémonies (*p. 52-55*) ou de la visite des bâtiments célèbres (*p. 35*), zoos, parcs et terrains d'aventure, en plein air, mais aussi ateliers, centres d'activité et musées proposent jeux éducatifs ou expositions interactives qui leur fourniront un cadre où se dépenser, s'amuser et s'enrichir. Et une journée de sortie n'a aucune raison de se révéler dispendieuse : les enfants bénéficient de tarifs réduits dans les transports publics et les musées londoniens. Certains des grands plaisirs de Londres, comme les cérémonies, sont gratuits.

Humpty Dumpty

Conseils pratiques

Préparer votre sortie vous aidera à la réussir. Par exemple, vérifiez par téléphone les horaires d'ouverture et planifiez soigneusement votre itinéraire grâce au plan du métro reproduit à la fin de ce guide. Si vous voyagez avec de très jeunes enfants, pensez que l'on fait souvent la queue, et parfois longtemps, aux stations de métro et arrêts d'autobus situés près des monuments les plus visités. Mieux vaut acheter vos billets ou votre *Travelcard* à l'avance (*p. 362*).

Les enfants de moins de 5 ans voyagent gratuitement dans les transports publics et ceux de 5 à 15 ans bénéficient d'une réduction (les plus âgés doivent pouvoir présenter une pièce d'identité). Les enfants aiment souvent emprunter les transports en commun, songez à changer de moyen de déplacement entre l'aller et le retour. Bus, métro, taxis, train et même bateau (*p. 362-369*) desservent Londres et ses environs.

Guignol anglais dans la Piazza de Covent Garden

La visite des musées en famille ne revient pas aussi cher que l'on pourrait le supposer. La plupart des musées proposent un abonnement familial valable toute l'année (*annual family season ticket*) qui coûte souvent à peine plus cher que la première visite, ou donne libre accès à plusieurs musées ; par exemple le Science Museum, le Natural History Museum et le Victoria and Albert Museum à South Kensington (*p. 198-213*). En vous y prenant en plusieurs fois, vous pourrez ainsi visiter l'exposition qui vous passionne, sans dégoûter à jamais votre descendance de la culture.

Si vos enfants se lassent des visites, des prospectus édités par les conseils municipaux fournissent des informations sur les activités proposées dans la commune (centres de loisirs, ateliers théâtraux, fêtes foraines...). Vous les trouverez en mairie, mais également dans les bibliothèques et les centres de loisirs. Partout dans Londres, ces activités sont particulièrement nombreuses pendant les vacances d'été.

Clowns à Covent Garden

Les enfants et la loi

Les enfants de moins de 14 ans n'ont pas le droit d'entrer dans les pubs ou les bars à vin (sauf ceux disposant d'une salle réservée aux familles ou d'un jardin), et ceux de moins de 18 ans ne peuvent ni acheter ni consommer d'alcool. Il faut avoir au moins 16 ans pour

Les enfants au restaurant

Vous trouverez indiqués dans le tableau figurant au début du chapitre Restaurants de ce guide (*p. 290-293*) les établissements qui accueillent plus volontiers les enfants. En règle générale, cependant, tant que la jeune génération se comporte convenablement, la plupart des établissements londoniens acceptent avec plaisir les familles. Certains fournissent même des sièges adaptés aux plus petits, des crayons de couleur pour les faire patienter ou des menus spéciaux, généralement d'une grande banalité mais qui réduisent le coût des repas.

Le week-end, quelques restaurants (le **Smollensky's On the Strand** et le **Sticky Fingers** notamment) agrémentent la sortie de spectacles de clowns, de conteurs ou de magiciens. Certains acceptent d'organiser des réceptions telles que des goûters d'anniversaire. Pour tous, mieux vaut essayer de réserver (surtout le dimanche midi) si vous voulez éviter de devoir patienter en compagnie de jeunes monstres affamés.

Les plus grands apprécieront à Londres des endroits comme le **Rainforest Café** et le **Hard Rock Café** sur Old Park Lane. Pour un repas économique, essayez le Café in the Crypt, à St Martin-in-the-Fields (*p. 102*).

Dîner avec les éléphants au Rainforest Café

Au Smollensky's On the Strand

Adresses utiles

Rainforest Café
20 Shaftesbury Ave W1. **Plan** 13 A2.
☎ *020-7434 3111.*

Hard Rock Café
150 Old Park Lane W1. **Plan** 12 E4.
☎ *020-7629 0382.*

Smollensky's On the Strand
105 Strand WC2. **Plan** 14 D2.
☎ *020-7497 2101.*

Sticky Fingers
1a Phillimore Gdns W8. **Plan** 9 C5.
☎ *020-7938 5338.*

boire du vin ou de la bière dans les restaurants (18 ans pour les alcools).

Certains films sont interdits aux enfants (*p. 331*).

En voiture, ils doivent mettre une ceinture de sécurité, et les bébés prendre place dans un siège adapté. En cas de doute, renseignez-vous dans un poste de police.

Comment s'en débarrasser

Plusieurs grands musées (*p. 40-43*), théâtres (*p. 328-330*) et centres sportifs (*p. 338-339*) londoniens proposent pendant les week-ends, les vacances ou après l'école des ateliers ou activités qui occuperont vos enfants quelques heures, voire toute la journée. Les théâtres pour enfants constituent également un bon moyen de passer un après-midi pluvieux. La fête foraine ayant toujours du succès, essayez celle de Hampstead (vacances d'été).

De 16 h à 18 h, la Kids Line (020-7222 8070) donne le programme des événements intéressant les enfants.

Pour une soirée (ou plus) de totale liberté, contactez **Chilminders, Annies Nannies, Kensington Nannies** ou **Pippa Pop-Ins,** l'hôtel londonien des voyageurs de 2 à 12 ans.

Gardes d'enfants

Annies Nannies
1 Hughes Mews, 143 Chatham Road, SW11.
☎ *020-7924 6464.*

Childminders
9 Nottingham Street W1.
Plan 4 D5.
☎ *020-7487 5040.*

Kensington Nannies
82 Kensington High Street W8.
Plan 10 D5.
☎ *020-7937 2333.*

Pippa Pop-Ins
430 Fulham Road SW6.
Plan 18 D5.
☎ *020-7385 2458.*

À la foire de Hampstead

L'heure du bain au Pippa Pop-Ins

ACHATS

Plus grand magasin de jouets du monde, **Hamleys** est un rêve d'enfant devenu réalité, mais ils devraient prendre également plaisir à fouiner à **Davenport's Magic Shop** ou **The Disney Store,** plus petits et plus spécialisés, ou au rayon jouets d'Harrod's (*p. 313*). Si papa ou maman tombent en panne d'histoires à raconter, le **Early Learning Centre** et le **Children's Book Centre** en proposent un large choix.

Numéros utiles Children's Book Centre ☎ *020-7937 7497 ;* Davenport's Magic Shop ☎ *020-7836 0408 ;* The Disney Store ☎ *020-7287 6558 ;* Early Learning Centre ☎ *020-7581 5764 ;* Hamleys ☎ *020-8752 2278.*

Ours en peluche chez Hamleys

LES MUSÉES

Parmi les très nombreux et très variés musées de Londres (vous trouverez plus d'informations sur ceux indiqués ici *p. 40-43*), les jeunes enfants apprécieront tous particulièrement le Bethnal Green Museum of Childhood (le département spécialement conçu pour eux du Victoria and Albert Museum), le London Toy and Model Museum, avec ses jardins et son chemin de fer à vapeur, et les collections de jouets du Pollock's Toy Museum.

Emmenez les plus grands découvrir l'un des Brass Rubbing Centre : celui de la crypte de St Martin in-the-Fields (*p. 102*), de Westminster Abbey (*p. 76-79*) ou de St James's Church à Piccadilly (*p. 90*). Madame Tussaud's (*p. 224*) et Tower Bridge (*p. 153*) ont également beaucoup de succès.

Les trésors du monde entier, réunis au British Museum, et à l'Horniman Museum feront rêver ceux qui aiment les voyages. Le Science Museum propose à tous plus de 600 objets en fonctionnement. Sa plateforme de lancement les amusera pendant des heures (notamment le tout nouveau Tyrannausaure dont le bruit et les mouvements sont très impressionnants). Juste à côté, le Natural History Museum présente des expositions traditionnelles sur la nature avec des reconstitutions animées et sonores de dinosaures. Toutes les activités interactives, dans la Welcome Wing, pourront les occuper tout en les intérressant.

Les petits soldats pourront s'imaginer bataillant revêtus des armures rutilantes qu'abrite la Tour de Londres, ou s'intéresser à l'armement plus moderne (y compris un avion) du National Army Museum et de l'Imperial War Museum. Les passionnés visiteront aussi le Guard's Museum sur Birdcage Walk. Les deux mille ans d'histoire de la capitale prennent vie au Museum of London.

Poupée Shirley Temple au Bethnal Green Museum

Le magnifique **London Aquarium** (*p. 188*), au County Hall, sur les rives de la Tamise, permet une approche de la vie marine, des étoiles de mer aux requins.

LES ACTIVITÉS DE PLEIN AIR

Où que vous résidiez à Londres, il y a un grand parc pas loin (*p. 48-51*) où enfants comme adultes peuvent flâner, se rouler dans l'herbe, courir et faire du vélo (attention aux piétons), ou même du cheval. Pour ne citer qu'eux, Hyde Park se trouve dans le centre de la ville, Hampstead Heath au nord, Wimbledon Common au sud-ouest, et Gunnersbury Park à l'ouest.

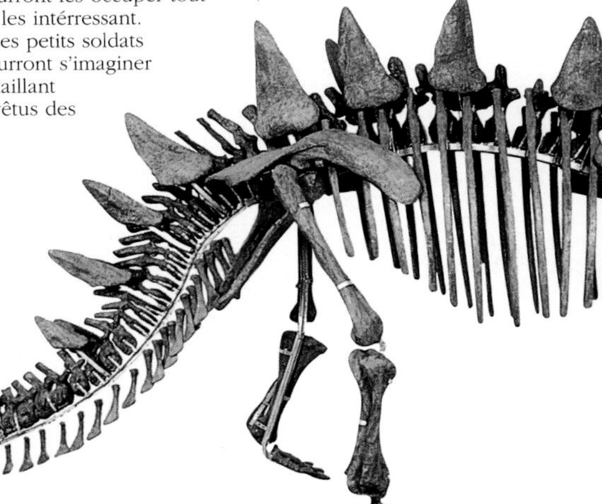

Spectacle du Little Angel Theatre d'Highbury

Aire de jeu à Gunnersbury Park

Presque tous disposent d'aires de jeu pour les plus jeunes, dotées d'équipements modernes et sûrs, et certains d'un One O'Clock Club (enclos pour les moins de 5 ans animé par un personnel spécialisé), de terrains d'aventure, de sentiers de nature, d'étangs où canoter et de pistes d'athlétisme.

Se joindre un après-midi aux passionnés de cerf-volant de Blackheath (*p. 243*), Hampstead Heath ou Parliament Hill, ou louer une barque à Regent's Park, amusera toute la famille. Se promener à Primrose Hill (*p. 264-265*), donnera l'occasion de visiter le zoo de Londres et de longer Regent's Canal (*p. 227*).

Le zoo de Battersea Park est tout spécialement destiné aux enfants, tout comme la ferme de Crystal Palace Park (Thicket Rd, Penge SE20). Des troupeaux de daims peuplent les parcs de Greenwich et Richmond, et les canards du lac de St James's Park attendent que vous veniez les nourrir.

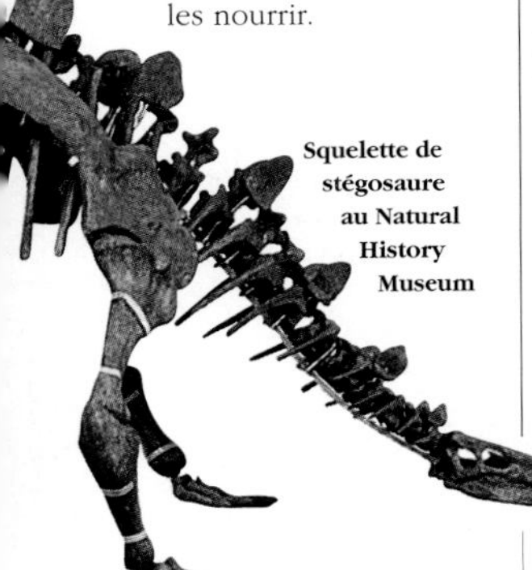

Squelette de stégosaure au Natural History Museum

Théâtre pour enfants

Que vous emmeniez les plus jeunes au **Little Angel Theatre** ou au **Puppet Theatre Barge,** une péniche à Little Venice, ou que vous accompagniez ceux de tous âges au **Unicorn Theatre,** justement réputé, ou au **Polka Children's Theatre,** vous prendrez probablement presque autant de plaisir qu'eux aux spectacles.

Numéros utiles Little Angel ☎ *020-7359 8581 ;* Polka Children's Theatre ☎ *020-8543 4888 ;* Puppet Theatre Barge ☎ *020-7249 6876 ;* The Unicorn Theatre ☎ *020-7700 0702.*

Daim de Richmond Park

Les visites

Pour faire le tour des monuments, rien ne peut battre, ni en prix ni en plaisir pour les enfants, l'impériale d'un bus londonien (*p. 366-367*). Et s'ils commencent à ne plus tenir en place, il vous suffit de descendre au premier arrêt. Outre les cérémonies détaillées aux pages 52-55, les enfants apprécieront les fêtes foraines installées dans les parcs en été, les feux d'artifice de la Guy Fawkes Night (5 novembre) et les décorations de Noël de Regent Street et Trafalgar Square.

Le lac de Regent's Park, près de Winfield House

L'envers du décor

Ces visites concernent plus particulièrement les enfants plus âgés, mais s'ils aiment le sport, explorer le Twickenham Rugby Football Ground (*p. 339*), le Lord's Cricket Ground (*p. 246*), le Chelsea Football Stadium (*p. 339*) ou le Wimbledon Lawn Tennis Museum (*p. 251*) devrait les fasciner à tout âge.

Pour les amateurs de théâtre, le Royal National Theatre (*p. 188*), le Royal Opera House (*p. 115*), le Theatre Royal Drury Lane (*p. 329*) et le Sadler's Wells (*p. 334*), organisent tous trois des visites guidées.

Plus sérieux, la Tour de Londres (*p. 154-157*), le palais de justice de Old Bailey (*p. 147*) et le Parlement (*p. 72-73*) ne manquent pas d'intérêt, mais ce seront probablement les pompiers de la London Fire Brigade (020-7587 4063) qui remporteront le plus grand succès.

Renseignements pratiques

LONDRES MODE D'EMPLOI

De la multiplication des distributeurs de billets aux transports en commun circulant la nuit, en passant par les soins médicaux, Londres a su répondre ces dernières années aux besoins des touristes étrangers.

Selon la parité entre leur monnaie et la livre, certains y trouveront la vie chère, mais même en ce qui concerne les hôtels, réputés pour leurs prix élevés, il est possible d'obtenir des réductions (*p. 272-275*). Rien n'oblige, non plus, à dépenser des fortunes pour se nourrir. Pour le prix d'un repas à Mayfair, vous pouvez manger plusieurs jours en maîtrisant votre budget (*p. 306-307*). Les renseignements ci-dessous vous aideront à profiter au mieux de votre séjour.

Visite à pied de la City

ÉVITER LA FOULE

Des groupes d'écoliers visitent souvent les musées, notamment en fin de trimestre, il est donc peut-être préférable de commencer vos visites après 14 h 30 en période scolaire.
Le reste du temps, évitez les week-ends si vous le pouvez.

Les cars de touristes suivent en majorité un itinéraire prévisible. Pour leur échapper tenez-vous loin de Westminster Abbey le matin et de St Paul's l'après-midi. Il y a toujours du monde à la Tour de Londres.

En vous promenant à pied, surveillez les panneaux bruns, qui indiquent les monuments et sites intéressant les visiteurs, et les plaques bleues (*p. 39*), qui signalent les immeubles jadis habités par des personnages célèbres.

LES VISITES GUIDÉES

Si le temps le permet, rien n'égale, pour visiter Londres, l'impériale d'un bus. **Original Tour** et **Big Bus** proposent un billet d'une validité de 24 h qui permet de monter et descendre du bus et donne accès à une balade sur la Tamise. Les visites proposées par les entreprises concurrentes, telles **Back Roads Touring** et **Harrod's,** peuvent durer d'une heure à la journée entière. Les tickets s'achètent juste avant de prendre place, ou à l'avance dans les centres d'information touristique. Certaines compagnies, comme **Tour Guides Ltd** ou **British Tours,** organisent à la demande des visites privées. Le London Tourist Board attribue aux meilleurs guides un badge bleu.

Les croisières sur la Tamise (*p. 60-65*) et les promenades à thème (la tournée des pubs, par exemple, ou le Londres de Shakespeare, *p. 263*) sont également d'excellents moyens de découvrir la capitale (consulter les magazines de programmes).

Numéros utiles

Back Roads Touring
☎ *020-8566 5312 ;*
Big Bus Company
☎ *020-7233 9533 ;*
British Tours
☎ *020-7734 8734 ;*
Harrod's
☎ *020-7225 6596 ;*
The Original Tour
☎ *020-8877 1722 ;*
Tour Guides Ltd
☎ *020-7495 5504.*

LES HEURES D'OUVERTURE

Les musées et monuments ouvrent habituellement de 10 h à 17 h, mais ces horaires peuvent varier, notamment l'été (le British Museum, par exemple, ferme plus tard certains soirs). En particulier, les heures d'ouverture le week-end diffèrent souvent de celles de la semaine, et certains musées ferment le lundi. Vous en trouverez le détail dans la section *Londres quartier par quartier* de ce guide.

Bus panoramique à impériale découverte

File d'attente à un arrêt de bus

Prix d'entrée

Depuis peu, un droit d'entrée, ou une contribution volontaire, est demandé dans la plupart des principaux monuments, y compris les cathédrales et quelques églises. De la gratuité du British Museum (*p. 126-129*) aux £ 6 de la Tour de Londres (*p. 154-157*) , les tarifs varient grandement. La section *Londres quartier par quartier* indique les musées payants. Certains monuments proposent des réductions (étudiants, heures creuses, etc.), téléphonez pour en connaître précisément les conditions.

Panneau d'information pour les visiteurs

Les usages

Fumer est désormais interdit dans la plupart des lieux publics de Londres : autobus et métro, taxis, certaines gares, tous les théâtres et la plupart des cinémas. De nombreux restaurants proposent une section non-fumeurs. En revanche, les pubs continuent de résister à cette vague anti-tabac. L'ASH (Action on Smoking and Health, 020-7739 5902) vous indiquera les établissements où l'air reste pur. Consultez également la liste des hôtels et restaurants des pages 276-285 et 290-305.

Les Londoniens font souvent la queue, dans les magasins et les bureaux de poste, pour prendre l'autobus ou un taxi, au guichet des théâtres ou à l'entrée des boîtes de nuit. Il est très mal vu d'essayer de resquiller. Il n'y a que dans le métro et les trains de banlieue aux heures de pointe que prévaut la loi de la jungle.

Les mots « please », « thank you » et « sorry » s'entendent très fréquemment en Angleterre, et s'il vous paraît superflu de remercier un barman qui fait son travail, il ne vous en coûtera pourtant que d'être mieux servi. Comme toutes les grandes capitales, Londres peut sembler intimidante au premier contact, mais ses habitants se montreront presque toujours serviables et disposés à vous renseigner, à commencer par les fameux bobbies de la police (*p. 348*).

Les équipements pour handicapés

La section *Londres quartier par quartier* du guide indique si un monument est accessible en fauteuil roulant mais mieux vaut vérifier par téléphone que les installations répondent à vos besoins. Entre autres publications utiles : *Access in London*, édité par Nicholson, *London for All*, du London Tourist Board, et une brochure du London Transport appelée *Access to the Underground*, disponible dans la plupart des stations de métro. Les services suivants vous renseigneront gratuitement par téléphone : **Artsline** (salles de spectacles et manifestations culturelles), **Holiday Care Service** (hôtels) et **Tripscope** (moyens de transport).

Numéros utiles Artsline *020-7388 2227* ; Holiday Care Service *012-9377 1500* ; Tripscope *020-8580 7021*.

Urne destinée aux contributions volontaires

Centres d'information touristique

On vous y renseignera aussi bien sur les visites guidées que sur les tarifs hôteliers.

Sigle des offices de tourisme

Vous y disposerez également de brochures gratuites sur les manifestations du moment. Vous trouverez ces bureaux, signalés par un grand « i », aux endroits suivants :

Heathrow Airport

Situation Station de métro. *Heathrow, 1, 2, 3.* **Ouvert** *8 h-18 h t.l.j.*

Liverpool Street Station

EC2. **Plan** 7 C5. **Situation** Station de métro. *Liverpool Street.* **Ouvert** *8 h 15-19 h lun., 8 h 15-18 h mar.-sam., 8 h 15-16 h 45 dim.*

Selfridge's

400 Oxford St W1. **Plan** 12 D2. **Situation** Sous-sol. *Bond Street.* **Ouvert** *9 h 30-19 h ven.-mer., 9 h 30-20 h jeu.*

Victoria Station

SW1. **Plan** 20 F1. **Situation** devant la gare. *Victoria.* **Ouvert** *8 h-19 h t.l.j.*

Numéro de téléphone du **London Tourist Board** *: 020-7932 2000.* www.londontown.com

Un autre service de renseignements existe qui ne concerne que la City (p. 142-159) :

City of London Information Centre

St Paul's Churchyard EC4. **Plan** 15 A1. *020-7332 1456.* *St Paul's.* **Ouvert** *avr.-oct. : 9 h 30-17 h t.l.j. ; nov.-mars : 9 h 30-0 h 30 sam. uniquement.*

Santé et sécurité

Londres connaît les problèmes de toutes les grandes capitales, celui de la délinquance notamment, mais s'y ajoute celui du terrorisme. La quasi-totalité des alertes à la bombe se révèlent injustifiées, mais elles doivent toutes être prises au sérieux. N'hésitez jamais à demander assistance à un agent de police : ils reçoivent une formation spéciale pour pouvoir aider la population en toutes circonstances.

Quelques conseils

Ce n'est pas dans les quartiers les plus pauvres et délabrés de la ville que vous courez le plus de risques de vous faire voler votre portefeuille ou arracher votre sac, mais au cœur de la foule qui se presse dans des endroits comme Oxford Street, Camden Lock, les marchés ou certains quais de métro.

Par sécurité, ne quittez jamais des yeux vos sacs ou valises – en particulier dans les restaurants, théâtres et cinémas où ils disparaissent parfois d'entre les pieds de leur propriétaire – et évitez les portefeuilles dans la poche arrière du pantalon. Les quelques sans-abri que compte Londres ne présentent pas de danger. La pire gêne qu'ils vous causeront consistera peut-être à vous demander l'aumône.

On dénombre malheureusement chaque année des agressions dans la capitale britannique. Détrousseurs et violeurs préfèrent toutefois les lieux mal éclairés ou isolés (ruelles, parcs et gares désertes). À condition de ne pas vous y risquer la nuit, ou alors en groupe, vous n'avez pas grand-chose à redouter d'eux.

Membre de la police montée

Beaucoup de Londoniennes évitent le métro tard le soir, et si vous devez prendre le train, choisissez un wagon occupé, et de préférence par plusieurs groupes de personnes. L'idéal reste le taxi (*p. 369*).

Nombre de dispositifs d'autodéfense sont illégaux en Grande-Bretagne, et le port de couteaux, matraques, pistolets et bombes lacrymogènes est strictement interdit dans les lieux publics. Les systèmes d'alarme sont en revanche autorisés.

Les femmes voyageant seules

Contrairement à certaines autres villes européennes, il est tout à fait normal, à Londres, pour une femme de manger seule au restaurant ou de sortir uniquement avec des amies.

La prudence demeure cependant de mise. Mieux vaut s'en tenir aux rues bien éclairées et fréquentées.

Les objets de valeur

La première précaution à prendre consiste à assurer vos possessions avant votre départ, cette démarche s'avérant beaucoup plus difficile une fois arrivé en Grande-Bretagne.

En règle générale, contentez-vous d'emporter l'argent liquide dont vous avez besoin et laissez le reste, ainsi que bijoux et objets de valeur, dans le coffre de l'hôtel ou dans votre valise si elle ferme à clé. Les chèques de voyage (*p. 351*) restent la forme de paiement la plus sûre. Ne laissez jamais un bagage sans surveillance dans une gare ou une station de métro : s'il n'est pas dérobé, il provoquera une alerte à la bombe.

En cas de vol, déclarez-le au poste de police le plus proche (pensez aux papiers qu'exigera votre assurance). Les grandes gares disposent toutes d'un service des objets trouvés (Lost Property). Mieux vaut se rendre sur place que téléphoner.

Lost Property

Bureaux des objets trouvés
London Transport Lost Property Office, 200 Baker Street W1.
Ouvert *matins de semaine seul.*
020-7486 2496, se déplacer ;
Black Cab Lost Property Office.
020-7918 2000.

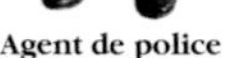

Agent de police

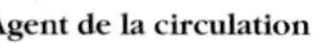

Agent de la circulation

Agent de police

Voiture de police londonienne

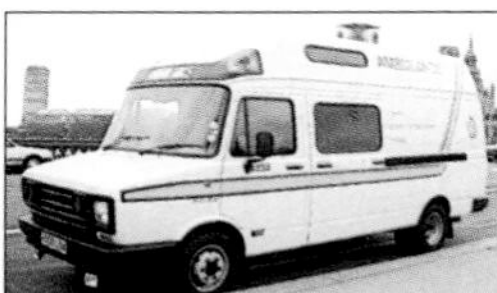
Ambulance

Camion de pompiers

Les urgences

Les services de police, d'ambulances et de lutte contre l'incendie restent en alerte 24 h sur 24. Tout comme les services d'urgence des hôpitaux, ils sont réservés aux véritables urgences.

D'autres services dispensent une aide plus spécialisée. Si vous ne trouvez pas leur téléphone dans l'encadré *Numéros d'urgence* ci-contre, les Renseignements (composez le 142 ou le 192) vous le fourniront. Les postes de police et les hôpitaux sont indiqués sur les plans de ce guide (*p. 370-371*).

Les soins médicaux

Tous les habitants de l'Union européenne ont droit, comme les Anglais, à des soins gratuits dans le cadre du National Health Service (NHS). Il en va de même pour les citoyens de certains autres pays d'Europe ou du Commonwealth signataires avec la Grande-Bretagne d'un accord de réciprocité. Renseignez-vous avant de partir et, si possible, procurez-vous un document attestant que cet accord existe. Cependant, vous pourrez bénéficier de certains traitements gratuits sans ce document en prouvant votre nationalité.

Dans tous les autres cas, mieux vaut prendre une assurance médicale. Les soins dans les services d'urgence des hôpitaux sont gratuits, mais pas les autres, et les honoraires de spécialistes, ou les frais de rapatriement, peuvent être très élevés.

Si vous allez chez un dentiste pendant votre séjour, vous devrez payer, soit une faible somme si vous avez droit au National Health Service – et si vous réussissez à trouver un dentiste NHS –, ou un montant beaucoup plus élevé si vous consultez un praticien indépendant. Différentes institutions proposent des soins dentaires 24 h sur 24 (*voir adresses dans l'encadré*). Vous trouverez les coordonnées des cabinets privés dans les Yellow Pages (*p. 352*).

Les médicaments

Outre les pharmacies, des rayons spéciaux dans les supermarchés vendent les médicaments, mais un grand nombre d'entre eux ne peuvent être délivrés que sur ordonnance. Le plus simple, si vous devez continuer ou entamer un traitement pendant votre voyage, consistera à emporter vos médicaments. Sinon, demandez à votre médecin de vous en donner le nom générique (et non de marque). Si vous n'avez pas droit au NHS, vous les paierez intégralement. Demandez un reçu si vous avez une assurance.

Pharmacie de la chaîne Boots

Numéros d'urgence

Police, pompiers, ambulances
999 ou 112. Appel gratuit.

Urgences dentaires
020-7837 3646 (24 h/24).

London Rape Crisis Centre (SOS Viol)
020-7837 1600 (24 h/24).

Samaritans
08457-909090 (24 h/24). Pour tous problèmes affectifs : cherchez dans l'annuaire le centre le plus proche.

Chelsea and Westminster Hospital
369 Fulham Rd SW10. **Plan** 18 F4.
020-8746 8999.

St Thomas's Hospital
Lambeth Palace Rd SE1.
Plan 13 C5. *020-7928 9292.*

University College Hospital
Gower St WC1. **Plan** 5 A4.
020-7387 9300.

Medical Express (clinique d'urgence privée)
117A Harley St W1.
Plan 4 E5. *020-7486 0516. Soins garantis en 30 min ; consultations et examens payants.*

Eastman Dental School
256 Gray's Inn Rd WC1.
Plan 6 D4. *020-7915 1000. Dentistes privés et NHS.*

Guy's Hospital Dental School
St Thomas's St SE1. **Plan** 15 B4.
020-7955 4317.

Pharmacies de garde
Contactez un commissariat pour une liste complète.

Bliss Chemist
5-6 Marble Arch W1. **Plan** 11 C2.
020-7723 6116.
***Ouvert** t.l.j. jusqu'à minuit.*

Boots the Chemist
Piccadilly Circus W1. **Map** 13 A3.
*020-7734 6126. **Open***
***Ouvert** 8 h 30-20 h lun.-ven., 9 h-20 h sam., 12 h-18 h dim.*

Banques et monnaie

Les banques proposent en général de meilleurs cours que les bureaux de change privés. Ceux-ci appliquent en outre des taux très variables et, avant d'effectuer toute transaction, mieux vaut faire attention aux petits caractères indiquant commissions et frais prélevés. Ces établissements présentent néanmoins un avantage sur les banques : leurs horaires d'ouverture.

Distributeur de billets

Changer ou retirer de l'argent

Les banques ouvrent au minimum de 9 h 30 à 15 h 30 du lundi au vendredi mais nombre d'elles, notamment dans le centre, restent ouvertes plus tard ou proposent leurs services le samedi matin. Toutes, en revanche, ferment les jours fériés (*p. 59*), et même, pour certaines, plus tôt la veille. Les plus grandes agences disposent de distributeurs automatiques de billets qui vous permettront d'obtenir du liquide avec votre carte de crédit si vous indiquez votre *PIN (personal identification number,* votre numéro de code). Les détenteurs de cartes American Express pourront utiliser les distributeurs de la Lloyds Bank et de la Royal Bank of Scotland, à condition d'avoir fait enregistrer leur code avant leur départ. Une commission forfaitaire de 2 % sera prélevée sur leurs transactions.

Les agences **Thomas Cook** et **American Express,** ou les bureaux de change gérés par des banques que vous trouverez dans les aéroports et les principales gares, sont de bons endroits où changer des chèques de voyage. N'oubliez pas de prendre votre passeport.

Vous pourrez également changer de l'argent dans certains bureaux d'information touristique ainsi que dans la plupart des grands magasins. Dans la mesure où aucune association de consommateurs n'existe à Londres pour surveiller les activités des bureaux de change privés, mieux vaut examiner leurs tarifs avec la plus grande attention. Parmi les établissement sérieux : **Chequepoint,** l'un des plus grands bureaux de change en Grande-Bretagne, et les succursales d'**Exchange International,** ouvertes souvent tard le soir.

Bureaux de change

American Express
30 Haymarket SW1. **Plan** 13 A3.
020-7484 9600.

Chequepoint
548 Oxford St W1.
Plan 13 A1. *020-7723 1005.*

Exchange International
Victoria Station SW1.
Plan 20 E1. *020-7630 1107.*

Thomas Cook
30 St James St, SW1. **Plan** 12 F3.
020-7853 6440.

Modes de paiement acceptés pour le change

Les principales banques de Londres

Barclays, Lloyds, HSBC (ancienne Midland Bank) et National Westminter Bank (NatWest) constituent les quatre grands groupes bancaires de l'Angleterre. Chacune de leur agence est clairement identifiable à son enseigne. La Royal Bank of Scotland dispose également de succursales à Londres effectuant des opérations de change. Les commissions prélevées variant selon les banques, vérifiez les taux avant toute transaction.

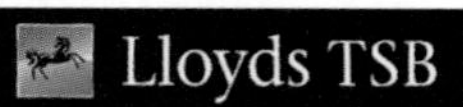

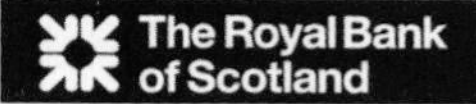

Chaque banque est aisément identifiable par un logo accompagné de son nom.

Les cartes de crédit

Une carte de crédit internationale s'avère très pratique pour régler hôtels et restaurants, achats et locations de voiture, ou pour réserver des places de spectacles par téléphone. Le réseau Visa est le mieux implanté, suivi de Mastercard (appelé Access en Angleterre), d'American Express et Diners Club.

Vous pourrez tirer de l'argent (dans les limites de votre crédit) dans tout établissement bancaire portant le sigle correspondant à votre carte. Les intérêts prélevés figureront sur le récépissé.

Argent liquide et chèques de voyage

L'unité monétaire anglaise est la livre sterling, ou *pound* (£), qui correspond à 100 pence (p). Il n'existe pas de contrôle des changes en Grande-Bretagne limitant la quantité de devises que vous pouvez importer ou exporter.

En échange d'une commission se montant en général à 1 %, les chèques de voyage constituent le moyen le plus sûr d'emporter de l'argent. Conservez à part le reçu et les adresses des agences où vous faire rembourser en cas de perte ou de vol.

Si possible, ayez au moins quelques livres avant votre arrivée dans le pays, les queues devant les bureaux de change des aéroports ou des ports pouvant s'avérer fort longues. Et prenez de petites coupures, les commerçants n'ont pas toujours la monnaie pour les gros billets.

L'effigie de la reine figure sur tous les billets de banque anglais

Les billets de banque
Les billets anglais sont de £ 5, £ 10, £ 20 et £ 50. L'Écosse a ses propres coupures, légales dans tout le pays, mais qui ne sont pas toujours acceptées.

Billet de £ 50

Billet de £ 20

Billet de £ 10

Billet de £ 5

Les pièces de monnaie
Il existe des pièces de £ 2, £1, 50 p, 20 p, 10 p, 5 p, 2 p et 1 pence (montrées ici un peu plus petites). Elles portent toutes l'effigie de la reine côté face.

2 livres (£ 1) | **1 livre (£ 1)** | **50 pence (50 p)** | **20 pence (20 p)**

10 pence (10 p) | **5 pence (5 p)** | **2 pence (2 p)** | **1 penny (1 p)**

Le téléphone à Londres

Vous trouverez des cabines dans le centre de Londres, dans les principaux arrêts de bus et dans toutes les gares ferroviaires. On peut utiliser des pièces de monnaie, des cartes téléphoniques ou bien sa carte de crédit dans la plupart des téléphones. C'est en semaine, de 9 h à 13 h que les communications locales sont les plus coûteuses. Les tarifs réduits s'appliquent avant 8 h et après 18 h en semaine, et toute la journée le week-end. Les prix des communications internationales varient en fonction du pays appelé, mais sont globalement moins chers le soir et le week-end.

Cabines téléphoniques

Il y a deux types de cabines à Londres : les cabines BT ancien et nouveau modèles. Elles sont équipées pour accepter des pièces et des cartes. Les pièces acceptées sont : 10 p, 20 p, 50 p et £ 1. Le coût minimum d'une communication est de 20 p. Il vaut mieux utiliser des pièces de 10 et 20 p si l'appel est court, car le téléphone ne restitue que les pièces inutilisées. Le mode d'emploi des cabines vous est expliqué ci-dessous.

cabine BT

Nouvelle cabine BT

Comment utiliser un téléphone à carte

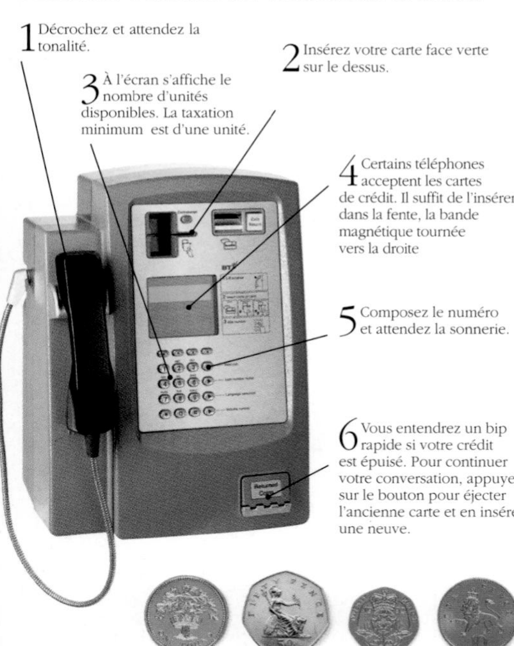

1 Décrochez et attendez la tonalité.

2 Insérez votre carte face verte sur le dessus.

3 À l'écran s'affiche le nombre d'unités disponibles. La taxation minimum est d'une unité.

4 Certains téléphones acceptent les cartes de crédit. Il suffit de l'insérer dans la fente, la bande magnétique tournée vers la droite

5 Composez le numéro et attendez la sonnerie.

6 Vous entendrez un bip rapide si votre crédit est épuisé. Pour continuer votre conversation, appuyez sur le bouton pour éjecter l'ancienne carte et en insérer une neuve.

£1 50p 20p 10p

Les Pages Jaunes

Les *Pages Jaunes* (classées par thème) et les annuaires locaux, comme The Thomson Local (classé par quartier), donnent une liste exhaustive des adresses professionnelles et privées, suivies du code postal. On les trouve dans les bureaux de poste, les bibliothèques et souvent dans les hôtels.

British Telecom propose en outre **Talking Pages** (0800-600 900), qui vous indique le numéro du service recherché à Londres ou en Grande-Bretagne.

Les renseignements (composez le 192), gratuits depuis une cabine téléphonique, vous communiqueront n'importe quel numéro de téléphone de l'annuaire si vous indiquez le nom et l'adresse de la personne ou de la société.

Logo des *Pages Jaunes*

Obtenir le bon numéro

- Les indicatifs de Londres ont changé en avril 2000.
- On ne compose pas le nouvel indicatif (020) à l'intérieur de Londres.
- De France, on ne compose pas le premier 0 de l'indicatif.
- Renseignements (local) : 192.
- Pour appeler l'international, composez le 00 suivi du code du pays (33 pour la France, 32 pour la Belgique, 41 pour la Suisse, 352 pour le Luxembourg, 1 pour le Canada), suivi du numéro de votre correspondant.
- Opérateur pour l'international : 153.
- **Pour une urgence, composez le 999 ou le 112.**

Envoyer une lettre

Enseigne de bureau de poste

En plus des bureaux de poste principaux, vous trouverez à Londres de petits bureaux qui font aussi office de marchands de journaux. Ils sont ouverts de 9 h à 17 h 30 en semaine et de 9 h à 12 h 30 le samedi. Les timbres s'achètent soit à l'unité soit par carnet de dix. On utilise les timbres « first class » pour le courrier destiné aux pays de l'Union européenne. Des boîtes aux lettres de taille et de forme différente – mais toujours rouges – sont repérables dans toute la ville.

Ancienne boîte aux lettres

Le service postal

Les timbres s'achètent dans les kiosques affichant « stamps sold here ». La réception des hôtels possède souvent une boîte aux lettres. N'oubliez pas le code postal lorsque vous rédigez une adresse en Grande-Bretagne (la ligne d'information de la **Royal Mail** ou son site Internet vous renseigneront). Les lettres peuvent être expédiées en « first class » ou en « second class » à l'intérieur de la Grande-Bretagne.

La « first class » est plus chère mais plus rapide ; la plupart des lettres ainsi affranchies arrivent le lendemain, tandis que les autres mettront deux jours ou plus.

Royal Mail *0845 7740740.*
www.royalmail.com

Aérogramme

Timbre « second class »

Timbre « first class »

Carnet de 12 timbres

Poste restante

Il est possible d'adresser du courrier en poste restante à Londres. Il suffit d'indiquer sur le pli « poste restante » et l'adresse du bureau de poste. Pour récupérer un courrier que l'on vous a ainsi adressé, il faut présenter une pièce d'identité. La poste conserve le pli pendant un mois. Le bureau principal de Londres se situe à William IV Street, WC2. American Express offre un service de poste restante à ses clients au 6 Haymarket.

Les boîtes aux lettres

Boîtes-piliers ou encastrées dans un mur, toutes sont peintes en rouge… Le plus souvent deux fentes séparent courrier « first class » et à destination de l'étranger et plis « second class ». Sur les anciennes boîtes, des initiales rappellent sous quel roi la boîte a été posée.

Souvent, les boîtes sont encastrées dans le mur des bureaux de poste. La levée du courrier est faite plusieurs fois par jour en semaine (moins souvent le samedi, jamais le dimanche) ; les horaires sont inscrits sur la boîte.

Accéder à Internet

Londres dispose de très nombreux accès publics à Internet. L'accès gratuit est souvent possible dans les bibliothèques, mais il faut réserver à l'avance.

Les cybercafés facturent en général à la minute d'utilisation.

EasyEverything est une chaîne de cybercafés qui a 4 succursales principales à Londres : 9-16, Tottenham Court Road, 358 Oxford Street, 7 Strand et 9-13 Wilton Road.

Accès à Internet 24 h/24 dans les cybercafés EasyEverything

Le courrier pour l'étranger

Le courrier aérien est rapide et rentable. Les aérogrammes sont affranchis en « first class » et coûtent le même prix quelle que soit la destination. Ils mettent environ trois jours pour parvenir dans les villes d'Europe et quatre à six pour des destinations plus lointaines. L'envoi de lettres et de paquets à l'intérieur de l'Union européenne coûte le même prix qu'en Grande-Bretagne.

La poste offre aussi un service de livraison exprès appelé **Parcelforce International.** Ses prix sont comparables à ceux de sociétés privées comme **DHL**, **Crossflight** ou **Expressair.**

Crossflight *01753 776000.*

DHL *0870 110 0300.*

Expressair *020-8897 6568.*

Parcelforce Worldwide *0800 224466.*

ASSURANCES

'l est souvent judicieux de prendre une assurance ›rsque l'on voyage ou e s'assurer que sa propre ssurance couvre les frais 'annulation, le vol ou le coût 'une hospitalisation.
es pays de l'Union uropéenne ont des accords le réciprocité vec le National Health ervice, mais il y a des locuments à remplir. Il en est le même pour les pays l'Amérique du Nord.

Si vous souhaitez conduire ın véhicule à Londres, l est conseillé de prévoir ıne assurance et d'avoir ın permis de conduire valide.

DOUANES ET IMMIGRATION

Les ressortissants de l'Union européenne ont besoin d'une carte d'identité ou d'un passeport en cours de validité pour entrer au Royaume-Uni. Pour leurs enfants de moins de sept ans, aucun autre document n'est requis qu'un livret de famille. Ils jouissent des même droits à exercer un emploi qu'un Britannique.

Les citoyens helvétiques et canadiens n'ont pas besoin de visa pour pénétrer en Grande-Bretagne, mais les enfants doivent obligatoirement posséder un passeport ou être inscrits sur ceux de leurs parents. Mieux vaut renoncer à emporter un animal : d'où qu'il vient, il devra subir une quarantaine de six mois.

Dans les ports et les aéroports, les voyageurs en provenance de l'Union européenne n'ont plus de déclaration à faire à la douane. Les services de sécurité effectuent néanmoins quelques vérifications de bagages au hasard dans le cadre de la lutte contre les trafics de drogue ou d'armes. Les touristes ne résidant pas dans l'Union peuvent se faire rembourser la T.V.A. (*VAT*) sur les marchandises achetées en Grande-Bretagne s'ils quittent le territoire moins de trois mois après leur achat (*p. 312*).

Carte d'étudiant internationale

ÉTUDIANTS

La carte internationale d'étudiant (ou ISIC, International Student Identity Card) donne droit à des réductions dans les transports en commun, les théâtres, les stades, etc. Si vous avez omis de la prendre avant votre départ, vous pouvez l'obtenir (en prouvant votre statut d'étudiant) auprès de l'**University of London Students' Union** (USLU) ou dans les bureaux de **STA Travel.** Appartenir à la fédération internationale des auberges de la jeunesse **(International Youth Hostel Federation)** permet en outre de bénéficier d'un logement bon marché à Londres.

Les ressortissants de l'U.E. n'ont pas besoin de permis de travail, ceux du Canada âgés de moins de 27 ans peuvent occuper un emploi à temps partiel au maximum pendant deux ans. Les citoyens helvétiques doivent obtenir une autorisation de travail. L'association **BUNAC** organise des programmes d'échange, entre autres avec le Canada.

ADRESSES ET NUMÉROS DE TÉLÉPHONE UTILES

BUNAC
16 Bowling Green Lane EC1.
Plan 6 E4. ☎ *020-7251 3472.*

International Youth Hostel Federation
☎ *01707-324 170.*

STA Travel
86 Old Brompton Rd SW7.
Plan 18 F2. ☎ *020-7581 1022.*

Talking Pages
☎ *0800-600 900.*

University of London Students' Union
Malet St WC1. **Plan** 5 A5.
☎ *020-7664 2000.*

JOURNAUX, TÉLÉVISION ET RADIO

Principal quotidien londonien, l'*Evening Standard,* arrive sur les points de vente vers midi, du lundi au vendredi. L'édition du vendredi comprend une importante rubrique de

LES TOILETTES PUBLIQUES

Partout à Londres, les toilettes à l'ancienne mode et leurs dames pipi disparaissent au profit des sanisettes Decaux, dont l'utilisation peut paraître surprenante à de nombreuses personnes. Rappelons qu'il ne faut pas laisser les jeunes enfants y pénétrer seuls.

1 Si le voyant vert est allumé, insérez le montant demandé. La porte située à votre gauche s'ouvre.

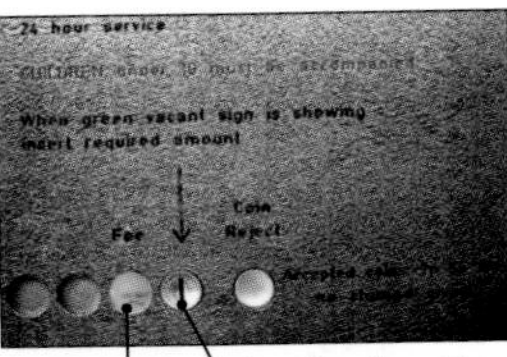

Voyant **Insertion des pièces**

2 Elle se referme automatiquement quand vous entrez.

3 Pour sortir, poussez la poignée vers le bas.

Kiosque à journaux

critiques et programmes. On trouve les grands journaux étrangers dans la plupart des kiosques des gares ou des quartiers touristiques.

Il existe en Angleterre cinq chaînes de télévision hertzienne : BBC1 et BBC2 forment le service public, ITV, Channel 4 et 5 sont indépendantes. Certains hôtels proposent en outre à leur clientèle les programmes transmis par satellite ou par câble.

Autre moyen de vous informer : les bulletins radiophoniques de la BBC, de réputation internationale. Des stations privées comme Capital Radio (95,8 mHz en modulation de fréquence) diffusent rock et variétés.

Ambassades et consulats

Ambassade de France
58 Knightsbridge, SW1.
Plan 12 C5
☎ *020-7201 0000.*

Ambassade de Belgique
103 Eaton Square, SW1.
Plan 20 D1
☎ *020-7235 5422.*

Canadian High Commission
Haut Commissariat du Canada, Macdonald House, 1 Grosvenor Square W1.
Plan 12 D2.
☎ *020-7258 6600.*
W www.canada.org.uk

Ambassade de Suisse
Montague Place, W1.
Plan 11 C1
☎ *020-7616 6000.*

Marchands de journaux internationaux

Gray's Inn News
50 Theobald's Rd WC1.
Plan 5 C5.
☎ *020-7405 5241.*

A Moroni and Son
68 Old Compton Street W1.
Plan 13 A2.
☎ *020-7437 2847.*

D S Radford
61 Fleet St EC4.
Plan 14 E1.
☎ *020-7583 7166.*

Appareils électriques

Le courant est en Grande-Bretagne de 240 volts, et les prises ne permettent pas d'utiliser directement les appareils du continent (hormis les rasoirs dans certains hôtels). Mieux vaut acheter un adaptateur avant son départ. On en trouve également dans les aéroports.

Prise britannique

Heure locale

L'Angleterre vit, selon la saison, en heure d'été ou d'hiver. Pour obtenir l'horloge parlante, composez le 123.

Poids et mesures

Le système impérial est encore souvent préféré au système métrique officiel.

De l'impérial au métrique
1 inch (pouce) = 2,5 cm
1 foot (pied) = 30 cm
1 mile = 1,6 km
1 ounce (once) = 28 g
1 pound (livre) = 454 g
1 pint (pinte) = 0,6 litre
1 gallon = 4,6 litres

Du métrique à l'impérial
1 millimètre = 0,04 inch
1 centimètre = 0,4 inch
1 mètre = 3 feet 3 inches
1 kilomètre = 0,6 mile
1 gramme = 0,04 ounce
1 kilogramme = 2,2 pounds

Services religieux

Les organisations suivantes peuvent vous aider à trouver un lieu où pratiquer votre culte.

Église d'Angleterre
St Paul's Cathedral EC4.
Plan 15 A2. ☎ *020-7236 4128.*

Église catholique romaine
Westminster Cathedral, Victoria St SW1. **Plan** 20 F1.
☎ *020-7798 9055.*

Rite juif
Liberal Jewish Synagogue, 28 St John's Wood Rd NW8.
Plan 3 A3. ☎ *020-7286 5181.*
United Synagogue (orthodoxe) 735 High Rd N12.
☎ *020-8343 8989.*

Rite musulman
Islamic Cultural Centre, 146 Park Rd NW8. **Plan** 3 B3.
☎ *020-7724 3363.*

Rite baptiste
London Baptist Association, 235 Shaftesbury Ave WC2.
☎ *020-7692 5592.*

Quakers
Religious Society of Quakers, 173-7 Euston Rd NW1.
Plan 5 A4. ☎ *020-7663 1000.*

Rite évangéliste
Whitefield House, 186 Kennington Park Rd SE11.
Plan 22 E4. ☎ *020-7207 2100.*

Bouddhisme
The Buddhist Society, 58 Eccleston Sq SW1.
Plan 20 F2. ☎ *020-7834 5858.*

St Martin-in-the-Fields, Trafalgar Square (*p. 102*)

ALLER À LONDRES

De nombreuses compagnies aériennes proposent des vols vers Londres au départ de toutes les grandes villes du monde et notamment d'Europe et d'Amérique du Nord. À moins de vouloir voyager en première classe, rien ne justifie aujourd'hui de payer plein tarif. La compétition qui règne à l'heure actuelle permet partout de bénéficier de prix avantageux, surtout si l'on prépare son voyage quelque temps à l'avance ou si l'on part en saison creuse. Le bateau est l'autre grand moyen de gagner les îles Britanniques, du moins depuis l'Europe, car les lignes transatlantiques ferment toutes une à une. Que vous soyez à pied, en train ou en automobile, car-ferries, ferry-boats et aéroglisseurs vous feront franchir la Manche ou la mer du Nord au départ de la France, de la Belgique, de la Hollande ou des pays nordiques.

Le tunnel sous la Manche permet enfin de se rendre de Paris à Londres en un temps record grâce à l'Eurostar, un train à grande vitesse, et aux navettes d'Eurotunnel qui transportent les voitures.

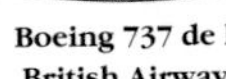

Boeing 737 de la British Airways

LES TRANSPORTS AÉRIENS

Ces dernières années, le marché aérien européen s'est à son tour ouvert à la concurrence. Aussi, il faut aujourd'hui comparer les offres et formules des différentes compagnies, vols réguliers ou charters, selon la destination choisie. **British Airways** propose des vols sans escale entre Londres et toutes les autres capitales d'Europe ou les grandes villes du Canada. Il en est de même pour **Virgin Atlantic. Air France, SN Brussels Airlines** ou **Air Canada** offrent un large choix de vols au départ des villes de province de leurs pays respectifs. Les billets se prennent directement auprès de leurs succursales ou dans les agences de voyages moyennant une petite commission. Toutes pratiquent un certain nombre de tarifs spéciaux pour les enfants, les jeunes, les personnes âgés ou à certaines périodes de l'année, ou encore pour des séjours respectant certaines conditions. En Europe, elles ne vendent cependant pas directement de places à prix sacrifiés, mais passent pour ce faire par l'intermédiaire d'agences spécialisées ou de tour-opérateurs. La situation est différente en Amérique du Nord où de grandes sociétés comme Air Canada proposent directement des voyages à prix charter pour rester concurrentielles.

Atterrissage à Luton

Les tarifs spéciaux

Sur toutes les lignes régulières, transatlantiques ou non, les enfants de moins de deux ans paient 10 % du tarif normal (mais ne disposent pas de leur propre siège) et ceux de moins de 12 ans 50 %. Quel que soit votre âge, vous pouvez profiter d'un tarif APEX si au moins une nuit d'un samedi au dimanche (une semaine pour le Canada) sépare votre aller du retour et si vous réservez 14 jours à l'avance. Il s'agit toutefois de réservations fermes (vous ne pouvez plus changer vos dates).

Encore moins chers

Les tour-opérateurs proposent des forfaits parfois très intéressants incluant généralement trajet et chambre d'hôtel, et souvent visites organisées ou animations particulières. Pour éviter de mauvaises surprises, vérifiez toujours où se trouve l'hôtel par rapport au centre-ville.

Les tarifs extrêmement avantageux que proposent certaines agences spécialisées correspondent à deux types de billets : des places « bradées » par de grandes compagnies sur des avions où vous jouirez des services qu'elles offrent à tous leurs voyageurs, et des places sur des avions charter au confort souvent plus spartiate. Dans les deux cas, il s'agit presque toujours de réservations fermes.

INFORMATIONS COMPAGNIES AÉRIENNES

Air Canada
W www.aircanada.ca

Air France
W www.airfrance.com

British Airways
W www.british airways.com

SN Brussels Airlines
W www.brussels-airlines.com

Virgin Atlantic
W www.virgin-atlantic.com

Agences de billets discount
L'ATAB (Air Travel Advisory Bureau)
Cet organisme de régulation vous conseillera une agence de discount.
020-7636 5000.
W www.atab.co.uk

Le chemin de fer

Huit gares tout autour du centre de Londres assurent la liaison ferroviaire entre la capitale et le reste du pays. La gare de Paddington dessert l'ouest, le Pays de Galles (Wales) et les South Midlands, et celle de Liverpool Street, dans la City, l'East Anglia et l'Essex. Les lignes arrivant du nord et du centre de la Grande-Bretagne aboutissent à Euston, St Pancras et King's Cross, tandis que celles venant du sud ont leur terminus à Charing Cross, Victoria et Waterloo. Waterloo International est le terminus de l'**Eurostar,** qui relie Londres à Paris (3h), Lille (2h), Calais-Frethun (1h40) et Bruxelles (2h40), par le tunnel sous la Manche.

Vous y trouverez bureaux de change et librairies papeteries, des bars et buffets. Un bureau d'information vous fournira toutes indications sur les destinations, prix ou horaires, et de grands panneaux d'affichage, des moniteurs ou des tableaux au début des quais vous renseigneront sur les trains en instance de départ ou d'arrivée.

Le hall de la gare de Liverpool Street

Guichet d'information (*p. 345*)

Si votre billet de car-ferry ne comprend pas le trajet en train jusqu'au centre de Londres, vous pourrez acheter vos titres de transport soit aux guichets soit dans les distributeurs automatiques (*p. 368*). Vous ferez probablement des économies en prenant la carte *Travelcard* dès votre arrivée dans la capitale (*p. 362*).

Eurostar London Waterloo International ☎ *0870-600 0792.*
En France ☎ *08 92 35 35 39.*
W www.eurostar.com

Renseignement ferroviaires
☎ *0845- 748 4950.*

Les autocars

Depuis de nombreuses villes d'Europe, l'autocar est le moyen le plus économique de rejoindre Londres, le prix du billet comprenant en général la traversée de la Manche. Il en est de même à l'intérieur du Royaume-Uni où une compagnie comme **National Express** dessert près de 1 000 destinations à des tarifs inférieurs à ceux du train. Les trajets s'avèrent cependant plus longs et les heures d'arrivée tributaires des conditions de circulation. La principale gare routière de Londres se trouve sur Buckingham Palace Road (à 10 minutes à pied environ de la gare Victoria). Les autobus de **London Country** desservent la périphérie de Londres dans un rayon de 60 km.

Numéros utiles
London Country Bus ☎ *01737-240 501* ; Rapide ☎ *0990-808080.*

Traverser la Manche

Depuis mai 1995, le tunnel sous la Manche complète les liaisons aériennes et maritimes entre la Grande-Bretagne et l'Europe, mettant Londres à 3 heures de Paris en TGV. La compagnie **Eurotunnel** exploite une ligne train-auto entre Folkestone et Calais, 3 fois par heure en 35 min. Les ferries traditionnels fonctionnent toujours entre le continent et les ports britanniques. Les lignes sont gérées par les compagnies **P&O Stena Line**, **P&O Portsmouth**, **Sea France** et **Brittany Ferries.** Il existe aussi des liaisons par hydroglisseur entre Douvres et Calais ou Boulogne, proposées par la compagnie **Hoverspeed** qui relie aussi Newhaven à Dieppe. Les traversées les plus courtes ne sont pas toujours les moins chères. Si vous partez avec votre voiture, vérifiez les clauses de votre assurance.

Car-ferry sur la Manche

Numéros utiles
Brittany Ferries W www.brittany-ferries.com ☎ *0870-536 0360* ; Eurotunnel W www.eurotunnel.co.uk ☎ *0870-535 3535* ; Hoverspeed W www.hoverspeed.com ☎ *0870-524 0241* ; P&O Portsmouth W www.poportsmouth.com ☎ *0870-242 4999* ; P&O Stena Line W www.posl.com ☎ *0870-600 0600* ; SeaFrance W www.seafrance.com ☎ *0870-571 1711.*

Les aéroports londoniens

Cinq aéroports desservent Londres : Luton, Stansted, le London City Airport, Heathrow et Gatwick. Les deux derniers, les plus importants, disposent de banques, d'hôtels et de restaurants. Renseignez-vous, avant votre départ, sur votre lieu d'atterrissage afin de prévoir quel moyen de transport vous prendrez pour rejoindre le centre. Heathrow est relié au centre de Londres par métro ; les autres aéroports le sont par train ou bus.

BRITISH AIRWAYS

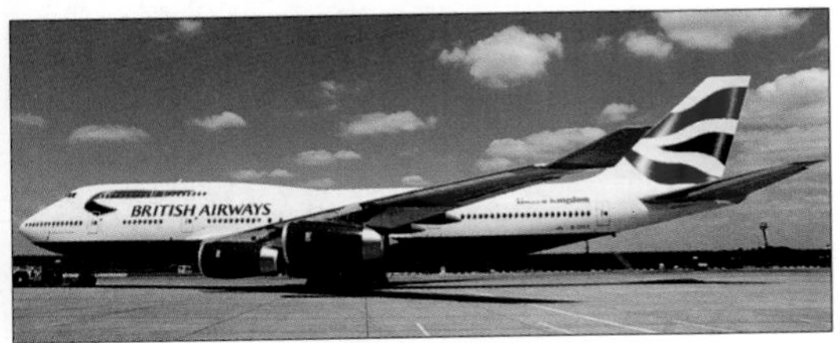

Un avion de la British Airways à Heathrow

Heathrow (LHR)

Situé à l'ouest de Londres, Heathrow (service de renseignements : 020-8759 4321) est l'aéroport international le plus actif du monde. Les principaux vols long-courriers des lignes régulières atterrissent ici, et un cinquième terminal devrait bientôt absorber l'augmentation du trafic intérieur. Les quatre terminaux actuels disposent de bureaux de change, de consignes, de pharmacies, de boutiques et de restaurants.

Pedestrian route to terminals 1 & 2 and car park 3
Underground
Central bus station

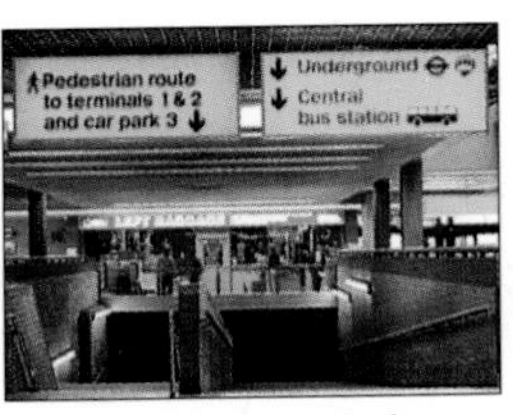

Accès au métro au terminal des arrivées de Heathrow

Ils sont reliés au métro (Picadilly line) par un réseau de couloirs et d'ascenseurs clairement fléchés. Le trajet jusqu'au centre de Londres prend environ 40 minutes (ajoutez 10 minutes au départ du Terminal 4).

Le meilleur moyen de se rendre dans le centre de Londres est l'Heathrow Express, qui atteint la gare de Paddington en 15 min. Fonctionnant 24 h/24, les trains partent toutes les 15 min de 9 h à minuit, puis toutes les heures de minuit à 5 h 30, et chaque demi-heure jusqu'à 9 h. La gare de Paddington propose un service d'enregistrement pour le vol

Terminal 3 : arrivée des vols long-courriers hors British Airways et SAS vers la Scandinavie. Guichet de change ouvert 24 h sur 24.
Vers Londres par M4 et A4
Terminal 1 : vols intérieurs et européens des lignes britanniques.
Station des terminaux 1, 2 et 3
Terminal 2 : lignes européennes des compagnies étrangères.
Terminal 3 : départs
Station du terminal 4
Autoroute A30
Terminal 4 : lignes intercontinentales de British Airways, certains vols pour Paris, Athènes et Amsterdam.
Hôtel Sterling
LÉGENDE
Station de métro
Terminus de bus
Gare routière
Parking courte durée
Sens de la circulation

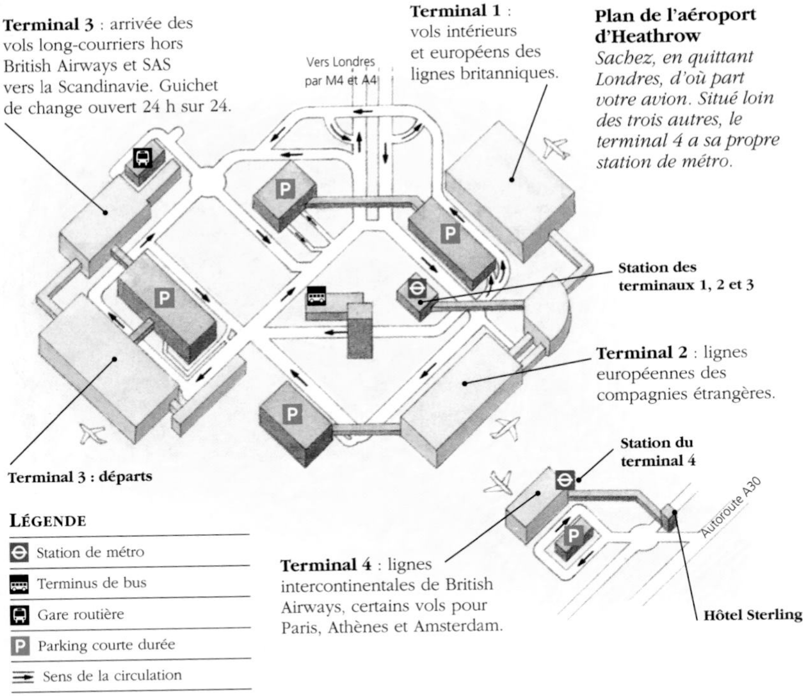

Plan de l'aéroport d'Heathrow

Sachez, en quittant Londres, d'où part votre avion. Situé loin des trois autres, le terminal 4 a sa propre station de métro.

du retour. Fonctionnant avec les principales compagnies aériennes (dont les bureaux d'enregistrement sont en général ouverts de 5 h à 21 h tous les jours), ce service accepte les bagages à main et délivre des cartes d'embarquement et des places numérotées. L'enregistrement doit être effectué au moins 2 h avant votre départ (1 h si vous n'avez qu'un bagage à main).

GATWICK (LGW)

Situé au sud de Londres, à la frontière entre le Surrey et le Sussex, Gatwick (service de renseignements : 0870-0002468), contrairement à Heathrow, accueille aussi bien des charters que des vols réguliers.

Logo du Gatwick Express

Beaucoup d'avions affrétés par des agences de voyages atterrissent ici, provoquant parfois l'engorgement des services d'immigration et de sécurité. Aussi, lors de votre retour, évitez d'attendre la dernière minute pour effectuer vos formalités d'enregistrement. Assurez-vous en outre que vous savez de quel terminal votre vol décolle. Tous deux proposent restaurants, duty free et banques ouverts 24 h sur 24.

C'est par le train qu'il est le plus facile de rejoindre la capitale, que l'on prenne la Thameslink ou le Gatwick Express jusqu'à la gare Victoria. Comptez 30 min de trajet, mais vérifiez (*p. 368*) les fréquences aux heures creuses (toutes les 15 minutes à partir de 6 h 05, et toutes les heures pendant la nuit).

Rejoindre Londres en voiture peut prendre deux heures. La course en taxi vous coûtera entre £ 50 et £ 60.

Le service gratuit de monorail reliant les terminaux de Gatwick

LÉGENDE

- Gare de chemin de fer
- Gare routière
- Parking courte durée
- Poste de police
- Sens de la circulation

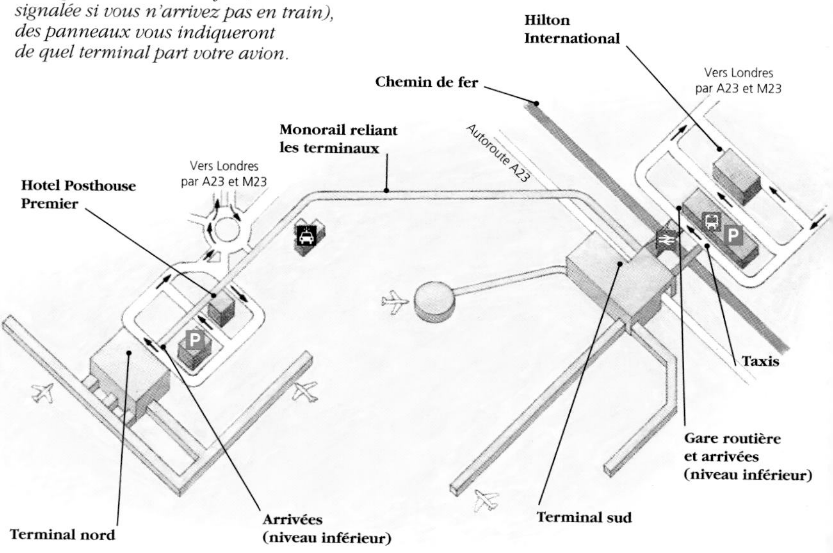

Plan de l'aéroport de Gatwick

Il existe deux terminaux à Gatwick : celui du nord et celui du sud, reliés par un monorail gratuit (trajet de quelques minutes). Près de l'entrée de la gare de chemin de fer (clairement signalée si vous n'arrivez pas en train), des panneaux vous indiqueront de quel terminal part votre avion.

Hilton International
Vers Londres par A23 et M23
Chemin de fer
Autoroute A23
Monorail reliant les terminaux
Vers Londres par A23 et M23
Hotel Posthouse Premier
Taxis
Gare routière et arrivées (niveau inférieur)
Terminal sud
Arrivées (niveau inférieur)
Terminal nord

L'entrée du spacieux terminal des passagers à Stansted

Stansted (STN)

Stansted se trouve dans l'Essex (renseignements : 0870-0000 303), au nord-est de Londres. Le quatrième aéroport du Royaume-Uni par sa taille connaît un développement rapide, avec des investissements de £500 millions destinés à porter sa capacité à 15 millions de passagers par an. Agréable à utiliser, cet aéroport doté de deux bâtiments satellites est très apprécié des compagnies aériennes bon marché. Le terminal conçu par Sir Norman Foster a été inauguré en 1991. Il réunit toutes les infrastructures essentielles : restaurants, bureaux de change et loueurs de voitures. Des trains rapides sans conducteur font la navette entre les trois sites.

Le Stansted Skytrain relie l'aéroport à la gare de Liverpool Street à Londres. Départ toutes les 15 min. entre 8 h et 14 h, et toutes les 30 min. aux autres périodes (durée du trajet : 41 min.). À Tottenham Hale, une correspondance est assurée avec le métro (Victoria Line). Un arrêt de cars se trouve près du terminal. L'autoroute M11 relie Stansted au centre de Londres.

Luton (LTN)

L'aéroport de Luton (renseignements : 01582-405 100) est implanté au nord de Londres, près de l'embranchement 10 de l'autoroute M1, le principal axe routier du Royaume-Uni. Son nouveau terminal pour passagers a été inauguré en novembre 1999, de même qu'une gare dédiée au site, Luton Parkway. Des trains partent régulièrement pour la gare de King's Cross (durée du trajet inférieure à 40 min.). Un bus gratuit fait la navette entre l'aéroport et la gare. Divers cars dont les arrêts sont situés juste devant le terminal relient également l'aéroport à Londres. Après d'importants travaux durant l'été 2000, le terminal d'origine est désormais prêt à accueillir 5 millions de passagers par an. Luton Airport est la base de la compagnie aérienne bon marché EasyJet.

London City Airport (LCY)

Ouvert en 1987, London City (renseignements : 020-7646 0088) est l'aéroport le plus récent de Londres. Il accueille désormais plus d'un million de passagers par an. Situé à 10 km seulement du centre-ville, l'aéroport est très apprécié des voyageurs d'affaires, ce que révèlent les infrastructures (salles de réunions, secrétariat et salles à manger privées) qui s'ajoutent aux services habituels. Autre attrait de l'aéroport : le temps d'enregistrement, qui est de 10 min. seulement. Bien qu'environ 70 % des passagers arrivent à City Airport en voiture privée ou en taxi (parc de stationnement adjacent au terminal), des transports en commun sont disponibles. Des bus relient City Airport à la Jubilee Line (30 min. pour le West End) et au réseau du Docklands Light Railway.

Du quartier des Docklands, on peut voir l'aéroport London City

Aéroport	Distance du centre-ville	Durée moyenne du trajet	Prix moyen du taxi
London City	10 km (6 miles)	Métro : 20 minutes DLR : 20 minutes	£ 20
Heathrow	23 km (14 miles)	Train : 15 minutes Métro : 45 minutes	£ 35
Gatwick	45 km (28 miles)	Train : 30 minutes Bus : 70 minutes	£ 55
Luton	51 km (32 miles)	Train : 35 minutes Bus : 70 minutes	£ 55
Stansted	55 km (34 miles)	Train : 41 minutes Bus : 75 minutes	£ 55

Hôtels de l'aéroport

Heathrow

Hilton London Heathrow
020-8759 7755.

Holiday Inn M4
0870-400 8595.

Crowne Plaza
01895-445555.

Sheridan Skyline
020-8759 2535.

Gatwick

Thistle Gatwick
01293-786992.

Hilton London Gatwick
01293-518080.

Le Meridien Gatwick Airport
0870-400 8494.

Gatwick Holiday Inn
0870-400 9030.

Stansted

Hilton London Stansted
01279-680800.

Harlow Stansted Moat House
01279-829988.

Swallow Churchgate
01279-420246.

Luton

Ibis Luton Airport
01582-424488.

Luton Travelodge
01582-575955.

Hertfordshire Moat House
01582-449988.

London City

Four Seasons Canary Wharf
020-7510 1999.

Ibis Greenwich
020-8305 1177.

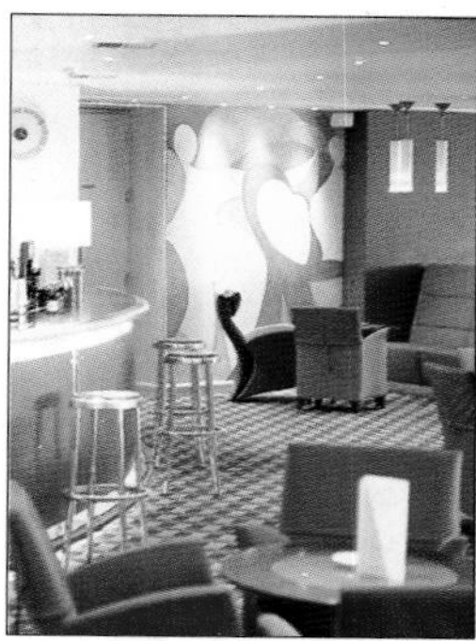

Le bar tranquille de l'hôtel Sheridan Skyline, très prisé

Légende

- Gare ferroviaire
- Station de métro
- Aéroport
- Autoroute
- Nationale

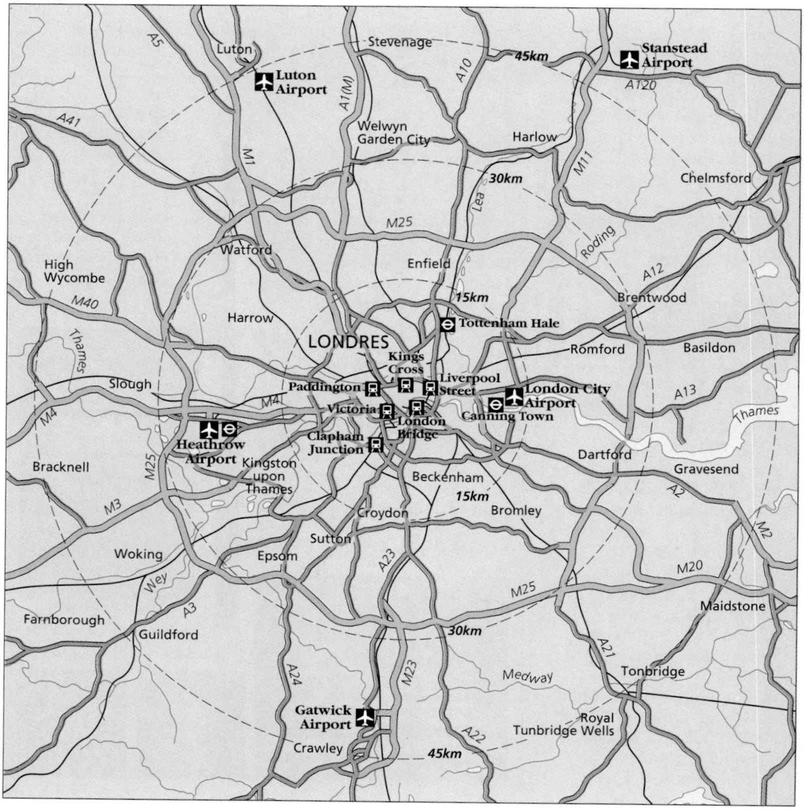

Circuler à Londres

Le réseau de transports en commun londonien, l'un des plus chargés et des plus importants d'Europe, doit faire face à tous les problèmes de circulation qui se posent à une grande capitale. Les heures de pointe, les plus difficiles pour circuler, s'étendent de 8 h à 9 h 30 environ, et de 16 h 30 à 18 h 30. C'est le London Regional Transport (LRT) qui gère les transports urbains, comprenant le Network SouthEast (service ferroviaire assuré par British Rail), ainsi que la majeure partie des multiples lignes d'autobus et de métro desservant la capitale et sa banlieue. Pour tout renseignement sur les tarifs, les itinéraires et les horaires, appelez le 020-7222 1234, ou allez dans un des LRT Travel Information Centre situés à Oxford Circus et à Piccadilly Circus, à l'aéroport d'Heathrow et dans les gares d'Euston, de King's Cross et de Victoria (*p. 347*).

Autobus à impériale

Le système de transports

Le métro (« *tube* ») est de loin le moyen de transport le plus rapide dans Londres. Rames bondées et retards n'y sont toutefois pas rares, et il ne dessert pas certains quartiers (surtout dans le sud). Les changements de lignes, dans certaines stations, imposent de longues marches.

Dans une ville aussi étendue, la distance entre un monument et la plus proche station de métro justifie parfois de prendre un bus.

***Travelcard* hebdomadaire**

Les cartes de transport

Peu subventionnés, les transports en commun londoniens s'avèrent chers comparés à ceux de nombreuses autres villes d'Europe… à moins de disposer d'une carte de transport. Ces *Travelcards* – valable une journée, une semaine ou un mois – donnent le droit d'emprunter tout type de transport public dans l'une des six zones concentriques couvrant le centre de Londres et la banlieue éloignée. Les principaux monuments de la capitale se trouvent presque tous dans la zone 1.

Ces *Travelcards* s'achètent dans les gares, les stations de métro (*p. 364*) et chez certains marchands de journaux affichant le sigle des transports londoniens. Pour un abonnement hebdomadaire ou mensuel, vous devrez fournir une photo d'identité. Les *Travelcards* d'une journée ne sont valables qu'à partir de 9 h 30 en semaine. Prendre une carte hebdomadaire de une ou deux zones se justifie pour un séjour de quatre jours. Très économique mais pas vendue en Angleterre, la *Visitor Travelcard* (3, 4, ou 7 jours) doit être achetée avant le départ. Se renseigner aux offices de tourisme.

Londres à pied

Rappelez-vous, en vous promenant dans Londres, que les Anglais roulent à gauche. Des instructions écrites sur la chaussée indiquent en général le sens de la circulation (et donc l'origine du danger) aux passages protégés. Ces derniers sont de deux types : ceux marqués par des bandes blanches et une balise jaune où les piétons engagés jouissent d'une priorité absolue, et ceux commandés par un bouton où les voitures ne s'arrêteront pas avant que le petit homme vert s'allume.

Passage protégé

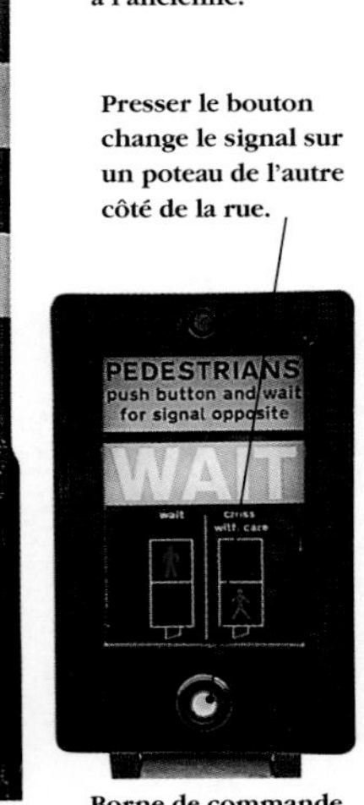
PEDESTRIANS
push button and wait
for signal opposite
WAIT

Balise jaune des passages protégés à l'ancienne.

Presser le bouton change le signal sur un poteau de l'autre côté de la rue.

Borne de commande

Attendre **Traverser**

Conduire à Londres

Panneau signalant un parking

Avant de vous lancer en voiture dans le centre de Londres, sachez que la vitesse moyenne pendant les heures de pointe y est 18 km/h et le stationnement rare et cher. En règle générale, les Londoniens préfèrent ne prendre leur voiture que pendant les week-ends et après 18 h 30, lorsque se garer devient plus facile. Gardez toujours à l'esprit que vous devez rouler à gauche.

Les règles de stationnement

Il est strictement interdit de stationner à tout moment sur les voies bordées de rouge, les doubles lignes jaunes et les passages pour piétons. Surveillez les panneaux indiquant éventuellement d'autres restrictions. À condition de ne causer aucune gêne, on a le droit de se garer sur les lignes jaunes simples hors des heures de bureau (8 h-18 h 30 du lundi au samedi). C'est également la période où les parcmètres deviennent gratuits. Ces derniers s'avèrent chers dans le centre-ville et imposent de se munir de monnaie (*p. 351*). Les Anglais appellent *Pay-and-Display* le système consistant à acheter un ticket à poser en évidence sur le tableau de bord. Le NCP (National Car Park) publie un guide gratuit indiquant les parkings gérés par cet organisme (plusieurs dans le centre, aisés à trouver) : se renseigner au 21 Bryanston Street W1A 4NH ou appeler le 0870-606 7050.

Les zones exigeant un permis de résident sont libres hors des heures de bureaux (pensez à partir avant 8 h), mais tenez-vous à l'écart des aires de stationnement marquées « *card-holders only* ».

Parcmètre

Sabots et fourrières

En cas de stationnement interdit, y compris sur une place à parcmètre, vous risquez de retrouver votre véhicule immobilisé par un sabot. Un autocollant sur votre pare-brise vous indiquera l'endroit où payer votre amende (salée) afin d'obtenir sa libération. Si vous ne retrouvez pas votre voiture, c'est sans doute que le redouté et haï service de fourrière londonien a de nouveau fait preuve de sa remarquable efficacité en vous gâchant une journée de vacances. Les principales fourrières se trouvent à Hyde Park, Kensington et Camden Town. Appelez le 020-7747 7474 pour savoir si votre véhicule a bien été enlevé et où le récupérer.

Panneaux de signalisation
*La prudence recommande de lire le code de la route britannique (*Highway code*), disponible en librairie.*

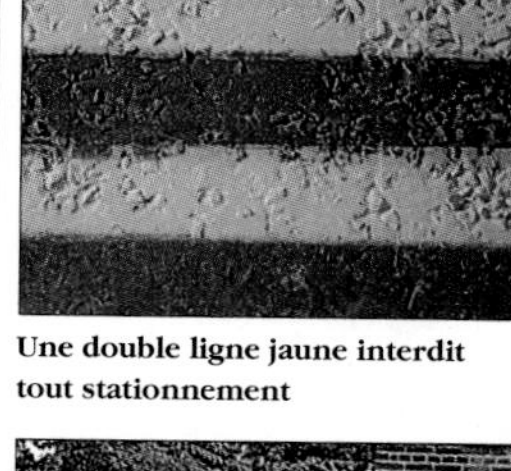

Une double ligne jaune interdit tout stationnement

Véhicule immobilisé par un sabot

Agences de location de voitures

Avis
0870 606 0100. www.avis.com

Thrifty Car Rental
01494 751600.
www.thrifty.co.uk

Europcar
0870 607 5005.
www.europcar.co.uk

Hertz
0870 840 0084. www.hertz.com

Arrêt interdit

Vitesse limitée à 30 mph (48 km/h)

Sens interdit

Laisser le passage

Sens unique

Interdiction de tourner à droite

Londres à vélo

Circuler à bicyclette s'avère très agréable dans les parcs et les quartiers les plus calmes de la ville. Munissez-vous d'un solide cadenas et de vêtements étanches. Les casques ne sont pas obligatoires mais fortement conseillés et vous pouvez également porter un masque pour vous protéger de la pollution. Vous trouverez des vélos à louer chez **On Your Bike**.

Adresse utile
On Your Bike, 52 Tooley St SE1.
020-7378 6669.

Londres en métro

Panneau signalant une station

Le métro de Londres (*Underground* ou *tube*) comporte 273 stations, toutes clairement signalées par un logo indiquant leur nom. Les rames circulent tous les jours, sauf celui de Noël, de 5 h 30 à minuit. Quelques lignes, ou tronçons de lignes ayant un horaire irrégulier, vérifiez l'heure de passage du dernier train si vous prévoyez de vous déplacer après 23 h 30. Il y a moins de métros le dimanche. Le Docklands Light Railway relie le *tube* à l'est et au sud-est de Londres.

Rame de métro

Planifier votre trajet

Les 12 lignes du métro possèdent chacune leur couleur sur les plans *(voir le rabat de couverture)* affichés dans les stations et, en version plus succincte, dans les rames. Ces plans indiquent notamment où changer de ligne pour arriver à destination. Certaines lignes, comme Victoria et Jubilee, sont à branche unique. D'autres, comme Northern, desservent plusieurs directions. La Circle Line forme une boucle autour du centre de la ville. Attention : les distances sur les plans ne sont pas à l'échelle. De plus, ne vous fiez pas aux directions que les lignes semblent emprunter pour vous repérer dans la ville.

Acheter un ticket

Si vous prévoyez d'effectuer plus de deux trajets par jour en métro, prenez une *Travelcard* (*p. 362*). Vous pouvez aussi acheter des tickets (aller simple ou aller-retour) aux guichets des stations ou aux distributeurs automatiques. Le réseau est divisé en six zones. Celles que vous traverserez détermineront le prix du trajet. Vérifiez sur le plan dans quelle zone se trouve votre destination. La plupart des stations sont équipées de distributeurs automatiques avec des instructions détaillées en plusieurs langues. Ils prennent les pièces, les billets et les cartes bancaires. Quelques vieux distributeurs n'acceptent que les pièces et les billets de £5 et £10. Choisissez votre type de ticket : aller simple (*single*) ou aller-retour (*return*), puis indiquez votre station de destination : le prix du trajet s'affichera automatiquement. Des appareils plus petits qui ne servent qu'aux habitués du métro délivrent uniquement des billets à divers tarifs parmi lesquels vous sélectionnez celui qui vous convient. Sur tous les appareils, un message indique s'ils peuvent rendre la monnaie.

SYMBOLES DES PLANS DE MÉTRO
(voir le rabat de couverture)

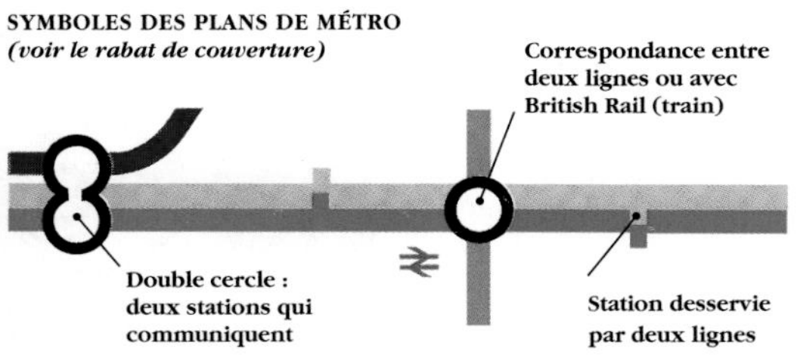

L'architecture du métro

L'architecture du métro londonien jouit d'une réputation prestigieuse, qui remonte aux années 1930. L'extension de la Jubilee Line, en 2000, a été saluée unanimement, avec six nouvelles stations et cinq stations existantes remaniées par des architectes renommés, comme Sir Norman Foster (Canary Wharf), Matthew Hopkins (Westminster) et Will Alsop (North Greenwich).

L'intérieur de la station Canary Wharf, Jubilee Line

PRENDRE LE MÉTRO

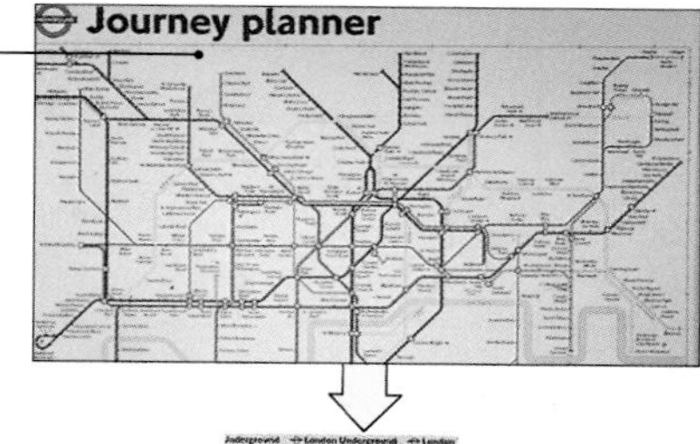

1 Lorsque vous entrez dans la station, vérifiez quelle(s) ligne(s) vous devez emprunter. Demandez éventuellement à l'employé du guichet de vous aider.

Glissez votre ticket ou *Travelcard* dans la fente à l'avant de la machine.

Prenez-le quand il ressort, le portillon s'ouvrira.

2 Achetez votre ticket ou votre Travelcard à l'un des distributeurs automatiques (*p. 362*) ou au guichet. Pensez à conserver votre billet car vous en aurez besoin pour sortir du métro.

3 Vous devez franchir les portillons pour accéder aux quais (*voir ci-dessus*).

4 Suivez les flèches jusqu'à votre ligne. C'est parfois compliqué, restez vigilant.

Le guichet se trouve généralement près des portillons.

5 Si vous n'êtes pas sûr du quai où prendre votre rame, regardez la liste des stations qu'il dessert.

6 Des panneaux d'affichage électroniques indiquant la destination des prochains trains et le délai d'attente équipent la plupart des quais.

Dans certains trains, vous devez presser un bouton pour ouvrir les portes.

7 Une fois dans le wagon, vous pouvez vérifiez votre progression à l'aide du plan de la ligne affiché dans chaque voiture. De nombreux panneaux signalent le nom des stations.

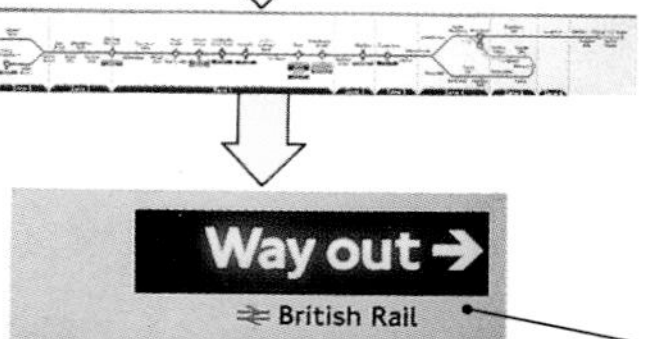

8 Une fois descendu, cherchez les panneaux indiquant la sortie ou le quai de votre correspondance.

Londres en bus

Sigle du LRT (London Regional Transport)

Ce symbole de Londres qu'est l'autobus rouge à impériale commence à disparaître. Du fait de la dérégulation des transports et de la privatisation d'une partie du réseau, des véhicules modernes plus petits, parfois sans impériale, et parfois même pas rouges, le remplacent de plus en plus. Tous ces bus, surtout les vieux, offrent un moyen peu coûteux et agréable de visiter Londres si l'on obtient une place assise. En cas de rendez-vous ou d'urgence, la circulation régulièrement embouteillée de la capitale risque en revanche de les rendre extrêmement frustrants, en particulier aux heures de pointe (8 h-9 h 30 et 16 h 30-18 h 30).

Arrêts d'autobus
Les bus londoniens s'arrêtent en principe à toutes les stations portant le logo du LRT (à gauche). *Il faut faire signe au conducteur si l'arrêt est marqué « Request »* (ci-dessous).

Prendre le bon bus

À chaque arrêt de bus vous trouverez la liste des principales destinations et des lignes y menant, parfois aussi un plan du quartier indiquant les autres arrêts proches. Assurez-vous que vous prenez la ligne dans le bon sens ; en cas de doute, demandez au conducteur.

Dans le bus

Les autobus s'arrêtent, même si personne ne désire monter ou descendre, aux arrêts signalés par le sigle du LRT (*voir ci-dessus*), à moins qu'il ne soit précisé « *REQUEST* », auquel cas il faut demander l'arrêt en sonnant (dans le bus) ou en faisant signe (à l'arrêt). Le numéro de ligne et les destinations sont affichés à l'avant et à l'arrière du véhicule. Les plus récents n'ont qu'un conducteur et les passagers payent leur billet en montant. Dans les *Routemasters* traditionnels, c'est un receveur qui encaissera le prix du parcours après vous avoir laissé le temps de vous installer. Conducteur ou receveur vous rendra la monnaie, mais évitez les grosses coupures. Gardez votre ticket jusqu'à l'arrivée en cas de contrôle, mais il ne donne droit qu'à un trajet, vous devrez payer à nouveau si vous changez de bus. Une *Travelcard* s'avérera nettement plus pratique, surtout si vous effectuez de nombreux déplacements. En cas de doute sur l'arrêt où vous devez descendre, n'hésitez pas à demander au chauffeur ou au receveur.

Receveur
Les receveurs vendent les tickets dans les bus traditionnels.

Tickets dans les bus traditionnels
Le receveur vous délivre votre billet. Évitez les grosses coupures.

Quelques lignes très pratiques

Y compris pour rejoindre quartiers ou monuments que le métro ne dessert pas comme le Royal Albert Hall (*p. 207*), Chelsea (*p. 193-197*) ou Clerkenwell, prendre l'autobus pour faire des courses ou découvrir la ville peut se révéler très agréable. Surtout si vous n'êtes pas pressé et disposez d'une *Travelcard*. Et aucune société de visites guidées ne pourra vous proposer tarif plus bas, il ne manquera que le commentaire (*p. 346*). Quelques lignes se révèlent particulièrement pratiques dans le centre de Londres.

Marble Arch

Harrod's

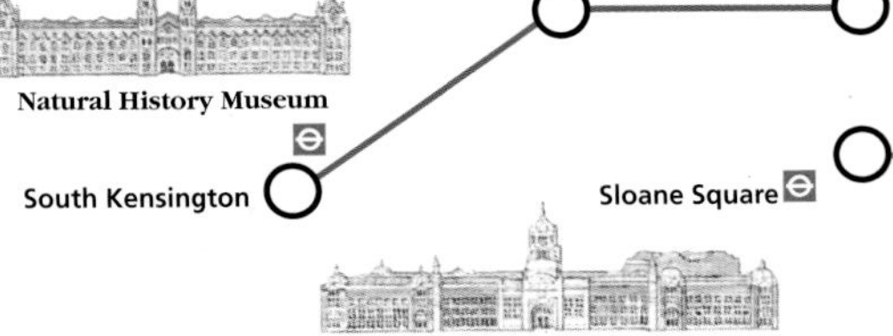

Route
10
10
KINGS CROSS &
10
NML 603E

PUSH
ONCE

LONDON NORTHERN
41
ARCHWAY STN
mcw
KYV 739X

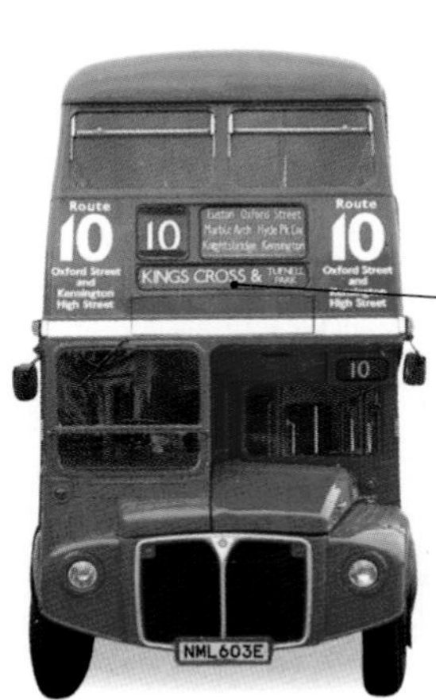

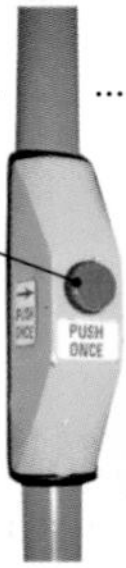

Pour demander l'arrêt, pressez une fois le bouton situé près des portes.

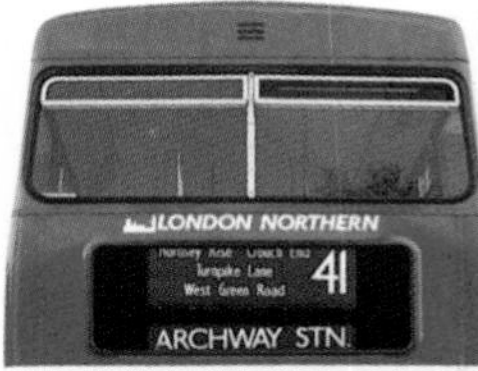

Les destinations sont indiquées à l'avant et à l'arrière de l'autobus.

Pour acheter un ticket, préparez votre monnaie.

N97
Night
Bus

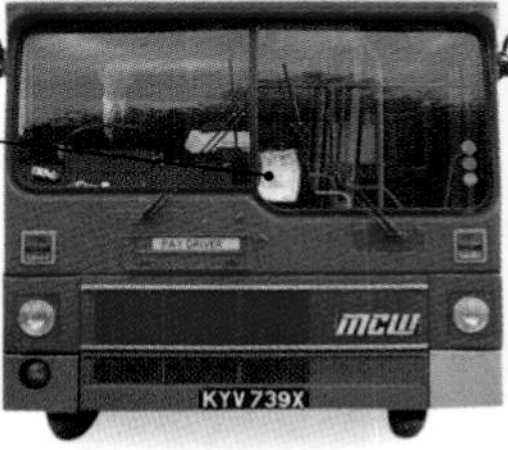

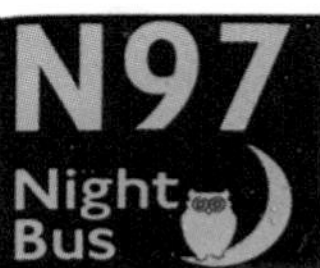

Bus traditionnels
La montée se fait à l'arrière. Le receveur vous laisse vous asseoir avant de délivrer le ticket.

Service de nuit
Les arrêts desservis la nuit portent ce logo. Les Travelcards *d'un jour ne sont pas valables sur ces bus.*

Autobus modernes
Ces autobus n'ont pas de receveur. Le conducteur délivre les billets à la montée des passagers.

BUS DE NUIT

Quelques grandes lignes desservant la banlieue assurent un service de nuit de 23 h à 6 h du matin (un bus toutes les heures environ). Un « N » devant leur numéro, bleu ou jaune, permet de les reconnaître.

Que vous ayez prévu de les emprunter ou que vous vous soyez juste laissé surprendre par l'heure, ne les prenez pas au hasard. Londres est si vaste que, même en ne vous trompant pas de direction, vous risquez de vous perdre ou de vous retrouver très loin de votre destination.

Les centres d'information du LRT vous fourniront les itinéraires et horaires de ces lignes (également indiqués aux arrêts). Comme toujours, la nuit, restez prudent. Évitez, par exemple, de vous installer seul sur l'impériale. Les bus de nuit n'ont jamais de receveur.

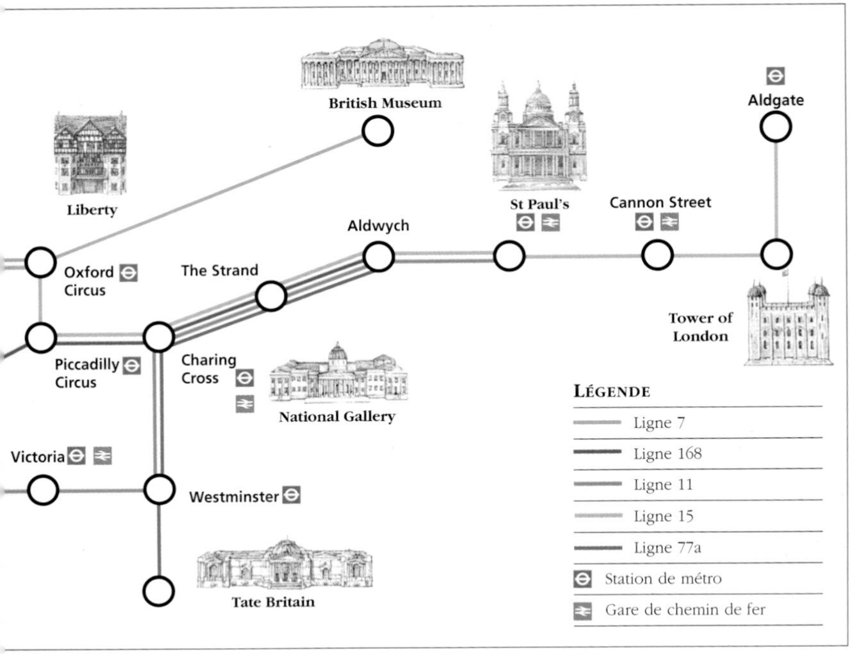

British Museum
Aldgate
Liberty
St Paul's
Cannon Street
Aldwych
Oxford Circus
The Strand
Tower of London
Piccadilly Circus
Charing Cross
National Gallery
Victoria
Westminster
Tate Britain
LÉGENDE
Ligne 7
Ligne 168
Ligne 11
Ligne 15
Ligne 77a
Station de métro
Gare de chemin de fer

Londres en train

Logo ferroviaire

Des centaines de milliers de Londoniens utilisent chaque jours les trains de banlieue. Les visiteurs pourront les emprunter pour se rendre à la périphérie de la capitale, en particulier au sud de la Tamise mal desservi par le métro, ou pour partir visiter d'autres régions de la Grande-Bretagne (*p. 357*).

Les lignes les plus utiles

Les visiteurs empruntent surtout la ligne qui part des gares de Charing Cross et de Cannon Street (uniquement en semaine pour cette dernière), et rejoint Greenwich (*p. 236-243*) par le London Bridge.

La Thameslink dessert l'aéroport de Luton, le sud de Londres, l'aéroport de Gatwick et Brighton *via* West Hampstead et Blackfriars.

Prendre le train

Huit gares desservent, au départ de Londres, l'ensemble de la Grande-Bretagne (*p. 357*). Des trains omnibus, express ou *Intercity* (les plus rapides) assurent les liaisons. Consultez les panneaux d'information pour prendre celui qui vous amènera le plus vite à votre destination. Dans les voitures les plus anciennes, il faut baisser la vitre et actionner la poignée extérieure pour ouvrir la portière.

Renseignez-vous avant le départ, soit auprès de la SNCF (en France) ou des bureaux de BritRail dans votre pays, sur les forfaits à kilométrage illimité utilisables en Grande-Bretagne, comme la carte Inter-Rail ou les *passes* ferroviaires britanniques.

Les billets

Les billets s'achètent dans une agence de voyages ou une gare. La plupart des cartes de crédit sont acceptées. En cas de longues files d'attente aux guichets, utilisez les distributeurs automatiques, identiques dans leur fonctionnement à ceux du métro (*p. 364*). Deux types de billets sont plus particulièrement intéressants pour les visiteurs : la *Travelcard* (*p. 362*) pour les déplacements dans l'agglomération londonienne, et le *Cheap Day Return* (qui ne s'utilise qu'après 9 h 30) pour de plus longs trajets.

Billets Cheap Day Return

Excursions d'une journée

Le sud-est de l'Angleterre offre de nombreux sites ou monuments à découvrir au terme d'un court voyage en train. Pour plus d'informations, appelez le London Tourist Board (*p. 347*) ou le Passenger Enquiries (0345 48 49 50).

Canotage au pied du palais de Windsor

Audley End
Village à l'étonnant manoir du XVIIe siècle.
de Liverpool Street. 64 km (40 miles) ; 1 h.

Bath
Cette ville ancienne bien conservée renferme des vestiges romains.
de Paddington. 172 km (107 miles) ; 1 h 25.

Brighton
Station balnéaire animée. À voir : le Royal Pavilion.
de Victoria. 85 km (53 miles) ; 1 h.

Cambridge
Belles galeries d'art et collèges anciens.
de Liverpool Street ou King's Cross. 86 km (54 miles) ; 1 h.

Canterbury
Superbe et impressionnante cathédrale.
de Victoria. 98 km (84 miles) ; 1 h 25.

Hatfield House
Palais élisabéthain au mobilier remarquable.
de King's Cross ou Moorgate. 33 km (21 miles) ; 20 mn.

Oxford
Célèbre, comme Cambridge, pour sa vieille université.
de Paddington. 86 km (56 miles) ; 1 h.

Salisbury
Célèbre pour sa cathédrale, et proche, en voiture, de Stonehenge.
de Waterloo. 135 km (84 miles) ; 1 h 40.

St Albans
Grande cité romaine jadis.
de King's Cross ou Moorgate. 40 km (25 miles) ; 30 min.

Windsor
Le palais royal a partiellement brûlé en 1992.
de Paddington, changer à Slough. 32 km (20 miles) ; 30 min.

Londres en taxi

Institution londonienne tout aussi vénérable que les bus, les taxis subissent également les affronts de la modernisation, et vous en verrez certains qui non seulement ne sont pas noirs mais vont jusqu'à s'adonner à la réclame. Pour obtenir leur licence, leurs chauffeurs continuent de passer un examen exigeant une parfaite connaissance de la ville et des itinéraires les plus rapides pour la traverser. Ils conduisent prudemment : tout taxi à la carrosserie endommagée doit rester au garage.

Taxis en attente

Trouver un taxi

Les taxis agréés portent un signal jaune « For Hire » sur le toit, qu'ils allument lorsqu'ils sont libres. Vous pouvez les appeler, les trouver aux stations de taxi ou les arrêter dans la rue en agitant vigoureusement le bras. Ils ne peuvent refuser de vous emmener à votre destination si elle se trouve dans un rayon de 9 km, et dans le district de la police métropolitaine (la majeure partie du Grand Londres et l'aéroport d'Heathrow).

Concurrents des « *black cabs* », les « *mini-cabs* » sont des voitures normales que vous pouvez prendre en téléphonant à une société ou en passant à son siège, ouvert souvent 24 h sur 24. Si l'un d'eux s'arrête dans la rue, sachez que beaucoup opèrent illégalement et peuvent être dangereux. Vous trouverez les numéros des compagnies de *mini-cabs* dans les *Yellow Pages* (*p. 352*). Négociez le prix du trajet avant de monter.

Les tarifs

Dans les taxis agréés, un compteur vous indique l'évolution du prix de la course. Il augmente toutes les minutes ou tous les 311 m (340 yards). La prise en charge est d'environ £ 1 et bagages, passagers supplémentaires et heures particulières (la nuit notamment) donnent lieu à des suppléments.

Les couleurs modernes des taxis traditionnels

Numéros utiles

Computer Cabs (agréés)
020-7286 0286.

Radio Taxis (agréés)
020-7272 0272.

Ladycabs (chauffeurs femmes seulement)
020-7254 3501.

Lost property (objets trouvés)
020-7918 2000.
Ouvert *: 9 h-16 h lun.-ven.*

Réclamations
020-7941 7800. *Vous devrez connaître le numéro du taxi.*

Allumé, ce signal indique que le taxi est libre et s'il est équipé pour les fauteuils roulants.

Le compteur indique au fur et à mesure le prix de la course, et le montant des suppléments. Les tarifs sont identiques dans tous les taxis agréés.

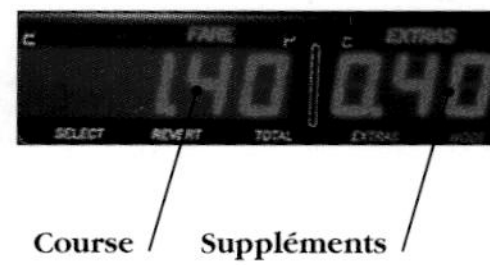

Course **Suppléments**

Les taxis agréés
Les taxis traditionnels offrent un moyen sûr de se déplacer dans la capitale. Ils peuvent prendre jusqu'à cinq passagers et disposent d'un vaste coffre à bagages.

ATLAS DES RUES

Les références données pour chaque site, monument, hôtel, restaurant, magasin ou salle de spectacle décrits dans ce guide se rapportent aux plans de l'atlas (*voir ci-contre* mode d'emploi des plans). Vous trouverez aux pages 372-383 un répertoire complet des rues et lieux indiqués sur ces plans, qui couvrent tout le centre de Londres comme le montre la carte ci-dessous. Elle signale également les limites et codes postaux de chaque district. Outre les quartiers d'intérêt touristique repérés par leurs codes de couleur, la carte comprend aussi tous ceux abritant les restaurants, hôtels, pubs et salles de spectacle importants.

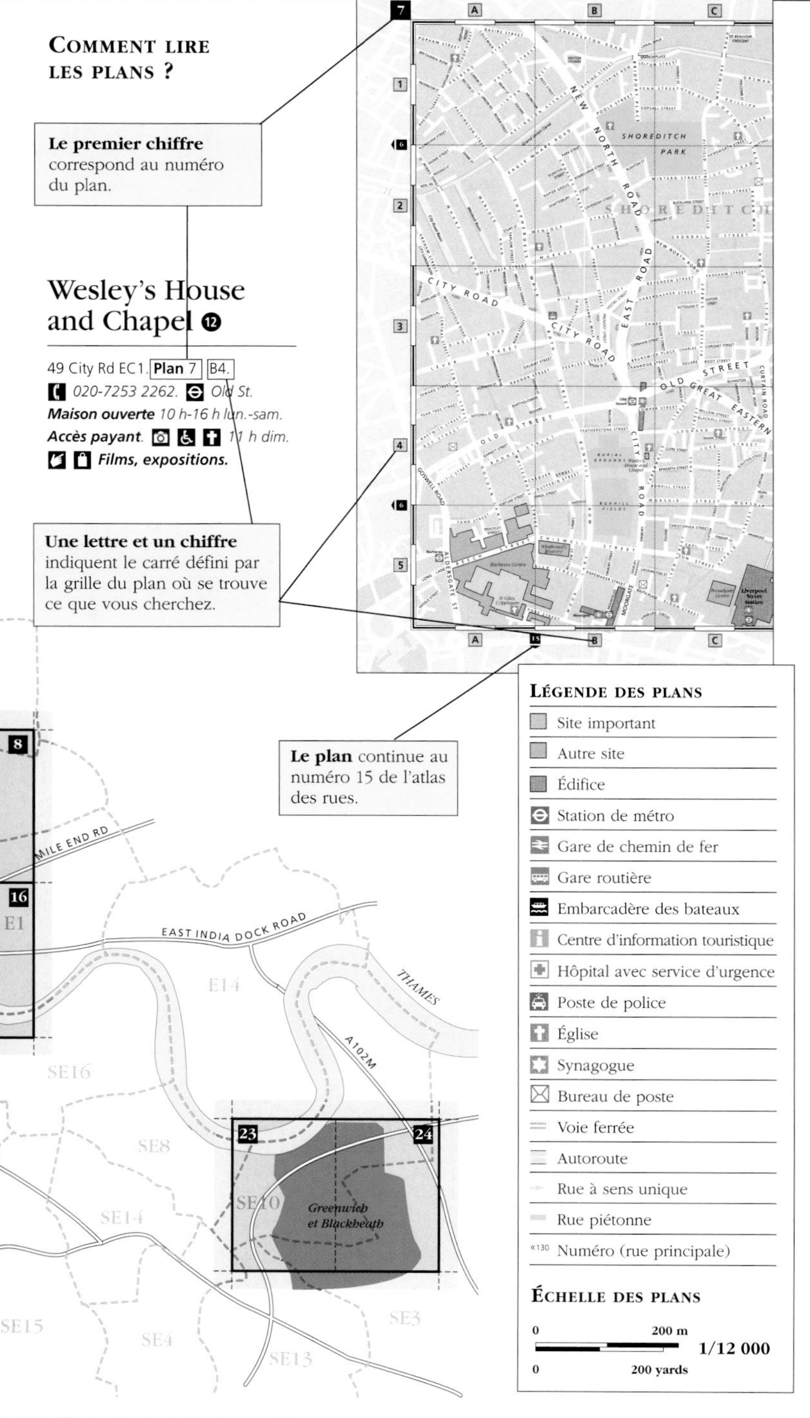
COMMENT LIRE LES PLANS ?
Le premier chiffre correspond au numéro du plan.
Wesley's House and Chapel ⓬
49 City Rd EC1. Plan 7 B4.
020-7253 2262. Old St.
Maison ouverte 10 h-16 h lun.-sam.
Accès payant. 11 h dim.
Films, expositions.
Une lettre et un chiffre indiquent le carré défini par la grille du plan où se trouve ce que vous cherchez.
Le plan continue au numéro 15 de l'atlas des rues.
7
A
B
C
1
2
3
4
5
15
NEW NORTH ROAD
SHOREDITCH PARK
SHOREDITCH
CITY ROAD
EAST ROAD
OLD STREET
OLD STREET
GREAT EASTERN
CITY ROAD
GOSWELL ROAD
ALDERSGATE ST
MOORGATE
8
E2
MILE END RD
16
E1
EAST INDIA DOCK ROAD
E14
THAMES
A102M
SE16
SE8
23
24
SE10
Greenwich et Blackheath
SE14
SE15
SE4
SE13
SE3
LÉGENDE DES PLANS
Site important
Autre site
Édifice
Station de métro
Gare de chemin de fer
Gare routière
Embarcadère des bateaux
Centre d'information touristique
Hôpital avec service d'urgence
Poste de police
Église
Synagogue
Bureau de poste
Voie ferrée
Autoroute
Rue à sens unique
Rue piétonne
«130 Numéro (rue principale)
ÉCHELLE DES PLANS
0
200 m
1/12 000
0
200 yards

Répertoire des noms de rues

A

B

C

D

E

F

M

Chaque nom est suivi par son code postal et son report au plan

Museum W1 **3 C5**
Sherwood St W1 **13 A2**
Shipton St E2 **8 E2**
Shirlock Rd NW3 **2 E5**
Shoe La EC4 **14 E1**
Shooters Hill Rd SE3 **24 D4**
Shooters Hill Rd SE18 **23 C4**
Shoreditch High St EC2, SE3 **8 D3**
Shoreditch Park E2 **7 B1**
Shorrold's Rd SW6 **17 C5**
Short St SE1 **14 E4**
Shouldham St W1 **11 B1**
Shroton St NW1 **3 B5**
Sidmouth St WC1 **5 C3**
Silk St EC2 **7 B5**
Sinclair Rd W14 **17 A1**
Singer St EC2 **7 C4**
Sir John Soane's Museum WC2 **14 D1**
Skinner St EC1 **6 E4**
Slaidburn St SW10 **18 F4**
Sleaford St SW8 **20 F5**
Sloane Ave SW3 **19 B2**
Sloane Ct East SW3 **20 D3**
Sloane Gdns SW1 **20 D2**
Sloane Sq SW1 **19 C2**
20 D2
Sloane St SW1 **11 C5**
19 C1
Smith Sq SW1 **21 B1**
Smith St SW3 **19 C3**
Smith Terr SW3 **19 C3**
Smithfield Mkt EC1 **6 F5**
Snow Hill EC1 **14 F1**
Snowfields SE1 **15 B4**
Soho Sq W1 **13 A1**
Soho St W1 **13 A1**
Somers Cres W2 **11 A1**
South Audley St W1 **12 D3**
South Eaton Pl SW1 **20 D2**
South Edwardes Sq W8 **17 C1**
South End Clo NW3 **2 D5**
South End Rd NW3 **1 C5**
South Gro N6 **2 F1**
South Hill Pk NW3 **2 D5**
South Hill Pk Gdns NW3 **2 D4**
South Island Pl SW9 **22 D5**
South Lambeth Pl SW8 **21 C4**
South Lambeth Rd SW8 **21 C4**
South Molton La W1 **12 E2**
South Molton St W1 **12 E2**
South Parade SW3 **19 A3**
South Pl EC2 **7 B5**
South Row SE3 **24 E5**
South St W1 **12 D3**
South Tenter St E1 **16 E2**
South Terr SW7 **19 A2**
South Wharf Rd W2 **11 A1**
Southampton Pl WC1 **13 C1**
Southampton Row WC1 **5 C5**
Southampton St WC2 **13 C2**
Southern St N1 **5 C2**
Southwark Bridge SE1 **15 A3**
Southwark Bridge Rd SE1 **15 A4**
Southwark Cathedral EC1 **15 B3**
Southwark St SE1 **14 F3**
15 A4
Southwell Gdns SW7 **18 E1**
Southwick St W2 **11 A1**
Southwood La N6 **2 F1**
Spa Fields EC1 **6 E4**
Spaniards Clo NW11 **1 B1**
Spaniards End NW3 **1 B1**
Spaniards Rd NW3 **1 A3**
Sparta St SE10 **23 A4**
Speakers' Corner W2 **11 C2**
Spedan Clo NW3 **1 A4**
Spelman St E1 **8 E5**
Spencer House SW1 **12 F4**
Spencer St EC1 **6 F3**
Spenser St SW1 **20 F1**
Spital Sq E1 **8 D5**
Spital St E1 **8 E5**
Spitalfields Centre E1 **8 E5**
Spitalfields Market **8 D5**
Spring St W2 **10 F2**
Spur Rd SW1 **12 F5**
Squires Mount NW3 **1 B4**
Squirries St E2 **8 F3**
Stable Yd Rd SW1 **12 F4**
Stafford Terr W8 **9 C5**
Stag Pl SW1 **20 F1**
Stamford St SE1 **14 E3**
Stanford Rd W8 **18 E1**
Stanhope Gdns SW7 **18 F2**
Stanhope Gate W1 **12 D4**
Stanhope Ms East SW7 **18 F2**
Stanhope Ms West SW7 **18 F2**
Stanhope Pl W2 **11 B2**
Stanhope St NW1 **4 F3**
Stanhope Terr W2 **11 A2**
Stanley Cres W11 **9 B2**
Stanley Gdns W11 **9 B2**
Stannary St SE11 **22 E3**
Stanway St N1 **8 D2**
Stanwick Rd W14 **17 B2**
Staple Inn WC1 **14 E1**
Staple St SE1 **15 B5**
Star Rd W14 **17 B4**
Star St W2 **11 A1**
Starcross St NW1 **4 F3**
Stean St E8 **8 D1**
Stephen St W1 **13 A1**
Stephenson Way NW1 **5 A4**
Steward St E1 **8 D5**
Stewart's Rd SW8 **20 F5**
Stock Exchange EC2 **15 B1**
Stockwell St SE10 **23 B2**
Stone Bldgs WC2 **14 D1**
Stonefield St N1 **6 E1**
Stones End St SE1 **15 A5**
Stoney La E1 **16 D1**
Stoney St SE1 **15 B3**
Stonor Rd W14 **17 B2**
Store St WC1 **5 A5**
Storey's Gate SW1 **13 B5**
Stormont Rd N6 **2 D1**
Stowage SE8 **23 A2**
Straightsmouth St SE10 **23 B3**
Strand WC2 **13 B3**
Strand La WC2 **14 D2**
Stratford Rd W8 **18 D1**
Stratheden Rd SE3 **24 F4**
Stratton St W1 **12 E3**
Streatham St WC1 **13 B1**
Streatley Pl NW3 **1 B4**
Strode Rd SW6 **17 A5**
Strutton Ground SW1 **21 A1**
Sturt St N1 **7 A2**
Stutfield St E1 **16 F2**
Sudeley St N1 **6 F2**
Suffolk La EC4 **15 B2**
Suffolk Pl SW1 **13 A3**
Suffolk St WC1 **13 B3**
Sumner Pl SW7 **19 A2**
Sumner St SE1 **15 A3**
Sun Rd W14 **17 B3**
Sun St EC2 **7 C5**
Sunderland Terr W2 **10 D1**
Surrey Row SE1 **14 F4**
Surrey St WC2 **14 D2**
Sussex Gdns W2 **11 A1**
Sussex Pl NW1 **3 C4**
Sussex Pl W2 **11 A2**
Sussex Sq W2 **11 A2**
Sussex St SW1 **20 F3**
Sutherland Pl W2 **9 C1**
Sutherland St SW1 **20 E3**
Sutton Row W1 **13 A1**
Swain's La N6 **2 F1**
Swallow St W1 **12 F3**
Swan La EC4 **15 B3**
Swan La Pier SE1 **15 B3**
Swan St SE1 **15 A5**
Swan Wlk SW3 **19 C4**
Swanfield St E2 **8 E3**
Swinton St WC1 **5 C3**
Sydney Pl SW3 **19 A2**
Sydney St SW3 **19 A3**
Symons St SW3 **19 C2**

T

Tabard St SE1 **15 B5**
Tabernacle St EC2 **7 C4**
Tachbrook St SW1 **21 A2**
Tadema Rd SW10 **18 F5**
Talbot Pl SE3 **24 D5**
Talbot Rd W2,W11 **9 C1**
Talbot Sq W2 **11 A2**
Talgarth Rd W6,W14 **17 A3**
Tallis St EC4 **14 E2**
Tanner St SE1 **16 D5**
Tamworth St SW6 **17 C4**
Tanza Rd NW3 **2 D4**
Taplow St N1 **7 A2**
Tarves Way SE10 **23 A3**
Tasso Rd W6 **17 A4**
Tate Bankside SE1 **14 F3**
15 A3
Tate Gallery SW1 **21 B2**
Tavistock Cres W11 **9 B1**
Tavistock Pl WC1 **5 B4**
Tavistock Rd W11 **9 B1**
Tavistock Sq WC1 **5 B4**
Tavistock St WC2 **13 C2**
Taviton St WC1 **5 A4**
Teale St E2 **8 F2**
Tedworth Sq SW3 **19 C3**
Teesdale Clo E2 **8 F2**
Teesdale St E2 **8 F2**
Telegraph St EC2 **15 B1**
Temple EC4 **14 E2**
Temple Ave EC4 **14 E2**
Temple Bar Memorial WC2 **14 D2**
Temple La EC4 **14 E2**
Temple Pl WC2 **14 D2**
Temple St E2 **8 F2**
Templeton Pl SW5 **17 C2**
Tent St E1 **8 F4**
Tenterden St W1 **12 E2**
Terminus Pl SW1 **20 F1**
Tetcott Rd SW10 **18 E5**
Thames St SE10 **23 A2**
Thanet St WC1 **5 B3**
Thaxton Rd W14 **17 B4**
Thayer St W1 **12 D1**
Theatre Museum WC2 **13 C2**
Theatre Royal WC2 **13 C2**
Theatre Royal Haymarket WC2 **13 A3**
Theberton St N1 **6 E1**
Theed St SE1 **14 E4**
Theobald's Rd WC1 **5 C5**
6 D5
Thessaly Rd SW8 **20 F5**
Thirleby Rd SW1 **20 F1**
Thistle Gro SW7 **18 F3**
Thomas More St E1 **16 E3**
Thoresby St N1 **7 A3**
Thorncroft St SW8 **21 B5**
Thorney St SW1 **21 B1**
Thornham St SE10 **23 A2**
Thornhaugh St WC1 **5 B5**
Thrale St SE1 **15 A4**
Thrawl St E1 **8 E5**
Threadneedle St EC4 **15 B2**
Throgmorton Ave EC2 **15 C1**
Throgmorton St EC2 **15 B1**
Thurloe Pl SW7 **19 A1**
Thurloe Sq SW7 **19 A1**
Thurloe St SW7 **19 A2**
Thurlow Rd NW3 **1 B5**
Tiber Gdns N1 **5 C1**
Tilney St W1 **12 D3**
Tilton St SW6 **17 B4**
Tinworth St SE11 **21 C3**
Titchborne Row W2 **11 B2**
Titchfield Rd NW8 **3 B1**
Tite St SW3 **19 C4**
Tolpuddle St N1 **6 E2**
Tom Smith Clo SE3 **24 D2**
Tomlinson Clo E2 **8 E3**
Tompion St EC1 **6 F3**
Tonbridge St WC1 **5 B3**
Tooley St EC1 **15 B3**
Tooley St SE1 **16 D4**
Tor Gdns W8 **9 C4**
Torrington Pl WC1 **5 A5**
Torrington Sq WC1 **5 A4**
Tothill St SW1 **13 B5**
Tottenham Ct Rd W1 **4 F4**
5 A5
13 A1
Tottenham St W1 **5 A5**
Toulmin St SE1 **15 A5**
Tournay Rd SW6 **17 C5**
Tower Bridge E1 **16 D3**
Tower Bridge SE1 **16 D4**
Tower Bridge Approach E1 **16 E3**
Tower Bridge Rd SE1 **16 D4**
Tower Clo NW3 **1 C5**
Tower Hill EC3 **16 D2**
Tower of London EC3 **16 D3**
Townshend Rd NW8 **3 B1**
Toynbee St E1 **16 D1**
Tradescant Rd SW8 **21 C5**
Trafalgar Rd SE10 **24 D1**
Trafalgar Sq SW1 **13 B3**
Trafalgar Sq WC2 **13 B3**
Tranquil Vale SE3 **24 D5**
Treasury, The SW1 **13 B5**
Treaty St N1 **5 C1**
Trebovir Rd SW5 **17 C3**
Tregunter Rd SW10 **18 E4**
Trevanion Rd W14 **17 A2**
Trevor Pl SW7 **11 B5**
Trevor Sq SW7 **11 B5**
Trevor St SW7 **11 B5**
Trinity Church Sq SE1 **15 A5**
Trinity Sq EC3 **16 D2**
Trinity St SE1 **15 A5**
Triton Sq NW1 **4 F4**
Trocadero Centre W1 **13 A2**
Tudor St EC4 **14 E2**
Tufton St SW1 **21 B1**
Turin St E2 **8 E3**
Turk's Row SW3 **19 C3**
20 D3
Turners Wood NW11 **1 A1**
Turneville Rd W14 **17 B4**
Turnmill St EC1 **6 E5**
Turpentine La SW1 **20 E3**
Thurtle Rd E2 **8 E1**
Tuskar St SE10 **24 D1**
Twyford St N1 **5 C1**
Tyers Gate SE1 **15 C5**
Tyers St SE11 **22 D2**
Tyers Terr SE11 **22 D3**
Tyler St SE10 **24 E**

U

Ufford St SE1 **14 E4**
Ulundi Rd SE3 **24 E2**
Underwood Rd E1 **8 F5**
Underwood St N1 **7 B3**
Unicorn Pass SE1 **16 D3**
Union Sq N1 **7 A1**
Union St SE1 **14 F4**
15 A4
Union Wlk E2 **8 D3**
University St WC1 **5 A4**
University College WC1 **5 A4**
University College Hospital WC1 **5 A4**
Upcerne Rd SW10 **18 E5**
Upper St N1 **6 F1**

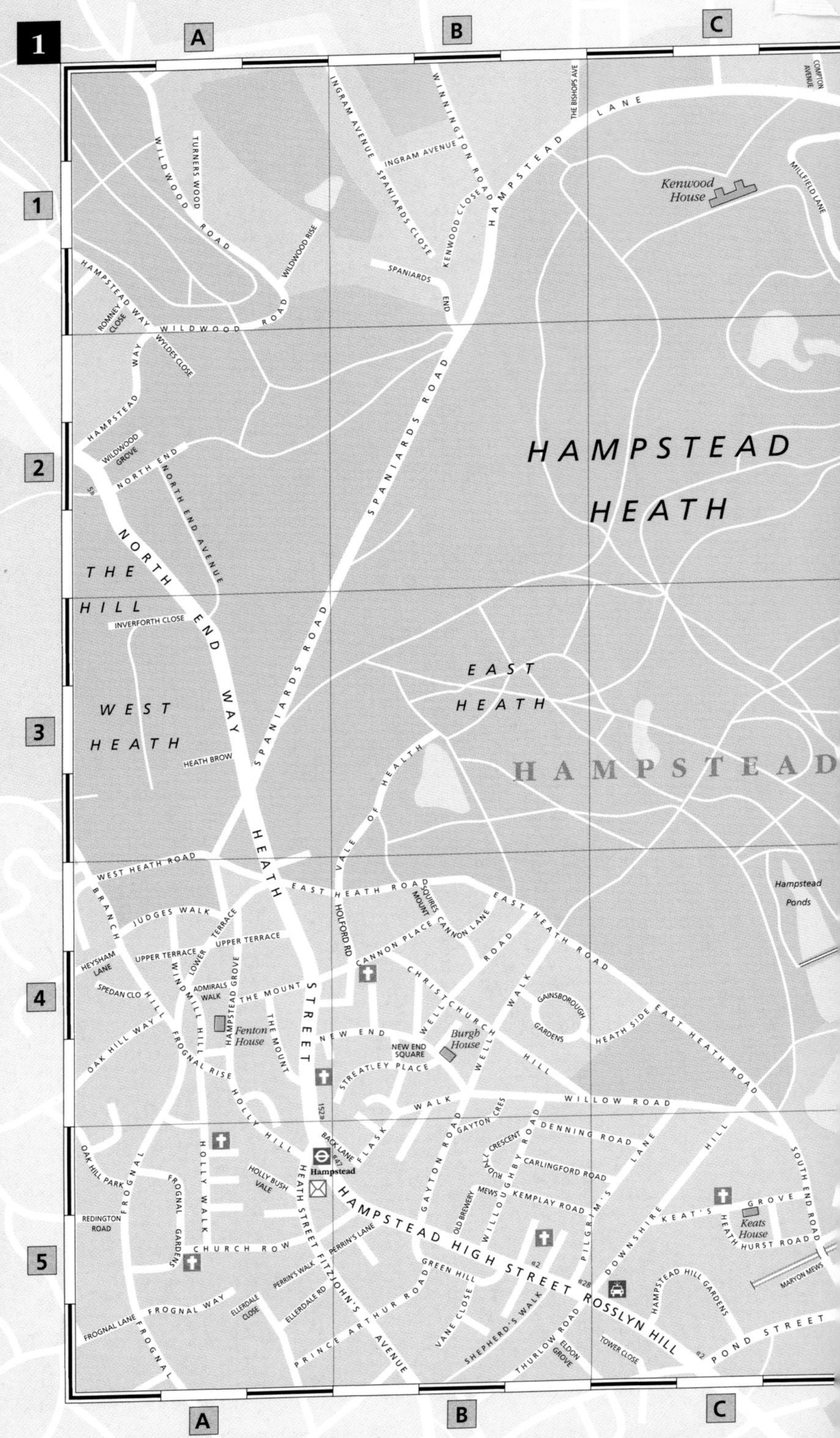
1
A
B
C
1
2
3
4
5
COMPTON AVENUE
THE BISHOPS AVE
HAMPSTEAD LANE
Kenwood House
MILLFIELD LANE
INGRAM AVENUE
WINNINGTON ROAD
SPANIARDS CLOSE
KENWOOD CLOSE
SPANIARDS END
WILDWOOD ROAD
TURNERS WOOD
WILDWOOD RISE
HAMPSTEAD WAY
ROMNEY CLOSE
WYLDES CLOSE
WILDWOOD GROVE
NORTH END
NORTH END AVENUE
NORTH END WAY
SPANIARDS ROAD
HAMPSTEAD HEATH
THE HILL
INVERFORTH CLOSE
WEST HEATH
HEATH BROW
EAST HEATH
HAMPSTEAD
VALE OF HEALTH
WEST HEATH ROAD
EAST HEATH ROAD
Hampstead Ponds
BRANCH HILL
JUDGES WALK
HEYSHAM LANE
UPPER TERRACE
LOWER TERRACE
SPEDAN CLO
ADMIRALS WALK
HAMPSTEAD GROVE
THE MOUNT
HEATH STREET
HOLFORD RD
SQUIRES MOUNT
CANNON PLACE
CANNON LANE
CHRISTCHURCH HILL
GAINSBOROUGH GARDENS
HEATH SIDE
WINDMILL HILL
Fenton House
NEW END
NEW END SQUARE
Burgh House
WELL WALK
OAK HILL WAY
FROGNAL RISE
STREATLEY PLACE
WILLOW ROAD
HOLLY HILL
GAYTON CRES
DENNING ROAD
BACK LANE
FLASK WALK
Hampstead
OAK HILL PARK
FROGNAL
HOLLY WALK
HOLLY BUSH VALE
GAYTON ROAD
RUDALL CRESCENT
WILLOUGHBY ROAD
CARLINGFORD ROAD
MEWS
KEMPLAY ROAD
OLD BREWERY
PILGRIM'S LANE
DOWNSHIRE HILL
KEAT'S GROVE
Keats House
HEATH HURST ROAD
SOUTH END ROAD
REDINGTON ROAD
FROGNAL GARDENS
CHURCH ROW
PERRIN'S LANE
HAMPSTEAD HIGH STREET
GREEN HILL
MARYON MEWS
HAMPSTEAD HILL GARDENS
PERRIN'S WALK
ELLERDALE RD
ELLERDALE CLOSE
FITZJOHN'S AVENUE
VANE CLOSE
SHEPHERD'S WALK
ROSSLYN HILL
FROGNAL WAY
FROGNAL LANE
PRINCE ARTHUR ROAD
THURLOW ROAD
ELDON GROVE
TOWER CLOSE
POND STREET

2
D
E
F
1
2
3
4
5
HAMPSTEAD LANE
SHELDON AVE
STORMONT ROAD
BISHOPSWOOD RD
BISHOPSWOOD ROAD
HIGHGATE CLOSE
NORTH GROVE
NORTH ROAD
SOUTHWOOD LANE
HIGHGATE HIGH STREET
FITZROY PARK
THE GROVE
HIGHGATE WEST HILL
SOUTH GROVE
SWAIN'S LANE
BISHAM GARDENS
HIGHFIELDS GREEN
THE HEXAGON
MILLFIELD LANE
HIGHGATE CEMETERY
HOLLY LODGE GARDENS
MERTON LANE
WEST HILL PARK
WEST HILL PK
HILLWAY
ROBIN GROVE
OAKESHOTT AVENUE
MAKEPEACE AVENUE
LANGBOURNE AVENUE
MILLFIELD PLACE
BROMWICH AVENUE
Highgate
Ponds
WEST HILL COURT
ST ANNE'S CLOSE
ST ALBAN'S ROAD
COUTT'S CRESCENT
HIGHGATE ROAD
PARLIAMENT HILL
CROFTDOWN ROAD
WOODSOME ROAD
GROVE TERRACE
SOUTH HILL PARK GARDENS
SOUTH HILL PARK
PARLIAMENT HILL
TANZA ROAD
THE OLD ORCHARD
NASSINGTON ROAD
LISSENDEN GARDENS
GLENHURST AVENUE
GORDON HOUSE ROAD
Hampstead Heath
ST CRISPIN CLOSE
SOUTH END CLOSE
CONSTANTINE ROAD
MACKESON ROAD
LISBURNE ROAD
RODERICK ROAD
SHIRLOCK ROAD
SAVERNAKE ROAD
COURTHOPE ROAD
ESTELLE ROAD
RONA ROAD
Gospel Oak
AGINCOURT ROAD
CRESSY ROAD
FLEET ROAD
MANSFIELD ROAD
OAK VILLAGE
ELAINE GROVE
LAMBLE STREET
KILN PLACE
Royal Free Hospital

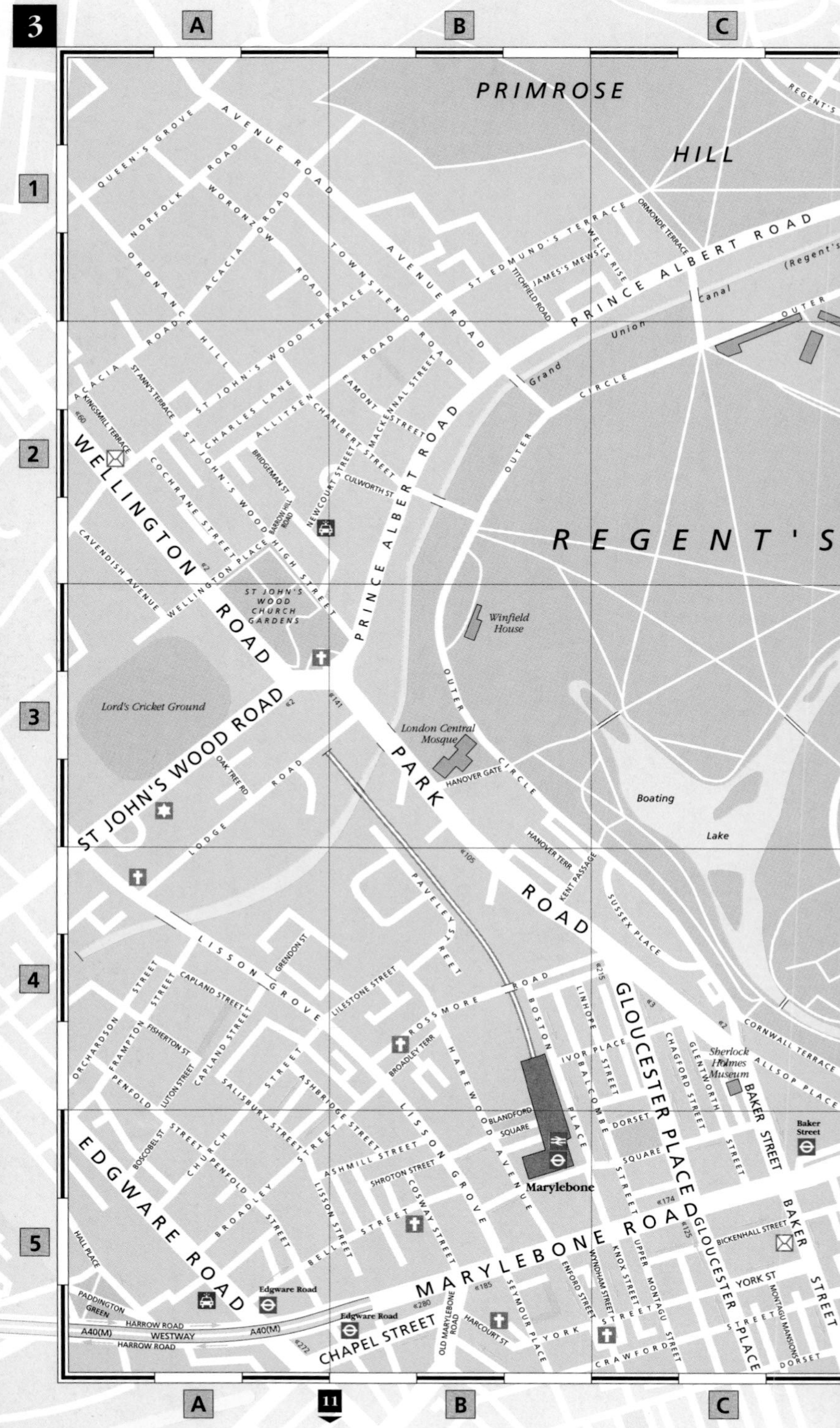

3
A
B
C
1
2
3
4
5
PRIMROSE
HILL
REGENT'S
PRINCE ALBERT ROAD
Grand Union Canal
OUTER CIRCLE
WELLINGTON ROAD
ST JOHN'S WOOD ROAD
PARK ROAD
Lord's Cricket Ground
St John's Wood Church Gardens
Winfield House
London Central Mosque
Boating Lake
HANOVER GATE
GLOUCESTER PLACE
BAKER STREET
Sherlock Holmes Museum
Baker Street
Marylebone
MARYLEBONE ROAD
EDGWARE ROAD
Edgware Road
LISSON GROVE
CHAPEL STREET
A40(M) WESTWAY
HARROW ROAD
11

D
E
F
4
1
2
3
4
5
5
5
12
CAMDEN TOWN
PARK
QUEEN MARY'S GARDENS
MARYLEBONE
PRINCE ALBERT ROAD
CAMDEN HIGH STREET
CAMDEN STREET
HAMPSTEAD ROAD
EUSTON ROAD
MARYLEBONE ROAD
ALBANY STREET
PARKWAY
DELANCEY STREET
London Zoo
Jewish Museum
Mornington Crescent
Warren Street
Great Portland Street
Regent's Park
Royal Academy of Music
Madame Tussauds'
Planetarium
St Marylebone Parish Church
British Telecom Tower
PORTLAND PLACE
PARK CRESCENT

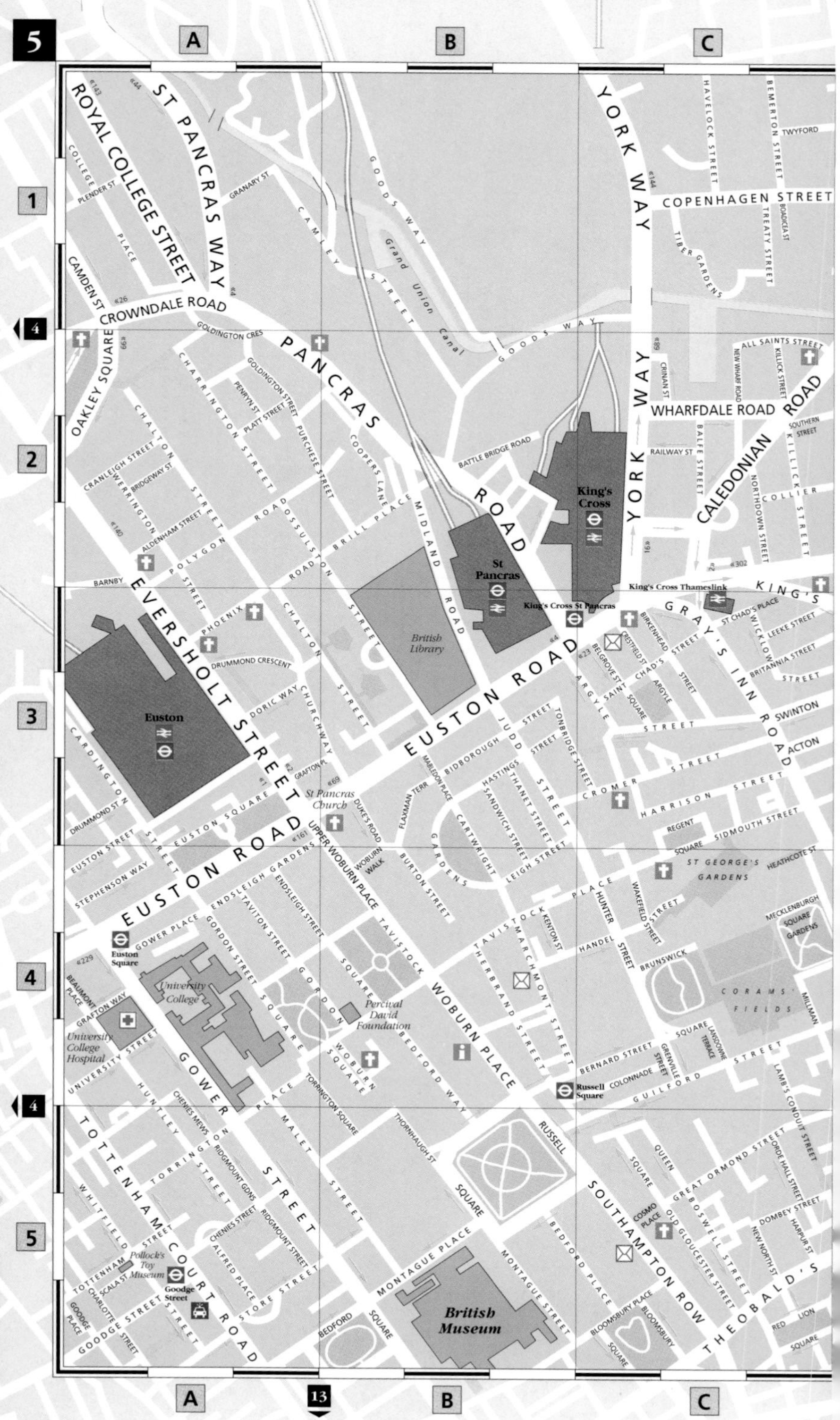
5
A
B
C
1
2
3
4
5
4
4
13
ROYAL COLLEGE STREET
ST PANCRAS WAY
CROWNDALE ROAD
CAMDEN ST
OAKLEY SQUARE
PANCRAS ROAD
YORK WAY
COPENHAGEN STREET
WHARFDALE ROAD
CALEDONIAN ROAD
GOODS WAY
CAMLEY STREET
Grand Union Canal
King's Cross
St Pancras
King's Cross St Pancras
King's Cross Thameslink
British Library
EVERSHOLT STREET
Euston
EUSTON ROAD
GRAY'S INN ROAD
MIDLAND ROAD
St Pancras Church
UPPER WOBURN PLACE
Euston Square
University College
University College Hospital
Percival David Foundation
GOWER STREET
WOBURN PLACE
TAVISTOCK SQUARE
GORDON SQUARE
Russell Square
RUSSELL SQUARE
SOUTHAMPTON ROW
ST GEORGE'S GARDENS
CORAMS' FIELDS
TOTTENHAM COURT ROAD
Pollock's Toy Museum
Goodge Street
British Museum
MONTAGUE PLACE
BEDFORD SQUARE
THEOBALD'S

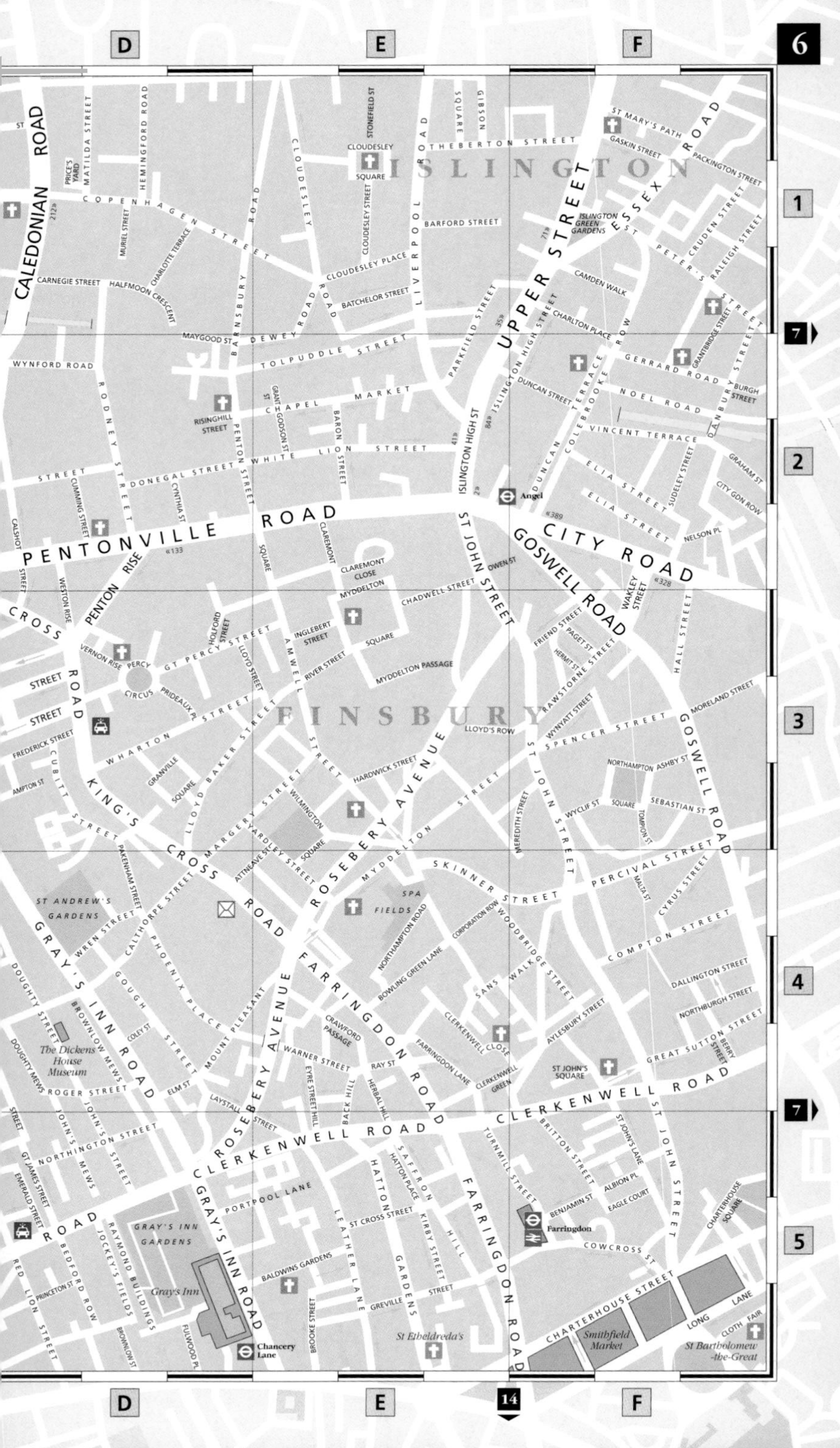
6
D
E
F
1
2
3
4
5
7
14
ISLINGTON
FINSBURY
CALEDONIAN ROAD
PRICE'S YARD
MATILDA STREET
HEMINGFORD ROAD
COPENHAGEN STREET
MURIEL STREET
CHARLOTTE TERRACE
CARNEGIE STREET
HALFMOON CRESCENT
BARNSBURY ROAD
CLOUDESLEY ROAD
CLOUDESLEY STREET
CLOUDESLEY SQUARE
STONEFIELD ST
CLOUDESLEY PLACE
BATCHELOR STREET
LIVERPOOL ROAD
OTHEBERTON STREET
GIBSON SQUARE
BARFORD STREET
ST MARY'S PATH
GASKIN STREET
PACKINGTON STREET
ESSEX ROAD
UPPER STREET
ISLINGTON GREEN GARDENS
CRUDEN STREET
RALEIGH STREET
PETER'S ST
CAMDEN WALK
CHARLTON PLACE
GRANTBRIDGE STREET
PARKFIELD STREET
ISLINGTON HIGH STREET
MAYGOOD ST
DEWEY ROAD
TOLPUDDLE STREET
WYNFORD ROAD
RODNEY STREET
CHAPEL MARKET
GRANT ST
GODSON ST
BARON STREET
RISINGHILL STREET
PENTON STREET
DUNCAN STREET
GERRARD ROAD
NOEL ROAD
COLEBROOKE ROW
DUNCAN TERRACE
VINCENT TERRACE
DANBURY STREET
BURGH STREET
GRAHAM ST
CITY GDN ROW
ELIA STREET
SUDELEY STREET
NELSON PL
WHITE LION STREET
DONEGAL STREET
CYNTHIA ST
CUMMING STREET
CALSHOT STREET
ISLINGTON HIGH ST
Angel
PENTONVILLE ROAD
CITY ROAD
ST JOHN STREET
GOSWELL ROAD
CLAREMONT SQUARE
CLAREMONT CLOSE
MYDDELTON SQUARE
CHADWELL STREET
OWEN ST
WAKLEY STREET
HALL STREET
PENTON RISE
WESTON RISE
CROSS STREET
VERNON RISE
PERCY CIRCUS
HOLFORD STREET
GT PERCY STREET
LLOYD STREET
AMWELL STREET
INGLEBERT STREET
RIVER STREET
MYDDELTON PASSAGE
FRIEND STREET
PAGET ST
HERMIT ST
RAWSTORNE STREET
WYNYATT STREET
MORELAND STREET
LLOYD'S ROW
PRIDEAUX PL
WHARTON STREET
FREDERICK STREET
CUBITT STREET
AMPTON ST
GRANVILLE SQUARE
LLOYD BAKER STREET
HARDWICK STREET
SPENCER STREET
NORTHAMPTON SQUARE
ASHBY ST
WYCLIF ST
SEBASTIAN ST
TOMPION ST
MEREDITH STREET
KING'S CROSS ROAD
MARGERY STREET
WILMINGTON SQUARE
YARDLEY STREET
ROSEBERY AVENUE
MYDDELTON STREET
SKINNER STREET
PERCIVAL STREET
MALTA ST
CYRUS STREET
ATTNEAVE ST
PAKENHAM STREET
ST ANDREW'S GARDENS
CALTHORPE STREET
WREN STREET
PHOENIX PLACE
SPA FIELDS
NORTHAMPTON ROAD
CORPORATION ROW
WOODBRIDGE STREET
COMPTON STREET
DALLINGTON STREET
NORTHBURGH STREET
GRAY'S INN ROAD
GOUGH STREET
DOUGHTY STREET
BROWNLOW MEWS
The Dickens House Museum
COLEY ST
MOUNT PLEASANT
FARRINGDON ROAD
BOWLING GREEN LANE
SANS WALK
CRAWFORD PASSAGE
WARNER STREET
RAY ST
CLERKENWELL CLOSE
AYLESBURY STREET
GREAT SUTTON STREET
BERRY STREET
ST JOHN'S SQUARE
DOUGHTY MEWS
ROGER STREET
ELM ST
LAYSTALL STREET
EYRE STREET HILL
BACK HILL
HERBAL HILL
FARRINGDON LANE
CLERKENWELL GREEN
CLERKENWELL ROAD
JOHN'S MEWS
JOHN STREET
NORTHINGTON STREET
GT JAMES STREET
EMERALD STREET
TURNMILL STREET
BRITTON STREET
ST JOHN'S LANE
ALBION PL
EAGLE COURT
BENJAMIN ST
CHARTERHOUSE SQUARE
PORTPOOL LANE
HATTON GARDEN
SAFFRON HILL
HATTON PLACE
ST CROSS STREET
KIRBY STREET
LEATHER LANE
Farringdon
COWCROSS ST
THEOBALDS ROAD
RED LION STREET
BEDFORD ROW
RAYMOND BUILDINGS
JOCKEY'S FIELDS
GRAY'S INN GARDENS
Gray's Inn
PRINCETON ST
BROWNLOW ST
FULWOOD PL
Chancery Lane
BALDWINS GARDENS
BROOKE STREET
GREVILLE STREET
St Etheldreda's
CHARTERHOUSE STREET
Smithfield Market
LONG LANE
CLOTH FAIR
St Bartholomew -the-Great
212»
71»
35»
41»
84»
2»
«389
«133
«328

7
A
B
C
1
2
3
4
5
6
6
15
BASIRE STREET
SHEPPERTON ROAD
DE BEAUVOIR CRESCENT
POPHAM STREET
POPHAM ROAD
COLEMAN STREET
BRITANNIA ROW
BISHOP STREET
POPHAM STREET
PREBEND
CANON ST
RECTOR ST
ST PAULS STREET
FIELDS
MARY ST
LINTON STREET
REES STREET
ARLINGTON
SQUARE
UNION SQ
BEVAN STREET
PACKINGTON ST
PACKINGTON STREET
RHEIDOL TERRACE
ARLINGTON AVENUE
WILTON SQUARE
CANAL WALK
BRANCH PLACE
FELTON STREET
BARING STREET
WILTSHIRE ROW
BRIDPORT PLACE
PENN STREET
HYDE ROAD
HARVEY ST
GOPSALL STREET
POOLE STREET
NEW NORTH ROAD
WHITMORE ROAD
ORSMAN
HALCOMB ST
PHILLIPP
HOXTON STREET
WILMER
NUTTALL
SHOREDITCH PARK
Grand Union Canal
EAGLE WHARF ROAD
ALLINGHAM STREET
DAME ST
FROME STREET
ST PETER'S STREET
PROVENCE ST
NOEL RD
PARR STREET
FORSTON STREET
CROPLEY STREET
WIMBOURNE STREET
NAPIER GROVE
SHAFTESBURY STREET
CAVENDISH STREET
RUSHTON ST
MINTERN STREET
PITFIELD STREET
HEMSWORTH STREET
IVY STREET
PURCELL STREET
BUCKLAND STREET
REGAN WAY
SHOREDITCH
CHERBURY ST
CRONDALL STREET
City Road Basin
Wenlock Basin
WHARF ROAD
WENLOCK ROAD
SHEPHERDESS WALK
STURT ST
TAPLOW STREET
WENLOCK STREET
BLETCHLEY ST
EVELYN WALK
MURRAY GROVE
GRAHAM STREET
CITY GARDEN ROW
MICAWBER STREET
THORESBY ST
WINDSOR TERRACE
WELLESLEY TERRACE
UNDERWOOD STREET
PROVOST STREET
EAST ROAD
FANSHAW STREET
BEVENDEN STREET
HABERDASHER STREET
ASHFORD STREET
BUTTESLAND ST
CITY ROAD
PICKARD ST
MORELAND ST
MACCLESFIELD ROAD
NILE STREET
VESTRY STREET
WESTLAND PL
BRITANNIA WALK
PROVOST STREET
MASON'S PL
CENTRAL STREET
BATH STREET
CHART STREET
BACHE'S STREET
HOXTON SQUARE
DINGLEY ROAD
MORA STREET
CORSHAM STREET
CORONET STREET
LEVER STREET
IRONMONGER ROW
GALWAY STREET
PEERLESS STREET
BALDWIN ST
BRUNSWICK PLACE
CHARLES SQUARE
CRANWOOD STREET
VINCE ST
BOOT STREET
OLD STREET
CURTAIN ROAD
SEWARD STREET
NORMAN ST
RADNOR STREET
LIZARD ST
OLD GREAT EASTERN
RIVINGTON
GARDEN WALK
CHARLOTTE ROAD
SINGER ST
Old Street
BARTHOLOMEW SQUARE
PEAR TREE STREET
MITCHELL ST
HELMET ROW
MALLOW ST
COWPER STREET
WILLOW STREET
BLACKALL STREET
BASTWICK STREET
GEE STREET
FEATHERSTONE STREET
LEONARD STREET
MARK STREET
GARRETT STREET
BANNER STREET
WHITECROSS STREET
BUNHILL ROW
BURIAL GROUNDS
Wesley's House and Chapel
TABERNACLE STREET
CLERE STREET
LUKE STREET
SCRUTTON STREET
GOSWELL ROAD
BALTIC STREET
GOLDEN LANE
CHEQUER STREET
DUFFERIN STREET
EPWORTH STREET
PAUL STREET
CLIFTON STREET
HOLYWELL ROW
BONHILL STREET
ERROL STREET
FORTUNE STREET
PASSAGE
BUNHILL FIELDS
WORSHIP STREET
HEARN ST
FANN STREET
BRACKLEY STREET
LAMB'S
FINSBURY SQUARE
CHRISTOPHER STREET
PINDAR ST
PRIMROSE
CHISWELL STREET
Whitbread's Brewery
EARL STREET
SUN STREET
APPOLD
Barbican
ALDERSGATE ST
BEECH STREET
Barbican Centre
SILK STREET
MILTON ST
MOOR LANE
FINSBURY STREET
FINSBURY PAVEMENT
LACKINGTON ST
WILSON STREET
LONG LANE
ROPEMAKER STREET
MOORGATE
SOUTH PLACE
ELDON STREET
Broadgate Centre
Liverpool Street Station
MIDDLE STREET
St Giles, Cripplegate
FORE STREET
MOORFIELDS
Moorgate
FINSBURY CIRCUS

D
E
F
1
2
3
4
5
Kingsland Basin
ACTON MEWS
STEAN STREET
CLARISSA STREET
HAGGERSTON ROAD
BROUGHAM ROAD
CROSTON STREET
DERBYSHIRE
BROADWAY MARKET
DUNCAN ROAD
JACKMAN STREET
ADA STREET
DUNSTON ST
DUNSTON ROAD
POWNALL ROAD
Grand Union Canal
REGENT'S ROW
ANDREW'S ROAD
MILL ROW
ROAD
STREET
GARDENS
LABURNUM STREET
QUEENSBRIDGE ROAD
WHISTON ROAD
WHARF PLACE
ADA PLACE
HAY STREET
DOVE ROW
HAGGERSTON PARK
THURTLE ROAD
KENT STREET
GOLDSMITH'S ROW
GOLDSMITH'S SQUARE
PRITCHARD'S ROAD
AUDREY STREET
TEALE STREET
KINGSLAND ROAD
HOW'S STREET
GEFFRYE STREET
ORMSBY STREET
APPLEBY STREET
PEARSON STREET
WEYMOUTH TERRACE
Geffrye Museum
STANWAY STREET
HARE WALK
YORKTON STREET
KAY STREET
EMMA ST
COATE STREET
DUNLOE STREET
DAWSON ST
HORATIO ST
TEESDALE CLOSE
TEMPLE ST
SHENFIELD STREET
FALKIRK STREET
HACKNEY ROAD
CREMER STREET
NAZRUL STREET
GORSUCH ST
RAVENSCROFT STREET
WARNER PLACE
DURANT STREET
CLAREDALE STREET
TEESDALE STREET
CANROBERT ST
MANSFORD
ST PETER'S CLOSE
REDVERS ST
DISS STREET
SHIPTON STREET
COLUMBIA ROAD
BAXENDALE ST
EZRA STREET
CAROLINE GDNS
WALK
UNION
LONG STREET
PELTER STREET
BARONESS RD
ELWIN STREET
BARNET GROVE
QUILTER STREET
NELSON GDNS
OLD BETHNAL GREEN ROAD
WATERSON ST
WELLINGTON ROW
DRYSDALE ST
GASCOIGNE PL
VIRGINIA ROAD
GOSSET STREET
ROBERTA STREET
SQUIRRIES STREET
POLLARD ROW
SHOREDITCH HIGH STREET
AUSTIN STREET
CHAMBORD STREET
GDNS
KIRTON
SWANFIELD STREET
TURIN STREET
FLORIDA STREET
BETHNAL GREEN ROAD
VALLANCE ROAD
CALVERT AVENUE
ARNOLD CIRCUS
TOMLINSON CLOSE
BRICK LANE
VOSS STREET
DEREHAM PLACE
BOUNDARY STREET
NAVARRE ST
CAMLET STREET
CLUB ROW
MONTCLARE ST
ST MATTHEW'S ROW
HEREFORD STREET
KELSEY STREET
MAPE STREET
BATEMAN'S ROW
OLD NICHOL STREET
GRANBY STREET
CHILTON STREET
NEW INN YARD
REDCHURCH STREET
CHANCE ST
EBOR ST
WOOD CLOSE
BACON STREET
DUNBRIDGE STREET
Bethnal Green
HOLYWELL LANE
SCLATER STREET
CHESHIRE STREET
HEMMING STREET
TENT ST
SCOTT ST
HEWETT STREET
WHEELER STREET
PLAYING FIELDS
Shoreditch
PEDLEY STREET
WEAVER STREET
FAKRUDDIN STREET
PLOUGH YARD
COMMERCIAL STREET
QUAKER STREET
SELBY STREET
BUXTON STREET
FLEUR DE LIS ST
CALVIN STREET
HUNTON STREET
UNDERWOOD ROAD
NORTON FOLGATE
ELDER ST
GREY EAGLE STREET
SPITAL STREET
DEAL STREET
FOLGATE STREET
Dennis Severs's House
WOODSEER STREET
SPITAL SQUARE
LAMB STREET
Spitalfields Centre Museum of Immigration
HANBURY STREET
Spitalfields Market
STEWARD STREET
WILKES STREET
PRINCELET STREET
SPELMAN STREET
GREATOREX STREET
DURWARD STREET
Jamme Masjid
BISHOPSGATE
FOURNIER STREET
Christ Church, Spitalfields
HENEAGE STREET
BRUSHFIELD STREET
CRISPIN STREET
CHICKSAND STREET
CASSON ST
MONTAGUE STREET
WHITECHAPEL ROAD
ARTILLERY LANE
SANDYS ROW
WHITE'S ROW
FASHION STREET
THRAWL STREET
HOPETOWN STREET
OLD MONTAGUE STREET
NEW ROAD

16

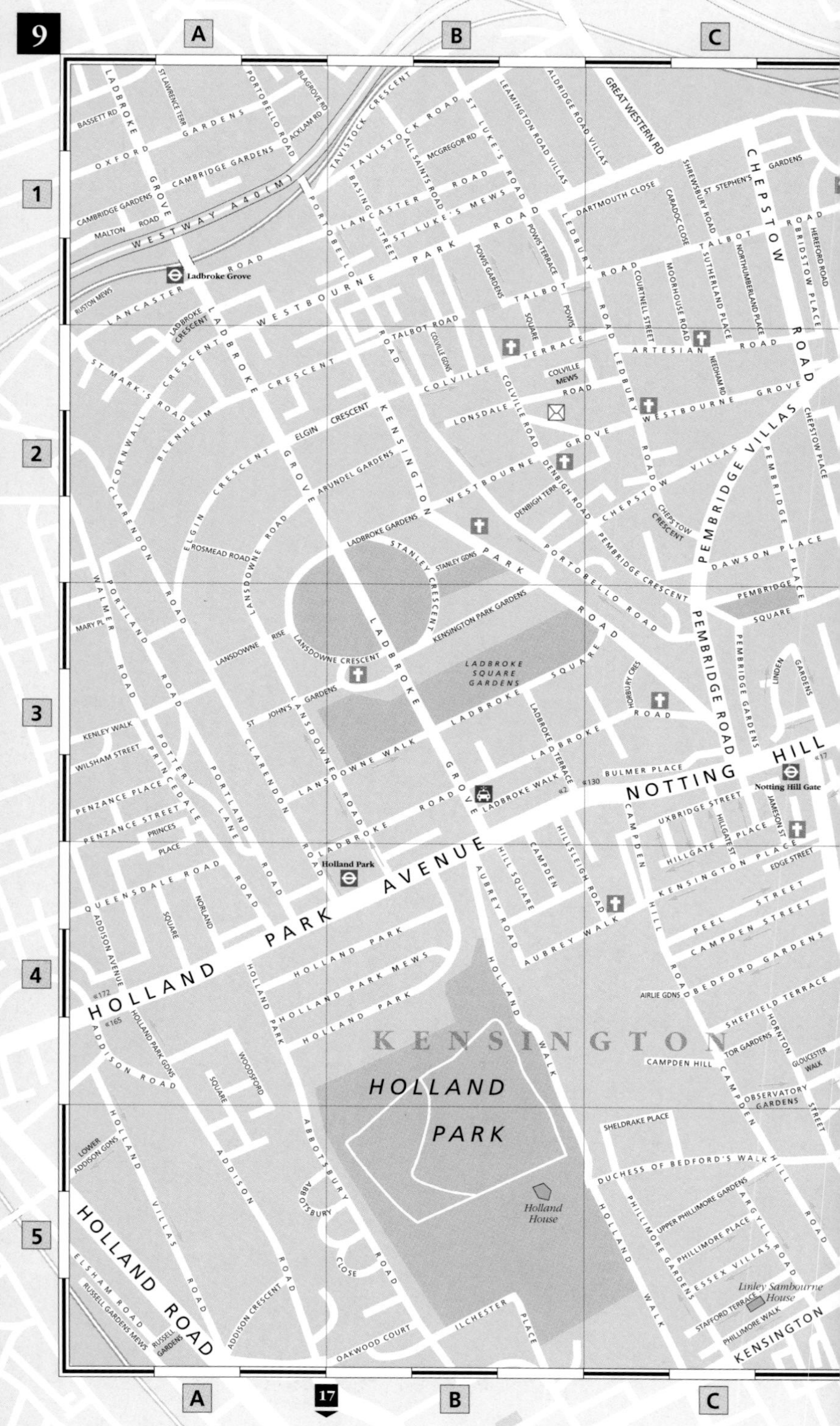
A
B
C
1
2
3
4
5
LADBROKE GROVE
BASSETT RD
ST LAWRENCE TERR
PORTOBELLO ROAD
BLAGROVE RD
ACKLAM RD
OXFORD GARDENS
CAMBRIDGE GARDENS
MALTON ROAD
WESTWAY A40(M)
Ladbroke Grove
RUSTON MEWS
LANCASTER ROAD
TAVISTOCK CRESCENT
TAVISTOCK ROAD
ALL SAINTS ROAD
MCGREGOR RD
BASING STREET
LANCASTER ROAD
ST LUKE'S MEWS
ST LUKE'S ROAD
LEAMINGTON ROAD VILLAS
ALDRIDGE ROAD VILLAS
GREAT WESTERN RD
WESTBOURNE PARK ROAD
POWIS GARDENS
POWIS TERRACE
POWIS SQUARE
TALBOT ROAD
DARTMOUTH CLOSE
LEDBURY ROAD
SHREWSBURY ROAD
CARADOC CLOSE
ST STEPHEN'S GARDENS
CHEPSTOW ROAD
COURTNELL STREET
MOORHOUSE ROAD
SUTHERLAND PLACE
NORTHUMBERLAND PLACE
BRIDSTOW PLACE
HEREFORD ROAD
LADBROKE CRESCENT
ST MARK'S ROAD
CORNWALL CRESCENT
BLENHEIM CRESCENT
COLVILLE GDNS
COLVILLE TERRACE
COLVILLE MEWS
COLVILLE ROAD
LONSDALE ROAD
ARTESIAN ROAD
NEEDHAM RD
WESTBOURNE GROVE
ELGIN CRESCENT
KENSINGTON PARK ROAD
ARUNDEL GARDENS
DENBIGH TERR
DENBIGH ROAD
CHEPSTOW VILLAS
CHEPSTOW CRESCENT
PEMBRIDGE VILLAS
CHEPSTOW PLACE
PEMBRIDGE PLACE
CLARENDON ROAD
ROSMEAD ROAD
LANSDOWNE ROAD
LADBROKE GARDENS
STANLEY GDNS
STANLEY CRESCENT
PORTOBELLO ROAD
PEMBRIDGE CRESCENT
DAWSON PLACE
PEMBRIDGE SQUARE
WALMER ROAD
PORTLAND ROAD
MARY PL
KENSINGTON PARK GARDENS
LANSDOWNE RISE
LANSDOWNE CRESCENT
LADBROKE SQUARE GARDENS
LADBROKE SQUARE
HORBURY CRES
LADBROKE ROAD
PEMBRIDGE ROAD
PEMBRIDGE GARDENS
LINDEN GARDENS
ST JOHN'S GARDENS
LANSDOWNE WALK
LADBROKE TERRACE
KENLEY WALK
WILSHAM STREET
POTTERY LANE
PRINCEDALE ROAD
PENZANCE PLACE
PENZANCE STREET
PRINCES PLACE
BULMER PLACE
NOTTING HILL
Notting Hill Gate
LADBROKE WALK
«2
«130
«17
UXBRIDGE STREET
HILLGATE PLACE
HILLGATE ST
JAMESON ST
EDGE STREET
Holland Park
HOLLAND PARK AVENUE
QUEENSDALE ROAD
NORLAND SQUARE
HILL SQUARE
AUBREY ROAD
CAMPDEN HILL SQUARE
HILLSLEIGH ROAD
CAMPDEN HILL ROAD
KENSINGTON PLACE
PEEL STREET
CAMPDEN STREET
BEDFORD GARDENS
AUBREY WALK
ADDISON AVENUE
HOLLAND PARK
HOLLAND PARK MEWS
«172
«165
AIRLIE GDNS
SHEFFIELD TERRACE
HOLLAND PARK GDNS
ADDISON ROAD
WOODSFORD SQUARE
KENSINGTON
HOLLAND WALK
TOR GARDENS
CAMPDEN HILL
HORNTON STREET
GLOUCESTER WALK
OBSERVATORY GARDENS
HOLLAND PARK
SHELDRAKE PLACE
DUCHESS OF BEDFORD'S WALK
LOWER ADDISON GDNS
HOLLAND VILLAS ROAD
ADDISON ROAD
ABBOTSBURY ROAD
ABBOTSBURY CLOSE
Holland House
UPPER PHILLIMORE GARDENS
PHILLIMORE PLACE
PHILLIMORE GARDENS
ARGYLL ROAD
ESSEX VILLAS
HOLLAND ROAD
ELSHAM ROAD
RUSSELL GARDENS MEWS
RUSSELL GARDENS
ADDISON CRESCENT
OAKWOOD COURT
ILCHESTER PLACE
Linley Sambourne House
STAFFORD TERRACE
PHILLIMORE WALK
KENSINGTON

17

10
D
E
F
1
2
3
4
5
11
18
WESTWAY A40(M)
Royal Oak
Paddington
NORTH WHARF ROAD
LONDON STREET
Paddington
WESTBOURNE PARK VILLAS
WESTBOURNE PARK ROAD
DURHAM TERRACE
ALEXANDER STREET
KILDARE TERRACE
KILDARE GARDENS
SUNDERLAND TER
WESTBOURNE GDNS
PORCHESTER ROAD
GLOUCESTER TERRACE
PORCHESTER SQ
ORSETT TERRACE
BISHOP'S BRIDGE ROAD
EASTBOURNE TERRACE
HALLFIELD ESTATE
NEWTON ROAD
WESTBOURNE GROVE
BURDETT MEWS
QUEENSWAY
PRAED ST
SPRING STREET
CONDUIT MEWS
CRAVEN ROAD
CHILWORTH STREET
CHILWORTH MEWS
LEINSTER SQUARE
PRINCE'S SQUARE
HEREFORD ROAD
MOSCOW ROAD
INVERNESS TERRACE
QUEENSBOROUGH TERRACE
PORCHESTER TERRACE
LEINSTER GARDENS
CLEVELAND SQUARE
QUEEN'S GARDENS
WESTBOURNE CRESCENT
CRAVEN HILL
CRAVEN TERRACE
LANCASTER TERRACE
Lancaster Gate
LANCASTER GATE
Bayswater
Queensway
BAYSWATER ROAD
The Fountains
LANCASTER WALK
Diana, Princess of Wales Memorial Playground
Peter Pan Statue
KENSINGTON GARDENS
Round Pond
THE BROAD WALK
Kensington Palace
PALACE AVENUE
KENSINGTON PALACE GARDENS
PALACE GARDENS TERRACE
BRUNSWICK GARDENS
VICARAGE GATE
KENSINGTON CHURCH STREET
PALACE GREEN
THE FLOWER WALK
Albert Memorial
KENSINGTON ROAD
Royal College of Art
Royal Albert Hall
HIGH STREET
Kensington Roof Gardens
High Street Kensington
YOUNG STREET
KENSINGTON SQUARE
KENSINGTON COURT
VICTORIA ROAD
DE VERE GARDENS
PALACE GATE
HYDE PARK GATE
QUEENS GATE
ALBERT COURT
Royal College of Music
Museum of Instruments
PRINCE CONSORT ROAD
ST ALBANS GROVE
CANNING PLACE
DOURO PL

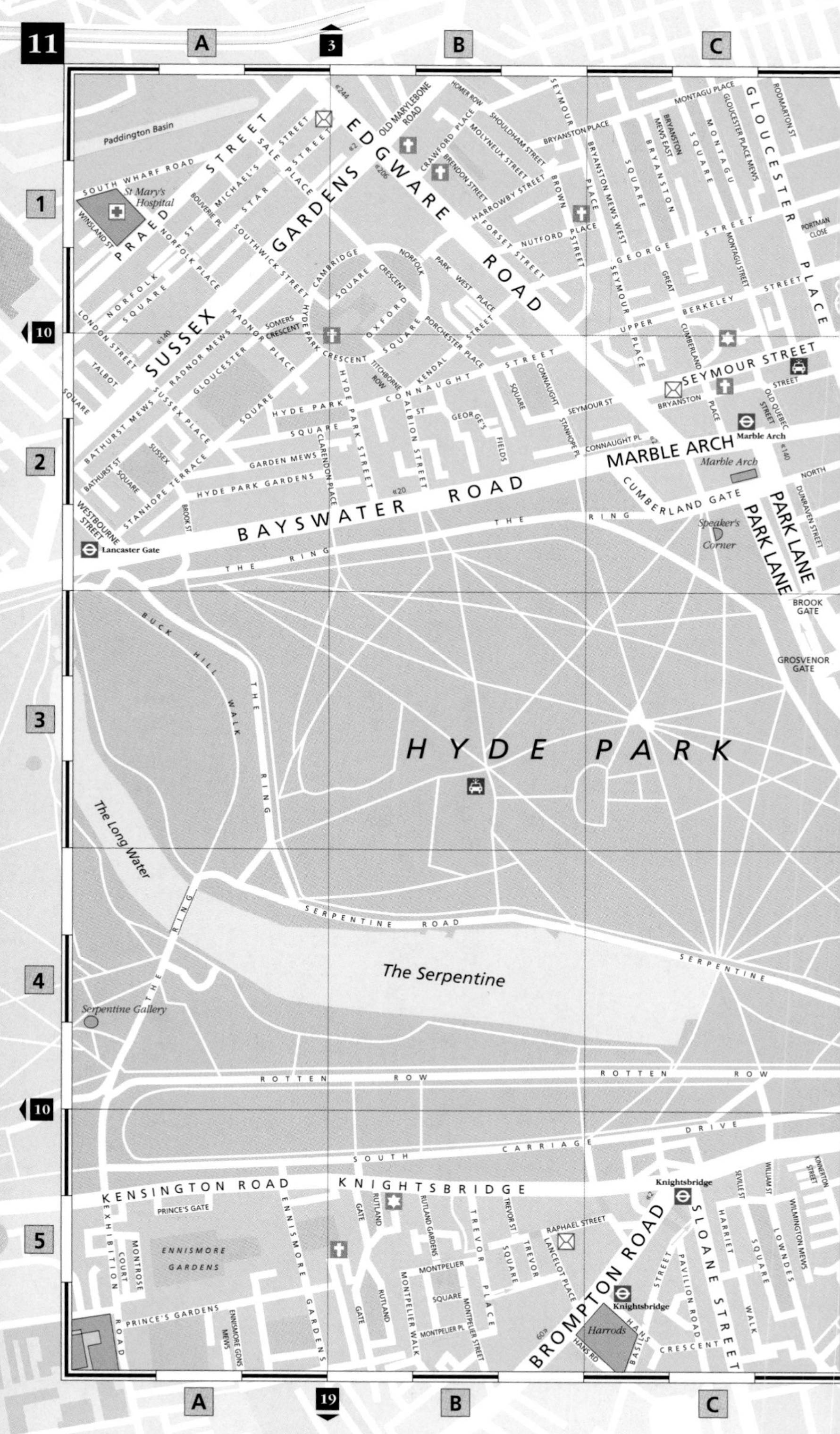

11
A
3
B
C
1
2
3
4
5
10
10
19
Paddington Basin
SOUTH WHARF ROAD
St Mary's Hospital
WINSLAND ST
PRAED STREET
SALE PLACE
STAR STREET
BOUVERIE PL
MICHAEL'S
NORFOLK ST
NORFOLK PLACE
NORFOLK SQUARE
LONDON STREET
TALBOT SQUARE
SUSSEX GARDENS
SOUTHWICK STREET
CAMBRIDGE SQUARE
NORFOLK CRESCENT
EDGWARE ROAD
OLD MARYLEBONE ROAD
HOMER ROW
CRAWFORD PLACE
BRENDON STREET
MOLYNEUX STREET
SHOULDHAM STREET
HARROWBY STREET
FORSET STREET
NUTFORD PLACE
BRYANSTON PLACE
SEYMOUR PLACE
BROWN STREET
BRYANSTON SQUARE
BRYANSTON MEWS WEST
BRYANSTON MEWS EAST
MONTAGU PLACE
MONTAGU SQUARE
GLOUCESTER PLACE MEWS
GLOUCESTER PLACE
RODMARTON ST
PORTMAN CLOSE
MONTAGU ST
GEORGE STREET
GREAT CUMBERLAND PLACE
UPPER BERKELEY STREET
SEYMOUR STREET
OLD QUEBEC STREET
PARK WEST PLACE
RADNOR MEWS
RADNOR PLACE
SOMERS CRESCENT
HYDE PARK CRESCENT
OXFORD SQUARE
PORCHESTER PLACE
KENDAL STREET
TITCHBORNE ROW
CONNAUGHT STREET
CONNAUGHT SQUARE
CONNAUGHT PL
SEYMOUR ST
STANHOPE PL
BRYANSTON PLACE
Marble Arch
MARBLE ARCH
GLOUCESTER SQUARE
SUSSEX PLACE
SUSSEX SQUARE
BATHURST MEWS
BATHURST ST
HYDE PARK SQUARE
HYDE PARK STREET
HYDE PARK GARDENS
GARDEN MEWS
CLARENDON PLACE
ALBION STREET
ALBION ST
ST GEORGE'S FIELDS
STANHOPE TERRACE
WESTBOURNE STREET
BROOK ST
BAYSWATER ROAD
Lancaster Gate
THE RING
CUMBERLAND GATE
Speaker's Corner
NORTH
DUNRAVEN STREET
PARK LANE
BROOK GATE
GROSVENOR GATE
BUCK HILL WALK
HYDE PARK
The Long Water
SERPENTINE ROAD
The Serpentine
Serpentine Gallery
ROTTEN ROW
SOUTH CARRIAGE DRIVE
KENSINGTON ROAD
KNIGHTSBRIDGE
Knightsbridge
EXHIBITION ROAD
PRINCE'S GATE
MONTROSE COURT
ENNISMORE GARDENS
ENNISMORE GARDENS MEWS
PRINCE'S GARDENS
RUTLAND GATE
RUTLAND GARDENS
MONTPELIER WALK
MONTPELIER SQUARE
MONTPELIER STREET
MONTPELIER PL
TREVOR PLACE
TREVOR SQUARE
TREVOR ST
RAPHAEL STREET
LANCELOT PLACE
BROMPTON ROAD
Harrods
HANS RD
HANS CRESCENT
BASIL ST
SLOANE STREET
PAVILION ROAD
SEVILLE ST
WILLIAM ST
HARRIET WALK
LOWNDES SQUARE
WILMINGTON MEWS
KINNERTON STREET

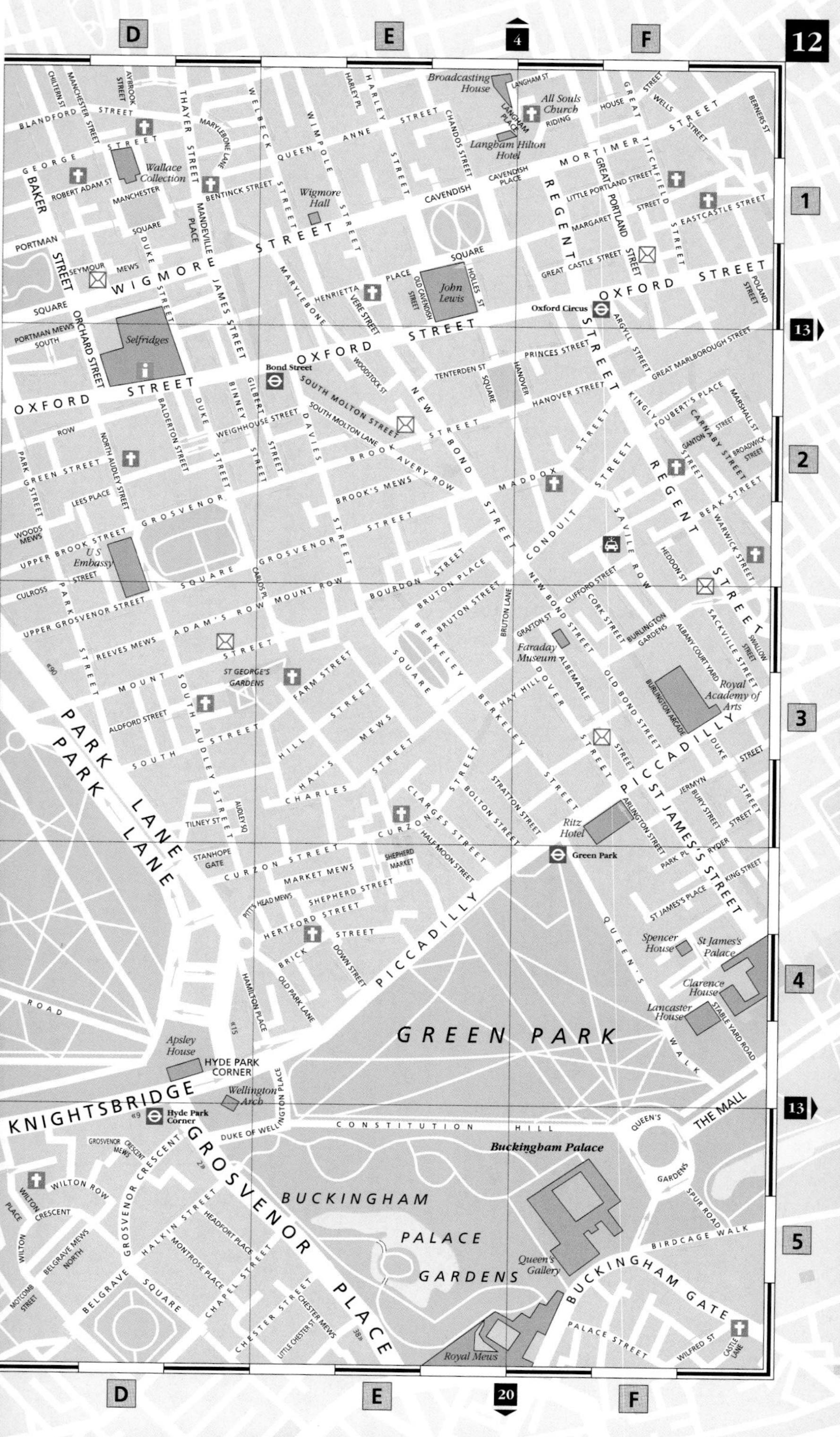
12
D
E
4
F
1
2
3
4
5
13
13
20
Broadcasting House
All Souls Church
Langham Hilton Hotel
Wallace Collection
Wigmore Hall
John Lewis
Oxford Circus
Selfridges
Bond Street
US Embassy
Faraday Museum
Royal Academy of Arts
Ritz Hotel
Green Park
Spencer House
St James's Palace
Clarence House
Lancaster House
Apsley House
HYDE PARK CORNER
Wellington Arch
Hyde Park Corner
Buckingham Palace
Queen's Gallery
Royal Mews
GREEN PARK
BUCKINGHAM PALACE GARDENS
OXFORD STREET
WIGMORE STREET
REGENT STREET
PICCADILLY
PARK LANE
KNIGHTSBRIDGE
GROSVENOR PLACE
CONSTITUTION HILL
THE MALL
BUCKINGHAM GATE
BIRDCAGE WALK
ST JAMES'S STREET
NEW BOND STREET
OLD BOND STREET
BAKER STREET
CAVENDISH SQUARE
HANOVER SQUARE
GROSVENOR SQUARE
BERKELEY SQUARE
BELGRAVE SQUARE
MORTIMER STREET
GREAT PORTLAND STREET
CONDUIT STREET
BROOK STREET
CURZON STREET
MOUNT STREET
SOUTH AUDLEY STREET
NORTH AUDLEY STREET
DAVIES STREET
SAVILE ROW
JERMYN STREET
CARNABY STREET
QUEEN'S WALK
HALKIN STREET
WILTON CRESCENT
GROSVENOR CRESCENT
HAMILTON PLACE
DUKE OF WELLINGTON PLACE

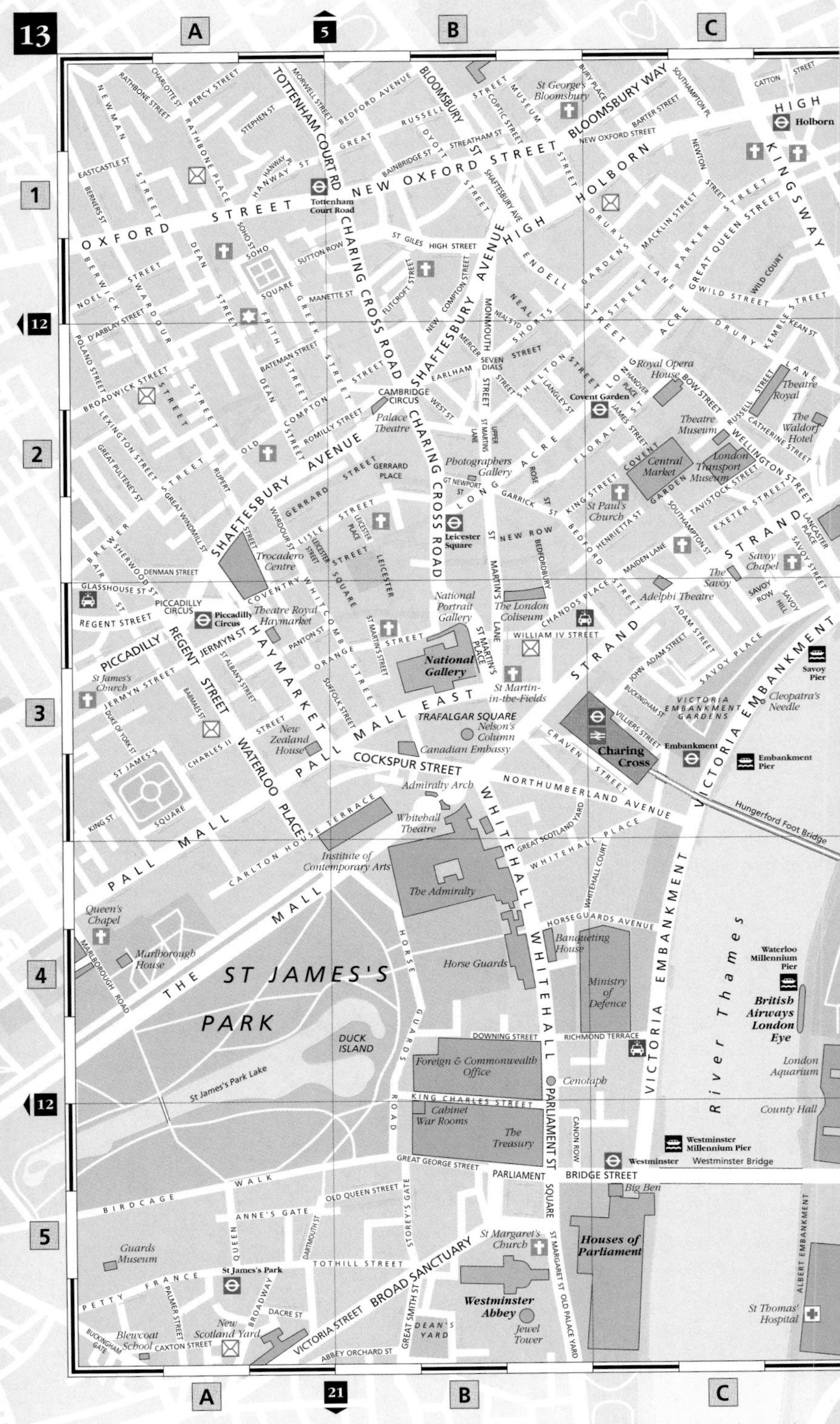
A
5
B
C
1
2
3
4
5
12
12
21
OXFORD STREET
NEW OXFORD STREET
TOTTENHAM COURT RD
Tottenham Court Road
CHARING CROSS ROAD
SHAFTESBURY AVENUE
HIGH HOLBORN
BLOOMSBURY WAY
KINGSWAY
HIGH
Holborn
St George's Bloomsbury
NEW OXFORD STREET
GREAT RUSSELL
BLOOMSBURY STREET
MUSEUM STREET
ST GILES HIGH STREET
SOHO SQUARE
DEAN STREET
FRITH STREET
GREEK STREET
WARDOUR STREET
BERWICK STREET
POLAND STREET
BROADWICK STREET
LEXINGTON STREET
GREAT PULTENEY ST
OLD COMPTON STREET
CAMBRIDGE CIRCUS
Palace Theatre
SEVEN DIALS
MONMOUTH STREET
NEAL STREET
ENDELL STREET
DRURY LANE
LONG ACRE
Covent Garden
Royal Opera House
BOW STREET
Theatre Royal
Theatre Museum
The Waldorf Hotel
Central Market
London Transport Museum
St Paul's Church
WELLINGTON STREET
STRAND
Savoy Chapel
The Savoy
Adelphi Theatre
Photographers' Gallery
GERRARD STREET
GERRARD PLACE
LEICESTER SQUARE
Leicester Square
Trocadero Centre
COVENTRY STREET
PICCADILLY CIRCUS
Piccadilly Circus
REGENT STREET
PICCADILLY
JERMYN STREET
HAYMARKET
Theatre Royal Haymarket
St James's Church
National Portrait Gallery
National Gallery
The London Coliseum
ST MARTIN'S LANE
WILLIAM IV STREET
St Martin-in-the-Fields
TRAFALGAR SQUARE
Nelson's Column
Canadian Embassy
PALL MALL EAST
PALL MALL
COCKSPUR STREET
New Zealand House
WATERLOO PLACE
ST JAMES'S SQUARE
CHARLES II STREET
Charing Cross
Embankment
Embankment Pier
Savoy Pier
Cleopatra's Needle
VICTORIA EMBANKMENT GARDENS
VICTORIA EMBANKMENT
CRAVEN STREET
NORTHUMBERLAND AVENUE
Hungerford Foot Bridge
Admiralty Arch
Whitehall Theatre
Institute of Contemporary Arts
CARLTON HOUSE TERRACE
The Admiralty
WHITEHALL
WHITEHALL PLACE
GREAT SCOTLAND YARD
HORSEGUARDS AVENUE
Banqueting House
Horse Guards
Ministry of Defence
THE MALL
Queen's Chapel
Marlborough House
MARLBOROUGH ROAD
ST JAMES'S PARK
DUCK ISLAND
St James's Park Lake
HORSE GUARDS ROAD
DOWNING STREET
RICHMOND TERRACE
Foreign & Commonwealth Office
Cenotaph
KING CHARLES STREET
Cabinet War Rooms
The Treasury
PARLIAMENT ST
GREAT GEORGE STREET
PARLIAMENT SQUARE
BRIDGE STREET
Westminster
Westminster Bridge
Westminster Millennium Pier
Big Ben
Houses of Parliament
River Thames
Waterloo Millennium Pier
British Airways London Eye
London Aquarium
County Hall
ALBERT EMBANKMENT
St Thomas' Hospital
BIRDCAGE WALK
OLD QUEEN STREET
QUEEN ANNE'S GATE
STOREY'S GATE
TOTHILL STREET
BROAD SANCTUARY
St Margaret's Church
Westminster Abbey
Jewel Tower
DEAN'S YARD
GREAT SMITH ST
VICTORIA STREET
Guards Museum
PETTY FRANCE
St James's Park
BROADWAY
New Scotland Yard
Blewcoat School
CAXTON STREET
BUCKINGHAM GATE
ABBEY ORCHARD ST

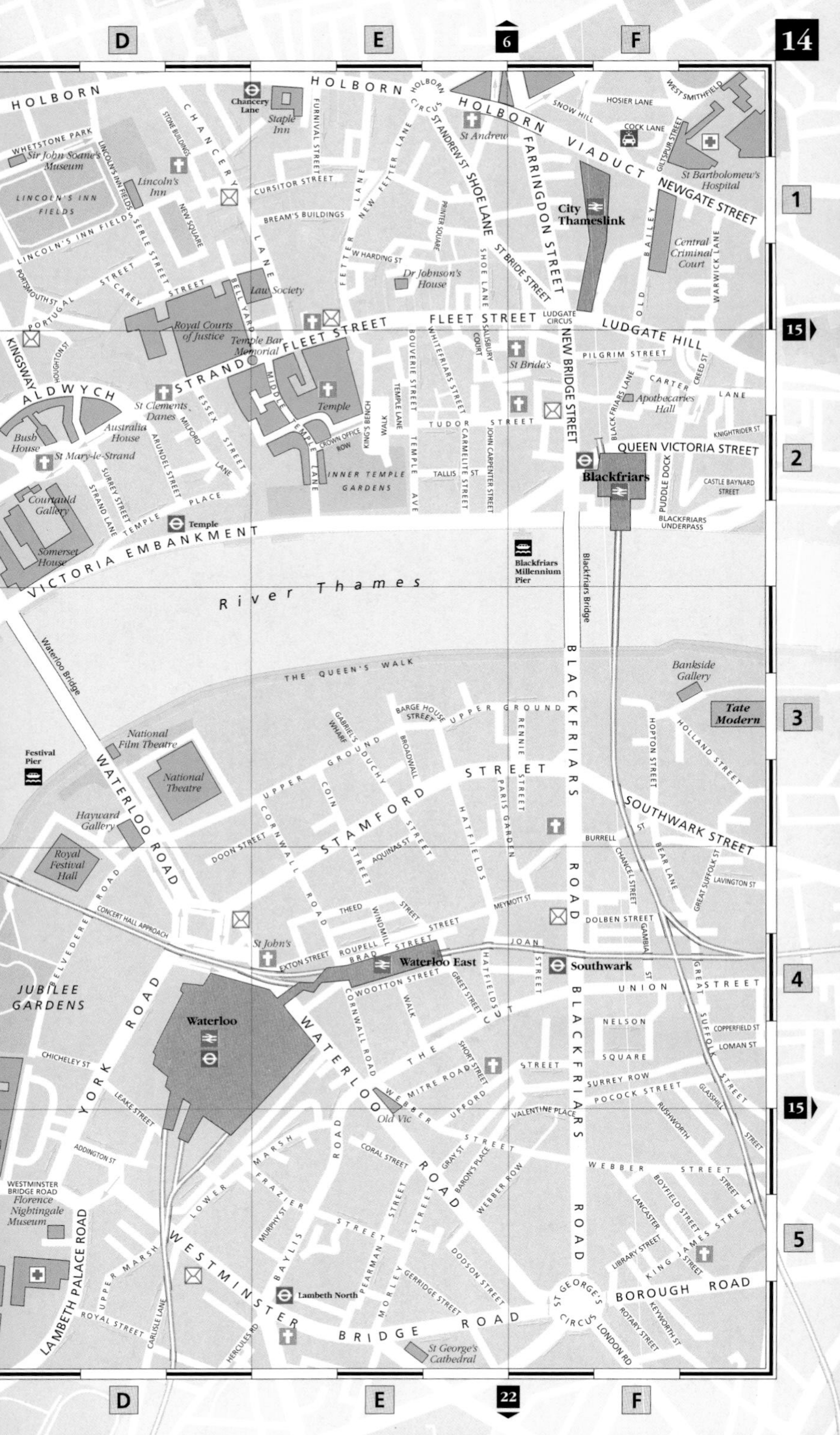
D
E
6
F
1
2
3
4
5
15
22
HOLBORN
HOLBORN VIADUCT
HOLBORN CIRCUS
Chancery Lane
Staple Inn
St Andrew
FARRINGDON STREET
SNOW HILL
HOSIER LANE
COCK LANE
WEST SMITHFIELD
GILTSPUR STREET
St Bartholomew's Hospital
NEWGATE STREET
City Thameslink
OLD BAILEY
Central Criminal Court
WARWICK LANE
WHETSTONE PARK
Sir John Soane's Museum
LINCOLN'S INN FIELDS
Lincoln's Inn
CHANCERY LANE
STONE BUILDINGS
NEW SQUARE
SERLE STREET
CURSITOR STREET
BREAM'S BUILDINGS
FURNIVAL STREET
FETTER LANE
NEW FETTER LANE
ST ANDREW ST
SHOE LANE
PRINTER SQUARE
W HARDING ST
Dr Johnson's House
ST BRIDE STREET
PORTSMOUTH ST
PORTUGAL STREET
CAREY STREET
BELL YARD
Law Society
Royal Courts of Justice
Temple Bar Memorial
FLEET STREET
LUDGATE CIRCUS
LUDGATE HILL
NEW BRIDGE STREET
KINGSWAY
HOUGHTON ST
ALDWYCH
STRAND
Bush House
Australia House
St Clements Danes
St Mary-le-Strand
ESSEX STREET
MILFORD LANE
ARUNDEL STREET
MIDDLE TEMPLE LANE
Temple
CROWN OFFICE ROW
KING'S BENCH WALK
BOUVERIE STREET
TEMPLE LANE
WHITEFRIARS STREET
SALISBURY COURT
St Bride's
PILGRIM STREET
CARTER LANE
CREED ST
BLACK FRIARS LANE
Apothecaries' Hall
KNIGHTRIDER ST
TUDOR STREET
CARMELITE STREET
JOHN CARPENTER STREET
TEMPLE AVE
TALLIS ST
INNER TEMPLE GARDENS
QUEEN VICTORIA STREET
Blackfriars
PUDDLE DOCK
CASTLE BAYNARD STREET
BLACKFRIARS UNDERPASS
SURREY STREET
STRAND LANE
Courtauld Gallery
Somerset House
TEMPLE PLACE
Temple
VICTORIA EMBANKMENT
Blackfriars Millennium Pier
Blackfriars Bridge
River Thames
Waterloo Bridge
THE QUEEN'S WALK
Bankside Gallery
Tate Modern
BARGE HOUSE STREET
UPPER GROUND
GABRIEL'S WHARF
DUCHY
BROADWALL
RENNIE STREET
HOPTON STREET
HOLLAND STREET
Festival Pier
National Film Theatre
National Theatre
WATERLOO ROAD
COIN STREET
STAMFORD STREET
PARIS GARDEN
HATFIELDS
BLACKFRIARS ROAD
SOUTHWARK STREET
Hayward Gallery
Royal Festival Hall
DOON STREET
CORNWALL ROAD
AQUINAS ST
BURRELL ST
BEAR LANE
CHANCEL STREET
GREAT SUFFOLK ST
LAVINGTON ST
BELVEDERE ROAD
CONCERT HALL APPROACH
THEED STREET
WINDMILL
MEYMOTT ST
DOLBEN STREET
GAMBIA ST
St John's
EXTON STREET
ROUPELL STREET
BRAD STREET
Waterloo East
JOAN STREET
Southwark
JUBILEE GARDENS
WOOTTON STREET
WALK
GREET STREET
UNION STREET
Waterloo
YORK ROAD
THE CUT
NELSON SQUARE
COPPERFIELD ST
LOMAN ST
CHICHELEY ST
SHORT STREET
MITRE ROAD
STREET
SURREY ROW
POCOCK STREET
GLASSHILL STREET
RUSHWORTH
WEBBER
UFFORD
Old Vic
VALENTINE PLACE
LEAKE STREET
ADDINGTON ST
CORAL STREET
GRAY ST
BARON'S PLACE
STREET
WEBBER ROW
WEBBER STREET
BOYFIELD STREET
LANCASTER STREET
WESTMINSTER BRIDGE ROAD
Florence Nightingale Museum
LOWER MARSH
FRAZIER
MURPHY ST
BAYLIS
PEARMAN STREET
DODSON STREET
LIBRARY STREET
KING JAMES STREET
LAMBETH PALACE ROAD
UPPER MARSH
WESTMINSTER BRIDGE ROAD
Lambeth North
MORLEY
GERRIDGE STREET
ST GEORGE'S CIRCUS
BOROUGH ROAD
ROTARY STREET
KEYWORTH ST
LONDON RD
ROYAL STREET
CARLISLE LANE
HERCULES RD
St George's Cathedral

15
A
7
B
C
1
2
3
4
5
14
Museum of London
LONDON WALL
LITTLE BRITAIN
St Botolph
ANGEL ST
KING EDWARD ST
ALDERSGATE STREET
ST MARTIN'S LE GRAND
NOBLE STREET
OAT
LANE
FOSTER LANE
GUTTER LANE
WOOD STREET
ADDLE ST
ALDERMANBURY SQUARE
ALDERMANBURY
LOVE LANE
GRESHAM
Guildhall
BASINGHALL AVE
BASINGHALL STREET
MILK STREET
STREET
NEWGATE ST
St Paul's
ST PAUL'S CHURCHYARD
St Paul's
NEW CHANGE
CHEAPSIDE
KING STREET
IRONMONGER LANE
OLD JEWRY
COLEMAN STREET
MOORGATE
LONDON WALL
TELEGRAPH STREET
LOTHBURY
PRINCE'S STREET
Bank of England
COPTHALL AVENUE
ANGEL COURT
BARTHOLOMEW LANE
THROGMORTON AVENUE
THROGMORTON STREET
Stock Exchange
FINSBURY CIRCUS
BLOMFIELD ST
NEW BROAD ST
GREAT WINCHESTER ST
OLD BROAD STREET
CITY
LIVERPOOL STREET
Liverpool Street
BISHOPSGATE CHURCHYARD
WORMWOOD ST
BISHOPSGATE
GT ST HELEN'S
St Helen's Bishopsgate
SHAFTS COURT
MARY
THREADNEEDLE STREET
Royal Exchange
POULTRY
St Mary-le-Bow
Mansion House
Bank
CORNHILL
LEADENHALL
ST
Lloyd's of London
LIME STREET
FENCHURCH AVE
ST PAUL'S CHURCHYARD
WATLING STREET
BOW LANE
CANNON STREET
BREAD
QUEEN STREET
WALBROOK
St Stephen Walbrook
KING WILLIAM STREET
LOMBARD STREET
ST SWITHIN'S LANE
NICHOLAS LANE
CLEMENT'S LANE
GRACECHURCH STREET
Leadenhall Market
LIME
QUEEN VICTORIA STREET
Mansion House
GARLICK HILL
CANNON STREET
ABCHURCH LANE
FENCHURCH
CASTLE BAYWARD STREET
UPPER THAMES STREET
HIGH TIMBER STREET
BROKEN WHARF
GARDNERS LANE
QUEENHITHE
BULL WHARF LANE
VINTNER'S PLACE
QUEEN STREET PLACE
COLLEGE STREET
BELL WHARF LANE
Cannon Street
SUFFOLK LANE
LAURENCE POUNTNEY LANE
ARTHUR ST
Monument
EASTCHEAP
PHILPOT LANE
ROOD LANE
St Margaret Pattens
MINCING LANE
GREAT TOWER STREET
Monument
St Mary-at-Hill
LOVAT LANE
ST MARY AT HILL
MONUMENT STREET
Millennium Bridge
COUSIN LANE
ALLHALLOWS LANE
Fishmongers' Hall
ANGEL PASSAGE
SWAN LANE
KING WILLIAM ST
LOWER THAMES STREET
St Magnus the Martyr
Billingsgate
LOWER
Bankside Pier
River Thames
Southwark Bridge
Proposed Jubilee Foot Bridge
Cannon St Rail Bridge
London Bridge
CARDINAL'S WHARF
BANKSIDE
Shakespeare's Globe
Tate Modern
BEAR GARDENS
ROSE ALLEY
PARK STREET
EMERSON ST
Rose Theatre
Vinopolis
BANK END
CLINK STREET
Clink Prison Museum
STONEY STREET
CATHEDRAL STREET
Southwark Cathedral
THE QUEEN'S WALK
London Bridge City Pier
TOOLEY ST
DUKE ST HILL
SUMNER STREET
GREAT GUILDFORD STREET
SOUTHWARK BRIDGE ROAD
PARK
BEDALE ST
HIGH STREET
RAILWAY APPROACH
LONDON BRIDGE ST
London Dungeon
HAY'S LANE
COUNTER STREET
BATTLE BRIDGE LANE
ENGLISH GROUNDS
MORGAN'S LANE
London Bridge
TOOLEY
BRAIDWOOD STREET
ABBOT'S LANE
SOUTHWARK STREET
THRALE STREET
WAY
Borough Market
Hop Exchange
KING'S HEAD YARD
Old St Thomas's Operating Theatre
ST THOMAS STREET
EWER STREET
REDCROSS WAY
BOROUGH HIGH STREET
Guy's Hospital
GREAT MAZE POND
HOLYROOD STREET
UNION STREET
PEPPER ST
AYRES STREET
KENTISH BUILDINGS
NEWCOMEN STREET
COPPERFIELD STREET
CRUCIFIX LANE
MERMAID COURT
SNOWSFIELDS
Fashion & Textile Museum
LITTLE DORRIT COURT
SOUTHWARK
ROW
WESTON STREET
KIRBY GROVE
HARDWIDGE ST
BERMONDSEY STREET
MARSHALSEA ROAD
MINT ST
WELLER ST
DISNEY PLACE
SOUTHWARK BRIDGE ROAD
LANT STREET
Borough
LONG LANE
CROSBY ROW
PORLOCK STREET
GUY STREET
KIPLING STREET
MULVANEY WAY
TYERS GATE
LEATHERMARKET STREET
GREAT SUFFOLK STREET
WEBBER ST
TOULMIN ST
BOROUGH
GREAT DOVER STREET
TABARD STREET
PILGRIMAGE STREET
PLACE
HANKEY
MANCIPLE STREET
STAPLE STREET
MOROCCO STREET
LAMB WALK
SCOVELL CRESCENT
STONES END ST
COLE STREET
SWAN STREET
TRINITY CHURCH SQUARE
GLOBE ST
TRINITY STREET
BOROUGH ROAD
NEWINGTON CAUSEWAY
HARPER ROAD
PARDONER STREET
WESTON STREET
WILD'S RENTS
DECIMA ST
Bermondsey Antiques Market
LONG LANE
1»
30»
4»
50»
255»

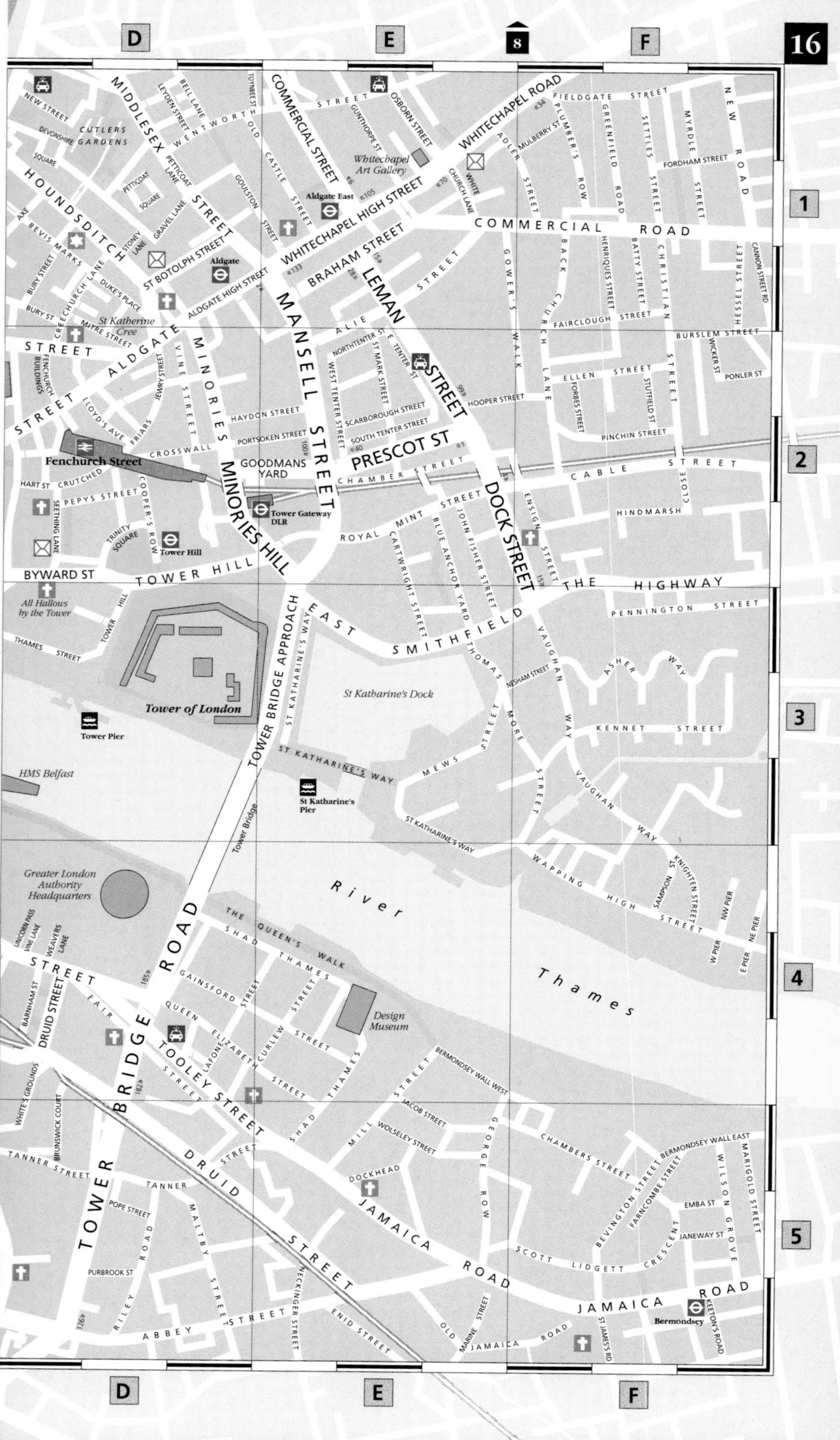

D
E
8
F
16
1
2
3
4
5
MIDDLESEX STREET
COMMERCIAL STREET
WHITECHAPEL ROAD
WHITECHAPEL HIGH STREET
Whitechapel Art Gallery
Aldgate East
Aldgate
HOUNDSDITCH
CUTLERS GARDENS
COMMERCIAL ROAD
BRAHAM STREET
LEMAN STREET
MANSELL STREET
ALDGATE HIGH STREET
St Katherine Cree
MINORIES
PRESCOT ST
GOODMANS YARD
Fenchurch Street
Tower Gateway DLR
Tower Hill
MINORIES HILL
ROYAL MINT STREET
CABLE STREET
DOCK STREET
BYWARD ST
TOWER HILL
THE HIGHWAY
All Hallows by the Tower
TOWER BRIDGE APPROACH
EAST SMITHFIELD
St Katharine's Dock
Tower of London
Tower Pier
HMS Belfast
St Katharine's Pier
Tower Bridge
Greater London Authority Headquarters
River Thames
THE QUEEN'S WALK
SHAD THAMES
Design Museum
TOWER BRIDGE ROAD
TOOLEY STREET
DRUID STREET
JAMAICA ROAD
WAPPING HIGH STREET
Bermondsey
ABBEY STREET
DOCKHEAD

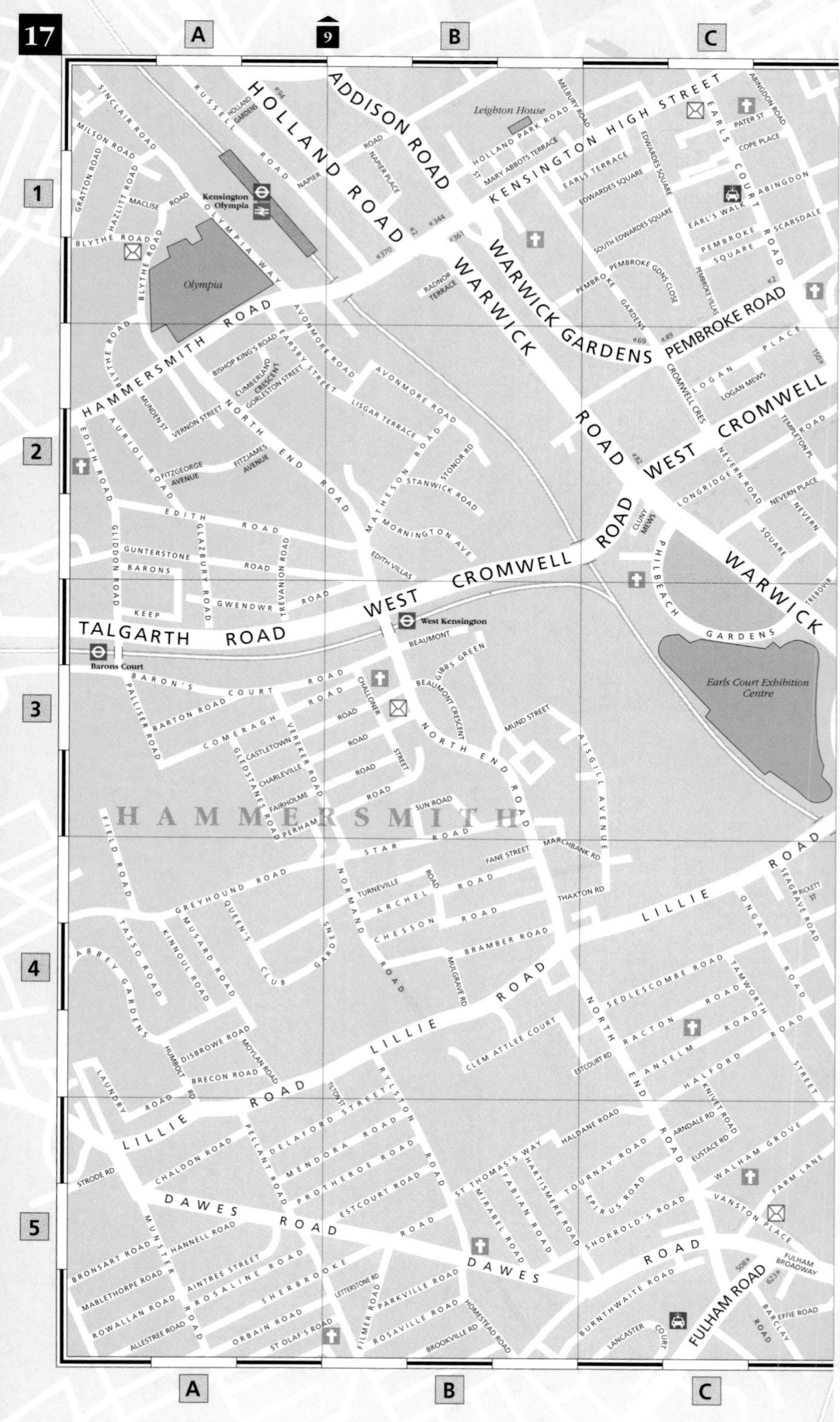
A
9
B
C
1
2
3
4
5
Leighton House
Kensington Olympia
Olympia
West Kensington
Barons Court
Earls Court Exhibition Centre
HAMMERSMITH
HOLLAND ROAD
ADDISON ROAD
KENSINGTON HIGH STREET
WARWICK GARDENS
WARWICK ROAD
HAMMERSMITH ROAD
WEST CROMWELL ROAD
TALGARTH ROAD
NORTH END ROAD
LILLIE ROAD
DAWES ROAD
FULHAM ROAD
PEMBROKE ROAD
EARLS COURT ROAD
A
B
C

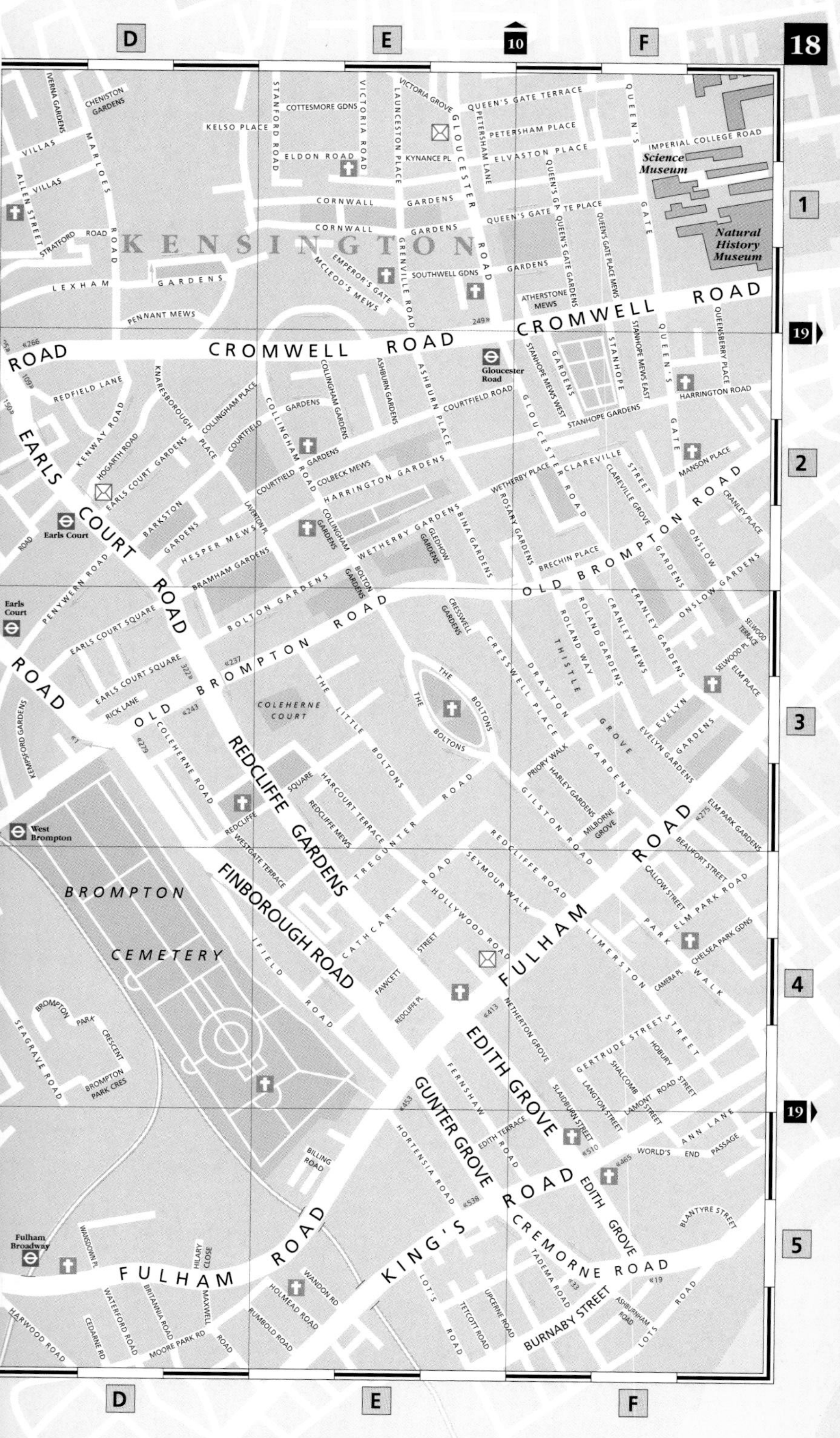

18
D
E
10
F
1
2
3
4
5
19
19
KENSINGTON
CROMWELL ROAD
CROMWELL ROAD
Science Museum
Natural History Museum
IMPERIAL COLLEGE ROAD
QUEEN'S GATE TERRACE
PETERSHAM PLACE
ELVASTON PLACE
QUEEN'S GATE
QUEEN'S GATE PLACE
QUEEN'S GATE GARDENS
QUEEN'S GATE PLACE MEWS
VICTORIA GROVE
GLOUCESTER ROAD
PETERSHAM LANE
LAUNCESTON PLACE
KYNANCE PL
VICTORIA ROAD
STANFORD ROAD
COTTESMORE GDNS
KELSO PLACE
ELDON ROAD
CORNWALL GARDENS
CORNWALL GARDENS
GRENVILLE ROAD
EMPEROR'S GATE
MCLEOD'S MEWS
SOUTHWELL GDNS
ATHERSTONE MEWS
IVERNA GARDENS
CHENISTON GARDENS
MARLOES ROAD
ALLEN STREET
STRATFORD ROAD
LEXHAM GARDENS
PENNANT MEWS
Gloucester Road
STANHOPE MEWS WEST
STANHOPE GARDENS
STANHOPE MEWS EAST
QUEENSBERRY PLACE
HARRINGTON ROAD
MANSON PLACE
REDFIELD LANE
KNARESBOROUGH PLACE
COLLINGHAM PLACE
COLLINGHAM GARDENS
COLLINGHAM ROAD
ASHBURN GARDENS
ASHBURN PLACE
COURTFIELD ROAD
COURTFIELD GARDENS
KENWAY ROAD
HOGARTH ROAD
EARLS COURT GARDENS
EARLS COURT ROAD
Earls Court
BARKSTON GARDENS
HESPER MEWS
LAVERTON PL
COLBECK MEWS
HARRINGTON GARDENS
WETHERBY GARDENS
WETHERBY PLACE
CLAREVILLE STREET
CLAREVILLE GROVE
BINA GARDENS
GLEDHOW GARDENS
ROSARY GARDENS
BRECHIN PLACE
CRANLEY PLACE
ONSLOW GARDENS
OLD BROMPTON ROAD
BRAMHAM GARDENS
BOLTON GARDENS
PENYWERN ROAD
EARLS COURT SQUARE
RICK LANE
CRESSWELL GARDENS
CRESSWELL PLACE
ROLAND GARDENS
ROLAND WAY
THISTLE GROVE
CRANLEY MEWS
CRANLEY GARDENS
SELWOOD TERRACE
SELWOOD PL
ELM PLACE
EVELYN GARDENS
DRAYTON GARDENS
THE BOLTONS
THE LITTLE BOLTONS
COLEHERNE COURT
COLEHERNE ROAD
REDCLIFFE GARDENS
REDCLIFFE SQUARE
HARCOURT TERRACE
REDCLIFFE MEWS
KEMPSFORD GARDENS
PRIORY WALK
HARLEY GARDENS
GILSTON ROAD
MILBORNE GROVE
ELM PARK GARDENS
BEAUFORT STREET
CALLOW STREET
ELM PARK ROAD
West Brompton
WESTGATE TERRACE
FINBOROUGH ROAD
TREGUNTER ROAD
SEYMOUR WALK
REDCLIFFE ROAD
HOLLYWOOD ROAD
FULHAM ROAD
LIMERSTON STREET
PARK WALK
CHELSEA PARK GDNS
CAMERA PL
BROMPTON CEMETERY
IFIELD ROAD
CATHCART ROAD
FAWCETT STREET
REDCLIFFE PL
NETHERTON GROVE
EDITH GROVE
GERTRUDE STREET
HOBURY STREET
SHALCOMB STREET
LANGTON STREET
LAMONT ROAD
SLAIDBURN STREET
BROMPTON PARK CRESCENT
SEAGRAVE ROAD
BROMPTON PARK CRES
FERNSHAW ROAD
GUNTER GROVE
EDITH TERRACE
HORTENSIA ROAD
ANN LANE
WORLD'S END PASSAGE
BILLING ROAD
KING'S ROAD
CREMORNE ROAD
BLANTYRE STREET
Fulham Broadway
WANSDOWN PL
HILARY CLOSE
FULHAM ROAD
WANDON RD
HOLMEAD ROAD
LOT'S ROAD
TADEMA ROAD
TETCOTT ROAD
UPCERNE ROAD
BURNABY STREET
ASHBURNHAM ROAD
HARWOOD ROAD
CEDARNE RD
WATERFORD ROAD
BRITANNIA ROAD
MAXWELL ROAD
MOORE PARK RD
RUMBOLD ROAD

A
11
B
C
1
2
3
4
5
18
18
Science Museum
Natural History Museum
Victoria and Albert Museum
Brompton Oratory
CROMWELL GARDENS
BROMPTON ROAD
THURLOE PLACE
South Kensington
PELHAM STREET
FULHAM ROAD
CHELSEA
KING'S ROAD
SLOANE STREET
PONT STREET
SLOANE AVENUE
DRAYCOTT AVENUE
Peter Jones
BURTON'S COURT
ROYAL HOSPITAL ROAD
National Army Museum
CHELSEA PHYSIC GARDEN
Carlyle's House
Chelsea Old Church
CHELSEA EMBANKMENT
CHEYNE WALK
Cadogan Pier
River
Albert Bridge
ALBERT BRIDGE ROAD
Battersea Bridge
BATTERSEA BRIDGE ROAD
Peace Pagoda
BATTERSEA
CARRIAGE DRIVE NORTH
CARRIAGE DRIVE WEST

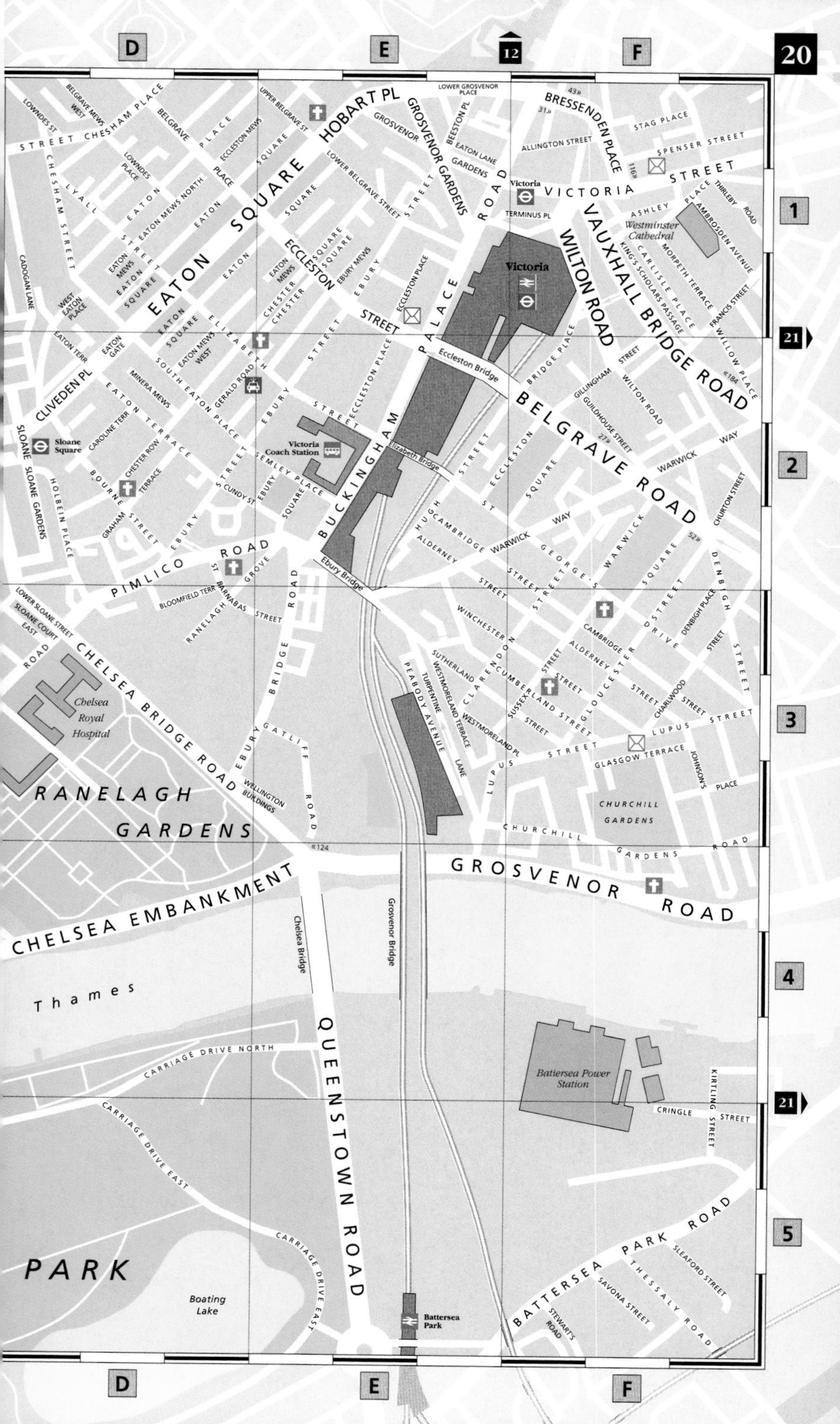

D
E
12
F
1
2
3
4
5
21
21
EATON SQUARE
HOBART PL
GROSVENOR GARDENS
BRESSENDEN PLACE
VICTORIA STREET
VAUXHALL BRIDGE ROAD
WILTON ROAD
BELGRAVE ROAD
BUCKINGHAM PALACE ROAD
ECCLESTON STREET
PIMLICO ROAD
CHELSEA BRIDGE ROAD
CHELSEA EMBANKMENT
GROSVENOR ROAD
QUEENSTOWN ROAD
BATTERSEA PARK ROAD
Victoria
Westminster Cathedral
Victoria Coach Station
Sloane Square
Chelsea Royal Hospital
RANELAGH GARDENS
CHURCHILL GARDENS
Thames
Chelsea Bridge
Grosvenor Bridge
Battersea Power Station
Battersea Park
PARK
Boating Lake
CARRIAGE DRIVE NORTH
CARRIAGE DRIVE EAST
Eccleston Bridge
Elizabeth Bridge
Ebury Bridge
CHESHAM PLACE
LOWNDES ST
BELGRAVE MEWS WEST
BELGRAVE PLACE
UPPER BELGRAVE ST
LOWER BELGRAVE STREET
LOWER GROSVENOR PLACE
BEESTON PL
EATON LANE
STAG PLACE
ALLINGTON STREET
SPENSER STREET
ASHLEY PLACE
THIRLEBY ROAD
AMBROSDEN AVENUE
MORPETH TERRACE
CARLISLE PLACE
KING'S SCHOLARS PASSAGE
FRANCIS STREET
WILLOW PLACE
TERMINUS PL
CADOGAN LANE
CHESHAM STREET
LYALL STREET
ECCLESTON MEWS
EBURY MEWS
ECCLESTON PLACE
ELIZABETH STREET
CLIVEDEN PL
EATON TERRACE
SOUTH EATON PLACE
GERALD ROAD
MINERA MEWS
CAROLINE TERR
CHESTER ROW
BOURNE STREET
GRAHAM TERRACE
HOLBEIN PLACE
SLOANE GARDENS
CUNDY ST
SEMLEY PLACE
EBURY SQUARE
EBURY STREET
EBURY BRIDGE ROAD
BLOOMFIELD TERR
ST BARNABAS STREET
RANELAGH GROVE
LOWER SLOANE STREET
SLOANE COURT EAST
GATLIFF ROAD
WELLINGTON BUILDINGS
BRIDGE PLACE
GILLINGHAM STREET
GUILDHOUSE STREET
WARWICK WAY
WARWICK SQUARE
CHURTON STREET
HUGH STREET
CAMBRIDGE STREET
ALDERNEY STREET
ST GEORGE'S DRIVE
DENBIGH STREET
DENBIGH PLACE
WINCHESTER STREET
CLARENDON STREET
SUTHERLAND STREET
WESTMORELAND TERRACE
WESTMORELAND PL
TURPENTINE LANE
PEABODY AVENUE
CUMBERLAND STREET
SUSSEX STREET
GLOUCESTER STREET
CHARLWOOD STREET
LUPUS STREET
GLASGOW TERRACE
JOHNSON'S PLACE
CHURCHILL GARDENS ROAD
CRINGLE STREET
KIRTLING STREET
SLEAFORD STREET
THESSALY ROAD
SAVONA STREET
STEWART'S ROAD
«124
«184
43»
31»
116»
27»
52»

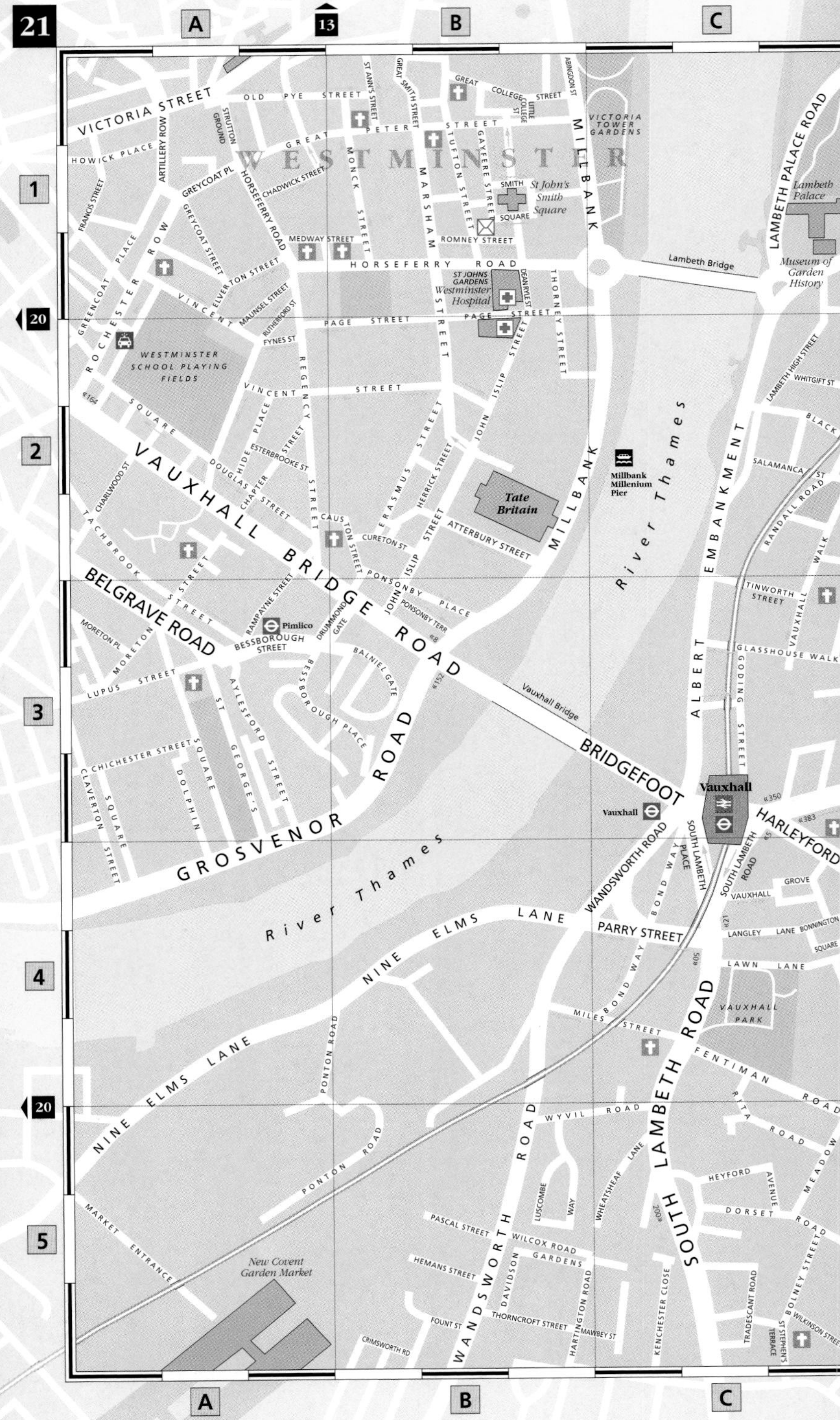
A
13
B
C
1
2
3
4
5
20
20
VICTORIA STREET
OLD PYE STREET
WESTMINSTER
VICTORIA TOWER GARDENS
MILLBANK
LAMBETH PALACE ROAD
Lambeth Palace
St John's Smith Square
Museum of Garden History
Lambeth Bridge
HORSEFERRY ROAD
Westminster Hospital
PAGE STREET
WESTMINSTER SCHOOL PLAYING FIELDS
VINCENT STREET
VAUXHALL BRIDGE ROAD
Tate Britain
Millbank Millenium Pier
River Thames
ALBERT EMBANKMENT
BELGRAVE ROAD
Pimlico
GROSVENOR ROAD
Vauxhall Bridge
BRIDGEFOOT
Vauxhall
HARLEYFORD
WANDSWORTH ROAD
PARRY STREET
NINE ELMS LANE
SOUTH LAMBETH ROAD
VAUXHALL PARK
PONTON ROAD
WANDSWORTH ROAD
New Covent Garden Market
MARKET ENTRANCE

D
E
14
F
1
2
3
4
5
ARCHBISHOP'S PARK
GERALDINE MARY HARMSWORTH PARK
Imperial War Museum
LAMBETH
KENNINGTON PARK
The Oval
Elephant & Castle
Kennington
Oval
LAMBETH ROAD
KENNINGTON ROAD
ST GEORGE'S ROAD
LONDON ROAD
KENNINGTON LANE
NEWINGTON BUTTS
KENNINGTON PARK ROAD
KENNINGTON OVAL
CLAPHAM ROAD
BRIXTON ROAD
CAMBERWELL NEW ROAD
DURHAM ST
KENNINGTON ROAD
BROOK DRIVE
WALCOT SQUARE
LAMBETH WALK
WALNUT TREE WALK
BLACK PRINCE ROAD
VAUXHALL STREET
HARLEYFORD ROAD

A
B
C
1
2
3
4
5
West Ferry Road
Manchester Road
East Ferry Road
Ferry Street
Island Gardens
Saunders Ness Road
Wynan Road
Pointers Close
Midland Place
River Thames
Greenwich Foot Tunnel
Greenwich Pier
Royal Naval College
Gipsy Moth IV
Cutty Sark
Greenwich Church Street
King William Walk
Romney Road
Queen's House
National Maritime Museum
Thames Street
Norway St
Horseferry Place
Welland Street
Cutty Sark DLR
Creek Road
Stowage
Copperas Street
Bardsley Lane
Thornham St
Haddo Street
Claremont Street
Roan Street
Randall Place
Straightsmouth Street
Nelson Road
St Alfege
Stockwell St
Nevada St
Greenwich
Fan Museum
Norman Road
Tarves Way
Greenwich DLR
Greenwich High Road
Burney Street
Gloucester Circus
Croom's Hill Grove
Croom's Hill
Old Royal Observatory
The Avenue
Crane Street
High Bridge
Ballast
Lassell
Hoskins Street
Park Row
Eastney Street
Old Woolwich Road
Feathers Place
Park
Gree
Greenwich South Street
Langdale Road
Circus Street
Brand Street
Prior Street
Royal Hill
Crooms Hill Street
George Place
Georgette Place
Luton Pl
Ashburnham Place
Ashburnham Grove
Devonshire Drive
Catherine Grove
Egerton Drive
Guildford Grove
Blissett Street
Winforton Street
Diamond Terrace
Hyde Vale
Chesterfield Walk
General Wolfe Road
Ranger's House
West Grove
Point Hill
Maidenstone Hill
Dutton Street
Dabin Crescent
Blackheath Rd
Ditch Alley
Blackheath Hill
Hollymount Close
Shooters Hill Road
West Grove Lane
Cade Road
Dartmouth Hill
Dartmouth Row
Dartmouth Grove
Hare and Billet Road
Whitfield Road
Lewisham Road
John Penn Street
Morden Street
Sparta Street
Lethbridge Close
Beck Close
Coldbath Street
Bennett Grove
Orchard Hill
Nectarine Way
Bliss Crescent
Ravensbourne Place
Russett Way
Morden Hill
Morden Close
Blackheath Rise
Prince's Rise
Lewisham Way
Tyler
St Austell Road
Eliot Hill
Mounts Pond Road
Oakcroft Road
Granville Park
Aberdeen Terrace
The Orchard
Pagoda Gardens
Eliot Vale
Brookmill Road
Elverson Road
Leathwell Road
Conington Road
Rosewood Gardens
Conington Rd

D
E
F
1
2
3
4
5
WOOLWICH ROAD
TRAFALGAR ROAD
Greenwich District Hospital
ROYAL HOSPITAL CEMETERY
Westcombe Park
Maze Hill
GREENWICH PARK
BLACKHEATH
SHOOTERS HILL ROAD
CHARLTON WAY
WESTCOMBE PARK ROAD
VANBRUGH PARK
VANBRUGH HILL
MAZE HILL
HUMBER ROAD
COLERAINE ROAD
BEACONSFIELD ROAD
MYCENAE ROAD
PRINCE OF WALES ROAD
PRINCE CHARLES ROAD
ST GERMAN'S PLACE
SOUTH ROW
THE PARAGON
MORDEN ROAD
STRATHEDEN ROAD
LANGTON WAY
ST JOHN'S PARK
HEATH WAY
ANNANDALE ROAD
CHEVENING ROAD
HALSTOW ROAD
KEMSING ROAD
COMBEDALE ROAD
WESTERDALE ROAD
ORMISTON ROAD
A102 (M)
BELLOT ST
CHRISTCHURCH WAY
PELTON ROAD
HADRIAN STREET
CARADOC ST
OLD WOOLWICH ROAD
ORLOP STREET
WOODLAND GROVE
TUSKAR STREET
WOODLANDS PARK ROAD
TOM SMITH CLOSE
RESTELL CLOSE
DINSDALE ROAD
ULUNDI ROAD
FOYLE ROAD
WEBB ROAD
BELFAST GARDENS
PEACHUM ROAD
INGLESIDE GROVE
LYNDALE CLOSE
HIGHMORE ROAD
VANBRUGH FIELDS
VANBRUGH PARK ROAD WEST
VANBRUGH PARK ROAD
COMBE AVENUE
COMBE MEWS
WYCHERLEY CLOSE
BROADBRIDGE CLOSE
MANDEVILLE CLOSE
VANBRUGH TERRACE
ANGERSTEIN LANE
BLACKHEATH AVENUE
BOWER AVENUE
DUKE HUMPHREY ROAD
LONG POND ROAD
GOFFERS ROAD
MOUNTS POND ROAD
TALBOT PLACE
BLACKHEATH VALE
HARE AND BILLET ROAD
ORCHARD ROAD
ORCHARD DRIVE
ELIOT PLACE
GROTE'S PLACE
TRANQUIL VALE
ALL SAINTS DRIVE
ROYAL PARADE
MONTPELIER ROW
PARAGON PLACE
FALCONWOOD COURT
POND ROAD
RYCULFF SQUARE
MERRYFIELD
FULTHORP ROAD
MORDEN ROAD MEWS
THE KEEP
KIDBROOKE GARDENS
REGENT'S PLACE
GLENISTER RD
ARMITAGE RD
BLACKWALL LANE
CONLEY STREET
COMMERELL ST
WHITWORTH ST
EARLSWOOD STREET
TYLER STREET
COLOMB STREET
RODMERE STREET
WALNUT TREE ROAD
CALVERT ROAD
FINGAL STREET
CHILVER ST
DENHAM ST
RUTHIN ROAD
WESTCOMBE HILL
VISTA
QUAY
ENDERBY STREET
GIBSON ST
BANNING STREET
213»
3»
112»
37»

Index

G

T

Y

Z

Remerciements

L'éditeur remercie tous ceux qui ont contribué, par leur travail, leur aide et leurs conseils, à la préparation et à la réalisation de ce guide.

AUTEUR

Michael Leapman, né à Londres en 1938, est journaliste professionnel depuis 1958. Après avoir travaillé pour la plupart des grands journaux britanniques, il s'est tourné vers la rédaction de récits et de guides de voyage pour plusieurs publications, parmi lesquelles *The Independent*, *Independent on Sunday*, *The Economist* et *Country Life*. Il a également publié 10 ouvrages, dont *London's River* (1991) et le *Companion Guide to New York* (1983, 1991), pour lequel il a obtenu un prix. En 1989, il édite le *Book of London*.

COLLABORATEURS

Yvonne Deutch, Guy Dimond, George Foster, Iain Gale, Fiona Holman, Phil Harriss, Lindsay Hunt, Christopher Middleton, Steven Parissien, Christopher Pick, Bazyli Solowij, Mark Wareham et Jude Welton.

L'éditeur remercie également les rédacteurs et documentalistes de Websters International Publishers : Sandy Carr, Matthew Barrell, Siobhan Bremner, Serena Cross, Annie Galpin, Miriam Lloyd et Ava-Lee Tanner.

PHOTOGRAPHIES D'APPOINT

Max Alexander, Peter Anderson, June Buck, Peter Chadwick, Michael Dent, Philip Dowell, Mike Dunning, Andreas Einsiedel, Steve Gorton, Christi Graham, Alison Harris, Peter Hayman, Stephen Hayward, Roger Hilton, Ed Ironside, Colin Keates, Dave King, Neil Mersh, Nick Nichols, Robert O'Deale Vincent Oliver, John Parker, Tim Ridley, Kim Sayer, Chris Stevens, James Stevenson, James Strachan, Doug Traverso, David Ward, Mathew Ward, Steven Wooster et Nick Wright.

ILLUSTRATIONS D'APPOINT

Ann Child, Tim Hayward, Fiona M., Macpherson, Janos Marffy, David More, Chris D Orr, Richard Phipps, Michelle Ross et John Woodcock.

CARTOGRAPHIE

Advanced Illustration (Cheshire), Contour Publishing (Derby), Euromap Limited (Berkshire). Plan des rues : ERA Maptec Ltd (Dublin), adapté avec l'autorisation de Shobunsha (Japon) pour les plans et les relevés cartographiques.

RECHERCHE CARTOGRAPHIQUE

James Anderson, Roger Bullen, Tony Chambers, Ruth Duxbury, Jason Gough, Ailsa Heritage, Jayne Parsons, Donna Rispoli, Jill Tinsley, Andrew Thompson et Iorwerth Watkins.

DOCUMENTATION

Chris Lascelles, Kathryn Steve.

COLLABORATION ARTISTIQUE ET ÉDITORIALE

Keith Addison, Oliver Bennett, Michelle Clark, Carey Combe, Vanessa Courtier, Lorna Damms, Simon Farbrother, Fay Franklin, Simon Hall, Marcus Hardy, Sasha Heseltine, Paul Hines, Stephanie Jackson, Nancy Jones, Stephen Knowlden, Jeanette Leung, Jane Middleton, Fiona Morgan, Louise Parsons, Leigh Priest, Liz Rowe, Simon Ryder, Anna Streiffert, Andrew Szudek, Diana Vowles et Andy Wilkinson.

AVEC LE CONCOURS DE

Christine Brandt aux Kew Gardens, Shelia Brown à la Bank of England, John Cattermole au London Buses Northern, le DK picture department (notamment Jenny Rayner), Pippa Grimes au V & A, Emma Healy au Bethnal Green Museum of Childhood, Alan Hills au British Museum, Emma Hutton et Cooling Brown Partnership, Gavin Morgan au Museum of London, Clare Murphy pour les Historic Royal Palaces, Ali Naqei au Science Museum, Patrizio Semproni, Caroline Shaw au Natural History Museum, Gary Smith à British Rail, Monica Thurnauer à la Tate et Alistair Wardle.

RÉFÉRENCES PHOTOGRAPHIQUES

The London Aerial Photo Library, ainsi que P et P F James.

CRÉDITS PHOTOGRAPHIQUES

L'éditeur remercie les conservateurs et directeurs des musées, institutions et établissements suivants de lui avoir accordé la possibilité de photographier :

All Souls Church, Banqueting House (Crown Copyright par faveur spéciale des Historic Royal Palaces), Barbican Centre, Burgh House Trust, Cabinet War Rooms, Chapter House (English Heritage), Charlton House, Chelsea Physic Garden, Clink Exhibition, Maritime Trust (Cutty Sark), Design Museum, Gatwick Airport Ltd, Geffrye Museum, Hamleys and Merrythought, Heathrow Airport Ltd, Imperial War Museum, Dr Johnsons House, Keats House (the London Borough of Camden), London Underground Ltd, Madame Tussauds, Old St Thomass Operating Theatre, Patisserie Valerie, Place Below Vegetarian Restaurant, Royal Naval College, St Alfeges, St Bartholomew-the-Great, St Bartholomew-the-Less, St Botolphs Aldersgate, St Jamess, St Johns Smith Square, les recteurs et marguilliers de St Magnus the Martyr, St Mary le Strand, St Marylebone Parish Church, St Pauls Cathedral, le Maître et les Gouverneurs de la Worshipful Company of Skinners, Smollenskys Restaurants, Southbank Centre, le Prévôt et le Chapitre de Southwark Cathedral, HM Tower of London, Wellington Museum, Wesley Chapel, le Doyen et le Chapitre de Westminster, Westminster Cathedral, et Hugh Hales, Directeur général du Whitehall Theatre (du Maybox Theatre group). L'éditeur remercie également les nombreux musées, galeries, églises, restaurants, boutiques, et autres lieux qui ont accepté d'être photographiés, mais qui ne peuvent malheureusement être tous cités individuellement.

h = en haut ; hg = en haut à gauche ; hc = en haut au centre ; hd = en haut à droite ; cgh = au centre gauche en haut ; ch = au centre en haut ; cdh = au centre droit en haut ; cg = au centre à gauche ; c = au centre ; cd = au centre à droite ; cgb = au centre gauche en bas ; cb = au centre en bas ; cdb = au centre droit en bas ; bg = en bas à gauche ; b = en bas ; bc = en bas au centre ; bd = en bas à droite.

Malgré tout le soin que nous avons apporté à dresser la liste des auteurs des photographies publiées dans ce guide, nous demandons à ceux qui auraient été involontairement oubliés ou omis de bien vouloir nous en excuser. Cette erreur serait corrigée à la prochaine édition de l'ouvrage.

Les œuvres d'art ont été reproduites avec la permission des organismes suivants : © Succession Picasso / DACS 1999 178 cd, (c) ANGELA VERREN-TAUNT. Tous droits réservés, DACS 1999 85 cd, © KATE ROTHKO PRIZEL et CHRISTOPHER ROTHKO / DACS 1999 178 cgh ; © D. HOCKNEY 1970 1 : 85h ; © la famille de ERIC H. KENNINGTON, RA : 151bg ; © ROY LICHTENSTEIN DACS 1993 : 83ch. Les œuvres illustrées aux pages 45c, 206b, 266cb ont été reproduites par faveur spéciale de la HENRY MOORE FOUNDATION.

L'éditeur remercie les photographes, organismes et entreprises suivantes de lui avoir permis de reproduire leurs photographies :

Publié avec l'aimable autorisation de THE ALBERMARLE CONNECTION : 91h ; ARCAID : RICHARD BRYANT 246b ; MOHAMED AL FAYED : 310b ; du GOUVERNEUR ET DE LA SOCIÉTÉ DE LA BANK OF ENGLAND : 145hd ; BRIDGEMAN ART LIBRARY, London : 21h, 28h ; British Library, London 14, 19hd, (détail) 21bd, 24cb, (détail) 32hg, 32bg ; par faveur de l'Institute of Directors, London 29cgh ; Guildhall Art Gallery, Corporation of London (détail) 26h ; Guildhall Library, Corporation of London 24bd, 76c ; ML Holmes Jamestown Yorktown Educational Trust, VA (détail) 17bc ; Master and Fellows, Magdalene College, Cambridge (détail) 23cgb ; Marylebone Cricket Club, London 242c ; William Morris Gallery, Walthamstow 19hg, 251hg, 247hg ; Museum of London 22-23 ; O'Shea Gallery, London (détail) 22cg ; Royal Holloway & Bedford New College 157bg ; Russell Cotes Art Gallery and Museum, Bournemouth 38hd ; Collection Thyssen-Bornemisza, Lugano Casta 253b ; Westminster Abbey, London (détail) 32bc ; White House, Bond Street, London 28cb.

BRITISH AIRWAYS : 354h, 356hg, 359h ; reproduit avec l'autorisation du BRITISH LIBRARY BOARD : 127b ; © THE BRITISH MUSEUM : 16h, 16ch, 17hg, 40h, 91c, 126-127 toutes sauf 126h & 127b, 128-129 toutes les photos.

CAMERA PRESS, London : P. Abbey – LNS 73cb ; Cecil Beaton 79hg ; HRH Prince Andrew 95bg ; Allan Warren 31cb ; COLORIFIC ! : Steve Benbow 55h ; David Levenson 66-67 ; CONRAN

RESTAURANTS 291cb ; THOMAS CORAM FOUNDATION FOR CHILDREN : 125b ; par autorisation de la CORPORATION OF LONDON : 55c, 146h ; COURTAULD INSTITUTE GALLERIES, LONDON : 41c, 117b. PERCIVAL DAVID FOUNDATION OF CHINESE ART : 130c ; © : doyen et chapitre de Westminster 78bg, 79hd ; DEPARTMENT OF TRANSPORT (Crown Copyright) : 361b ; par autorisation des GOUVERNEURS ET DIRECTEURS DE LA DULWICH PICTURE GALLERY : 43bg, 248bg.

ENGLISH HERITAGE : 254b, 256b ; ENGLISH LIFE PUBLICATIONS LTD : 255b ; PHILIP ENTICKNAP : 251hd ; ET ARCHIVE : 19bg, 26c, 26bc, 27bg, 28bd, 29cdh, 29cgb, 33hc, 33cd, 36bg, 185hg ; British Library, London 18cd ; Imperial War Museum, London 30bc ; Museum of London 15b, 27bd, 28bg ; Science Museum, London 27cgh ; Stoke Museum Staffordshire Polytechnic 23bg, 25cg, 33bc ; Victoria and Albert Museum, London 20c, 21bc, 25hd ; MARY EVANS PICTURE LIBRARY : 16bg, 16bd, 17bg, 17bd, 20bg, 22bg, 24h, 25bc, 25bd, 27h, 27cb, 27bc, 30bg, 32bd, 33hg, 33cg, 33bg, 33bd, 36h, 36c, 38hg, 39bg, 72cb, 72b, 90b, 112b, 114b, 116c, 135h, 139t, 155bg, 159h, 162ch, 174ch, 178b, 203b, 212h, 222b.

Par autorisation du FAN MUSEUM (The Helene Alexander Collection) 239b ; FREUD MUSEUM, LONDON : 242h.

THE GORE HOTEL, London : 273.

ROBERT HARDING PICTURE LIBRARY : 31ch, 42c, 52ch, 169hg, 325h, 347cb, 366b ; Philip Craven 206h ; Brian Hawkes 21cgb ; Michael Jenner 21cdh, 238h; 58h, 223h ; Mark Mawson 113hg ; HEATHROW AIRPORT LTD : 356hd ; reproduit avec la permision de HER MAJESTYS STATIONARY OFFICE (Crown Copyright) : 156 toutes photos ; JOHN HESELTINE : 12hd, 13hg, 13hd, 13cb, 13bd, 51hd, 63bd, 98, 124b, 132, 142, 172, 216 ; FRIENDS OF HIGHGATE CEMETERY : 37hd, 240, 242b ; HISTORIC ROYAL PALACES (Crown Copyright) : 5h, 35hc, 254-255 toutes sauf 254bd, 256-257 toutes sauf 257b ; THE HORNIMAN MUSEUM, London : 252bd ; HOVERSPEED LTD : 359b ; HULTON-GETTY : 24bg, 124hg, 228h ; House of Detention 243h.

THE IMAGE BANK, London : Gio Barto 55b ; Derek Berwin 31h, 272h ; Romilly Lockyer 72h, 94bd ; Leo Mason 56h ; Simon Wilkinson 197h ; Terry Williams 139b ; par autorisation de ISIC, UK : 352h.

PETER JACKSON COLLECTION : 24-25. ROYAL BOTANIC GARDENS, Kew : Andrew McRob 48cg, 56b, 244-245 toutes photos sauf 245t & 245bd.

LEIGHTON HOUSE, ROYAL BOROUGH OF KENSINGTON : 212b ; LITHGE ANGEL MARIONETTE THEATRE : 341hg ; LONDON AMBULANCE SERVICE : 347ch ; London Aquarium 185b ; LONDON TOY AND MODEL MUSEUM : 257h ; LONDON TRANSPORT MUSEUM : 28ch ; 362-363 tous plans et tickets.

MADAME TUSSAUDS : 218c, 220h ; MANSELL COLLECTION : 19bd, 20h, 20bd, 21bg, 22h, 22cg, 23bd, 27ch, 32hd ; METROPOLITAN POLICE SERVICE : 346h, 347h ; MUSEUM OF LONDON : 16cb, 17hd, 17cb, 18h, 21cdb, 41hc, 166-167 toutes photos.

NATIONAL EXPRESS LTD : 358 ; reproduit par autorisation des CONSERVATEURS, THE NATIONAL GALLERY, London : (détail) 35c, 104-105 toutes sauf 104h, 106107 toutes sauf 107h ; NATIONAL PORTRAIT GALLERY, London : 4h, 41hg, 101cb, (détail) 102b ; NATIONAL POSTAL MUSEUM, London : 26bg, 164h ; par autorisation du CONSERVATEUR DU NATIONAL RAILWAY MUSEUM, York : 28-29 ; NATIONAL SOUND ARCHIVE, London la marque déposée HIS MASTERS VOICE est reproduite avec l'aimable autorisation de EMI RECORDS LIMITED : 197cg ; NATIONAL TRUST PHOTOGRAPHIC LIBRARY : Wendy Aldiss 23ch ; John Bethell 254h, 255h ; Michael Boys 38b ; NATURAL HISTORY MUSEUM, London : 205h, 205cd ; Derek Adams 204b ; John Downs 204c ; NHPA : G.I. Bernard 248 ; New Millennium Experience Company : QA Photos 246h, 247h, 247b ; NEW SHAKESPEARE THEATRE CO : 324bg.

PALACE THEATRE ARCHIVE : 108t ; PICTOR INTERNATIONAL, London : 61h , 174bd ; PIPPA POP-INS CHILDRENS HOTEL, London : 339b.

PITSHANGER MANOR MUSEUM : 256c ; POPPERFOTO : 29hg, 29cdb, 30hg, 30hd, 30c,

33hd, 39bd ; Press Association Ltd : 29bg, 29bd ; Public Record Office (Crown Copyright) : 18b.

Bill Rafferty : 324bd ; Rex Features Ltd : 53hg ; Peter Brooker 53hd ; Andrew Laenen 54c ; The Ritz, London : 91h ; Rock Circus : 100cb ; Rock Island Diner : 339ch ; Royal Academy of Arts, London : 90hd ; le Conseil des Conservateurs des Royal Armouries : 41hd, 155hg, 157h, 157bd ; Royal Collection, St James's Palace © HM The Queen : 89, 53b, 88h, 93h, 94-95 toutes photos sauf 94bd & 95bg, 96h, 254bd ; Royal College of Music, London : 196c, 202c.

The Savoy Group : 274h, 274b ; Science Museum, London : 208cd, 208b, 209cg, 209cdh, 209bd, 209bg ; Science Photo Library : Maptec International Ltd 10b ; Sealink Plc : 355b ; Spencer House Ltd : 88b ; Southbank Press Office : 182bg ; Syndication International : 31bg, 35hd, 52cb, 53c, 58bg, 59h, 136 ; Library of Congress 25bg.

Tate Gallery : 43bd, 82-83 toutes photos sauf 82h & 83h, 84-85 toutes photos 178h, 178cgh, 178cd.

Par autorisation du Conseil des Conservateurs du Victoria and Albert Museum : 35bd, 40b, 198-199 toutes sauf 198h, 200-201 toutes photos, 250b, 340h.
The Waldorf, London: 272b ; The Wallace Collection, London : 40ch, 222c ; par autorisation des Conservateurs du Wedgwood Museum, Barlaston, Stoke-on-Trent, Staffs, England : 26bd ; Vivienne Westwood : Patrick Fetherstonhaugh 31bd ; The Wimbledon Lawn Tennis Museum : Micky White 253h ; Photo © Woodmansterne : Jeremy Marks 35hg, 149h ; Gregory Wrona 263d.

Youth Hostel Association : 275.

Zefa : 10h, 52b, 54bd, 324c ; Bob Croxford 57h ; Clive Sawyer 57b.

Page de garde avant : photographies particulières sauf The Image Bank, London : Romilly Lockyer bg, cdb ; Museum of London : bcr ; Natural History Museum : John Downs cg ; Tate Gallery : bcg ; par autorisation du Conseil des Conservateurs du Victoria and Albert Museum : cgh.

Couverture :
DK Picture Library : Max Alexander cg ; Stephen Oliver cd ; Nick Wright bg ; Getty Images : A.J Stirling hc.

Quatrième de couverture :
DK Picture Library : Philip Enticknap b ; Stephen Oliver h.

Dos : Getty Images : A.J Stirling.

Pays

Afrique du Sud • Allemagne • Australie • Canada • Égypte
Espagne • France • Grande-Bretagne • Irlande • Italie
Japon • Maroc • Mexique • Nouvelle-Zélande
Portugal, Madère et Açores
Singapour • Thaïlande

Régions

Bali et Lombock • Barcelone et la Catalogne
Bretagne • Californie • Châteaux de la Loire et vallée
de la Loire • Écosse • Florence et la Toscane
Floride • Grèce continentale • Guadeloupe • Hawaï
Îles grecques • Jérusalem et la Terre sainte
Martinique • Naples, Pompéi et la côte amalfitaine
Nouvelle-Angleterre • Nouvelle-Orléans
Provence et Côte d'Azur • Sardaigne
Séville et l'Andalousie • Sicile
Venise et la Vénétie

Villes

Amsterdam • Berlin • Bruxelles, Bruges,
Gand et Anvers • Budapest • Delhi, Agra et Jaipur
Istanbul • Madrid • Moscou • New York • Paris
Prague • Rome • Saint-Pétersbourg
Stockholm • Vienne

Le métro Londonien